SV

Robert Walser
Aus dem Bleistiftgebiet

Band 4
Mikrogramme
aus den Jahren 1926-1927

Im Auftrag des
Robert Walser-Archivs
der Carl Seelig-Stiftung / Zürich
entziffert und
herausgegeben von
Bernhard Echte
und Werner Morlang

Suhrkamp Verlag

Erste Auflage 1990
Mit freundlicher Genehmigung
der Inhaberin der Rechte,
der Carl Seelig-Stiftung / Zürich
© Suhrkamp Verlag Frankfurt am Main 1990
Alle Rechte vorbehalten
Druck: MZ-Verlagsdruckerei GmbH, Memmingen
Printed in Germany

Editorische Vorbemerkung

Neben den 117 Kunstdruckblättern, die in den drei vorangegangenen Bänden »Aus dem Bleistiftgebiet« aufgenommen wurden, bilden die hier vorliegenden Kalenderblätter den zweiten einheitlichen Komplex innerhalb der 526 nachgelassenen »Mikrogramme« Robert Walsers. Es handelt sich dabei um insgesamt 156 längs der Mitte halbierte Blätter eines »Tusculum«-Kalenders aus dem Jahre 1926, den Walser offenbar nur als Schreibmaterial benutzte. Bereits im Frühjahr 1926 wurden die ersten Blätter beschriftet, während die letzten aus dem Herbst 1927 datieren. Das ganze Kalendarium blieb erhalten. Auch wenn Walser im angegebenen Zeitraum bisweilen andere Entwurfspapiere verwandte, repräsentieren diese Manuskripte das Gros seiner damaligen dichterischen Produktion. Aus solcher Geschlossenheit erwächst für den Leser die reizvolle Möglichkeit, den inhaltlichen Bezügen zwischen den einzelnen Texten nachzugehen.

Gegenüber der bisherigen Entzifferungsarbeit gestaltete sich die Transkription der Kalenderblätter erheblich schwieriger. Entsprechend ihrem kleineren Format weisen sie eine weiter vorangetriebene Minimalisierung der Schrift auf, mithin eine zunehmende Tendenz zur Entstellung oder Verkürzung der Buchstaben und Wörter. Auch die schlechtere Papierqualität, der weichere Bleistift sowie die mitunter lässliche Schreibdisziplin Walsers forderten ihren Tribut an die Lesbarkeit, der selbst durch vermehrten Zeitaufwand bei der Entzifferung nicht völlig ausgeglichen werden konnte. Sieben Arbeitsgänge waren nötig, um einen hinreichenden (philologischen Ansprüchen genügenden) Grad an textlicher Genauigkeit zu gewährleisten. Dennoch gilt es, eine leicht größere Menge von Wortlücken und hypothetischen Lesarten in Kauf zu nehmen. Bei der besonders heiklen Transkription der Gedichte blieb gelegentlich die glückliche Eingebung der Stunde aus. Auch fällt hier der Faktor subjektiver Fehlbarkeit stärker ins Gewicht. Indessen vertrauen wir auf unsere mittlerweile neunjährige Entzifferungserfahrung und auf die mehrmalige, beiderseitige Kontrolle unserer Arbeit, so daß von einer hohen Plausibilität der Textgestalt ausgegangen werden kann. Für letztere Annahme mag die Tatsache sprechen, daß es gelungen ist, sämtliche unbekannte Texte auf den Kalenderblättern zu gewinnen.

Im übrigen schließt diese Edition hinsichtlich Anlage und Praxis an die früheren Bände an. Wiederum werden Textlücken mit eckigen Klammern [...] markiert, wobei drei Auslassungspunkte eine Wortlücke, sechs Auslassungspunkte den Verlust von zwei oder mehr Wörtern andeuten. Hypothetische Lesarten stehen in serifenloser Type und werden manchmal von Varianten ergänzt. Zwei Querstriche // signalisieren den Übergang von Blatt zu Blatt. Fehlende Wörter oder Wortpartikel wurden zwischen eckigen Klammern [] als editorische Eingriffe gekennzeichnet, während einzelne (oft fakultative) Silben, die sich nicht eindeutig bestimmen ließen, mit runden Klammern () versehen wurden. Abweichend von den früheren Bänden, zitieren wir jeweils nicht nur nach der – mittlerweile vergriffenen – Ausgabe des Gesamtwerks in 12 Bänden (GW) von 1978, sondern auch nach den heute maßgeblichen Sämtlichen Werken in Einzelausgaben (SW) von 1985/86 (herausgegeben von Jochen Greven, suhrkamp taschenbuch 1101-1120). Für alle weiteren Erläuterungen verweisen wir auf die früheren »Editorischen Vorbemerkungen« und den »Editorischen Bericht« des Anhangs.

Bernhard Echte   *Werner Morlang*

Prosa

Faul, will sagen, planlos
flanierte ich gestern nachmittag

Faul, will sagen, planlos
flanierte ich gestern nachmittag

Faul, will sagen, planlos flanierte ich gestern nachmittag mit freundlicher Leser- und Leserinneneinwilligung, landschaftliche Eindrücke einladend, in mich hineinzuspazieren, im Grünen und in allen sonstigen durchweg annehmbaren Farben herum. Ich werfe die Behauptung auf, daß es hier insofern einen kleinen, an sich vielleicht nicht unbedeutenden Prosa[es]say zu konstatieren gibt[1], als ich mich auf's Behendeste, Lebhafteste und Längste mit einer Trägheitsschönheit unterhielt. Die Wellen des Flusses, der sich zum Zeugen (m)eines glücklichen, friedfertigen Gespräches emporschwang, erwiesen sich als in ihrer Art talentvolle Musiker. Heute früh legte ich übrigens, um keineswegs eine Lüge vorzubringen, was ich noch nie in meinem Leben glaube nötig gehabt zu haben, dadurch erstaunlich viel Geduld an den Tag, daß ich unsäglich lange auf's Fertiggelesenhaben einer Zeitung wartete, die mir die Überzeug[ung] einflößte, sie munde auch mir, was nach Absolvierung von so und so viel Minuten, die eine Stundenausdehnung zu besitzen schienen, ja denn auch der Fall war. Aus eines Jagdschlößchens Fensterchen schaute eines der verlassensten und zierlichsten Frauchen heraus, die sich je nach einem tüchtigen Aufgemuntertwerden gesehnt haben mochten. Doch still hievon, denn dieser Romantizismus kommt mir allzu zart vor, als daß ich ihn für imstande hielte, die Wuchtigkeiten (m)einer Wirklichkeitsschriftstellerei auszuhalten, die sich jetzt einem kraftvolleren Gegenstand zuwendet, nämlich einer Art Buffalo Bill, der mich mit der Bemerkung zu beunruhigen bestrebt war, er habe sechs Augen und die nutzbringende Fähigkeit sei ihm eigen, zu schlafen und gleichzeitig nach allen Richtungen hin aufmerksam Umschau zu halten. Wenn er mir nicht mitten in's Antlitz hinein sagte, er halte mich gemäß meines Gesichtsausdrucks für einen Akademiker, der nur immer noch mit Ungeebnetheiten kämpfe, will ich nicht ich selbst sein. Im Verlauf mei-

1 »gilt«

nes in seiner unmittelbaren Nähe Sitzens wurde ich insofern sozusagen handgemein mit ihm, als er mich keineswegs unhöflich ersuchte, ihm die Hand darzureichen. Als dies zur Ausführung gebracht worden war, bedauerte ich im Zentrum meines Wesens, seinen so anscheinend harmlosen Wunsch erfüllt zu haben, denn die Art und Weise, wie er mir schüttelte, was ich ihm zum Drücken anvertraut hatte, besaß eine schon allzu reichliche Schraubstockähnlichkeit. »Wie ich ohne Schwierigkeit herausfühle«, sagte ich so trocken, kaltblütig und unerschrocken wie möglich, »sind Sie ein Kraftmensch, den das Schicksal nicht Kanzelredner wollte werden lassen. Gestatten Sie mir, mich Ihnen als einen Geistesarbeiter vorzustellen, dem Fortunas Launenhaftigkeit nicht die Erlaubnis erteilte, sich zum peitschenschwingenden Freiherrn auszubilden.« Auf diese von Intelligenz beweisablegende Ansprache hin lüftete er mit wundervoller Kurzentschlossenheit und Raschabgetanheit den Hut, den er sein eigen nannte, vor mir, und gleichzeitig hörte er auf, mir mit seiner Raubtierpracht stärker zu imponieren, als sich mit der Alltagsüblichkeit vertrug. »Wie ich zu meiner Genugtuung sehe«, sprach ich aufatmend, »verfügen Sie sowohl über zweierlei Gesichter, über ein ältliches und ein jugendliches, wie über die Begabung, vor der Bedeutung kulturellen Beschäftigtseins gleichsam eine tiefinwendige Achtungstellung anzunehmen.« Voller gegenseitiger Erfreutheit trennten wir uns im Einstweiligkeitssinn voneinander. Es gebe irgendwie ein Essaydeutsch, daneben aber noch ein Geschichtenerzähler- oder napoleonisches über Lodibrücken hinstürmendes und -fliegendes, phantasiefahnenschwenkendes, sich vom Hingerissenwordensein tragen lassendes, [sich] in aller gedankenvollen Gedankenlosigkeit gefallendes Ursprünglichkeits- oder Unwillkürlichkeitsdeutsch, glaubte ich ihm noch flüchtig andeuten zu dürfen, eh' ich mich in die Distanz zu ihm begab, die mir zur Herausgestaltung (m)eines hier Nachricht gewordenen Erlebnisses dringend erwünscht zu sein schien. Ich bin stolz auf diese Zeilen.

(24/II)

Wenn jede beliebige Täsche glaubt

Wenn jede beliebige Täsche glaubt, sie eigne sich als Zielscheibe für Adressierung von blumigen, gebüschigen Briefen, worin meine Phantasie Beweise von Vergnügtheit usw. ablegt, so erkläre ich dies heute für einen zentnerschweren Irrtum, denn vergeblich blicke ich mich seit einiger Zeit nach einem Modell um, das fähig sein könnte, mich mit ihren Augen oder doch wenigstens mit irgendeiner Spezialschönheit zu bezaubern. Ehe ein Briefschreiber, der nur eine Spur Rasse in seinen Adern hat, einen Brief zu flunkern, vorzuschwindeln oder zu träumen und zu dichten unternimmt, gelangt er mit der hochfliegenden Forderung vor die Tribüne oder das Heiligtum seines Wesens, zuerst von irgendeiner bestimmten Gestalt entzückt zu sein, was eine nicht immer leicht zu erfüllende Bedingung ist. Indem ich den etwas komischen Ausdruck ›Täsche‹ benutzte, fühle ich mich genötigt zu sagen, daß Täschen unter Umständen wundervoll, ich meine, auf ihre Art bedeutend sein können. Eine Täsche stellt die verhältnismäßig ungezwungene Bezeichnung dar, die sich auf eine weibliche Schönheit bezieht, die um ihrer Zier, ihrer Gaben, ihrer Bestimmung willen von Kameradinnen beniden wird, die in genannte Betitel[ung] allen Widerwillen legen, den sie angesichts eines glücklichen Gegenstandes, der ihnen gleichsam im Weg ist, zu empfinden meinen. Gerade schönste und liebenswürdigste Angehörige des empfindsamen Geschlechtes können in die Lage kommen, Täschen genannt zu werden. Ich besitze in einem sehr freidenkenden Menschen namens Kutsch, der allem Kitsch womöglich nur zu sehr abhold ist, einen Freund, der unter anderem der Freund der Natur ist, die ihn derart lebhaft anzieht, daß er bei schönem Wetter unmöglich zu Hause zu verweilen vermag. Ähnlich wie Kutsch geht es mir, und da gestern ein prächtiger Sonntag war, ging ich natürlich wieder einmal spazieren, nicht ohne diese Tat oder dieses Benehmen für einen in die Waagschale der Selbstbeurteilung fallenden Fehler zu halten. Im reizendgelegenen Gasthaus zum Bischofsstab trank und aß ich etwas, wobei ich wahrnahm, daß sich die Eß-

und Trinkstube durch eine gewisse junge Altertümlichkeit auszeichnete, die gewissermaßen noch nicht allzu alte Antiquität. Die Wirtin fragte mich, ob's mir schmecke, eine Frage, die ich dadurch beantwortete, daß ich ihr auswich. Dafür rief ich aus: »Niemand hat das Recht, von mir zu verlangen, ich solle mich nach einem Schloßaufenthalt sehnen, der mit dem Übelstand verbunden sein könnte, daß die Herrin allemal, sobald es ihr beliebte, in mein Schaffensgemach, und zwar gegebenenfalls unangeklopft, hereintreten würde, um sich nach der dichterischen Situation zu erkundigen. ›Zeige mir einmal, was du bewältigt hast‹, würde jeden Augenblick zu mir gesagt werden, was ja ein unausdenkbarer Schriftstellerzustand ist.« »Gibt es Menschen in Ihrem Bekanntenkreis, die mit derartigen Wünschen oder Befehlen an Ihre Unabhängigkeitslust herantreten?« fragte mich die freundliche Frau, worauf ich murmelte, es wimmle heute von unbefrie[di]gten Lehre(n)erteilern, und im übrigen laufe die Schicklichkeit Gefahr abzunehmen, wenn von allen Richtungen her darauf hingewiesen werde. Als ich von der Wirtsstube Abschied genommen hatte und im Weiterschreiten begriffen war, schien die Sonne wie ein Spatz, und die ganze schöne Landschaft, die sich vor meinem schauen[den] Gesicht ausbreitete, lachte wie eine [in] ihrem Schlupfloch verborgene Maus, was gewiß noch nie innerhalb der Schriftkultur dagewesene Vergleichungen sind. Eine Stunde lang lief ich durch ein langausgestrecktes Tal, das mich an eine schöne, mit gol[d]farbenen[1] Augen ausgestattete Katze mahnte. Auf einem Buckel oder Hügel stand ein Bauernhaus, das sich aus Achtung vor meiner Überlandperson tief bei meinem [...] Vorübergehen verneigte. Mehrmals brummte ich vor mich hin: »Das lasse ich mir nicht gefallen«, wobei ich an einen befreundeten Schöngeist dachte, der mir unaufhörlich zumutet, mich nach Damen und ihren Vortrefflichen zu sehnen, daß die Fetzen davonfliegen und die Schwarten krachen. Meiner Meinung nach fliegen im heutigen Bildung[s]bereich schon genug Novellenfetzen davon und kra-

---

1 »goldge[l]ben«

chen eigentlich schon zu viele gefühlvolle Gedichte. Mit meiner[1] liebenden Seele liebte und vergötterte ich eine länd[l]iche Saaltochter, die mir in einem neuen heimeligen Gaststübchen zwei Deziliter Roten vor die Abgespanntheiten, die ich nach anstrengendem Marsch zur Schau trug, stellte. An den Stubenwänden hingen Vesuv- und [...]abbildungen und, was ich besonders anschaute, die Darstellung eines [...] in vollem Umfang. Ein Gast war mit Wurstzusichnehmen beschäftigt. Das Dörfchen selbst glich [......] einer Perle. Ein vorüberplätscherndes Flüßchen lächelte wie [ein] unschuldiges Schlängchen, was eventuell etwas ungeschickt geschrieben sein kann. Ein Fußball flog hoch, und nun kam ein Schloß dahergepatriarchelt, daß es mir vor seinen Kolossalitäten gruselte, die aus dem Cinquecento stammten. »Steh' still«, sprach ich es an, und siehe, es gehorchte mir, und nun betrachtete ich seine Türme und Gartengitter, und von der vornehmen Freitreppe fächelte und röckelte und schühelte eine Schloßbewohnerin in den Vorhof herab, und dieses eigentümliche zufällige Kommen einer Gestalt, die vielleicht jedesmal ihren Winter teilweise in Paris verbringt, ergab eine zauberhaftigkeitsauslösen[de], sonntagslandschaftverschönernde Stimmung, die ich wie ein Konzert in meine Aufnahmefreudigkeit gleiten ließ. Bereits machten sich in der Alltagsabteilung meiner Geistesadministration Nachtessengedanken geltend, über die [ich] vergeblich Herr und Meister zu werden versuchte. O, wie bist du seltsam schön, Land, schrie es unhörbar in [meiner] nunmehr auf einer Anhöhe weiden[de] Kühe abmalenden Spaziergängerseele. Später sank ich in die samtigen Gewänder der mit balsamenen Tupfern wie mit kostbaren Juwelen bestickten Wälder, die Schluchten aufwiesen, in die es mich mit hinreißender Gewalt hinabriß, bis mir der Anblick eines kleinen Sees sagte, ich sei derjenige ziellose Zielbewußte, der sich vor nicht langer Zeit in einer Karussellchaise als Augenblicksgott vorkam. O, wie billig, bequem und schön besitzen Jean Paul'sche Schulmeister und Ethikverfechter schlafrockumflügelte Poetenposituren, und wie

---

[1] »Wie eine liebende«

selbstverständlich ist es, daß wir beim Durchziehen einer auflohenden Nacht zu Leuten werden, die durchaus sämtliche Begegnenden liebevoll grüßen, als gliche das Menschenleben einer patriarchalischen Familie. Aber es gibt neben schimmernden Seen, die wie die Reinheit selber aussehen, Dichter, die für ihre Unmittelbarkeitsprodukte keine Verleger finden, und es gibt herrisch emmentalwurst- und kartoffelsalatbegehrende, mit ihren Unermüdetheiten protzende, von Strecken, die sie zurücklegten, in die Stadt zurückkehrende Sieger über arme, wehrlose Landstraßen, und es gibt in Lokalen Handharfentöne im Verein mit der kolossalen bierinempf[ang]nehmenden Figur, der vielleicht eine Schnapsflasche, die nicht leer, sondern bis zum Korken hinauf gefüllt ist, aus der Tasche fällt und zu der Anwesenden Belustigung auf dem Boden herumrollt, und es gibt, was es sonst noch irgendwo geben mag, und es ist meiner Überzeugung nach alles so, wie es ist, wir sind, was wir sind und damit punktum. Zehntausendmal zarter, sanfter, als sie ausfiel, dachte ich mir diese Sonntagsabbildung, mit der ich vielmehr herrscherhaft schillere und prunke. Ein Großfeuer der Schamröte durchzieht zur Zeit Europa.

(402b/IV)

Gestern wohnte ich einem Fest nicht bei

Gestern wohnte ich einem Fest nicht bei, verbrachte aber dafür den Abend in eines Arbeiterführers verhältnismäßig angenehmer Gesellschaft. Der Inhaber des Lokales, worin die durchaus zwanglose Unterhaltung stattfand, sagte mir bei Gelegenheit leise in's Ohr, er sähe mich lieber in ein galantes als ernstes, lieber in ein zierliches als ein allem Anschein nach sachliches Gespräch verwickelt. In der Saaltochter, die mich und die Persönlichkeit bediente, die an meiner Seite gleichsam auszuruhen, sich von Berufsanstrengungen zu erholen schien, entdeckte ich eine geborene Tänzerin, behielt jedoch selbstverständlich die Entdeckung für mich, indem ich mich daran erlabte. Im Geiste entwarf ich von der vergnügt aussehenden Klavierspielerin ein überlebensgroßes Porträt. Die illusionistische Arbeit gelang spielend, der, der die Geige spielte, schien mir zur Erfüllung des Werkes die erforderliche Kraft verliehen zu haben. Sein Spiel, das sich durch Präzision auszeichnete, bedeutete jedenfalls für meine Seelenweichheit, die ich hübsch fand, eine Erhärtung, indem Stimmungen, die mich durchwogten, Formen von Stein- oder von Eisenkonstruktionen annahmen. »Sind Sie heute abend von einer verständigen[1] Beherrsch[t]heit?« fragte mich eine Frau, die unabhängig vis-à-vis von mir dasaß. Ich erwiderte ausweichend: »Ich stamme von einem Mann ab, der Paris kannte und der mir die Eigenheit übertrug, mich für befriedigt zu halten, ohne daß ich mich stark zu amüsieren brauche.« »Ihre Unscheinbarkeit amüsiert Sie, die Ihnen bestätigt, Sie seien etwas«, flog eines jungen Menschen Bemerkung papierkügelchenhaft auf mich zu. »Jedesmal, wenn ich in einem Restaurant sitze«, gab ich zur Antwort, »bilde ich mir gern ein, ich bedeute wenig, sähe aber dafür noch [nach] ziemlich vielem aus.« Da ich mich meinen Illusionen zu überlassen wünschte, schenkte ich einer interessanten Angehörigen der weiblichen Hälfte dessen, was man Volk nennt, eine flüchtige Beachtung. Ich war nämlich gerade sehr lebhaft beschäftigt, mir vorzustellen, jemand sage mir alle Schande, um zu verbergen, wie sehr er mich im Grunde schätze. Welch ungeahnte Gerührtheit doch diese Gedankenrichtung zur Folge hatte. Übrigens wird mir jetzt bewußt, daß ich diesen Artikel für die kultivierte Herrenwelt schreibe. Die Frauen machen mir den Vorwurf, ich sei ein Herren-, und diese werfen mir vor, ich sei ein Frauenschriftsteller. Wie interssierte mich die Behaglichkeit eines am Ufer angebundenen Kahns auf dem gestrigen Nachmittagsspaziergang, der im Wirtshaus idyllisch nachwirkte. Als ich an einem Häuschen vorbeizuschreiten gekommen war, hatten mir drei Mädchen zugerufen: »Komm doch zu uns hin, obschon wir dich nicht kennen.« Ich erwiderte die Einladung mit den Wort[en]: »Für mich Abgewirtschafteten

---

1 »anständigen«

seid ihr zu ursprünglich. Mich haben meine Europäismen zur zartesten Natur gemacht. Ihr würdet mich fade finden, weil ihr keinerlei Werdegänge zurückgelegt habt. Wenn ich weiterwandere, hinterlasse ich bei euch einen guten Eindruck. Träte ich zu euch hin, so würdet ihr mit der denkbar wertvollsten Langweiligkeit Bekanntschaft machen, die ihr euch doch nach nichts Gescheiterem als Kurzweiligkeit sehnt.« »Süffel«, riefen sie mir wie aus einem einzigen Mund nach, als ich auf meiner Lebensbahn weiterschritt. Merkwürdig, daß ich immer wieder ein Liebhaber der Büchelchen bin, worin verkleidete Grafen und schöne positionslose Mädchen vorkommen, die an einer Liebe litten und nun also hadern, indem ihnen erklärt wurde, das komme im Leben vor und zum Lohn für ihre Enttäuschungen befänden sie sich jetzt in einem Schloß und sie brauchten sich nun nichts als zu freuen, und [die] solchem Überlassenen würden jubeln: »Ja, das stimmt«, und das Tränlein würde glitzern vor Pracht. Von Verstimmtheiten fiel mir neulich ein zu glauben, sie verschwänden dadurch, daß man sie lieb gewinnen lerne, d. h. sie verwandelten sich bei solcher Behandlungsweise in etwas Schönes, nämlich in Übereinstimmtheit mit sich selbst. Liebe heftet ja in der Tat Zerfetztestes im Nu wieder zusammen. Auf dem Ausflug, von dem ich sprach, schaute ein Lehrer aus seinem Landschulhaus auf mich Vorbei[s]pazierenden[1] herunter und verfehlte nicht, mich zu mahnen, daß es nur eines geringen Quantums von gutem Willen bedürfe, um Speisen oder Zustände, die man nicht ausstehen möge[2], schmackhaft zu machen. Beispielsweise können langweilige Schriftsteller dadurch interessant werden, daß man sich anstrengt, sie als zerstreuend zu empfinden. Jede Zerstreuung ist vielleicht im Grund keine, man lernt bloß daran glauben, und sobald sich diese Überzeugtheit eingestellt hat, ist sie, was sie womöglich gar nicht ist, was sie aber unter Umständen sein kann. Poetisch ist nichts und gleichzeitig alles, und ob man lachen, vergnügt sein kann oder nicht, hängt von [d]einer Sorgfalt ab, mit der du mit dir selbst umgehst. Einmal gab es einen Zeit-

1 »Vorbeigehenden«   2 »mag«

genossen, der nichts zu hören begehrte, weil ihm alles, was er hörte, lästig war. Begreiflich[er]weise war dies ein außerordentlich armer Mensch, denn man hört ja stets irgend etwas, und wehe, wem dies unangenehm ist. »Eigentlich könnte mir alles, was in mein empfindliches Gehör hineinzieht, angenehm sein, ich brauchte es nur als heilsam, als passend usw. zu erklären«, sprach er eines Tages zu sich. Von nun an gab er sich diesbezüglich Mühe, und siehe, das Hören machte ihm jetzt Spaß, d. h. er verlernte nach und nach, es wichtig zu nehmen. Dadurch, daß er es in Ordnung fand, daß er es doch wenigstens einigermaßen willkommen hieß, eignete er sich die Fähigkeit an, es zu besiegen. Indem er alle die Schälle, Worte usw. nett, d. h. am Platz finden gelernt hatte, prägte er sie sich eigentlich gar nicht mehr ein, denn das Angenehme vergißt sich meistens sogleich oder doch sehr schnell, nur das Unbeliebte bleibt kleben oder haften. Wer also etwas durchaus nicht hören will, darf es unter keinen Umständen ignorieren wollen, sondern er muß es unbedingt Lust haben, in sich eindringen zu lassen, denn nur auf diese Art und Weise fliegt es wieder von ihm fort, als wär's nie gekommen. Was wir hassen, behext, beherrscht uns, sitzt, hockt auf uns, versetzt uns quasi zur Strafe hinein in's Entsetzen. Auch hier spielt wieder das bißchen Freudigkeit, Liebe die Rolle der Befreierin. Der Mann, der nichts hören mochte, rettete sich dadurch, daß er eine unmäßige Bemühung fallen ließ, die darin bestand, daß er sich, sobal[d] er etwas vernahm, mit aller Energie sagte: »Ich höre, höre nicht das geringste.« Vergeblich plagte er sich lange damit ab, und nur ein guter Einfall, eine kleine kluge Geistigkeit bewahrte ihn vor etwas wie einem Abgrund. Die Liebe, das Nachgeben machen eben Unschmackhaftes schmackhaft, machen aus etwas, was einem im Weg ist, etwas zum Leben Mithinzugehöriges, etwas, was sich schickt, was sich gehört. Als er nichts hören wollte, hörte er alles viel zu sehr. Manchmal wuchs seine Wut zu etwas Unbeschreiblich-gewaltig-sich-über-ihn-Heruntergießendem. Das kam nur daher, daß er's unausstehlich fand. Da er sich mit ihm vereinbart hatte, wurde es das, was es war, nicht mehr, nicht weniger, er ertrug es, und nun schreckte es ihn nicht mehr, es kam ihm als etwas ganz anderes vor. Ein und dasselbe sind // eben nicht das Gleiche. Leise lächelnd merkte er sich's.

(13/III)

Leserinnen sollten, was mir hier entsteht,
lieber nicht beachten

Leserinnen sollten, was mir hier entsteht, lieber nicht beachten, denn ich denke zukünftig nur noch für die Herrenwelt zu schreiben, hauptsächlich, falls ich mich nicht irre, für die, die zu leben weiß. Wie ich übrigens zerstreut bin. Sollte ich erholungsbedürftig sein? Geschichte, für die ich da die Verantwortung auf meine starken Schultern lade, habe bitte Ähnlichkeit mit einer Lawine, weil ich mit dem Wunsch an mich heranzutreten wage, meine Ausdrucksweise wäre so elastisch wie wuchtig. Schaffende schlafen und Schlafende schaffen, und dann können wieder Nützliche und Eifrige schläfrig und Erschlaffte arbeitslustig werden, wobei mir auffällt, daß ja beiderlei Gesagtes dasselbe bedeutet. Beide Vielversprechenden liefen gewänderschüttelnd die Wiese hinab, die sich nicht weigerte, die Herunterspringenden dort ankommen zu lassen, wo soeben ein sammetröckiger Abenteurer samt all seinen flatterhaft bemäntelten Energielosigkeiten in einem Nachen landete, den er mit einem kraftvollen Ruck festsitzen mach[t]e. Hienach lüftete er mit edlem Anstand seinen immer noch einigermaßen akzeptablen Hut. Noch nicht lang ist es seit der Sekunde her, die mir die Einbildung zu übermitteln gewußt hat, es sei eventuell prächtig für mich, mich in ein mit heroischer Musik durchflutetes und -duftetes Gemach oder auch bloß Lokal zu setzen, was denn auch prompt vom unermüdlichen Ich ausgeführt wurde, dessen Vorhandensein ich immer wieder lebhaft begrüße. Der Berg ragte nach wie vor hoch empor, indes ich stillvergnügt und unentwegt im Lustgelaß dasaß. Kellnerinnen, die vielleicht Keller usw. gelesen hatten, der, wie ja bekannt ist, mit keinem Geringeren als Storm freundschaftlich korrespondierte, schwebten mit unverkennbarer Grazie hin und her. Ich finde es interessant, in einer Stadt zu sein und inmitten dieser Tatsächlichkeit an die Möglichkeit zu glauben, es gebe noch andere Städte. Ich dachte flüchtig an Genf, als die Bratwurst herbeigetragen wurde, die mir zu beordern eingefallen war, weil ich mich der Überzeugung nicht geglaubt hatte erwehren zu können, ich hätte Appetit nach ihr. Über ihre Knusprigkeit erlaube man mir wohldurchdacht zu schweigen. Um so mehr wird mir gestattet sein zu sagen, daß die Saaltochter, die sie mir darbrachte, über die Bedienung, der sie sich widmen durfte, glücklich war, daß jetzt eine Frau vom Land mit allerhand Gesanglichem aufwartete, worüber ein Weltmann berechtigt zu sein meinte, auf ungebührlich herzliche Art zu lachen, was ihm von einer anwesenden Städterin aufrich[t]ig verübelt wurde, indem sie ihn wissen ließ, sie werde vierzehn Tage lang nicht mehr mit ihm sprechen. »Das tut mir um Ihres schönen Profils und speziell um Ihres Unterhaltungslebens willen leid«, äußerte der elegant angezogene Frechling mit bezaubernder Bescheidenheit, mit der er förmlich prunkte. Gegenwärtiges Erzeugnis meiner Werkstatt, ziehe samt den Käseschnitten, die ich in dich hineinlege, weil ich innerhalb der Gaststube, die sich durch mein Anwesendsein geschmeichelt fühlen mußte, auf eine diesbezüglich lautende Ankündigung schaute, in die Welt hinaus. Das Buffet bildete eine uneinnehmbare Festung. Einmal tat in einer engen Gasse ein Neger mir gegenüber so, als kenne er mich. Fort mit dieser übrigens ganz harmlosen Erinnerung und hervor mit den Löffeln voll Schlagsahne, womit sich plötzlich aus keinem andern Grund, als um etwas Sensationelles zu erleben, die Gäste aus allen Ecken heraus bombardierten. Kleidungen und Gesichter erhielten mit wundervoller Präzision durchgeführte Anwürfe, und die Werfenden und Getroffenen bildeten insofern ein Gemengsel von Einander-sich-Ablösen, als die Gebenden sich zu Empfängern auswuchsen und den Empfangenden die Fähigkeit innewohnte, festzustellen, es existierten Feiglinge. Ein Spiegel spie[g]elte die Kampfpracht, die Schlachtlust, die Gefechtsfreuden kunstfertig ab, und inwiefern ich von der Erwähnung der Eigenheiten dieses bald da, bald dort klatschenden, spritzenden Vorkommnisses geschmackvoll abstrahiere, so tu' ich das ja schon im Interesse meines unter keinen Umständen weitschweifig werden dürfenden Kurzerzählungsversuches, dem anscheinend weiter nichts als die Landschaftsumrahmung fehlt, ein Mangel, den vielleicht einige mir zu Liebe für einen Vorzug zu halten sich womöglich bemüßigt sehen könnten. Geht es nach meinem Wunsch, so besitzen meine Kollegen die kritischen, ich aber lediglich die gutmütigen Leser, denen die Freundlichkeit aus dem Gesicht lacht und die, in ihrer Seele voll günstigen Vorurteiles für mich, nichts zu begehren oder zu hoffen übrig lassen. Weil er vermute[te], ich hielte ihn hin, nannte mich heute einer ein Kalb und schien beleidigt zu sein, weil ich's nicht war. Nachdem ich mich eine Weile durch meine Nichtbeleidigtheit beleidigt gefühlt hatte, kannte ich mich wieder. Die Suppe, die ich während des Rencontres mit demjenigen, der mich mit genannter Benennung ausstatten zu sollen meinte, [aß], war gut. Ich taxiere die kleine Dichtung, die mir hier zugl[eich] geglückt und mißglückt sein mag, immerhin nur als Prosastück. Zur Suppe aß der Verfasser der Zeilen, auf die sich stützt, was ich soeben gekennzeichnet habe, ein Stück Brot, das dem Menschen, den ich noch immer und auf weiteres vertrete und der mit der Hülle oder Hülse, mit der er sich umzogen sieht, die ich ihm gewähre, notwendigerweise zufrieden zu sein hat, trefflich mundete. Wie artig ich mich neulich einer Frau gegenüber benahm. Ich verblüffte sie, und ein anderer würde sich vielleicht glauben machen wollen, er schriebe dies und Ähnliches viel besser als ich, und ich darf mir die Erlaubnis erteilen, zuzugeben, daß ich mich vielleicht läng[s]t zu ausgezeichnet auszudrücken lernte und mich die sprachlichen Geschicklichkeiten, worin ich mich in einem fort übe, zu einem Sehnen bringen, ich will nicht sagen, wieder einfacher, aber ich möchte annehmen, hie und da vielleicht ungeschickter, unsicherer zu reden, als atme, prange, blühe es zwischen den Sätzen von reichem Leben, wovon ich nichts wußte, das die Lesenden, in Bilder des Geschriebenen Schauenden sähen, ich nicht, und muß mich nun nicht die schöne Idee frappieren, daß unbewußt Gegebenes die höhere Gabe, das bedeutendere Dienen und Darbieten sei, die reinere Art des Liebens? So staune ich zum Beispiel über eine Redensart, die sich mein derzeitiges Inneres der Mitwelt gegenüber herausnimmt: »Der mag mich lieb haben, so viel wie er Lust hat.« Wird man sich angesichts einer solchen Phrase, die von einem Bemühtsein zeugt, Teilnahme usw. abzuschütteln, nicht beinah genötigt sehen zu denken, mich nähme Wichtigeres, Dringlicheres in Anspruch, als es Menschen sind und was sie mit mir zu sprechen haben könnten? Obschon ich die meiste Zeit das bin, was man allein sein nennt, bin ich nie einsam, nie in irgendwelcher Verlegenheit, die mir berichtenswert erschiene, aber ich könnte vielleicht irgend jemandem behüflich sein, da es ja wahrscheinlich solche gibt, die einer Art Hülfe bedürfen, die keine lautrufende zu sein braucht. Mir fällt heute auf, daß ich bereits das eine oder das andere Mal halblaut ausrief: »Jeder sehe zu sich selber und marschiere auf seinem verborgensten eigenen Weg«, und daß ich dies Wort, das vielleicht kein durchaus menschenfreundliches ist, mit einer gleichsam wegwerfenden Geste begleitete. Die Sache ist die, daß ich von Zeit zu Zeit Mitbürgern begegne, die sich durch ein gewisses nonchalantes Gestikulieren von den übrigen gewissermaßen wirkungsvoll abheben. Haben solche Gebärden einigen Eindruck auf mich gemacht? Wie es sich nun auch damit verhalten mag, wird, mit Übermütigkeiten eingeleitet, nach und nach aber in etwas Ernsthafteres umgeformt, von gegenwärtigem Beitrag günstigenfalls konstatiert werden können, er bedeute in gewisser Hinsicht etwas Schönes.

(221/II)

Den Boden meines Zimmerchens,
das etwas Jean Jacques Rousseauhaftes hat
und in einem Inselhaus sein könnte,
bedeckt Licht

Den Boden meines Zimmerchens, das etwas Jean Jacques Rousseauhaftes hat und in einem Inselhaus sein könnte, bedeckt Licht. Was für Licht? Sonnenlicht? Ja. Und ich schwimme, bade mich. Worin bade ich mich? In mir selbst? Gewissermaßen ist dem durchaus so. Ich bin nämlich heute früh samstäglich abgeklärt. In mir lebt, schwimmt, badet, gefällt sich ein Vorbereitetsein auf den Sonntag. Ich bin auf die eklatanteste und zarteste Art elektrisiert. In mir machen sich die angenehmsten Manifestationen fühlbar. Ich bin eine aus Heiterkeit bestehende Manipulation. Gestern fürchtete ich zwei Augenblicke lang für mein Leben. Heute ist weder Fürchten noch großes Hoffen, weder Zaghaftigkeit noch viel Zuversicht in mir. Mir ist, ich hätte weder das eine noch das andere sehr nötig, weil ich mir gewissermaßen trefflich organisiert vorkomme. Bin ich mit Liebe usw. ausstaffiert? Wohl möglich. Das Fenstergeländer zeichnet sich am Fußboden elegant, weich ab, wie von sehr feinfühlender Malerhand hingehaucht, hingezaubert. Die Sonne zeichnet vorzüglich. Sie ist, was Kunst anbelangt, eine Magierin. Wie schön sie erzählt. Sie berichtet ihre Geschichten in tadellosestem Salonton. Ich fing übrigens für mich selbs[t] an zu kochen und brachte es bereits bis zu einer leisen, kaum merklichen Meisterschaft. Hiezu dient mir ein einziges[1] Pfännchen, das natürlich öfters abgewaschen werden muß. Ich koche natürlich nur, weil's mir Spaß macht. In der Stadt würden mir ja alle Restaurants zur Verfügung stehen. Ich habe bereits eine lukullische oder kulinarische Beobachtung gemacht: Speck verliert an Kräftigkeit, Schmackhaftigkeit durch's Gekochtwordensein. Er besitze im Naturzustand mehr Intension als im Zustand der Verarbeit[et]heit, könnte man sagen. Ich mache aber auf das Scherzhafte

---

1 »winziges«

ergebenst aufmerksam. Übrigens ist es manchmal riesig interessant, mißverstanden zu werden. Man erbleicht in solchen Fällen seelisch, und das hat etwas Liebes, beinahe Süßes. Wie alle Gegenstände in meiner Stube vormittäglich blühen, lächeln, strahlen. Reklame müßte nicht so seriös, barsch, grob, sondern eher ein bißchen lächelnd betrieben werden. Ich las heute den Waschzettel eines neuen Buches und bewunderte seine überaus unzweifelhafte Plumpheit. Plumpheit ist immer unoriginell, gleichsam etwas Unfertiges, nicht genügend Gewachsenes. Ich hoffe, daß eine Zeit heranrückt, wo die Geschäftsleute gelinde auftreten gelernt haben werden. Täglich steh' ich nun vor dem Bild eines Mannes, der die Augen senkt, wie schöne Mädchen es tun, wenn sie verwirrt sind, wenn sie sich vielleicht ein bißchen vor sich selbst schämen oder wenn ihnen etwas weh tut, worüber sie niemand etwas sagen dürfen, weil es sich vielleicht nicht schicken würde. Das Bild des Mannes ist von so schöner Art, daß es ebensogut ein Frauenbild sein könnte, was natürlich für mich rätselhaft, d. h. sehr reizend ist. Ferner ist für mich sehr reizvoll, daß ich absolut nicht orientiert bin, wen das Bild darstellt. Jedenfalls hat es mit einem Menschen zu tun, der ganz nur Mensch ist, der jetzt weder Mann noch Frau sein kann, weil ihn bloß ein Leiden und Dulden von höchster, weitester Dimension erfüllt. Vielleicht reut ihn etwas. Man vermag das nicht genau zu entscheiden. Aber eines sieht man deutlich: Er ist blaß, wobei eine ganz schwache Röte über sein Gesicht hinfliegt, und es ist, als bedaure er sich unsagbar und könne dies nun ganz und gar nicht verstehen, und dieses über sich nicht in's Klare Kommenkönnen ist für ihn wie ein Schmerz, wie ein körperlicher, ist für ihn wie Gift. Ist es das Porträt einer schönen Seele, die ihre Schönheit verlor? Ist es das Bild eines bisher Gläubiggewesenen, der nun das Liebste, den Glauben, nicht mehr findet? So sah ich noch nie die Wehmut abgebildet. Ist's ein total Mißverstandener, der hier porträtiert ist? Über obgenannten Waschzettel lachte etwas in mir, über das Porträt aber stürzten Tränen ungewunden, unsichtbar in mich hinunter und aus mir empor, gleich einem Bach oder gleich einem fröhlich[en] und sprudelndweichen Springbrunnen. Doch jetzt neuerdings etwas über mein Kochen. Ich kochte bereits Spiegeleier, Suppe(n), weiße Böhnchen, und ich beabsichtige heute Käseschnitten herzustellen, die mir wahrscheinlich gelingen werden. Als Wärmemittel dient mir Spiritus, und meine ganze Kocherei besitzt den Reiz und die Mangelhaftigkeit des Primitiven. Wenn ich jetzt wieder von etwas anderem rede, so schließt das ja ein Zurückkommen auf den eben fallengelassenen Gegenstand nicht aus, der ja übrigens gar nicht wichtig ist. Viel wichtiger als materielle sind doch geistige, psychische Dinge. Viel wesentlicher als das Zeitliche, Vergängliche sind Zeitlosigkeiten. Ich unterhielt mich gestern, an ein Mäuerchen gelehnt, mit einem Grüppchen von Kindern, und Herren und Damen, denen ich ansah, daß sie einen bestimmten Stand einnahmen, sahen uns, indem sie an uns vorbeigingen, und hörten mich und sie plaudern, denen ich Gesellschaft zu leisten für keineswegs unrichtig hielt. Das ist nun auch schon wieder vorüber, und jetzt fällt mir ein, wie ich da schon wieder jemand Unrecht antat, was mit mir schon so häufig der Fall gewesen ist, daß ich beinahe wie ein Fürst dastehe, der mit Mänteln bekleidet ist, die aus lauter Ungerechtigkeiten bestehen. Ich sehe in dieser Hinsicht sehr kostbar aus, ich muß mir das lassen. Gestern begegnete mir im Menschengewimmel, das eine gewisse Architektur, d. h. Regelmäßigkeit aufwies, die mir scharmant erschien, einer, von dem ich mir hatte erzählen lassen, sein Kind sei ihm bald nach der Geburt gestorben, auch ›dahingerafft‹ wäre vielleicht der passende Ausdruck. Ich grüßte eine Frau, die mir gestand, das Spazieren so im Rahmen, d. h. im Gewühl der Leute, ermüde sie. Dann begrüßte ich noch eine andere Frau, die mir ihrerseits etwas von einer ihr Befreundeten erzählte, an der ich im Geist nun ebenfalls vorüberging. Diejenigen, von denen man uns etwas sagt, steigen aus der Entferntheit vor uns auf, man erblickt sie in unmittelbarer Nähe, redet mit ihnen, leistet ihnen Gesellschaft. Unwillkürlich sieht man diese Abwesenden, Besprochenen so, wie sie einem geschildert werden. Es ist also nicht gleichgültig, was man über sie sagt, es ist wünschenswert, daß man so rücksichtsvoll wie möglich über sie redet. Es ist nicht nur schön, sondern gewiß auch klug, wenn man solche immer achtungsvoll behandelt, die nicht in der Lage sind, sich zu verteidigen, und Abwesenden ist das ja nie gegeben. Man soll[t]e immer so über sie reden, wie sie's gern hören würden, wenn sie zugegen wären. Daß sie es nicht sind, gleicht ja etwas Kindhaftem, Wehrlosem, Unschuldigem. Die, von denen man etwas sagt, sind immer die Unschuldigen. Das sollte man meines Bedünkens so tief wie möglich in Betracht ziehen, denn man tut es leider selten, vielmehr werden allgemein günstige Situationen mißbraucht, die man so zerstört. Mir fällt ein, daß ich jemand einen Brief schuldig bin, den ich spielend leicht schreiben könnte, der mich während des Abfassens wie eine Blüte umdufteten und wie [eine] milde gütige Hand liebkosen würde und der mit den Worten zu beginnen hätte: »Hier bin ich nun. Nie[1] wirst du fürchten, es könnte nicht freundlich sein, was ich spreche.« In diesem Sinn würde es mir eine Kleinigkeit sein, zehn bis zwölf Seiten zu entwerfen. Warum zögere ich damit? Spiele ich mir gegenüber den Mißgünstigen, Geizigen? Mag ich mir den Genuß, den mir (m)eine Aufrichtigkeit eintrüge, nich[t] gönnen? Ja, so ist es vielleicht. Ich vermag mich von der Gewohnheit, mir stets dies und jenes aufzusparen, nicht zu trennen. Ein Brief ist eine Entscheidung. Wer vermag zu wissen, wann sie rechtzeitig ist? Man entscheidet sich oft zu spät, oft aber auch zu früh. Was uns spät scheint, kann immer noch viel zu früh sein. Nach meinem Empfinden fallen alle Entsch[l]üsse eher zu früh als zu spät. Natürlich kann ich mich ja irren. Ich gebe das zu. Gestern ging ich eine Strecke hinter zwei jungen hübschen Damen einher. Das sieht dann immer gleich aus, als sei man sehr interessiert. Der Umstand läßt uns das ja auch in der Tat sein. Es sind dies meistens bloß Flüchtigkeiten. Nun trat mit einmal ein Herr zu den beiden Damen. Er war ihr Bekannter und durfte sie infolgedessen anreden, und ich ging nun um alle drei herum und weiter, und dies kostete mich eine gewisse geringfügige geistige Anstrengung, denn es liegt etwas Erziehendes im Genötigtsein, auf möglich[s]t geschmeidige Art,

---

1 »Wie«

so daß man's selbst kaum spürt, auf eine begonnene Anteilnahme zu verzichten. Ich werde wieder häufiger unter Leute gehen, und heute besuche ich vielleicht das Theater, nicht weil ich selbst mit besonderem Vergnügen hinginge, sondern weil jemand wünschen könnte, von mir begleitet zu sein. Ich nehme die Möglichkeit, mich jemand angenehm zu zeigen, sehr ernst, obwohl anderseits sicher nicht zu sehr, was mir wieder als ein Unrecht mir selbst gegenüber erschiene. Ich glaube mir heute folgendes zurufen zu dürfen: Mache dir nicht allzu viele und zu lange Gedanken, daß du sie eventuell unglücklich machen könntest. Wenn sie durch dich nur belebt wird, ist das schon etwas, vielleicht sogar verhältnismäßig recht viel. Sie soll ja erfahren, wer du bist, und du auch sollst zunächst in Erfahrung zu bringen versuchen, wer sie ist. Ein Einandernäherkennenlernen kann öfter eine Arbeit, wenn [auch] nicht unvergnüglich sein. Dir und ihr ist vorbehalten, euch schwierig zu sein. Man muß sich auch lästig fallen wollen. Sonst wäre alles Vertrauen zu billig, fiele nicht in's Gewicht. Wenn sie auch wegen dir weinen müßte, wäre sie noch nicht verloren. Gib ihr Gelegenheit, deinetwegen mit sich zu kämpfen. Schone sie nicht so, daß du sie einfach sein läßt und dich selbst auch, wie und wo ihr aus Zufall gerade seid. Sie soll sich um dich sorgen. Wenn sie nun auch eine Ohnmacht hätte, sprängest du nicht blitzschnell hin, um sie zu umschlingen und ihren Fall aufzuhalten, und liebtest ihren Schmerz, für den es immer eine offene Tür in die Gemächer der Freude gäbe, und bemühtest dich, sie aus ihren Enttäuschungen zu erretten, die ein Tod sind, ihr die Versicherung einflößend, daß sie zur blühenden Lebensglücksquelle werden können. Wie süß ist's, sich zum Genuss(e) des Lebens auf Wegen zu begegnen, die sich an den Abgründen hinziehen, sich zu verlieren und wiederzufinden, sich zu entfremden, um[1] einander von neuem zu sehen und zu kennen. O, wie vernähme ich jetzt z. B. mit Vorliebe eine Sonate von Beethoven, ein Getöse und daraufhin ein Gelispel, eine Herausforderung, die sich in eine Umarmung auflöste, ein Beleidigen

1 »und«

und ein Verzeihen, es finge ungebärdig an und würde, wenn es sich gesättigt, besänftigt hätte, ruhig und schön geworden wäre, sich auflösen.

(125/I)

Ich weiß zur Stunde nicht recht

Ich weiß zur Stunde nicht recht, ob ich in's Leben hinein- oder hinausschauen oder ob ich meine Augen auf irgendeiner Lektüre ausruhen lassen soll. Was für eine Art von Buch ich jetzt wohl kaufen und lesen werde? Noch bin ich über diesen vielleicht wichtigen Punkt vollständig im unklaren. Bin ich gegenwärtig sehr undezidiert? Fast möchte es mir so vorkommen, und ich komme mir vornehm vor, dadurch, daß ich alle Möglichkeiten flatterhaft verachte. Achtung schenken, verachten. Was ist besser? Dabei kommt mir plötzlich in den Sinn, wie mich einst eine Ladentochter, die vielleicht ebensogut Empfangsdame gewesen sein mag, inzwischen hat sie längst einen Oberlehrer geheiratet und Kinder bekommen, auf dieses Tagebuch von Marie Bashkirtseff aufmerksam machte, die bekanntlich wundervolle Arme besaß, in deren Anblick sie sich quasi verliebte. Dieses Journal scheint zu den Verschollenheiten gezählt werden zu können. Rosa, so nannte sich obgenanntes mariebashkirtseffinsichaufgenommenhabendes Mädchen. Diese kleine graziöse Rosa besaß einen Geliebten, dessen Aufführung vollkommen aus Zuckrigem bestand. Dennoch donnerte sie ihn eines Tages geradezu mitternächtig an und sagte ihm kurzerhand: »Du bist ein Schlingel.« Erinnerungswelt, heitere mich auf! Die Gegenwart bietet mir ja zwar ihrerseits reichlich Grund zu Fröhlichkeiten, wie z.B. daß ich eine Freundin habe, der ich die Erlaubnis erteilte, mich zu duzen, für die ich jedoch nicht zu sprechen bin. Sie darf mir bloß Briefe schreiben. Sie genießt die Freiheit, sich nach mir zu sehnen. Da nun Sehnsucht vielleicht die feinste Freude ist, so bin ich vielleicht berechtigt, mir zu sagen, daß sie durch mich und meine Verhaltungsmaßregeln glücklich geworden ist. Infolgedessen schlummere ich ja denn auch nachts ruhig, was ich auf einer Schreibunterlage hinschreibe, die mir nun schon zirka vierzehn[1] Jahre lang fromm-ergeben dient, was sehr schön von ihr ist. »Kommen Sie doch einmal zu uns!« Wie oft er dieses Wort schon an mich gerichtet hat, der Impertinente, den ich hauptsächlich deshalb arrogant nenne, weil er sich herausnimmt, bescheiden aufzutreten. Alle diejenigen, die mich zu schätzen scheinen, kommen mir gewöhnlich unzart, ja beinah unverschämt vor. Schon daß dieser Impertinente über jede Silbe, die mir zum Mund herausfließt, so fröhlich, so glücklich lacht, dürfte ein Umstand sein, der ihn illustriert. Dabei hat mir einmal, als ich vor Jahren bei ihm war, seine ausgezeichnete Frau Gemahlin seine sämtlichen bisherigen Werke auf der Hausfrauenhand vor's Gesicht gesetzt, als wär's ein Pfannkuchen gewesen zum damit kulinarisch Vergnügtsein. Was kümmern mich die gesammelten Leistungen meiner sehr geehrten Herren Kollegen. Er schriftstellert nämlich auch so in den blauen Tag hinein wie ich. Unausstehlich ist er mir vor allem deswegen, weil er so ungemein hübsch wohnt. Einmal hat er mir gestanden, daß es ihn wenig Mühe und Überwindung koste, eine geschlagene Stunde vor dem Spiegelschrank zu stehen, um sich bis in's feinste Detail über sein Selbst und dessen Herrlichkeiten zu orientieren. Also mit Spiegelschränken protzt dieser geschmacklose Mensch. Schon gut. Es gibt Leute, die schauderhaft herablassend lächeln, wissen Sie, so auf eine superb gnädige Art. Zu solcher Sorte von stillen, leisen, klugen und superklugen Lächlern gehört nun gerade er, den ich hier gottseidank gleichsam ein bißchen vor der Lesewelt beim Ohr zog. Vielleicht bekommt er gelegentlich im Gedrucktheitszustand zu lesen, was ich hier für gut fand, über ihn zu schreiben. Nun von etwas anderem, Besserem. Ich betrete jetzt häufig ein schönes hohes, durch und durch modernes Geschäftshaus, das gewissermaßen in einem Hotelzimmersinn erbaut worden zu sein scheint. Zwischen mir und einem dort hausenden oder wohnenden Rcht[s]anwalt finden wöchentliche seriöse Rücksprachen statt, die vermutlich Folgen zeitigen wer-

---

1 »neunzehn«

den. Das Gebäude hat zwanzig Etagen. Eine derselben nimmt eine amerikanische Zahnzieherin ein, die sich zur Zeit die Ehre gibt, sich mit mir zu befassen. In der fünfzehnten Etage befindet sich eine Kochschule, deren Verhülltheiten mir noch nicht gelungen ist zu entpuppen, eine Bewerkstellung, die mir vielleicht mit der Zeit gelingen wird. Ganz zuoberst bürstete eine einnehmende weibliche Figur in ihrer Wohnung, deren Tür offen stand, Plüschmöbel. Ich ging nämlich bis zuoberst hinauf. Von annehmbaren Witwen scheint es in diesem Hause zu wimmeln, obwohl der eine oder der andere der Meinung sein wird, das gehe mich nichts an. Was ich sehe und höre, scheint mich manchmal etwas anzugehen, manchmal auch nicht, das kommt darauf an. Ich huldige dem Grundsatz: Was mir gefällt, gehört bis zu einem gewissen Grad mir. Was mir aber nicht paßt, braucht mich nicht zu kümmern. Da fällt mir folgendes ein: Man streitet über den Rang von Modernität und Herkömmlichkeit. Warum erhitzt man sich diesbezüglich? Es kommt ja doch lediglich, handle es sich um neue oder stabilisierte Lebens- oder Kunstformen, auf Echtheit an. Liebe ich z. B. eine Frau, so liebe ich sie halt, ob ich sie nun modern oder altmodisch gekleidet umhergehen sehe. Modern sind die Maschinen, // die technischen und anderen Einrichtungen, deren wir uns bedienen. Hat es denn da noch einen Sinn, gegen modernes Empfinden, Denken usw. aufzumarschieren? Ich lasse gern Fragen derlei Art aus Gründen der Bewegungsfreiheit offen, so auch wieder einmal hier. Ich glaube, daß es dringend zu empfehlen sei, möglichst viele Streitfragen unerledigt zu lassen, indem ich Ihnen zurufe: »Schonen Sie Ihre Nerven! Was kommen will und soll, kommt ja doch.« Entwicklungen, so alltagshaft dieser Ausspruch klingt, lassen sich tatsächlich mit größten Wahrscheinlichkeiten nicht aufhalten. Eben erhalte ich eine Mitteilung von ihr, deren Beziehung zu mir sich auf's Briefeschreiben beschränkt. Sie schlägt ein Rendezvous vor, doch der Feuilletonist in mir schlägt seine Augen zum holdesten Motiv auf, dessen er je ansichtig geworden zu sein meint, und er spricht: »Ein paar Blätter lagen auf dem Zementboden. Morgensonne durchdrang, ringelartige helle Flecken werfend, die zu huschen, zu spielen schienen, die hängenden, grünenden Blätter, die wie Bücher in einem Verlagshaus übereinander geschichtet, gelagert waren.« Weithergeholter Vergleich, wie wert scheinst du mir, um Entschuldigung zu stammeln. Eine Promenade war's, wo sich abspielte, was ich mit aller erdenklichen Sorgfalt erzählen will. Auf einer der Bänke hatte eine mir nahestehende Persönlichkeit Platz genommen, nämlich ich. Süße Stimmung, wie ich mit dir fertigwerden kann, bleibt mir noch ein Rätsel. Ein junger Mensch von intelligentem Aussehen hielt dicht vor [mir] still, indem er seiner Zunge erlaubte, zu mir zu sprechen: »Wie sorglos Sie dasitzen, und ich weiß mir vor Sorgen nicht mehr zu helfen. Ich war Lektor eines ehedem bedeutenden, inzwischen aber eingegangenen Verlages. Ich sowohl wie meine Frau haben nichts mehr zu essen. Meine drei Kindchen, wahre Engelchen, zwei Buben und ein Mädchen, mußte ich infolge meiner üblen pekuniären Lage der Gemeinde zur ferneren Erziehung und Ernährung anvertrauen. Daß dazu noch ihr Vater krank ist, sehen Sie mir wohl sogleich an. Ich weiß nun nicht, ob ich zu weit gehe, wenn ich Sie um eine geringe Unterstützung anflehe.« »Zu flehen brauchen Sie nicht lange«, erwiderte ich. »Hier händige ich Ihnen ein Honorar gern aus, das mir gestern per Post derart zuging, als freue es sich, mich zu besuchen und mir anzugehören.« Mit solchen Worten, die vielleicht den Weg durch die Verschönerung zurückgelegt haben mögen, gab ich ihm, was ihn anscheinend befriedigte, denn der arme Mensch strahlte wie [ein] Schriftsteller, der soeben noch verzweifelt mit den Händen gerungen hatte, es jetzt aber für passend fand zu vergessen. Indem er mich für die Wohltat, die ich an ihm begangen hatte, segnete, ging er. »Grüßen Sie unbekannterweise Ihre Frau«, rief ich ihm nach. Nicht weit von mir saß eine Pflegerin in adretter Bekleidetheit, neben ihr stand ein Kinderwagen, der sehr fein aussah, der mich darum interessierte, weil die Pflegerin eine ganze Menge Zärtlichkeit in ihn hineinwarf. Drinnen lag natürlich in den Kissen ein Kind. Dieses Kind wurde auf die lieblichste, kunstfertigste Art von der Pflegerin angeliebäugelt. Das zu beobachten bedeutete mir eine Freude, wie man sich sie intensiver nicht vorzustellen vermag. Man bedenke doch, wie häufig es vorkommt, daß Männer, die vielleicht ganz brav sind, von ihren Frauen gelangweilt angeblickt werden. Dieses Mädchens Anteilnahme am Kind war eine wahre Perle an Ungezwungenheit und Aufrichtigkeit. Indem ich die Pflegerin ihr Anvertrautes so von Herzen lieben sah, so spiegelklar sich auf ihrem Antlitz abspiegelnd, fing ich sofort meinerseits auch an, das Kind lieb zu haben. Ich sah es nicht, denn das Dach des Kinderwägelchens entzog es meinen Blicken, aber nichtangeschaut, nichtbetrachtet, fand ich's herzig, fand auch ich es zum Küssen, zum Vergöttern schön. Sehen Sie, so geht es zu: Was wir andere beachten, bevorzugen, lieben sehen, finden auch wir liebenswürdig. Es handelt sich hier um eine ganz natürliche psychische Erscheinung. Inzwischen hatte sich in einiger Entfernung ein anscheinend sehr hübsches Mädchen auf eine Bank gesetzt. Sie schien an sich selbst Gefallen zu finden. Behaglich lehnte sie sich an die Lehne. Dann und wann räkelte sie sich ein bißchen, bis mit einmal eine Art, man möchte kennzeichnenderweise sagen, Elegant daherkam, [der] das Mädchen um Erlaubnis zu bitten schien, sich an ihrer Seite niederlassen zu dürfen, und sich auf ihren Einwendungsmangel hin zu ihr setzte. Die Entfernung, die zwischen dem Paar und mir lag, betrug ungefähr zwanzig Meter. Zunächst schien er nun, wie das bei solchen Anlässen zu geschehen pflegt, mit dem schönen Tag, d. h. mit dem Wetter anzufangen. Die Idee lag nahe, daß er auf die Aussicht überging, die sich ihm und ihr freundlich darbot, ohne daß für ihren Genuß irgend etwas bezahlt zu werden brauchte. Sehr lebhaft rauchte er, während er redete. Sein allzu emsiges Dampfwolkenverursachen sagte mir, er kämpfe mit etlicher seelischer oder geistiger Verlegenheit. Wer bei der Unterhaltung, die er führt, die Zigarre oder Zigarette immer wieder mit dem Mund in Verbindung bringt, der sucht irgendwie ›Hülfe‹, der stützt sich auf irgend etwas außerhalb des Gespräches Befindliches. Das Mädchen gab ihm sichtlich Bescheid, ging auf seine Rede ein. In welchem Grad sie dies tat, war nicht schwer und doch auch wieder ziemlich schwer zu entscheiden. Anscheinend war er ihr ziemlich sympathisch.

Mir kam's aber plötzlich vor, als habe er an ihr gar keine aufrichtige Freude, es sei ihm vielmehr bloß so um eine Art Eroberung zu tun, und das Erobern fange nun langsam an, ihm beschwerlich, lästig zu fallen. Ich behaupte selbstverständlich nicht, daß es sich durchaus so verhalten habe. Ich hatte nur einen dementsprechenden Einfall, und mit diesem Einfall, dieser Beobachtung erhob ich mich und ging meines Weges, ging leicht und beschwingt und vom Geschauten ›übrigens ganz angenehm berührt‹. War mir's doch, ich wäre hier etwa am Strand von Biarritz eine Weile gesessen. So ein bißchen badestrandmäßig, kurorthaft sah's nämlich aus, und diese Marie Bashkirtseff hätte auch auf einer der Bänke, in einem zeitgenössischen, sagen wir einem Turgenjewroman lesend, nonchalant sitzen können, und jetzt ist's mir hier, wo ich mich zur Zeit aufhalte, ganz wohl. Etwas Folgsames ist an mir. Ich war nämlich jemandem folgsam gewesen, der vielleicht heute wünschen würde, ich hätte mich ihm widersetzt. Ein Mädel gab mir nämlich den Laufpaß, die vielleicht gern noch ein paar Tage oder Wochen lang mit mir gezankt hätte. Kann man auch mit solchem Nachgeben, mit Nettsein, mit Gehorchen Leid antun, Enttäuschung hervorrufen, eine lange Kette von bangen, womöglich schmerzlichen Erinnerungen erwecken, den Anlaß einer Klage geben? Aber es wird nicht so sein. Wir werden uns alle, alle beruhigen.

> Ihnen geht es gewiß auch so,
> daß sie sich roh
> mir gegenüber vorkommen müssen,
> wenn sie mich nicht traulich können grüßen,
> nicht gläubig können küssen,
> unglücklich, ungeduldig sind,
> neidend, mißtrauend ihrem Kind.
> Ich selber bin ja nie so froh,
> als wenn Unandacht aus mir floh.

(274/II + 275)

Daß wir in einer bösen Welt leben

Daß wir in einer bösen Welt leben, dürfte dadurch illustriert werden, daß von Löhnen gesprochen wird, die entweder überhaupt nicht oder erst spät, d.h. nach verdrießlich machenden Reklamationen bezahl[t] werden. Gegebene Versprechungen scheinen nicht mehr gehalten werden zu können. Ja, es sieht hüben und drüben bös aus. Böse Buben und Mädchen gibt's. Wie ich gestern bei entzückendem Sonnenschein so durch die Straßen ging, was mußte ich da für ein Klagen von Vätern und Müttern hören. Ein unartiger Knabe, nicht auf die Gebote der Schicklichkeit und auf das Schöne des Erforderlichen achtend, warf ein Kistchen mit Inhalt um, indem er die Person sich nach dem Fallengelassenen bücken ließ, die sich im Stillen sagen durfte, sie sei seine Ernährerin und widme ihm ihr Gesamtleben. Mädchen gibt's, denen man den Mutwillen schon an den Beinchen usw. von weitem ansieht. Sodann sind in Betracht zu ziehen böse ungehorsame Hündchen. Wer hat überhaupt noch Geschmack am Gehorchen? Ich erinnere mich, auf einem Spaziergang, der mich durch ein Städtchen führte, das Nidau heißt, über das einstmals ein böser grollender schweigsamer philosophisch veranlagter Graf regierte, eine Frau angetroffen zu haben, die in Begleitung einer Schar von Kindern einherging. Sämtliche schienen ihre eigenen zu sein. Sie sagte laut, daß es jeder hören konnte, der zufällig des Weges kam, zum Jüngsten: »Du bekommst eine vor allen anderen.« Was er bekommen sollte oder zu gewärtigen hatte, schien mir ohne weiteres verständlich. Ich dachte an etwas, das klatscht, und glaubte orientiert zu sein. »Willst du wohl zu mir herkommen, ich tu' dir nichts«, redete eine jugendliche Herrin ihr Hündlein an, das seiner Gebieterin sorgfältig auswich. Ach, Unfolgsamkeit, wie weit bist du doch verbreitet. Unglaublich, was das für ein Leckerbissen sein muß, sich unartig aufzuführen. Ich weiß wohl, daß ich mich hier vergeblich bemühe, den Segen und die Annehmlichkeit eines sanften allseitigen Sichfügens in hellstes Licht zu stellen. Aber das alles ist noch nichts gegen böse Bussi, so werden Kätzchen genannt. Solche Bussi sind meistens wortkarg, falsch und was weiß ich. Ganz mit sich fertig, in sich abgeschlossen, kätzchenhaft abgerundet, ausgerichtet und -geglichen, führen sie das ausgesprochen eigensinnigste Dasein, denken den ganzen Tag lang an nichts als an sich selber, sind unaussprechlich bequem, schütteln sich, wenn sie Lust dazu haben, machen hie und da einen Buckel aus lauter Vergnügen an der Sehnenstreckung usw. Schon ihr bloßes Dasein scheint etwas Grundböses zu sein. Ein Bussi kümmert sich um rein gar nichts, bekundet nicht den kleinsten, geringsten, dünnsten Sinn für Pflicht. Der Allgemeinheit Wohl ist ihm wurst. Wenn es sich nur waschen, putzen, daß es vor Gepflegtheit glänzt, mit dem Zünglein züngeln und sich vornehm vorkommen kann, so ist das die Hauptsache. Kein Phlegma reicht an das des Bussis auch nur annähernd heran. Doch will [ich] von diesem doch wohl unerquicklichen Thema weggehen und die Frage aufwerfen: Was liest die heranwachsende Jugend, auf dem Frühmorgenweg zur Schule? Was anderes als den »Verschwundenen Wächter«, der zirka vierzig Druckseiten umfaßt und von dem man hoffen darf, er sei spannend vom ersten Buchstaben an bis zum letzten. Bös sieht es sicher auch innerhalb von Ehen usw. aus. Wo Frieden und Übereinstimmung walten sollte, kommt Uneinigkeit in einer Gesamtheit vor, die etwaigen Junggesellen wenig Mut einzuhauchen vermag, sich allfällig herbeizulassen, sich zu vermählen. »Je eindringlich[er] ich auf sie einrede, desto übelgelaunter wird sie«, klagte mir hier ein Herr Gemahl, während mir dort eine Gattin anvertraute: »Kein Ton ist mehr aus ihm herauszulocken. Er hält bloß noch Ansprachen an sich selbst.« Die Brücken, die über die Ströme gespannt sind, beben beim Betreten, Begehen elastisch. Die Berge schauen diesem schönen, bösen, lieben Leben mit grandioser Bedächtigkeit zu. Es ist [eine] Lust, wahrnehmen zu dürfen, wie unnahbar sie sind. Ob mir wohl der Leser nicht anmerkt, daß ich beinah schon zusammenklappe? Mein Artikelschreiben kommt mir nachgerade wie eine Tretmühle vor. Ist das nicht eine sehr böse Erklärung? Klingt sie nicht wie Rebellion? Darf ich bitten, mich

für einen bösen Verfasser zu halten, dem diese böse Welt Spaß
macht?
(286/II)

[Der Schlingel]

Beinahe will mich die freudige Absicht, über das Gnusch etwas
zu schreiben, zittern machen, und mit einer gewissen Ergriffenheit schneuzte ich mir mittels eines Taschentuches die Nase, bevor ich zur darstellerischen Feder gegriffen habe. Gestern abend
fiel mir übrigens rasch ein zu denken, meine Aufsätze oder prosaischen Äußerungen seien vielleicht etwas wie Personenauftritte in einer Art von Theater, das sich auf meiner gewiß nicht
wichtigen Lebenslaufbahn selbst gründet. Ich meine, daß ich es
sehr gut verstehe, wenn [den] Herren Verlegern paßt, nicht auf
Anträge, sich auf diesbezügliche Herausgaben einzulassen, einzugehen. Ach, wie mich diesmal die Idee, eine ziemlich kalte Benachrichtigung zu verfassen, scheinbar erwärmt. Und dann bin
ich ja nun ganz bestimmt in Bezug auf dieses Gnusch eine aufklärende Erläuterung schuldig, was ich treulich besorgen werde. Ich
erhielt wieder einen Brief, und zwar einen ziemlich umfangreichen und, nebenbei betont, schönen, tiefsinnigen, lieben, natürlich von niemand anderem als von einer Frau, deren Alter ich auf
mindestens doch schon nahezu vierzig bestandene Jahre schätze.
Die Lektüre dieses mit für gebilde[te] Frauen charakteristischen
schlanken und energischen Buchstaben geschriebenen Briefes
strengte mich im Verstand und Gemüt derart an, daß ich mir
erlaubte, zu mir selbs[t] zu sagen: »Herz, schlafe auf solche innerliche Bemühung hin recht lang«, von welcher Erlaubnis ich
dann auch in der Tat ausgiebigen Gebrauch machte. Frisch gestärkt, gleichsam geistig oder seelisch erneuert, wiederhergestellt, trete ich, ähnlich einem flinken Bedienten, der sich [mit]
wünschenswerter Ermuntertheit aus den Eingewickeltheiten seines Nachtlagers erhebt, um in seinen Pflichtenkreis hineinzuschwirren, an die Behandlung des Themas heran, das ein Wirr-

warr, ein Durcheinander, eine Verworrenheit oder ein sogenanntes Gnusch ist. Ich las in letzter Zeit eine Menge Aufsätze, Beschreibungen von Schriftstellern, die ihre Fähigkeiten einst in den Dienst einer Zeitschrift stellten, deren Sammelbände oder solid gebundene Jahrgänge sich in mancher häuslichen Bibliothek befinden. »Sesam, öffne dich!« spreche ich leise [zum] Vielerlei, über das ich hier so wenig Worte wie möglich verlieren möchte. Heute früh glaubte ich die Zarte, die mit dem hübschen, schwerzubewältigenden Barbaren, ich meine, mit dem ungekämmten Naturburschen zu schaffen hat, wiederzusehen, und ihre feinen schätteligen, kinderbäcklihaften Mundwinkelchen entzückten mich auf's neue. Welch unnennbar feine kirsch- oder apfelblütendurchsichtigkeiterinnernde Gesichtshaut sie hat, und wie besorgt ich einstweilen wegen (m)eines Gnusches bin, das ich nie zu ordnen, zu gliedern, einzuteilen unternommen habe. Briefe, die ich dieser und jener Freundin schreibe, und Briefe, die ich von dieser oder jener Gönnerin zugesandt bekomme, kreuzen sich, und wenn ich mitten in den Nächten (er)wache und sich Gedanken hoch vor mir wie Figuren eines seltsamen Schauspieles aufstellen, begnüge ich mich mit Stillvormichhinschauen und verbiete mir das Denken, Meditieren strengstens, gewähre mir höchstens einen möglichst lautlosen Spaziergang durch die verschiedenen Zimmer der Wohnung, die mich beherbergt, und die Zimmer, die leer sind, sind dies doch wieder nicht, sie erzählen mir die Geschichten, die ich schrieb, und sie mimen eine mienenlose Miene und sind sprechend schweigsam. Gottlob unterbricht mich beim Herausformenwollen des Abstrakten der Deckel einer Kiste, den ein Knabe, ein ausgesprochen dummer Bub, zuklappt, der sich in der Kiste, die ebensogut ein Koffer sein kann, sorgfältig eingenistet hat, um sich an der Freude des Verstecktseins, die ausschließlich eine Bubenvergnügtheit ist, die von den Erwachsenen nur mit Schwierigkeitsüberwindung, d.h. mühsam verstanden werden kann, zu erquicken. Ort des Vorgang[s] ist ein Estrich, wo Bettstellen, Stangen, Becken, Kopierpressen, Körbe von allen Herstellungsarten, Gebräuchliches und Außergebrauchgesetztes aufbewahrt werden. Stocke ich nun in meinen Ausführungen, oder komme ich damit vorwärts? Ist die Geschwindigkeit, mit der ich stillstehe und vorwärtskomme, eine erhebliche oder belanglose, eine wirklich eilige oder verhältnismäßig langsame, und trifft es zu, ist es richtig, beruht es auf Tatsächlichkeit, fußt es auf festen Füßen, daß sich in unserer Stadt zahlreiche hübsche Mädchen finden und daß es inmitten dieser vielen Niedlich- oder Hübschigkeiten hie und da eine veritable Schönheit gibt, die ich grundsätzlich für [ebenso] selten halte wie beispielsweise männliche Charaktergröße, die ja gerade durch ihr spärliches Vorhandensein als wertvoll empfunden wird. Inwiefern es hier von Kisten, Knaben, Frauen und Briefenveloppen, worin Briefe liegen, wimmelt, wird mit Recht von einem Gnusch gesprochen werden dürfen. Man wird es begreiflich find[en], daß die Mama des Kisten zum Wohnplatz erwählenden Bengels denselben eifrig zu suchen anfing, als sie seine Gegenwart zu vermissen begann. Nun war eigentümlicherweise diese Mama eine Schönheit, obschon ihrem Stand nach nur eine kleinbürgerliche Frau, die im Provinzstäd[t]chen an der Hauptgasse, zwischen einer Käse- und einer Huthandlung gleichsam eingeklemmt, einen Galanteriewarenladen innehatte. Mutete sie dem Knaben zu, er könne heimlich ein Indianerbüchlein lesen und auf Kistenokkupationsideen gekommen sein? Glücklicherweise tat sie das, indes etwas wie schnellvorüberfliegende Besorgnis ihr Antlitz momentan beschattete. In der Kiste, d.h. in all der ihn sonderbar anmutenden Kistenstille und -verschwiegenheit, dachte der junge Abenteurer lebhaft an die Wahrscheinlichkeit, daß sich die Mutter nun um seinetwillen Fragen vorlegte wie beispielsweise die naheliegenden Fragen: »Wo blieb er? Ich sah und hörte ihn vor noch kurzer Zeit, und jetzt sehe und höre ich ihn nicht mehr. Was wurde aus ihm? Sollte er auf den Einfall gekommen sein, plötzlich irgend etwas aus sich zu machen?« Vielleicht darf geglaubt werden, daß sich sowohl im Kopf des Versteckenspielers wie im Kopf der Verantwortungsreichen ein sogenanntes Gnusch, d.h. ein denkendes Durcheinander befand, d.h. nach und nach ausbildete.

Mama sah sicher sehr schön aus, als sie sich sagte: »Er bereitet mir Kummer. Wie das unartig von ihm ist.« Gleichzeitig nahm die Gewißheit, er mache sich über sie lustig, mehr und mehr Platz in ihrem so adelig, d. h. vornehm wie schön und ruhig aussehenden Oberstübchen, womit der Verfasser ihre Stirne meint, über deren Fläche von Zeit und Zeit kaum merkliche Fältelchen wie kleine Wellelein hinliefen. Legen sich Knaben gemeinhin bezüglich Seelenzustand usw. irgendwelche minime Fragen vor? Ich glaube dieses Problem meinerseits in für die Betreffenden ziemlich günstigem Sinn dadurch erledigen zu können, daß ich hervorhebe, ich sei der Meinung, der Kistenbewohner sei erstens auf einer Anzahl Bücher von vielleicht bleibendem Wert gesessen, die auf dem Boden des Behälters lagen, und habe sich zweitens über seine Sorglosigkeit von Zeit zu Zeit Sorgen gemacht, eine Verfassung, aus der strahlendhell hervorgeht, daß er ihr zugetan war, ihre Art, feinfühlend zu sein, kannte. Nichtsdestoweniger wurde für ihn die Dunkelheit, die er sich in der Lage sah, in allen Details auszukosten, zu interessant, als daß er Lust hätte haben können, derselben zu entschlüpfen, da er sie an sich als spannend zu betrachten geneigt sein mußte. Vielleicht kommen jetzt immer mehr Gegenwartsmenschen zur dankbaren Anerkennung des Nutzens eines Illusionszustandes. In Briefen teilt man sich mit, daß im Scheinbaren etwas Erlösendes liege. Auch ich gehöre zu denen, die Entsprechendem dann und wann Ausdruck zu geben für richtig zu halten sich gestattet haben. Sich irgend etwas Passendes, Angenehmes, Erlaubtes, Spielendes, Gewinnendes, Erheiterndes vortäuschen, hält meine zweifellos starke und weitverzweigte Wenigkeit für etwas denkbar Gesunderhaltendes. Was man in Wirklichkeit ist, kann durch eine gewisse mäßige Eingebildetheit ergänzt werden. Der Knabe in der Kiste hatte mit dem Besitz von der Kiste schon gleichsam eine Eroberung gemacht, er war jetzt nicht mehr nur, was er sonst war, sondern einer, der dadurch wertvoll wurde, daß man ängstlich seinetwillen geworden war. Zug um Zug freute er sich dieser ihn angenehm durchprickelnden Bedeutung, dieselbe immerhin als eine Überhelligkeit anschauend, die ihm die hiezu erforderliche Intelligenz bewahrte[1], mittels welcher er sich mit mehr oder weniger Bestimmtheit als Barbaren bezeichnete. Wußte er, daß in gewissem Sinn Barbaren, d. h. unbefangene Naturen sich vor befangenen, gedanken- und gedänkleinvollbehangenen Kulturellen auszeichnen? Vielleicht fühlte, spürte er's mehr, als daß er's wußte. Ich brauche wohl kaum zu fürchten, daß mir der Leser die Bezeichnung ›Mama‹ für eine Frau, die ich ihm als eine schöne vorstellte, mißgönnen oder übelnehmen wird, von der ich jetzt wissen lasse, sie sei immer noch in keiner Weise bezüglich ihres Suchens auf den richtigen Weg gekommen. Die Kiste blieb zunächst noch für sie eine vollkommene Unausgedachtheit, etwas noch keine Sekunde lang in Erwägung Gezogenes. Dafür sprach sie einstweilen vor sich hin: »Er steht gewiß Angst wegen der meinigen aus, und ein Schwert fährt ihm durch das Gewissen im Gefühl, in der Ahnung, daß sich in mir so gut wie in ihm Schwertstiche geltend machen«, wobei ihre nicht zu üppige, sondern zu wundervoller Ebenmäßigkeit gewachsene Brust auf- und abwogte, eine Bewegung, über die [sie] sich gleichzeitig freute und ob ihr erschrak. Mehrmals hatte der Wildling, falls man eine Prinzgeschichte von heutzutage dermaßen benennen kann, mit possierlicher Vorsichtigkeit den Deckel ein bißchen zu heben begonnen, hienach sich aber in die Eingesch[l]ossenheit zurückgezogen, die ihn ungeduldig zu machen begonnen hatte, die ihm aber nach wie vor imponierte, die eine unbesiegliche Eitelkeit in ihm hatte aufkommen lassen. Barbaren lieben gewissermaßen den Duft, das Gepränge, den Klang von Gefahren. Vielleicht sind [sie] sich hierüber weniger bewußt, als daß die geistig Verästelten, die Daseinszergliederer, die seelisch Zerschnetzelten, Zersplitterten, die Differenzierten dies um so genauer wissen. Die Barbaren oder Knaben kennen die Erwachsenen oder Zivilisierten vermutlich nicht so gut wie diese jene, was übrigens vielleicht nicht der Genauigkeit des exakten Beobachtens entspricht. Ohne sich dieses etwas lauten Ausdrucks zu bedienen, empfand die Mutter ihr Herr Söhnchen als ihrer Emp-

---

1 »brachte«

findsamkeit gegenüber sich im Zustand des Barbarentums Aufhaltenden, doch nun sagte es ihr mit einmal ihr Genius, wo er sei, mit einmal wußte sie's, worüber sie selbstverständlich froh war, wobei sie sich jedoch nicht zu verhindern vermochte, dem Autor mit einer Gebärde der Freigebigkeit, die ihr wohlanstand, eine Aufsatzbetitelungsdenkbarkeit zuwerfend, was mit schicklicher Geschicklichkeit rechtzeitig wahrgenommen worden zu sein scheint, aufatmend und sich ein Befriedigtheitslächeln gönnend, ihn mit dem wohlwollenden Vorwurf zu beehren: »Der Schlingel«.

(403/I)

[Das gibt es nicht]

Was soll's nicht geben? Die Sache ist die: Ich seh' oft bleiche Leute still, beinah bedeutungsvoll an mir vorüberschweben. Was scheinen mir ihre von der Geduld getragenen, kaum merklichen Gebärden zu sagen? »Dein Kopf ist rot. Du hast zuviel Blut. Das macht dich übermütig. Wie wenig du in diese so ernste Zeit hineinpassest. Fiel dir das noch nie auf? Glaubst du nicht, es würde sich schicken, mit deinen Gesundheiten dorthin zu gehen, wo Kenner der Beschaffenheit des Menschen ihres zarten und schwierigen Amtes walten, denen du das Anerbieten machen könntest, diejenigen Vorkehrungen zu treffen, mittels welcher eine gewisse Menge Blut aus dem Vorratshaus deines Ichs in die Zellen des meinigen zu leiten sein möchte?« Ich kenne nun ja selbstverständlich drei bis vier Frauen, für die ich mit Freuden nicht bloß eine Prozentualität meiner Gesamteigenheiten, sondern das Leben selber hergäbe. Meiner Meinung nach hat jeder Anständige solche Gesinnung zu haben. Wär's nicht herrlich, unter der Rosigmachung einer verehrten Persönlichkeit zu erkalten oder, mit anderen Worten, an den rasch zunehmenden Lustigkeiten eines Wesens, für das man sozusagen platzte, müde zu erschlaffen? Aufopferung ist zweifellos ein Lebensweg von nicht hoch genug geschätzt werden zu könnender Schönheit. Was mir aber bei allem dem nicht gefällt, ist die Romantik. Ich bin zu sehr Wirklichkeitsmensch, zu sehr vom gesunden Menschenverstand umhüllt und eingekleidet, als daß mich zu begeistern vermöchte, was einer Novelle ähnlich sieht. Etwas in mir schreibt mir vor, auf's Sorgsamste zu vermeiden, im Diesseits Jenseitssehnsucht zu verkünden, anders gesprochen, mich unalltäglich aufzuführen, d. h. eine Romanfigur zu sein. O, we[l]ch unerhörtes Schönheitsexemplar in Mädchenform, gewiß aus feinster Familie herstammend, schaute mich neulich, ich will und soll nicht verraten, wo, mit der dezenten und darum vielleicht bereits ein wenig in's Undezente tretenden Bitte in den holden, großgeöffneten Augen an: Sei doch fromm! was ich mir sogleich so übersetzte: Sei gebefreudig! Blaß war sie, mithin blutzufuhrbedürftig. Da es nur eines raschen Seitenblicks bedurfte, um mich vom Charakter ihrer stummen Forderung zu überzeugen, huschte ich weich, d. h. schonend und wie schwebend in's Weite, womit ich sagen will, daß mir die Aufgabe des Verschwindens aus ihrem Gesichtskreis nahelag. Wenn ich laut ausrufe, daß mir mein Blut, weil es Dichterblut ist, kostbar vorkommt und ich mich verpflichtet fühle, es beisammenzuhalten, nach Möglichkeit damit zu geizen, so wird wohl niemand diese Sprache vernehmen und ihr nicht Beifall zollen. Gewiß halte ich Diensteifer für etwas sozusagen Entzückendes, aber es gibt da noch einen Haken, und der heißt Dankbarkeit. Ich selber bin sehr gern dankbar, weil das rührend ist, weil sich das im allgemeinen ziemt, aber Dank entgegenzunehmen berührt mich als etwas mir in hohem Grad Unangenehmes. Ich würde dadurch, daß ich mich [zu]gunsten irgend jemandes eines Teils der hervorgehobenen Kostbarkeit entäußerte, Gefühle der Anerkennung hervorrufen, einen Empfänger gleichsam ausstellen, der sich gestehen müßte, ich sei sein Wohltäter, und das ist's, was es für mich nicht gibt, denn mein Geschmack verbietet es mir energisch. Ich halte für richtig, der Ansicht zu sein, daß es für uns Heutige schädlicher ist, aus den Üblichkeiten, die in einer Reserviertheit bestehen, herauszugehen, als denken zu müssen, es gäbe keine guten Herzen mehr, und so glaube ich, diese Publikation, die sich auf mein schätzenswertes Eigen-

tum bezieht, mit dem Bemerken, das ihr als Etikette dient, ausklingen lassen zu dürfen: Das gibt es nicht.
(360/I)

*Vor noch nicht allzu langer Zeit
hatte ich ab und zu Lust zu brüllen*

Vor noch nicht allzu langer Zeit hatte ich ab und zu Lust zu brüllen. Eine Wut, die sich hauptsächlich gegen mich selbst richtete, machte aus meiner Innerlichkeit einen phosphorisch zukkenden Sumpf. Meine schätzenswerten Eingeweide tanzten, schrien ungezügelt auf, womit ich eigentlich meine, daß ich mich damit alltäglich gab. Banditen schlugen in mir ihr düsteres Zelt auf, und mir fällt an solcher Sprachführung vor allem eine gewisse Offenherzigkeit auf, die gewiß so richtig wie möglich gewertet zu werden verdient. Von Schlangen[1] und dergleichen habe ich mir total abgewöhnt zu sprechen. Könnte ich mich nicht, in unverfänglicher[2] Verkennung meiner selbst, beispielsweise in einen Tiger verwandelt glauben, der, sein Opfer krampfhaft umkrallend, mit Glasaugen in die Unausdenkbarkeit blickt, allmählich aus seinen Grausamkeiten herauszutreten? Ich bin übrigens von der Sehnsucht jedes Tigers überzeugt, sein tragisches Dasein abzuschütteln, etwas Schöneres als das Furchtbare zu sein, woran er bildhaft haftet. Sind wir alle wirklich nur Bilder für unsere hochgeachteten Mitmenschen? Manchmal scheint mir dies so, und nun spreche ich plötzlich von einer unheimlichen Figur, einer Art Kriminalist, der mir gestern nacht in seinem aus Silberflitter bestehenden Komödiantenmantel zu verhältnismäßig noch früher Stunde begegnete. Er rauchte einen geheimnisvollen Stumpen, d. h. eine jener kurzen Zigarren, die von sehr schwer[em] betäubendem Aroma sind, und seine Schrittweise kam mir vor, als lächle sie feinsinnig und satanisch, nobel und gemein zugleich. Mit diesem sehr gebildeten Men-

1 »Pflanzen«   2 »unsäglicher«

schen, der allem Anschein nach eher ein geheimes Komplottmitglied als ein offizieller Beauftragter ist, nahm ich einmal in einem stattlichen Zimmer den Fünfuhrtee ein, den man mir aus Höflichkeit anbot und den man einen Literaturtee nennen kann, weil wir zwei von nichts als schriftstellerischen Kuriositäten sprachen, und bei welcher Gelegenheit er mich mit einmal forschend anschaute, als frage er sich in Bezug auf mich etwas ganz Bestimmtes, was unglaublich frech von ihm war. Nervös über einige längst ruinierte afrikanische Römerstädte mit einer gesellschaftlichen Allüre hinwegschweifend, wie dies bei Unterhaltungen schöngeistiger Art Sitte zu sein pflegt, offenbarte er mir, daß er sich für einen Einsamen halte, und zwar lediglich aus dem beinah ein wenig lächerlichen Grund, weil ihn andere dafür hielten. »Ich habe gemordet«, glitt es ihm unter anderem aus dem Mund, als sei, was er sagte, sein Herr, und er müsse diesem Herrn gehorchen. Ich fuhr nicht etwa erschrocken vom Stuhl auf, keineswegs, sondern ich hielt für passend, ihm auf die ruhigste Manier zu erwidern, er habe sicherlich schon oft gemordet, worüber er sich nie Rechenschaft abgelegt habe, und er rede sich nun plötzlich ein, er sei ein Mörder, weil das zu seinem Bedauern absolut nicht stimme. Er sehne sich in hohem Maß nach Vitalität, und er bilde sich zu seinem Vergnügen von Zeit zu Zeit ein, er lebe mit einer scharmanten Frau zusammen, die von seinen Ruchlosigkeiten vergiftet worden sei. Ein Schmerz schien ihn zu durchzucken, als er nach einer Pause sprach: »Teufel, der Sie darum sind, daß Sie mir zu wähnen mißgönnen, ich sei, wessen Sie mich jetzt entkleiden. Sein Tee war übrigens etwas wässrig, und mit gewiß ein wenig unangenehmen Schläfrigkeiten brachte ich vor, ich sei in die Mutter einer bil[d]schönen Lehrerin[1] verliebt. Schönheit, führte ich theoretisch und zugleich anscheinend praxiserprobt aus, führe in's Unschöne, wie etwa reinlicher[2] Konservativismus in die Unterwühlung hineinleite. »Sie wagen, politisch zu reden?« »Meiner Ansicht nach gibt es überhaupt nichts Unpolitisches. Alles, vom Schäufelchen, das ich vom sorg-

1 »Leserin« 2 »peinlicher«

sam polierten Fußboden aufhebe, angefangen, ist politisch. Jeder Schritt, jeder Kuß, jedes Geschenk, jedes Wort, jedes bißchen Essen, jeder Hut, jede Hose, jeder ixbelie[bi]ge Lungen-, Atemzug gehört mit zur Politik, an welcher Tatsache meiner Überzeugtheit nach nicht das Leiseste zu ändern ist. »Wollen Sie leugnen«, fragte er mich ernsthaft, »daß Sie ein Kind sind?« »Ich weiß, daß ich entsetzlich sein kann«, gab ich zurück und fügte wohlwollend, d.h. unauffallend bei: »Ich halte beispielsweise für sehr schicklich, daß man mit Lob untergraben, mit unterminierendem Tadel jedoch beleben, hochheben kann, [und] alle diese vielen klugen Irrtümlichkeiten, diese umdunkelten Helligkeiten, unverständigen Verstand für fürchterlich interessant, für oft geradezu entzückend. So suche ich Suchender zum Beispiel nie irgend etwas. Ist Ihnen unter anderem bekannt, daß ich eine Herrin habe, die von mir vernachlässigt, verschmäht zu sein glaubt?« Es gebe mehr Mißverständnisse im Leben als Steine am Boden, schnitt ich den Faden ab, den er dadurch aufhob und weiterknüpfte, daß er anmerkte: »Ich habe Sie ein- bis zweimal unterhalb (m)einer hügelig gelegenen Wohnung knabenhaft mit Steinen zielen gesehen, was immerhin ein gewisses Licht auf Sie wirft.« »Ich machte einmal einer Deplazierten, um nicht zu sagen, einer außerhalb des Rahmens der Gesellschaft Vegetierenden, einen umwerfenden Vorschlag in Bezug auf ihr seelisches Wohlsein, was sich zweifellos mit [meinem] Hang, galant zu sein, in Zusammenhang sehen läßt.« Der Tee war damit aufgehoben, und ich weiß zur Genüge, daß wir befeindete Freunde sind, zwei, die sich gegenseitig gleichsam ertappen wollen, zwei enthusiastische Ehrlichkeitsfanatiker, für die [es] ein Glück ist, keine allzu treffliche Meinung voneinander haben zu müssen, indem sich jeder von uns bemüht, den Gegner für viel zu intelligent zu halten, als daß er rechtschaffen zu sein imstande sei, worin ja ganz einfach die Sehnsucht der gewissermaßen Entarteten besteht, wofür heute schon anstandshalber jeder jeden hält, um moralisch überhaupt einigermaßen möglich zu sein. »Zweierlei Wohnungen hat der Schurke also!« Ich mit meinen zahlreichen Wohnplätzen rufe dies mit kalter Entrüstetheit aus. Was geht es diesen evangelischen Katholiken, diesen gepuderten Zerzausten, diesen zugeknöpften Entblößten, diesen mädchenhaft zarten Mann, diesen Adlige-Küchenmädel-wundervoll-Findenden, diesen idealistischen Zyniker, diesen Geordneten voll Unordentlichkeiten, dieses leben[be]jahende Verneinungsscheusal, dieses denkbar artige Ungeheuer usw. an, wenn ich manchmal in der Illusion ein bißchen Knabe bin, da es doch zu meinen schönsten Pflichten gehört, mich zu erhalten, weil ich dem Gott Güte als Wohnung diene, obschon ich ihm mitunter bloß Stroh zur Gliederausruhung anzubieten habe. Liebe nicht auch ich das höchste[1] Wesen? Was meint er eigentlich? Mir mit der Betitelung Schreckenskind zu kommen. In gewissen Artikeln, die er lancieren zu lassen versteht, der Vermutung Ausdruck zu verleihen, ich zöge täglich nur darum durch eine gewisse architekt[on]isch wertvolle Gasse, weil mich meine Schlechtigkeit(en) dorthin zöge(n), während es doch nackte Tatsache ist, daß ich dort verlorenen Kinderscharen zu begegnen hoffe. Genauer gesagt sind dort für mich Novellen sozusagen lebendig, die ungeschrieben zwischen diesen Mauern im Zustand der Fix- und Fertigkeit umherschweben. Was ihn betrifft, der gegen mich arriviert, kann es sich bei ihm unmöglich um einen andern handeln als um einen von lieben Mädchen, die er sympathisch [findet], Ausgelachten. Sie lachen ihn aus, weil sie ihn liebenswürdig finden und weil sie wahrnehmen, daß er das nicht versteht, das Kalb. Auch davon weiß er nichts, daß die Stunden wie Mauern umschließen, daß ich in mancher Hinsicht ein Totengräber bin. Auf sein bißchen Frau Gemahlin, weil sie einmal mit fraulicher Herablassung zu mir sprach, glaubt er seither, hätte ich es abgesehen. Meine Abgründe sind ihm vollkommen fremd. Mich hat er vernichten zu können gedacht, und hier bin ich sein Vernichter, worüber er jedoch nur froh sein kann, denn die Hassenden, die Tötenden machen uns ja uns anstrengen, wie uns Wellen das Leben mit unerhörter Frischheit lieben, willkommen sein lassen, die uns mit begehrlichen Armen umklammern, die uns das blühen[de]

---

1 »die höchsten«

Gefühl des Verderbens einhauchen. Weiter nichts als ein umsichräsonierender Spießer ist er.

(74/I)

*Wie ich mit ›dieser Frau‹
gerade hierher in dies weite helle Zimmer kam*

Wie ich mit ›dieser Frau‹ gerade hierher in dies weite helle Zimmer kam, das irgendwelchem Palast, jedenfalls einem anscheinend außerordentlich feinen Gebäude anzugehören schien, blieb mir unbekannt. Gestern blickte ich übrigens an einem sehr alten populären Gasthof ›empor‹, als wenn ich eine vornehme Vorüberreisende mit der Zither und meiner Liedstimme hätte ansingen wollen. Ich wanderte gestern weit hinein in die Berge und kam dabei an ein zartes grünes bächleindurchplätschertes Schlüchtchen, in das ich von hoch oben zirka eine Minute lang gedankenumfangen und von Liebe zur Natur beglückt hinabschaute. Ein Wirtshaus, worin kartengespielt wurde, mag erwähnt sein, doch nun wieder von jenem Kind, ich meine, von jenem im Bette aufrechtsitzenden Mädchen. Gebadet habe ich übrigens gestern in ganz goldig-schwarzem Wasser, und alle meine vielen, vielleicht allzu vielen Liebschaften fielen mir flüchtig, spinnwebhaft, traumhaft ein. Die Frau, in deren Begleitung ich das obgenannte Gemach betrat, mochte wohl sehr guten Kreisen angehört haben. Was sie sprach, vermag ich infolge meiner Vergeßlichkeit, die oft über mich wie ein Gefolge von Wellen kommt, nicht anzugeben. Hingegen unterliegt keinem Zweifel, daß es in diesem Zimmer Abend oder Nacht war. Der Fußboden, wie er strahlte, blitzte, wie wenn's ein romanischer Mosaikboden gewesen wäre. Des Gefühles, als rage in der Nähe eine bekannte Kathedrale hoch in die Nachtluft hinauf, konnte ich mich nicht erwehren. Indem ich so dastand, dachte ich flüchtig an eine Erzieherin, die sich stets aufrichtig bestrebt gezeigt hatte, mir meine Übellaunigkeiten oder Bosheiten abzugewöhnen, indem sie sich auf die Meinung oder auf den Glauben stützte, der ihr einredete, ich sei keines netten Lächelns fähig. Diese Erzieherin hatte mich vor einiger Zeit in der Überzeugtheit erwartet, ich würde ihr Gelegenheit geben, höchst unzufrieden mit mir zu sein, mich also zurechtzuweisen, zu tadeln. Es kam aber wider Erwarten ganz, ganz anders, als wie sie sich's vorstellte, ich war ›bezaubernd artig zu ihr‹, schaute gleichsam groß, freundlich, um gütige Nachsicht bittend zu ihr hinauf, weswegen sie betreten, entwaffnet vor sich herabblickte. Glich ich vielleicht in dieser Minute dem Kind, das in seinem Bettchen saß? Ich wage das natürlich nicht mit Bestimmtheit zu sagen, item, meiner Erzieherin zerfloß der Busen, wie ich mich vielleicht ausdrücken darf, angesichts meines fast unterwürfigen, jedenfalls höflichen Betragens, und alle ihre Absichten, mich zu korrigieren, bloßzustellen, zu beschämen, flossen, flogen, flohen dahin. Sie war ganz zerfließende Anerkennung, und um dieses Zugebenmüssens, daß sie an mir jetzt gar nichts auszusetzen habe, tat sie mir leid. Es gibt ja eine so aparte, seltsame Art der Bemitleidung. Nun zurück zur Magie meines Erlebnisses im Zimmer, dessen Tür offenstand. Durch die Türöffnung konnte man in einen Gang, d. h. vielleicht besser gesprochen, in ein entzückend dekoriertes Treppenhaus blicken, und jetzt sagte die Frau, von der ich ja bereits sprach, indem sie mich nervös-erschreckt am Arm anfaßte: »Da steigt jemand hinauf, ein Mann, o, ich höre ihn.« Welch eine Angst sie ausstand, und ich kann auch diese Frau merkwürdigerweise gar nicht näher beschreiben, ich täte dies gern, wenn es mir möglich wäre. Jetzt aber betrat in der Tat ein Mann das Gemach, indes nun ich plötzlich im Bett lag. Wohin sich das Kind inzwischen verirrt hatte, wußte ich nicht und weiß es auch jetzt noch nicht. Bloß mit dem Nachthemd bedeckt, erhob ich mich vom Nachtlager, das von köstlicher, sorgfältiger Art war, um ihm entgegenzutänzeln, der uns seinen Besuch abstattete. Siehe da, ich erkannte in ihm einen guten Freund. Kam ziemlich nah hinter ihm nicht auch seine Gattin herbei? Kein Zweifel, und ich umarmte zuerst ihn, und ich bekenne durchaus die Wahrheit, wenn ich behaup[t]e, daß ich ihn mit einem kleinen, vorsichtigen, gewiß aber keineswegs bloß gesellschaftlich kühlen Begrüßungsküßchen auszeichnete, obwohl es sich vor allem selbstverständlich um etwas Formelles handelte. Immerhin war ich durch die Ankunft // eines Menschen, der mir von früher her bekannt war, tief gerührt, und nun begrüßte ich anstandshalber natürlich auch die, die ihn herbegleitet hatte, die mir indessen ein bißchen fad vorkam, d.h. sie wies keinerlei deutliche Zeichnung oder Umrisse auf. Ihn aber erkannte ich deutlich wieder. Jetzt traten wir beide mit einer gewissen Wärme, d.h. mit einer nicht zu widerlegenden Interessiertheit an's Bett, das mitten im Zimmer zu stehen schien, und ich war nun vielleicht wieder ein anderer, ein Neuer, denn im Bettchen saß nun wieder das kleine Mädchen in dem Weiß der Leinwand aufrecht, uns geistvoll anlächelnd, die sich nach seiner Gesundheit erkundigten. »Gottlob ist die Angst der Frau vollständig unbegründet gewesen«, fuhr es mir mit blitzähnlicher Geschwindigkeit durch den Kopf. Das kleine Mädchen besaß etwas verzerrte, kränkliche Gesichtszüge, es verhielt sich aber gegenüber der Visite, durch die es sich beehrt fühlen mußte, mit, wie man gemeint haben möchte, tadelloser Grazie, d.h. Liebenswürdigkeit, indem es mit emsig und lebhaft plauderndem Mund zum besten gab, was ich ungefähr so übersetze: »Sie hörte(n) eines Tages auf, mich zu grüßen. Wollte ich mich ernsthaft aufführen, so lachte(n) sie. Nicht, daß ich geradezu ausgelacht wurde, nein, das absolut nicht, aber, wenn ich mich irgendwo befand, husch, war(en) sie auch schon da. Das verwirrte[1] mich, man wird das leicht begreifen. Dann deutete(n) sie immer darauf hin, ich sei unerhört hübsch, und daß sich das [so] verhalte, stimme sie furchtbar fröhlich. Sie machte(n) mich auf vielerlei Art und Weise zu einem Freudengegenstand, der keinen eigenen Willen habe, über sich selbst nichts wisse. War ich von Haus aus naiv, so sorgte(n) sie dafür, daß ich mir täglich naiver vorkäme, und sie erreichte(n), was sie bezweckte(n). Immer war ein langes, ruhiges, unempfindliches Begucken Mode, Sitte bei ihr[2]. Ob mir das lieb sei, schien(en) sie sich nicht zu fragen, und diese Unbekümmertheit, verstehen Sie, meine Her-

1 »irritierte« 2 »ihnen«

ren, bezüglich dessen, was in mir vorging, machte mich so, als stürze Milch über mich herab und begrabe mich unter Fluten von Daseinssonnigkeiten, und von Tag zu Tag wurde ich wehrloser, nachgiebiger. Ob mir das schadete, wie soll ich das zu beurteilen vermögen. O, wie ich fromm geworden bin, ihr werdet es nie fassen. Mir blieb lieb, was ich keineswegs lieb hätte behalten sollen.« Das Mädchen betonte jedes Wort mit ergreifendem Nachdruck, sprach langsam und rasch zugleich. Uns schien es, daß das Kind beinah etwas wie stolz auf sich sei, denn es strahlte. Vielleicht tat es das darum, daß es ›ja‹ zu vielem sagen gelernt hatte, das ihm anfänglich ablehnenswürdig erschienen war. Wie lange wir bei ihm standen, weiß ich nicht. Ich sprach jedenfalls hier von einer besonderen Welt, was vielleicht manchem ungeziemend vorkommt, der nicht gern das Unalltägliche im Alltag zugibt. Ich las einmal eine Geschichte, die mit den Worten anfing: »Eine Schöne verlor ihren Sohn.« Sie war mit ihm durch den Garten spazierengegangen, als plötzlich Leute durch's Gebüsch drangen, von denen ihre Vernunft ihr eingab, zu wähnen, es seien solche, die lediglich auf ihren Vorteil erpicht seien. Der Anblick der Schar, die kaum etwas anderes als Egoistisches im Sinn haben konnte, trug ihr einen Ohnmachtsanfall zu. Wie lange sie so dalag, vermochte sie, als sie wieder zu sich kam, nicht zu unterscheiden. Ihr Sohn war fort. Sie hörte nie mehr etwas von ihm, der sich mit der Zeit zu einem Intellektuellen ersten Ranges entwickelte. Muß man, um sich zu finden, (denn) nicht zuvor verlorengehen? Wundervollerweise flog der Schmerz von mir weg, indes ich dies hinschrieb[1], der mich beim Beginn vorliegender Zeilen mit seiner Unerwünschtheit behelligte. Wundervoll!

(273/II + 272/I)

---

1 »hier schrieb«

Wolken schien es dort oben

Wolken schien es dort oben oder, wie man ebensogut sagen könnte, dort unten überhaupt keine zu geben. Wie ich mich erinnere, hielt ich mich in jenem Gebiet ein Vierteljahr lang, womöglich aber auch nur vierzehn Tage lang auf, oder sollte es sich um einen zirka drei Wochen andauernden Aufenthalt gehandelt haben? Mein ausgezeichnetes Gedächtnis verzichtet, hierauf Auskunft zu geben, aber es verzichtet nicht auf die Bekanntgabe, die einer Versicherung gleichkommt, die euch zujubelt: Ja, dort schien es der Natur unmöglich zu sein, nicht in einem fort den Menschen ein heiteres Antlitz zu zeigen, und ihre Flüsse und ihre Steine leuchteten wie ein einladendes, liebreiches Lächeln. Der Strom befand sich in der Gegend, von der ich rede, gleichsam in einem Jugendzustand, in einem Zustand von gleichsam ewigschöner und (-)sinnvoller Neuheit, und wenn er sich ungelinde gebärdete, so trug diese Gebärdung den bewillkommwürdigen Charakter des Kindlichen. Übrigens würde ich das Leben überall, soweit es einen uns einmal bekanntgegebenen Gott gibt, dem gesagt, geglaubt werden kann, daß er überal[l] existiert, überall vorkommt, überall regiert, erträglich zu finden vermögen, denn Menschen, wie ich einer bin, haben das Glück, beinah würde ich haben sagen wollen, das Genie, eine nichtendenwollende Heimat zu haben, aber laßt mich zu meiner Lieblingsgegend zurückkommen, worin es auf Felsen gebaute, angelegte Gärten gegeben hat, die aus Anpfl[anz]ungen von Bäumchen bestanden, deren Blätter, was die Form und die Farbtönung betrifft, an Feinheit mit allem Feinen und Zarten der Welt wetteiferten, und zwischen denen den Pfirsichen und Aprikosen erlaubt war, kokett, d.h. freudeversprechend herauszugucken, als wenn das Blätterwerk Mädchenhaar und die Früchte Augen von Gesichtern gewesen wären, die man nicht hätte umhin können, auf den ersten Blick zu lieben, womit ich betont haben möchte, daß man sie ohne weiteres guthieß. Wo das Land oder Ländchen liegt, erzähle ich deshalb lieber nicht, weil sonst alles, was Beine besitzt, dorthin reisen und springen und rennen und laufen und gehen und es mit Neugierde unsicher machen würde, die Unliebsames, Friedestörendes genug zur Folge zu haben pflegt. O dort an Abenden zu sehen, wie diese Abende mit ihrer volksliedersingenden Atmosphäre die altersgrauen Mauern hoher, überaus graziös und präzis gebauter Schlösser auf eine Art umgaben, daß man in eine wonnige weltgeschichtliche Tiefsinnigkeit wie [in] ein Prachtbett sank und fiel und daß man Geharnischte und Degentragende aus vielen längstgespielten und -gesehenen Theaterstücken und elegante heldische Figuren, von Witz und von der besten Gesinnungsweise bekränzt, vor der lauschenden, eindruckempfangenden Seele vorüberschweben sah. Der so blauklar(e) frühe Morgen glich allemal, wie soll ich sagen, einem großartigen Versprechen aus goldenem Göttinnenmunde, einem Munde, der von Wahrheit und Lüge gleich weit entfernt zu sein schien, nicht lügen zu können schien, weil er das Instrument der Wahrheit selber sei, und dem es wieder nicht gelänge und der es nie und nimmer nötig hätte, eine Wahrheit zu sagen, weil Wahrheiten für ihn ein zu kurzer, zu kleiner und zu enggefaßter Begriff seien. Die Natur selbst und nur sie war es, von deren Lippen ich spreche, von deren Bergen ich euch kundgebe, daß sie lerchengleich, d. h. die Lust, die Höhengelüste der Lerchen gebirghaft verkörpernd, und mit ihrem ewigen Schnee nicht prunkend, den sie für selbstverständlich halten durften, in die Luft hinanstiegen. Wenn sie nicht Flügel hatten und zu flattern, zu fliegen schienen und wie steinerne Flammen loderten, so wird das eine gewisse Bescheidenheit von ihnen gewesen sein, die Ähnlichkeit mit der unbescheidensten Unbescheidenheit aufwies. Jedenfalls waren sie einzig deshalb da, um Tälern mit ihren Formen zu gestatten, vorhanden zu sein, die mit blumengeschmückten Wiesenteppichen auf das Artigste überzogen waren, auf denen Schäfer und Schäferinnen sittsam hin- und herlustwandelten, sich nicht stark bekümmernd, wie's der ihnen anvertrauten Herde gehe, die sie wohlaufgehoben wußten. Glichen die Kirchen in den Städten und Dörfern dieser Gegend nicht vorschriftsmäßig angezogenen frommen Frauen und das Glockengetön nicht dem Ausdruck des Schicksals der Gesamtheit der Frauen im Lieben und im Leben, und was könnte es Würdigeres und Näherliegendes für mich geben, als daß ich mich unterfinge, mir einzureden, es wäre eigentlich sehr nett für mich, noch rasch die Gräber früher Christen zu erwähnen, über deren Hinsinken, dem die Ermüdung vorausging, deren sie sich nicht zu erwehren vermochten, weil sie nicht erzene, sondern vergängliche Körper hatten, dann die Gestalten hervorgegangen sind, die sich zu Geläuterten, d. h. Zivilisierten rechnen durften, von deren Türmen herab, sanft- und großbefiederten Vögeln ähnlich, die Bänder mit der Inschrift Liebe in den heiligen Schnäbe[l]n tragen, das vereinigunganordnende Schallen bis an's Meer hinaushallt, das man unter diesem Himmelsstrich nah glaubt, obwohl ich mit diesen Worten gewiß nichts anderes habe aufrollen wollen als den Versuch einer Landschaftscharakterisierung, den ich ergebenst bitten würde, aus den Grenzen oder aus dem Rahmen allgemein verbindender Bildung nicht herauszunehmen, wie dies gerade mit Bemühungen eines Verfassers, wie ich bin, meiner Ansicht nach oft geschehen ist, als wenn ich je irgend etwas im Sinn gehabt hätte, was mir nie einfiel, nämlich etwas, was sich[1] nicht ziemte, wovon ich mich stets fern wußte. Wer ist schuld, daß ich mich wehren muß, anstatt daß mich die Zuversicht begleiten würde, daß man mir Gutes zumutet.

(43/I)

O, wie in diesem nicht großen,
nicht allzu weitläufigen, aber stilvoll gehaltenen,
maßvollen, auf gewisse Weise
imposanten Palast am See

O, wie in diesem nicht großen, nicht allzu weitläufigen, aber stilvoll gehaltenen, maßvollen, auf gewisse Weise imposanten Palast am See oder am Meer oder am Strom oder am Bach geistig Hochstehende, man möchte sagen, Mönche, klösterlich Verbrü-

---

1 »mir«

derte gebackene Fische mit dem erlesensten Anstand zu vertilgen verstanden. Das Haus oder der Hof war eine Art Vergnügungssitz oder Erholungsheim für mittelalterliche Kulturbeflissene. Hier scheint es einst ebenso hohei[t]lich wie dünnblütig wie feierlich und getragen hergegangen zu sein. Hoch erstreckten sich die Reben die Anhöhe hinauf, die von nichts anderem wußten, als den Wein gutmütig herzugeben, der nachher zu geeigneten Augenblicken im Glase perlte und funkelte und durch die Adern in's Wesen der Trinkenden hinunterfloß. Per Kahn oder per Gondel oder per Ruderboot ruderten sie über die stillgoldene Seefläche nach einer unweit gelegenen Insel hinüber, die vielleicht manchem von ihnen wie ein Paradies erschien, weil sie so groß, so schön, so einladend [und] bewillkommnend wie ein zur Sommerzeit grüner, im Herbst gelber und roter Damenhut mit elegantem Rand im Wasser, das diesen Hut mit seinen Lippen küssend zu berühren, zu benetzen schien, ausgebreitet lag. Auch auf der Insel befand sich wieder ein kunst- und sittsamkeitsbeherbergendes Kloster, und an den Ufern des Sees lächelten ländlich, bäuerlich und landwirtschaftlich die verstreuten Dörfer, und alles ging damals enorm fidel zu. Der See war als Wasserstraße, als Verkehrsweg weithin bekannt. Man fand hier letzthin tiefvergrabene byzantinische Münzen, ein Beweis von ehemaligen Handelsbemühungen und Finanzzuständen und langen Wanderungen aus dem Orient in's Abendland. Griechische Kaiserinnen fuhren vielleicht einst, auf prächtigen Schiffen ruhend, die herrlichen Herrscherinnenhände in's zarte feine geduldige Wasser hinabhaltend, um sich von seinem linden lieben kühlenden Mund liebkosen zu lassen, über diesen niedlich- und doch auch wieder großgeformten See hinweg, der den, der ihn befährt, in ein Sagenland, in ein Märchengebiet zu führen, zu leiten scheint. Existierten doch hier früher Städte voll behenden Betriebes und Strebens, die seither völlig verschwanden, als hätten sie nie mit Türmen und Zinnen und Fensterscheiben geglitzert und mit Fähnchen und Fahnen gegrüßt und gewedelt und nie von Rathaustreppen herab Friedens- und andere Verträge laut verkündet und Verordnungen ausposaunen lassen. Dann kam eine

Zeit, wo der Palast am See zu herrschaftlichen Zwecken verwandt wurde, indem ihn eine Familie in ihren Besitz zog. Manches lesenswerte gute Buch, das womöglich von Wildenbruch oder von irgendeinem sonstigen fruchtbaren Verfasser verfaßt und geschrieben worden sein mochte, wurde im Garten, im stillen, der sich von der Hausfassade bis an das Binnengewässer erstreckte, von dem wir genügend gemeldet zu haben glauben, ungestört gelesen. Abends pflegten zweifellos die Töchter sich in Klavieretüden auszubilden, was ich keineswegs ironisch aufzufassen bitte, da ja Ziehende, Zigeunernde, Wandernde beim Vorbeilaufen auf der Landstraße sich an den empfindlichen Figuren und am über die Tasten Gleiten der Finger oder Fingerchen, an denen ein Ring blitzte, der ein Verlobungsring sein konnte, erlabten und vergnügt weitergingen, neuen Mutes voll und von der Feenhand des Vertrauens in das fernere Erleben angetastet. Heute ist das Haus ein Wirtshaus geworden, das sich anscheinend rentiert, von dem wenigstens angenommen wird, es werde sich rentieren. Alles muß sich heute eben mit Rentabilität legitimieren. Legitim ist das Auskommen, d.h. die Verzinsung, die rechtzeitige Deckung der Unkosten, verbunden mit einem Gewinn. Ich hörte den Roman dieses aus alten Zeiten stammenden Hauses, den ich so knapp und in so allgemeiner Tonart wie möglich wiedergab, aus dem lachenden Munde eines Mädchens, das sich ein Jahr lang oder länger, sich beinah als Patrizierin fühlend, in einem der vielen entzückenden Zimmern, die das Gebäude enthält, aufgehalten hatte, mit einer Aussicht wie eine helle Vitrine und weitsichtig wie [... ...].
(278/I)

O, ich schreibe hier einen Prosaaufsatz

O, ich schreibe hier einen Prosaaufsatz, der den Charakter eines Briefes hat und der wieder einem Gedicht ähnlich sein wird, wenn er ausfällt, wie ich wünsche, daß es der Fall wäre. Heute war ich übrigens von geradezu trunkener Nüchternheit, vor der die Dankbarkeit einem Kind gegenüber wie ein grünglänzender[1] Stern aus dem Himmel herabfiel. Bisweilen gehe ich wie ein Vater einher, der sein verlorenes Kind sucht. Natürlich ist das eine Art Komödie, die ich zu meiner Zerstreuung spiele. Übrigens wäre ich wahrscheinlich ein riesig netter Vater, aber immer gibt es wieder zahlreiche Menschen, die mich zum Ernsthaftsein für zu jung halten, und einigermaßen muß man doch glauben, die Nachbarschaft usw. habe mit ihrer Beurteilung recht, wobei die eigene Meinung immer noch dazu sagen kann, was sie will. Meiner Meinung nach bin ich ein außerordentlich müdes und elastisches, krankes und zugleich in allen Gliedern gesundes Kind, obschon ich oft wie ein Greis daherstolpere, durchaus unsicher und vom Altgewordensein verzittert. Wenn mich aber einige Freunde für die Einsamkeit selber halten, so muß ich ihnen eröffnen, daß sie sich irren, denn ununterbrochen bin ich in Gesellschaft. Aber es gibt in unserer Stadt manche Verlassenen, die es um so eher sind, als sie gar nicht danach auszusehen scheinen, indem sie vorzutäuschen versuchen, sie seien die Allermuntersten und wüßten vom Gefühle des Nichtbesitzens dessen, was sie lieben würden, nichts, [wie] wenn es ihnen gegeben wäre. Jemand schrieb mir, daß er müde sei, was vielleicht hauptsächlich daher rührt, daß er sich mit einer Viertelseinwilligung knechten läßt, woran die besonderen Lebensumstände schuld sein mögen, die ihm zu dulden auferlegt sind. Das Ermüden stammt meines Erachtens nach aus einer Angewöhnung, über gar nichts mehr verdrießlich zu werden, durch nichts leidend zu sein. Nicht immer nur die Freude ist's, die uns weckt, sondern gerade sie kann uns gewissermaßen unglücklich machen. Ich hatte gestern das Vergnügen, neben einem sehr anständigen jungen Menschen zu sitzen, der auf mich den Eindruck machte, als sei er apathisch, besitze vor allem durchaus keine Quelle von Einfällen, die ich für das wertvollste Besitztum der Welt halte. Ob man Einfälle aufschreibe oder nicht, spielt keine Rolle. Wesentlich ist, daß uns alles, was uns einfällt, belebt. Ein pompös-unwirscher und ver-

---

1 »grünglitzernder«

ant[wort]ungbeladener Mensch und Mitbürger zu werden, dazu ist es für mich zu spät, ich bin von jeher sehr unglücklich und deshalb immer ein sehr glücklicher Mensch gewesen und werde es bleiben. Aus diesem Grund nun ist es ganz unmöglich, daß mich Menschen, die mir nicht freundlich gesinnt sind, zu schädigen vermöchten. Ich kam sehr krank zur Welt, was den Vorteil hat, daß man mich nicht kränken, nicht krank zu machen vermag. An jederlei Schaden bin ich seit langem gewöhnt, weshalb es mit denkbar großer Schwierigkeit verbunden ist, mir die Meinung beizubringen, man füge mir Schaden zu. Der Bevorzugte ist's, den man leicht benachteiligen kann. Und dann bin ich deshalb ein starker Kinderfreund, weil ich, wie mir einmal einer, der mir gebildet vorkommt, bestätigt hat, selber eine Art Kind bin. Einige redeten sich ein, ich besäße eine wunderschöne Tochter, um die ich mich keinen Augenblick kümmere, was ein ganz lächerliches Gerücht ist. Unter anderem kam mir zu Ohren, diese und jene, die gleichsam das schöne und das Regenwetter fabrizieren, hätten mich aus diesen und jenen Gründen ›abgesetzt‹, was für die, die für eine solche Maßnahme sorgen, wertvoll sein mag, für mich jedoch von gar keinem Belang ist, da es für ein Kind, das sich hie und da als Vater usw. vorkommt, gar nichts in Wirklichkeit Degradierendes gibt, besonders, wenn es ganz genau weiß, wie die heutigen Menschen dies Kindliche hochschätzen, wie sie es, wenn es ihnen fehlt, überall beinah sehnsüchtig suchen, einen freundlichen Blick aus seinen Augen aufzufangen bestrebt sind. Ich bin Inhaber eines wundervollen reich[en] Innenlebens, das ich nach Belieben zuschließen und öffnen kann, mit Hülfe // dessen ich mich, ich möchte glauben, jeden Augenblick in die beste Laune zu versetzen imstande bin. Für mich ist beispielsweise eine Dirne, wenn sie mir gefällt, nicht das, was sie ist, nur wenn sie für mich nicht zierlich genug ist, wird sie zu ihrem Wirklichen, d.h. dazu, als was die Allgemeinheit sie einschätzt, wobei mir ganz egal sein kann, ob mich irgend jemand nun als grausam erklärt oder nicht. Übrigens habe ich zu den denkbar feinsten Leuten Beziehungen, und weil ich deswegen nicht eine Minute lang das Gleichgewicht verliere, bin ich angenehm, wo es eine Kleinigkeit wäre, mißliebig aufzufallen. Wenn ich merke, daß (m)ein Stolz in mir erwacht, erinnere ich mich, daß es gegen diese Art von Kranksein ein Mittel gibt, das man Bescheidenheit nennt, und um nicht in einem fort bescheiden sein zu müssen, denke ich an den Stolz und gewähre ihm für eine Zeitlang den Eintritt in die Wohnung meines unabhängigen und doch immer wieder von allerlei Einflüssen abhängigen Ichs. Lieben mich diese nicht, so tun es andere. Vor allem bin ich es selbst, der mich liebt, der manchmal Mühe hat, mich zu verstehen, was für den sehr interessant ist, der für geziemend hielt, dies hier zu schreiben. Daß niemand auf mich stolz ist, scheint mir ein großer Vorteil für mich zu sein, wenigstens ist mir ein vortrefflicher Landsmann bekannt, der sich deshalb oft unangenehm berührt fühlt, weil gewisse Kreise sich seinetwegen ›etwas einbilden‹, was ihn seelisch schädigt, da sich eine Unruhe seiner bemächtigt, er könnte den Zumutungen vielleicht eines Tages nicht mehr Genüge leisten. Viele scheinen mir Verlassene zu sein, weil sie sich im Laufe der Zeit zu viel Gescheitheit erworben haben. Diejenigen aber, die von mir verlassen worden sein könnten, sind um mich voll Sorge(n) und gehören daher nicht zu den wirklichen Verlassenen. Vereinsamte sind nur solche, die sich quälen, und die, die ihre Mitmenschen quälen, sind die Gequältesten von allen. Die Hochmütigen wissen nicht, wie einsam sie sind, denn ihr Hochmut bezeugt nur, worüber sie sich nicht bewußt sind. Den Schaden daran trägt die Gesellschaft. Ich be[sa]ß vor einigen Tagen den Mut, ein Buch, das mir ein gutes Buch zu sein schien, halb ausgelesen beiseite zu legen. Mir kam vor, als wolle es mich zu ermüden anfangen. Das erlaube ich aber keinem einzigen Literaturerzeugnis, denn wie es ein Recht auf das Kind gibt, so existiert ein Recht auf Mißbilligung unwillkommener Geisteskinder. O, wie können einen Freiheiten quälen, drückend sein, und Einschränkungen können uns handkehrum glücklich machen, befreien. Die Nützlichen nützen sicher nebenbei und meist kaum merkbar sich selber, und daß es mit den Schädigenden auch so ist, scheint mir logisch zu sein. Die Art, wie die Menschen vernünftig zu sein wähnen, enthält bedenklich viel Komik.

Solche, die mich häufig komisch fanden, sind mir ihrerseits ebenso komisch vorgekommen. Es braucht viel Zurückhaltung, denn es würde vielleicht den Menschen ein gutes Zeugnis ausstellen, wenn sie Lächerliches nicht zu belachen und Klägliches nicht zu beklagen auf eigentlich recht einfältige Manier nötig hätten. Ich bin in dieser Hinsicht gottseidank so menschlich, will sagen, so schwächlich wie alle.

(227/III + 228/I)

Gestatten Sie mir, sehr verehrte Frau, einige Zeilen an Sie zu richten

Gestatten Sie mir, sehr verehrte Frau,
einige Zeilen an Sie zu richten

Gestatten Sie mir, sehr verehrte Frau, einige Zeilen an Sie zu richten. Ich sah Sie ein paar Ma[l] unter Leuten, sei es auf der Straße oder in einer von unseren Vergnügungslokalitäten, wo Sie auf mich selbstverständlich einen prächtigen Eindruck machten. Verzeihen Sie, wenn ich unwillkürlich einen Salonton anschlage. Erstens meine ich, das schicke sich, und zweitens bin ich ein Freund der Phrase, inwiefern sie die Schwülstigkeit vermeidet. Darf ich Ihnen die Versicherung geben, daß es für mich etwas Selbstverständliches ist, Ihnen hier bloß Angenehmes zu sagen? Zu etwas anderem hätte ich ja auch keinen Anlaß. Ich lebe in hiesiger Stadt sehr ruhig, was vielleicht allerhand Menschen weniger lieb ist wie mir selbst. Ich bin Schriftsteller und Literaturverständiger und habe mich in der Stadt, dessen Bürgerin Sie sind, beinah schon totamüsiert, womit ich sagen will, daß ich mich im Besitz einer unzerrissenen Zufriedenheit mit mir selber sehe. Vielleicht klingt das für Ihr Ohr etwas arrogant, aber ich habe das ja nicht gesagt, damit Sie es sehr ernst nehmen, vielmehr deshalb, um Sie lächeln zu machen, wozu ich imstande gewesen zu sein hoffe. Hie und da fühle ich mich ein ganz klein wenig beschäftigungslos, im allgemeinen aber bin ich fleißig, indem ich in- sowohl wie ausländische Blätter, d.h. Zeitungen mit klein(er)en oder größeren, bescheidenen oder bedeutenden Artikeln bediene. Wenn Sie wollen, dürfen Sie mich also für einen Journalisten halten, in gewisser Hinsicht aber ebensogut für einen Dichter, denn der Journalismus, den ich treibe, enthält eine vorwiegend dichterische Note. Daneben lese ich Eisenbahnliteratur, will sagen, kleine Romane, die man in der Bahnhofbuchhandlung für dreißig Rappen kauft. Hin und wieder bereitet mir das Deklamieren einer Novelle, eines Gedichtes oder eines Zeitungsleitartikels ein geradezu ungeahntes Vergnügen, und nun vernehmen Sie, [wo]möglich ohne darüber zu erstaunen, daß eine Frau meine Feindin ist, die sich eines Abends, zirka neun Uhr, hoch gegenüber mir aufrichtete, indem es ihr gleichsam

Spaß zu machen schien, sich vor mir in die Brust zu werfen. Seither geniert sie sich in gewissem Sinn vor mir. Ich hörte diese Frau einmal zu einem völlig harmlosen Herrn sagen: »Ich lasse mich von Ihnen unter keinen Umständen per Sie behandeln.« Wahrheit ist, daß sie sich von ihm gnädigefrauhaft angeredet zu hören wünschte. Das seien Kleinigkeiten, werden Sie einwenden. Pardon übrigens, wenn auch Sie dieses allerdings etwas bequeme ›Sie‹ Ihnen gegenüber nicht angewendet wissen wollen. Ich nehme Sie aber als sehr liberal in dieser Hinsicht an, was ja schließlich auch das weitaus Vornehmste ist. Meine Lebensgeschichte besteht hauptsächlich darin, daß ich Kollegen von etlichem Einfluß habe, die mich deshalb nicht für voll genommen wissen wollen und mich nicht für kapabel halten, Schriftsteller zu sein, darum, daß ich aus dem Handelsstande stamme, d. h. nicht durch eine Universität hindurchgegangen bin. Die Höflichkeitspflicht gebietet mir, es Ihnen zu überlassen, was Sie hievon denken sollen. Ich bitte Sie diesbezüglich bloß um ein kleines Nicken Ihres sehr verehrten Kopfes, so, als dächten Sie: »Was mir diese ausgezeichnete Persönlichkeit schreibt, scheint auf Wirklichkeit zu beruhen und ist mir verständlich.« Nicht wahr, Sie lieben und achten das Leben und litten schon unter ihm? Mit dieser Bemerkung möchte ich gern einige Menschenkenntnis an den Tag gelegt haben. Jene Frau, von der ich mir die Freiheit herausnahm, zu sprechen, besitzt ein sehr hübsches Näschen und ist schon einzig aus diesem Grund ein bißchen sehr nervös, mithin ein wenig bös. Sie werden, was in diesem Satz an Lebensart liegt und an Charakteristik enthalten ist, ohne weiteres begrüßen. Daß hübsche Frauen mehr Ansprüche machen als unscheinbar aussehende, dürfte klar sein. Sie sagte mir eines Tages, vor übrigens schon ziemlich langer Zeit, etwas Schmeichelhaftes, was ihr natürlich später lästig wurde. Aber in welch schönem feinem Hause Sie wohnen, verehrte Frau. Ihr Garten ist ein wahrer Prachtsgarten, und es ist schon recht lange her, seit ich Sie das letzte Mal in der Öffentlichkeit sah. Wie ich dazu komme, Sie zu kennen, werden Sie sich fragen. Als Antwort hierauf diene Ihnen, daß dies ganz auf Zufälligkeit beruht, die kaum erörtert zu werden braucht. Mein Roman besteht also darin, daß eine Frau meine Feindin ist, die einst gern meine Freundin geworden wäre, und er spiegelt sich außerdem in der mich vielleicht nur in geringem Grad empfehlenden Tatsache ab, daß ich da und dort Interesse vorgespiegelt habe und mich hernach anderweitig betätigen gegangen bin, was eine meinetwegen sehr starke Prinzipienlosigkeit von mir gewesen sein mag. Es existieren Menschen, die mir Launenhaftigkeit zum Vorwurf machen. Gegenwärtig ist das Wetter sehr schön, dennoch harre ich im Zimmer aus, diesen Brief entwerfend, den ich mich für berechtigt halte, als Leistung ersten Ranges zu bezeichnen, was wieder so gesprochen ist, als wenn's nicht ganz ernst gemeint wäre. Auch was ich veröffentliche, lautet immer halb lustig, halb ernsthaft, und ich vermag mir zu denken, wie ich hiedurch bei einem gewissen Prozentsatz von Lesern ein gewisses Maß an Unmut erwecke, denn die meisten Leser wollen, was Geschriebenes od[er] Gedrucktes anbelangt, sofort alles haarklein verstehen, indem sie es als unangezeigt empfinden, in irgendeinem Zweifel verharren zu sollen, was ja doch manchmal gerade das ausmacht, was man die Würze oder das Parfüm nennen kann. Die Heldin eines Büchlein[s] von der Art, wie ich Ihnen obenhin zu schildern für gut fand, heißt Lina Nova, ein patenter Name, der förmlich strahlt. Eine geheime Gesellschaft nennt sich »Weißes Auge«, und Lina ist Mitglied, wenn nicht schon eher Vorstandsmitglied derselben. Der Knabe, diese abenteuerliche Gestalt, Titus, so lautet seine Benennung, spielt in der Geschichte, die recht anziehend geschrieben zu sein scheint, eine rührende und wackere Rolle. Das Büchlein zählt nicht zur guten Literatur. Trotzdem birgt es eine durchaus gesunde Moral, und wenn alle Menschen, die dadurch, daß sie gute Bücher lesen, ich meine solche, die als gut anerkannt und imprägniert sind, zu guten Menschen heraufwachsen würden, lebten wir ja läng[s]t in der sonnigsten und besteingerichte[te]n aller Welten, denn unzählige Menschen lasen doch schon hie und da ein anerkannt gutes Buch. Indem ich Sie bitte, mir diese Äußerung nicht zu [ver]übeln, wozu Sie sich gewiß nicht veranlaßt fühlen werden, teile ich Ihnen mit, daß es

einst eine Dame gab, die zu irgendeiner Zeit eine Burg bewohnte und die, als sie wahrgenommen zu haben glaubte, ihr Liebhaber blicke nicht in einem fort nur auf sie, zum Instrument griff, das damals Sitte war, und darauf zu spielen begann, sich mit den Worten begleitend ... [*bricht hier ab*]
(367/I)

Du nahmst dir ja,
indem du dich brieflich an mich richtetest,
recht viel heraus, Liebchen

Du nahmst dir ja, indem du dich brieflich an mich richtetest, recht viel heraus, Liebchen, und du vermagst die allerliebste Wahrheit, die in dieser öffnenden Bemerkung liegt, sicher kaum zu fassen. Du hältst mich für eine Sorte Spieler, glaubtest mich als etwas Puppenhaftes nehmen zu können. Nun schreibst du mir, ich sei grausam, aber ich bin das nicht, ich bin lediglich arbeitsam, und du bist ja keineswegs meine Liebe, meine Leidenschaft. Diese bildet für mich eine ganz andere, eine, von der du keine Ahnung hast, eine, vor der ich innerlich schon deshalb niederknie, weil sie mich mit ihrem Betragen zur lebhaftesten Denktätigkeit zwang. Ich schrieb dir, du tätest gut, deine Empfindsamkeiten nicht ernster zu nehmen, als es sich mit deiner Würde vereinbaren läßt. Du bist deiner bürgerlichen Würde immerhin eine fortlaufende Rechenschaft schuldig, und es muß dich doch zufrieden stimmen, dich zu bemühen, den Anforderungen gerecht zu werden, die dir deine innere und äußerliche Haltung gewährleisten. Schon allein unsere Haltung kann uns ja beinah beglücken. Ich mache dich ergebenst darauf aufmerksam, daß du mich für viel leichtfertiger hieltest und hältst, als wie's in Wirklichkeit mit mir der Fall ist. Gestern ging ich mit einem Gelehrten durch den Wald, der vor Gewaschenheit, Gesäubertheit, Betautheit duftete, blitzte. An einem tief im Dickicht gelegenen, angenehmen Plätzchen legten wir uns hin, genossen zuerst schweigend die Bequemlichkeit, die uns die gute, freundliche Natur darbot, um hernach über einen gewissen Arthur Bitter zu sprechen, der um die Mitte des verflossenen Jahrhunderts hierzulande lebte und dem von seinen Zeitgenossen die Existenz schwierig gemacht worden zu sein scheint, weil er von der Gabe des Witzes einen nicht äußerst vorsichtigen Gebrauch machte. Dieser Arthur Bitter sei ein recht netter Mensch, hauptsächlich aber eine Art von Pavillonbewohner gewesen, sprach mein Freund. »Und nun vergaß man ihn inzwischen«, warf ich ein. Du sie[h]st, mein Mädchen, daß man sich über ganz vergessene, verlorene, geringfügige Angelegenheiten unterhalten kann, wie dieser Arthur Bitter eine ist. Man kann diesen Schriftsteller, von dem man längst nicht mehr spricht, als eine meilenweite Entlegenheit bezeichnen, und über [so] etwas kaum noch Wahrnehmbares, pünktchenhaft Kleines führ[t]en wir beide also da im Grase ein wirklich anheimelndes Gespräch. Man muß unbedingt versuchen, bescheiden zu sein. Ich möchte das allen, allen treuherzig zurufen, denn wir leben in einer zerbrochenen Zeit, die sich nur mit großer Sorgfalt und nur mit viel Treue wieder zusammenleimen und -zimmern läßt. Du und sehr viele deiner Geschlechtsgenossinnen nehmt vielleicht die Tatsache des Zusammengestürztseins der Werte gar nicht wahr, und ihr vermögt daher gewisse Bedenklichkeiten, Sorglichkeiten nicht zu verstehen, um die es denen zu tun ist, die die weitläufige Pracht der Verwüstetheiten sehen. Meistens handelt es sich ja hiebei um Unsichtbarkeiten. Man kann's nicht greifen, und doch ist es da, dieses Beklagenswerte, dies schimmernde mit seinen Augen Herumbettelnde, dieses finstere Eisberghafte, dieses blendende Traurige und höchst traurige Komödienhafte. Ich verabschiedete mich von meinem Freund, indem ich ihn bat, mich so für mich selber durch die Straßen eilen zu lassen. Wenn ich's eilig habe, ziehe ich natürlich dieses Mir-selber-überlassen-Sein jeder, auch der besten Gesellschaft vor. Mit einmal erkannte ich in einem Mann, der freundlich mit einem unscheinbaren Mammeli aus dem Volke sprach und daran Vergnügen zu haben schien, einen Bundesrat, also ein Mitglied unserer höchsten Behörde. Sehr belustigte es mich übrigens, daß ich mich in eine Sackgasse verirrte. Eigentlich sollte es zur Erziehung des Geistes der Menschen mehr Sackgassen im Leben geben, als es gibt. Meiner Ansicht nach sollte es hievon in der Öffentlichkeit wimmeln, denn nichts bildet uns ja so kräftig als gewisse Irrtümer, und es gibt auch in der Tat keine größere Freude für uns als das Entrinnen aus Irrtümern. Ich bitte [dich] um deiner selber willen täglich zu versuchen, dir eines Irrtums bewußt zu werden. Es gibt nichts, was so zu beleben, aufzurichten imstande ist wie eine Belustigtheit wegen uns selber. Ich kam dir ganz bestimmt eine Zeitlang wie ein Stück Butter vor zum auf's Brot Streichen, und jetzt findest [du] plötzlich, daß dich das Stück Butter plagt, und du irrst dich. Dir ist vor allen Dingen unmöglich, mich dir als Beschäftigten zu denken. Du meinst, jeder sogenannte Schriftsteller, wie ich z. B. einer bin und wie früher jener Arthur Bitter einer gewesen ist, warte bloß so darauf, als Schuhbändel betrachtet zu werden, damit man die Schühlein mit ihm binde. Gestern nahm ich natürlich wieder einmal eine wunderbar(e) junge Frau irgendwo wahr. Dies passiert mir zum Glück häufig. Dachtest du schon je an das Phänomen, daß eine Möglichkeitsausnutzung alle sonstigen Möglichkeiten zunächst unausnutzbar macht und daß das Verschmähen einer Eintrittsmöglichkeit in mir eine Menge anderer lustig offenstehen läßt. Wenn ich jemand befriedige, umgeben mich so und so viele mit mir höchst Unzufriedene. Und nun bist du also unzufrieden mit mir, was mich absolut nicht aus der Fassung bringt. Auf dem Spaziergang dachte ich über Ziele usw. nach und sprach zu mir, sie ließen sich mit konsequenter, schnurgerader Verfolgung nicht gern einfangen. Mit Vorliebe lasse sich ein Ziel gleichsam im Spiel erreichen, wenn es sähe, daß man mit ihm scherze. Das Leben sei ja ein Herz, meinte ich mir sagen zu dürfen, das die Lust und den Schmerz kennenlernen will. Bat ich dich nicht schon ein- bis zweimal, deinen Schmerz als heilig zu erklären, dich in die Fähigkeit hinaufzuschwingen, ihn zu lieben, das Höchste an ihm findend, an ihm erkennend, an ihm herausspürend, was dir blühen kann. Wenn du dich in dir stillst, würdest du mir sehr gefallen und vor allem dir selbst. Krame doch keine Geheimnishaftigkeiten vor dir und mir aus, denn ich kann dir sagen, daß mich das sofort zu einem der schlichtesten Menschen der Welt macht, zu einem Zauberkünsteverachtenden, während du mich, wenn du sehr einfach vor mir erscheinen würdest, bezaubern könntest. Ich schaute die einfachsten Gegenständlichkeiten, z.B. Blätter, wie verliebt an, nein, nicht so, aber mit sehr wohltuender Aufmerksamkeit. Ich sah eine Katze und dachte an ein Treppenhaus, das mit der Aufschrift »Bitte die Schuhe reinigen« versehen war. Vielleicht bist du der Kleinigkeiten überdrüssig. Diese Überdrüssigkeit macht dich unglücklich. Ohne eine Fülle der Beachtung des Kleinen, ja sogar Kleinlichen, ist gerade der großformatige Lebensroman unmöglich. Die Romane, auch der deinige, wollen aufbauenden, nicht wegwerfenden Charakter haben, bejahenden, nicht verneinenden, einsammelnden, danksagenden, kostenden, nicht den Charakter des Übersehens, Vernachlässigens. Warum schätzest du dich nicht in dem Grad, daß du für mich kostbar würdest? Mit der Selbstachtung fängt man das Wohltun an. Wie kannst du ein Glück für mich sein, wenn du mich merken läßt, daß du dich verwünsch[s]t? Wer sich nicht selbst zuerst mit Genugtuung empfängt, befindet sich nicht in der Lage, jemand anderes zu empfangen. Der Beginn der Gesellschaft findet im eigenen Ich statt, und derjenige kann zweifellos am besten andere unterhalten, der das mit sich selbs[t] kann. // Du sagst mir, dir fehle Arbeit, du fändest dich vor das dringende Bedürfnis gestellt, irgendeine passende Berufsausübung zu finden. Komme mir doch nicht immer mit der Arbeitslust. Wir haben Arbeitslustige im Lande genug, aber es fehlt in jeder Hinsicht an Lebenskünstlern und -künstlerinnen, d.h. an Menschen, die friedlich und glücklich auch ohne tägliche Arbeit zu sein vermögen. Auf Stellenausschreibungen fallen jeweilen zwanzig und mehr Bewerbungen. Beschäftigungsfindende gehören heute zum Rarsten, was es gibt. Die Nachfrage nach Arbeit ist etwas kolossal Kommunes geworden, sie bedeutet eine staatliche Belästigung, und auch du willst deinerseits gleichsam den Staat mit Händen belästigen, die gern arbeiten möchten. Das ist aber von dir eine Talentlosigkeit. Du hast ein Kapitälchen, brauchst dich also nicht unbedingt zu beschäftigen, hast eine Berufsausübung nicht unbedingt nötig.

Was dir fehlt, ist nicht Arbeit, sondern das bißchen Geist, mit dessen Hülfe du mit dem schicklichen Mut in deine Gegebenheiten blicktest. Leute, die von einem Änderungsdrang gepeitscht werden, finden sich nur zu viele. Die Gesellschaft bedarf solcher Elemente nicht nur nicht, sondern stößt [sie] notgedrungen ab. Wie monoton das von der Großzahl der Bewohner des Landes ist, keinen freieren Gedanken als ausgerechnet nur immer den einen zu nähren, nämlich diesen in gewissem Sinn ganz abscheulichen Gedanken an weiter nichts als die Arbeit. Das Land braucht heute mehr als je zuvor wieder eine Elite von Begabten, von Freien und Schönen, in sich Abgeklärten, von solchen, die genügend Seelenstärke haben, um auf Arbeit zu verzichten, eine Elite von Menschen, deren Existenz sich auf dem Luxus aufbaut, den sie bezahlen, und die den Luxus, seine Lust und seine Qual, zu ertragen vermögen. Du befindest dich also mit deinen Arbeitswünschen, die du für überaus ersprießlich zu halten scheinst, in einem Irrtum, der geradezu strahlt, glänzt. Was dir fehlt, ist, daß du [dich] nicht in Schönheit und in Fröhlichkeit sogenanntermaßen zu langweilen vermagst. Wenn du auf Arbeit verzichtest, kannst du nützlicher sein, als wenn du welche übernimmst. Du siehst jedenfalls, wie redlich ich mich mit dir abgebe. Wir haben heute sehr viele Probleme. Auch du bist eines. Nimm ganz kleine, gewähl[t]e Schritte, wenn du spazierst. Plage, beschäftige dich mit einer Menge kleiner, sehr strenger Vorschriften. Es gibt hundert Mittel, sich auf undenkbarste Art zu zerstreuen. Viele, und gerade die schmackhaftesten, Vergnügungen liegen beständig in deiner nächsten Nähe. Schau, schon Bücher! Die Bücher werden von solchen, die Zeit haben, sie langsam zu lesen, viel zu rasch heruntergeschluckt. Ob es denn wirklich wahr sei, daß ich einer Mätresse Gehorsam gelobt habe und daß mich diese Folgsamkeit befriedige, fragst du mich. Hierauf antworte ich dir: Ja, es ist so. Lasse bitte nicht außer Betracht, daß mein Interessenkreis groß ist, schließt er doch Winzigkeiten wie den erwähnten Arthur Bitter ungezwungen in sich ein. Du staunst über mich? Lerne lieber über dich selber staunen. Liebe mich, aber sprich nicht davon. Wozu brauche ich das [zu]

wissen? Ich liebe meinerseits viele, die es nie hören, die das wohl auch nicht zu hören begehren. Wenn ich spaziere, liebe ich hübschgelegene Balkone, die in der frischen, freien Luft hängen. Ich liebe vielleicht flüchtig, aber tief den Glanz von Automobilen. Ich liebe Wohnungen, von denen ich alles Schöne annehme. Ich kann irgendein Zimmerchen angeschaut haben, aber zugleich durch irgend etwas verhindert worden sein, es zu beziehen. Gut, dann liebe ich es eben in der Nachhalligkeit. Das Zimmerchen bleibt für mich ein Klang. So umweht, umtönt mich vielerlei. Uneigennützige Liebe ist vielleicht der zuverlässigste Gesundheitsfaktor. Viele Liebende irren im Reich der Liebe unbeglückt herum. Wenn du dich glauben machtest, du würdest durch mich unglücklich, so begingst du einen Fehler im Lieben, denn man kann immer so lieben, daß man glücklich wird.
(359/I + 358/I)

*Mich überrascht jedesmal,
wenn ich eine Nachricht von Ihnen lese,
der ziemlich unerfreuliche Eindruck*

Mich überrascht jedesmal, wenn ich eine Nachricht von Ihnen lese, der ziemlich unerfreuliche Eindruck, Sie flößten mir Sorge um Ihr Heil ein, so als schienen Sie mir etwas entsetzlich Kostbares zu sein, um dessen zarte Fraglichkeit man zittern müßte. Daß Ihre geschätzten Briefe voll eines, wie mir vorkommt, beinahe fieberhaften Eifers sind, gefällt mir allemal nur halb. Alles, was Ihnen einfä[ll]t, zu mir zu sprechen, steckt mich gleichsam mit Ihrer Eifersucht an. Wer, wie Sie, eine Sucht hat, sich in einen Eifer hineinzustürzen, wird eifersüchtig genannt werden dürfen. Ich finde, es sei schade, daß Sie das sind, weil diese Eigenschaft, gegen die Sie auf's Eifrigste fechten sollten, Ihren sicherlich hohen Wert herabsetzt. Ihre Ereiferung ist eine Minderwertigkeit an Ihnen, die man fraglos an manchem starken Mann beobachten kann. Jedesmal, sobald ich von Ihnen etwas lese, wofür ich Ihnen übrigens geziemenderweise danke, bin ich auf's Feste[s]te von dem etwas ärmlichen Umstand überzeugt, der darin besteht, daß Sie's schrecklich gern zu irgend etwas brächten, daß Sie sich nicht genügen, daß Sie das, was Sie sind, sozusagen mit der größten Freude fortzuwerfen entschlossen wären, falls Sie sich hiezu in der Lage sähen. Schon oft fragte ich mich im übrigen, weshalb Sie nicht irgendein Amt in Ihrem hübschen Land zu bekleiden imstande sein könnten. Diese Frage bemächtigte sich meine[s] Geistes, weil dieser, wie soll ich sagen, bekümmert ist um Sie, der[1] Sie ein sehr wertvoller Mensch zu sein scheinen, der bis dahin noch nicht verstanden hat, sich ein bißchen wertlos vorzukommen. Wert und Wort, steckt in dieser Klangähnlichkeit nicht etwas Überraschendes, als bedeuteten diese beiden Wörter ein und dasselbe? Wer zu Wort kommen will, der will sich offenbar den und den Wert verleihen. Die Sprache und dann dieses, wie ich überzeugt bin, durchaus nicht wertlose Bürofräulein, die mir eines Tages den fürchterlichen Vorwurf in's Gesicht schleuderte, ich sei immer noch ein Gymnasiast. Ich blieb nämlich einmal ergriffen vor einer schönen Mutter stehen, die ihr kleines Kind, das sie auf dem Arm trug, beglückt anschaute, und die in diesem Augenblick vorbeischreitende Kontoristin wurde Zeuge meines Vergnügens. Sie war natürlich auf meine Freude, auf dies flatternde Vögelchen, das an nichts denkt, eifersüchtig, und in diese Bürotochter bin ich nun um ihrer Befehlshaberei willen, wie ich gern gestehe, hie und da verliebt, wie ich mich ja freilich[2] in gar manches vergaffe, dem ich zufällig begegne. Stellen Sie sich ein nicht mehr ganz junges Mädchen vor, die tüchtig und zugleich graziös, gewissenhaft und zugleich lebenslustig ist, die sehr jung blieb, so haben Sie eine flüchtige Bleistiftzeichnung von einem eifrigen Wesen, die es einmal zu verhältnismäßig recht viel gebracht hatte und die den Mut an sich und die Menschen nicht sinken ließ, die so jugendlich und voller [...] geblieben ist, daß sie fähig ist, vor Eifersucht mit den Füßchen zu stampfen. Sie vermag fabelhaft bös dreinzuschauen, und nun mache ich mich glauben, Sie, sehr verehrter Herr, vermögen das

1 »da«   2 »heimlich«

grad so gut, und ich sei berechtigt, Sie für so eine Art Herrscherlein zu halten, dem es paßt, den Friedliebenden zu spielen. Alle Ihre Benachrichtigungen, mit denen Sie mich beehren, triefen ja förmlich vor einem ganz bestimmten Willen zur Engelsunschuld, womit Sie mich jedoch nicht von der Wirklichkeit Ihrer Frömmigkeit überzeugen können, da ich meine, daß es möglich sein könnte, Sie wären mit sich nur in geringem Maß zufrieden, Sie seien einer, der weiß der Kuckuck wohin strebt, Gott weiß was aus sich zu machen bemüht ist. Nach und nach komme ich zum Bewußtsein, daß ich insofern ebenfalls ein Streber bin, als ich Ihr Porträt zu zeichnen versuche. Ich sah Sie nie von Antlitz, glaube Sie aber zu sehen, und was erblicke ich anderes in Ihnen als einen Hünen, als einen mit wünschenswertester körperlicher Gesundheit ausgestatteten, um alles in der Welt nicht materiell sein Wollenden, vor dem seine Mitmenschen Respekt haben, wenn sie ihm begegnen, und der, wenn er nur einigermaßen wollte, in kürzester Zeit einen gutsalvierten Posten innehätte, anstatt, wie Sie's jetzt tun, verdrossen auf Erlebtes zurückzublikken, was einem Stolz gleichkommt, der nicht viel fruchtet. Sie nahmen an großen Ereignissen teil, die deutlich unsere Gesamtklugheit dargetan haben, und um was bemühen Sie sich nun? Sie versuchen die Größe dessen, was sich ereignete, zu verkleinern und geben diesem Versuch eine Begleitschaft mit, die mir keine sehr glückliche zu sein scheint, nämlich den Wert Ihrer eigenen Person, an den ich mit größtem Vergnügen jeden Moment glaube, der mir nur etwas zu leichtfaßlich, zu selbstverständlich vorkommt, indem ich der Meinung sein möchte, es gebe gerade in unseren Tagen sehr viele wertvolle Persönlichkeiten voller Differenziertheit, will sagen, Ansprüche. Irgendwie rühren Sie mich, und aus irgendwelchem Grund schätze ich Sie gering, und um irgendwelchen Gesichtspunktes willen achte ich Sie hoch, und dabei fällt mir ein, daß mich gestern ein sehr stramm und zugleich bescheiden aussehender Herr in bestandenen Jahren mit einer Unverschämtheit, die ich sogleich als äußerst gelungen[1]

1 »gediegen«

bezeichnet habe, in's Bein kneifte und von mir wegeilte, da er anscheinend viel zu tun hatte. Ich stand auf einem Stuhl, zündete eine Lampe an, da es zu abenden anfing, und von der Lampe muß berichtet werden, daß sie nicht des Dreisten Eigentum war, sondern seinem Freund gehört, der viel vornehmer, aber auch viel unentschlossener ist wie er, der sich kurzerhand herausnahm, wozu er sich befugt wähnte. Sie übermitteln mir mit Ihren Briefen das Gefühl, als schrieben Sie, wozu Sie eigentlich nur zu sehr befugt sind und woran Ihr Takt Sie daher in jeder Hinsicht verhindern sollte. Sie sprechen zu einem großen Ereignis, dessen Erinnerung Ihnen nicht schmeckt: »Warte, dir versetze ich jetzt eins.« Sie strengen sich an, Unumgängliches zu umgehen, und stecken doch immer noch mitten drin in dieser mißliebigen Laune, die Ihnen lieb ist, weil's ein gewaltiger Brei ist, und den Sie hassen, weil Sie ihn nicht ignorieren, was doch das Leichteste der Welt für Sie wäre. Sollte ich mich irren, wenn ich von Ihnen dächte, daß Sie [von] Geburt aus ein Gemütlicher sind, der ungemütlich wurde, weil sich sein Ideal seiner Ansicht nach unmöglich machte, als wenn es nicht schön wäre, einen Eifersuchtsgegenstand mit allen seinen Mängeln zu verehren. Nicht einmal ein Bierglas zu reinigen und zu dieser Beschäftigungsart die einzig geziemende Haltung anzunehmen, wären Sie womöglich imstand, der Sie gewiß nebenbei nicht einzusehen vermögen, wie erzieherisch beispielsweise das Eingesperrtwerden in einen Schrank auf einen intelligenten Menschen einwirkt, den eine kapriziöse Schöne und Gutaufgelegte dermaßen, wie sie ihm lachend sagt, in die Kur nimmt. Ich brachte achtundvierzig Stunden in einem Kleiderschrank zu, dessen Türe eine Mutwillige zuriegelte, die ich um der niedlichen Art [willen], wie sie mich zu strafen wußte, anbetete, was die Reizende voraussetzte. Ich spiele nach Belieben mit Kindern in einem ehemals herrschaft-[l]ichen Garten herum. Ich halte das für ebenso angenehm wie durchaus nötig. Würden Sie das seelische Gleichgewicht aufbringen, sich über ein flüchtiges, freches In's-Bein-Geklemmtwerden zu freuen? Vermöchten Sie lustig zu sein, wenn man Sie zum Lustigkeitsobjekt machte? Fiele Ihnen ein, demjenigen höflich die Hand zu küssen, der sich Ihnen gegenüber scherzhaft zu werden erlaubte? Wie kommen Sie zur Adressierung von Briefen, die man wichtig zu nehmen hat, an einen Mitbürger, der sich so unwichtig vorkommt, wie's beim Antwortablegenden der Fall ist. Ich bitte Sie, fassen Sie sich.

(10/I)

Ich verbrachte einen Abend

Ich verbrachte einen Abend auf vielleicht nicht sehr geistreiche, aber doch immerhin sehr heitere Art in Gesellschaft einer Aufwartefrau, die erstens tatsächlich hübsch aussah: Kräuselhaar, feiner Mund. Sie benahm sich insofern etwas treuherzig, als sie durchaus eine Wurst von uns, die wir in ihrer Nähe saßen, spendiert haben wollte, und insofern etwas männisch[1], als sie sich eine Brissago geben ließ, die sie sich sogleich anzündete. Sie werden aus dem Gesagten herausgehört haben, daß eine Brissago eine Zigarre ist, und zwar ist sie eine der stärksten Sorten, die hierzulande geraucht werden. Von Gestalt ist eine Brissago länglich, also ausgesprochen schlank, und was ihr Aroma betrifft, so kann unmöglich geleugnet werden, daß sie exzellent duftet. Die Bezeichnung rührt von einer Ortschaft her, die irgendwo im Kanton Tessin, also im südlichen Teil der Schweiz, von Edelkastanien umrahmt liegt. Den Kanton Tessin kenne ich vom Mobilisationsdienst während des Weltkrieges her. Meines Erinnerns traf ich dort eines Abends auf einem Spaziergang in unmittelbarer Nähe einer Waldkapelle eine Dorfschöne an, die auf einer Mauer saß, von der Tagesarbeit ausruhend, und den Gruß, den ich ihr bot, auf das Anmutigste erwiderte. Die Brissagoraucherin sagte mir auf meine Anfrage, ob sie verheiratet sei, nein, sie sei ledig. Heiraten hätte sie schon öfters können, ehe sie sich aber irgendeinem Fötzel oder Süffel ehelich unterziehe, besinne sie sich noch zwanzigmal. Das war eine markante Sprechweise, die

---

1 »närrisch«

ihr aber quasi gut zu Gesicht und Betragen ging. Es gibt Menschen, denen es gegeben ist, trotz einer gewissen Ruppigkeit einen angenehmen Eindruck zu machen. Zu dieser Gruppe oder Wesenssorte zählte die fröhliche Putzfrau, und ich kam mir, mich mit ihr unterhaltend, ganz Prinz-Heinrich-von-England-mäßig vor, also shakespearisch, denn Sie kennen gewiß dieses großangelegte historische Stück, worin von Helden und Narren, Rittern und Spaßmachern, vom Prinz[en] und seiner Frau, die ihn immer korrigieren will und doch die allergrößte Herzensfreude an ihm hat, vom Thronfolger und seinem Kumpan, dem dicken Hans Falstaff, und anderen köstlich gezeichneten Figuren voll Lebenswahrheit die Rede ist. Für mich ist dieses Stück eines der schönsten Theaterstücke, die mir zu lesen beschieden gewesen sind. Auf der Bühne aufgeführt sah ich es noch nie. So bleibt also noch ein Wunsch lebendig in mir. Natürlich hab' ich auch noch sonstige Wünsche als nur diesen, wie z.B. den Wunsch, daß Ihnen diese Zeilen schmecken würden, was ich vielleicht berechtigt bin zu hoffen. Was ich dieser Art von Zeitungssache hier beifügen möchte, ist, daß der »Aufsatz über Löwenb[ändig]ung«, den ich bei Ihnen zu veröffentlichen in die Lage kam, da und dort ein Erstaunen hervorgerufen hat, das an gezwungene Bewunderung streifte, und einen Beifall fand, den das eigenartigste Mißfallen begleitete. Man wird von keinen anderen Lesern so schnell und gründlich mißverstanden wie von solchen, denen die guten Beziehungen zum Verfasser irgendwie abhanden kamen, denen ganz einfach also die Grundlage des Verständnisses fehlt, das bißchen gute Laune, die Güte, die freundliche Gesinnung, mit einem Wort, der Humor. Solche wollen dann die Feinen spielen, die man anscheinend durch diesen und jenen Ausdruck usw. verletzt, während sie bloß Mißgünstige sind, manchmal vielleicht sogar Neidische. O neuerdingsige Unfeinheit, so etwas zu sagen. Aber man kann doch schließlich nicht vor lauter Feinheit und Rücksichtnahme zergehen. Wer sich allzu fein gibt, sei es als Mitglied der Gesellschaft oder als Schriftsteller, der wirft auf seine Nebenmenschen den Schein, sie seien weniger fein als er, und ein Verhalten, das solche

Wirkungen hervorruft[1], kann nicht als die Blüte der Feinheit gelten, denn wegen Feinheiten soll nicht Zank entstehen. Meine Meinung ist, daß unser Betragen durchaus nicht zum Finger werden darf, womit wir mißliebig, geringschätzig auf andere deuten. Rasch trat ich heute früh in's Haus der schönen, aber bösen oder rabiaten Frau, um mich nach dem Stand ihrer Rabiatheit zu erkundigen. Sie ist eine Art Berühmtheit und wohnt feenhaft, also prachtvoll. Man freute sich über die Teilnahme, die ich an den Tag legte, und sagte mir: »Sie schläft momentan.« Ich warf ein: »Hätten Sie nicht lieber statt des Ausdrucks ›sie schläft‹ den viel feineren und zarteren Ausdruck ›sie schlummert‹ haben zur Anwendung kommen lassen sollen?« »Wir danken Ihnen bestens für Ihren Wink, den Sie uns bezüglich Sprachlichkeit gegeben haben, und eröffnen Ihnen mit Behagen, daß sich die Frau hinsichtlich Uneinverstandenseins mit ihrem Schicksal zu ihrem und zum Vorteil derjenigen, die mit ihr in Berührung kommen, gebessert hat. Sie ist jetzt sehr lieb und nett.« Indem ich den Wunsch äußerte, daß dieser holdselige Zustand andauern möchte, zog ich mich respektvoll zurück und komme nun auf eine Mörtelmaterie zu sprechen, nämlich auf einen Hausabbruch inmitten des Weichbildes unseres Gemeindewesens. Ein Neubau ist etwas Schönes, Gesundes, Fröhliches, gleichsam Gesangliches, etwas Erbauliches, aber eine Hausniederreißung, o, wie hat das etwas Romantisches. Man steht mit anderen Zuschauern in tiefe Gedanken versunken da und schaut in eine Ruine. Bausteine, die ihre Pflicht verrichtet haben, werden mit Hackwerkzeugen von ihrem langjährigen Stand- oder Sitzort, den sie stützend einnahmen, heruntergeholt, und man blickt in Wände, die Stubenwände gewesen sind, die noch die Tapetenkleidung anhaben und die nun von jeder Interieurlichkeit entblößt sind. Der Abbruch, von dem ich rede, bezieht sich auf ein Haus, das ein Restaurant beherbergte, in das auch ich häufig hineingegangen bin, weil's dort recht gemütlich zuging. Das Restaurant hieß »Der Kindlifresser« und hatte diesen Titel

1 »hervorbringt«

dem Brunnen entlehnt, der aus der Renaissancezeit stammt und in des Hauses Nähe einen Platz mit seiner drolligen Monumentalität ziert. Auf der Brunnensäule sieht man einen sonderbaren Gesellen, der ein erbärmlich schreiendes, weinendes Kind in's große Maul steckt, das in jeder Hinsicht zu verdienen scheint, daß man's Rachen nennt. O, wie ist die Rachenöffnung dieser kurzen Prozeß mit Kinderexistenzen machenden Dämonenfigur erschreckend umfangreich. Welche Geriebenheit und Kunstfertigkeit das ist, halbe und ganze Kind(er)chen, die ja eine so natürliche und süße Mutterfreude sind, in den Mund hineinzustopfen. Ich z. B. brächte das nicht fertig und du gewiß ebensowenig. Aber diese Kindlifresserfigur ist eine mythologische, aus den heidnischen Zeiten sagenhaft in die christlichgewordenen überlieferte, wie ja auch z. b. die Meldungen und die Bildlichkeiten von Drachen so zu verstehen sind. Einst gab es eben höchst unzivilisierte Zeiten, die gottlob längst dahin sind, Zeiten, wo an der Stelle von Städten, deren Anblick uns freut und beruhigt, Sümpfe, Wälder usw. auf's Ödeste und Ungemütlichste vorherrschend waren. Mit Befriedigung ein- und ausatmend, konstatieren wir, daß es mit der Macht der Kindlifresser ein für allemal aus ist, und voll Vergnügen über eine Etikette, die sich wie von selbst einstellt und die diesen Essay schmückt, als wenn er eine Flasche Wein wäre, legen wir diese Arbeit vertrauensvoll in Ihre empfangnehmenden Hände.

(368/I)

Laute Meinungsäußerungen oder
Glaubensbekenntnisse

Laute Meinungsäußerungen oder Glaubensbekenntnisse scheinen[1] in den Mund und Hals derjenigen, die sie erschallen ließen, zurückzufallen. Mit einem Kopf, den ich bald als leicht, bald als eisenklumpenmäßig schwer empfand, schritt ich, von vielen flie-

---

1 »schienen«

genden, schwebenden, flatternden Gesinnungsarten begleitet, die wie Belästigungen nicht von mir fortgehen wollten, als dünkten sie sich zu wertvoll, um sich aus den Gemächern meiner Eigentümlichkeit wegzubegeben, etwas wie einem Jahrmarkte zu, der mich im Nu vergessen ließ, daß mein Direktoriumskragen aus meiner Erscheinung eventuell etwas Seltsames machen könnte, was sich wahrscheinlich so verhielt. Weil ich zu explodieren, d. h. in eine mädchenhafte Schwäche, die man Schmacht[en] nennen kann, zu fallen fürchtete, verbreitete sich vermutlich über meinen Gesichtsausdruck irgendwelches Schreckeinflößende. Weil ich einen Sekundarlehrer, der mich im Menschengewühl gesehen hatte, plötzlich auf eine hübsche Kleinbürgerin mit dem Ausruf auf den Lippen: »Nehmen Sie sich vor diesem Menschen hier gefälligst in acht«, hinzustürzen sah, nahm meine überaus zarte Figur etwas noch viel Vorsichtsmaßregelnempfehlenderes an. Des Witwenbeschützers Antlitz sah schneebleich aus. Inzwischen sah ich mit einer beglückenden Deutlichkeit, wie sich meine Gedanken wie Schlangen hoch in mir aufbäumten, als wenn sie meine Freunde, die mit einmal meine Feinde geworden wären, verschlingen wollten. Ich hatte unter anderem vollständig (m)ein Liebesverhältnis zur Tragödin vergessen, die mir komisch vorkam, weil sie mich zugleich liebte und für einen total verschlagenen Menschen und Angehörigen einer Zeit hielt, die nur auf den Brettern groß, aber im Leben klein erschien und auch sich selbst vielleicht diesen Eindruck machte. Daß mein Hut größer als mein Kopf war, mochte wesentlich zur Sonderbarkeit meines Aussehens beitragen, und warum dachte ich jetzt außerdem noch an den Dichter Novalis so intensiv, daß es mir zumut sein mußte, als befände sich eine Persönlichkeit von Belang, die sich auf kaum merkliche Art und Weise an mich herangemacht hatte, bezüglich meines Wanderns im Lebensraum in keiner allzu starken Desorientiertheit, wie mir dieselbe nun die leise Frage vorlegte: »Inwieweit verstellen Sie sich eigentlich?« »Meine Verstellung kann auf einer Empfindlichkeit Ihrerseits beruhen«, gab ich mit beinah beängstigender, verwirrender Bescheidenheit zur Antwort, wobei ich einen ganz bestimmten Bescheidenheitstyp als Muster vor den Augen meiner Denkkraft hatte, die womöglich meinem Blick etwas nachlässig Träumendes verlieh, so als läge ich herumspazierend in einem sich in zerfetztem Zustand befindlichen Prachtbett. Die Persönlichkeit grüßte mich kurz und entfernte sich, indem sie auf [mich] den Eindruck machte, sie sei die Beute einer gewissen Ungehaltenheit geworden, langsam von mir, und nun kam mir die Mondmusik, das Mondstrahlenfräulein und das Mondscheingemach wieder in den Sinn, und mit diesen Begriffen die Nacht, die vom entzückenden Geschmetter begeisterter Singvöglein durchbrauset, durchhallt war, und die ich mit ihr an einem Fenster seinerzeit verbracht hatte, die ich mit nicht[s] Sonstigem zu unterhalten wußte, als daß ich sie bei beiden Händen hielt, und die mir jetzt auf dem Jahrmarkt gegenübertrat. Hoch zu Roß ritt eine ermüdete literarische Weltberühmtheit mit denkbar gewähltem Anstand mitten durch die buntfarbige Menge, melancholisch sich mit dem Alltagsgebiet abfindend. Kuchen, die frisch gebacken wurden, dufteten in zahlreiche Nasen hinein, und die Idee, daß auch ich mit einer Nase begabt sei, ließ mich von neuem Mut zu meinem von mir schon auf's Mannigfaltigste verneinten Ich fassen, dem ich erlaubte, ja zu sich zu sagen. Eine Reihe von grünen Hügeln umrahmte, wie Locken ein schönes Gesicht, das Jahrmarktstheater, worin das Kalb mit mehr Beinen zu sehen war, als die Natur gemeinhin zuließ. Ernsthafte, vielsagende Gebäude guckten aus einiger Entfernung, als würden sie den Leichtsinn wohlwollend gebilligt haben, in die Zirkusfreuden hinab, die insofern zustande gekommen sein mochten, als alle Beteiligten zu nichts anderem verpflichtet zu sein schienen, als möglichs[t] wenig voneinander zu wissen, nach mehr Gutmütigkeit auszusehen, als sie vielleicht besaßen. Wenn sich ein starker Mann durch Kraftfülle auszeichnete, so erhielt ein fühlloser Klotz von Angreifern, die über ihre Angriffslust lachten, ebenso tapfere wie unempfundene Ohrfeigen, und wo die einen kutschierten, übten sich andere im Zielen und rechtzeitigen Abgeben von Schießbudenschüssen. Solche, die sich nach Abenteuern sehnten, suchten diesen Anschein dadurch einigermaßen abzuschütteln, daß sie sich bemühten, ein Ordnungsgesicht zur Schau zu stellen. Naive Unerfahrene gaben sich instinktiv ein Ansehen von Weltgewandtheit. Schüler, Kinder, Mütter, Dienstmädchen schienen nicht müde, vergnügungslustig und freudenverachtend zu sein wie schmachtende Tanten, die genau wußten, daß die Schmachtlöckchenhaftigkeit nicht mehr Mode sei. Ich fürchtete, dem Sekundarlehrer nochmals zu begegnen, der sich zweifellos seinerseits mit der Befürchtung beschäftigt sah, er könnte Gelegenheit bekommen, mir noch mehr Respekt vor ihm einflößen zu müssen, als es schon der Fall war. O, was der Himmel, der über der Szene schwebte, für ein schönes Lied trällerte, und du selbst, Liebchen, zwitschertest, lispeltest einst so süß in einer Loge, die dich wie auf einer Luxusgondel schaukelte, denn mein entzücktes[1] frommes Michdirweihen umflog dich und ließ mich dir jahrelang auf's Sorgfältigste fernbleiben. Was sagt dein ernstes Herz zu diesem lustbarkeitsstimmpflichtigen Brief, worin sich wie im bläulichschwarzen Teich die Zacken eines Gemütsgebirges und die Tannen eines Sehnens abspiegeln, mich zu erklimmen, meine Unerschüttertheiten wiederzusehen, woraus nicht geschlossen werden muß, ich sähe dich nicht gern, ließe mich nicht gern von dir erblicken.

(27/II)

---

[1] »beglücktes«

Die Art, wie ich bei
dieser Diana so dahockte

Die Art, wie ich bei
dieser Diana so dahockte

Die Art, wie ich bei dieser Diana so dahockte, trug dazu bei, daß denen, die mich vor Treuherzigkeit strahlen sahen, beinahe der Atem stockte. Einige glaubten sich verpflichte[t] zu sehen, mir »Kamerad« zuzurufen. Unter Hocken versteht man übrigens Sitzen. Ich logierte bei ihr ein und saß dann eine Weile bei ihr, denn ihre Augen, die mir einzigschön zu sein schienen, bedeuteten für mich ein Zimmer. Grausames Prosastück, das ich hier verfasse, stehst du nicht wie die Lieblosigkeit selber in meinen übrigen Prosastücken da? Es gab wenige, die ihren Hut aus Respekt vor meinem schmachtenden Dasitzen vor mir lüfteten. Wie sie sich wundervoll zierte, wie sie um meiner Anbeterei willen zur Tänzerin emporwuchs. Ihr Anblick gewährte einem Dichter, der regelmäßig in ihre Nähe kam, ein Vergnügen von geradezu fabelhafter Ausdehnung. Eines Tages dichtete er sie per Gedicht, wie er mir gelegentlich gestanden hat, stilvoll an. Mir blieb nichts übrig, als ihm für seine Bemühung warm die Hand zu drücken, wofür er mich mit einer Aufrichtigkeit anlachte, die mir bewies, daß ihn seine zartsinnigen Unternehmungen beglückten. Mich dagegen machte meine Geliebte mitunter, offen gesagt, tiefunglücklich, indem sie, durch meine Beharrlichkeit im Liebesunsichersein in Schwung gebracht, erheblich zu kokettieren begann. Meine Wesentlichkeiten schrumpften unter ihrem Vergnügtsein zu einem verschwindend kleinen Häufchen Bekümmertheit zusammen. Je geringfügiger ich mir vorkam, um so zufriedener schien sie mit mir zu sein. Indem sie mich knickte, stellte sie ein Blühen, Gedeihen dar, und indem ich von ihrem Wohlergehen Notiz nahm, verlängerte, vergrößerte sich mein ihr auf immer Angehören, über das ihre Erfreutheiten nachlässig-lächelnd herabblickten. Der Dichter nahm dies Lächeln wahr und nannte es selbstverständlich bezaubernd. Von Zeit zu Zeit versuchte ich mich mit ihm zu befreunden, er gab mir jedoch zu verstehen, daß er die Distanziertheit liebe. Der Zyniker, oder was er sonst zu sein vorgeben mochte, verehrte seinerseits eine Freundin, in deren Nähe er jedoch immer sorgsam zu vermeiden wußte zu gehen. Vermutlich verhielt er sich aus Gesundheitsrücksichten so. Diese Art Menschen sind ja so durchdacht, berechnet. Heutzutage scheinen sich die Dichter zu Lebenskennern entwickelt zu haben, während dies früher keineswegs der Fall war. Waren in früheren Zeiten die Dichter die Dümmsten und gehören[1] sie heutzutage zu den Klügsten? Ich wage diese Frage, die mir eine schwierige zu sein scheint, nicht zu beantworten und fahre zu erzählen weiter, wie sie förmlich auf meinem [...]-wegen-ihr-Sein auf's Bequemste saß. Da jede ihrer Bewegungen, Aussprüche usw. mich auf gewisse [Art] froh und dankbar machte, so durfte sie sprechen, was ihr einfiel, und hin- und herspringen und -schweben nach Belieben. Ob ich mir etwa hie und da eifersüchtig zu sein herausnähme, fragte sie mich dann und wann und klöp[f]elte mir mit der Schwere oder Leichtigkeit ihres Fingerchens auf die Schulter oder Achsel. O, diese Berührung allein schon genügte, um mich in [das] sanfteste, gehorsamste Schaf zu verwandeln. »Sei meine liebe Hirtin«, stammelte oder lispelte ich. »Das will ich gern sein, sei nur immer hübsch geduldig«, sprach sie. Nein, sie sprach's nicht vollständig aus, weil eine über sie herunterrieselnde Lustigkeit sie [an] der Vollständigkeit des Aussprechens, was sie mir zu sagen haben mochte, hinderte. Ich gestehe, daß mich ihre Freude, deren Hervorbringer ich war, zittern machte, daß ich dieses Beben aber wieder zum Kostbarsten zähle, was das Leben mir an Wünschenswertigkeiten gönnen mochte. Die Treue zu meiner Herrin machte aus meinem Kopf etwas beinahe Kugelrundes, denn jede Eckigkeit wurde nach und nach aus nichts als Hingegebenheit abgerundet, ausgeglichen, gleichsam geglättet oder glattgestrichen. Einmal ersuchte ich den Dichter, über diesen Umstand zu versuchen, eine Geschichte zu dichten. Er versprach mir, es zu tun, fügte aber bescheiden bei: »Womöglich wird mich Ihre Angelegenheit leicht zu einer Epopöe begeistern.« »Aber veröffentlichen werden Sie nicht, was Sie über mich schreiben?« »Nein, Gott bewahre.

1 »zählen«

Würden Sie mich für so maßlos taktlos halten?« Und nun scheint das Schicksal dennoch zu wollen, daß es publiziert wird.« »Hier sind Sie porträtiert«, spricht er zu mir und überreicht mich mir im Zustand der Gedrucktheit. Ich lese es und danke ihm für seinen Fleiß, der mich in gewisser Hinsicht rührt, sage aber zu ihm: »Was kann das ändern?« »Kunst bezweckt das nicht«, entgegnet er.

(217/I)

Der Bühnenraum mochte
ungefähr zwanzig Meter Höhe messen

Der Bühnenraum mochte ungefähr zwanzig Meter Höhe messen, was einen Eindruck von überwältigendem Willen zur Kultur hervorbrachte. Von mir selbst kann ich ergebenst mitteilen, daß ich mich in einem Alterszustand von zirka elf Jahren als Tanzlehrer mitten auf dem spiegelglatten Podium befand. Früher, viel früher einmal, ja, da mag es Tatsache gewesen sein, daß man mir zweiunddreißig Jahre zuerkannte. Jetzt aber strahlte und glitzerte ich vor einem bisher überhaupt noch gar nichts Erlebthaben. Jung war ich, wie es nicht zu beschreiben ist, und wen hatte ich anderes vor mir stehen als die großgewachsene schöne Preziosa, die angesichts meines Verantwortlichkeitsbewußtseins, das mir befahl, sie zur denkbar besten Lebensfreudeverkörperin auszubilden, an ihren wundervollen Gliedern, die ziseliert oder gemeißelt worden zu sein schienen, zitterte. Wie man keinen Augenblick Anlaß haben wird zu zweifeln, bestand ihr Kostüm in der Freiheitlichkeit selbst. Obschon ihre Herkunft keinem bekannt war, glich sie auf so auffallende Art einer Schweizerin, daß man die größte Mühe gehabt hätte, sie nicht als solche zu erklären. Sie besaß demnach eine rein[1] schon landschaftlich vorzügliche Heimat, und daß sie nicht nachlässig sei, sondern ihre Aufgabe und sonst nichts in beständige Frage ziehe,

---

1 »nur«

dafür sorgte derjenige, der ihr zumutete, zwei Meter hohe Sprünge derartig auszuführen, daß es aussah, als tändle sie und vermöge nötigenfalls doppelt so viel Elastizität und Behendigkeit zu zeigen. Meine Hauptpflicht bestand darin, mir den Anschein zu geben, als lebe bezüglich der Möglichkeit, daß sie mich jemals würde zufriedenstellen können, eine vollkommene Reservation in mir. Meine Tanzlehrerinstinkte ließen mich meiner wahrhaft Anbetenswürdigen gegenüber ein Gesicht aufsetzen und ein Betragen zur Schau stellen, worin, wie in einem Frühlings(...), Verächtlichkeiten in Hülle und Fülle blitzten. Nie sollte sie zu fühlen bekommen, ihr Mangel an Können erscheine mir nicht in einem fort unverzeihlich. Nichtsdestoweniger fing ihre Technik an's Fabelhafte an zu grenzen, und wenn sie nach und nach paradiesengelhaft aussah, alles Schwere, Materielle, Nötelige, Bedürftelige abgeschüttelt zu haben schien und sich im Rahmen ihres beruflichen Daseins wie ein befiederter Ball benahm, womit fröhliche Sommerfrischemenschen spielten, die sich vorübergehend in einer lust- und heiterkeitreichen Gegend auf[ge]halten hätten, so verdankte sie diesen begrüßenswerten Umstand, diese bezaubernde Wirklichkeit selbstverständlich keinem andern als einzig und allein mir und den schonungsvollen Schonungslosigkeiten, zu denen ich mich ihr zuliebe aufraffte, indem ich sie lieber karessierte als mit hämischen Anstandsforderungen drangsalierte oder, etwas vornehmer gesprochen, belästigt und gewiß teils gelangweilt haben würde. Mehrfach wandte sie sich im Übungsverlauf mit der mich im Stillen höchlich amüsierenden Bitte an anwesende, nicht uneinflußlose, vielmehr angesehene Kunstinteressenten, mich zu ersuchen, etwas toleranter mit ihr umzugehen; sie erreichte aber hiedurch weiter nichts, als daß ihr, vielleicht mit einem mitleidig-hochmütigen Lächeln, fortzufahren empfohlen wurde, ihren Instrukteur zu respektieren, denn sie hätte mir nun einmal ihr Vertrauen geschenkt, und wie sie sähe, verdiene ich dasselbe in jeder Hinsicht, rechtfertigten sie sich. Einige zartsinnige Frauen, die mit ihren liebenswürdigen Gestalten den Logen, in denen sie saßen, etwas Gemäldehaftes verliehen, mochten von Zeit zu Zeit finden, ich sei allzu grundsätzlich, wobei sie sich freilich nicht im Mindesten veranlaßt zu sehen glauben konnten, mir ihren für mich wertvollen Beifall zu entziehen, den ich wie eine Aufmerksamkeit empfand, die nicht überschätzt werden darf, da eine zu stark betonte Dankbarkeit indiskret wirkt. Für die Teilnahme, die meinen Bemühungen geschenkt wurde, dankte ich dadurch, daß ich Preziosa mit völlig aus der Luft gegriffenem, also ungerechtfertigtem Tadel überschüttete, über welche gewiß recht eigenartige Ausgleichsmaßnahme hörbar gelacht wurde. Sie sei himmlisch, hörte ich lispeln, und in der Tat wird [es] nicht anders als schön, ich möchte glauben groß von ihr gewesen sein, [sich] von einem figürlich so wenig umfangreichen Bezwinger faszinieren zu lassen, wie ich ihn darstellte. Auf's Lernen und Einprägen, und nicht auf die Frage käme es an, ob der Erzieher und Lehrer imposant aussähe oder nicht, lautete eine meiner Redensarten. »Wie er's versteht, sie zu beschwichtigen«, wurde wieder geäußert. Vielleicht begriff außer mir niemand, wie sie sich mit jeder Ader ihres Wesens von der Überzeugung beleben lassen durfte, ich liebte sie und wäre nichts als ihr Diener und die Gesamtheit meiner Unduldsamkeiten bedeuteten eine Huldigung. Mit einer gleichgültigen Haltung verband ich einen nieermüdenden Eifer, und wenn ich ihr Bildung beibrachte, so durfte ich das deshalb tun, weil ich von Anfang an herausfühlte, sie fordere mich dazu auf, sie sei, ohne sich lang und breit Rechenschaft darüber abzulegen, deswegen froh. Bildung ist immer eine Angelegenheit der Gegenseitigkeit, an den Lernenden lernen die Belehrenden, die Lehrende belehren. Wie machte ich sie eines Tages dadurch zur Triumphatorin, zur vielleicht nicht vollkommen, sicher aber auf ihre Art Glücklichen, daß ich mir die Laune oder Schwäche oder ich weiß nicht was sonst gönnte, mit einmal eingeschüchtert, verzagt an ihr emporzuschauen, nicht weil sie eine Meisterin war, sondern weil eine Rührung, deren ich mich nicht erwehren wollte und konnte, [mich] wissen, fühlen ließ, sie sei ein Mensch.

(233/I)

Nein, ich war damals keineswegs einfältig

Nein, ich war damals keineswegs einfältig. Schon der Umstand, daß mir die Schönheit Kameliens hie und da Träume entlockte, dürfte beweisen, daß ich um jene gleichsam exaltierte Zeit das Leben in einem wesentlich feineren Sinn als bloß so in einem gewöhnlichen nicht nur aufzufassen, sondern in mich aufzunehmen wußte. Welch eine Menge von Pflichten mich nicht seither zerstreut hat. Das Seltsame an der Hauptfigur dieser Geschichte ist, daß sie einigemal, wie wenn es ihr die Launenhaftigkeit so befohlen hätte, eine Schleppe trug, was übrigens, obwohl es sich theatralisch ausnahm, weiter gar nicht auffiel, da die Bevölkerung unserer Stadt an den Anblick ungewöhnlicher Erscheinung[en] in jeder Hinsicht gewöhnt ist. Wenn ich zu verstehen geben darf, daß meine Mitbürger keineswegs kleinlich sind, sondern daß sie vielmehr in Bezug auf einen gewissen Leichtsinn mit den Einwohnern jeder Weltstadt wettzueifern vermögen, so kann mich das ja nur freuen. »Hüte dich, streberisch zu scheinen. Du darfst das ja nach Lust und Belieben sein, es aber nicht merken lassen«, sagte ich ihr zwei- bis dreimal, bin aber selbstverständlich von der Verehrten nicht begriffen worden. »Es kann doch nur einen ausgezeichneten Eindruck machen, wenn ich mich gebildet gebe«, gab sie mir zurück. »Du hast recht«, rief ich begeistert aus, indes ich für mich selbst dachte: »Wie originell sie ist, sie nimmt nichts an, sie versteht nicht, daß man etwas zu verstehen habe, sie glaubt an ihre aus nichts als Instinktlosigkeit bestehenden Instinkte. Sie ist in Bezug auf Unfähigkeit, Fähigkeiten zu offenbaren, fabelhaft schön. Wieviel Unintelligenz aus ihrem bißchen Intelligenz spricht«, und ich fügte laut bei: »Du wirst viele Fehler begehen, holde Kamelie.« »Verlaß mich noch in diesem Augenblick, [du,] dem es Freude zu bereiten scheint, meinen Namen so oft wie möglich auszusprechen, der mir außerordentlich albern vorkommt und dem es Spaß zu gewähren scheint, mich abgöttisch zu lieben, weil er sich einbildet, ich sei nicht gescheit.« Auf ihr ausdrückliches Gebot hin entfernte ich mich natürlich. Tatsache ist, daß ich ihr von Zeit zu Zeit in Gedanken den Saum des Gewandes mit, ich muß freilich gestehen, schauspielhafter Ehrfurcht küßte. Ich dachte hiebei unwillkürlich etwa an Maria Stuart von Friedrich Schiller, eine Frauengestalt, die ja weltliterarische Bedeutung hat und mit der ich Kamelie zu vergleichen für richtig zu halten mir herausnehme. Mit welcher Innigkeit pflückte ich im Dezember die zartesten Erzeugnisse der blumigen und wieseligen Natur, um sie, zu einem Strauß von berückendem Zauber zusammengebunden, dem Mai zu überreichen, denn dem Inbegriff dieser lieblichen Jahreszeit glich sie auf's Tüpfchen mit ihrem Nasenansatz, den man Näschen nennen durfte. Sie besaß Ähnlichkeit mit einem schlanken, vielleicht seelisch ein bißchen kranken, unter seinen Auszehrungen liebreizend schwankenden Blütenbaum. Der Herbst gebärdete sich nicht romantischer wie sie. Ihre Haut glich an Weiße einer verschneiten, stillen, Heiligkeiten in's Herz rufenden Wintermorgenlandschaft. Von ihren Händen nicht ohne die mindesten Umstände zu sagen, sie hätten Lippen gehabt, die sprachen: »Ich trinke meine eigene Schönheit«, würde sich einer maßvollen und zugleich maßlosen Lüge schuldig machen heißen. Oftmals stellte ich mich vor einem Schaufenster, das durch seine Glasscheiben in's Gemach blicken ließ, wo sie so feinfühlend, als sich dies für sie tun ließ, ihres takt- und gewandtheitfordernden Amtes waltete, auf die Fußspitzen, um konstatieren zu können, wie die tausendfach Bewunderte in ihr Täschchen hineingriff, um das Geld unmerklich nachzuzählen, das sie mit Artikelverfassen gewann, indem man notwendigerweise wissen muß, daß sie sich in ihrer Mußezeit der Schriftstellerei oder vielleicht eher schon Dichtkunst, und zwar scheinbar durchaus talentvoll, hingab. O, ihr Seelen-in-Versuchung-führendes Lächeln beim Überblicken des Zustandes ihres Barvermögens. Daß mich die Pracht ihres Haars jedesmal vor Lust, ich meine, es sei schicklicher, wenn ich bloß sage Freude, wenn ich meine Aufmerksamkeit darauf hinlenkte, lachen machte, versteht sich bei nur einiger Überlegung von selber. »Glaubst du nicht, daß du dich zu hoheitvoll benimmst?« wagte ich sie eines Nachmittags, zirka sechs Uhr zu fragen. Selbstverständ[l]ich schaute sie mich wieder einmal blühend verständnislos an. Kamelie war eine Künstlerin im nicht nötig zu haben Glauben, an die Wichtigkeit oder Nützlichkeit dessen zu glauben, was ich ihr ab und zu mit der Schüchternheit eines durchaus echten Liebhabers anvertraute. Sie hat beispielsweise nie zu fassen vermocht, daß Vornehmheit unvornehm wirkt, daß Güte als eine Schlechtigkeit ausgelegt wird und Stille als ein Getobe und Gedonnere. Einmal eilte ich unter Blitz und Donner über den Bahnhofplatz zu ihr hin. Die nebenanstehende Kirche leuchtete gleich einem illusorischen Goldklumpen aus den dunklen Gemeinplätzigkeiten des Lebens. »Was ist dir?« rief sie leise aus, als sie mich sah. Ich entgegnete nichts als: »Du und die Valuta.« Sie lispelte, damit es niemand zu hören bekäme: »Du stehst ja wie ein Tragöde von Bedeutung da.« In dieser Tonart unterhielten wir uns verhältnismäßig lange. Jetzt sei die Landschaft draußen von einer an Stickerei mahnenden Zartheit, sprach ich mit einem Antlitz, das vor Glück strahlte. »Deine Strahlerei«, machte sie mir zum Vorwurf, »scheint mir etwas höchst Unpassendes zu sein. Du leuchtest jedesmal, wenn du mit mir sprichst. Man sieht dir auf zehn Meter Distanz an, in welch starkem Maß dir beliebt, das Leben zu bejahen.« Ich entgegnete: »Ich las soeben einen geistreichen Essay über den nicht zu unterschätzenden Wert der Banalitäten des Alltags.« Diese Anspielung auf die waschechte Literatur rief eine zierliche Verachtung auf ihrer Gesichtsoberfläche hervor. Die Geringschätzung glich einem Gekräusel. Ich konnte zu Hause hundertmal eine Geschichte lesen, die sich betitelte »Gib mir dein Alles«, und mich so tief in dies Produkt des Intellektualismusses versenken, wie ich Lust hatte, so bedeutete jedenfalls Kamelie ein ganz, ganz großes Erlebnis auf dem Gebiet der Liebe, das ja ein sich überaus weit ausdehnendes Gebiet ist. Ich ernannte mich eilig zu einem Gedichtbücher Haremfräulein zu Füßen legenden, temperamentsprudelnden Kabaretto, weil ich mich häufig in einem von gleichsam überlebensgroßen Tänzerinnenfiguren reichausstaffierten Varieté, wie ich übrigens glaube, auf's Vorteilhafteste sehen ließ. Kameliens Hauptinteressent hieß meines Wissens Esagando, mit dem sie meines Erachtens nach viel zu weichmütig umging und mit dem sie infolgedessen kostbare Zeit verschwendete, die sie unbenützt ließ. Sie nahm ihm immerhin dann und wann, errötend ob der Unfeinheit, die gar keine gewesen sein kann, eine Banknote ab. Daß sie sich immer für so sehr fein hielt, war von ihr unfein. Diesen Umstand, der auf Wirklichkcit beruhte, zeigte sie nicht die geringste Lust anzuerkennen. Anderseits wieder liebte ich ja an ihr gerade das, was ich geringschätzenswürdig an ihr fand, die Ziererei zum Beispiel, die mich von jeher auf's Genaueste von der Unmöglichkeit überzeugte, Kamelie könne je Karriere machen. Esagando hat sein Vermögen im Spiel verloren, statt daß sich ein von einem so klugen Menschen, wie ich bin, Protegierter so benommen haben würde, daß er nicht[s] bei ihm eingebüßt hätte, was weniger nachteilig, weil anziehender für mich gewesen wäre. Daß sie sich von seinem bißchen Gebildetheit imponieren ließ, blieb mir nur übrig zu bedauern. Es verhielt sich so: Mich war sie imstande auszulachen wie ein Gläsergeklirr, der ihr nichts zu geben vermochte als seine Idealisierung, seine Anhimmelungen. Dagegen bei dem Schurken von zeitvergeudendem Literaten hatte sie eine Achtung, die sie daran verhinderte, hinreißend zu sein, weshalb er sich ja denn auch auf's Geldspiel einließ. Gegenwärtig hat er eine kleine Stelle beim Roten Kreuz inne. Was das kavaliermäßige Betragen betrifft, so sind Sittlichkeit und Liebe zweierlei. Mein Verhältnis zu Kamelie, die für mich trotz all ihrer Fehler ein Wunder war, glich den Beziehungen eines Arbeitslosen, den der Ton einer Handharfe an's Vorhandensein von Göttinnen glauben macht, zum Töchterchen, sagen wir, eines Bankiers, womit ich der Befürchtung Ausdruck verleihe, meine Geliebte sei durch meine schäferhafte, träumerische, gitarrliche Aufführung, die an Melodik, Lyrismus usw. nichts zu wünschen übrig ließ, dazu verleitet worden, hübsch nachdenklich zu werden, will sagen, sich seelisch spazieren gehen zu lassen. Mir scheint, es bewahrheite sich, daß sie vielmals sich selbst gegenüber zauderte. Immer beschäftigte mich bei allem liebenden Bewegtsein, bei allem Horchen auf die leisesten Herzensregungen, beim Auftürmen dieses Gebirges von Empfindung um diejenige, die natürlich gleichsam nur der Vorwand blieb, mich, was den Luxus hohen Seelenschönheitszustandes betrifft, auszuleben, die Valuta, mit anderen Worten, der Kurspunkt, und mir schien, je andauerlicher ich Kamelie huldige, mit je mehr Aufrichtigkeit ich die[s] tue, um so rapider verändere sich der Kurs zu meinen Ungunsten. »Dir genügt doch dein Leben«, beruhigte sie mich, als ich ihr von meinen Besorgnissen um die Existenz meiner Ersparnisse Kenntnis gab, die mir verloren schienen. »Was du verlierst, ist doch nur klein im Vergleich zu dem Großen in deinem Herzen, dem Besitz der Freude, mein zu sein«, fiel es ihr ein, mir zu erklären. »Ich komme dir vielleicht jetzt ein wenig spezereihändlerhaft vor«, meinte ich, und unwillkürlich führte meine Hand eine Bewegung unbestimmten, sanften Michübermichselbstlustigmachens aus. Es gibt jedoch Menschen, denen vom Schicksal bestimmt zu sein scheint, immer sozusagen bis zu einem gewissen Grad bei Kasse zu sein. Ich gewöhnte mich daran, zu glauben, daß Verlieren so schön sein könne wie Gewinnen. Ich gehöre zu denen, die die Gabe haben, Briefe an sich heranzuziehen, worin von jemand, der nicht genannt sein will, geschrieben steht: »Hiemit biete ich Ihnen in der Annahme, Sie befänden sich in pekuniären Schwierigkeiten, diejenige Summe an, die Sie für erlaubt halten werden zu behalten und die inliegend freundschaftlich beiliegt.« Ich habe seit einiger Zeit Mühe, schriftstellerisch feurig zu werden[1]. Ich betrachte die Zeilen, in denen ich von der Art und Weise sowie vom Höhengrad meiner Liebe rede, als denkbar ungenügend. Dagegen glaube ich, ziemlich gut raisoniert zu haben. Wenn mich nicht alles täuscht, so sitzt Kamilla mit einer Näharbeit beschäftigt in irgendeinem Zimmer und gefällt sich in der Einbildung, sie gehe über eine Brücke, ihr Gesicht sei vom Haar gewänderhaft umhüllt, ihre Hände und Arme seien von langen Handschuhen bedeckt, und sie hätte womöglich einen ausschließlich ihr angehörenden, von weiten Gewändern umflatterten, bildhübschen, jungen, völlig auf sie verwiesenen Mann an einer ihrer Hände, der hel[l]blaue Augen habe, mit denen er sie

---

1 »reden«

dann und wann gläubig anschaue. Die Brücke sei entzückend schön gelegen. Mancher habe ihr dieses und jenes aus Verlegenheit oder Wehmut, aus Freude am Lügen oder aus Trauer, daß es das im Leben gebe, vorgelogen, und die Gegend sei allem Anschein nach ein Park und das Leben ein Traum.

(329/I)

*Alle diejenigen,
die gern lachen und zugleich weinen*

Alle diejenigen, die gern lachen und zugleich weinen, ich möchte meinen, die vielleicht letzteres Geschäft erstgenanntem womöglich noch vorziehen, sind hiemit höflich, d. h. mit verbindlicher Fröhlichkeit und untertänigster Ernsthaftigkeit zum Kosten, Goutieren und Lesen einer Geschichte eingeladen, die von der denkbar graziösesten Witwe handelt, die vielleicht eine Spezereiwarenhandlung betrieb, in die im Laufe der Tage, Wochen und Jahre, ich habe die Monate einzuordnen vergessen, mancher liebe, willkommengeheißene und infolgedessen trefflich bediente Kunde mit der Anfrage im Munde trat, ob diese oder jene bare brauchbare Ware gegen Entrichtung des erforderlichen Bargeldes bekömmlich oder erhältlich sei. Die Witfrau besaß, ich lege zur Beteuerung, daß es so war, die Hand auf's Herz, das für das Vaterland lebhaft pulsiert und schlägt, das Äußere einer neapolitanischen Rokokogräfin. Ihr Haar schien schneeweiß, d. h. vielmehr silbergrau gepudert, und ihre Lippen waren das Passendste, was es an weiblichen Lippen auf der Welt je gegeben haben mochte. Was ihre Augen betrifft, nun, so muß man der Wahrheit den Vortritt gönnen und gestehen, daß diese Witwenaugen gleichsam äußerst vorsichtig schillerten, indem sie einen Glanz der feinsten Distinktion zur Ausstrahlung gelangen ließen. Nunmehr, und so wohnte, doch halt, mit der größten Schnelligkeit vorerst von etwas anderem, nämlich von der Zofe oder Arbeiterin oder Magd oder Gehilfin oder Köchin oder Dienerin dieser Gräfin oder Spezereifrau, die die bezaubern[d]sten

Füßchen, man darf sich erkecken oder erkühnen oder erlauben zu sagen, der ganzen Stadt hatte. Die Dienerin schien ihrer Herrin auf's Wärmste ergeben und war, wie im allgemeinen die Staublappenschüttlerinnen zu sein pflegen, ein bißchen grob. Tatsache scheint zu sein, daß diese Dienerin ein Bett ganz ordentlich in Ordnung zu setzen oder bringen oder zu stellen wußte. Im ganzen enthielt das Logis der kleinbürgerlichen Gebieterin drei- bis siebzehn, o mein Gott, was entfliegen mir da für Lügen, nein, bloß etwa vier währschafte, holzgetäfelte, saubere, mit karierten Böden versehene Zimmer, von denen eins ein sogenannter äußerst solider, flegelhafter Zimmerherr als Aufenthalts[ort] benutzte. Also ein Flegel war dieser galante und artige Bursche? Wie erklärt sich die Fülle solcher Gegensätzlichkeiten? Der Lümmel besuchte bisweilen gern das Theater, nicht das Hof-, sondern bloß das demokratische, höchst unkönigliche und ungroßherzogliche Stadttheater, das sich durch Subskriptionen einigermaßen, so möchte man betont haben, auf der Höhe zu halten verstand und welches wunderbar schön dekoriert nicht bloß gewesen sein muß, sondern scheinbar auch noch heute ist. Für den Ladenschwengel saß es sich dort wie mitten in einem Sommernachts- oder Zauberflötentraum, die Groß[en] im Bereich der Kunst auf das Tapet bringend, die aus Mangel an Namenlosigkeit oder Ärme des [Un]bekanntseins nicht genannt oder erwähnt zu werden brauchen, denn sie glitzern ja wie Sterne am Himmel des Interesses für Kultur und Bildung. Die Witwe spekulierte nun natürlich leise, d. h. im Stillen, also mit stiller Herrschaft[lich]keit, auf des Zimmerherrn Besitz, da er ihr als Gatte ersprießlich und passend schien, falls er nur nicht die leidige böse Gewohnheit gehabt hätte, täglich in's Kaffeehaus zu laufen, was ihr, die praktisch dachte und empfand, als arge Zeitverschwendung vorkam. Dort im Kaffeehaus, einem märchenhaft austapezierten und -gemalten Raum, lauschte der Vagabund auf die Töne, die aus dem Füllhorn der musikalischen Darbietungen wie ein Regen von Sanftheits- und Zartheitsblumen heraus- und herunterströmten und -regneten und -düfteleten. Vagant wurde er von der Witwe genannt, die die Gefahren ahnen mochte, die ihr aus dem Gelauf in die Unterhaltungsstätten aller Art erwuchsen. Residenzgeschichte, benimm dich artig, ich bitte dich. Sie gehorcht mir wie ein Hundeli, und indem ich ihr ein wenig flattiere, um ihr den gehörigen Mut einzuverleiben, fährt sie folgendermaßen fort: Auch die Magd glaubte vom Konzertbesucher und begeisterten Freund von Kegelbahnen usw., er könnte eventuell eine Lebensgarantie für sie sein, und nun wurden unse[re] beid[en] Frauen wegen dieses Intellektualisten Gebärdens eifersüchtig, dessen Intellektualismus ihnen als die überflüssigste Angelegenheit erschien, die sie sich zu denken vermochten. Ich denke nun feurig über die Schürzung nach. Jede Geschichte hat Ähnlichkeit mit einer zierlichen Schürze, die sich eng und kleidsam an eine Gestalt, nämlich an die Gegenständlichkeit anschmiegen will, mit anderen Worten, es muß nach Möglichkeit so erzählt werden, daß alle Worte in ihrer Gesamtheit eine Schürze sind, die lose und doch mit einer gewissen Knappheit am Leib, d.h. am Wie und Was, dem und dem, was berichtet werden soll, anliegt. Witwe, fast fürchte ich für dich, und für dich, o Juwel von Dienstmädchen, eigentlich nicht minder. Als Baron Binder stellte er sich mitunter aus Launenhaftigkeit seinen Kaffeehausbekanntschaften vor, indem er von Stendhals großem Italienroman zufälligerweise Kenntnis zu nehmen Gelegenheit fand. Hie und da grüßte er die größte Witwe im Hausgang gar nicht, weil er sich so baronlich und binderlich vor ihr vorkam, die ihn doch in jeder // Hinsicht überragte, da sie, ihre Frisur miteingerechnet, ungemein hoh aussah. Er schrieb nun auch noch zu alledem Gedichte, an deren Genialität die Beklagenswerte nicht zu glauben vermochte, da sie einzig vom Wert seiner Küsse überzeugt zu sein schien, die sie als eine Vorzüglichkeit kostete, wovon sie nie genug einfangen, einheimsen oder ernten konnte, was man durchaus verständlich zu find[en] hat, wenn man auch nur ein Körnchen oder Fünkchen oder Fädelchen Freiheitssinn und Sinn für's Entgegenkommen im Kopf besitzt, der sonst so genierlich und trocken eingerichtet sein darf, wie es ihm beliebt. Nichts als Vergnügungs- und Zerstreuungsflausen hatte er also in keinem anderen Kopf als in seinem eigenen, wovon ich Notiz zu nehmen ersuche, und nichts als Liebeswünsche befanden sich in des Spezereifrauchens Köpfchen sowohl wie im Oberstübchen des Soubrettchens, und das war ein beständiges Befürchten und Zittern, er könnte kein Flegel mehr sein wollen, dem sie doch jeden Tag mit aller Deutlichkeit erklärten, sie sähen ihn als einen solchen jederzeit gern an. Indem sie ihn bevorwürfelten, wünschten sie unter Zittern und Zagen, er möchte ewig bevorwürfelnswert und bemängelnswert sein. So sind die Frauen. Zum Glück werden sie von sehr Feinsinnigen und Vornehmfühlenden erraten. Aber der Baron Binder merkte nichts, gar nichts, nicht das Leiseste, und weil er über keine Kunst des Einsehens verfügte, weil er Dienstmädchen und Herrin nicht zu fassen imstande war, wozu er vor dem Tribunal der Menschlichkeit verpflichtet gewesen wäre, lasse ich ihn hiemit fallen, als wäre ich ein bedeutender liberaler Politiker und entließe Knall auf Fall meinen Geheimschreiber oder Sekretär, und nenne meinen Großsprecher in der Halle, wo die Becher mit den Trinkwerkzeugen in Verbindung gesetzt werden, einen Verbrecher. Beide holden Wesen starben, diese Isolden. Auf vollauf[ig]es Nimmerwiedersehen verflüchtigten sie sich. Die Gasse, in der sie zu Lebzeiten gewohnt haben, wurde von da ab von der Bürgerschaft Greingasse genannt, und inzwischen lustwandelt ihr Tristan wacker weiter. Gibt es niemand, der ihm das Handwerk endlich legt? Warum ersinne auch ich immer wieder Geschichten? Versteckt sich nicht hinter jedem Erzähler ein isoldenvernachlässigender Tristan? Das Leben dichtet ja an sich schon so schön. Das genügt uns nicht?

(280/II + 281/I)

Ich halte diese Leute sonst gewiß für ganz nett

Ich halte diese Leute sonst gewiß für ganz nett, für durchaus nicht ungebildet, wenn auch auf sehr ›materiellem Fuß‹ lebend. Vielleicht sieht es aus, als wäre ich [in] das Haus, das diese Leute bewohnen, lediglich zu Beobachtungszwecken getreten, anscheinend, um irgendwie Einblick zu gewinnen und mit Einblicken oder Eindrücken vollbepackt wieder auf- und davonzulaufen. Ich begreife sehr gut, daß man auf einen solchen Glauben kommen kann. Ich flechte hier übrigens rasch etwas ein: Seit manchen Jahren wagt man unserem Volk ausschließlich, was Schriftstellerei betrifft, Lieblinge, Tageserfölglinge vorzusetzen. Ich erhielt heute die erste Nummer einer neuen Zeitschrift zugesandt, die aber wenig oder keine wahrhaft ernsten, neuen Ziele in's Auge gefaßt zu haben scheint. Wieder von dem Hause redend, in dessen Rahmen ich mich aufnehmen ließ, so verhält es sich damit so: Die Familie besteht aus der Mutter und ihren fünf erwachsenen Töchtern, von denen mir diejenige, die ich als die Zurückgebliebene zu bezeichnen Lust oder Berechtigung haben könnte, Briefe eines Tages zu schreiben anfing. Schon ihren ersten Brief las ich mit der lebhaftesten Verwunderung, da ich nicht gewöhnt war und bin, daß Mädchen aus bürgerlichen Kreisen Mitteilungen an mich richten. Ich ließ meines Erinnerns den ersten Brief der Tochter dieses Hauses vierzehn Tage lang unerwidert, weil mir sein Inhalt beinah ein wenig zu unernsthaft vorkam, indem er mir das Gefühl übermittelte, der Absenderin beliebe es, mit mir zu scherzen, was sich unter Umständen tatsächlich so verhielt und was mir gewiß weiter nicht schadete. Offen gestanden, beantwortete ich dann ihre Anfrage, ob sie gelegentlich einmal mit mir spazieren gehen dürfe, mit einem gleichsam leichtherzigen: »Ja, warum nicht?« Ich fragte sie in meinem Brief übrigens, ob sie hübsch sei, wonach ich sie ja denn auch persönlich kennenlernte. Eines der ersten Worte, die sie an mich richtete, war: »Ich verstehe sehr gut, daß ich [in] Ihnen eine stadtbekannte Persönlichkeit vor mir habe.« Hie und da unternahmen wir beide nun in der Tat einen Spaziergang, etwa in den nahegelegenen Wald, den Liebespärchen usw. gern aufsuchen, den jedenfalls viele Leute zu ihrem Erholungsplatz erwählt haben, und es mag begreiflich scheinen, daß wir dann auf's Angeregteste plauderten, was uns niemand hätte verargen können, der uns gesehen und gehört haben würde. Hauptsächlich war sie bei solchen Gelegenheiten die Erzählende, indes ich den Zuhörer spielte. Sie erzählte mir allerlei aus ihrem Hause, wie z. B. daß sie bisher so in den Tag hinein [ge]groschenbändelet habe, daß ihr dies aber nachgerade nicht mehr so recht passe. »Wollen Sie mir helfen?« so lautete eine plötzliche Frage aus ihrem Mund, deren Sinn mir rätselhaft blieb. Und dann gab sie mir Geld, d. h. es ging folgendermaßen zu: Sie nestelte in ihrer Handtasche, als wenn sie dabei mit ihren Gedanken weit fort, irgendwo ganz anders sei, und krabbelte dann das hervor, was mir ohne weiteres annehmbar vorkam. Möglich mag ja sein, daß ich kein Geld von ihr hätte annehmen sollen. Immerhin geschah es, und zwar aus folgendem, wunderbar einfachem Motiv: Da ich, so sprach ich sogleich zu mir, für Schriftstellerarbeit oft entweder nur eine dünne, spärliche oder überhaupt keine Bezahlung oder Löhnung bekomme, so werde ich von einer Gelegenheit, mich einigermaßen entschädigt zu sehen, Gebrauch machen dürfen. »Sie halten mich für arm?« fragte ich sie, wonach sie zur Antwort gab: »Nun ja, natürlich, Sie sind doch ein Dichter, und da alle oder doch wenigstens viele Dichter mit der Zeit ein bißchen herunterkommen und obendrein alle Dichter, gewiß aber namentlich Sie, das Leben lieben, so glaubte ich Ihnen als die Unglückliche, die ich bin, und zugleich als die Tochter aus bürgerlichem Hause, die ich bin, eine kleine Unterstützung aushändigen zu sollen. Ich habe Geld, Sie aber haben ja viel, viel mehr.« Ich fragte sie natürlich nun nicht, wieviel Geld sie besitze, sondern bat sie bloß, mich bald ihren Angehörigen vorzustellen, d. h. mich in's Haus einzuführen. Verwundert fragte sie: »Ist's Ihnen ernst?« Und so lernte ich denn eine Häuslichkeit bestehend aus zirka zwölf Zimmern oder Gemäch[ern] eingehend kennen, samt Keller und Estrich und einem sich um's Haus herumziehenden Garten, der kein Nutz-, eher nur ein Ziergarten ist. »Ich soll also einer, die mir hilft, helfen«, klang, tönte, redete eine Stimme in mir. Inzwischen heimelte ich mich an die neuen Interieur[s] sorgfältig an. Das ging gleichsam blitzschnell, weil eine ausgeprägte Anpassungsfähigkeit in mir lebt. Antonia, so will ich sie nennen, hatte mich in sämtliche Räumlichkeiten des Hauses eingeweiht. »Hier ist unsere Bibliothek, deren Sie sich zu bedienen wissen werden«, sprach sie mit einer gewissen Nachlässigkeit in Stimme und Gebärden. Über Gesten verfügte sie so gut wie keine, und mit ihrer Sprechweise ermüdete sie mich derart, daß mich, wenn ich mich etwa ein Stündchen lang mit ihr unterhalten hatte, Lust zum Schlafen ankam, zu einem langen, langen, weiten, ausgedehnten Schlafen, zu einem Übertreten für immer in eine Eingeschlossenheit[1], für deren Schilderung ich keine Worte habe, mit einem Wort, sie hatte für mich gewissermaßen etwas Bezauberndes, obschon sie keineswegs schön genannt werden konnte. Eines der Zimmer, auf das sie mich aufmerksam machte, glich einem zarten Blumenurwald, so verführerisch, so angenehm tapeziert schien es mir zu sein und war's wohl auch in Wirklichkeit, aber am wohlsten fühlte ich mich in der Küche, wo ich ihr nach eingenommenem Essen das Geschirr in Ordnung stellen half und wohinein Gesichter der übrigen Mitglieder dieser Familie mit sichtlicher Gefälligkeit guckten. »Ich kann mir gar nicht vorstellen, daß Sie eine Verstoßene sind«, sprach ich womöglich etwas zu unbefangen. Sie erwiderte: »Sie sehen, merken es vielleicht nur noch nicht, und vielleicht werden Sie es nie merken, nie einsehen, denn Sie nehmen ja das Leben so leicht.« »Wollen Sie damit oberflächlich sagen?« Sie vermied es, eine Antwort zu geben. Im Wohnzimmer, das mir übrigens nicht sehr gefiel und in das ich, von Zeit zu Zeit, mich aus der Küche entfernend, spazierte, liebkoste und scherzte eine Knospe mit einem Damenhandschuh, was nun freilich eigentümlich klingt. Wenn sich die Menschen in einem Schläfrigkeitszustand befinden, bewegen sich um so seltsamer, d. h. um so lieber die ruhenden, armen, an dem Ort, wohin man sie legte, angewachsenen Gegenstände. »Liebkose mich doch auch, du«, lispelte mir der feinduftende Handschuh zu. »Ich muß gehorsamst darauf verzichten«, meinte ich der sicher an sich entzückenden Aufmunterung entgegenhalten zu müssen und beschaute mir ein bißchen die Vorhänge an den Fenstern, den Inhalt diverser Schubladen, die ich mechanisch öffnete und schloß, die Blicke, die ich hineingeworfen hatte, achtlos mitein-

---

1 »Zugeschlossenheit«

schließend, und da drinnen verblühten sie nun. Mich nun aber wieder weniger empfindsamen Dingen zuwendend, stelle ich so vorsichtig wie möglich fest, daß ich innerhalb des Kreises, in den ich hineingelassen worden war, auffallend häufig das Wort ›Unterhaltung‹ aussprechen hörte. Übrigens machten auf mich die vier Schwestern meiner Freundin einen, wie ich aufrichtig bekennen möchte, recht angenehmen Eindruck. Alle vier waren hübsch, eine von ihnen durfte sogar Anspruch darauf erheben, als schön anerkannt zu werden, denn ihr Gesicht drückte ein Feuer aus, dessen Ursprung die Unbewußtheit selbst zu sein schien. Doch nun zu dieser beständigen ›Unterhaltung‹, die deswegen in einem fort erwähnt wurde, weil sie in einem fort ausblieb, weil man sie sich nicht zu eigen zu machen verstand, weil sie ihnen fortwährend als etwas Erlebenswertes vorschwebte, ähnlich einem unerreichbaren Ideal. Diesem Hause schien irgend etwas Schönes zu irgendwelcher Zeit abhandengekommen zu sein oder von jeher gemangelt zu haben, nämlich die Unterhaltungsgabe, womit ich die Gabe meine, die im Besitzen von allerlei Einfällen besteht, die dem angeborenen Wesen wie von selbst entfliegen oder die aus dem Schatz der Schulung und Bildung geholt oder genommen werden können. Diese Leute hatten also keinerlei Einfälle, und wenn ich bei ihnen war, besaß auch ich keine, es war mir dann auch, wie ihnen, denkbar unterhaltungsleer, demnach unterhaltungsbedürftig zumute. Infolgedessen ging es in diesem Kreise immer sehr still zu. Eines blickte erwartungsvoll auf's andere, und keinem stieg die Fähigkeit auf, das Zusammensein zu beleben, die Vereinigtheit, die an sich keine Kunst ist, zu einem Kulturgebilde umzugestalten. Alle machten sich gegenseitig den Vorwurf der Ungeselligkeit, den jedes natürlich für sich behielt. Die Frauen blickten mit gekünstelter Geduld auf ihre Handarbeit herab, was eine Bemühung war, worüber die Blümchen, die ihre Köpfchen aus den Vasen hervorstreckten, zu kichern schienen. »Mit euch allen ist in Gottesnamen nicht viel los«, polterte es aus dem Mund der Mutter, die von meistens nichts als ihrem Landsitz sprach, was durchaus nicht als nennenswerter Beitrag zur Verscheuchung des Unterhaltungsmangels empfunden wurde. »Ihr seid alle mehr oder weniger komisch, wißt ihr das?« bespöttelte uns die Ampel. O Himmel, wie orientalisch das klingt: Ampel. Als wenn's nicht angebrachter gewesen wäre, wenn ich mich des Wortes Lampe würde bedient haben. Ich könnte beinah böse auf mich sein, will mir aber nicht länger grollen, als unbedingt nötig ist, und mir den begangenen Fehler verzeihen. »Wie gefällt's dir bei uns?« fragte mich flüsternd und lächelnd Antonia, indem sie mich unter dem Tisch durch bei der Hand nahm. Mein Blick erwiderte: »O, ganz gut.« »So neben mir«, fügte sie bei, doch so, daß die andern nichts davon vernahmen. »Komm mit hinauf in meine Kammer«, sagte sie // und war auch schon vom Tisch aufgestanden. Auch ich hatte dies getan, worüber sich die übrigen Anwesenden ziemlich erstaunt zeigten. Die Mutter fragte barsch: »Wohin willst du? Man wird schon wieder nicht aus dir klug.« Antonia, die eine Ausgabe von »Wie es euch gefällt« von Shakespeare vom Platz, den sie eingenommen hatte, wegnahm, erwiderte: »Ich selbst bin über mich noch nicht im Klaren. Das ist nicht so einfach. Ich geh' mit ihm zu mir in die Zurückgezogenheit meines Gemaches, wo ich ihn fragen möchte, was er glaubt, was er mir sei, ob ich auf ihn zählen könne.« Die Angeredete brummte: »Was sind das für Flausen.« »O mein Freund«, sprach Antonia zu mir, indem sie mir ihre Hand auf die Schulter legte und mit mir zum Zimmer hinausging, »sei du für mich ein Weg, damit ich zum Ziele komme. Nimm die Ungewißheiten von mir.« Natürlich machte mich diese Art zu reden lächeln, obschon ich sie auf gewisse Weise gerechtfertigt fand. Sie artete jetzt gleichsam in eine Schmalheit aus, die mich flüchtig rührte. Beide stiegen wir die Treppe empor, und das Lauschen derer, die um den Tisch versammelt blieben, bemühte sich gleich einer Schleppe mit die Treppe hinauf, als zögen wir alle unerfüllten Aufgaben, die in besorgter Menschen Seelen aufgespeichert sind, magnetisch nach.

(315/I + 314/II)

Krachen wie Schlangen

Krachen wie Schlangen, und schlängeln und züngeln wie Ungewitter, und jubilieren wie Molche, und wehklagen wie Dolche müßten sie mir, diese Eingesch[l]ossenen oder Geordneten, die sich Schriftsteller nennen, die sich in höchstem Grad vor der Möglichkeit fürchten, Schaffensstimmungen könnten ihnen verlorengehen, und die Vereine zur Herausjagung von rebellisch, also genialisch veranlagten Köpfen aus den ethisch kolossal zaghaften Reihen oder Formationen, die sie mit ihren eleganten Jammergestalten bilden, gründeten. Gestern nacht dichtete ich auf Aufforderung eines Romain Rolland kennenden Fräuleins hin einen dreihundertseitigen Erlebnisroman, während welcher Erheblichkeitsleistung mir gelungen ist, drei Päckchen Zigaretten zu rauchen. O, wie wir uns alle, alle maßstabshaft aufbrauchen, ohne im geringsten dabei zu mucksen. Ich vermag nur unter Überwindung oder Eroberung von festunggleichenden Hemmungen zu sagen, wie sehr ich mich nach dem Bekanntwerden mit etlichen modernen Napoleonen sehne, die ich schon in den ersten Minuten des Zusammen-durch's-Leben-Gehens ersuchen würde, allen Gutbürgerlichgesinnten die Schönheit ihrer Stirne vorzuweisen. Klar scheint mir zu sein, daß es der Welt, die die gebildete heißt, an Stirnen gebricht. »O du mein Licht«, sagte mir vor einiger Zeit eine immerhin nicht unhübsche Frau in einem dunkel duftenden Treppenhaus, worin es wie nach zusammengestürzter, jedoch nicht gestorbener, sondern gleichsam seufzender Kultur aussah, in's aus allen Unbestimmtheiten sanft hervorschimmernde Gesicht. »Warum sprichst[1] du so? Mäßige dich doch im Interesse des guten Tons ein wenig«, glaubte ich sie gewissermaßen warnen zu dürfen, indem ich sie jedoch gleichzeitig zart umhälselte und ihr, [mich] in die erdenklichsten[2] Details hineinverwirrend, eine Abküsselei aufnötigte, die ihr in gewisser Hinsicht durchaus lieb, will sagen willkommen zu sein schien. »Du wundervoller Abwechslunggewährender«, lispelte

1 »seufzt«   2 »bedenklichsten«

sie mit tiefernster Heiterkeit und mit todesbanger Lebensfülle, die ihr aus der Gebärdung klangvoll drang. Bei aller Einwilligung, die durch ihr Gesamtwesen zitterte, schrie sie vor nicht gut anders können, als fröhlich über die Selbstverständlichkeit meines Vorgehens gegenüber dem Meer ihrer Empfindlichkeiten zu stutzen, nachtigallisch, jedenfalls höchst singvögelig auf, was sowohl ihr wie mir, der ich mich im Stillen einen unverschämten Attentäter auf die Existenz ihrer Herkunft und Erziehung nennen wollte, Freude bereitete, die den Korridor, dessen Dunkelheit ich hervorhob, in eine strahlendhelle Festhalle verwandeln zu wollen schien. »Es handelt sich doch zwischen uns beiden hoffentlich um eine Strindbergangelegenheit auf Tod und Leben«, brachte sie fertig, über ihre feurigwispernden Lippen zu bringen, und ich antwortete: »Zweifle keinen Augenblick am Vorhandensein unzähliger feiner kleiner Blaubartentschlossenheiten innerhalb des Rahmens meines mich jederzeit entzückenden Ichs.« Diese Berichterstat[t]ung bildete für sie ein an Anordnung und gärtnerischer Ausdehnung parkähnliches Entzücken. »Schon deine Briefe«, gestand ich ihr, »machten mich halb wahnsinnig.« »Küsse mich so, wie du meine launenhaft hinskizzierten Ankündigungen küßtest, die dich schriftlich von meinem langsamen, absichtlich ein wenig gezierten Herannahen benachrichtigt haben«, bat sie mich, und ich müßte ja ganz einfach ein Ungeheuer in Menschengestalt gewesen sein, wenn ich mich nicht schleunigst auf den Weg gemacht haben würde, der mitten hinein in die prompte und exakte Ausführung dessen führte, was sie wünschte. Ihre Nähe bilde[te] ein [...] für mich, worin es unsäglich heimelig und fast fröhlich, fast studentenlustig und wanderburschig und kameradentraulich und doch auch wieder jüngstgerichtmäßig, also justizhaft aussah. Einst wurde mir die Ehre zuteil, ein Geheimratstöchterchen nach Hause begleiten zu dürfen, eine Mitteilung oder Anspielung, für die ich volle Garantie übernehme, da sie der Wirklichkeit entspricht. Eine mit den Tatsachen übereinstimmende Ohrfeige kann nicht wirklichkeitskräftiger sein als ebenerwähnte Niedlichkeitsnebensächlichkeit, von der ich [mich] jetzt trenne, um mit den großartigen

Worten zu poltern und rednern, indem ich ein Lockenschüttler dabei zu sein bemüht bin. Sollte ein Glas Bier wirklich höher einzuschätzen sein als ein vortrefflicher Gedanke, und sollte man nicht den Unfug wagen dürfen, diese Realitäten mit Irrealitäten idealistisch zu beackern und zu durchstechen, daß der schöne und, es kann keinem Zweifel unterliegen, holde und bewunderungswürdige Körper der Gesellschaft in fremdartigem, noch nie empfundenem Weh schmerzvoll aufjubelte? Wo, in welchen Tälern und auf welchen gemäßigten Anhöhen des Lebens kommen hochintelligente Strubelköpfe vor, die zu vorläufig bloß auf Sofas in aller Vergnüglichkeit eingebil[de]ten Taten fähig sind? Heute früh ließen mich die Genien bei Zeiten das lachhafteste Gedicht herstellen, das je aus dem Kanarienvogelkäfig herausgeflogen sein kann, unter welcher Vorspiegelung man sich ein Dichtergehirn gefälligst vorzustellen gebeten wird. Literaturwissenschaftler scheinen der Meinung oder dem Glauben zu huldigen, die schöpferische Literatur verfolge einzig und allein den Zweck, nur für sie da zu sein, damit sie sie, ohne sich den Zwang langer Bedenklichkeit aufzuerlegen, als unopportun bezeichnen können. Kombination, der ich mich hier widme, gleichst du nicht beinah eher schon einem Erdrutsch als einer melodigen Folge von folgsamen, dem Virtuosen, der sich um ihre Entstehung befleißigt, gehorchenden Geigentönen? Indem ich so zum Fenster hinausschaue und an meine rechtsmäßig freien Fingerbewegungen denke, mache ich die seltsame Entdeckung, daß lauter Liebkosungen aus dem offenen Himmel auf den Straßenboden herabsäuseln. Eine Kinderstimme macht sich geltend. Meine Kollegen schreiben Pamphlete gegen mich. Ich meinerseits schmeichle ihnen, um sie zu betäuben, und mir scheint beinah, die Menschheit leide an einer zu leise[1] und zu vorsichtig von[2] ihrem Humanismus angenommenen[3] Vergiftung, sie leide nur halb unter ihren Freuden und freue sich nur in minderwertigem Maß ihrer auf['s] Sorgfäl[t]igste wiederaufgebauten Übereinanderheruntergepurzeltheit. O, wie schimmern die Fehler vor

1 »kühn« 2 »an« 3 »vorgenommenen«

Vollkommenheit, und wie duften Mißlungenheiten nach verführerischem Gekonnthaben, und wie ist alles, was richtig zu sein scheint, unrichtig, und was liegt in allem Falschen für eine Wahrheit, und wie unwichtig ist das Wichtige und wie wichtig werden Unwichtigkeiten genommen, und das muß so sein, es liegt uns so. Ich selber werfe mitunter meine Glieder in die Luft, als wäre ich ein Roboter. Es klopft. Was sie wohl schon wieder von mir will?

(44/I)

Sie tänzelte, schwebte gleichsam so

Sie tänzelte, schwebte gleichsam so über sämtliche im Verlauf ernstlicher Bemühungen erworbene Bildungserrungenschaft mit einem ebenso hübschen wie verächtlichen, bildschönen wie spöttischen, blumenhaft duftenden wie kindlich unbefangenen Lächeln auf ihren üppigen und doch wieder durchaus wohlgeformten, also nicht zu dicken und nicht zu dünnen Lippen magdesmäßig hinweg, denn die Tatsache gebietet mir zu sagen und mit der vorsichtigsten und leisesten Lautheit in die grüne, bereits etwas herbstlich welkende Welt hinauszurufen: Ja, nichts anderes als ein überwältigendes Muster von einer Magd war sie, die herausgefordert haben würde, daß sie per Person usw. angeredet worden wäre, wenn sie nicht in ihrer Herrin die gütigste, nachsichtigste, empfindsamste Patronin besessen hätte, die je zwischen vier und sechs Uhr, mit dem denkbar unauffallendsten Kostüm bekleidet, ein städtisches Kaffeehaus mit ihrer holden, rührend anmutigen und bescheidenen Gegenwart verschönte und zierte. Lasse mich, bester Leser, folgendes mit Entschiedenheit betonen: Die Frau trug eine Sanftheit mit sich, die ihre Gestalt wie Samt umfloß und umschloß, indes es der Magd zu belieben schien, einen Hochmut der Haltung zur Schau zu tragen, den ich keinen Augenblick zögere, einen wesentlich verlogenen zu nennen. Indem ich übrigens diese romantischen Zeilen schreibe, von denen ich wünsche, sie hätten erhabenen und etwas wie heroischen Charakter, sehen sich meine zwei bis fünf Bedienten mit Einpacken der Koffer beschäftigt, die die Destination haben, hübsch geduldig und voll(er) Gefaßtheit hinter mir her an's Ufer irgendwelchen Meeres zu reisen, wo seine Eleganz, der Herr Verfasser vorliegenden Ergusses oder Prosastückes, etliche Wochen zu verweilen und auszuharren gedenken. Was nun vorläufig wieder meine Magd betrifft, über die ich [mich] genötigt sehe, den Stab zu brechen, so war also ihr Lächeln, inwiefern es etwas hinreißendes Blödes an sich hatte, ganz einfach gräßlich. Mit unbeschreiblicher Schnelligkeit hatte sie gemerkt, wie es ihrer guten Gebieterin die größte Mühe verursachte, ihr zu befehlen: »Machen Sie mal ein bißchen fix!« Andere Hausfrauen würden diese Ermunterung, die ja durchaus zu den Üblichkeiten gezählt werden kann, spielend leicht haben aussprechen und zu Gemüt und Gehör bringen können. Ihr aber, die einem Engel an Freundlichkeit glich, wurde zur Schwierigkeit, wenn nicht Unmöglichkeit, was sich bei andern von selbst verstanden hätte. Das Autoauto, das mich zum Bahnhof fahren soll, wartet schon unten an dem Hausgitter mit zitternder Begierde, mit einer Geschwindigkeit davonzulaufen, die kein Knabe, kein Pferd, kein Pfeil usw. aufweisen. Mit Hülfe ihrer frechen Lächelei, ihr Mund glich einer Fabrik, worin die verschiedensten Lächelsorten hergestellt wurden, unterjochte sich die Untergebene ihre Vorgesetzte derart, daß sich etwas wie ein intellektualistischer Schlaf, etwas wie eine Umnachtung ihrer bemächtigte und daß es beinah aussah, als gliche sie einem in dichtem Wald verirrten Kinde. »Du verstehst nicht zu gebieten«, hatte die Magd nun schon die seltene Unverfrorenheit, ihr ins zarte vornehme Antlitzchen hin[ein] zu erklären. Die Erklärung glich an Abgerundetheit einer farbig schimmernden Kugel, und der Herrin schien nichts übrig zu bleiben, als sich köpfchensenkend und überaus lieb und fromm errötend in die Unvermeidlichkeit, d.h. in die völlig neugeschaffene und -geformte Situation zu fügen, indem sie lispeln wollte: »Sie haben recht, Fräulein«, das aber vor Betroffenheit über ihrer Magd hohen Intelligenzgrad gar nicht fertig brachte, indem sie, statt deutlich zu sprechen, bloß noch ein Gehauch vernehmen ließ. Fortan wurde die Vorsteherin von der Gehülfin einfachheithalber geduzt. Dieses urplötzlich wie aus dem Himmel herabfliegende Duzen war unablehnbar. Handkehrum ergab sich eine Ehrung wie von selbst, die eine zu nachsichtige Herrin ihrer Dienerin gegenüber zu besorgen am Platz zu finden eine trauerspielähnliche Lust bekam, und so kam es denn, daß sie die Rollen wechselten, auch wenn sie das Gewand des Anstandes der Sittlichkeit wegen sorgfäl[t]ig darüberhielten, und es braucht dich nicht zu verwundern, wenn du vernimmst, daß die Magd sich eines gepolsterten Sessels zum Schuhbinden bediente und daß die Hausfrau die Pflicht hatte, ihren Herrn Gemahl herbeizurufen, dem sie mit strahlenden Augen, die von der Überzeugtheit leuchteten, sie besitze eine Perle von Dienstmädchen, und mit der helltönenden Stimme der Begeisterung sagen mußte: »Sieh, wie schicklich sie sich benimmt.« Als der Gatte Zeuge einer doch schon zu wunderbaren Gesellschaftsumordnung[1] und Rangstufenübereinanderwerfung wurde, fiel er begreiflicherweise in Ohnmacht, aus der er sich erst nach Herbeiziehung ärztlicher, sehr ernstlicher Anstrengungen, ihn wieder einigermaßen zu Verstand zu bringen, allmählich erholte. Mit Aufbietung aller spärlich vorhandenen Willenskraft, mit Entsetzen die Wahrnehmung hiebei machend, wie dieses Vorgehen seiner Frau beinah wie ein Messer oder wie ein Schwert durch's Herz fuhr, jagte er das Stück Ungezogenheit zum Kuckuck. »Mich hat die Geschichte so furchtbar amüsiert«, klagte sie. Umsonst donnerte er sie an mit: »Schweig!« Sie verzichtete aus vielleicht nicht ganz und gar unberechtigtem Verdruß ein ganzes Jahr lang auf die Konversation mit ihm und richtete inzwischen an ihre gewesene Magd, der sie zu verdanken gehabt hatte, daß sie, was das Groteske im Leben betraf, Aufklärung und Belehrung in Empfang hatte nehmen dürfen und zu wis-

---

1 »Gesellschaftsunordnung«

sen bekommen hatte, was kapriziös sei, liebreiche Briefe. Die neue Magd bekundete nicht die Genialität der früheren, weshalb es zu keinerlei interessanten Konflikten mehr kam. Die Gute, Süße starb dann vor Gram, und als Witwer brummelt er jetzt verdrossen herum, der nicht das erforderliche Maß an Duldung übte und der nicht die Gabe besaß, vermittelnd zu wirken. Nehme man sich doch hieran bitte ein Beispiel!
(288/I)

[Schloßgeschichte]

Während wie gesagt ein Ernährungsmittel, wie die Kartoffel eines ist, fehlschlug und unterernährte Kinder nach Mehl, d.h. nach frischangefertigtem Brot riefen, daß, wem das zu Ohren drang, das Gefühl bekam, das Herz müsse sich ihm entzweispalten, segelten und schwammen und ruderten und schwebten stolze Schwäne vor einem am schönsten See, der ausfindig gemacht werden konnte, gelegenen Schloß vorbei, indem sie bald nach Belieben eine Weile mit Schwimmen innehielten, bald wie um ihre eigene weiße Zauberhaftigkeit herumzogen. Was sonst noch auf dem feenhaft stilliegenden Wasser gewesen sein mag, entzieht sich der Kenntnis des Erzählers, der glücklich ist, jetzt hervorheben zu dürfen, daß ihm ganz pagenmäßig zumut wird, wenn er hervorstottert, daß zwei denkbar wohlerzogene Frauen sich in dem schwarzen Gebäude aufhielten, das sich wie ein grüner Amethyst von gewaltiger Dimension oder wie ein schwarzer und grüner Kristallkoloß im Spiegel des Sees abspiegelte. Selbstverständlich fehlte es hier an der nötigen Anzahl von gutgeschulten Dienern und Dienerinnen nicht. Nun besaßen, wie ich vermuten darf, beide Freundinnen je einen regulären Gatten, aber nun ist es für mich sehr schwierig, einigermaßen geistreich zu bleiben und mit einiger Sicherheit des Erzählens weiterzufahren, denn ich habe mich offen gestanden in keiner Art und Weise auf diese überaus feineinsollende Geschichte vorbereitet. Mir und vielleicht auch euch kommt das Schloß samt seinem Inhalt phantastisch vor. Ich betone das deshalb, weil ich in der größten Verlegenheit bin, was ich nun von diesen vier Menschen, diesen zwei Herrinnen und diesen zwei Männern oder Herren mitteilen soll, und dennoch muß unbedingt etwas gesagt sein. Ohne daß die Frauen ihre Gatten satt hatten, wovon keinesfalls die Rede sein kann, fingen sie doch allmählich an, eine Neigung für den anderen zu fassen. So gingen sie z.B. alle vier in den Garten, der mit den mannigfaltigsten Baumsorten angepflanzt war, und warfen sich da(nn) gegenseitig Reifen zu, gelbe, grüne, blaue und rote, und der Kuckuck wird wissen, was sonst noch für welche, und es würde sich vielleicht nun schicken zu erwähnen, welche der Personen, die sich am Reifspiel beteiligten, sich als die Geschickten und welche als die Ungeschickten auswiesen. Darf ich versichern, daß ich über den vornehmen Schloß- und Gesellschaftston, den ich hier anzuschlagen unternommen habe, ein bißchen ungehalten bin? Es wird sich möglicherweise herausstellen, daß euch die Dorfgeschichte besser gefällt als die vorliegende. Das wird sich finden, und mich würde es freuen, wenn es so kommt. In einem der Gemächer des Schlosses befand sich auf einem runden Tischchen ein vierfarbiges Bouquet, das wie von der Aufmerksamkeit und Feinfühligkeit selbst zusammenges[t]ellt worden zu sein schien. Ich will nicht sagen, von wem dieses Sträußchen zu gelten hat. Ich kenne ihn, er verzichtet darauf, erwähnt zu werden, weil er nicht genannt zu sein liebt. Unter den sengenden brennenden Strahlen des Ruhmes, des Lobes, meint er, verdorren die Rosen der Aufgewecktheit. Wenn ich doch mit dieser mir äußerst schwierigen Person nur ja nicht angefangen hätte. Ein Riese sei einst durch einen hohen großen hallenden kühlen Keller gegangen und habe neugierig alles Gefällige, Interessante beguckt, und ein Knabe sei vor lauter Artigkeit beinahe zergangen wie Butter in [der] Sonne, als er so dasaß und ihn eine Schöne nur ganz flüchtig beachtete, und der Riese und der Knabe seien ein und derselbe Mensch gewesen, glaube ich hier miteinflechten zu sollen, als wenn ich Korbflechter geworden wäre, was doch absolut nicht der Fall ist. Einst dichtete ein begabtes Dienstmädchen einen Roman. Wann war das? Und warum anders, als weil mir diese Geschichte nicht behagt, weil sie mir nicht liegt, schreibe ich fröhlich von einem genial veranlagten Dienstmädchen? Nun schauten sich die zwei Frauen und die zwei Herren also sehr lange an, als wenn sie sich eines Fehlers bewußt gewesen seien. Als wenn das so schrecklich gewesen sein könnte. Aus dem Schloß rieselte, perlte, tröpfelte, regnete, taute, schimmerte, glitzerte eine Tangomelodie in die rotpunktierte grüne Welt herab, ich meine, in den Garten herab, worin rotwangige Äpfel im morgenlichen Abend und im silbernen Golde der Phantastik und, vernünftig gesprochen, an den Zweigen der Obstbäume prangten, leuch[te]ten, lächelten und lockten und bäumelig und äpfelig dufteten. Sagenhaft lagen oder stand[en] Schneeberge in der Ferne. Wie dieser Satz lieber nicht zum Vorschein hätte kommen sollen. Was die zwei Frauen betrifft, so liebten sie sich sehr, seitdem sie sich sozusagen gequält hatten. Unstimmigkeiten, die sich zwei bereiten, machen beide(r) Stimme(n) heiter(er), die Stimmen von solchen, die wissen, was Leiden ist, wachsen zu Akkorden, und in der Entzweiung liegt es wie ein Sichfinden. Wie ich merke, gelange ich da in eine Art Gemälde hinein, es kann nämlich dem Erzähler passieren, daß er sich in eine Malerei, statt in eine Erzählung verliert, aber vielleicht besteht ja die Feinheit, die Sensibilität dieser Geschichte in ihrer Verfehltheit, in ihren Verirrungen, Verzeichnetheiten, und ich möchte euch nun glauben machen, daß ich wie von einem Dom, der von Himmelsblau umflogen, umschwommen wird, auf meine Darstellung herabblicke. Sie gingen also aus dem Freien wieder in die Umzirkeltheit, in die Eingeschlossenheit der Gemächer des Schlosses, worin vor vielen hundert Jahren einmal ein Feldherr auf mysteriöse Art getötet worden war, der hie und da die Güte hatte, den Bewohnern des einsam gelegenen Hauses in völliger Hochaufgerichtetheit zu erscheinen. Jedesmal winkten sie ihm sehr freundlich zu. Er hatte nämlich seinerzeit die Unvorsichtigkeit begangen, sich um Land und Leute verdient zu machen. Da es uns im Allgemeinen unangenehm berührt, folgerichtig zu sein, verfahren wir mit Vorliebe unlogisch, womöglich ein wenig wunderlich, quer, verkehrt.

Nichts amüsiert uns so stark, als wenn wir konstatieren können, daß wir Unsinn treiben. So oder ähnlich erkläre ich mir das Schicksal des frühmittelal[t]erlichen Haudegens. »O, mit welchen lieben, abbittenden, dankbaren Augen du mich anschaust«, sagte die erste Frau nun im Musikzimmer zur zweiten. Die vier hatten einander je zwei zu zwei betrogen, aber: »Die Tugenden töten«, sprach einer der Herren zum andern, »während die Dolchstiche des Verrates dem Gemüt, der Konversation, dem Geist, dem Fleisch, den Vorstellungen neue Kräfte und Lebenslust und eine Fähigkeit, das Leben als ein Ganzes zu empfinden, verleihen.« Eine der Frauen, die schöner als je sein mußte, weil sich ihre Freundin ihr heiter und zugleich auch wehmutvoll erklärt hatte, spielte nun auf dem Piano, dem sie Töne entlockte, ich bitte für dieses etwas kitschige ›entlocken‹ um gütige Vergebung, die wie die Vögel mit schimmerndem, sirrendem, schwirrendem Gefieder im Raum durcheinanderflogen und wie Kinder aus den Wiegen der Begeisterung geboren wurden und wie Blumen an Stengeln auf- und niederwankten und die vom Gesang, den die andere Frau angestimmt hatte, weinend begleitet wurden. Warum sage ich weinend und nicht lachend, und warum ist beides nicht wahr, und warum sind die Schriftsteller oft, was ihre Wahrheitsfreudigkeit betrifft, unexakt, und was ihre Freude am Lügen betrifft, genau, und was ihre Gewissenlosigkeit betrifft, skrupulös. Immerhin ist jeder wirkliche Gesang etwas, das sich wie ein Schmerz anhört und wie ein Scherz über die durch die singende Gewaltausübung verursachte Wunde und die Scham, die siegerlich durchdringt und -klingt, weil sie nie ganz überwunden werden kann, und das Beste und Schönste ist, daß, da beide Herren auf die musikalische Darbietung der beiden Frauen lauschen, jetzt die Geschichte wie ein Kind, das eine Kommission besorgen gegangen ist, heimkehrt, mithin einstweilen auserzählt ist, was ich gar nicht genug an ihr rühmen kann. Sprach ich nicht, ich hätte mir die Dorfgeschichte mühsam abgerungen? Das stimmt nicht. Sie ging wie am Schnürchen gezogen, aber mit dieser hier hatte ich Mühe.

(277/I)

Kann ich abstreiten

Kann ich abstreiten, ich hätte vor ich weiß nicht wie vielen langen Jahren, die doch auch wieder als kurz empfunden wurden, eine lerchendurchzwitscherte Julivormittagslandschaft erlebt, die mit einer Aussicht ausgestattet war, die es mich einige Mühe kostete, mit den bewußtseinserfüllten Augen zu umfassen, wobei es mir hingegen eine über jeden Begriff erhabene Kleinigkeit gewesen sein mag, mit stiller Innigkeit und mit lautjubelnder Lautlosigkeit demjenigen zu danken, den man in Momenten als Schöpfer anredet, wo man an die Möglichkeit glaubt, man sei gleichzeitig Angehöriger der Gesellschaft und ein denkbar Einfaches, Viel- und Nichtssagendes, dieses Schöpfers geduldig-ungeduldige, hie und da über den Rahmen ihrer Bestimmung hinausspringende, dann wieder in dessen Umgrenztheiten zurückkehrende Kreatur? Darf ich ferner anders als zugeben, ich hätte eines Morgens, in glitzerndbetauten, von Mücken, Käfern usw. bevölkerten, mithin gar nicht besonders einsamen Einsamkeiten stehend, in ein grünlichlächelndes, von vereinzelten Siedlungen und heiteren Äckern und Feldern und Wiesenflächen unterbrochenes Tal hinabgeschaut, und bin ich berechtigt zu behaupten, die Tatsache, daß mir einst in unmittelbarer Nähe (m)eines Weges von einer durchaus unscheinbaren Weiblichkeit eine Tasse Kaffee überreicht worden sei, fuße nicht auf sonnenklarer Stattgefundenheit? Welch ein Nutzen[1], den eine unverkennbare Tragik hat werden lassen, zu was er sich entwickelt hat, ist einem Städtchen oder Marktflecken dadurch entstanden, daß im stockdunklen und goldig jugendlichen Mittelalter, das vielfach zu den völlig mißverstandenen, verkannten Epochen der Weltgeschichte zu zählen scheint, aus den Saalfenstern der Burg oder Festung, die diese Landschaft, die noch heute blüht, auf das Anmutigste schmückt, ein zweifellos Unbeliebter, der einem allgemein Geachteten und Beliebten im Wege stand, ihm das bißchen Lebenssonnenschein gleichsam vor der Nase fortnahm, von den

1 »Ruhm«

Vasallen oder Verpflichteten des letzteren in die schwindelnde Tiefe hinunterbefördert worden ist, was ausgesehen haben wird, als habe sich der Bemitleidenswerte eingebildet, er besitze Flügel, und der Einfall könnte ihm gekommen sein, eine Vergnügungsreise im Flugapparat zu unternehmen. Liebte er sich selbst in zu auffallend hohem Maß? Aber da leuchtet mir urplötzlich etwas Literarisches ein, indem mich die Lust anwandelt, zu glauben, es existierten auf dem Felde nicht gerade der Ehre, sondern eher einem der Buchmacherkunst hauptsächlich zweierlei Fabrikationsarten, von der mir die eine darauf zu beruhen scheint, daß der Dichter dem Leserkreis zeigt, wie er mit sich kämpft, die andere jedoch darin bestehen dürfte, daß der Verfasser es auf's Sorgfältigste vermeidet, seine Leser riechen und merken zu lassen, daß in ihm irgend etwas wie ein Kampf vorgegangen sein könnte. Ob letztere Art die bessere sei als die erstere, soll hier nicht untersucht werden, mir genügt, wenn ich mir sagen kann, daß hier ein Schriftsteller sein Werk sozusagen auf das Ausplaudern aufbaut, während ein anderer anderseits sein Gebäude sich auf's Fundament der Zurückhaltung stützen läßt. In dem Städtchen, worin ich übrigens zeitweise als Sparkassenangestellter figurierte, lebte ein Notar, oder was er sonst war, dem unmöglich zu sein schien, sich aus dem Liebesverhältnis herauszuwinden, in das er sich gegenüber einer mit klassischer Bildung ausgestatte-[t]en Halbweltlerin verstrickt sah, die ihn hatte wissen lassen, sie trage beständig eine Schußwaffe in ihrem sich zwanglos rund an ihre anscheinend ausgezeichnete Persönlichkeit anschmiegenden Gewand. Wie mir versichert worden ist, übte sie den nicht übel florierenden Beruf einer Kunstgewerblerin mit womöglich einiger Geschicklichkeit aus. Außerdem war sie Besitzerin des zierlichsten Blumengärtchens des gesamten Gemeindewesens, das sich an die hohen Felsen anzupassen gewillt schien, auf denen sich der Monumentalbau des Schlosses hochauftürmte, dessen Rittersaal längst ein kulturhistorisches Museum beherbergte, eine Sehenswürdigkeit, die jeden Sonntag von der Einwohnerschaft teilweise recht lebhaft besichtigt // wurde. Wenn einerseits die künstlerisch veranlagte Halbweltlerin freundschaftliche Beziehungen zu einem bildhübschen jugendlichen Weltreisenden unterhielt, den anscheinend die Atlantisidee samt allem, was damit zusammenhängt, in die bläulich umzitterte Ferne geführt hatte, aus deren Verlockungen er jetzt wieder erstand, dadurch, daß er sich im Städtchen sowohl ein Landhaus als nach und nach eine stattliche Bibliothek anschaffte, die für ihn nicht bloß eine Dekoration bedeutete, so zitterte anderseits die Gattin des Notars vor mühsam verhohlener Ungehaltenheit wegen ihres sonst seelenguten Mannes Kenntnissen auf dem Gebiet der sittlichen Freiheit(en). Zu alledem tritt nun noch der Umstand, daß die Kunstgewerblerin, deren Erscheinung von berückender Zierlichkeit war, von einer sehr fremdartig aussehenden Frau, die bereits allerlei erlebt zu haben schien und die es ihrerseits nicht verstanden hatte, einem sehr intensiven Interesse, das für den Forscher mit den genialen Gesichtszügen in ihrem Inneren aufzukeimen begonnen hatte, zu verbieten, Störungen im Tempel ihrer Seele zu verursachen, auf die Seite geräumt zu werden befürchten zu müssen glaubte, worin sie möglicherweise etwas zu weit ging und sich eklatant irrte. Jedenfalls entspricht der Wirklichkeit, daß sie häufig kerzengerade und marmorstatuenhaft in einem von ihren zahlreichen, ausnehmend hübsch möblierten Zimmern dastand, als sei [sie] die Beute ausnehmend ausgedehnter Besorgnisse, deren sie sich nicht zu erwehren vermochte. Welchen Schutz konnte ihr ein Page darbieten, falls es zu Konflikten käme, der sie zwar vergötterte, an dessen versöhnliche und milde Wesensart sie sich jedoch kaum anlehnen zu können meinte. Was sich im Hause des heimgekehrten Negerländerentdeckers und Wüstendörferdurchquerers, der ein eigentümlich empfindsames Aussehen zu haben schien, zutrug, entzieht sich der Erfahrung nicht, die ich bezüglich dessen besitze, was man Berichten, Entschleiern usw. nennt. Gastmähler von erlesenem Geschmack fanden in einem kleinen, aber äußerst gefälligen Saal auf alle Fälle statt. Nebenbei betont, gab es im Städtchen außer einem Sonderling, in dessen Kopf es von lediglich schwärmerischen Beziehungen zur Mädchenwelt wimmelte, eine allerliebste, jugendliche, sehr feinen Kreisen angehörende, von manchen als entzückendes Bildnis empfundene, beständig von einer denkbar schmächtigen Gesellschafterin begleitete Üppige. Doch ich vergesse (m)eine Rotonde und die Schwäne, die als weiße Herrinnenerscheinungen den Schloßteich durchschwammen, als wenn derselbe der glänzend polierte, vornehm dunkle Parkettboden eines Ballsaales gewesen wäre. Möglich ist, daß ich dies Städtchen wieder einmal besuchen werde, das mir hier zu einem kleinen Roman Anlaß gegeben hat, aus dessen Anfängen ich vielleicht viel hätte machen können, wenn mich nicht eine Reihe anderer schriftstellerischer Voraussetzungen am Weiterlismen gegenwärtigen doch wohl wesentlich landschaftlichen Versuches verhindern würden. Auf die Anfrage, die ein Freund an mich richtete, ob und was für Pläne ich hätte, antwortete ich, man wundere sich täglich über mein fortwährendes, scheinbar durchaus aufrichtiges Inanspruchgenommensein. Ich befaßte mich mit Nochnichtbefaßtem stark, schrieb ich ihm. Sah ich je eine großartigere, von einem Frauenhut herunterfallende Feder als heute?

(220/II + 219/I)

Indem ich mich nie verliebte

Indem ich mich nie verliebte, blieb ich für die Frauenwelt stets bis zu einem gewissen Grad erwerbenswert, obwohl ich nicht glaube, daß letzteres die treffende Bezeichnung sei. Wenn ich bezeichnungsweise geist(es)arm zu sein bekenne, so sei mir erlaubt, mich auf das Wort Jesu zu stützen, das sich mit Minderwertigkeit usw. befaßt, und das mir natürlich sehr lieb ist. Ich bin mir vielfach deshalb bemängelnswert vorgekommen, weil ich Beweise von Intelligenz ablegte und mich doch deswegen nicht erbaut, gestärkt fühlte. Vielleicht gehe ich nicht fehl, wenn ich meine, unsere Intelligenz zehre an uns, täusche uns insofern, als sie uns um gewisse Fähigkeiten bringe. Intelligente Betätigung ist eben einfach eine uns [in]beschlagnehmende, sie nimmt Besitz von uns, sie treibt uns in eine Entwicklung, um dieselbe zu gleicher Zeit zu hemmen, sie zeigt uns Wege, die sie uns gleichzeitig versperrt. Ich bin der Ansicht, daß es ebenso unvorsichtig ist, sich an die Intelligenz zu verlieren wie beispielsweise an eine Frau. Eine Frau fängt sogleich an, mich auf irgendwelche feine Art verdächtig zu finden, sobald sie zu sehen bekommt, daß sie durch mich geliebt wird, denn mit der Liebe verursachen wir gewissermaßen Störungen, wir fallen sozusagen lästig, was nur solche verstehen, die es erlebt haben. Nichts ist für eine Frau, die sich von vielen begehrt sieht, natürlicher, als hochmütig zu werden. Jeder Begehrliche hält sich gedankenabweisenderweise für den Einzigen, er denkt nicht ernsthaft genug darüber nach, daß er einer Schar angehört und daß sich sein Wert dementsprechend vermindert. Ich kränkte aus dem sehr einfachen Grunde Freunde, weil die Zahl derer, die sich für mich interessierten, mir mit der Zeit zu groß zu werden schien. Unwillkürlich sehnte ich mich nach Begegnung mit Gleichgültigen. Ich war immer sehr arm, aber man hielt mich immer für sehr reich, ich war in einem fort in Bewegung, und man glaubte in einem fort, mich für bequem halten zu können. Alle meine Arbeitsamkeit führte meine Umwelt dahin, zu glauben, daß ich träge sei. Das soll nicht eine Unzufriedenheitsäußerung, sondern lediglich eine Aufklärung sein. Die Schriftstellerei besteht aus Feststellungen, indem sie sich bemüht, sich dabei erzählerisch zu gebärden, und so gefällt es mir denn zu berichten, daß durch meine Hände allerlei Bücher in bürgerliche Häuser getragen wurden, indem ich zeitweise Buchhandlungskommissionär gewesen bin. Meine behenden Beine trugen mich auf das Gehorsamste durch Gassen und Straßen. Ich bin im Ankommen und Fortgehen die Elastizität selbst. Um den Inhalt der Werke, für deren Beförderung an bestimmte Adressen ich sorgte, kümmerte ich mich auf keine Weise. Wenn ich alles hätte lesen müssen, was ich dorthin trug, wo Interesse dafür vorhanden war, würde ich mich in ungewöhnlichem Maß mit Bildung belastet haben. Zum Glück habe ich das zu vermeiden gewußt, denn Wissen scheint mir besser aufgehoben, wenn es in Verbreitetheiten vorkommt, als wenn es einigen einzelnen Köpfen zufliegt. Wissende sind für die Öffentlichkeit ersprießlicher als sogenannte Vielwisser, geschweige Individuen, die man mit dem Schlagwort Alleswisser charakterisiert. Dadurch, daß ich einem tief in mir innewohnenden Drange Folge leistete, Friseur zu werden, was ich zur Ausführung gelangen ließ, verzichtete ich zunächst auf die Ausläuferlaufbahn, der ich zahlreiche Treppenhausbekanntschaften verdanke. Flüchtig ausgeteilte, leichte, kurze Küsse, o, welch zartmundende Kost seid ihr. Ich darf wohl versichern, daß ich mir strengste Diskretion zur Pflicht, fast möchte ich sagen, zur Ehrensache machte. Über mein Kostüm verliere ich nur insofern Worte, als ich bekannt zu machen für schicklich erachte, daß ich einen Samtanzug trug. Eltern zu besuchen fiel mir niemals ein. In einem Brief, worin ich mich der sorgfältigsten und durchdachtesten Schreibweise bediente und der daher der Nachwelt als eine Mustergültigkeit überliefert zu werden verdiente, ersuchte ich meine Geschwister um gänzlich[e] und säuberliche Außerachtlassung meiner Person. »Leute, die aussehen, als kümmerten sie sich um mich, machen mich nur nervös«, erklärte ich ihnen in dem Schriftstück. In der Tat willigten sie mit vollem Verständnis für meine Wesensart in mein an Deutlich[keit] nichts zu wünschen übrig lassendes Gesuch ein, und so fing ich denn in aller Unbenommenheit Haar zu ordnen, d. h. zu schneiden und zu kämmen an oder Physiognomien von verunzierendem Haarwuchs zu befreien, indem ich sie rasierte. Die Behendigkeit meiner Hände kam mir bei Ausübung dieses neuen Berufes sehr zustatten, und wenn ich mir angewöhnt hatte, eher nur mit der Miene als mit der Zunge zu reden, so stellte sich das als ein Vorzug heraus, dessen angenehme Folgen ich in Trinkgeldform gelassen in meine Tasche fallen oder gleiten ließ. Ich ließ es natürlich nicht beim Herrenfrisieren bewenden, sondern trat in's schwierige, aber köstliche, ja, man darf sagen bezaubernde Gebiet des Damenfrisierens mit einem Mut über, der mich in kurzer Zeit zu einer Art Künstlertum führte, dessen Spielereien mich glücklich machten. Dadurch, daß ich fremder Leute Haar dieser achtungsvollen Behandlung unterzog, mich gleichsam in einem ungemein viel Geschicklichkeit erfordernden Dienste aufopferte, fiel mir doch auch nicht ein, Vernachlässigungen über mich selbst hinziehen zu lassen, ich darf vielmehr glauben, ich hätte mich auf's Eifrigste überwacht, was auf mich die denkbar beste Wirkung ausübte. Hie und da trank ich zweifellos ein artiges Glas Bier und war eine Zeitlang auf sehr interessante Art und Weise verheiratet. O du allerfeinstgedrechselte Modistin, wie kurzweilig, abwechslungsreich war das Zusammenleben mir dir! Ich hatte die Ver[p]flichtung übernommen, ihr täglich frühmorgens die innigsten Komplimente zu sagen, und wenn mich die Tugend der Offenherzigkeit ziert, so wage ich zu erwähnen, ich sei meiner diesbezüglichen Verbindlichkeit stets überaus glücklich nachgekommen. Ich redete sie nie anders an als ›meine liebe edle Frau‹. Unsere Ehe gestaltete sich ja denn auch in Wirklichkeit zu einer Kette von rosafarbigen Vergnügungen, zu einer Zufriedenheitsgirlande, die uns auf's Wünschenswerteste und Absoluteste fesselte. Je fester eine Ehefessel ist, um so schöner und besser ist es doch wohl, um so wohler ist's denen um's Herz, die sich binden. Nicht ungestanden lassend, daß ich meiner Gattin in Buchhaltung[s]führung sowohl wie im Schuhepolieren behülflich gewesen bin, nehme ich mir zugleich die Freiheit, zu würdigen, daß die Ehe durch Umstände aufgelöst wurde, die detailliert anzugeben dem Leser so gut wie dem Verfasser zu weitläufig vorkäme, [und] rede ich jetzt noch in aller Raschheit, die sich auf eine Gemütlichkeit gründet, die gleichsam der Nährboden oder die Gartenerde dieser Flinkheit ist, von meiner Bediententätigkeit in einem wenn nicht uralten, so doch womöglich aus der Barockzeit stammenden Palast mit schwärzlich verwitterter Fassade und goldenen Fenstergeländern, die aus Schmiedeeisen bestanden haben dürften, welchem die nötige Vergolde[t]heit anhaftete. Mich kam vom ersten Tag in diesem Dienst etwas Altertümliches an, das mich gleichsam von oben bis unten überpuderte. Meine Aufgabe bestand in der Hauptsache in einem unaufhörlichen ehrfürchtigen und zugleich doch auch wieder vollständig vertrauenerweckenden Verharren in einem statuenhaften Dastehen. So z. B. beliebte es meiner Herrschaft, Stöcke und Schirme und Hüte und Mäntel wie an einem standfesten Ständer oder der

Persönlichkeit, die ich bin, aufzuhängen. Heute nun bin ich meiner Rolle untreu geworden und in's Kaffeehaus gegangen, und hier sitze ich nun an einem Tischchen und benütze die Marmorplatte und ein Blatt, das ich einem Memoiren//buch entriß, und die Zeit, die mir zur Verfügung steht, zur Abfassung vorliegenden Versuches eines Abrisses.

(354/II + 353/I)

»Heute bin ich sehr fügsam«

»Heute bin ich sehr fügsam«, erzählte sie mir, die ich nicht nenne, »aber es hat Zeiten gegeben, wo ich beispielsweise einmal in einem ganz in Gelb gehüllten Sammetsalon, der sich gleichsam befiedert ausnahm, da er von fremdländischen schöngeschwänzten Liedersängern teils bloß in Tapetenform, teils sich tatsächlich in zierlichen Häuserchen, die man Käfige nennt, Aufhaltenden bevölkert war, einem mich Liebenden, der nicht die Energie aufbrachte, mich zu beherrschen, ein Buch, worin er still las, mit den Worten aus der Hand nahm: ›Du hast auf mich acht zu geben, und wenn dir diese Mühe nicht paßt, so hörst du auf, für mich vorhanden zu sein.‹ Wie bleich den Kräftigen diese Ansprache machte. Er verlor derart die Fassung, daß ihm Tränen aus den Augen rannen, d. h. eher schon stürzten. Ich meinerseits war über mein mutiges Benehmen bestürzt, ich vertraue dir das gern an. Wie dankbar anerkenne ich heute die Schönheit, die in der Sympathie liegt, die mir jemand einflößt, der gelinde mit mir umgeht. Mein Lebenslauf fing damit an, daß sich mein Deutschlehrer mit auffallender Offenheit erlaubte, netter zu mir zu sein als zu allen meinen Klassengenossinnen. Einmal lief ich aus dem elterlichen Hause fort. Der Grund zu dieser Maßregel lag in der Absicht, die mein Vater offenbarte, mich einer Bestrafung zu würdigen, die ich nicht billigen zu können glaubte. Eine ganze Nacht blieb ich abwesend, die ich auf freiem Feld zubrachte, wo ich Gelegenheit bekam, einem Wildling, dem ich vor's Gesicht lief und dem es beliebte, mich nach seiner Fasson zu begehren, mit der rührendsten Stimme, die je erklungen sein mag, um Nachsicht zu bitten. Mit dem Ausruf: ›Meinetwegen!‹ ließ mich eine bedeuten[de] Ansammlung von Freiheit und Ungeniertheit frei. Ich verlor keine Minute, ihm für die Beweisablegung eines spärlichen bißchens Bildung zu danken, sondern eilte wieder in's elterliche Dorf, wonach ich einen Monat als Fieb[er]kranke im Bett vor meinem kerzenlichtähnlich flackernden Bewußtsein verstreichen sah. Nicht lang danach machte mir eine Art Baron den Hof, dessen Werbungen mir schmeichelten, ohne daß mich seine zierliche Neigung näher zu interessieren vermochte, um so mehr, wie du begreifst, wenn du dir vorstellst, daß ich mich im Besitz der allerleidenschaftlichsten Liebe sah, die es seit langem in meinem Geburtslande einem Menschen von sonst durchaus einwandfreier Aufführung gepaßt haben mochte, mir, einer Eva, entgegenzubringen, die noch aussah, als könne sie nicht bis auf drei zählen. Es existiert nämlich aus jener Epoche noch eine Photographie von mir, die ich seither längst als lächerlich zu empfinden mir angewöhnt habe. Ich verlobte mich mit ihm, als es aber zur Trauung kam, ich mit ihm in die Kirche treten sollte, stieß ich einen diese Umgebung in Erstaunen versetzenden lauten Hülferuf aus, als wäre mir mein Anbeter das Unleidlichste auf dem Erdboden und die Vereinigung mit seinen Wertgeschätztheiten eine Unausführbarkeit ersten Ranges. Ich kann dir nicht beschreiben, was damals in mir vorging; sehr wahrscheinlich entsprach meine Handlungsweise einem Zustand von Nervosität, der mein Lebensbegleiter blieb und den womöglich viele[1] Menschen liebgewannen, weil er aus mir eine anziehende Erscheinung zu machen schien, die vor Versprechungen, ich würde kapriziös sein, glitzerte. Ich kam kurze Zeit nach erzähltem Abenteuer in eine hauptstädtische Familie als Kindermamsell, deren Mitglieder mich nicht nur verwöhnten, sondern mich auch noch darüber belehrten, daß es allerlei leichtfaßliche Schwächen unter den Menschen gebe. Hierauf figurierte ich zeitweise als Angestelltengattin und ging als solche häufig zu einer außerordentlich

1 »weitere«

netten feinen Frau, deren Bekanntschaft ich im Tramwagen zu machen Anlaß gefunden hatte, bei der ich nun etwa zum Fünfuhrtee erschien, um mich mit Ausdrücken voll(er) Artigkeit überhäufen zu lassen, die mir überaus amüsant vorkamen, da sie mir alle wie aus dem Weihwasser der Freundschaft gezogen erschienen, denn sie dufteten nach fröhlicher Frömmigkeit, womit man wahren Freundinnen sich nicht scheut, [sich] kundzugeben. ›Du kommst diesen Sommer mit mir in's Meerbad, weißt du das, Herzblatt?‹ So oder ähnlich wurde von den liebevollsten Lippen, die ich hie und da gebeten wurde, leise, ich meine, mit einer durchaus schicklichen, hö[ch]st anständigen, unbeschreiblichen Leisheit mit den meinigen zu berühren, mit mir gesprochen. Von Zeit zu Zeit sprach ich zu ihr: ›Sie gefallen mir‹, und erhielt natürlich für das nicht ganz geziemende Aussprechen eines possierlichen Lobes einen Kuß, einen Kuß? Keineswegs, sondern nur einen Anflug, einen Vorhauch, eine flüchtige Vorerwartung davon. Es gibt Küsse, die um so süßer, um so wirkungsvoller sind, als sie sich vor starker Wirkung zu hüten sich gleichsam von vornherein verpflichten, als sie sich verbieten, mehr als eine Art Hauch zu sein. Diese liebe Freundin meinte eines schönen Tages folgendes: ›Ich will dich verheiraten.‹ ›Sie dürfen das schon im Sinn haben‹, entgegnete ich, ›immerhin bin ich bereits Frau‹. ›Das glaubt dir niemand‹, wurde im Ton des Belustigtseins gesagt. ›Wenn es niemand für möglich hält, ist es dennoch so‹, entschied ich mit einer Stimme, die sich vielleicht über die Tatsache, daß in [ihrem] Klang etwas Dezidiertes lag, ein wenig mokierte. Ich fand von jeher ein großes Vergnügen in der freilich rücksich[t]svollen Bespöttelung meiner selber, und wenn (m)ich je andere grob und indiskret verspottet habe(n), so taten sie mir gleichsam immer sehr leid, weil es mir unmöglich zu sein schien, Vertrauen in sie zu setzen. Meine Freundin fragte mich öfters, wer[1] mein Gatte sei und wie unsere Adresse laute. Eher um ihr als um mein eigenes Wohlergehen besorgt, glaubte ich so unehrerbietig sein zu müssen, ihr zu eröffnen, daß es ge-

---

1 »was«

nüge, wenn ich selbst dies wisse. Einmal küßte sie mir die Hand, und ich wußte nichts besseres hierauf zu erwidern, als sie zu umhalsen, über welche Zärtlichkeitsäußerung ich meinem ausgezeichneten Gatten keinerlei Auskunft schuldig zu sein glaubte, indem ich der Ansicht huldigte, daß ihm dies nicht zum Schaden gereichen könne, den ich in keiner Weise beeifersüchtelte. Die Idee, er könnte mir untreu sein, kümmerte mich nie, was ihm natürlich an mir sehr gefiel. Sie besaß ein sehr schönes, wie aus lauter Milch geformtes oder der Güte selber gezeichnetes Gesicht, die Freundin, die sich teils mütterlich, teils schwesterlich zu mir verhielt, aber nun muß ich dich noch wissen lassen, daß ich gern tyrannisiere, d. h. es ist so, heute fühle ich mich von dieser Eigenheit befreit, da sie mich mit der Zeit als undienlich berührte. Früher aber tyrannisierte ich mit dem größten Erfolg einen Menschen von Bedeutung. Jedenfalls redete er sich ein, ich täte es. Vielleicht wünschte er's und bildete sich's infolgedessen ein. Es ist irgendwo noch ein von ihm verfaßtes Schreiben vorhanden, worin er sich in erwähnter Hinsicht über mich beklagt. Ich ließ ihn mir übrigens immer nur auf die denkbar vornehmste, zurückhaltendste Art und Weise huldigen, und daß er dies tun durfte, bildete doch zunächst für ihn eine an's Wahrhaftglücklichsein grenzende Zerstreuung, worüber ich mir klar bin. Nicht die Unglücklichen, sondern gerade die Vergnügten, die im Stillen Dankbaren beklagen sich gern, auch hierüber bin ich keinen Moment im Zweifel. Diese Erscheinung von Bedeutung durfte stundenlang mit mir plaudern und während dieser für sie angenehmen Übung ihre Bedeutendheit vergessen, was erleichternd, befreiend auf sie einwirkte. Dieselbe Persönlichkeit von einigem Belang durfte in einen Blumenladen treten, daselbst die schönsten Gewächse auswählen und sie mir hierauf mit einem Lächeln des Überzeugtseins, sie benehme sich mir gegenüber vornehm, überreichen, indem sie vor Wohlgefallen [strahlte]. Ich gab einem mit Wissen vollgepfrop[f]ten Belesenen, einem Gescheiten, dem die eigene Gescheitheit mitunter etwas wie ein Grauen, jedenfalls diese und jene Befürchtung einflößen mußte, Gelegenheit, sich jugendlich vorzukommen, Wohlgefallen vor allem an sich selbst zu finden, da wir samt und sonders dann am (v)erträglichsten sind, wenn uns andere dafür halten. Hier, küß das, nicht mit dem Mund, sondern bloß mit der Wange, da du mir so hübsch geduldig zuhörtest.« Indem sie dies sprach und nachdem sie gesehen hatte, wie ich [mich] beeilen wollte auszuführen, wozu sie mich eingeladen hatte, eine Absicht, die sie jedoch zu vereiteln für richtig hielt, war sie aufgestanden und stand nun vor einem im Barockgeschmack umrahmten Spiegel und prüfte mit ihren entzückenden schönen Händen ihr gleichsam zufrieden läche[l]ndes, übrigens tadellos geordnetes, strahlend blondes Haar.

(331/I)

Eine Magd erzählte folgendes

Eine Magd erzählte folgendes: »Die Vorgänge in mir, die einen Taubensch[l]ag zu bilden scheinen, gestatten mir nicht, minutiös zu untersuchen, ob es statthaft sei, ein Bordell zur Sprache gelangen zu lassen, das dadurch entstehen durfte, daß sich die menschliche Gesellschaft genötigt zu sehen glaubte, bis in einen gewissen maßvollen Grad hinein dem Kinderhandel freien Lauf zu lassen. Weltbekannt[1] ist ja, daß es arme Leute gibt. Ist nicht »Arme Leute« übrigens der Titel eines durchweg flott fabulierten, scheinbar recht eigenartigen Buches, und sahen die Kinderchen in ihren verlockenden Kostümchen nicht geradezu zum Entzücken, beinah zum Fressen oder besser bloß zum Essen und äußerst Schmackhaftfinden aus? Das Bordell erwies sich als ein in jeder Hinsicht so sehr florierendes Geschäft, daß zum Aufbau eines palastähnlichen Gebäudes energisch und zielbewußt geschritten werden konnte, dessen Fassade in der Tat prunkreich prangte und in seinem Prangen und Prunken wie ein erlösendes Lachen aussah. Die Vorhänge an den Fenstern riefen in die

---

1 »Weitbekannt«

Gasse hinab: Kommt herauf, und im Institut wurde nach Noten musiziert, und Köpfchen gab es da, daß diejenigen vor Freude sterben zu müssen meinten, denen der Himmel oder die gütige Vorsehung erlaubte, sie anzublicken. Eine ganz aparte, zeitgemäße Vorschrift schrieb selbstverständlich vor, daß die Kleinode und Juwelen, die Äpfelchen und Kirschen und samtenen Pfirsiche nicht angerührt werden durften, nein, sie durften lediglich unter Zittern und Zagen und Anschmachtungen angeschaut und angehört werden, und wem dies zu tun Gelegenheit dargeboten wurde, der fiel beinahe hin. Die Sehnsucht nach den Kindern gedieh mit der Zeit so stark, daß sich die Behörde einzuschreiten gedrängt sah, was mit dem denkbar größten Takt vor sich ging. Herren und Damen schienen in die Lage gekommen zu sein, höflich, wenn auch zugleich dringend ersucht zu werden, sich in Bezug auf ihren Glauben, sie besäßen die und die Rechte auf das, was man das Kind nennt, nach Möglichkeit zu mäßigen. Indem befürchtet wurde, die Liebe zu den Kindern könnte sich zu einer allgemeinen Kindlichkeit auswachsen, unternahm man es, die Erwachsenen vor dem Abgrund, den die Gefahr darstellte, vollkommen naiv zu werden, geziemendermaßen zu warnen. Der Einfluß, den die Kleinen auf die Großen, die Harmlosen auf die Besorgten, die Lustigen auf die Ernsthaften auszuüben begonnen haben mochten, schien sich so sehr ausdehnen zu wollen, daß mit der Notwendigkeit gerechnet werden mußte, ihn mit den zur Verfügung stehenden Mitteln einzudämmen. Ich diente in diesem Haus, das sich zeitweise eines kaum glaubwürdigen Zuspruches erfreute, bis nach und nach abnahm, was einige als unzuträglich für das Wohlergehen derjenigen hielten, die man die Vielen nennt und um deren Einordnung in's Maßstabhafte sie sich Tag und Nacht seelisch und geistig anstrengten. Was mich betrifft, so verließ ich ungern (m)einen durchaus passenden Platz, für den ich ein fortwährendes freudiges Andenken im Tanzsaal meines Busens, worin [sich] Erinnerungen graziös hin und her bewegen, übrig haben werde.« Ich scheine diese Geschichte betiteln zu dürfen, wie sie's verdient.

(228/II)

Anläßlich meiner Ausgänge

»Anläßlich meiner Ausgänge, die jeweilen früher oder später stattfanden, da ich mir teils schon nachmittags, teils aber auch erst abends die nötige Zeit dazu nahm, mußten mir Geschmack und Erziehung raten, mich männlich anzukleiden«, schrieb ein Mädchen, das von einigen für schön gehalten wurde und die eine Art besaß dreinzuschauen, als habe sie sich nie über irgend etwas gewundert und bestehe gleichzeitig aus nichts als einem sich über alles Wundern, in ihr(em) Album, das ihr von ihrer Tante zum Geschenk gemacht worden war.»Meine Schlankheit offenbarte ich denjenigen, die mir auf der Straße begegneten, nimmer, während ich mich den Figuren, zu denen ich hineilte, lächelnd anvertraute, die mir beinah alle um meines sorgfältig gewähl[t]en Aufzuges willen Sympathie entgegenbrachten. Bald sah ich angegriffen, d. h. blaß aus, um mich bald hernach wieder auf der Höhe des munteren Aussehens zu befinden. In den Sälen, an deren Vergnüglichkeitscharakter niemand, der sie besuchte, zu zweifeln imstande sein konnte, gab es Direktorinnen und Untergebene, d. h. Mädchen, die den ersteren gehorchten, indem sie ihnen das Versprechen abgelegt hatten, möglichst andauernd bei guter Laune zu sein. Die zahlreichen sinngemäßen Normen sprangen wie Eichhörnchen von Raum zu Raum, wenn die Lippen der Herrinnen ihnen helltönenden Ausdruck verliehen. Eine dieser Vorsteherinnen schien mir die Wohlgeformtheit selbst zu sein. Beiläufig gesagt, befreundete ich mich sowohl mit den Tonangebenden wie mit den anscheinend sich im allgemeinen durchaus ungezwungen Anschmiegenden. Wie wäre es möglich, daß ich mich nicht gedrängt sähe zuzugeben, daß alle meine Annäherungen immer nur flüchtige blieben, daß sich aber alle Unzufriedenheiten, die ich durch mein Betragen entstehen ließ, jeweilen wieder in die wünschenswertesten Freundlichkeiten verwandelten, sobald ich sie von neuem zu überzeugen herkam, ich sei durch ihre Gegenwärtigkeiten glücklich. Hier setzte ich die eine in Verstimmung, der ich das Empfinden übermittelte, sie habe sich, während sie sich mit mir unterhielt, zu wenig Zurückhaltung aufgebunden, indes ich eine andere in die vielleicht nicht ganz angenehme Lage hineintrieb, mich des womöglich allzu aufrichtigen Vergnügens wegen, das [ich] sie kennenlernen ließ, vorübergehend geringzuschätzen. Die zartere Freude wird im Kreise der mannigfaltigen Zerstreuungen, wie ich anzunehmen entschlossen bin, darin bestanden haben, daß mich auf den Wegen in dies Niegenughaben stets etwas wie eine Genügsamkeit begleitete. Eines Abends beg[eg]nete mir in der Nähe eines vorstädtischen Erholungsheimes ein Tiger, dessen Fell von quasi sahnehaftem Weiß war und der so zahm zu sein schien, wie man sich dies von einem Geschöpf einbilden mag, dem himmelblaue Furchtsamkeit, mit angeborener Widerstandsfähigkeit vereinigt, aus den Augen, die überall der Spiegel der Eigenart sind, leuchtet. Das herrliche Tier trug ein Erkennungsband um den schmelzendflaumigen Hals, der mir zum Liebkosen wie geschaffen vorkam, den ich aber dennoch niemand empfohlen haben würde, zutraulich anzufassen. Bäume bespiegelten die Pracht ihrer Sprache, die ernsthafte, gemessene Üppigkeit ihrer Darstellung der Sommerslust, im lieblichsten Bach, der je Pflanzlichkeiten, die bereits ein gewisses ehrbares Alter erreicht hatten, sich in seine Abgeklärtheit verliebt zu sein erlaubte. Ein Damenschuhmacher rauchte vor seinem reizendgelegenen Atelier seine Pfeife, und er würde gern ein geistreiches, sorgloses Lied in die säuselnd stille Welt hineingesungen haben, wenn sein Mund nicht mit dem Tragen eines Instrumentes, aus dem hie und da ein Wölkchen herauszauderte, beschäftigt gewesen wäre. Eine Kirche aus der Zeit der Kreuzzüge stand hoch und schwer, wie die steinerne Verklärung der Bedeutung des Geistigen, sich in großartigem Selbstzweck gefallend, da und dort, wo Gestrüpp gediehen haben mochte, bevor man angefangen hatte, sie zu bauen, und von wo nun die Wirkung eines Erziehens, jedenfalls ein nicht zu verkennender Einfluß ausging. Aus einer nahegelegenen Musikschule klangen die Äußerungen einer sich gemessen abwickelnden Übung. Unter patriarchalischen großen, breiten Blättern, die wie zu ihrem eigenen Behagen von den Ästen eines Zierbaumes herabhingen, saß eine abendverschönernde Familie, und durch['s] entfernte Villmergen spazierten ausgeglichene Verlobte, die sich freuten, daß sie sich von Zeit zu Zeit etwas Aufheiterndes zu sagen hatten. Während irgendwo ein Philosoph lachte, um zu versuchen, klug aus sich zu werden, und anderweitig vielleicht ein Lebemann den Kopf in die Hand stützte, um über das Meer seiner Geschicklichkeiten nachzudenken, kam ich zu einem Haus, für dessen Bauart ich mich einst so [...] interessiert hatte, als mir ein Doktor der Literatur, der dasselbe bewohnte und dem schon mancher klargeformte Essay gelungen sein mochte, aus dem gotisch[en] Fensterrahmen herab den Rat gab, lieber Menschengesichter als Fassaden anzuschauen. Eine Minute ließ mich dieser Wink über mich stutzen, aber in einer alten Schloßallee bot sich mir dafür ein um so süßeres Naturschauspiel an, das mich an einen reichen, grünen, mit gediegenem Gold verzierten Rock denken ließ, indem im Schwerfälligen der Kastanienallee Sonnenflecken umhertanzten, wenn nicht vielleicht der Abendsonnenschein eher einem zärtlich[en] und luxuriösen Bild[1] des müßiggehenden Feierabends glich und den Horchenden und Beschauenden mit dem entzückenden Gemälde seiner Schweigsamkeit beglückte. Die Allee, die einen Säulengang zu bilden schien, erlaubte mir, mich erstens über ihre würdevolle Anmut ein bißchen lustig zu machen, was mir groß von ihr vorkam, und hatte zweitens nicht das geringste gegen das Wahrnehmen eines Gitters einzuwenden, hinter dem eine Frau stand, die eine Rose in der Hand trug. Ich schritt auf sie zu, um der über mein Auftreten in keiner Weise Ungehaltenen zu sagen, daß ich noch nie erlebt hätte, was Einsamkeit sei. Ihre Augen wollten feucht werden, denn sie besann sich, wie ich [sie] glauben machte, ich kenne sie, mit einmal einer Alpenwiese, ich meine, daß sie sich des Umfangs ihrer Persönlichkeit bewußt wurde, sie reichte mir ihre lilienhafte Hand, mit der mir nichts Schicklicheres anzufangen einfiel, als sie zu küssen, und sagte: ›Ich bin um dich nicht besorgt, sei du's um mich auch nicht‹, und gab ihrerseits den Rosen einen Kuß und entfernte sich mit den Schönen. Da's Nacht ge-

---

1 »Bett«

worden war, sprang ich heim, wo [ich] auf dem Nachhauseweg nun mir die Wellen des Geschauten angenehm begleiten[d] denken konnte, indem mein Umherfahren in der Stadt einer Ruderpartie glich, meine Haltung dabei vergleiche ich mit einem Kahn, den ich gut gehandhabt zu haben hoffe.«

(20/I)

Die Gunst,
die dieser Tschalpi dort genoß

*Die Gunst,
die dieser Tschalpi dort genoß*

Die Gunst, die dieser Tschalpi dort genoß. Mein Mund vermag davon keinen genügenden Begriff zu geben. Ein Tschalpi bedeutet übrigens ein seelisch und geistig Schwerfälliger. Nie gab es einen so ausgesprochenen Blöterli. Was für eine seltsame Sprachblume dies nun schon wieder ist. Ein Blöterli ist dasselbe wie ein Höseli, worunter man einen etwas zaghaften Menschen zu verstehen hat. Mädchen mit den süßesten Gesichtchen riefen ihm so laut sie konnten zu: »Sie sind ganz einfach ein Löl.« Nun bin ich bezüglich des Löls Auskunft schuldig und komme meinen Verpflichtungen, richtiges Deutsch zu sprechen, dadurch nach, daß ich erklären zu dürfen glaube, ein Löl sei ein Einfalt[s]pinsel. Im Eifer, Funken aus des Löls Kieselsteinhaftigkeit herauszuschlagen, scheinen sich die Mädchen eines etwas stärkeren Ausdrucks bedient zu haben. Wahr bleibt immerhin, daß ihm hier belegte Brötchen, dort sogar ein Aprikosenkuchen zum Essen vorgesetzt worden sind. Er war mit einem schlechten Roman in der Tasche hergekommen, um überall die Behauptung in seinen Ohren tönen zu hören, das Machwerk sei in seiner Kläglichkeit göttlich und in allen seinen Unzulänglichkeiten wundervoll. »Welch ein Mensch Sie sind.« Mit solchen Worten wurde er von einer der liebenswürdigsten Frauen des Weltalls zum Mittagessen eingeladen. Er nahm die Aufforderung, kulinarisch Bedeutendes zu leisten, an, und während des Schwelgens in Speisen und Getränken entfiel seinen Lippen die Bemerkung: »Ich logierte sieben Jahre lang in Nummer 27.« Dies Bekenntnis wurde als ein Beweis aufgefaßt, daß er das Leben wie kein zweiter kennengelernt habe. Er scheine ihr eine Lebensbejahersnatur zu sein, wurde von einem Töchterchen beobachtet und gesprochen. Abends schlalperte der Tschalpi [mit] eben erwähnter reizender Beobachterin in's Theater, wo der Beethoven'sche »Fidelio« gegeben wurde. O, wie ihn das Human[is]musankunftssignal in seinen kurzangebundenen Langgezogenheiten entzückte. Er nannte die Oper die schönste, die überhaupt existiere, und erlebte anderntags eine märchenhaft schöne Vormittagsstraßenstimmung, worin ihm die gesamte Menschheit bloß so zu schweben schien. Keine Ahnung habend, was seiner noch harre, ließ er sich von einem der zahlreichen Freunde, deren Bekanntschaft zu machen ihm die Göttin der Lebenskunst Gelegenheit geboten hatte, in ein Kino wenn nicht schleppen, so doch ziehen, wo insofern ein verrücktes Stück gespielt wurde, als der Träger der Hauptrolle ein komplett Wahnsinniger war. Die ganze Stadt erschien ihm in seiner Munterkeit wie eine Sorte von Torte. Bot ihm nicht ein Theaterdirektor Freibillets an? Sprach nicht ein Industrieller von Stierkämpfen im Lande der Goya'schen Majas, die prächtig kostümiert in verführerischer Haltung auf Sofas graziös faulpelzen? Das schönste Lölexemplar, das je existierte, sagte seinerseits, er glaube, es komme in der Musikliteratur ein gewisser Baron vor, der [eine] juwelenbehangene Gestalt eroberte. Bildhauerinnen usw. kicherten kunstgewerblich zu seiner so überaus wertvollen Äußerung. Was seine Freundschaften betrifft, so schienen sie aus dem Boden des Miteinanderbekanntwerdens wie zarte unglaubwürdige Pflanzen zu sprießen, und in Küchen sowohl wie in Wohnzimmern blühten ihm Sympathien derart, daß eine Schlaraffenlandvorstellung nicht von ihm wich. Zu diesem Traum, mit dem eine Träumerin sich an ihn hing, als sei sie eine phantastische Sklavin, die auf irgendeiner Insel auf die Welt gekommen sei, gesellte sich die Idee, er wäre dazu erschaffen worden, um unaufhörlich hinter den aussichtdarbietenden Scheiben eines passend gelegenen Kaffeehäuslein[s] zu sitzen und um ebenso unaufhörlich // zu einem von seinen Freunden zu sagen: »Wie schön saß es sich dort.« Später erinnerte er sich freilich, daß er keinen von seinen neuen Freunden um einen wesentlichen Dienst zu ersuchen wagte, indem er voraussetzen zu müssen meinte, sie könnten jede leiseste Zumutung als taktlos empfinden. Wie heilig-frivol brannte und duftete und leuchtete der glühendkalte, eisigheiße Wein, von der Tatsache der Leichtzerbrechlichkeit auf das Zarteste in Obhut genommen, in glitzernd geschliffenen Gläsern, die er gottseidank viel zu faul, wenn auch nicht zu dumm war, vielmals lachenden Gesichtes zu seinem Mund in Beziehung zu setzen. »Ich liebe die Böse(n)«, sprach er zu sich, aber er hatte gut reden, da ihn lauter Liebenswürdigkeiten umgaben. Man sieht, daß es ihm nicht schwer fiel, Optimist zu sein. Ein Teigwarenvertreter kritisierte eine Dichterin anläßlich eines verhältnismäßig pompösen Nachtessens mit der geziemendsten Schonung und mit unbarmherzig[s]tem Anstand. In Begleitung einer Kapazität auf seinem Gebiet besuchte der brave Kaspar, der nicht der berühmte Brentano'sche zu sein braucht, indem er auf seinen eigensten Eigentümlichkeiten fußte, ein Altertumsmuseum, das ihn mit einer Menge von Beachtenswürdigkeiten bekannt machte. Ein Vortrag über ein fremdes Land wurde mitangehört. An alle richtete er eigentlich viel zu glückliche Worte, statt daß er hie und da Verächtliches sämannartig ausgestreut hätte. Weil er fröhlich war, merkte er nicht, daß er manchen deswegen unaufgeklärt vorkam. Einige meinten, sie könnten mit seinem Dämmerzustande, wie [sie] seine Beschaffenheit nannten, spielen, aber seine Schläfrigkeit spielte vielleicht mit ihrer Aufgewecktheit. »Er kämpft nicht«, sprach vielleicht eine Frau etwas zu schnell über ihn, als wenn der schöne Schmerz, das Bedauern, das groß wie eine Symphonie ist, leben zu dürfen, ohne zu kämpfen, nicht auch ein Kampf wäre. Kaspar schenkte ihr ein Büschchen Veilchen.

(94/V + 97/I)

Meines Wissens gab es einmal einen Dichter, der sich als ein außerordentlich zartsinniger Frauenbegleiter auswies

Meines Wissens gab es einmal einen Dichter, der sich als ein außerordentlich zartsinniger Frauenbegleiter auswies, indem er die mutige und zugleich humane Aufgabe übernahm, Fliegen usw., also etwas Belästigendes unschädlich zu machen, das sich der[1] Empfindlichen an sommerlichen Spaziergangsabenden auf

---

1 »den«

den mit einer Bluse bekleideten Rücken gesetzt hatte. Wenn dieser Dichter eines Nachts mitten im glühendheißen Winter auf eine seligeisigkalte und abwechslungsreich-monotone Art einen Wohnraum andichtete, den eine gelbe Lampe mit ihrem höchst rätselhaft weichen, lieben Licht schmückte und erheiterte, so schließt dies durchaus nicht aus, daß ihm Romane mit spielender Leichtigkeit gelangen, die nichts als langgezogene, damaszenerklingenähnliche lyrische Töne und nichts als eine arabeskische Ornamentik, demnach eine Art Spinngewebe oder eine Teppichweberei zu sein schienen. Die Verleger zögerten jeweilen sehr, die anscheinend epischen Produkte in den Rahmen ihres Vertriebs übergehen zu lassen, da das Prüfen und Lesen derselben sie in hohem Maße anstrengte und sie auf den Einfall kommen mußten, sich zu sagen, beim allfälligen schätzenswerten Abnehmer sei dies wahrscheinlich ebenfalls der Fall. Der Dichter dichtete in einem Schloß romanähnliche Gedichte, kolossal zierliche Zusammengeschobenheit[en] von durchweg abenteuerlichem Charakter, die mitunter förmlich vor Zuckerung aufschrien, womit sie gesalzen und gepfeffert worden waren. Er besaß die behendesten Beine, womit sich je ein Angehöriger der Schriftstellerzunft ausgestattet sah, und mit Hülfe dieses Marschwerkzeuges legte er von Zeit zu Zeit diejenigen Strecken zurück, die nötig sein mochten, um bis dorthin zu gelangen, wo seine schönen Essays entsprangen, die mit Expansivismen in's Novellistische gespickt waren wie ein Braten mit Speckmümpfelchen, damit er um so genehmer munde. Hinwiederum reimte und schleppte er Novellen zusammen, die mit ihren kristallklaren Wahrheiten eine Tropfsteinhöhle voll Analysen bildeten. Wegen all [der] witzübersäten Seiten, die dieser Dichter schrieb, der, sobald er dichtete, zum Schriftsteller wurde, wenn er aber schriftstellerte, einen Dichter aus sich machte, bekamen Damen Wehmutanfälle, um sich anderseits die Erholung zu gönnen, über seine Ernsthaftigkeit zu witzeln, die ihnen offenbar ebenso lächerlich vorkam, wie seine Lächerlichkeiten sie mit Nachdenklichkeit umspann[en] und umschlang[en], je nachdem [man] es gesagt haben will. Das Merkwürdige war, daß er allen als eigentümlich erschien, obschon sie ihn einen auserlesen Gewöhnlichen nannten, und daß er der fortwährend Verschollene blieb, obschon sich keiner so häufig bemerkbar machte wie derjenige, der mit seinem Mund Trompetenstöße von sich gab. Sich selbst hielt er für sehr bescheiden, und wenn ihn die anderen anders sahen, als wie er war, und er sich selbst so sah, wie ihn kein anderer anzuschauen und zu bewerten jemals in die Lage kommen zu können geglaubt haben würde, so hieß er einst mit Recht der Rätselhafte. Blieb er unbegriffen, weil man ihn zu leicht begriff? Wurde man nie mit ihm fertig, weil man leicht mit ihm glaubte klar geworden zu sein? Die Bedeutenden erklärten ihn für bedeutend, den Unbedeutenden kam er unbedeutend vor, anstatt daß es umgekehrt gewesen wäre, immerhin bedeutete er irgend etwas, aber niemand wußte, was, und um sich zu beruhigen, bezeichnete man ihn als Schlafmütze, und doch war er kein eigentlicher Faulpelz. Er schien seine Dichtungen, die Rechnungsauszügen glichen, schlafend hervorgebracht zu haben. Er benahm sich vielfach steif, legte aber um so mehr Flüssigkeit in seine Dramen, die zunächst bloß in seinem Kopf existierten, worin er sich ab und zu einbildete, man bilde sich um seinetwegen hie und da irgend etwas ein. Seine Häßlichkeiten wurden als Schönheit taxiert; seine Schönheit(en) war(en) unausstehlich häßlich. Die, die ihn belächelten, wurden häßlich, die aber, die ihn faßten[1], durften glauben, sie seien schön. Auch mir ist er jetzt, weil ich über ihn in's Klare zu kommen versucht habe, unbekannt. Er lauert scheinbar immer sich selbst auf, ob's vorteilhaft sei, auf sich zu lauschen, ob eine Möglichkeit vorliege, sich auszusaugen. Ich nenne ihn seinen Vampir. Man nimmt ihn, weil er sich schon so lang seziert, kaum noch wahr. Ob ich da phantasiere, und er verführt mich dazu? Daß dies Verführtwerden zu etwas führt, führt dies Blatt vor, denn mir ist, als habe er es geschrieben. Weil mich eine Schlafmütze beschäftigte, schlafe ich, das Fertiggewordensein mit gewissem bedeutet ein Erwachen. Viele ermüdeten schon an ihm. // Wer ihn wecken will,

---

1 »haßten«

schläft ein. Sobald ihn niemand kennt, wird er erst zum Erkennen seiner selber kommen. Die ihn kennen, werden bewußtlos, als liege er am Fuße eines Glasberges und [......]. Warum sich mit ihm befassen?

(223a/V + 223b/II)

Es gibt versoffene Genies

Es gibt versoffene Genies, die lästig zu fallen imstand sind, was beim meinigen nicht zutraf, da es ganz aus Eisen bestand und ihm das Saufen weiter gar nicht schadete. Man kann von einer totalen Einflußlosigkeit sprechen, die dem Saufen eigen war, das auf das Genie absolut keinen Eindruck machte, von welchem zu melden oder zu sagen sein könnte, daß es sich im Suff derart tadellos aufführte, daß ihm wackere Menschen die Hand schüttelten. Indem dieses Prosastück von einem Alkoholiker handelt, glitzert es von Schnaps und Bier, so daß ich mich genötigt sehe, Damen, die allfällig freundlich herbeikamen, um seinen Inhalt kennenzulernen, achtungsvoll zu bitten, es lieber ungelesen zu lassen. Nur Männer, die vor Unerschrockenheit strotzen und deren herkulische Glieder die Kraft haben, sind etwas zu genießen und verdauen fähig, was mit einem in geistigen Getränken jeder Art ertrunkenen Vineta Ähnlichkeit hat. Nachdem die Versoffenheit in Person mit einem Glas Bier angefangen hatte, setzte sie ihre schreckenerregende Laufbahn mit einer staunenauslösenden Behaglichkeit fort, bis schließlich den Herren Gastwirten, die [zu] Zeugen eines unerhörten Könnens auf dem Gebiete des Saufens gemacht worden waren, die Haare zu Berg stiegen und bis der Schnaps aus dem Schnapsglas heraus zum Schnapser sprach: »Jetzt habe ich dich überwältigt«, wonach der Ungebändigte erklären zu können glaubte: »Noch lange nicht.« Saß oder hockte er nicht in geradezu hervorragender Herrlichkeit und unangetasteter Kerzengeradheit da, den Blick, der vor himmlischer Heiterkeit strahlte, in's Unendliche gerichtet? Manche Versoffenheit hat beim Stoffkragen gepackt und in die frische Luft hinausbefördert werden müssen. Beim ungemein versoffenen Genie jedoch kam das darum nie vor, weil jede derartige Maßnahme denkbar überflüssig zu sein schien, da das Genie, das mitten in der Betrunkenheit Beharrungsgrundlagen aufbaute, dem Ungeheuer Alkohol gegenüber vollständig standhaft blieb. Vom unentwegt die Glasränder an seine feingeschweiften Lippen Führen und mit den Kontinuierlichkeiten langsamen, aber häufigen Hinunterschüttens Beschäftigt[sein], ging ein unaussprechlicher Lebenskunstglanz in seinen Augen [auf], die, in's Häßlichste, was vorhanden ist, nämlich in's Saufen schauend, entzückend schön wurden. Es kam hie und da vor, daß Frauen dem versoffensten Genie, vor allem weil es einen prächtigen Hut auf seinem haarumfluteten Kopf trug, Blumen schenkten, die es mit der anmutigsten Dankbarkeit annahm. Eines Nachts sank es vor dem Portal der Erlöserkirche in die Knie, da es sich der Reichhaltigkeit des soeben umständlich und freudig beschriebenen Konsums wegen etwas wie ein Gewissen machte, woraus ersehen werden kann, wie zart es war.

(401/III)

[Aladin]

Er gönnte gleichsam beiden diesen ›erlesenen Genuß‹, diese seltsame Zuhörerfreude. O, warum darf ich an dieser Novelle, denn so nenne ich diesen kurzen Bericht, nicht tagelang schreiben, und warum folgten beide Damen, von denen die eine sozusagen über ihm, die andere unter ihm stand, mit so entschiedener Aufmerksamkeit seinen halb fließend vorgetragenen, halb aber gestotterten Darlegungen? Kamen sie ihnen sehr interessant vor? Vielleicht war die Oberhalbstehende die üppigere Erscheinung als die, die sich, wie ich sagen möchte, unterhalb aufhielt, d. h., um mich verständlicher zu machen, unterhalb seines Standpunktes oder -ortes. Er stand nämlich in einem Treppenhaus, das von einem schönen, beschaulichen, bläulichen Lampenlicht erleuchtet zu sein schien, und trug was für einen Namen? Dutzende von romantischen, sagenhaften, fliegenderholländermäßigen Namensnennungen oder -bezeichnungen könnte man diesem nächtlichen oder mindestens abendlichen oder etwa gar frühmorgendlichen Erzähler mantelähnlich umwerfen. Auffallend monoton kommt mir übrigens die Art vor, wie ich mich hier sprachlich bewege. Das Abenteuerliche an diesem Ingenio, wie er sich selbst in gewissen Milieus zu bezeichnen liebte, war nun zunäch[s]t die Tatsache, daß er eine Geliebte besaß, eine zweifellos über und über in Rätselhaftigkeit getauchte Geliebte, der er auf folgende Art huldigte: Er hatte ihr in seinem Herzen, das man vielleicht nicht fehlgeht, wenn man [es] sich als ein Proletarierherz vorstellt, ein Lustbett errichtet, worin sie, wie er sich in einem fort in den zärtlichsten Akzenten einredete, unausgesetzt ruhe. War das nicht ein überaus luxuriöser Sport von ihm, von dem kein Mensch in der ganzen Stadt wußte, wie er sich sein bißchen tägliches Brot erwarb. Irgendein Teller Suppe schien ihm übrigens meistens trefflich zu schmecken, ich meine damit, daß derart[ig]e Elemente mit einem Appetit ausgestattet sind, der die Grundlage ihres Gedeihens zu sein scheint. Klar ist, daß seinen Kopf eine Mütze bedeckte. Einen Umstand möchte ich nicht unerwähnt lassen: Zahlreiche Menschen, die ›einst‹ seine Freunde waren, hatten im Lauf der Zeit für richtig zu halten sich gedrängt gefühlt, ihn zu verlassen. »Ach, welch ein Unglück das doch für mich ist«, spöttelte er häufig mitten im Gehen halblaut vor sich hin. Und nun erzählte er seinen beiden Feindinnen, Freundinnen oder Herrinnen da also irgendeinen Abschnitt seines Lebens, beispielsweise wie ihn der Fluß, worin er eines Tages im Sommer badete, an den Beinen, an der Brust usw. habe umfangen und in seine in einem hohen Grade aufgewühlte Tiefe hinunterziehen wollen, er sich aber derart gegen ein solches Geliebt- oder Begehrtwerden gewehrt habe, daß es ihm gelungen sei, sich der gewaltsamen feuchten Besitzergreifung zu entziehen, und wie er unmittelbar nachher in der Chaise eines ländlichen Karussells die Nonne gespielt habe, die trauernd an ihren geliebten, verklärten Himmelskönig gedacht habe, der fortgegangen sei und sich doch ihr zugleich wieder nie und nimmer entzogen hätte, den sie herzen, mit dem sie scherzen dürfe, und wie ihn, als er auf eine scheinbar etwas herausfordernde Art aus der Chaise innigsten Seelenlebens[1] herausgesprungen sei, einer, der aus einer Gruppe von müßig Dastehenden trat, mit einem Schlag auf den Kopf beehrte, den jedoch er die Gewandtheit selber habe spüren lassen, indem er diesem ausglitt. Beide Frauen hörten ihm verschiedenartig zu. Denn während sich die unterhalb Befindliche, die Gebildete(re), die Feine(re) und Zartfühlende(re) zum sentimentalen, sensiblen Ausruf »Unglücklicher!« veranlaßt sah, glitt um den überaus ausdrucksvollen, weichen, schönen Mund der anderen, der über ihm Stehenden, ein Lächeln verächtlicher Belustigt[h]eit. So sorgte sich also die eine um ihn, wo die andere ihn mißbilligte. »Ich verdanke ihr sehr viel, die ich liebe«, sagte er nun still, als sei sein ›unvergeßliches Ideal‹ in aller Nähe. Da woll[t]e nun die eine der Frauen, die, die in großer Sorge um sein Fortkommen war, vor Befürchtung, daß er sich in Bezug auf die Nützlichkeit, ein Ideal zu haben, irre, schon beinah umsinken, indes ihn die andere mit den Worten, wenn nicht direkt aus-, so doch anlachte: »Du kannst sie meinetwegen noch hundertmal mehr lieben, als du tust. Mir gehörst du doch«, und der Verfasser dieser gewiß eigentümlichen Novelle bekennt gern, daß er glaubt, dies Wort der um einige Treppenstufen über ihrem Helden Stehenden habe schwarz wie die Nacht und braunmetallen wie Gold geklungen, und die Bestimmtheit, mit der es die Sprechende aussprach, habe ihn glücklich gemacht. Das glückstrahlende Gesicht zeigte er aber nicht derjenigen, die die Verursacherin davon war, sondern der Armen, so nannte er sie in seinem gewiß komplizierten Denken, derjenigen, die aus ihren großen empfindungsvollen Augen einen flehenden, um Rücksicht bittenden Blick zu ihm emporsandte, als sage sie zu ihm: »Hab um meinetwillen mit dir Erbarmen. Spiele nicht mit deiner mich so sehr freuenden Existenz.« Vorläufig verneigte er sich mit betender Artigkeit vor ihr, aber im nächsten Moment schon zeichnete er sich wieder seinerseits durch eine glühend respekt-

---

1 »Poetenlebens«

volle Emporschauerei aus, indem er der anderen blitzschnell mit einem schon beinah andächtigen Blick erklärte: »Du bist die Stärkere«, ein Manöver, das ihn nicht hinderte, das ihm vielmehr half, sich in den Besitz der nötigen Selbstachtung zu schwingen, als hätte es sich um eine geistige Turnübung gehandelt, die ihn weiter keine Mühe kostete. Es scheint sich auf Wirklichkeit zu gründen, daß er flüsternd zu sich sagte: »Ein Bekannter aus den Kreisen der Intelligenz soll nicht umsonst die Gewogenheit gehabt haben, mir gestern auf einem Spaziergang das Geständnis abgelegt zu haben, er finde mich verhältnismäßig unnennbar jung.« Bis dahin ist die Situation so: Die, die ihn siezte, die sich um ihn sorgte, stand durchaus an ihrem richtigen Platz, nämlich unterhalb von ihm, obgleich sie gesellschaftlich hochstand, indem sie in der Welt, die den Ton angibt, als Eigentümerin eines Rittergutes figurierte, das sie womöglich die schöne Absicht haben mochte, ihm vor die Füße zu legen, damit er sich sein Geschenk ordentlich ansähe. Sie trug die kostbarsten Roben, die wie die Fülle der Geduld schimmerten, wovon sie den rührendsten Beweis ablegte. Daß die Besorgten, was die Rangstufe in der moralischen Welt betrifft, unterhalb des Gegenstandes ihrer Zuneigung und daß die Unbekümmerten oberhalb des Zieles ihrer Sorglosigkeit zu stehen haben, dürfte einleuchten. »Meine Regie scheint auf der Vernunft, d. h. auf der Menschenkenntnis zu beruhen. Ich schätze euch beide beinah gleich hoch ein«, glaubte er sie versichern zu dürfen, und: »Ihr dürft mich beide infolgedessen namenlos hassen«, wagte er hinzuzufügen und schaute, während er diese Redensart aus dem Zimmer gehen ließ, das als Mund zu seinen Vertrautheiten gehörte, als wenn er sehr beschämt wäre, zu Boden. Vielleicht täuschte sich die über ihn Triumphierende, und sie wußte das vielleicht, und ich, der ich nur eine Novelle schreiben wollte, scheine mich insofern ebenfalls zu täuschen, als ich mich in's Gebiet der Psychoanalyse verirrt habe, worin ich wie ein Fisch im Netz zapple. Die Erzählung steht stockstill, wie es mit ihren Personen der Fall ist, die gleich Statuen dastehen. Warum diese drei innerlich kämpfenden Leute mir zu schaffen geben, ist erstaunlich. Jetzt fiel ihm plötzlich ein Gedicht ein, das zu irgendeiner Stunde die hohe Gnade hatte, ihm zu gelingen. Er würde es gelegentlich der und der Zeitschrift zum Abdruck offerieren, flatterte es vögelchenähnlich durch seine mit mannigfaltigen Erscheinungen bevölkerte Gedankenwelt. Wahrheit ist, daß er sich nicht gefeit sah, von Zeit zu Zeit ein bißchen zu dichten. Er nannte das eine der vornehmsten Übungen, die es innerhalb der Zivilisation gebe. Ich bin nun um die Novelle beinah ebenso besorgt wie jene Besorgte, die gleichsam in all ihre Besorgtheit verliebt war, da sie ihr als etwas Holdes erschien, womit sie sich an jemand adressierte, der sich wenig oder nichts daraus zu machen schien. Anderseits wieder triumphiere ich und bin der festen Meinung, daß mir vorliegende Arbeit geglückt sei, und ähnele insofern der zweiten weiblichen Treppengestalt, die Schauspieltalent besaß, indem sie ihre Qual total zu verbergen wußte. Sie litt nämlich innerlich in einem wirklichen hohen Grad, darum, daß sie zu früh gejubelt haben könnte. Wie bequem machte es sich die Bittende im Vergleich zur Besitzenden. Jene durfte sich offenherzig aufführen, diese sah sich genötigt, sich zu verstellen, denn ihr mußte längst bekannt geworden sein, wie er immer in ein Kabarett sprang. Er sprang zwar nicht, er ging nur, und das Erstaunliche war, daß er in dieser Lokalität eher nur Sympathien sammelte und einheimste, als daß es ihm um etwas weniger Nettes und Artiges zu tun gewesen sein könnte, und gerade wegen dieses Umstandes bebte die Befehlende. Mir steigt jetzt die Idee auf, es dürfte Zeit sein, die Novelle fallen zu lassen, als ließe etwa auf der Leipzigerstraße beim Warenhaus Wertheim eine elegante Passantin ihr Taschentüchelchen zur Erde oder auf's Trottoir hinabgleiten, um einem Jugendlichen Gelegenheit zu verschaffen, den sie hinter sich herflanieren fühl[t]e, den Versuch zu machen, sich ihr anzuschließen. Womöglich ist das bläuliche Licht im Treppenhaus etwas unfein. Aber ich glaube mich der Beleuchtung wegen entschuldigen zu können, nämlich durch das aufrichtige Bekenntnis, daß ich auf etwas unvorsichtige Art bemüht gewesen bin, mich interessant zu machen. Er stand da und wußte nicht, ob er aufwärts oder abwärts eilen oder gehen sollte.

»Einzig zu mir passest du, begreife das doch! In meiner Gesellschaft wird es für dich an Entwicklungsmöglichkeiten wimmeln. Du bist ja so anschmiegun[g]sbedürftig. Die meisten sind davon überzeugt. Wer es gut mit dir meint, ja, man kann sagen, wer Vernunft besitzt, glaubt steif und fest, du seist geboren, um so recht nach Noten verwöhnt zu werden. Nur du vermagst das nicht zu fassen. Du kränkelst, du bist die Zartheit, die Empfindlichkeit selbst. Bist du blind, Liebling?« So redete wieder diejenige, die ihn nicht für schaffenstüchtig anzuschauen vermochte, die den Gedanken nicht ertrug, er müsse das Leben wie jeder beliebige sonstige erfahren, und wieder dankte er ihr mit einer vollendeten weltmännischen Verbeugung, erstens für ihren schönen Blick und zweitens für [ihr] Streben, gleichsam in der letzten Minute, also rechtzeitig noch, ehe es zu spät wäre, irgend etwas Rechtes oder Passendes aus ihm zu machen. »Nie siehst du mich wieder«, versuchte ihn diejenige einzuschüchtern, die um seine zahlreichen Besuche im Kabarett wußte und der er den Eindruck machte, er sei lediglich ein Tänzer, der durch das kurze[1] blumige Leben tanze, aber weder die eine, noch die andere dachte daran, es könnte sein, daß er, o mit welcher Erzählerschwierigkeit ich jetzt kämpfe, am Stillstehen zunächst sein Vergnügen haben und im einstweilen Unentschlossensein und im [sich] Unfestdünken seinen Vorteil, sein Glück sehe. »Ich bin Aladin«, sprach er, und der Verfasser ist froh, daß dies seinen Lippen entfloh, denn nun weiß er, wie er diese Treppenhausgeschichte zu betiteln hat.

(307/I)

O, wie mußte sie gestern im hervorragendsten Kaffeehaus unserer Stadt [...] lachen

O, wie mußte sie gestern im hervorragendsten Kaffeehaus unserer Stadt über ein scheinbar durchaus ernstzunehmendes Buch

---

[1] »freie«

lachen. Ich schaute sie von der Seite an und meinte beobachten zu können, wie sie das Buch, das sich eines gewissen Rufes in der literarischen Welt erfreut, in der Oberfläche höchst ernst, aber in ihrer tiefsten Tiefe lediglich vergnüglich nahm. »Wie sich der Verfasser dieses mutigen Buches ärgert«, kam es plötzlich über ihre feinen, gleichsam geschliffenen Lippen, und ich hielt diese ihre Bemerkung für sehr leichtsinnig, aber weshalb hätte, was sie sagte, schwerfällig, trübsinnig klingen sollen? Sie erzählte mir, daß sie sich beispielsweise über alles, was in's weite Gebiet der Psychoanalyse gehöre, hauptsächlich amüsiere. Ich spielte mich Erna gegenüber nämlich ein bißchen als Seelenforscher auf, und um mich darauf aufmerksam zu machen, daß sie in ihren wesentlichen Wesenszügen schön, d. h. vielmehr nur hübsch, dafür[1] aber gleichzeitig kühl sei, fand sie für gut zu lachen, was sehr anmutig geschah. In Wirklichkeit schien sie sich nicht wenig vor der Eventualität zu fürchten, nachgiebig gegenüber meiner Kunst oder Wissenschaft zu werden. Ich habe sie Erna genannt, hätte sie aber ebenso gut, d. h. mit ebenso viel Berechtigtheit Marta oder Marie nennen können. Jedenfalls darf ich ihr das Kompliment machen, daß sie sich mit einem ziemlich problematischen, will sagen, verhältnismäßig schwierig zu erfassenden Buch überaus treulich, redlich, ehrlich, eifrig und aufrichtig abgab. »Das Buch enthält hundertzwanzig Seiten«, sagte sie lächelnd und zugleich seufzend, »und seine Tonart scheint mir keine besonders angenehme zu sein«, fügte sie mit einem Schimmer von Verächtlichkeit um den Mund leise hinzu. Ich meinerseits füge dem bis dahin Vorgetragenen bei, daß die Leserin Herrenkleidung trug, von der ich der Meinung sein kann, sie habe beigetragen, ihre Figur zu etwas Nettem, Anschauenswertem zu machen. Wenn sie während des Lesens eines Produktes des zeitgenössischen Büchermarktes eine mit Ziselierungen versehene Zierpeitsche in einer ihrer Hände trug, so nahm sich das nicht unfein oder unartig aus. Der knallende, beißende, pfeifende Ausstattungsgegenstand verlieh ihr das Aussehen oder das Gepräge

---

[1] »d. h.«

einer witzigen, launenhaften Kritikerin. »Merke dir ein für allemal, daß meine Eltern die Gewohnheit gehabt haben, mich allemal, wenn sie sich meiner erinnerten, mit dem Namen Zäzilie zu rufen«, redete sie mit aller Bestimmtheit auf mich ein. Um die Wahrheit nicht vorzuenthalten, und um Zäziliens Reitpeitschlichkeit zu interpretieren, benachrichtigen [wir] diejenigen, die so liebenswürdig sind, diese Zeilen mit der erwünschten Achtsamkeit zu verfolgen, daß wir bei einer Dame zu Besuch gewesen waren, die meiner Begleiterin besagtes Werkzeug, das von sehr biegsamer Art zu sein pflegt, zum Geschenk zu machen den Einfall gehabt hatte. Wie ich nun Cécile damit tändeln sah, so erblickte sie in dieser Nebenbeschäftigung, die ich ihr gönnte, ein ohne weiteres begreifliches Vergnügen. Wenn man eine Frau sich eines Spiegels bedienen sieht, so fühle man sich verpflichtet, höflich dazu zu lächeln, und wenn der Schreiber dieser Zeilen nicht die geringste Mühe hatte wahrzunehmen, wie es Cécile mit dem Lesen und Prüfen des erwähnten Buches nicht allzu ernst nahm, indem sie Seite auf Seite mit bemerkenswerter Schnelligkeit umdrehte, üb[er] die sie jeweilen förmlich hinwegzufliegen oder -zuschweben schien, so machte ihn diese Begabung im Vortäuschen eines vollkommenen Inanspruchgenommenseins beinah staunen. »Ist sie bei der Sache?« fragte ich mich. Sie enthob mich der Schwierigkeit der Beantwortung dieser Frage dadurch, daß sie die Bemerkung fallen ließ: »Er schreibt unartig und wirkt beinah ein wenig einfältig. Besser wäre es, er würde mit einer netten und geschmeidigen Schreibweise zweideutig, fragwürdig wirken.« »Du frappierst mich mit dem, was du mir da sagst«, glaubte ich ihr gestehen zu sollen, woraufhin sie ihrerseits bekanntgab: »Ich las das Buch nur flüchtig, auf seine Bekleidetheit achtend. Jeder Schriftsteller gibt sich in einer Art von Gewandung. Dieser hier läuft mangelhaft angezogen herum«, und mit den Worten war sie bei der letzten Seite angekommen und schloß das Buch so sorgsam, als wenn sie sich eben mit einem Gebetbuch befaßt haben würde und nicht mit einer unruhig-nervös und schon beinah allzu weltlich-schnell verfaßten Kampfschrift oder Broschüre, die lediglich den Zweck zu haben schien, ein etwas billiges Aufsehen bei den Denkenden und auf derartige Erscheinungen Achtenden hervorzurufen. Unter den Mädchen, die ich mehr oder weniger genau kenne, gibt es eine gewisse zartnäsige Meta, mit der ich einigemal in die Kreise der Gebildeten zu treten gewagt habe. Meta und Zäzilie sind einander übrigens bekannt, behandeln sich aber immerhin sicht[l]ich förmlich. Darf ich meinen Zuhörern anvertrauen, daß Meta eine Art Schriftstellerin ist, und darf ich den Inhalt eines ihrer Manuskripte vielleicht nur zum Teil, vielleicht aber auch, wenn ich dies für angezei[g]t halten würde, vollständig zur Kenntnis gelangen lassen? »Ich war eine Zeitlang Dienstmädchen und heimste als solches denkbar eklatante Erfolge ein«, findet sich an irgendeiner Stelle ihrer Aufzeichnungen oder Memoiren aufnotiert. Das Manuskript, wovon ich spreche, stellt scheinbar etwas wie einen kleinen Roman dar. Auf die Frage, die ich an die Dichterin richtete, falls sie auf einen so holden Titel Anspruch erheben darf, ob sie mir erlaube, Geschriebenes von ihr unter der fröhlichen, vertrauensweckenden Flagge eines eigenen Romans in die Öffentlichkeit oder in den Druck befördern zu dürfen, rief sie zustimmend aus: »Warum nicht? O, mit dem größten Vergnügen, bitte sehr. Lege dir diesbezüglich nicht den kleinsten Zwang auf.« Aus Dankbarkeit für ein so gradliniges, schlankes Entgegenkommen, das mich entzücken mußte, küßte ich sie, und der Leser darf mich um dieser Bemühung willen, Meta zum voraus einigermaßen zu entschädigen, selbstverständlich in so umfangreichem Grade wie er will beneiden. Etwas muß im vorhinein gesagt sein: Meta las immer ziemlich viel, und wenn sich allerlei Gelesenes mit ihrer Dichtung verwoben hat, so dürfte dies natürlich eine tatsächlich hohe, d. h. starke Eigenart oder Eigentümlichkeit bilden, mit der ich mich beeilt haben möchte zu bitten, sich einverstanden zu erklären. Außerordentlich viel kommt in Kulturangelegenheiten usw., wie ja auch im täglichen Leben, auf den guten Willen an. Indem ich zu einer gewissen fröhlichen Frömmigkeit aufmuntere, meine ich unter gewissen Gegensätzlichkeiten, Ungelöstheiten, Uneinigkeiten, was Bildungsinteressen betrifft, versöhnend zu erscheinen. Wenn ich meine Freundin zu Wort kommen lassen könnte, würde mich dies zweifellos freudig stimmen, ich sage das offen. Seitdem ich sie zum ersten Mal sah, hat sie naturgemäß ein wenig gealtert, was ja mit jedem von uns allen mit dem Vorübereilen der Tage, Nächte und Wochen usw. geschieht und was wir uns schwerlich übelnehmen dürfen, obschon ich es, was mich persönlich anbelangt, für ein erstrangiges Vergehen, für einen sehr großen Fehler halte, nicht in genügend[em] Maß zu verstehen, jung zu schreiben, was mir in gewisser Hinsicht keine so schwere Aufgabe zu sein scheint. Diese Aufgabe kommt mir als ebenso leicht wie hindernisreich und schwer vor. Schriften, die sich auf dieses Fach beziehen, liegen zahlreiche, sämtlich jedoch noch nie angerührt, also noch unentweiht und ungelesen auf meinem Schreibtisch. Vielfach ist es sehr schäd[l]ich, nützliche Bücher zu lesen, und sehr nützlich, hie und da mit einer schäd[l]ichen Lektüre näher(e) Bekanntschaft zu machen, und ich will das damit begründen, daß ich der Ansicht zu sein geneigt bin, unsere Wünsche, bei jeder nur erdenklichen Gelegenheit einen Profit davonzutragen, müß[t]en sich unwillkürlich irgendwie rächen. Für das gesündeste, nützlich[s]te, einträglichste Buch halte ich dasjenige, das uns die reichlichste Unterhaltung schenkt, denn die Unterhaltung nützt uns vielleicht am meisten, indem sie uns aufheitert. So saß denn also der seelengute, junge, kerngesunde, mit rötlich lächelnden Wangen begabte und ausstaffierte Mensch im denkbar heimelig möblierten, mit dem frohmütigsten Sonnenschein erfüllten, blumensträußchengeschmückten Zimmer, das irgendwo, d.h. genau dort lag, wo und wie es die Wirklichkeit zuließ, und las mit den treuherzigsten Augen, die je existiert zu haben scheinen, und in einer Mutterseelenalleinigkeit, die keine Vergleichung zu ziehen gestattet, Geschichten, so erzählt sie, der ich wünsche, sie verliere ihr Gleichgewicht beim Erzählen nicht, und von der [ich] annehme, sie werde gegen allfällige kleine Korrekturen oder Abänderungen kaum viel einzuwenden haben. Ich hoffe, der junge Stubenhocker heiße Edgar. O, wie eilig er jetzt aussieht, seine Lektüre im Stich läßt, zum Zimmer hinaus- und die Treppe hinunterläuft, um die Straße zu gewinnen, die für ihn ein Farben- und Figurenparadies ist, woraus ich gern entnehme, er sei gottseidank die Bescheidenheit sel[b]st, jederzeit demnach also auf's Leichteste zu begeistern. Mit dem Ausruf: »Er liebt!« scheint mir das Fundament einer Geistesarbeit gelegt, die mich glauben läßt, sie werde im Buchzustand zirka hundertzwanzig Seiten umfassen, also ungefähr so viel Umfang aufweisen wie das obgenannte Pamphlet in Fräulein Zäziliens Hand, wiewohl ich zunächst eine Pause am Platz finde. Unwahrscheinliches(,) mache dich[1] auf die Beine und werde rege.

(306/I)

Während vielleicht ein sehr seriös Denkender
in ein Blumengeschäft trat

Während vielleicht ein sehr seriös Denkender in ein Blumengeschäft trat, um für seine Geliebte Gewächse zu kaufen, die duftende Gesichter haben, um ihr, vor der [er] in seiner Seele kniete, die an den Stengeln leise schwankenden Zärtlichkeitsbilder zu schenken, geschah es vielleicht, daß jemand einen Brief, dem er keine Wichtigkeit zu entnehmen vermochte, bequemlichkeitshalber unbeantwortet ließ, ein Verhalten, mit dem er nicht umhin konnte, zufrieden zu sein, und womöglich kam ferner irgendwo vor, daß ein Schriftsteller, der aus der Plantage seiner eigenen Werke vorlas, einen durchaus unüberraschenderweise bloß schwachen Eindruck hervorrief, daß dagegen ein Einsamer aus einem Buch eine Wirkung gewann, die ihm alles Einsamsein in die bunteste, abwechslungsreichste Gesellschaft umwandelte. Konnte nicht um die Zeit, da Erich, ein Vergnügungsmensch, wie es selten in so ausgedehntem Maß einen gegeben haben mag, vor einem Bücher- und Zeitungshäuschen stillstand, das ihn um seines Orientalismusses, d.h. um seiner mannigfaltigen, lieblich durcheinanderspielenden Farbigkeit willen lebhaft anzog, ein Schauspieler von Weltruf im Theater einen neuerlichen nennenswerten Erfolg einheimsen und mit zahlreichen Verbeugungen

---

1 »sich«

artig beantworten, und konnte nicht um dieselbe Vormittags- oder Nachmittags- oder auch Abendstunde eine Enttäuschte ihre Enttäuschtheit liebkosen, eine Freudige jedoch anderseits ihre Freude geringschätzen und sie wie eine ungeschickte Zofe von sich fortjagen? Was es da alles zu lachen gäbe, sprach Erich, der einer zu sein schien, der sich den Luxus leisten durfte, mit seinem sowohl wie mit dem Glück anderer zu tändeln, zu sich selber, und indem für ihn die gesamte Umwelt scheinbar in diesem Augenblick gar nicht mehr vorhanden war, was ein Zustand ist, worin etwas Schönes, weil Konzentriertes liegt, ließ er seine Aufmerksamkeit sich in den Sessel setzen, der in dem Buchumschlag eines Romans bestand, der mit dem romantischen Titel »Ich bete dich an« förmlich prangte. Auf dem Einband lüftete ein junger Mensch, dessen Aussehen zu verstehen gab, er besitze verhältnismäßig noch wenig Weltkenntnisse, vor einer in prachtvoll lackiertem Wagen sitzenden, elegant kostümierten Frau seinen Hut, den eine Anständigkeit, will sagen, eine gute Behandelthabenheit auszeichnete. Der junge Mensch schien Erich die Ordentlichkeit und die Herzensgüte selbst zu sein, und das junge Mädchen erlaubte er sich für die Tochter eines besseren Beamten oder auch für eine Fabrikbesitzerstochter zu halten, die in Bezug auf Stand usw. ihren Anbeter überragte, was durchaus mit dem Begreiflichen und mit dem, was sich schickt, übereinstimmte. »Hier scheine ich einen Angestellten vor mir zu haben«, meinte Erich offenherzig zu sich, »der das Töchterchen seines Prinzipals in seiner Phantasie zu herzen und zu liebkosen sich untersteht und dem es sehr wahrscheinlich bestimmt sein wird, daß er gleichsam an seine Grenzen, d. h. an seine Pflicht, bescheiden und vernünftig zu bleiben, erinnert werden muß. Die hübsche Industriedame wird dies eines Tages mit spielender Leichtigkeit, mit einer Art gewinnender, schonender, aber gerade darum für ihn um so verletzenderer Nachlässigkeit zu besorgen wissen.« Ein zweiter Buchdeckel fiel ihm dadurch auf, daß er ihn wissen ließ, es gebe Romanautoren, denen einfällt, ihre fertigen Erzeugnisse mit der Betitelung zu verzieren »Lebe wohl für immer«. Auf dem Tit[el]bild Nummer zwei lag eine anscheinend mit dem letzten Atemzug Ringende,

Erich wußte nicht, ob er sich diesbezüglich des passenden Ausdruckes bediente, in einem Bett, das von kundiger Hand in die säuberlich[s]te Ordnung gebracht worden zu sein schien und vor dem eine Figur, von einer Welt von Empfindungen überwältigt, kniete. In einer dicht neben dem Bett Aufstellung gefunden habenden Wiege freute sich ein Kind seines noch keineswegs durch eine stattliche Anzahl von Jahren ausgezeichneten Daseins, und von dem Kind durfte der Buchdeckelbeschauer ohne weitere Bedenklichkeit annehmen, daß es das Kind derjenigen sei, die kein Lebenszeichen mehr gab und der in Form erwähnten Kniefalles eine Huldigung dargebracht wurde, die an Aufrichtigkeit, Größe und der nötigen Begründetheit nichts zu wünschen übrig ließ. Was für eine Rührung bedeutete es für Erich, dem ich um seiner liebenswürdigen Anteilnahme an den Schicksalen von Romanfiguren willen meine Sympathie nicht versagen kann, daß er's in dem harmlosen, noch von nichts, was sich im Leben zuträgt, irgend etwas ahnenden Kind scheinbar mit einem Waisenkind zu tun hatte, und wie mußte es ihn ferner freuen und zu tiefem Mitgefühl kommen lassen, mitansehen zu können, wie der anscheinend noch junge Mann irgendein Versäumnis von Bedeutung in diesem beinah heilig ernsthaften Moment mit der ganzen Kraft seines Ichbewußtseins bereute, denn hier lag ja zweifellos eine von ihrem Freund auf's Beklagenswürdigste Verlassene, eine vom Leben und dessen Umständen Besiegte, und fraglos wußte er jetzt wenigstens dies eine: Die Aufgabe stehe von nun an mit unabweisbarer Deutlichkeit und Leichterfaßbarkeit wie auf einer Wandtafel vor ihm geschrieben, die ihm den Rat erteilte, sich des Wesens, das bis dahin weder zu lesen noch zu schreiben vermochte, anzunehmen. »An seiner Haltung sehe ich ihm an, daß ihm ein Licht aufgegangen ist«, so ungefähr lautete, was derjenige zu sich selber in Bezug auf den zweiten Roman sagte, der nunmehr zur eindringlichen und vergnügten Besichtigung des dritten überging, der ihm unmißverständlich erklärte, er trage die interesse(er)weckende Überschrift »Rivalinnen«. In der Tat verhielt es sich so. Zwei Buchdeckeldamen schienen in einer Unterhaltung hochdramatischer Art begriffen zu sein, und er konnte sich unmöglich darüber täuschen, daß die eine der anderen das Leben mit einer Art von Genuß überaus schwierig zu gestalten unternommen habe und daß sie aus diesem Unternehmen als stolzumsichschauende, kaltlächelnde Siegerin hervorgegangen sei. »Dies ist sicher ein denkbar ergreifender Roman«, fand es der in's dritte Titelbild gleichsam Versunkene für angezeigt oder für in jeder Hinsicht gegeben zu glauben. In einem mondän möblierten Gemach, dessen Tapete sich wie eine samtig- oder seidigschimmernde Haut ausnahm, die den Raum zu etwas Verführerisch-Schönem werden ließ, das einen sogleich schon beim Eintreten und nachher beim Verweilen immer noch in einem fort bezauberte, befaßten sich zwei Frauenerscheinungen von verschiedenartigstem Reiz damit, daß die eine flehte: »Sei doch lieb mit mir«, daß sich jedoch die andere als eine Unerbittliche, d. h. durchweg Unzugängliche nach allen Richtungen hin bewährte. Hochherrschaftlich in des Wortes umfassendster Bedeutung war's, wie // letztere laut zu betonen und erstere vor die Einsicht zu führen schien: »Verschwende keine nutzlose Mühe. Du liebst ihn, aber du bist nun einmal ohne pekuniäre Mittel, er liebt dich, ist aber nun einmal vermögenslos, mich liebt er nicht, und ich bin's nicht, die ihn liebt, mir gehört er aber dennoch, denn ich bin Herrin all der Pracht, die dich hier blendet, ich bin«, und sie sprach damit die Etikettierung des Romans aus, als dessen Heldin sie in ihrer, von entzückenden Schlankheiten wie vom Wohllaut eines mit Ausgeglichenheiten reich ausgestatteten Musikvortrages umflossenen, also äußerst gemessenen Üppi[g]keit dastand: »Die neue Reiche«. Indem sich Erich das Versprechen abnahm, sich künftig, was Lebensweise usw. betreffen mochte, unter einen gewissen Grad von Selbstkontrolle zu stellen, also seine Lebenslust nach Möglichkeit zu zügeln, was man als ein kluges Vorhaben bezeichnen kann, entfernte er sich, gleichsam reichbeladen mit einer Fülle neuer Eindrücke, die gewiß für ihn von bleibendem Wert sein würden, von dem Verkaufshäuschen sowohl wie von den drei mit allem Eifer in Betracht gezogenen Romanen, im Wunsch, sie gelegentlich so unvoreingenommen wie möglich zu besprechen.

(92/III + 98/II)

Was ich schreibe,
wird vielleicht ein Märchen sein

Was ich schreibe, wird vielleicht ein Märchen sein. Die Menschen seien von Tag zu Tag kultivierter geworden, meinte einer, dem das nicht sonderlich gefallen zu wollen schien. Wie ich mich erinnere, schlug ich einmal einem Maler vor, eine Leberwurst mit allen erdenklichen Wirklichkeitsnuancen abzubilden. Ob er jemals für rätlich hielt, meiner Anregung Folge zu leisten, weiß ich nicht, nur so viel ist mir nicht gänzlich unbekannt, daß sich vor einiger Zeit ein Künstler in einem hübschgelegenen Dorf zu Schaffenszwecken ansiedelte. Derselbe hatte, als er noch ganz unscheinbar, d.h. jung gewesen war, wacker und brav aquarelliert. Nunmehr jedoch arbeitete er sozusagen in Öl. Unter anderem dachte er mit einer Öllandschaft fertig zu werden, womit ich sagen will, daß ihm eine Gesichtsschilderung vorschwebte, indem ja Gassen, Felder, Äcker, Wiesen, Rebberge, Seen usw. etwas wie Gesichter sind. Ich glaube beispielsweise, daß, wenn sich einer darauf versteift, ein Porträt zu malen, diese Bemühung Ähnlichkeit mit dem Erzählen einer Geschichte habe. Der Künstler oder Farbendichter, von dem ich hier Bericht ablege, scheint einmal in einem einsamen Bett gelegen und, da es ihm vorübergehenderweise etwas mies, d.h. übel ging, gedankenvoll seinen Künstlerkopf in die Artistenhand gestützt und dazu geseufzt zu haben. In jeder Art von Erzählung können Momente vorkommen, die zu den unangenehmen gezählt werden müssen, da nun einmal das Leben nicht ausschließlich aus einer Reihenfolge von Willkommenswürdigkeiten bestehen zu können scheint. In seiner Knabenzeit forderte ihn hie und da sein Herr Vater, der sehr praktisch veranlagt war, mit kummervoller Stimme auf, nicht immer zu zeichnen. Sollte Zeichnen nicht mit Gedichtefabrizieren verglichen werden können? Eine Zeichnung dürfte vielleicht annähernd das sein, was im Bereich der Musik eine Etüde oder eine Sonate sein mag. Übrigens dürfte vielleicht dieses Märchen hier in ein Zeitporträt ausarten oder -münden, das ich nicht allzu humoristisch, aber auch nicht allzu ernst aufzufassen bitte. Nunmehr war zur unumstößlichen Tatsache geworden, daß die Welt mehr und mehr Kunstverständnis und diesbezügliches Interesse an den Tag legte. Anders gesagt, schien sie total verkünstlert zu sein. Jedes zweite oder dritte Büro- oder sonstige Fräulein besaß zum Freund oder Geliebten einen Maler. Demnach wird kaum auszumessen sein, wie viel da zusammengebildnißt wurde. Mithin wimmelte es in der Welt, in der gebildeten sowohl wie halbgebildeten, von sogenannten Schaffenden, für deren Tun und Lassen scheinbar kolossal viel Anteilnahme vorhanden war. Ging man spazieren, so fehlte es nicht, daß man ein Mädchen sich in den sorgenvollen Ausruf werfen oder stürzen hörte: »Er schafft mit Mühe«, oder: »Er schafft gar nicht mehr«, wobei das betreffende natürlich an irgendwelchen atelierbewohnenden Mit-sich-Ringenden dachte. Dem Künstler, der sich in dem hübschen Dorf häuslich eingerichtet hatte, liefen die Bauernjungen mit der eifrig ausgesprochenen Frage nach: »Kannst du schaffen?« Er antwortete: »Nein, nicht ganz nach Wunsch, ich kämpfe mit einer gewissen Anzahl von Hemmnissen.« Wie es hier zuging, ging es anderwärts ebenfalls zu. Hunderte von Kunstbeflissenen rangen in Hunderten von Ortschaften unter hunderterlei besonders gefärbten Umständen mit Hunderten, d. h. mannigfaltigsten Verhinderungen, d. h. kamen, was ihren Herstellungs- oder Schaffenselan betraf, nicht recht vorwärts, wo sie am liebsten nicht bloß hätten flott marschieren, sondern fliegen mögen. Klar ist, daß es den pläne-vor-sich-herrollenden und -wälzenden Dichtern ähnlich erging wie den problemelösenden, vor ihren Staffeleien Stehenden. Der Künstler, der im Dorf den Gipfel der Kunst zu erreichen hoffte, besaß eine Frau, von der man (ver)melden kann, sie sei die Niedlichkeit selbst gewesen, und wenn sie jeweilen um zehn oder elf Uhr vormittags in ein Lebensmittelgeschäft getreten sei, so sei sie mit der höflichen, obwohl vielleicht etwas zudringlichen Anfrage behelligt worden: »Kann Ihr Herr Gemahl schaffen?« Was wird sie anderes haben erwidern können als: »O ja, er kann, ich darf sagen, daß er seine Pflicht tut. Zur Stunde beschäftigt ihn die allmähliche Bewältigung eines Gänseblümchensträußchens. Was kosten die Suppenwürfel? Fabelhaft, wie auf dem Bild, das mein Mann malt, das Gestaltete lebendig hervorguckt, und daß ich es war, die die Bumen pflückte und nachher in's Glas stellte.« Alt und Jung, Bedeutend und Unbedeutend, Arm und Reich, Wissend und Unwissend, Beschäftigt und Beschäftigungslos, Einflußreich und Unbefangen, alles, alles sorgt, härmt sich um's Gedeihen der Kunst ab. Kennt nicht jedes Schulkind schon die Bedingungen, die der werdenden dringend als Voraussetzung nötig sind? Wie breit, wie dick oder wie lang Grundlagen für den etwaigen Aufbau eines Romans oder eines Gemäldes zu sein haben, weiß ein Wegknecht ausgezeichnet. Sämtliche Nichtschaffenden wissen haargenau, wie man schaffen muß, bloß noch die Schaffenden selber zieren sich diesbezüglich zuweilen, schweben über der Lächerlichkeit eines Ahnungslosigkeitsabgrundes. Er hatte schon in Weltstädten gemalt[1], und nun malte [er] im Dorf. Täglich ging er spazieren. »Statt zu schaffen, spaziert er«, sagte man dann. Man sagte das, um ihm zu zeigen, man wolle ihm helfen, fühle sich für ihn verantwortlich. Still ließ er's über sich gefallen, neigte wie in sanftem Einverstandensein den Kopf, wunderte sich über all das weitverbreitete Verständnis und lächelte, daß er sich's so wohl sein ließ, denn es gab ja Künstler, die sich ganz um ihres Ideales, der Kunst willen aufreiben. Eigentlich sollte er das ebenfalls tun. Fast strafend schaute man ihn an, daß er's nicht tat.

(225/II)

Zum gewiß nicht uninteressanten Problem
des sogenannten Aufschneidens geziemend,
d. h. ernsthaft Stellung nehmend

Zum gewiß nicht uninteressanten Problem des sogenannten Aufschneidens geziemend, d. h. ernsthaft Stellung nehmend, bin ich der Meinung, diese Frage sei ungefähr folgendermaßen zu beantworten: Nur die Talentlosigkeit schneidet niemals auf, dem phantasiebegabten Mitbürger jedoch passiert dies verhältnismäßig

---

1 »geweilt«

häufig. Vor allen Dingen, scheint mir, dürfe man diesen vielleicht nicht ganz angenehm tönenden Vorwurf nie und nimmermehr gegenüber einem Künstler, Dichter usw. geltend machen. Eines Tages wurde ich auf menschenbelebtem Platz nichtsahnend von einer im übrigen recht sehr gebildeten Zeitgenossin, die neben ihrer Hausfrauenobliegenheit sozusagen ein wenig schriftstellerte, mit der mich höchlich überraschenden Anfrage beehrt: »Lügen Sie immer noch so sehr?« Ich parierte den ebenso alltäglichen wie ungewöhnlichen Hieb mit der vor Eingeschüchtertheit geradezu kränklichen Bemerkung: »Sie wollten wohl von mir zu erfahren wissen, ob ich immer noch lediglich dichte?« Will der eine Teil der wertgeschätzten Menschheit Lügen und Dichten für ein und dasselbe zu halten entschlossen sein? Unter keinen Umständen will ich versuchen zu glauben, Herren seien in dieser Hinsicht im Allgemeinen mit ihrem Verständnis, ihrem geistigen Entgegenkommen usw. freigebiger als Frauen. Wie neutral ich mich da ausdrücke. Gelingt mir wohl dies heutige Prosastück, wird's etwas sein? Die an mich selber gerichtete Frage macht mich hörbar atmen, beinah seufzen. Zuversichtlich dichte und lüge ich indessen weiter, und wen täusche ich euch vor, wenn es nicht ein Jockey von vortrefflichem Körperbau ist, dessen schlanke Figur sich in Gesellschaft von zwei Grazien sehen läßt, die ihn angestellt haben, sie in die Landschaftlichkeit hinauszubegleiten. Herrlich ist es, wie er sie mit Witzeleien zum Lustigsein zu veranlassen gar nicht sonderlich bemüht zu sein scheint. Spielend gelingen ihm die unterhaltendsten Anspielungen. »Mich interessiert die Literatur kolossal«, sagt er. »Das können wir einem so flotten Menschen, wie Sie sind, kaum glauben«, erwidern sie, und sie lachen, und ihm [ist] es ein Vergnügen, ihre Vergnügtheit amüsant zu finden. Bäume liebkosen mit ihren Zweigen die Luft, die für solche Aufmerksamkeit nicht anders als dankbar sein kann. Das Gesicht des niedlichsten Jockeys, den es jemals innerhalb des Rahmens des Vorhan[den]seins gegeben haben mag, gleicht einem Mädchenantlitz, von so vieler Sorglosigkeit legt es sprechenden Beweis ab. Seinen Kopf füllen Rennbahnen aus. Seine Manieren lassen ahnen, daß er bald als Herr, bald als Bursche betrachtet zu werden gewöhnt sei. [Er] lese die Schriftsteller in Bezug auf Lebensauffassung als Vorbild, wirft er hin, und die beiden Neckischen necken ihn mit der Entgegnung: »Als wenn das etwas wäre.« »Ich leide an einer Liebe«, fällt es ihm jetzt ein, leise zu sagen; seine Zuhörerinnen finden das ohne langes Besinnen entzückend, und der einen entfällt das Wörtchen: »Deshalb sind Sie so hübsch.« Ihn machte die feine und, wie ihm schien, treffende Erklärung sanft, und er warf einen Künstlerblick auf ein sich allmählich mit Grün bekleidendes Gebüsch. Wenn Liebe eine Musik ist, was können dann Liebende anderes als Musikanten sein, die mit meisterhafter Anfängerschaft und zaghafter Meisterlichkeit auf ihrer Seele wie auf einem Instrumente spielen. Bald langten sie beim Totalisator an, den Fähnchen umwimpelten und Menschen aller Art umgaben. Der Jockey fühlte, seine Angebetete sei irgendwo auf dem Platz anwesend, und er empfand es als eine Freude, seiner Freude Zügel anlegen zu müssen und, mit Gebändigtheit ausgestattet, an seine Arbeit zu gehen, die er sichtlich pomadig nahm. Diejenigen, die sich für ihn interessiert hatten, zitterten. Einige Persönlichkeiten von Belang, die ihm Höchstmaß zuzutrauen für richtig gehalten hatten, hatten die größte Lust, wütend zu werden, verstanden es aber zu lächeln, statt sich Luft zu machen, was sie innerlich als eine Leistung bezeichneten. Es war, als sei er schläfrig. Mit einmal jedoch schien er sich Flügel verliehen zu haben. Hälse streckten sich, Augen glänzten. Jedenfalls hatte der Jockey Spannung hervorzurufen verstanden. Er schien aus einer absichtslosen Absicht, aus einer beabsichtigten Absichtslosigkeit zu bestehen. »Einem Pfeil gleicht er«, sagte ein schönes, allen Anwesenden unbekanntes, dem Anschein nach aber dichterisches Mädchen. Schon glaubte sein Prinzipal zu einem kaum merklichen Schmunzeln berechtigt zu sein, und der mit der Besoldung, die ihm gewährt wurde, Zufriedene schien dafür glauben sorgen zu können, daß sich das Schmunzeln in ein Strahlen erweitere. Die Sache war nämlich die, daß er das Rennen gewann, wonach mich nun die Frage beschäftigt, ob's etwas sei, was meiner Feder, die bisweilen etwas träge ist, entsproß. Als Novelle schwebt mir das Geschriebene, das nicht etwas Anspruchsvolles sein will, keinesfalls vor.

Die, die sich von ihm geliebt wußte, dachte: »Warum durfte er das Spiel nicht verlieren, damit er mir im Mißgeschick liebenswürdig vorgekommen wäre?« Sagte sich das eine schöne Seele? (233/II)

Ihm zu sagen, dies und das verursache ihm Mühe

Ihm zu sagen, dies und das verursache ihm Mühe, ihm dies in dem Augenblick vor's Bewußtsein zu führen, wo ihm irgendwelche Handhabung wirklich Mühe bereitete, hatte keinen Sinn, oder es hatte den Sinn, ihn zu verwirren, ihn in seiner Gedankengegenwart zu stören, ihn aus dem seelischen Gleichgewicht zu bringen, diesen anscheinend hochgradig Unbehülflichen. Ich darf wohl die Frage aufwerfen, ob es nett sei, ob es gutbürgerlich, kameradschaftlich sei, einen Ungeschickten durch diese oder jene überaus passende oder auch sehr unpassende Bemerkung noch wesentlich ungeschickter zu machen. Beispielsweise hörte ich einmal einen Lahmen, der übrigens noch ein junger Mensch war, sich darüber beklagen, daß er wegen seiner Gebrechlichkeit ganz einfach auf offener Straße ausgelacht werde. Sind wir wirklich alle, alle so und nicht anders, nicht schöner, nicht besser, von Charakter nicht ein bißchen feiner? Liegt ein Grausamkeitszug in uns? Ich finde schon allein eine solche Frage sehr betrüblich und verzichte, wie man wird begreifen können, mit Freuden auf ihre Beantwortung. Jemand gab ihm übrigens zu irgendeiner Zeit eins in's Gesicht, mitten hinein in den Spiegel, in das Abbild seines Menschentums, direkt auf die Nase, die womöglich vom Schlag ein bißchen rot wurde, welch letzterer nicht mit einer Hand, vielmehr mit einem Fächer, natürlich nicht mit einem offenen, sondern mit einem geschlossenen ausgeführt und ausgeteilt worden war. »Du lachst noch, wenn man dich züchtigt«, wurde gesprochen. Es scheint in der Tat Menschen zu geben, die einen erträglichen Grad ihres eigenen Leidens als ganz furchtbar komisch empfinden. Ähnlich hielt auch er es, der nun zu sich sagte: »Dumm, daß ich meine Utensilien nicht zu finden vermag, die für mich gerade jetzt von so außerordentlicher Wichtigkeit sind.« Der Schweiß der Verlegenheit, des vergeblichen Bemühens, klug aus einer Situation zu werden, die er nicht fassen zu können schien, die ihm über den Kopf wachsen wollte, triefte von seinem Gesicht herunter. Daß er sich wie eine Art Bauernbengel vorkam, erklärte sich daraus, daß er in den schönen, wunderbar sauberen Straßen einer ihm gänzlich fremden Stadt herumging, herumtastete und (-)träumte, als schlafe er halb, wolle den Schlaf abschütteln und sei dazu nicht imstande, obschon er sich immer wieder von neuem sagen mußte, er habe es schrecklich eilig, die Pflicht gebiete, man erwarte ihn da und dort, was sich auch so verhielt. O, wie lächerlich und ernsthaft zugleich seine Lage war. »Kein Mensch«, stammelte er mehrmals völlig betroffen hintereinander, »stellt sich vor, mit was für einer Menge von eigentümlichen Hindernissen oder Hemmungen ich jetzt kämpfe.« War es Nacht, war's Tag? Dies blieb ihm rätselhaft. Er sah nur diese breite, anscheinend mit spiegelblanken Marmorplatten auf's Sorgfältigste belegte, in's Grün schillernde, glänzende lange Straße mit ihren vielen von Vornehmheit und Wohlanstand sprechenden Häusern vor sich, und mit einmal stand er wieder vor einer Gruppe von scheinbar ganz gleichgültigen, kaltblütigen und etwas leichtsinnigen Vorgesetzten, vor denen er sich entschuldigen wollte, die aber sich nicht die Mühe nahmen, auf seine kleinen Sorgen zu horchen, die er ihnen da teppichhaft, gezwitscherhaft, mit damenbretthafter, quadratischer Exaktheit auseinander[zu]legen die holde oder goldene Absicht bekundete. Und nun ging er wieder auf die Suche nach seinen verlorenen Gegenständen, von denen er glauben zu dürfen meinte, sie müßten schließlich irgendwo sein. »Als wenn sie fortgeflogen sein könnten«, versuchte er sich zu trösten. Natürlich war der Trost schlecht, wie es meistens mit Selbsttröstungen der Fall zu sein pflegt. Dann ging er wieder vorsichtig durch einen säulengetragenen, unerhört schönen, mit seinen glänzenden Dunkelheiten hellschimmernden, auf eine entzückende, distinguierte, faszinierende Art prahlenden, prunkenden Saal, worin sich Leute von bester Abkunft und besten Bestimmungen gedämpft, d. h. der Schönheit entsprechend unterhielten, von der sie sich umgeben wußten. So viel stand fest, daß es in diesem Saal für ihn, dem ich bis jetzt noch gar keinen Namen gegeben habe, was mich beinahe ein wenig beunruhigt, kaum etwas zu suchen oder zu finden geben konnte, was für ihn momentan von Bedeutung war. Er ging daher instinktiv sogleich wieder weiter und kam zu zwei Frauen, von denen die eine auf einer Art Leiter stand, um aus einem Fach, das sie ohne künstliches Sichvergrößern mit ihrer Hand nicht hätte erreichen können, irgend etwas herauszunehmen. Diese beiden Frauen schienen um seine Bestürztheit gleichzeitig zu wissen und durchaus nicht das geringste in Erfahrung gebracht zu haben. Etwas wie ein Verständnis für seine Angelegenheit und doch wieder zugleich eine unschuldige Verwundertheit über etwas, das sie offenbar nicht zu verstehen vermochten, malte sich auf ihren Gesichtszügen treuherzig und unbeteiligt ab. Das sei nicht zu ertragen, sagte er still, aber die Frauen erwiderten ihm lächelnd, daß das wohl werde zu ertragen sein. »Schau uns nicht an, sondern tu', was dir schwierig fällt«, sprachen sie entweder mit Mienen und Gesten oder mit Worten. Ich würde die Verantwortung bezüglich ihrer Ausdrucksweise nicht zu übernehmen wagen, aber sie sagten es jedenfalls auf irgendeine Manier, und er wußte nun, wie er sich zu verhalten habe, aber noch immer war er bei alledem darüber nicht hinausgekommen, daß ihm eine Mädchenschönheit, die er zu den kostbarsten zu zählen keine Minute zögerte, [verbot], sie zu lieben, denn: »Deine Liebe beleidigt mich«, fuhr es aus ihr heraus. »Wenn ich dich im Verborgenen, Stillen liebe, aus der nötigen Distanziertheit heraus, kann dich doch das wahrhaftig nicht kränken«, versuchte er sowohl sich zu verteidigen, wie die Partnerin zu besänftigen, (»)es ist aber heute eine große Ungezo[gen]heit, jemandem klaren Wein einzuschenken, und nichts reizt so zur Unlust, als wenn man jemand lustig stimmen will.(«) »Du bist nicht nur vollendet dumm, sondern auch frech«, sprach sie aus einer himmelblaustrahlenden Entrüstetheit. »Sollte ich dich nicht schon einmal in der Bahnhofstraße gesehen haben?« fragte er, als stünde er zu der Empörten in den besten Beziehungen, die infolge der Niegehörtheit solcher Sprechweise in die hochmodernste, steif umfallende Ohnmacht sank. Er hielt sie. O, wie wonnig ihn alle ihre Magerkeiten, wie hoffnungslos ihn ihre Hoffnungen, wie äbtissinnenhaft ihn alle ihre Unklösterlichkeiten und wie redegewandt ihn alle ihre bleichen schlanken Sprachlosigkeiten, die ein fünfhundertfränkiges Kostüm umschloß, und wie verschwenderisch ihn die Spuren ihrer Sparsamkeiten, die in's Unabsehbare gingen, wie klein wieder ihre Größe und wie heiter wieder die Zahl der Stöße, die sie [in] Empfang genommen zu haben gern glaubte, anschauten. Leute umstanden das Paar mit der Frage: »Was gibt es hier?« Er antwortete: »Die Möglichkeit liegt vor, daß ich unmittelbar vor der katzenaugenumleuchteten Niederschrift eines, wenn auch, was den Umfang betrifft, bescheidenen Geschehnisromans stehe. Ich erlebte eben etwas, was mich sehr bewegte. Ich bin voller Achtung für allerlei Bestrebungen. Ein Grund, die Gestalt zu beschützen, die sich in meinen wackeren Armen wohlaufgehoben fühlt, liegt nicht vor.« »Sie seufzt«, warf ein Lehrjunge ein. »Diesem sonst ganz interessanten nächtlichen Bild fehlen [......]«, entglitt es den Lippen eines Essayisten, der sich unter der Menge befand und an dessen Bedeutung kein eingeweihter zweifelte. »Sie kommt zu sich. Wie schön dieser Umstand sie macht, den ich begrüße«, sagte ein Arm in Arm mit seiner Frau Gemahlin in der Tat zufällig noch etwas spät einer Versammlung Gesellschaft leistender Pfarrer, die durchaus nicht Anspruch auf Feierlichkeit erhob, obwohl eine gewisse Ergriffenheit über sie hinzitterte. Die Schätten, die die Blätter der Bäume auf's Trottoir warfen und die nicht gänzlich still blieben, obwohl sie sich kaum bewegten, bezauberten mit ihrer unnachahmlichen Feinheit der Malerei einen an diesem Abend aus dem Ausland planlos Hierhergereisten. »Ich kenne mich wieder.« Mit diesen Worten ersuchte die kostbare Plage und Gabe hochentwickelter Zivilisation den, an den sie sich eine Weile angelehnt hatte, um freund[l]iche Preisgabe seiner nun nicht mehr erforderlichen Dienstfertigkeit. »Es gibt Mädchen, die schon beim bloßen Gedanken, daß man sie küsse, seelig sind«, sagte er, und: »Wenn Ihnen

solch zarte Seelen bekannt sind, [wie] Sie sie erwähnen, sind auch Sie zart«, war ihre Erwiderung und gleichsam [...] musterte sie den, [der einen] von Besorgtheit und einem Stolz, mit dem viele lieber nicht zu kämpfen hätten, die seinen Wert und seinen Unwert kennenlernten, vermischten, aus dem Innern seines Wesens wie eine Wasserjungfrau tauchenden Schrei von sich gibt: »Wie gern wäre ich glücklich!«
(36/I)

Was dies unser Zeitalter
vielleicht am besten kennzeichnet

*Was dies unser Zeitalter
vielleicht am besten
kennzeichnet*

Was dies unser Zeitalter vielleicht am besten kennzeichnet, ist die Geringschätzung, womit der heutige Arbeiter verleitet worden [ist], sich zu behandeln. Er schätzt, was er tut, keinen Zentimeter hoch ein, sondern bewundert, bestaunt einzig nur noch das Nichtstun, das in Herrlichkeit und Freuden Leben. Er schaut bloß den für einen Menschen an, der sich den uneingeschränktesten Müßiggang herausnehmen kann. Wer diejenigen sind, die dem Arbeiter begreiflich zu machen versucht haben, daß Arbeit nie Annehmlichkeit sei, will vielleicht nicht unbedingt gesagt sein, schon deshalb nicht, weil dies womöglich gar nicht ermittelt, festgestellt werden kann. Vieles trägt am totalen Mangel an Stolz schuld, durch den sich der heutige Arbeiter entweder sehr vorteilhaft oder aber sehr unvorteilhaft hervorhebt. Man hat ihm beizubringen verstanden, daß nur der Besitz des Geldes einen Wert habe, den man nicht leugnen könne. Über Liebe, Treue, Ehrlichkeit usw. bricht er in ein Gelächter aus. Weshalb tut er das? Weil ihm eingeprägt worden ist, daß die Menschen schlecht sind, weil ihm mit allen Mitteln seit Jahrzehnten die Überzeugung eingeflößt wurde, daß jede Überzeugung denkbar fatal, mithin auf alle Fälle zu vermeiden sei. Der Arbeiter hat auf das Vollkommenste aufgehört, an sich zu glauben. Jede Art von Gläubigkeit ist im Arbeiter vollständig ausgerottet worden. In seiner Arbeit erblickt und empfindet er lediglich ein notwendiges Übel. Ist hieran der Arbeiter selbst schuld? Wohl kaum. Man hat ihn seit Jahrzehnten auf weiter nichts als auf's Essen und Trinken, d.h. auf das Materielle aufmerksam gemacht, das er sich angewöhnt hat, entsetzlich wichtig zu nehmen. Für den heutigen Arbeiter existiert nichts Göttliches, infolgedessen auch nichts eigentliches Fröhliches mehr, und weil er keine dem Herzen entstammende Fröhlichkeit kennt, weil für ihn die Religion etwas durchaus Unbekanntes ist, so vermißt er jede Art von Charakter, und man wird sagen dürfen, daß die Menschheit von ihm nicht

das geringste¹ Opfer mehr wird erwarten dürfen. Der Arbeiter von heute ist seiner Struktur nach ein sich nicht zum Protzentum hinaufgeschwungen habender Protz. In jedem Arbeiter, so wird es gegeben sein zu denken, steckt ein Emporkömmling. Für ihn existiert, was Anerkennenswertes betrifft, bloß noch der Tageserfolg, und was Schäbiges, Schnödes, Schreckliches und Belachenswertes betrifft, bloß das, was man unter Erfolglosigkeit versteht. Ich erkläre zu meinem Bedauern den Arbeiter von heute für diejenige Sorte von Mitmensch, der den nackten Egoismus und die kleinlichste Kurzsichtigkeit zu vertreten sich endgültig entschlossen zu haben scheint, und ich füge dieser Erklärung bei, daß er zu einer Politik berechtigt scheint, in die ihn die Räder, d. h. der Mechanismus einer sichtlich stürzenden Weltentwicklung hineintrieb. Ihn anzuklagen hat man keine Berechtigung. Man hat keinen Anlaß, ihn irgendwie zu fürchten. Er ist der Narr der Konjunkturen, der millionenfach arbeitende Weltmarktssklave. Was hört er seit Jahrzehnten anderes vorsingen als das Lied von der Lohnsklaverei. Er weiß, was er ist, und er benimmt sich danach. Indem ich solche Worte von ihm brauche, gebe ich gern zu, daß es unter den Scharen der Arbeiter Ausnahmen geben kann. Ich rede hier nicht persönlich von ihm, ich spreche vielmehr von seinem allgemeinen Zustand, der in materieller Hinsicht gesünder, hinsichtlich seines Geistes jedoch im Lauf der Zeit kränker wurde. Sollte der Tolstoi'sche Begriff vom ›lebendigen Leichnam‹ auf ihn angewendet werden können? Sollte der Arbeiter nicht schlechter sein als die übrigen Angehörigen der menschlichen Gesellschaft? Sollte die ausgesprochene Unheiligkeit für uns alle irgendwelche Geltung haben?
(301/I)

1 »die geringsten«

*Ich dachte über den Stolz
und über die Liebe nach*

Ich dachte über den Stolz und über die Liebe nach. All(e) diese Nachdenklichkeiten. Wann werde ich mich von ihnen befreit sehen? Und dann hatte ich die gewiß löbliche Absicht, über Rosen sowohl wie Flöten zu schreiben. Außerdem machte sich in mir das Bedürfnis geltend, meine Meinung über den Bolschewismus gleichsam aus dem Vorratshaus meine[s] spirituellen Seins[1] hinauszujagen. Hinauszujagen? Ei, ei, ich rede da energisch. Nicht vergessen darf werden, daß mir heute auf der Straße eine Frau begegnete, deren Aussehen mich eingeladen hat, zu wünschen, sie möchte mir Gelegenheit geben, sie auf den Händen zu tragen. Ich komme auf das Frauenaufdenhändentragen zurück, sobald ich bloß ein bißchen aus den andern Abtragungen oder Herausformulierungen herausgetreten bin. Rosen umduften mich. Wie mich das bestrickt. Carl Maria von Weber komponierte, wenn ich mich nicht irre, ein Tanzpoem, betitelt »Die Rose«. Ich sah die Titelrolle einst figuriert vom Tänzer Nijinsky, der wahre Renaissancebeine zur Schau stellte. Flöten kommen sowohl bei Jean Paul wie bei Friedrich dem Großen vor. Letzterer hat einen etwas zu pulverdampfigen, sporigen und reitstiefeligen Namen. Immerhin entzückten ihn französische Dichtkunst, Philosophie und Malerei. Persönlichkeiten wie d'Alembert, Watteau, Voltaire usw. steigen am Horizont dieses Essays zart- oder starkumrissen hervor. Ich gönne den Erscheinungen das Vergnügen des aus der Vergangenheit Hervortretens. Flötentöne und Rosendüfte dürften ausgezeichnet zusammenpassen. Die dazugehörige Szenerie wäre ein Park. Wer möchte nicht mit Vorliebe in einem inmitten eines großen, stillen Gartens gelegenen Hause wohnen? Vom Lyriker Brentano existiert ein Romanfragment, dessen Novelle auf die Blume anspielt, die ich bereits mehrfach erwähnen zu dürfen Anlaß nahm. Erwähntes Prosagedicht las ich einst in der seinerzeit in München heraus-

---

1 »Sinns«

gegeben wordenen Zeitschrift »Die Insel«. Inseln und Rosen, es wird immer vornehmer und besser. Schröder, Heymel, Bierbaum sind Persönlichkeiten, die einem von selbst einfallen, wenn von Schlössern voll feinsten Porzellans und Kahnfahrten an träumerischen Ufern vorüber die Rede ist. Herrlich liegen Rosen auf Brüsten von Frauen. Erinnert uns denn dieses Gewächs nicht augenblicklich an des Daseins Schönheiten und Freuden? Wenn ich doch nur auch schon über den Bolschewismus referiert hätte. Es scheint, er plage mich, aber es muß, es muß sein. Ich werde übrigens zweifellos nur kurz darüber sprechen. Eins, zwei, drei, und es wird überstanden sein. In den Morgen oder in den Abend hinauswehende fahnenhafte Flötentöne und eine Frauenhand an einem Rosenstrauch: Ich gestehe, daß mich mein Sujet anheimelt, das freilich, wie mir scheint, höchste Aufmerksamkeit fordert, deren ich durchaus fähig zu sein glaube. Die »Rose von Stambul« und der »Rosenkavalier« scheinen Angelegenheiten zu sein, die mich voll Höflichkeit ersuchen, an das Theater und seine Kulturmission zu denken. Ich tu' es lebhaft. Auf Flöte reimt sich bedeutungsvoll Goethe, der tiefe Sympathie für ein Instrument besaß, das eine Generation, die wir Heutigen interessant und darum liebenswert finden, mit seiner Spracheigenart bis, man kann sagen, in die verborgensten Dorf- und Seelenwinkel hinein beschäftigte. Dies Zeitalter war ja so wunderbar empfindsam, und wir beneiden es vielleicht um diesen Luxus, woraus sich jene Menschen ein Fest machten. Flöteblasend verließ der stolze Vult, der ein Verlorener in seinen Innerlichkeiten war, sein traum- und schlafbefangenes Brüderchen Walt, nämlich am Schluß des Romans »Die Flegeljahre«. Bezüglich des Bolschewismusses hatte ich mir vorgenommen zu sagen, ich hielte ihn nicht für eine absolute Neuheit, also nicht für etwas Nochniedagewesenes. Gemeinsame Bestrebungen, die den persönlichen Geschmack, den Eigenwillen, das individuelle Empfinden auszuschalten interessiert gewesen sind, hat es immer gegeben, wie ich glaube wissen zu sollen. Doch her mit dem Stolz. Wo blieb er so lang? Ich meine, der Stolz darf sich zeigen, und ganz gewiß die Liebe im übrigen nicht minder, ja vielleicht noch mehr. Der Stolz bekämpft oft in hervorragendem Maß die Liebe. Viele, des bin ich überzeugt, werden meiner Meinung sein, wenn ich ausspreche, ich halte z. B. Mädchen für allein deshalb schon schön, weil sie stolz sind. Beet[h]oven, als er eines Abends um zirka neun oder auch zehn Uhr, in sehr feinem Kreise auf dem Piano phantasierend, ein unglücklicherweise etwas vorlautes Liebes- oder Ehepärchen blitzähnlich mit einem Wort vielleicht durchaus unpassenden Inhaltes anfuhr, von was anderem legte er leuchtenden, prasselnden, womöglich sogar donnernden Beweis ab als von einem ihm vermutlich angeborenen Stolz? Stolze haben immer in ihrem Gefühl recht und zugleich aber auch unrecht, und wenn man mich fragen würde, was man zu sein habe, stolz oder bescheiden, so würde ich mich nicht lange besinnen, sondern sogleich antworten: beides zugleich, bald bescheiden, bal[d] auch stolz, je nachdem, wie's mir zumute ist und wie Verhältnisse und Menschen und ich selber mir vorkommen. Shakespeares Othello, erhebt er sich nicht als ein Beispiel des Stolzes vor unseren literaturliebenden[1] Augen? Die Weisheit kann einem von Naturanlage(n) stolzen Menschen tagelang predigen: »Sei umsichtig und voll Einsicht«, des stolzen Menschen Stolz verlangt mit Naturnotwendigkeit Möglichkeiten, zutag zu treten. Wer wird verkennen, daß es Personen gegeben hat und noch gibt, die am Stolz, den sie nicht zu überwinden vermocht haben und vermögen, gewelkt, zerbrochen sind und welken und zerbrechen, und wer wäre so unästhetisch, daß er eine Schönheit, die aus dem Betragen solcher Mitglieder unserer Gesellschaft geblickt hat und noch blickt, nicht zu konstatieren vermocht hätte und vermöchte. Ich finde gottlob vielleicht ein bißchen Stolz interessanter als den ganzen Bolschewismus, wiewohl [ich] nichts dagegen einzuwenden habe, wenn diese rasche Äußerung lediglich oder doch teilweise als Redensart taxiert wird. Bis zu einem gewissen Grad darf und soll sich ein Schriftsteller meiner Ansicht nach gehen lassen. Es gibt große Meister des Wortes, die hie und da bedenklich über die Schnur gehauen haben, es hat sich

---

1 »literaturkennenden«

aber dann vielleich[t] herausgestellt, daß unbändige Aussprüche weniger unangenehm sind und weniger Schaden stiften als totale Abwesenheit allen Temperamentes bei Niederschreibungen. Leise kehre ich jetzt zum eifersüchtigen Mohr zurück, den ich einst von Matkowsky kraftstrotzend dargestellt sah. Man sollte glauben können, daß er sein Leben lang bezüglich Desdemona in einer Zufriedenheitshängematte geschaukelt hätte. Doch war [dem] allem Anschein nach nicht ganz so. Othello war zum Eifersüchtigwerden stolz genug, aber zum Verschmähen desselben zu wenig stolz. Mithin kann es in einem sto[l]zen Menschen Mängel an Stolz geben. Handkehrum kann einer, der sich immer nichts als gefügig und nachgiebig aufführt, voll eines fröhlichen Stolzes sein, d. h. es kann einer stolz darauf sein, daß er nachgibt. Einen solchen Stolz nimmt man freilich nur schwer wahr, doch was tut das? Von kolossalem Stolz war bei allem Hang zur Vergötterung Hölderlin beseelt. Hieran zweifelt nicht, wer seine Verse liebt und kennt. Lassen Sie mich betonen, daß ich von Flöten und Rosen abgesehen, die ich jedem von Herzen gönne, der Zeit und Lust hat, sich betören zu lassen, in Bezug auf den Stolz Unterschiede zu machen wünsche. Stolz und Stolz sind zweierlei, vielerlei. Der eine kann auf dieses, der andere auf jenes stolz sein. Der Dichter des »Schulmeisterlein Wuz« führt uns diese Gestalt als keine eitle, aber eine stolze vor, eine Präsentation, die [nicht] gebührend gewürdigt werden kann. Wenn der Stolz nicht starr, sondern biegsam, anpassungsfähig ist, kann man ihn gutheißen, d.h. ich z.B. prüfe beim Stolz, ob er mich gesund erhält oder ob er mich krank macht, ob er mich lustig und mutig oder ob er mich verdrießlich, unwirsch[1] und müde macht. Eine Art Stolz, die mich belebt, darf ich doch wohl jederzeit willkommen heißen, aber wohin ist denn inzwischen die Liebe, über die ich zu reden versprach, spazierengegangen? Nach Madretsch oder Bözingen hinaus? Ich will ihr entgegengehen, vielleicht beggne ich ihr. Der welt- und menschenliebende, rosenstadtverherrlichende, flötenden Zärtlichkeiten nachspü-

---

1 »mürrisch«

rende Jean Paul kannte ganz bestimmt seinerseits den Stolz, weil er die Figur Vult schuf, die für mich eine der stolzesten Romanfiguren ist, die mir bekannt sind. Ähnlich wie Shakespeare Sinn sowohl für einen Jago wie für einen Othello, also Sinn sowohl für einen Schurken wie für einen Helden großen Formates besaß, so zeigte Jean Paul Sinn sowohl für den überall und immer liebenden Walt wie für den bedingungenstellenden, sich der Hoheit der Kunst in vollem Ausmaß bewußten Flötenisten. In Vult blies einer die Flöte, dem das Herz keineswegs in Flötentönen zerschmolz, der heiß zu lieben, nichtsdestoweniger aber kalt abzurechnen vermochte. Ich zähle die Frau, die mir heute auf der Straße begegnet ist, zu denen, die sich selbst Lust haben anzugehören. Ich bekenne, daß ich eine Frau kennenzulernen wünsche, die gar nicht angerührt sein will. Eine solche Frau würde ich nämlich am meisten Lust haben anzurühren. Mir imponiert es beinahe, daß ich über das Thema Stolz verhältnismäßig, wie ich mir meine schmeicheln zu dürfen, ziemlich glücklich sprach. Ich find[e] allen Stolz rosig, warm, zart, lieb, gut, klein und groß und schön. Um stolze Menschen duftet es immer wie nach einem Schicksal. Innerlichkeiten, Geistigkeiten bieten uns da ein Schauspiel dar. Um nun aber noch von der Liebe ein Wort zu sagen, so ist es meines Dafürhaltens unrichtig, die kalte Liebe zugunsten der warmen zu schmähen. Ich halte erstere für solider, dauerhafter und zuverlässiger, und auf dies Element der Zuverlässigkeit kommt es bei der Liebe an, die viel Selbstisches in sich einschließt, viel Irrtum. Die kalte Liebe erkaltet jedenfalls nicht, weil sie – kalt ist. Manche warme aber tut es.

(353/II)

*Tatsache scheint zu sein,
daß meine Brüder
mich für ein allzu freudiges Naturell halten*

Tatsache scheint zu sein, daß meine Brüder mich für ein allzu freudiges Naturell halten und demgemäß nicht zu begreifen vermögen, wie es in mir mitunter seufzt, wehklagt. Unter anderem lassen sie mich wissen, wie sie mich bemitleidenswert fänden, aber was sie aussprechen, meinen sie ironisch, in Wirklichkeit wollen sie mir ganz einfach bloß zu verstehen geben, sie dächten von mir, es sei mir im Leben immer viel zu gut gegangen, ich wisse nicht, was Leiden usw. sei. Wie ich zugeben muß, ich sei gestern abend verdrießlich gewesen und meine Mitmenschen wären mir langweilig, eintönig vorgekommen, ich sei mit einer Art von Toupé der Mitwelt gegenüber in derselben herumgegangen, so freut es mich anderseits, empfinden zu können, daß ich heute vergnügt bin, was vielleicht, ja sogar sehr wahrscheinlich, vom Schlaf herrührt, den ich vergangene Nacht gleichsam überaus talentvoll schlief. Die Nacht selbst, so überkam mich frühmorgens eine angenehme Überzeugung, habe sich während der Dauer der Bewußtseinsabwesenheit mädchenhaft über mich gebeugt und mich liebkost. Außerdem habe [ich] heute früh lebhaft mit jemand geplaudert, und durch ein Gespräch am hellen Tag erhalten die Gesichtszüge meiner Meinung nach etwas Vertrauenerweckendes, während Grübeleien, Selbstgespräche nicht geneigt zu sein scheinen, das Antlitz zu erheitern. Geschwind jedoch nachgerade zu einem Gegenstand, auf den mich gewissermaßen der Aufsatz eines Kollegen gebracht hat, dessen Inhalt mich über die Bedeutung der Liebe eindringlicher nachdenken ließ, als ich wünschte. Leben und Liebe sei ursprünglich ein und dasselbe, und Liebesbriefe seien beispielsweise nichts anderes als Briefe, worin es lebe, die einem beim Lesen, falls man sich etwa gedrückt fühle, aufleben lassen, und ein Liebesverhältnis könne seiner Natur, seinem Wesen nach unmöglich mehr sein als eine aus dem Leben heraus entstehende Gemeinsamkeit, und da glaubte ich mir sagen zu dürfen, daß man bei neu anmutender wissenschaftlicher Betrachtungsweise dem, was man Liebe nennt, zu viel Sonderbarkeit, Wunderbarkeit, Köstlichkeit beimesse, mit welchen Worten ich auf einen Zusammenhang aufmerksam machen möchte, der sich durch's gesamte Dasein zieht, der das Feinste, Zarteste, Wertvollste mit allem verbindet, was anscheinend unzart, unfein und wertlos ist. Der Verfasser jenes Aufsatzes schrieb einst meines Wissens eine Abhandlung über Kokotten, während ich mich um dieselbe Zeit mit einer Charakteristik des Blaustrumpfes beschäftigt sah. Indem ich die frohe und fromme Versicherung ablege, daß das hinterste sowohl wie vorderste Gedänkelchen vorliegenden schriftstellerischen Versuches mein geistiges Eigentum ist, woran diejenigen, die mit mir auf bessere Art als nur vom Hörensagen her bekannt sind, nicht zweifeln werden, teile ich zunächst ergebenst mit, daß mich diese und jene lieben Menschen, ich meine, der Kaste oder Stufe der Gebildeten Angehörige, dadurch abzuschrecken vermögen, daß sie jeweilen schon in[1] den ersten Gesprächsminuten anfangen, über das Leben zu klagen, ihre schätzenswerte Geringschätzung demselben gegenüber zum, meiner Ansicht nach, etwas unüberlegten, gewohnheitsmäßigen Ausdruck zu bringen. »Liebster«, so sprechen solche Menschen, die tatsächlich vielfach zu den Wohlsituierten gehören, »komm und sprich mit uns«, und kaum führe ich aus, was sie von mir begehren, so haben sie schon begonnen, nicht etwa mit Schimpfen, nein, das durchaus nicht, aber mit den denkbar vornehmsten Negationen. Was nützt es mir in solchen Fällen, wenn ich die Bemerkung mache: »Pardon, mir nützt nichts, was Sie vortragen«? Gleichsam umdunkelt, mit einem andern, weniger romantischen Wort, in einer Stimmung der Mißvergnügtheit befinde ich mich da(nn) sicher, indes ich es mir zur Pflicht gemacht habe, der Möglichkeit, in üble Laune zu kommen, sorgfältig auszuweichen. Nun lehrt die Kulturgeschichte, wie es einstmals Prachtexemplare von Kokotten gab, wobei einem unwillkürlich gewisse, was niemand bestreiten wird, auserlesen schöne Tizianbilder einfallen,

---

1 »nach«

die uns meines Erachtens nach mit dem Inbegriff der weiblichen Schönheit selbst auf die ungezwungenste Art bekannt machen. Abgesehen jedoch vom Historischen und unerachtet des Umstandes, daß es an alten behäbigen Bürgerhäusern Fensteröffnungen gibt, die den Eindruck fabelhaften zuschauerlichen Gleichmutes machen, und daß mir oft gotische Kirchen geradezu gleichnishaft[1] vorkommen, erblickt die Kokotte in der Empfindsamkeit eine Gefahr, von der sie sich sagt, sie liebe sie, müsse sich aber gleichzeitig ihr[er] zu erwehren suchen, da sie ein schönheitschädigendes Element sei. Mir gefällt dieser Satz so sehr, und ich halte ihn für so klug, daß ich bedaure, ihn schon über die Lippen gebracht zu haben, da er hiedurch gleichsam für mich für immer dahin ist und ich nun vor der Notwendigkeit stehe, irgendeine Erbaulichkeit suchen zu müssen, was ich insofern sogleich bewerkstellige, als ich Leser sowohl wie Leserinnen mit der Bitte oder mit der Zumutung behellige, das Sujet dieser Arbeit hier als etwas Zuträgliches aufzufassen. Ich kenne Kokotten, die vielleicht insofern einen Fehler begehen, als sie sich zu damenmäßig auszusehen bemühen, indem sie ihrem Mund das Blühende, Lachende, Harmlose wegnehmen oder untersagen und ihm etwas Gebieterisches, Hartes, Stolzes, Abweisendes, Energisches aufzwingen, was leicht so wirkt, als seien die Betreffenden mit ihrem Stand, ihrer Bestimmung nicht durchweg einverstanden, was eine Erscheinung ist, die mich den Glauben nicht abweisen, vielmehr annehmen läßt, eine bedeutende Kokotte zu sein biete immerhin Schwierigkeiten dar. Nunmehr behaupte ich mit der größten Unerschrockenheit, es sei herrlich, sich mit einer Kokotte wie mit einer Frau zu unterhalten, die den Anspruch erhebt, als anständig zu gelten. Inwiefern man sich das Vor-Augen-Führen der Möglichkeit nicht verbietet, daß zuweilen die anständige Frau ihre menschliche Schwester, die Kokotte, beneidet und daß sich mitunter die Kokotte nach dem Anständigsein sehnt, wird der Aufsatz, woran ich ständig noch fortschreibe, von jedem Beliebigen gelesen werden und [es] wird gedacht werden dürfen, daß Stan-

1 »gebirgshaft«

desunterschiede keineswegs so weit von einander entfernt sind, wie manche sich vorstellen möchten, die leicht gereizt sind. Nebenbei betont, wird oft eine Artigkeit hier zur Quelle einer Unartigkeit dort, was ich so meine, daß, wenn ich unfreundlich bin, dies auf andere einen gleichsam achtungeinflößenden Effekt macht. Leicht ist einzusehen, daß es infolge eben gemachter Andeutung für die Kokotte nicht immer leicht, d. h. nicht immer zu empfehlen ist, freundlich zu sein, trotzdem scheint ihr aber kaum etwas Vorzüglich(er)es[1] übrig zu bleiben, und am erfolgreichsten wird immer diejenige Kokotte sein, die immer wieder fröhlich riskiert, der Undankbarkeit zu begegnen, die sich in die Seelenverfassung hinaufzuschwingen vermag, mittels deren es ihr möglich ist, sich an allerlei Unlustigkeit zu erlustigen. Falls ich für statthaft halten dürfte, eine Geschichte einzuflechten, würde ich zu erzählen geneigt sein, wie einmal eine Kokotte von einem Blaustrump[f] ganz einfach verehrt wurde, und wie sich hiedurch letzterer in ein höheres kulturelles Niveau emporgehoben sah. Auch ich gehöre zu den vielen, die in Erfahrung zu bringen wußten, wie es ehemals unerhört reiche Kokottenkarrieren gegeben hat. Meiner Auffassung nach lebt um derlei Wissen geradezu etwas Vulgäres, und was meine persönliche Meinung zum Thema betrifft, das ich mir zu behandeln erlaubt habe, so wünsche ich der Schönen das Schönsein, den Frieden, weil sie schön bleiben soll und hiezu der Genügsamkeit bedarf. Sie sei geschmeidig.

(17/I)

[Stil]

Stil ist eine Art Betragen. Einer, der sich gut benimmt, hat Stil. Am Nil gab es seinerzeit einen Stil, nämlich den der alten Ägypter. Siehe ihre Pyramiden und Obelisken, ihre Bau- sowohl wie Lebensweise. Kleopatra wird dem Eroberer Cäsar stilvoll vorgekommen sein. An Baustilen unterscheidet man den romanischen

---

1 »Vergnüglich(er)es«

vom byzantinischen, den gotischen vom Renaissance-, den Barock- vom Rokokostil, den Empire- vom Biedermeierstil. Die Griechen übernahmen ihre Bau- und zum Teil wohl auch ihre Denkweise von gewissen asiatischen Völkerschaften. Die Römer wieder scheinen allerlei von den Griechen in Empfang genommen zu haben. Römisches Gehaben und Einrichtungen übernahmen dann wieder sozusagen wir. Vielleicht existieren Stilähnlichkeiten zwischen Iran und Mexiko. Der italienische Campanile scheint aus Orientalismen herzustammen. Alle Völker bilden sich aneinander. Es findet da eine beständige Auswechselung statt, wie es sich ja auch im Alltagsleben, in Handel und Wirtschaft um ein gegenseitiges Nehmen und Geben handelt. Es gibt einen Stil im persönlichen Auftreten, einen Stil in der Politik, einen Stil nicht zuletzt auch in der Schriftstellerei. Stil ist etwas, was von sehr vielen nicht begriffen worden ist und auch fernerhin nicht erfaßt wird. Mitunter wird etwas Wichtiges von den Menschen entweder überhaupt nicht erblickt oder nachlässigerweise außer acht gelassen. Dies dürfte mit dem Stil der Fall sein. Man spricht von stilisierten Dienern, womit man Leute meint, die Gewandtheit, d.h. Manieren besitzen. Man kann sehr geistreich sprechen und schreiben, ohne daß man Stil hat. Anderseits kann eventuell eine Geistlosigkeit stilvoll sein. Stilarten gibt es natürlich mehrere. So z.B. kennt man einen Jugend- und einen Alters-, gleichsam also einen morgendlichen und einen lebensabendlichen Stil. Ein Zarter und Sanfter kann ebensogut seinen eigentümlichen Stil an den Tag legen wie Säftestrotzende und Starke. Unter Stil versteht man aber immer eine Gebändigtheit und ein Behagen, das aus dieser Beherrschtheit hervorkommt und -strömt. Ungezwungenheiten können und müssen sogar aus einem Zwang stammen. Wer sich einem gewissen Zwang unterwirft, darf sich irgendwie gehenlassen. Einer, der sich frei benimmt, wird das Gefühl erwecken müssen, er wisse sich zu bemeistern. Bei Goethe nimmt man einen außerordentlich(en,) schönen, anmutreichen Jugendstil wahr. Wer könnte leugnen, daß Schillers Prosa sich ganz auf dem Stilempfinden aufbaue. Adalbert Stifter wieder gibt sich, was Ausdrucksweise betrifft, beinah mädchenhaft. Es gäbe da noch viele andere Beispiele anzuführen. Japanische Schauspieler spielen durchweg stilisierter als die europäischen. Im einstigen englischen Theater wurde vielleicht japanähnlich gespielt, jedenfalls, wie man glaubt annehmen zu können, vortrefflich, // d.h. überaus ausdrucksvoll. Die Frage beschäftigt mich: weshalb gibt es heute keine Stileinheitlichkeit mehr? Ist irgendeine feine Ader, ein Können, eine Kraft, eine gesellschaftliche Kunst, eine Erfindungsgabe von uns gewichen? Vielmehr rätselhaft ist es, wie in früheren Zeiten ein Stil aufkam. Woher kam er jeweilen? Wer war's, der ihn schuf? Gewiß hat sich ein Stil immer aus dem vorausgegangenen entwickelt, aber warum ist das heute nicht mehr der Fall? Sollte der Menschheit das Stilgefühl abhanden gekommen sein? Wir bauen heute in allen beliebigen Formen, benehmen uns auf der Straße und im Salon durchaus buntscheckig. Hier führt sich einer so auf, dort ein anderer ganz anders. Der freundliche, träumerische, bürgerliche Stil, der biedermeierliche, war der letzte ausgesprochene, den die Welt zu zeitigen für gut fand. Mit der Erfindung der Eisenbahn und dem Aufblühen der fabrikalen Tätigkeiten hörte der Trieb auf, dem Leben ein präzises Bild zu geben. Fing es an, den Menschen an der nötigen Ruhe zu fehlen, um einen zusammenhangbildenden Stil zu ersinnen? Oder waren überhaupt diesbezüglich sämtliche Möglichkeiten erschöpft? Ist Stil an sich der Willensausdruck von etwas Hohem, Großem, und hat sich mit der Zeit dieses Hohe, dieses Große derart allmählich verkleinert, bis es sich verflüchtigte? Was die Gärtenstile betrifft, so fällt einem sogleich der Name Lenôtre ein, in unserem Geist spazieren wir in den Anlagen von Versailles herum. Wirkt heute z.B. ein Dichter in Dachstuben, so nimmt man an, er sei gebildet genug, um sich ohne weiteres auf den Architekten Mansard zu besinnen. Stil bedeutet Sinn für Kultur. Mit der Kultur beginnt die Geschichte. Der ungeschichtliche Mensch unterscheidet sich vom geschichtlichen dadurch, daß er sich noch keinerlei Stil leistete. Er konnte das nicht, weil die Voraussetzungen hiefür noch nicht vorhanden waren. Dieser sehr frühe Mensch beschäftigte sich vorwiegend mit der nackten und höchst rauhen Verteidigung seines Lebens. Er lebte in Natur-

wohnungen, später baute er sich dürftige Hütten. Immerhin ersann er etwas ganz Wunderbares: die Sprache. Unsäglich viel Mühe muß ihm das ja sicher bereitet haben. Man vermag sich hievon kaum eine annähernd genügende Vorstellung zu machen. Bis er nur erst Feuer anzufachen lernte, mögen Jahrtausende vergangen sein. Die Aufgabe der ersten Menschen bestand in der Aneignung der elementarsten Kenntnisse. Von solchem Gesichtspunkt aus gesehen wäre Stil also eine Schande, ein Luxus. Oder dürfte man sagen, er sei eine Angelegenheit, ein Produkt des Geistes, der Ordnung? Ging er von Regenten aus? Oder waren die Regenten bloß seine Veranlasser? Ich erkläre es jedenfalls für ein Vergnügen, Stilgefühl zu haben. Ich muß das ja wissen, denn es ist bekannt, daß ich im Besitz eines Stiles bin. Einigen mag das wenig scheinen, aber vielleicht ist es viel.
(124/II + 126/II)

Grausame Bräuche, Sitten, Gewohnheiten usw.

Grausame Bräuche, Sitten, Gewohnheiten usw. haben ja, unsentimental betrachtet, etwas Naives, Drolliges, vielleicht beinah etwas Puppenhaftes, als wenn körperlicher Schmerz im Grund gar nicht so schlimm wäre. Ich gestehe, daß mich der Gedanke an manche Grobheiten, wie beispielsweise das Nasenabschneiden, womit etwa im Mittelalter, bei Kämpfen und Gefechten zwischen Germanen und Slawen, Sieger ihre wahrlich nicht gerade beneidenswerten Besiegten beehrt haben, auf eine gewisse Art und Weise lachen mache. Sollte ich der einzige sein, dem es als etwas Pompöskomisches vorkommt, wenn durch Jahrhunderte hindurch indische Witwen lebend, mit den hochkostbaren Leichen ihrer verstorbenen Eheherren verbrannt worden sind? Wie doch solche Fraueli, die zuweilen jung und hübsch waren, eine Möglichkeit, an der man nicht zu zweifeln Anlaß hat, gewinselt haben müssen, als wenn's arme Hundchen oder Käuzchen oder Täubchen oder Spätzchen gewesen wären. Jedem halbwegs Gebildeten ist nun ja bekannt, welchen Grad von Unerbittlichkeit und Strenge in der Beurteilung von Religions- und Sittsamkeitsangelegenheiten die einstige Inquisition aufwies. Erinnert man sich hier nicht unwillkürlich des Mönches Torquemada oder gewisser sonstiger von hervorragenden Malern porträtierter Großinquisitoren? Viele solcher Richtenden, Urteilenden mögen entweder bereits seit ›längerer Zeit‹ krank gewesen sein oder sind es dann im Verlauf ihres sie ziemlich sicher sehr anstrengenden Lebens und während ihrer doch wohl ziemlich peinlichen Berufsausübung geworden, [so] daß sie nicht umhin konnten, sich für krank zu halten. Die Geschichte der bei den verschiedenen Völkerschaften oder Nationen und zu verschiedenen Zeiten vorgekommenen Grausamkeiten ist natürlich vorwiegend ernsthafter Art. Ertränkungen sind, man kann sagen, massenhaft vorgekommen, wobei jeder Einsichtsvolle zugeben muß, daß solche Tötungsart gelinde genannt zu werden verdient. Auf langsame Weise in einer Bratpfanne wie ein Fisch oder ein Stück saftiges Fleisch geröstet, geschmort, gleichsam auf das Sorgsamste himmelreichsaufnahmefähig gemacht worden zu sein, mag diejenigen, die es anging, Überwindung genug gekostet haben. Die Gesichter, die sie in ihren Pfannen oder erhitzten Kübeln geschnitten haben mögen! Gott bewahre mich davor, daß ich je(ne) Grimassen schneiden müßte, wie es bei vielen armen Sündern von ehemals der Fall war. Schon der nasenflügelbeklemmende Geruch bei solch einem Autodafé! Ich wage am gewaltigen Eindruck solch eines höchst eigenartigen Schauspieles nicht zu zweifeln. Unzähligen Verbrechern sind, wie man wissen wird, von Rädern, an welche man sie aufzubinden für schicklich oder für unerläßlich halten mochte, mit Eisenwerkzeugen die Glieder zerschlagen worden. So hart zu strafen, ha, welch ein hervorragender moralischer Mut das bei den Vollziehern voraussetzte! Die Guillotinen der großen Revolution verfuhren, früheren Strafarten gegenübergehalten, wesentlich humaner, das leuchtet augenblicklich ein. Bereits schien das Zersägen oder Pfählen bei vollständiger leiblicher Gesun[d]heit aus der Mode gekommen zu sein, wie es noch zu Luthers Zeiten, also im Bauernkrieg, da und dort geübt wurde, wovon einen gewisse

Abbildungen, die in Zeitschriften reproduziert werden, überzeugen können. Beim Zersägen von Schuldigbefundenen bedienten sich die Vollstrecker des anscheinend etwas derben Zurechtweisungsverfahrens großzahniger Baumsägen. Zur Zersägung eines Einzelnen waren stets zwei kräftige, korpulente Sägende dringend nötig, ansonst das Werk unmöglich hätte vollbracht werden können, das ja auf den ersten Blick Schwierigkeiten in sich einschloß. Wie ich mir vorstelle, // band man so einen Burschen, der halbiert werden sollte, zwischen zwei Brettern fest. Wie sich so einer in solcher Lage vorgekommen sein muß! So etwas vermög[en] sich Leute von heute kaum auszudenken. Gehängt sind während des Entwicklungsganges der Zivilisation Unzählige worden, die diese Maßnahme durch ein entsprechendes Betragen herausforderten. Einer erheblichen Anzahl von Dieben, d. h. von solchen Menschen, die bezüglich mein und dein nicht allzu genau Bescheid wissen mochten, wurde kurzerhand die Hand als warnendes Exempel abgehauen. Blenden oder Augenausstechen scheint geraume Zeit lang eine recht sehr beliebte Methode gewesen zu sein, hiezu Auserwäh[l]te daran zu mahnen, daß, wenn es unbedingt sein muß, man das Licht auch anderswie erblicken zu lernen fähig sei als mittels des materiellen Sehvermögens. Diente nicht der greise Gloster in Shakespeares wundervollem »König Lear« hinsichtlich dessen, was ich soeben sagte, als vortreffliches Beispiel? Als Knabe las ich im Elternhaus gern und infolgedessen viel, und so erinnere ich mich denn noch recht genau, abgebildet [gesehen] und gelesen zu haben, wie schwarze Sklaven, als es in Afrika noch Sklavenhandel usw. gab, für das blöde und einfältige Gelüste, sich Bewegung verschaffen und ausreißen zu wollen, mit der größten vernichtenden Gemütlichkeit zu Tode gepeitscht worden sind. Oder letztere mußten sich der Länge nach auf dem Boden ausstrecken, worauf man ihnen die Rippen zusammentrat. Im Zustand der Zerbrochenheit wurde ihnen erlaubt, liegen zu bleiben, bis sie von Hyänen sauber aufgegessen worden waren, jede Überbleibsel durchweg verschwinden machend. In einem andern Buche las und sah ich, wie auf einem Meerschiff, das Sklaven enthielt, der Unternehmer, ohne daß er dabei zu zielen brauchte, in den Raum hineinschoß, wo vielleicht im Negergewühle ein Murren der Unzufriedenheit entstanden sein konnte. Auf was ich hier hindeuten will, ist, daß sich die Grausamkeiten Gott Lob und Dank überaus verfeinert haben. Beim bekannten Grausamkeitsautor Sacher-Masoch finden sich bloß noch von Schloßfrauen ihren sie anhimmelnden Kammerzofen zuteil werden lassende sanfte, zarte, intelligente Ohrfeigen. Mit diesem Hinblick auf den Beweis, daß sich unsere Anschauungen und unsere Handlungsweisen von Jahr zu Jahr oder vielleicht sogar von Stunde zu Stunde ausglätten und -gleichen, ziehe ich mich aus dem Gemach der Ausführungen, womit ich mich Ihnen hier präsentiert habe, achtungsvoll zurück.

(279/II + 280/I)

Vorkommen kann, daß z. B. Pferde
über Gebühr in Arbeitsanspruch genommen werden

Vorkommen kann, daß z.B. Pferde über Gebühr in Arbeitsanspruch genommen werden, weil sie nicht reden, also auch nicht befragt werden können. Sie sind verhandlungsunfähig. Man kann sich nach keines Pferdes Meinung erkundigen, weil ihm die Natur versagt hat, sie kundzugeben. Eigentlich ist es abscheulich von uns Menschen, Delikatessen wie z.B. Froschschenkel nicht zu verschmähen. Unzähligen Hühnern werden Tag um Tag innerhalb der Zivilisation die Köpfe kurzerhand abgeschnitten, was eine Tatsache ist, die zu einiger Bedenklichkeit Anlaß geben sollte. Einer Frau beliebte es, eine Wohltäterin zu sein. Einmal kam sie mit einem lebendigen Aal nach Hause, den sie mir zum Mittagsmahl vorzusetzen wünschte. Nur dem Geschäft der Tötung des Aales unterzog sie sich nicht. »Wollen nicht Sie den Mord vollziehen, lieber Freund?« bat sie mich. Aus Artigkeit übernahm ich denn ja auch meine seltsame Aufgabe, indem ich Gewalt über meine Nerven auszuüben bemüht war, was mir gelang. Hühner legen Eier, und zum Dank für dieses Entgegenkommen schlachtet und verzehrt man sie auch noch. Das heißt wirklich einerseits nützlich und anderseits rücksichtslos sein. Dabei muß aber die Ernährungsfrage in Betracht gezogen werden, die von eminentem Umfang ist. Man sieht bei einigem intelligentem Umsichschauen klar, wie sich die Tiere dem Appetit der Menschen aufopfern müssen. Die Tiere werden zu Vertilgungszwecken künstlich gezüchtet, oder sie werden ernährt, um zu Beschäftigungen herangezogen zu werden. Was haben Gänse, Enten usw. Übles getan, daß man sie umbringen muß? Die Verfehlung dieser Geschöpfe besteht darin, daß sie eßbar sind, teilweise sogar einen Leckerbissen für uns Unersättliche bilden, die wir uns so leicht und so gern mit der Medaille der Humanität und Bildung schmücken. Wenn jeder Fleischsuppenesser, Kalbsbratenvertilger an den Entleibungen mithelfen müßte, die zu seiner Beköstigung erforderlich sind, er verlöre vielleicht hin und wieder die Eßlust. Was wir nicht mitansehen, geschieht fast so gut wie nicht für uns. Hieraus erklären sich manche Gedankenlosigkeiten, wie z.B. die der Daheimgebliebenen im Weltkrieg. Ich komme nun auf die Kriege zu sprechen und bitte um Erlaubnis, sagen zu dürfen, daß kein Krieg wie der andere ist, daß jeder Krieg zwar etwas ist, was man unmöglich herbeiwünschen kann, daß aber z.B. für uns Euopäer die Notwendigkeit erwachsen kann, Krieg im Interesse unserer Kultur zu führen, und zwar gegen Kolonialvölker, die, wie sie beschaffen sind und wie unsere Verhältnisse liegen, uns durchaus gehorchen müssen. Es kann Auflehnungen geben, denen gegenüber man sich schonend wird verhalten können, andere aber werden durchaus gedämpft, gebändigt werden müssen. Man darf also nicht alle Kriege blindlings verurteilen, man muß sich vielmehr sehr ernstlich fragen, was ein Krieg für ein Ziel, für einen Zweck hat. Die Kolonialvölker stehen unter europäischer Aufsicht, ihnen wurde die Pflicht auferlegt, sich möglich[s]t exakt und gewandt nach unseren Absichten, Bedürfnissen usw. zu richten. Die Wichtigkeit einer Ordnung zu verkennen, bei der die Naturvölker die untergeordnete Rolle haben übernehmen müssen, würde womöglich an Wahnsinn grenzen. Natürlich kann man das nicht behaupten, und ich behaupte auch nichts, sondern vermute bloß. Wenn sich die Tiere den Menschen aufopfern müssen um des Fortbestandes der Menschheit willen, so wird man das gleiche auch von Menschen verlangen dürfen. Wie Krieg und Krieg nicht dasselbe ist, so ist auch Mensch und // Mensch nicht dasselbe. Der Friedenszustand bedarf zu seinem Gedeihen enormer Mittel. Sentimental denkende und redende Leute erwägen dies oft zu wenig intensiv. Ich möchte übrigens im Interesse des Friedens befürworten oder anraten, ihn nicht ausschließlich zum Gebilde und Gegenstand des Denkens zu machen, weil ich glaube, es ergäbe sich aus solcher Gedankenkontinuierlichkeit leicht eine schwüle, mithin friedengefährdende Atmosphäre. Man wird sich erinnern, wie die Persönlichkeit, die einst über das mächtig[s]te Kampfmittel der Welt verfügte, in einem fort, möchte man sagen, von seiner Sendung sprach, den Frieden zu garantieren. Unter den Blumen lauern ja, wie es uns die Sage zu bedenken gibt, die Schlangen. Kann ein Krieg Nutzen für uns zeitigen? Die Konstellationen sind heute so, daß ich eine so unsäglich harte Frage, eine Frage von so unsäglich feingeschliffener Härte, eine solche schwarzblitzende Diamantenfrage gar nicht zu beantworten wage. Nur aufgeworfen haben möchte ich sie. Man muß meiner Meinung, meines Gefühles, meiner Überzeugung nach den Mut haben, sich diese(r) Frage zu stellen, denn ich halte nichts für so verderbenbringend wie Gewohnheitsphrasen, deren Sinn sich unmerklich langsam, aber mit einer Absolutheit im Lautlosen ihres uhrwerkhaften Ganges in ihre Gegenteiligkeit verwandeln kann. Man soll nicht zittern, zimperliche Abscheu bekunden beim bloßen Worte Krieg, sondern ihm, diesem Wort, diesem Begriff unbeugsam in die Augen schauen wie einem Löwen, der gesonnen ist, uns zu schaden, und den wir bannen, bezähmen[1] müssen. Wunderbare, tiefsinnige Worte, deren Merkwürdigkeit vielleicht mit Abgründen verglichen werden kann, ließ Miguel Cervantes, der den Krieg aus eigener Erfahrung und Anschauung kannte, seinen Don Quij[ote] von der Mancha gelegentlich eines Bankettes über das Wesen des Friedens und des Krieges spre-

---

1 »bezwingen«

chen. Der närrische, aber überaus gutherzige, menschenliebende Ritter sagte da, der Frieden entstamme dem Krieg, dieser wieder jenem, und er sprach aus, daß der Krieg es sei, der den Frieden herbeiführe, er war aber so taktvoll, nicht auszusprechen, wie dem Liebenden die Unartigkeit aus der Hand rolle wie ein goldenes, gleißendes, schillerndes Kügelchen und ihm zum Mund herauslächle als schlängleinhafte schöne Redensart und ihm zu den Augen herausschaue als Ahnungslosigkeit und Unschuld. Vielleicht lauten die Worte nicht ganz so, und ich dichte hier vielleicht ein bißchen, was man mir verzeihen mög[e]. Jedenfalls ab[er] fordern die Worte des spanischen Dichters, die er einem Irrsinnigen auf die Lippen legte, der sich zeitweise riesig klug benahm, zu tiefem Denken auf. Unschuld, Harmlosigkeit(en) können sich in der Tat mitunter selber belügen. Lassen wir dies nie außer Betracht. Die besten Absichten bedürfen unerschrockener Kontrollierung. Vergessen wir keinen Augenblick, daß wir Mechanismen sind, Bestandteile eines uns in vieler Hinsicht total rätselhaften, göttlichen Gefüges. Hiebei ist nicht nötig zu verzagen. Aber ich halte es gegenüber allem dem, was geschehen ist, für schicklicher und klüger, für vorteilhafter, für ansprechender, hie und da den Glauben, das Vertrauen zu uns zu verlieren, das deswegen noch nicht stirbt. Vertrauen und Mißtrauen bilden gern in den Aufge[we]ckten eine Identität. Es ist zu raten, daß wir zugeben, wir könnten uns irren in dem Erfassen unseres eigenen sowohl wie des Gesichtes dessen, was uns umgibt. Wenn mit Beten, Bitten das, was wir wünschen, auf uns hingezogen werden könnte, wäre das ja sehr einfach. Aber wie es auch damit nicht getan ist, so ist doch schon die Gebärde schön. Mir ist, als enthalte sie für uns etwas an sich schon Heilendes. Es kommt ja beim Gebet durchaus nicht auf einen Erfolg an, darauf, ob's etwas nütze oder nicht, sondern zuallererst auf seine Schönheit.

(370/II + 371/II)

Wenn es sich um eine Annäherung, um eine Gewinnung gegenseitigen Verständnisses handelt

Wenn es sich um eine Annäherung, um eine Gewinnung gegenseitigen Verständnisses handelt, so ist, objektiv gesprochen, meine Meinung die, daß die Partei, die vorteilhafter dasteht, derjenigen, die weniger Ansehen besitzt, entgegenzukommen habe. Es ist ja nie der Arme, der eine Einladung absendet, sondern der Reiche tut das in der Regel. Aufmunterungen, Vertrauenerweckungen sollen und können und dürfen und müssen von denen ausgehen, die die Macht haben. Einige werden vielleicht glauben, daß dies schlicht gesprochen ist. Ich meinerseits finde aber, daß in unserer sogenanntermaßen zerrissenen Zeit die Schlichtheit, Geradheit des Denkens nicht nur das Recht, sondern womöglich sogar die Pflicht hat, sich geltend zu machen. Man kann sehr verfeinert, nuanciert denken, und alles das kann bloß ein Ausweichen, Resignieren bedeuten, was in vielen Fällen verständlich ist. Ich möchte vermieden haben, hierüber mehr zu sagen, obschon oder gerade weil ich es sehr wohl vermöchte. Ich sagte also, daß in einem Differenzfalle, gelegentlich, sagen wir mal, einer Unstimmigkeit, der Große, der Bedeutende, der Vorteilhaftplazierte sich großzügig, gutherzig zu zeigen, zu benehmen habe, daß er [es] sein sollte, der den ersten Schritt zu einer Übereinkunft zu unternehmen habe, und zwar schon deshalb, um zu verhindern, daß der Ärmere, der Kleinere, Angefochtenere in den Schein der Zudringlichkeit träte, was ja sehr leicht geschehen kann. Man weiß ja, wie schnell irgendein Auftreten, Anfangen als taktlos empfunden wird, und wie die Welt beschaffen ist, fällt der Vorwurf der Taktlosigkeit stets auf den Natürlichen. Da es nun sehr natürlich aussieht, daß der Arme zum Reichen geht, vor ihn hintritt, so empfiehl[t] sich eben dies in keiner Weise, wobei ich keineswegs sentimental, sondern politisch rede, keineswegs parteilich orientiert bin, sondern, wie ich mich anschaue und empfinde, unbefangen oder, mit einem anderen Wort gesagt, neutral. Dem Gutsituierten schadet ein naheliegender Schritt nicht viel oder überhaupt nichts, während dieser kreditschädigend auf denjenigen wirkt, der nicht riskieren darf, solchen zu gefährden. Ich schüttle, was ich hier vortrage, ein bißchen aus dem Ärmel. Vielleicht tu' ich das in der Absicht, vorurteilslos zu erscheinen. Ich ergänze diesen Artikel dadurch, daß ich folgendes beizufügen für gegeben erachte: Wenn hier zwei stehen oder meinetwegen auch sitzen und Tee trinken und anderseits sich ein einzelner befindet, so nehme ich mir heraus, im Sinn des Gleichgewichts, falls eine Annäherung erwünscht ist, anzuraten, die Verbundenen möchten es sein, die ihrerseits vom Platz aufstehen und zum einzelnen hingehen würden, hiermit verkündend, sie seien wohlwollend gestimmt, gesinnt, denn es ist schön und im übrigen dringend wünschenswert, daß der Starke eine Schwäche übernimmt, indem der Schwache beim Schwächebekennen um sein bißchen Position kommen kann. Nun kann ja ein einzelner gegenüber zweien mächtig sein, aber er bleibt es bloß so lange, als er sich auf das Sauberste absondert. Kommt er in die Nähe der Vereinigten, und sie scheinen ihm nicht durchaus gütig gesinnt, so verliert er bestimmt an Wert und Kraft und an Bedeutung. Zwei sind einem einzelnen mit logischer Unweigerlichkeit überlegen. Hiegegen läßt sich weder etwas einwenden, noch irgend etwas ausrichten. Wenn man den einzelnen feige nennt, weil er den Schritt zu den beiden hin nicht ausführen will, wie müßten dann erst die zwei als feig bezeichnet werden, wenn sie etwas bei dem Schritt, den sie täten, zu verlieren fürchten. Ich bin des Glaubens, daß ich hier eine Frage von höchster Schwierigkeit anzutasten versucht habe, und ich find[e] es vornehm von mir, daß ich sie nur halb beantwortete. Ich mahne daran, daß man nicht kühn sein soll. Kühnheiten eines Geringen sehen wie Herausforderungen aus. Es gibt Menschen und Umstände, wo jede Artigkeit übel ausgelegt wird. Man riskiert, als ein Lump taxiert zu werden, wenn man fröhlich, lieb, nett usw. ist. Wer möchte in der Sittenverwilderung, in die wir hineingeraten sind, sittsam sein? Keinem kann die Pflicht aufgebunden werden, der Dumme zu sein, vielmehr hat jeder das Recht, sich so klug, wie ihm dies möglich ist, zu verhalten. Wir kennen uns, wir wissen, wie böse wir sind, wie es für uns schwer ist, gütig zu sein, und wie uns beinah unbegreiflich ist, wie es uns vor allen Dingen schon beinahe unmöglich geworden ist, Güte wahrzunehmen, denn wir hassen sie, und wer anderer Meinung ist, den verlache ich. Bonsoir.

(369/I)

Einmal gab es da so eine Art Persönlichkeit

Einmal gab es da so eine Art Persönlichkeit, d. h. einen Menschen oder Zeitgenossen, den man um seiner unerhörten Ausdauer willen nicht in den Adels-, aber in den Persönlichkeitsstand erhob. Gleichsam zum Dank, daß er es acht bis neun Jahre lang in einer engen, kleinen, ungenügend tapezierten, dünnen, schmalen, schmächtigen und länglichen Stube aushielt, wurde ihm das Zeugnis ausgestellt, das ihn mit der Anrede beehrte: »Du bist eine Persönlichkeit. Bitte finde dich ein für allemal damit ab. Hast du verstanden?« Die Person, die nun eine Persönlichkeit geworden war, willigte ein, sich mit dieser Ernennung einverstanden zu erklären, und alles, was sie von nun an tat oder ausführte, war persönlich, und dabei blieb es. Darf ich den Leser mit folgender Eigentümlichkeit bekannt machen: Eines Tages stand in der und der Zeitung eine Annonce, nach deren Wortlaut eine hervorragende, d. h. durch und durch echte Persönlichkeit gesucht wurde. Unsere diesmalige Figur meldete sich, da sie sich für eine Persönlichkeit von prima Qualität zu halten berechtigt glaubte, dann und dann und dort und dort, erhielt aber den Bescheid: »Sie sehen durchaus nicht einer Persönlichkeit ähnlich. Dürfen wir Sie daher bitten, sich wieder zu empfehlen, oder, falls Ihnen mehr an einer deutlichen Ausdrucksweise liegt, auf und davon zu machen.« Das tat sie denn auch und machte sich aus dem Staube, indem sie eine Menge philosophischer Betrachtungen anzustellen für gut fand. Die Sache war ungefähr die: Wenn die Persönlichkeit, von der hier die Rede ist, irgendwo dort auftrat, was man die Gesellschaft nennt, hörte man sogleich auf, sie als das zu taxieren, was sie bis dahin gewesen war. Sie besaß dann jeweilen eine ganz andere Geltung, d. h. sie sank im Nu zur ungemein gewöhnlichen Erscheinung, zu einer Art Durch[s]chnittsfigur herab. Ging sie, wie man zu sagen pflegt, beschämt, verdutzt, verblüfft, überrascht von dannen, so gewann sofort ihr guter Ruf wiederum Gestalt, und alle diejenigen, die die Salon[s] mit ihrer Zugegenheit zierten, dachten von ihr: »Wo bleibt die allgemein anerkannte famose Persönlichkeit? Stieß ihr vielleicht irgend etwas zu, daß sie sich nicht blicken läßt? Durch welchen bedauerlichen Umstand könnte sie verhindert worden sein, uns mit ihrer segensreichen Anwesenheit zu erquicken?« So und ähnlich ging es zu. Nicht wahr, das war merkwürdig. In Wirklichkeit, werte Zuhörer, war es so: Eine Persönlichkeit ist nur insofern eine solche, als sie quasi keine Zuschauer usw. hat. Besser gesprochen: Jede Persönlichkeit enttäuscht augenblicklich oder in kurzer Zeit tief, d. h. sehr, sobald [sie] in einen Gesichtskreis hineintritt. Es gibt sozusagen eine Persönlichkeit nur in der Distanz, denn da so eine Persönlichkeit nicht wie andere Leute spricht und aussieht, da dies persönliche Leben und Wesen in etwas Innerlichem, also Unsichtbarem besteht, so ruft sie in allen oder wenigstens den meisten Fällen einen Eindruck des Ungenügenden hervor. Was ich hier sagen will, könnte auch so formuliert werden: Wer zur Persönlichkeit ausgerufen worden ist, wird scheu. Man wird vielleicht der Meinung sein dürfen, daß sie sich geniert, etwas zu sein, was sie nicht dem Streben nach Bildung, sondern lediglich dem Glück verdankt. Man könnte eventuell die Persönlichkeit auch mit einer Pflanze vergleichen, die ihre Düfte, ihr frisches Aussehen durch die Beachtung, Beschauungen, wenn nicht total, so doch teilweise einbüßt. Und dann lebt ja in jeder Persönlichkeit das in der Tat sehr feine, zarte Bedürfnis, sich sozusagen zu verbergen. Es kann z. B. öfter vorkommen, daß sich eine Persönlichkeit aus Fein- oder aus Taktgefühl unpersönlich aufführt. Sie fällt nicht gern auf, und empfindet als etwas langweilig, als etwas gar zu einfach, so möchte man sagen, so geradezu als das genommen zu werden, was sie ist. Sie verliert hiebei leicht das Gleichgewicht, den Humor oder gleichsam den Boden unter den Füßen. Dieser Boden unter den Füßen, d.h. die Harmlosigkeit, Zwanglosigkeit, Unbeachtetheit, Unbemerktheit ist ihr das Liebste. Instinktiv betritt sie nicht die Wege der Ungewöhnlichkeit, sondern die gewöhnlichen, nämlich die, auf denen alle übrigen gehen, denn auf solche Weise bewahrt sie sich. Betrachtet, beguckt, bestaunt, beklatscht ermüdet sie, und gerade eine Persönlichkeit will ja leben, leben, leben. Sie spricht innerlich zu ihren Mitbürgern: »Ich bin nur Popanz.« Sie will lachen und weinen, wie's ihr zumut ist, das ist's, was sie wünscht. Unter keinen Umständen hält sie's für angenehm, auf Schritt und Tritt begriffen zu werden. Zudringliche Popularität liegt keineswegs in ihrem Interessenkreis. Sie empfindet es als Unsauberkeit, überall beliebt zu sein, sie überschätzt sich nicht in dem Maß, daß sie möglich halten kann, jedermann sähe sie gern. Man ist zuallererst dadurch eine Persönlichkeit, daß man sich nicht überhebt, daß man hiezu gar keine Lust hat. Hoch schätzt eine Persönlichkeit das Natürliche ein. Niemals wünscht sie, sie bilde eine Ausnahme. Sollte sie eine solche sein, so empfiehlt ihr die Vernunft, sich glauben zu machen, daß dies niemand irgend etwas angehe. Indiskretionen liebt sie nicht, sie duldet sie bloß, und es ist klar, daß sie sie verachtet und daß sie das Recht dazu hat. Ihre immer sich wiederholende Bemühung besteht darin, daß sie sich die Zeit vorstellt, wo sie ›ein Knabe war‹, d.h. eine Persönlichkeit geht, um sich in sich zurechtzufinden, unwillkürlich im Geiste rückwärts, sie macht [sich] schon aus Gesundheitsrücksichten gern gering. So lebt sie beispielsweise fröhlich auf beim Gedanken an die Begebenheiten im Elternhaus. Auch an die Zeit, wo sie etwa als Lehrling in der Straße umhersprang, erinnert sie sich mit Vergnügen. Ihre Eigenschaften, Veranlagungen, Gaben sind immer wieder ihr geheimes Eigentum vermöge ihrer Vorstellungskraft, daß niemand davon etwas wisse. Es macht sich hierin einfach ein Keuschheitsbedürfnis geltend. Sie bestrebt sich, das zu sein, was sie ist, und versucht mit allen Mitteln zu verhindern, daß sie das ist, was die Mitwelt aus ihr gemacht hat, als was sie sie haben will. Eben darin, in diesem unaufhörlichen Kampf um Beibehaltung der ihr angewachsenen menschlichen Grundlagen besteht die Persönlichkeit, daß sie lieben will, was sie immer lieb hatte, und daß sie die Winke, die Fingerzeigungen, die Ratschläge und alle Dienste und den Lohn und die Strafen, die Pflicht und die Launen einzig aus sich empfängt. Es charakterisiert sie, daß sie ein Reich für sich bildet, das sie sich täglich neu herstellt, aber gewiß läßt sie aus Höflichkeit mit sich spielen, denn sie sieht ein, daß sie nicht allein da ist und daß ein Sinn darin liegt, andern etwas zu bedeuten, gleichviel was. Gleichviel? Was kann das sie kümmern. Mitten durch Lob und Tadel geht ihr Weg, ein Weg geht mitten durch sie. Sie ist sowohl ihr Kind wie ihre Lehrerin. Immer und nie ist sie verloren. Ich glaube nicht, daß es viel Zweck hätte, zu untersuchen, ob sie gut sei. An ihren Weigerungen[1] zieht sie sich aus den Abgrundtiefen herauf und freut sich trunken am Licht der kleinen Fröhlichkeiten. Wer immer wieder willig aufsteht, wenn er fällt, tut immerhin etwas. Ich wollte hier die Persönlichkeit zum Gegenstand einer witzigen Geschichte machen, doch wie man gesehen hat, kam's anders. Wie nachdenklich ich geworden bin. Aber ich bedaure es nicht. Wenn die Persönlichkeit eine Zeitlang gelacht hatte, wurde sie regelmäßig daraufhin sehr ernsthaft. Sie bestand also durchaus nicht lediglich aus Lachlust. Der Brunnen, aus dem Eimer voll Heiterkeit heraufbefördert werden, heißt Lebensernst, aber ich sollte vielleicht diesen Aufsatz längst beendigt haben. Ich nenne immer ungefähr das einen Aufsatz, was ich, in einem größeren Kreis schweifend und ihm beliebig entnehmend, was mir zum Aufnehmen passend scheint, gleichsam einen Ball formend, zu einem kleinen Kreise zusammenstelle.

(317/I)

---

1 »Neigungen«

Ich gehorche einer Einladung

Ich gehorche einer Einladung, mich in kleinen, möglichst feinsinnigen Beiträgen zu üben, die zur Errichtung gleichsam eines Gesellschaftshauses dienen dürften, in das alle netten und artigen Menschen hineintreten dürfen, dadurch, daß ich [mir] mich mit dem Problem der Größe und der Kleinheit zu beschäftigen erlaube, indem ich der Meinung zu sein wage, daß sich viel zu viele mit diesem zu sehr im Vordergrund liegenden Problem abgeben. Ich halte mit des Lesers Erlaubnis die Frage, was klein und was groß sei, für eine verhältnismäßig kolossal müßige, da doch nicht Augenblicke oder Tage uns in ein kleines oder großes Licht zu stellen imstande sind, sondern nur ein Gesamtleben zu entscheiden oder Auskunft zu geben vermag, ob du oder ich oder er oder sie groß oder geringfügig waren. In mir lebt eine Überzeugtheit, die mir sagt, es gebe Fragen, die man zu beantworten umgehen müsse, weil sie an zu starker Aktualität geradezu kranken. Man kann sich doch unmöglich jeden Moment auf die Großheits- oder Kleinheitsfrage hin prüfen. Das wäre ja das Kleinlichste, Furchtsamste, was es gäbe. Ich sah übrigens gestern in einem Lokal von durchaus gutem Ruf einen Herrn an der Seite einer sehr ernstaussehenden Frau sehr vergnügt lächeln. Ein stillvergnügtes Gelächel ist übrigens immer etwas sehr Auffallendes. Sonnenschein wird ja überall sogleich wahrgenommen. Ähnlich wie mit diesem ist es mit jenem, und nun fallen mir die ersten paar Seiten eines großen Buches ein, das ich zu lesen angefangen habe und wo auf eine meisterhafte Weise dargestellt wird, wie ein scheinbar sonst ganz netter Mensch seiner Frau Gemahlin dadurch viel Leid zufügt, daß er in ihrer Gegenwart stillvergnügt lächelt. Auf die sehr einfache und kleine Tatsache, daß ein Herr in den sogenannten besten Jahren eines Abends in sehr guter Laune nach Hause kommt und anscheinend vor Vergnügtheit strahlt und dieses Strahlen die Taktlosigkeit begeht, vor seiner Frau nicht sorgsam zu verbergen, wozu ihn eine feine Rücksichtnahme verpflichtete, baut sich ein zwei Bände starker, großer Roman auf. Das bekannte Sprichwort »Kleine Ursachen, große

Wirkungen« künstlerisch bekräftigend, beiläufig folgendes: Durch großes Benehmen mache ich meine Umgebung klein, während dieselbe, wenn ich mich kleinlich aufführe, groß wird. Also bedingen einander Größe und Kleinheit, setzen sich gegenseitig voraus, womit ich mit diesem meiner Ansicht nach etwas trivialen Problem fertig geworden zu sein meine. Eine bedeutende Frau stempelt ihren Lebensbegleitenden allmählich zu etwas Unbedeutendem, und an der Seite einer kleinlichen Gattin wächst womöglich ein Mann zu etwas Bedeutendem empor. Daß man zeitweise in den Schatten gestellt werden kann, riskiert ja jeder mitunter auf das Bemerkenswerteste. Mich freut und ehrt übrigens die Aufforderung, mich von der gescheiteren Seite zu zeigen, sehr, und ich bin natürlich gern insofern folgsam, als mir vorkommt, es gereiche mir zum Vorteil. Kleine Welt, große Welt, was soll das, was sagt das? Ich find[e] nicht, daß mit derartigen Unterscheidungen viel gesagt wird. Welt ist Welt, und wenn sie lebendig sein will, wenn sie ein echtes Leben entfalten[1] will, so wird sie Kleines sowohl wie Großes in sich zu fassen haben. Ich kenne beispielsweise Bücher, worin nur ein kleines Leben zur Entwicklung gebracht wird, [ein] domestikliches, ländliches, aber durch die vorzügliche Art, durch die große Manier, wie dieses kleine Leben beschrieben, aufgedeckt, dargestellt wird, wird es zu etwas Großem. Die Intensität, womit geschrieben, gedacht, gefüh[l]t, gebaut, gemalt, regiert, gedient, d.h. gelebt wird, kann den Diener, Regierer, Maler, Dichter, Denker, Fühler usw. zur Gestalt von Bedeutung werden lassen. Wenn z.B. einer meint, er sei groß, so bedeutet schon allein diese Meinung bereits etwas Kleines. Kommt sich da[ge]gen einer so recht gering vor, so kann das groß von ihm sein, aber er darf sich dessen nicht bewußt sein, sonst fällt er aus dem Zustand der Schönheit, d.h. der Größe heraus. Könnte demnach also Unbewußtheit groß sein? Dieser Frage gegenüber schwebt mir jenes vergnügte Lächeln, von dem ich sprach, um den Mund, das an sich vielleicht etwas ganz Geistloses ist, das aber

1 »enthalten«

immer den Eindruck der Gescheitheit macht, die nicht in allen Fällen beliebt ist. Ich weise nochmals auf den großen Roman hin, der mit einem Lächeln beginnt, das etwas Kleines ist, aber große Folgen hat. Sie fühl[t] heraus, daß er einzig nur deshalb lächelt, weil er sich ihr gegenüber verging, und in der Tat findet man oft nichts so amüsant, als über einen begangenen Fehler nachzudenken. Ich fing also ein bedeutendes Buch an zu lesen, dessen reicher Inhalt sich auf etwas ganz Unbedeutendes stützt. Große Ideen nützen vielfach gar nichts oder nur wenig. Da ich nur wenig zu schreiben ermuntert worden bin, behalte ich für mich, womit ich mir ein anderes Mal die Zeit verkürzen kann. Die, die uns bei einem Vergnügtsein überraschen und deswegen nicht vergebens finden, sich zum Mißvergnügtsein aufzuschwingen, sind das die Lieben?

(348/IV)

Ich schreibe hier zwei Essays

Ich schreibe hier zwei Essays, die in einem Zusammenhang stehen werden. Ob ich mich des Telegrammstiles bedienen darf? Ein berühmter russischer Schriftsteller gebrauchte folgende Methode: Er fing irgend etwas an zu schreiben, um sich unmittelbar hierauf zu korrigieren, Fehlendes, Ungenügendes zu vervollständigen. Auf diese sehr warme Art brachte er eine Redeflüssigkeit zustande, die etwas Naturhaftes, Einzigartiges, Phänomenales an sich hat. Schriftstellern hat mit Reisen oder Wandern Verwandtschaft, je weniger Vorbereitungen getroffen werden, um so interessanter gestaltet es sich. Ein Kleiner lebte irgendwann und -wo, der sich vor dem Großen gar nicht fürchtete, was den Großen förmlich faszinierte, beinahe im Geheimen ein bißchen beben oder, falls ich dies so sagen darf, schlottern machte. Sollte man so etwas begreifen können? Kaum glaubhaft ist, wie der Riese vor seiner Erwählten zitterte. Doch das kommt erst im folgenden Aufsatz, ich befehle mir hiemit, hiefür nicht allzu höflich um Entschuldigung zu bitten, d.h. eigentlich eher nur zu ersuchen. Der Große hatte kolossal viel zu verlieren, seine Existenz war gewissermaßen eine gewagte, er besaß etwas, der Kleine aber war besitzarm und konnte darum mit Ungezwungenheiten, Harmlosigkeiten prangen wie ein Apfel in den Zweigen, was natürlich der Große ungemein fein herausfüh[l]te. Große sind klug, nur[1] manchmal nützt ihnen ihre Klugheit wenig oder gar nichts, und das wußte der Kleine, und der Große wußte, daß das dem Kleinen ganz haargenau bewußt war. Sind Große immer kräftig? Ist Kraft dasselbe wie Größe? Man sollte meinen, daß dies übereinstimme, und doch verhält es sich nicht immer so. Es kann vorkommen, daß tatsächlich Große schwächer sind als Kleine, indem es vielleicht mit der Konstruktion, mit den Verhältnissen nicht stimmt. Es gibt bei Großen manchmal etwas wie innere Risse, und da die Kleinen die Großen beständig studieren, entgeht ihnen dies unter Umständen nicht. Schöne haben auffallend viel Ähnlichkeit mit Großen, und die Kleinen scheinen Ähnlichkeit mit den Häßlichen, Unansehnlichen zu haben. Nehmen Sie z. B. eine schöne Frau, ich meine nicht, das Sie sie mit den Händen nehmen sollen, sondern ich lade Sie bloß ein, sich eine solche gütigst vorzustellen. Wie sie beständig wegen der Möglichkeit in einer gewissen Befürchtung ist, die Kavaliermäßigkeit ihres Kavaliers könnte gradweise abnehmen, denn das macht ja die Schönheit der Schönen aus, daß ihnen gehuldigt wird. Ähnlich ist es doch wohl auch mit den Großen und den Kleinen. Der Große ähnelt also in gewisser Hinsicht einer schönen Frau, die bei ihren Verehrern eine Kontinuität des Taktgefühls nicht ohne eine Beigabe von Bangigkeit voraussetzt. Das Taktgefühl beruht durchaus auf völlig freiem Ermessen, ist also an sich etwas total Demokratisches. In allem, was demokratisch ist, liegt für uns eben immer etwas Erzieherisches. Worin anders besteht die Furcht des Großen als darin, daß es denkbar sein könnte, der Kleine könnte Lust bekunden, seinerseits ebenfalls groß zu werden. Der Kleine braucht gegenüber dem Großen nicht zu befürchten, er könnte Appetit danach haben, geringfügig zu wer-

---

1 »und«

den, denn im allgemeinen trachtet die Menschheit ja seit Adam und Evas Zeiten nach oben. Darf ich um die Vergünstigung bitten, zum Essay num. 2 überzugehen?

Ich habe da also von einem Mißtrauen gesprochen, vom sehr interessanten Verhältnis zwischen Groß und Klein, das ich bisher nicht erschöpfend behandelte. Vielleicht gehören im Leben der Große und der Kleine zusammen, wie in der Literatur Rogossin und der Idiot, Walt und Vult und Don Quijote und Sancho Pansa, man möchte sagen, zusammengenäht worden sind, daß man sich die Art des einen ebensogut durch den andern vorzustellen vermag. Nun gab es da ein wunderbares Mädchen. An welcher Gasse sie wohnte, braucht nicht erwähnt zu werden, und in welchem Jahrhundert sie lebte, dürfte einerlei sein. Ein Riese sowohl wie ein Knabe liebten sie. Vom ersteren erlaubte ich mir [im] obigen schon zu sprechen, aber ob ich das nun tat oder nicht, so wunderte sie sich über sein Benehmen, das sich in dasjenige eines Kindes umwandelte. Der Riese schien dem schönen Mädchen gegenüber alle seine Riesenhaftigkeit abgelegt oder außer Funktion gesetzt zu haben, denn schon nur mit einem kaum merklichen Stirnrunzeln vermochte sie ihn kleinlaut zu stimmen. »Liebe, o was machst du mit mir«, rief es unhörbar in ihm aus. Alle, die ihn schmachten sahen, mußten beinah lachen. Wäre er nicht so kraftvoll gewesen, würde(n) sie ihn gestichelt haben. Glücklicherweise unterließ man das. Nun zum Knaben oder zum Zwerg, der sie lachend mit dem Zeigefinger neckte, die vor seiner geheimen und seltsamen Macht fast erschrak. »Was wünschst du?« Mit dieser Frage stellte sie sich bei ihm ein, der sie mit den Worten fortschickte: »Du darfst einstweilen wieder gehen.« Offenbar lag in diesem Knaben Feldmarschallsbegabung, während im Riesen ein unsägliches Sehnen lag, lieb und folgsam zu sein. In dem Riesen fürchtete sich das Starke vor der Empfindsamkeit der Zarten, in dem Knaben fürchtete sich etwas, was eine Obliegenheit zu erledigen hatte, vor dem Lehrer in ihm selber, und in dem schönen Mädchen fürchtete sich, wie ich im Essay num. 1 dargelegt habe, das Herkömmliche vor dem Traditionslosen, das Begüterte vor der Besitzlosigkeit, das Kostbare und infolgedessen Befangene vor etwas, was nicht geachtet wird und darum unbefangen ist. Der Knabe zitterte vor seinem Stolz, der Riese vor seinen Kräften, das Mädchen um ihren guten Ruf. Die Kleinen wollen vor den Großen keine Furcht und diese wieder vor jenen nicht die geringste Beunruhigtheit an den Tag legen. Sollte möglich sein, daß ich für die sogenannte goldene Mittelmäßigkeit plädiere? Es gibt da in der Literatur eine Figur, einen Mittelmäßigen, der immer vor dem Gedanken zitterte, er könne mittelmäßig sein. Sollte diese Figur in uns allen sein? Wer wagt zu entscheiden, inwiefern unsere Abneigung gegen das Mittelmäßige begründet ist? Ich für mich habe gefunden, daß da und dort ein bißchen Furcht mir nützte, indem sie mich aufweckte, will sagen verjüngte, womit ich am Ufer eines hochaktuellen Kapitels gelandet bin.

(289/I + 289/II)

Die Worte, die ich hier aussprechen will,
haben einen eigenen Willen

Die Worte, die ich hier aussprechen will, haben einen eigenen Willen, sind kräftiger, mächtiger als ich, und mir kommt vor, es beliebe ihnen zu schlafen, oder es gefalle ihnen, nicht zu sein, was sie sind, als fänden sie ihre Eigenheit nicht kurzweilig genug, und es nützt mir nichts, sie zu wecken, sie sagen auf meine Bitte: »Steht auf!« nicht das geringste, und ich find' natürlich selber sowohl sehr geistreich als ungewöhnlich schön, wie ich da sozusagen meine Worte nicht kennen mag, sie sogar sich sel[b]st nicht einmal kennen lasse, und ich, wie ich so die blasse gebirgige Ebene betrat, hatte keine Lust, mich als den anzuerkennen, der ich war, vielmehr fand ich es feinsinnig, mir einzureden, ich sei irgendein Herr so und so, der die Erkenntnis aus der Tasche hervorziehe, er sei vollständig unkenntlich. Indem jeder, der mir begegnete, meine Unerkanntheit freundlich anerkannte, atmete ich mit der größten Lust etwas ein, das ich Luft nennen würde, wenn ich es für schicklich halten könnte, sie einer Erwähnung zu würdigen, die mir die Brust erfüll[t]e. [...] durchzogen die Landschaft meiner mir in keiner Weise gehörenden Eigentümlichkeit wie irgendein total namenloses Etwas, vielleicht wie eine Frau in einem Anstandsrock einen Saal um die hellerleuchtete Mitternachtszeit, wo alle Guten, die mitunter ein wenig böse zu sein pflegen, auf die länglich[s]te Art leben, die es gibt, nämlich im Bett. Langausgestreckt lief ich mit lauthallender Schweigsamkeit über die gezückten Messer hin, die mir die Füße kitzelten, küßten, wenn es [nicht] zutreffender wäre hervorzuheben, sie hätten sich unter meinen Tritten willfährig zusammengebogen. Messer, ach, welch ein lauter, naiver, unschuldiger, simpler Ausdruck. Bedeutet nicht jedes Wort an sich eine Indiskretion und jedes Ich eine Vorlautheit? Die nichtvorhandene Erde, auf der ich stillstehend dahinging, ließ mich keinen einzigen Augenblick an sie glauben. Hoch ragen Unaussprechlichkeiten, die ich recht gut bezeichnen könnte, falls ich dies für opportun hielte, vor meinen Augen empor, die verdienen, daß sie sogleich ausgestochen werden, weil sie sich nicht geweigert haben, daß ich ihnen einen Namen gab. Widerlich anzuschauen[de] Schönheit, zehnjährige Hunderttausen[d]jährigkeiten in höchst formloser Form wollten von meiner Blindheit in Augenschein genommen sein. Ich zog hierauf einige kleine Kinder aus der Mannigfaltigkeit meines Wesens heraus und [ließ sie] unter der Professorenaufsicht, die ich plötzlich vergegenwärtigte, ganz und gar nicht spielen, indem, wenn ich gesagt hätte, ich spielte, ich vielleicht das Akademische in mir brüskiert haben könnte. Pferde und Kühe, die ich lieber nie mit volltöniger Unstatthaftigkeit zum Ausdruck gebracht hätte, taten irgendein Etwas und schienen mit einer Beschäftig[ung] tätig zu sein, die man, wenn man durchaus will, Grasfressen nennen kann. Das Gesicht der Welt glich dem Antlitz einer Gekränkten, die in der entsetzlichsten Besorgnis zu sein schien, ob man überhaupt jemals aussehen dürfe, als wolle man eine Empfindung widerspiegeln. Unangenehm berührt zu sein dürfte sich als passender herausstellen, als die Unvorsichtigkeit zu begehen, zu lieben und gleichzeitig tödlich zu hassen. Giftdurchtränkt blieb ich munter die Gesundheit selber, indem ich Häßlichkeit zur Ausstrahlung gelangen ließ, verkörperte ich die Gewißheit, ich sei die unerschütterliche Fassa[de] des prunkvollsten Hauses, als welches sich meine halbeingestürzte Güte vorkam. Jede Kuh trug eine Glocke am Hals, und jeder Höhenzug oder Berg guckte seiner Nachbarhöhe über die Schulter, und in all diesem leisen Ringsumliegenden sprangen nun die Glöcklitöne gleich nüchternen Narrengestalten, deren Unhörbarkeit man auf das Deutlichste wahrnahm und deren Sichtbarkeit man nirgends hörte, orchestralisch umher. Mit nicht anzufechtender Sprachfreiheit[1] gelange ich in die Lage zu sagen, daß sich hie und da eine der weidenden Kühe das Rückgrat leckte oder mit der reizenden Gewundenheit des Schweifes oder Schwanzes den Frieden und die Lieblichkeit des Bodens peitschte, und stellt denn bei allem dem dieses in (m)einem gutbürgerlichen Zimmer verfaßte Gedicht, denn für ein solches halte ich es, nicht lediglich eine Bemühung dar, ein bißchen Ernsthaftigkeit bei solchen hervorzurufen, die das vorliegende Glied in der Kette meiner prosaischen Schriften sich vergeblich anstrengen werden zu begreifen, die viel zu klug zu sein meinen und vor einem kleinen bißchen Dummheit die Fassung [nicht] zu bewahren imstand sind, die noch nicht einmal unwissend zu werden lernten, die bis dahin den Einfall noch nicht hatten, daß sie sich durch ein glanzvolles Ausbleiben von Einfällen auszeichnen, die oft auf eine kolossal unanständige Art anständig zu sein nicht fürchten, die von der Geburt des Verstandes, vom schönen Wunsch, daß er überhaupt nicht gehörig lebendig würde, nichts ahnen, und die kaum zu überzeugen sind, daß hier der kuriose, vielleicht nicht ganz uninteressante Versuch unternommen worden ist, mit etwas Nichtssagendem irgend etwas zu sagen, das Verständige aufzulösen, als wäre jener eine vielleicht von Dürer ersonnene, die Hand über einen Globus legende Melancholie. Ich kann versichern, daß es mich außerordentlich schwer ankam, mich leichtsinnig zu betragen. Als wenn ich nicht wüßte, was guter Ton sei, aber was wird

---

1 »Sprechfreiheit«

mit ihm Wesentliches noch getan heute? Über mein heutiges Geschäft hinblickend, fing ich gleichsam mit etwas Heldenmütigem an und kehrte daraufhin gern in die Vernunft zurück, und der flatterhafte Anfang war schwieriger als das sich eigentlich ganz von selbst ergebende Michfinden. Es ist ja so einfach, sich nicht zu irren. Sich an das Rechte, das Schickliche zu halten darf doch wohl immerhin als Bequemlichkeit gelten. Wie verdutzt er mich jetzt anschaut, der mich mit etwas billiger Unsträflichkeitsmiene aufforderte, ich solle diesmal gefälligst auf mich aufpassen, als zierte nicht auch ihn, zu was er sich noch während seines Lebens nicht aufzuschwingen vermochte, eine Flause. Er flunkerte noch nie, und wie leid tut ihm das, und bei allem dem weiß er, daß ich ihn ausgezeichnet kenne. Wie oft versagte er mir seinen Beifall mit einem schlechten Gewissen. Er ist nämlich zerrissen und tat mir gegenüber stets so, als besäße ich nicht genügend Intelligenz zur Uneinigkeit mit mir. Jetzt bewies ich's aber.

(12/II)

Neulich lasen meine Augen

Neulich lasen meine Augen, die hier auf granitenen Griechenlandhäusern ruhen, einen denkbar ernsthaft geschriebenen Hanswurstaufsatz. Unexakte Druckzeilen sind mir, nebenbei gesagt, zu Gesicht gekommen, und beim Kosten eines Zeitungsartikels fiel mir das Schlagwort ›Brückenschlagen‹ auf. Klangvoll soll folgendes Bekenntnis in die weite Welt hinausschallen: Der Lausbubverlag benachrichtigte mich, er sei auf einen Teil meiner Zumutungen seinen vollkommenen Schamhaftigkeiten gegenüber näher einzugehen gesonnen. Prachtvoll, wie meine Dichterhand über's Schreibpapier hinfliegt, als gliche [sie] einem begeisterten Tänzer. Keinem Kollegen, ich bin mir bewußt, daß ich vollständig verständig spreche, würde die markante Behauptung aufzustellen gelingen, die mit jubelnder Stimme verkündet: »Christus war ein Grieche.« Woher ich wohl den Mut zu einer solchen Annahme hernehme? Also nach gesunder Hanswurstlustigkeit sehnen sich die Theater[1] in Betracht ziehenden Gebildeten, und nach hellenischen Schönheiten strecken manche ihre Hände aus, die kleinen Kindern einen Begriff vom Leben zu geben haben. Ich zögere keine Sekunde, die Salons wissen zu lassen, daß in einem von unseren Blättern, die die Jetztzeitkultur bedeuten, ein Primar- einen Sekundarlehrer mit so schonungsvoller Schonungslosigkeit angriff, wie es ihm sein Geist eingab. Ich war einige Zeit in den Ferien, wo ich als Griechenlandfreund jugendliche Pferdeglieder und die Höhenwolkengestalten studieren durfte, und indem ich nun wieder nachdrücklich schriftstellere, hält eine Frau von Bedeutung in der Aula der höheren Töchterschule einen Hellasvortrag ab, und ich kenne und schätze diese Frau, wobei mir einfällt, in einem Klassiker die Notiz gelesen zu haben: »Nie würde sich das griechische Theater so hell und lebhaft entwickelt haben, wenn nicht die Frau(en) total davon weggeblieben wäre(n).« Ein nicht in jeder Hinsicht glücklicher deutscher Dichter schrieb dies in einem Anflug von Unmut, der bedauerlich zu finden sein könnte. Ich meinerseits schreibe mit unverstelltem[2] Hanswursthumor: »Der Grieche Sokrates trank seinerzeit, um über das [...] zur Auffindung seines Ichs zu kommen, Gift, ebenso zog Diogenes jeder sonstigen Lebensweise den ausdauerlichen Aufenthalt in einem Faß vor, was als Beweis gelten kann, daß die Griechen ab und zu mit sich kämpften, daß sie sich nicht immer und überall liebten, schön fanden, wie wir Heutigen es gern [...]. Der Verfasser des Hanswurstessays verdient meiner Ansicht nach deshalb Anerkennung, weil er die der Unmittelbarkeit entstammende Fröhlichkeit ernst nimmt. Soeben lese ich im Buch eines berühmten Romanautors, der einen anderen berühmten Romanautor kaltblütig bekämpft hat, indem er ihm eines Tages einen Brief schrieb, worin der Vorwurf »Lakaienseele« stand. In Wirklichkeit beneid er ihn lediglich um der freien, sorglosen Art des Schaffens willen. »Schafsnasigkeit, wie liebe ich dich«, könnte ich mich für berechtigt

---

1 »Thaten«   2 »unverstecktem«

halten, Griechenland bezüglich freudig auszurufen. Marmorkalten Frauenstatuen, die von Wiesengrün und Herdengeglöckel umgeben sind, versage ich auch nicht meine zweifellos anbetende Bewunderung, und jener Vortragsfrau sprach ich gebührenderweise meinen Dank für ihre dahinzielende Bemühung aus, dargetan zu haben, daß in Griechenland eher Schauspiele als Epik usw. verfaßt wurden. Lesen läßt mich geistig reisen, darf ich mir vielleicht im Flug beizufügen erlauben, und sobald ich mir das erforderliche Reisegeld zusammengeschrieben habe, setze ich mich mit tunlicher Schnelligkeit nach dem Land ab, wo es einen Berg gibt, den man Olymp nennt, um dort oben in Gesellschaft aller meiner Es-bis-dorthin-Gebrachtheiten zu frühstücken. Trete ich zunächst für den weiblichen Militärdienst ein, so klingt dies vielleicht wunderlich, meines Dafürhaltens jedoch kann es sich hiebei um weiter keine andere als griechische Meinungsäußerung handeln, obschon die Griechinnen von ehemals eher, von zitherspielenden Zofen umkränzt, fein säuberlich und vornehm zu Hause auf den schwellenden Kissen eines raffinierten Luxusses saßen. Die Hanswurstsehnsucht scheint mit einem Appetit nach irgend etwas Bukolischem identisch zu sein, und was die Griechenlandlust betrifft, so gab es vor nicht langer Zeit einen Zürcher Dichter namens Keller, der sie beinah etwas allzu schweizerisch, will sagen gutbürgerlich bespöttelte. Obgenanntem Bengel will ich noch heute eine Mitteilung zukommen lassen, seine Entschlossenheit bilde mein dichterisches Entzücken, und die Augen, die die griechischen Frauen hatten, ihr wunderbar verschlungenes Haar und die eleganten, von kleinsten Stäubchen befreiten Treppen, die sie emporgestiegen sind, um in die heiligen Tempel hineinzugelangen, du meine Güte, mir Klassizitäten, mir all dies, was Sozietät anbelangt, so herrlich Aufgebaute, Strahlendgroßartige vorstellend, büße ich den Atem ein, der nötig wäre, mehr über den bedeutungsreichs[t]en Gegenstand zu sagen, der mich je in denkende Bewegung gesetzt hat. Ich gratuliere mir zum Behandelthaben eines Themas, wie das eines ist, über das ich gewiß nicht ausführlich genug sprach, das mich hauchen läßt: »Erledigt.« Was [durch] Griechenlandvoraussagungen[1] prätentiös werden heißt, erlebte kein Geringerer und kein gegenüber dem bürgerlichen Leben mit der Zeit so unbürgerlich gewordener wie Hölderlin, dessen schöne, zugleich aber auch ungebärdige Erscheinung mich gewiß sein läßt, zu glauben, daß die Schwärmerei für das Attische vom Gesichtspunkt des guten Tones aus betrachtet immerhin bildend und ein angemessener Zeitvertreib sei. Bei einer Rekonstruktion tritt ja gottlob bloß das Gefällige zu Tage, das Wirklichgewesene bleibt unerweislich.

(12/I)

Von Tirol weiß ich

Von Tirol weiß ich, daß es dort Städte gibt wie Innsbruck, Meran usw. In diesen Tagen waren ja Berge wie z. B. der Brenner von brennender Aktualität. Leute von Geist, wie Christian Morgenstern oder wie der Verleger S. Fischer, haben ihre Ferien gern in Tirol verbracht, wo denn ja auch die Dolomiten vorkommen. Vor hundert und mehr Jahren kam in dem Ländchen, das der Gegenstand unserer heutigen Auslassung ist, ein gewisser Herr Andreas Hofer vor, der sich von seinem höchsten Vorgesetzten, dem Kaiser von Österreich, die Erlaubnis ausbat, gegen die Eindringlinge kämpfen zu dürfen, die durchaus das Gebiet erobert haben wollten, das mit aller erdenklichen Hartnäckigkeit ehrbar bleiben wollte. Ich erinnere mich, einmal eine Abbildung gesehen zu haben, die darstellte, wie der bescheidene dörfliche Held in der Hofburg zu Wien patriotisch vorsprach. »Es scheint, du willst dich durchaus auszeichnen«, redete ihn der hohe Herr mit der ihm eigenen Herrscherfreundlichkeit an, und er fuhr fort: »Gut, so versuche es.« Nun wird man ja in den Geschichtsbüchern gelesen haben, wie es dem treuen Diener später ging. Er geriet in die Hände seiner Gegner, die nichts besseres zu tun wußten, als ein Prachtsexemplar von Altfrömmigkeit und An-

---

1 »[aus] Griechenlandvoraussetzungen«

hänglichkeit a[l]s Hochverräter zu bezeichnen und demgemäß mit ihm umzugehen. Es gehört nicht zu den Gepflogenheiten gewandter Schriftsteller, deutlich zu sein, wenn dies womöglich nicht erwünscht ist. Der eine hat eben Glück, der andere sogenanntes Pech. Letzteres war mit Andreas Hofer der Fall, der immerhin eine unsterbliche Figur wurde, was eine Leistung ist, deren sich nicht jedermann rühmen darf. Tirol wird vom Inn bewässert, der in der Schweiz entspringt. Jeder große Strom sieht an [der] Ursprungsstelle wie ein Kind aus, dem man gern Lektionen erteilt, über das man sich gern mindesten[s] hie und da wundert. Die Tiroler spielen mit Vorliebe die Zither, die ja dasselbe Instrument ist wie die Gitarre, die schon den Griechen und Römern und womöglich noch viel älteren und sonderbareren Völkern bekannt war. In Variétés usw. treten von Zeit zu Zeit Menschen in Kniehosen und mit klingelnden Ketten an den Westen und mit keckbefiederten Hüten auf den Köpfen auf. Jedes Kind weiß dann, daß das Tiroler sind, denen der Zufall befiehlt, ein Bergvolk zu sein und als solches allerhand mit in den Kauf zu nehmen. Mehr hievon sagen hieße ein Wespennest betrachten[1], was einer, der von sich hofft, er sei klug, lieber zu umgehen trachtet. Vielleicht sind die lustigen Tiroler den derben, zurückhaltenden Schweizern im Charakter verwandt, ich wage diese Möglichkeit nicht zu entscheiden, ein wissenschaftlich Beschlagener dürfte das meines Erachtens nach eher. Es ist gar nicht gesagt, daß Nahbeieinanderwohnende einander in Wirklichkeit die Nächsten sind, was Abstammung usw. betrifft oder die Eigenart. Ich sah einmal eine Operette mit tirolischem Mondschein und dito Küssen und Stuben und Matten und Buben und Mägden und Bäumen und Kühen und Bauern und Geschäftemachern. Aus Tirol wurden einst Protestanten vertrieben, wobei an »Glaube und Heimat« von Karl Schönherr angeklungen oder -geschlagen werden mag oder bloß -getippt und gerührt, wie wenn ich jemand bei der Unterhaltung etwa so ein bißchen in der Eifrigkeit des Redens anrühren würde. Genanntes Schauspiel

---

1 »beobachten«, »betasten«

hatte ich vor zirka vierzehn Jahren das Vergnügen, in einem Ostseebadeort zu erblicken, um die Wahrheit zu sagen, ergriff es mich tief. Selten wohl ist ein deutsch[es] Bühnenstück so häufig gespielt worden wie dieses. Indem es mich freut, diesen Dichter haben hervorheben zu können, denke ich an die Äpfel, die, wenn's Herbst wird, in Tirol reif werden wie anderwärts, und an die Blümchen, die dort ebenso unschuldig und seltsam als zierliche Mysterien aus dem Frühlingsboden keimen wie in Pommern oder im Kanton Zürich oder wie in Grönland, falls Schnee und Eis und Temperatur es gütigst zulassen. Die Tiroler sind sehr nette Menschen, deren Gegenwart zur Lustigkeit beiträgt. Wenn die Tirolerinnen tanzen, bilden ihre Röcke einen Teller, der sich hebt und senkt. Wenn er sich hebt, ist's ein Teller, wenn er sinkt, ist's eine Glocke, und wenn er tellerartig schwebt, wird einem vor die Augen geführt, daß die Tirolerinnen Hosen tragen, anstandshalber soll man sagen, Höschen. Auch aus [...] sagt man's, damit es ein bißchen kleinlicher, schwächlicher, zärtlicher, schmeichlerischer und verächtlicher klingt. Weit und breit bekannt und geschätzt ist der hellrote Tirolerwein, und da ich bei etwas Mundendem angelangt bin, werde ich berechtigt sein, mir zu sagen, mit diesem Essay sei's vorbei.

(371/I)

*In Beantwortung der für mich
beinah mädchenhaften Frage,
welcher Herbstferienort mir der liebste sei*

In Beantwortung der für mich beinah mädchenhaften Frage, welcher Herbstferienort mir der liebste sei, beeile ich mich zu sagen oder erwidere ich nur langsam und bedächtig, ich hätte als Kind, d.h. im Alter von sechs Jahren, es mögen auch schon acht gewesen sein, im sogenannten Ried bei Biel meine erste Ferienzeit kaum anders als glücklich verbracht. Ein Wägeli, mit dem man in die Stadt nach Brot usw. fuhr, und eine allerliebst(e), wie in der Luft schwebende Tasche blieb mir diesbezüglich bestens in Erinnerung. Aus dem unmittelbar an's Landgut angrenzenden Eichenwald drang eines Nachts seltsames weibliches Rufen, das die Familie, zu deren Gliedern ich mich zähle, in den Betten weckte. Mit dem Wägeli fuhr ein Junger und Unverantwortlicher eine sanftabsteigende Wiese hinunter. Der Herbst eignet [sich] meines Bedünkens nach zu Ferien sehr, und nun kann ich zu meinem Bedauern unmöglich behaupten, mir wäre irgendein Feriendörfchen beispielsweise im großen Frankreich bekannt. Dagegen darf ich mit Recht etwa von der Ostseeinsel Rügen samt dem interessanten Städtchen Putbus sprechen, wo ich zuzeiten einmal war und es gegenwärtig gewiß sehr schön ist. Einstmals residierte dort ein anscheinend exzentrischer, womöglich etwas verschwenderischer Fürst, dessen sich durch eine Reihe zierlicher Paläste vertretende Hofhaltung den Zauber bildet, der sich um des Reisenden Herz und Verstand schlingt[1]. Als dem Berner Schriftsteller, der ich bin, liegen mir natürlich Landschaften nahe, wie sie dem verwöhnten Geschmack etwa der Thunersee freundlich darbietet. Eine am Gestade genannten ruhenden Gewässers liegende Ortschaft nennt sich Faulensee, und sie schmiegt sich einer angenehm gezeichneten Bucht an, als wäre sie etwas wie das un[auf]fällige Kleinod einer schönen und dabei diskreten Frauenerscheinung, was als poetisch gesprochen empfunden werden kann. Wünschte ich's, so könnte ich noch heute meine dortigen Befreundeten bitten, mich für zirka acht Tage zu sich einzuladen, aber meine Vielbeschäftigtheiten gestatten mir wieder einmal, wie schon so oft, nicht, an Ferien und dergleichen auch nur in hauchartiger Schnelligkeit zu denken. Übrigens trinke ich zur Niederschrift dieser Auslegung hier, d. h. besser, meiner Notiz, Tee, der die Aufgabe hat, mich geistreicher zu machen, als ich gewöhnlich bin. Wenn mich jemand, bei dem ich keine allzu großen Ansprüche vermutete, um Rat fragte, wohin er sich hinbegeben könne, um es sich wohl sein zu lassen, gäbe ich ihm Laupen als Ziel an, dessen vortrefflich erhaltenes Schloß und Lage an einem ausgedehnten Forst hinreichende Ga-

---

1 »in ... schleicht«

rantie für Herbstschönheit(en) darbietet. In mir selber gedeiht hie und da Sehnsucht nach kurz- oder langfristiger ländlicher Gasthausfrequentierung, aber ich schulmeistere meine Langezeit mit einem Talent, dem ich mich genötigt sehe, Beifall zu zollen. Möglicherweise kommt der Herbst in einem Gebirgszug, wie etwa der Jura einer ist, nicht so intensiv, so klar und unzweideutig zur Geltung, wie dies in der Ebene, der Weite, den mittelländischen Hügeln usw. [in] überaus appetitlich[em] und verlockendem Maß der Fall ist, wo die Bäume stehen, deren Äste mit Früchten besetzt sind, was einen Eindruck von echter Liebe und infolgedessen eine Gemütsgesichertheit, wie sie sich beim Kinde findet, gewährt.

(73/III)

Was das für eine
interessante Theaternacht war

Was das für eine
interessante Theaternacht war

Was das für eine interessante Theaternacht war, die ein Trompeter rechtzeitig angekündigt hatte, der auf einem kleinodienbehangenen Rosse durch die hübschen, gemütlichen Straßen ritt. Die Blätter, die man täglich liest, hatten von einem Kläglichen gesprochen, der in einer ergreifenden Rolle auftrete. Von geschminkten Gesichtern träumend, in einer Welt von gepuderten Gebärden versunken, saß ich einer hellauflachenden Schönen gegenüber beim leise von Italianismen fabulierenden Glas Wein. Eine, die mir seit langer Zeit treu ist, schlug, meinen Mutwillen wahrnehmend, ihren Blick vor mir nieder, ein Benehmen, das mich in der angenehmen Meinung bestärkte, ich bedeutete [ihr] irgend etwas. »Könnten Sie einem[1] Treulosen treu sein?« zitterte es fragend über die Lippen der in gewissem Sinn um mich Bebenden. Ich stellte mir vor, die soeben an mich gerichtete Frage wäre ein schön kostümierter Knabe, dessen liebenswürdiges Aussehen keinen sonderlichen Ernst herausfordere. In Gesellschaft eines gelockten Kameraden näherte ich mich dem Platz, auf dem das Schauspiel vor sich gehen sollte. Bereits schlug die Glocke im Turm acht Uhr, und Gestalten wurden sichtbar, die Hüte auf die Köpfe setzten und Kleider für ein possierliches oder feierliches Auftreten anzogen. Lustige Personen machten mit angemessener Stimme auf die Bedeutung des Stückes aufmerksam, und jetzt setzte es Schläge gegen eine schallweckende Fläche ab, daß die Lautesten still und die Gedankenlosesten gedankenvoll werden wollten. Ich hatte keinen Centime im Sack, ich war ein Bettler. Wie wären mir fünfhundert Franken Verlagsvorschuß willkommen gewesen. Im Wirtshaus hatte ich einen Aufsatz über den Dichter Schickele gelesen und mein gesamtes Vermögen, das übrigens kein umfangreiches gewesen war, derjenigen in die zarten Schuhe gesteckt, die mir die Situation zu beherrschen schien. Prächtig war, wie mich nun Sternlein aus der Höhe herab listig

---

1 »einer Treulosen«

und überlegen anblinzelten und wie die gotische Kirchenarchitektur zierlich gegliedert, zu durchsichtigen Spitzen gemeißelt, zum kindlich lächelnden Nachthimmel emporstieg. Eine Teufelsfigur, die vom Spender allen Lebens zur Errichtung der Bühne beauftragt worden war, hatte dieselbe mit Zuhülfenahme von behenden Gehülfen fertig[g]estellt. Das Theater stand gleichsam fix und fertig da, bereits fing auch die Beleuchtung an, sich geltend zu machen und von einem Altan herab liebreizelten allerlei in hellen Gewändern prangende Genien, daß einem das Herz vor Freude klopfte. Aus Fenstern schauten Bürger und Bürgerinnen als Zufallszuschauer dem Schauspiel zu, dem auch ich insofern beiwohnte, als ich durch einen Tuchspalt guckte. Ein alter Palast verlieh dem Schauplatz durch seine blasse Adelsschönheit die wünschenswerte Wichtigkeit. Eine Schar von Intellektuellen, die in der Nachbarschaft im Begriff waren, einem unbeliebten Lehrer eine Katzenmusik darzubringen, wurde Vorsicht anempfohlen. Mein Kamerad blinzelte wie ein Mädchen, das auf's erstmalige Liebeserlebnis gespannt ist, durch die sich ihm anbietende Möglichkeit, etwas zu sehen zu bekommen, und die Bäume flüsterten auf nächtlich feinsinnige Art, und Buben und Mädchen horchten mit offenem Mund, und auf Bänken saßen bald vereinzelte, bald solche, die sich zu irgendeiner sorgfältigen Erzählung zusammengefunden hatten, und nun lehnte einer der Spieler die Rolle ab, die man ihm wie ein Bündel Reisig sozusagen auf den Rücken zu binden gesinnt war, indem er als ungebührlich bezeichnete, was ihm zugemutet wurde. Das war ein ergreifendes Mitansehen, wie sich ein Wehrloser mit zottigem, buschigem Gebrüll plump wehrte, als fiele er in einen tiefen Teich und fuchtle, um das jämmerliche Ertrinken zu verjagen, mit Armen und Beinen, aber das Wasser, will sagen, die Unentrinnbarkeit bemächtigte sich seiner. Er besaß leider etwas langes Haar, woran ihn der Herr des Spieles packte, oder wenn es nicht der Regisseur selber war, der diese unsanfte, scheinbar aber dringend nötige Maßregel traf, so waren an der Aufgabe, die in einer höchst wirksamen Unbarmherzigkeit bestand, Beorderte beteiligt. »Er muß, es geht nicht anders«, riefen die Obersten und die

Untersten, und über die Spieler sowohl wie die Zuschauer rollte eine Welle gemeinsamen Willens hin, sich unter keinen Umständen durch irgendein Hindernis die Schaulust beeinträchtigen zu lassen, die von sämtlichen zum Gebot der Stunde erhoben worden war. Eine Dirne spielte im weltbedeutenden Stück mit, die sich auf den Rücken des Gestürzten setzte, dem plötzlich seine Rolle erträglich vorzukommen schien. In der Teufelsfigur durfte ich zu meiner Genugtuung einen in den Kreisen von über letzte Dinge Unterrichteten vielgenannten Essayisten erkennen. Lachte nicht die Nacht wie eine griechische Göttin auf die Melancholie des christlichen Spieles herab, und hat sich das Christentum je vom Heidentum in Wirklichkeit zu emanzipieren vermocht? Scheiterte die Religion, ich meine der Glaube an Liebe und Güte, nicht von Anfang [an] an der Unmöglichkeit, das Wundersame der Gleichheit durchzuführen? Hat sich dieses schöne Gesetz nicht als viel zu schön erwiesen? Die Kirche, an deren Bau das Spiel aufgeführt wurde, mutete wie ein großartiges Überbleibsel aus einer Zeit an, die sich ihrer bewußter gewesen [sein] muß, als es die jetzige zu [sein] scheint, die mit allen erdenklichen Geistesrichtungen kokettiert, diesbezüglich keines Entschlusses fähig ist, die mit demjenigen, der nicht mitspielen will, verglichen werden könnte, der nur gezwungen spielt, Schreie des Unwillens, der Übelgelauntheit ausstoßend, den man auf die Bühne schleppt, wo er unter Hunderten derber, dummer, dreister, stotternder, fauler Ausreden hinsinkt, der [......] Einsame, der schlotternde, [......] Bettler.

(70/I)

Was ist gesund, was krank?

Was ist gesund, was krank? Ist Ungerechtigkeit das rotwangige Gesunde, das mit fröhlicher Überlegenheit Lachende, und Gerechtigkeit das blasse Kränkliche, das Kopfschmerzen hat oder über allgemeines Unwohlsein klagt? Inwiefern die Gerechtigkeit, die vielleicht ursprünglich das Gesunde war, seufzt, flennt und mißvergnügt um sich blickt, ist sie das Kranke, und inwieweit die freche Ungerechtigkeit guter Dinge zu sein vermag, obwohl sie vielleicht früher einmal Furcht vor sich hatte, stellt sie eine Potenz dar und ist gesund. Aber anderseits gibt es inmitten im Gesunden Kränkelndes und im Kränkelnden Gesundes, und wie komme ich mir vor, wenn ich mich glauben mache, ich blickte mit der Gelassenheit eines mittelgroßen Bärs in dieses Gerechtigkeitsaufsatzes Inhalt hinein, der mit Bombenattentaten und Theatervorstellungen vollgepfropft ist. Fort mit den Erinnerungen, es lebe die zottige, tanzende, stampfende, keck auf die Probe stellende Gegenwart. Eine Hinrichtung fand in der Ferienzeit statt, und Europa, das in den Strandbädern herumbummelte, hat die berühmte Exekution vergeblich zu verhindern versucht. Ein Aufschwung in die Gerechtigkeit blieb machtlos, und zwar offenbar deswegen, weil es kein richtiger heftiger Aufschwung war. Wie erfolgreich ließ einst Emile Zola seine schöne Menschenfreundesstimme zugunsten des jüdischen Offiziers über die Ebenen und Hügelzüge der Zivilisation schallen. Mit der ruhigen, plumpen Wucht eines denkbar rücksichtsvollen, guterzogenen, seriösen Bärs ziehe ich auf's »Große Welttheater« von Calderon los und werfe es mit einem leichten Schlag meiner Tatze über den Haufen. Ich könnte beinahe meinen, ich wäre ein Bettler, der sein Gesicht hinter einer Bärenmaske verbirgt. Existiert das große ungerechtigkeitenbesiegende Mitleid nicht mehr in uns Heutigen, daß keiner von uns den schönen Mut in der Seele hatte, zugunsten zweier Verurteilter ein bedeutender Zeitgenosse zu werden? Völkerbundsfensterscheiben wurden in der Rousseaustadt nächtlings eingeworfen, und merkwürdigerweise scheint es ausgerechnet den Schuhen in der Justizaffäre schlimm ergangen zu sein, indem da und dort Schustereiläden geplündert wurden, als seien die Schuhfabrikanten die Sünder und als wolle man Sohlen, Absätze, Schäfte usw. für Lauheiten in Unrechtsangelegenheiten verantwortlich machen. Manet malte einst ein wundervolles Gartenbild. Ich freue mich über dieses kulturelle Moment, dessen Wert mich entzückt, wo Sozialisten über Bourgeois und Bourgeois über Sozialisten mit bedürftigen Schimpfwörtern herfallen, und es doch an weiter nichts anderem fehlt als am Talent des Mitleids, sich vereinigend in einem gewichtigen Einzigen. Meiner Meinung nach hätte ein kräftig zugreifender Einzelner die Hinrichtungssituation retten können, wo Skandalitäten und Vandalismen gänzlich versagen mußten. Wenn ich ein Freund und Verehrer des großen Calderon bin, der Theaterstücke von wirklich bleibendem Wert schuf, so befiehl[t] mir mein Gerechtigkeitssinn zu wünschen, daß mit dem Dichter Hugo von Hofmannsthal gleichsam nicht grober Unfug getrieben würde, dessen Feind ich keineswegs bin, den ich leben lasse, obschon ich ihn hier angreife, als sei ich ein Bär und zücke die Tatze. Manet, wie maltest du den Gartenauftritt schön, worin sich einer, der allem Anschein nach ein aparter Weltmann ist, mit eleganter, netter Nachlässigkeit über die Lehne einer Bank zu einem Frauchen herabbeugt, dem er irgend etwas erzählt, vielleicht vorschwindelt, damit sie den Eindruck gewänne, er wisse sie zu schätzen, etwas in ihm sage ihm, sie sei ihm sympathisch, die man über seine Bemühung, Gefallen bei ihr zu wecken, anmutig lächeln sieht. Schon das Frauenkostüm war ja um jene Zeit so graziös. Um so ungraziöser bin ich in meiner kleinlichen[1] Heftigkeitelei[2] wegen des Plakates, das mir und anderen neulich ankündigte, da und da werde »Das große Welttheater« von Hugo von Hofmannsthal aufgeführt, eine Bekanntmachung, die mich einige Meter zurücktaumeln machte. »O Ungerechtigkeit!« riefen meine sämtlichen Rechthabereien, die Bataillone und Regimenter meines in mir wohnenden Taktgefühles aus. Gewiß bin ich der Meinung, daß man die Genauigkeit nicht allzu genau nehmen soll, daß Tüftelei ein Fehler ist. Warum schiebt man aber anderseits einem bedeutenden Dichter wie Hugo von Hofmannsthal anderer Leute Werke mir nichts dir nichts sozusagen in die Schuhe, weshalb wird emsig für Kopfschütteln und Achselzucken bei Einsichtigen, Wissenden, Unterrichteten gesorgt? Warum wird zu schwindeln versucht in dem sich so leicht, so rasch über fremde Ungerechtigkeit entrüstungs-

1 »kläglichen«   2 »Garstigkeitelei«

reich auf die Hinterbeine stellenden Europa, das sehr wahrscheinlich nicht über die Kunst verfügt, sich rechtzeitig auf eigene Mängel oder Unarten zu besinnen, sich vorsichtshalber selber zu prüfen ob seiner eigenen Art und Weise, seine Erwägungen anzustellen. Ist es gerecht, wenn aus einer Calderondichtung ein Hofmannsthalwerk geschneidert, geschmiedet wird? Bin ich ein Freund von Hinrichtungen, weil ich ihren Gegnern entgegentrete, bin ich gegen ihre feinen Versündigungen gegenüber Calderon gleichgültig? Ich erhob gegen Herrn von Hofmannsthal die Bärentatze, ohne sein Feind zu sein, aber da man mich vielleicht der Hinrichtung wegen für einen Barbaren halten könnte, rettete ich mich in's »Große Welttheater« und habe hoffentlich zu beweisen vermocht, daß ich kultiviert bin. Wegen Bären bin ich ein Bär.

(73/I)

Die Vorstellung fand in einem vier Kilometer von unserer Stadt entfernten [...] Dorf statt

Die Vorstellung fand in einem vier Kilometer von unserer Stadt entfernten, einen Kirchturm aus der Barockzeit aufweisenden Dorf statt. Genannter stellt in seiner Unerheblichkeit etwas Erwähnenswertes dar. Bevor ich in das Stück ging, das ich hiemit besprechen will, schöpfte ich so lange Hafersuppe, bis mir der Teller als vollständig ausgelöffelt vorkam. Ich irrte mich denn auch darin, daß ich glaubte, ich hätte ihn geleert, keineswegs. Die Suppe war übrigens ausgezeichnet gewesen, und nun saß ich also im Zuschauerraum, der ganz schwarz war, als trüge er einen ernsthaftigkeitausdrückenden Sonntagsanzug. Eine durchweg ländliche Menschenmenge füllte den Raum aus, der sonst auch als Tanzsaal diente. An einem Klavier saß die idealste Dame in engem Kostüm und kurzem Haar, die nun, da es acht Uhr geworden war, begeistert zu spielen begann. Unwillkürlich beneid ich die Tasten, denen das Vergnügen zuteil wurde, unter den niedlichsten Fingeranschlägen beben und tönen zu dürfen, und unwillkürlich beklagte [ich] einen meiner Kollegen, über den mir erzählt worden war, er hätte sich genötig[t] gesehen, eine Verstandesehe einzugehen, da er sich ökonomisch erschöpft sah. »Wie der sich nun klein machen muß«, fiel mir ein zu denken, aber der Vorhang ließ mir keine Zeit, auf diesem Gedankengang weiterzuschreiten. Er ging in die Höhe, und es trat ein Mensch auf, der in erster Linie Schauspieler zu sein schien und der als solcher indirekt beteuerte, er spiele eine Person von Bedeutung, d. h. eine Figur, die im Lande etwas zu sagen habe. Sein Kleid war von Scharlach. Eine mächtige Perücke fiel ihm im Gepudertheitszustand auf die Achseln herab, die hie und da vornehm zuckten, als gehe etwas um ihn vor, das er nicht umhin könne zu mißbilligen. »Nicht wahr, Vater, ich bin ein undankbares Mädchen.« Wer sprach so? Die Tochter, die in einer Kostümiertheit prangte, die ziemlich viel Platz in Anspruch nahm. Sie trug ein Gewand von der kokettesten und imponierendsten Ausdehnung, das der Trägerin die Pflicht auferlegte, sich sehr formell aufzuführen, obschon ihr dabei das junge Herz fast zerspringen mochte. »Was sagst du mir da?« rief mit dunkelster Vaterstimme der Inhaber der Repräsentativrolle, und er fügte bei: »Es ist nicht ganz unklug von dir, daß du wenigstens fühlst, in was für einer Fülle von Mangelhaftigkeit du vor mir dastehst.« Sozusagen schonungslos entwickelte sich nun die Dramatik. Ein Epiker würde sich Zeit genommen haben, im Verlauf der Geschichte etwa sein Pfeifchen anzuzünden und ein Wort an jemand zu adressieren, der sich erlaubte, ihn bei der Niederschrift zu unterbrechen. Ganz anders hier. Schlag um Schlag änderte [sich] die Sachlage. Die Szene wechselte mit der Rapidität, mit der vielleicht eine Frau aus der großen Welt ihre Schlampe gebieterisch hinauswirft. Mit atemloser Spannung schaute [ich] der Abrollung dessen zu, was sich bühnenhaft zutrug, und es kam folgendes vor: Ein Sekretär saß in Gewahrsam, und dieser Vertrauensmann, der das Vertrauen, das die Vorgesetzte(n) in ihn gesetzt hatte(n), scheinbar schmählich zu mißbrauchen für gut fand, wurde von Olivia geliebt, und zwar anscheinend über alles. Wir nennen die Bereifröckelte und mit Spangen usw. Versehene so, weil sich mir dieser Name mit einer nicht abzuweisenden Zudringlichkeit aufgedrängt hat. Sie sprach mit vor Eifrigkeit zitternder Stimme: »Oh, ich setze alles daran, ihn zu befreien, denn für mich bedeutet er, was mir Mühe bereiten würde, auszusprechen.« Diese verwegene Sprache wurde von einer Kammerzofe aufgefangen, und nun mußte der Dienerinnenmund sogleich hinterbringen, was den ungetreuen Ohren vergönnt gewesen war zu vernehmen. Kann es denn keine verschwiegenen Dienstboten geben, fragte man sich verwundert. Gespielt wurde übrigens allersei[t]s denkbar auf's Flotteste. Über einige Ungeschicklichkeiten sah man gütig hinweg. Einer Frau Mama, die nun auftrat und die die Bühne mit einer spitzigen Nase, die mir die Inkarnation der Macht zu sein schien, schmückte, machte ich um so mehr ein Kompliment, als sie unter ihrer Rolle sichtlich litt. Sie führte u. a. aus: »Gern möchte ich, es verhielte sich verschiedenes ganz anders.« Sie spielte mit diesen Worten auf die Umstände hin, die meistens etwas Zwingendes an sich haben. Eine Kollektion Bauern führte, als für [sie] der passende Moment herannahte, einen burlesken Tanz aus, der eine lustige Gelungenheit darstellte. Einem Lakaien oder Heiducken lag zu sprechen ob: »Hier überbringe ich Ihnen einen der wichtigsten Briefe, die je diktiert und geschrieben und abkommandiert worden sein mögen. Lesen Sie, was er enthält.« Die Ablesung eines Schreibens bedeutet in der dramatischen Kunst einen Handlungsfortgang, d. h. ein Brief ersetzt eine Szene. »Rede nur, was dir deine dir auferlegte Rolle vorschreibt, nicht mehr«, ermahnte ihn der Generalgewesene. Dieser war eine hochdramatische, weil hochpolitische Persönlichkeit, von deren Schicksal ich hier lieber nichts berichten mag. Nur so viel sei bekannt gemacht: Er fand seinen wohlverdienten Lohn. Der glühendschöne, schwarz- oder blondgelockte Italiener gab seiner Geliebten Anlaß, sich zu verkleiden. Sie sah im abenteuerlichen Samthöschen geradezu süß aus. Der Mond lächelte besinnlich auf die Wege herab, die sie zaghaft und doch auch wieder voll Mut beschritt. Das ganze Stück bebte wie eine angespannte Leinwand vor atemlosigkeitauslösender Geschehniskraft. Ob ich den Regisseur loben soll?

Wenn ich's täte, würden die Schauspieler auf ihn neidisch. Indem ich das aber sage, lobe ich ihn, denn wenn ich ihn loben dürfte, täte ich es. Auf diese Weise fällt manche wohlerworbene Anerkennung glatt hin. Die Dekoration zeugte vom guten Willen, jeweilen stimmungsvoll anzudeuten, in welche Räumlichkeit man sich hin[ein]zuglauben habe. Bald befand man sich unter dem Himmelszelt, bald unter einer Zimmerdecke in einem monumental ausgestatteten Gemach, bal[d] wieder unter grünem Laubdach. Das Stück verlangt von mir nicht durchaus, daß ich es nenne. Ich mache von der Freiheit Gebrauch, die es diesbezüglich beläß[t]. Eigentlich ist dies meine erste Theaterkritik. Ich mute ihr zu, daß sie gefällt.

(386/I)

Ein Theaterdichter betitelt sein neues Stück

Ein Theaterdichter betitelt sein neues Stück unter Berücksichtigung einer Figur, die Aufgaben erledigen, Probleme lösen will, »Der bessere Herr«. Diese Figur scheint aber die erwähnte Benennung ohne eigentliche Berechtigung zu tragen, denn soviel ich wissen zu können meine, zeichnet sich ein besserer Herr gerade dadurch aus, daß [er] neue Gesichtspunkte notorisch geringschätzt, sich mit ihnen überhaupt nicht befassen mag, indem er derjenige ist, der jederlei Art Problem auf das Säuberlichste aus dem Wege geht, weil Neubewertungen für seine Seele gleichsam, beinah möchte man sagen, übel duften. Speziell auf dem Gebiete der Ehe, der Liebe sind solch einem besseren Herrn, der im übrigen ein ganz scharmanter Mensch sein kann, Neueinstellungen sozusagen zuwider. Weshalb sollte ich das nicht ziemlich genau wissen, der ich ja selber, in gewisser Hinsicht, ein besserer Herr bin, indem mir einmal eine gebilde[te] Frau insofern ein Kompliment machen zu sollen glaubte, als sie mir mit achtungsvollem Gesicht sagte, ihr Inneres, ihre Gesamtintelligenz sei überzeugt, ich sei ein feiner Herr. Obwohl vielleicht ein feiner Herr nicht haargenau dasselbe ist wie ein besserer Herr, so handelt sich's hier fraglos um etwas Ähnliches. Wenn es sein muß, kann ich eine Menge besserer Herrenbedenken mit mir herumtragen, mit anderen Worten, sehr skrupulös sein. Wie oft habe ich schon das Leben samt allen seinen Verlockungen vom besseren Herrenstandpunkt aus betrachtet. Aus welchem Jahrhundert könnte nun diese gediegene Pf[l]anze, dieses Erzeugnis genannt ›besserer Herr‹ eher stammen als aus dem neunzehnten, das durch Verbürgerlichung gleichsam vor allen sonstigen Epochen hochaufragt? Im achtzehnten Jahrhundert, du meine liebe Güte, gab es noch den ausklingenden echten, feudalen Herrn, jenen mit Herrenrechten ausstaffierten Herrn, und neben ihm galten alle sonstigen reellen Herren ganz einfach bloß als Männer. In früheren Zeiten existierte also die Marke ›besserer Herr‹ nicht, sie wurde gewissermaßen erst durch ein Etwas geboren oder an's Tageslicht gezogen, das sich unter dem berühmten Namen ›Französische Revolution‹ allgemeiner Anerkanntheit erfreut. Man begeht vielleicht keinen allzu starken Irrtum, wenn man die genannte große Umwälzung als die Mutter des besseren Herrn erklärt, und von da an fühlte er sich auf dem Erdboden scheinbar kolossal wohl, und es lag ihm naturgemäß daran, sich zur Entfaltung oder, wie das zeitgemäße Wort lautet, sich zur Entwicklung zu bringen, was er denn auch wacker zur Ausführung gebracht hat. Näher angeschaut könnte man ihn eine Biedermeiererscheinung nennen, indem ja zur Biedermeierzeit sämtliche Großhanse oder Revolutionäre, wie die Weltgeschichte lehrt, abgesetzt und kaltgestellt wurden, wie sie's offenbar redlich verdienten, womit [wir] dargelegt haben möchten, daß der bessere Herr sich aus dem anfänglich ungehemmten, später aber besonnen und darum etwas kleinmütig gewordenen Revolutionismus herausschälte wie der Kern aus dem Pudel. Indem die Herren Revolutionäre mit dem Pöbel gemeinsame Sache zu machen überdrüssig geworden zu sein schienen, wurden sie mir nichts, dir nichts bessere Herren, und als solche traten sie in den erstbesten Laden und kauften sich eine Uhr mit glänzender, ihnen um's propere Aussehen schauke[l]nder Uhrkette, dachten zu dieser Maßnahme um fünf in ein Restaurant zu treten, wo sie mit weithinschallender Stimme ausrufen konnten: »Kellner, ein Großes!« Möglicherweise steht die Geschichte mit der Abstammung des besseren Herrn auf etwas unsicheren Füßen, item, er ließ Fabriken bauen oder erwarb diese oder jene ausgiebige Bestallung. Zu Industrie und Handel steht er jedenfalls in engster Beziehung. Ohne diese beiden, aller Welt ein gänzlich anderes Antlitz verleihenden Zivilisationsblumen existierte er überhaupt nicht, und man hätte nicht die geringste Gelegenheit zu sagen, daß er durchschnittlich vierzig Jahre zu sein pflegt. Wirkliche und wahrhaftige bessere Herren befinden sich in einem bestandenen, gesetzten, soliden, klugen, wohlabgewogenen und -gerundeten Alter, ihnen gehören die sogenannten besten Jahre, sie sind zum Glück nicht mehr jung und gottlob noch nicht alt, sie nehmen, was das Wachsen, Abfallen und Altern betrifft, die goldene Mitte ein, und ich glaube nicht, daß man befugt sein kann, sie zu jugendlichen Helden und Liebhabern zu machen, man charakterisiert sie meiner Ansicht nach nicht richtig, wenn man sie bloß sechsundzwanzig Jahre zählen läßt. Daß es verheiratete und junggesellige bessere Herren gibt, dürfte bekannt sein. Ist er Ehemann, so wird man nicht für unmöglich halten können, daß er dann und wann zu seiner Frau Gemahlin die Worte spreche: »Komm mir um's Himmelswillen mit so etwas nicht!« Spielend leicht gebärden sich Frauen bei besseren Herren wesentlich zu modern, da er einen Mantel trägt, der ihn mit wärmendem Konservativismus umhüllt, und er gleichsam etwas wie der Nachfahre einer Aristokratie ist, die in zahlreich stattgefundenen Kämpfen um Gewinnung von Einfluß, Prestige, Bedeutung usw. im Lauf der Zeit zurückwich, was gerade der bessere Herr aufrichtig zu bedauern in die etwas widerspruchshafte Lage gerät, der es sehr schätzt, wenn ihm vornehmes Auftreten gelingt. Wer anderes als Henrik Ibsen darf als Gestalter des besseren Herrn lobend hervorgehoben werden, da ihm eine Figur wie Helmer in »Nora oder das Puppenheim« gelang, wodurch mir der Typus, wovon hier die Rede ist, einwandfrei und lückenlos auf's Tapet oder auf die Bühne gebracht worden zu sein scheint. Hier und nirgend anderswo steht er verkörpert, mit allen erforderlichen

Schwächen und anerkennenswerten Vorzügen ausgestattet da. Strahlend treten uns im Bankdirektor Helmer die Nuancen des besseren Herrentums auf's Überzeugendste entgegen, und meiner Ansicht nach verdient schon allein um dieser einzigen, außerordentlich vorzüglichen Kreierung willen Ibsen als ein Genie auf dramatischem Gebiet erklärt zu werden. Helmer ist es, der uns mit nichts zu wünschen übrig lassender Deutlichkeit zeigt, wie dem besseren Herrn alle Gewagtheiten, Kompliziertheiten fern liegen, wie er seine Nora durchaus nur niedlich, zierlich, in einem fort vergnügt sehen will. Sein gutes besseres Herrenherz, sein überaus redlicher, hochanständiger Besserer-Herren-Charakter kann nicht zulassen, nicht zugeben, daß irgend etwas in seinem Häuschen nicht [mit] den Anforderungen der Anständigkeit übereinstimme. Nora hat eine Dummheit begangen, und zum Glück wissen Helmer und seine Weste lange Zeit nichts davon. Seine Frau hat ihn geliebt, man braucht nicht zu erstaunen: Bessere Herren können sehr wohl den Gegenstand einer geradezu rührenden Zärtlichkeit bilden, ei der Tausend, warum nicht? Da es möglich ist, legt es Ibsen in einem glänzenden Beispiel dar. Nun muß es aber dennoch eines Tages herauskommen, das Unfeine, das Neue, das Elementare, das, was er nie für möglich gehalten hätte, dieses höch[s]t Unangenehme, weil Unkluge, lediglich Menschliche, und nun möchte er mit einer Schnur sich den allzeit besser gewesenen Mund zusammenhalten. Seine allzeit dem besseren Herrenstand angehört haben[den] Knie zittern, die Totalität seiner höchst pertürbierten, aufgestapelten Begriffswelt wankt. »Erkläre dich!« ruft, schreit er und wirft die Hände über den Kopf, als wenn sich diese Hände von seiner übrigen Körperlichkeit trennen wollten und Lust bekommen hätten zu fliegen. Er könne es immer noch nicht fassen, das Schreckliche, plärrt, wehklagt er, und das Schreckliche wird für seine höch[s]t lebhafte Imagination von Sekunde zu Sekunde schrecklicher, daß man ihn beinahe auslachen möchte, wenn er uns nicht gleichzeitig überaus sympathisch wäre. Daß Ibsen diesen famosen besseren Herrn des Sympathischseins nicht zu entkleiden für nötig zu halten fand, darin besteht ja das Meisterliche dieser Schöpfung der Neuzeit. Der bessere Herr ist ganz einfach ein Neuzeitlicher, der von allem Neuzeitlichen möglich[st] wenig wissen will, weil er genau weiß, daß die Welt und ihre Anschauungsweisen die gleichen, die alten bleiben, er ist der Revolutionär, der die Konterrevolution will, d. h. in seinem Wesen und in seinen Normen ererbt hat. Als Nora ihm mit ihrem Wunderbaren daherkommt, wird ihm zumut, als müsse er jetzt ganz klein werden und beinahe [...] und winseln, so unendlich traurig mutete ihn die Neuerung seines verzärtelten Frauchens an. Über seine Vernichtetheit lacht und weint man, und Ibsens besseres Herrenstück ist eine unsterbliche Komödie.

(98/I)

Diesen Aufsatz über Frank Wedekind

Diesen Aufsatz über Frank Wedekind, der, wie man kaum wird zweifeln dürfen, der gebildeten Welt Bedeutendes schenkte und dem ich persönlich, ich setze später auseinander, wie und wo, begegnet bin, möchte ich, wie ich mich zu sagen erdreiste, im Stil des spanischen Romandichters Cervantes schreiben, und ich inszeniere und schreibe ihn jedenfalls mit gleichsam bebenden Händen, als wären diese Hände im Besitz von nichts als äußerst besorgten furchtsamen Fingern, die vor jeder Unartigkeit oder Unachtsamkeit zittern würden. Sicher oder wenigstens vermutlich ist eins: Frank Wedekind, der Schöpfer von »Frühlings Erwachen«, diese epochemachende Natur, die das Leben als eine Art Rutschbahn zu empfinden sich genötigt sehen mochte, [bedeutet] noch heute sehr, sehr viel. Er soll einst in einem Restaurant zu Zürich mit intitulierten Studierenden in Streit oder in Kollision geraten sein. Die jungen Herren, so hörte ich erzählen, hätten sich über den höchst Empfindsamen, Feinfühlenden lustig gemacht, der in den quasi gefährlichen Ruf geraten war, ein Erzwitzbold zu sein, was nur in gewisser Weise, d. h. ungefähr zur Hälfte, der Wahrheit entsprach, denn der, der uns hier lebhaft beschäftigt, war ernst und, man wird keinen Augenblick daran zu zweifeln Anlaß find[en], hochdenkend. Wenn ich, was ich für eine ausgemachte Tatsache halte, [ihn] der jetztlebenden Generation immerhin in's Gedächtnis zurückrufe, so schmeichle ich mir, ich weiß nicht, ob mit Recht oder unberechtigt, mit dem für mich erquickenden Glauben, daß dieser Aufsatz hier gut sei. Nun zum eigentlichen Inhalt dieses sich kaum in die Länge oder Breite dehnenden Aufsatzes. Indem andere längst den literarischen Wert des Gegenstandes dieser Zeilen gewürdigt haben, darf ich um so weniger in die Gefilde der Besonderheit, sozusagen, was diese Landschaft unserer so blendenden Persönlichkeit betrifft, in die Ferne schweifen. In München war's, wo mir das seltene Glück blühte, den eminenten Schriftsteller, den Versorger unserer an ausdrucksvollen Werken nicht allzu reichausgestatteten Bühnen, den geistvollen Dramatiker und Novellisten, zum ersten Mal von Antlitz zu Antlitz zu sehen. Es war zu der Zeit, da in genannter Stadt die belletristische Monat[s]schrift »Die Insel« herausgegeben wurde, zu deren Mitarbeitern zählen zu dürfen man mir das Vergnügen bereitete. Wedekind, dieser bereits auf vorliegendem Blatte mehrfach Genannte, empfing mich mit, wie mir vorkam, geziemender Kühle, also mit einem Gemisch von Distanzierung und Freude, d. h. so, wie ein Großer einen Anfänger gelegentlich der Absolvierung eines Besuches in seine Wohnung hineinzubitten pflegt. »Nehmen Sie bitte Platz.« Ich gehorchte. »Rauchen Sie eine Zigarette?« Die Frage wurde bejaht. Er offerierte mir eine Parisienne, und während ich sie anzündete, fand Wedekind für passend, mein Äußeres einer selbstverständlich nur oberflächlichen Prüfung zu unterwerfen, was zur Folge hatte, daß er mir sehr offenherzig erklärte: »Ihr Anzug gefällt mir. Wo kauften Sie ihn?« Ich gab Einkaufsort sowohl wie Preis trocken an. Was die Getrocknetheit meiner Stimme oder Stimmung betrifft, so wird man es begreiflich finden, wenn ich sage, daß mir Wedekind einen unglaublich[en] Respekt einflößte. Ich war ja so unbedeutend, unwissend, er aber besaß sicher die denkbar reichste Welt- und Menschenkenntnis. Nachdem wir uns eine Stunde oder auch länger über Sprachformen, Haushälterinnen und insbesondere über Wedekinds und mein eigenes Vaterland, die Schweiz, die wir beide lobten, unterhalten, beispielsweise auch die Einsamkeiten des Chiemsees nicht außer Betracht gelassen hatten, trennten wir uns. Er wohnte da also in irgendwelcher beliebigen Vorstadtstraße, und unwillkürlich dachte ich, da ich so diese etwas monotone Straße dahinzog, an eine überaus liebe und schöne und sanfte Freundin von mir, die Klara hieß und im Bernbietischen adlige Kinder unterrichtete. Diese Klara, die vielleicht der Inbegriff reservierter und zugleich echt weiblicher Mädchenschönheit gewesen ist, stammte aus derselben Stadt, die meine Bescheidenheit aufwachsen sah, und nun vergingen Jahre, während derer ich mich in allerhand Bureaus betätigt sah, und nachdem so und so viel Zeit vorübergegangen war, ich den Mut gefunden hatte, mich schriftstellernd in Berlin niederzulassen, hatte ich daselbst die zweite Begegnung mit einem Menschen, der sich mehr und mehr einem womöglich nicht ganz begründeten Mißtrauen hingab, womit ich ihn meine, der hier die Hauptrolle spielt. Er behandelte mich riesig freundlich. Weshalb tat er das? Ganz einfach, weil [mir] die Abfassung und Publizierung eines Buches gelungen war, das er entweder gelesen oder wovon er gehört haben mochte. Wie ich mich erinnere, amtete ich damals zeitweise als Sekretär der Berliner Sezession, und in der Tat war's am Kurfürstendamm, wo zwischen dem Entwerfer dieser Skizze und demjenigen, der ihren Inhalt bildet, ein Wiedersehen stattfand. Wenn ich den immerhin, was sein Äußeres betrifft, stattlichen Mann richtig angeschaut habe, so machte er vielleicht in Bezug auf sein Betragen einen, man verzeihe mir, mädchenhaften Eindruck. Seine Höflichkeit schien mir von einer bezaubernden Geziertheit, womit ich wahrscheinlich bereits im Charakterisieren etwas zu weit gegangen bin. Nichtsdestoweniger werden mir Kenner Wedekinds hierin, wie ich vermute, einigermaßen recht geben. Wedekind war eitel und sicher klug genug, daß er sich vor seinen Eitelkeiten leider[1] zu stark in acht nahm. Gerade die Gescheiten sind von oft possierlicher, man

1 »lieber«

möchte sagen, rührender Dummheit. Wilde, also Ungebildete, seien raffiniert, schrieb einst einer in einem Essay, der mir zu Gesicht kam, als ich mich gerade mit Verschwindenlassen eines ausgezeichneten Frühstücks beschäftigte. Ach, daß die Gebildeten immer verraten müssen, wie gebildet sie sind, wie sie sich selbst durchschauen. Mit etwas Lächerlichem beschleicht mich der Wedekindaufsatz, nämlich damit, daß ich bekannt gebe, er und ich seien eines Abends bei kristallklarem Wetter in einem jener Salons zusammengekommen, die dadurch eine Feinheit aufweisen, daß sie nicht gänzlich neu [sind], sondern einen geschichtlichen Hauch an sich haben. Nachdem man sich vom Tisch erhoben hatte, rutschte mir in einer Unbefangenheit, die bei Gesprächen vorkommen kann, aber vielleicht nicht vorkommen sollte, gegenüber dem Verfasser des Theaterstücks »Musik« die Bemerkung aus dem Mund: »Es wird zu viel musiziert heutzutage.« Wedekind zuckte wie von einer Natter gestochen zurück. Von da an hatte ich es mit ihm verdorben. Er glaubte, ich gäbe da etwas Maliziösem Ausdruck, und die Bissigkeit seines Gesichtes ließ mich wissen, ich sei boshaft, wie er mich dafür hasse. Ich vergesse diese Szene selbstverständlich nimmermehr. Sie prägt sich mir unauslöschlich ein.

(313/I)

Dieser Minister erhielt vielleicht gleichsam eine zu sorgfältige Erziehung

Dieser Minister erhielt vielleicht gleichsam eine zu sorgfältige Erziehung, mit deren Gediegenheit er insofern später kämpfte, als er sich ihrer Früchte zu erwehren suchte, dadurch, daß er sich, als ob er einem Baume ähnlich gewesen wäre, bemüht haben würde, sie abzuschütteln. Es gibt Zeiten, die den Anspruch geltend machen, sie hätten robuste Naturen nötig. Seine Mutter war vornehmer, zarter Art, deren Gesicht einem Elfenbeingeschmeide an Weiße und Blässe und Süße glich. In seinem Herrn Vater lernte er allmählich, d. h. indem er heranwuchs, einen Industriegewaltigen von famosem Kaliber kennen, vor dem er sich, wie dies bei fast allen intelligenten Söhnen zu sein pflegt, scheute, sich zu enthüllen. Warum er sich seinem doch so ausgezeichneten Vater gegenüber verhältnismäßig schweigsam, also denkbar zurückhaltend verhielt, wußte er nicht genau, wird aber dem Stolz zuzuschreiben gewesen sein, den er von seinen Eltern erbte. Ererbungen sind nicht immer günstiger Art. Instinktiv, d. h. nein, eher schicklichkeits- oder ambitionshalber betrat er die väterliche und kaufmännische Karriere, er wurde ein gar nicht allzu braver Banklehrling, um sich hernach dem Elektrizitätswesen zuzuwenden. Vielleicht träumte er zu gewissen Stunden davon, daß er ein bescheidenes Kanzlistlein mit vierhundert Mark Monatsgehalt wäre, um in der freien Zeit, wenn das Wetter ein gutmütiges Gesichtlein gemacht hätte, hinauszugehen, vor Wald und Feld [zu] liegen, sich hier ein lieblichverborgenes Plätzchen im Grünen auszusuchen, eine Zeitlang ruhig und zierlich vor sich hinzublicken, dann sein Notizbuch hervorzuziehen und anzufangen zu dichten. Scheinbar nahm sich aber das Schicksal anderes mit ihm vor. Er malte auch ein wenig, ach ja, und las viel und eignete sich eine Sorte von Weltanschauung an, die unter der Bezeichnung Pessimismus Ansehen bei den philosophischen Gilden genießt, wobei ich nicht zu untersuchen wage, ob pessimistisch denkende Männer bei den Frauen beliebt sind oder nicht. Männerherzen, Frauengemüter, fahren wir lieber geschwind in unserer Abenteuergeschichte weiter, denn eine solche scheint hier erzäh[l]t werden zu wollen. An einem brausenden Wasserfalle stillstehend, dachte er etwa zwei Stunden lang tief über seine Zukunft nach. Er mochte damals ungefähr, raten Sie doch rasch mal, vierundzwanzig Jahre zählen, besaß eine einnehmende, hohe, schlanke, fast mächtige Gestalt, die natürlich im Frack oder im Smoking ungemein vorteilhaft aussah. Zu bemerken könnte sein, daß er leise, d. h. natürlich seinem Stand angemessen, auf sehr maßvolle Art für die sogenannte Romantik schwärmte. Ob ›schwärmte‹ der passende Ausdruck in einer Ministerbiographie ist, kann ich unmöglich genau wissen. Aber er war ja in jenen Jahren noch nicht, was er späterhin aus sich machte oder was ihn allerlei Umstände werden ließen. Freundschaften besaß er ungefähr so viele, wie ein mittelgroßer Schreibtisch Schubladen und Fächer hat, d. h. es ergab sich, daß er sich durch ein merklich bescheidenes Auftreten beliebt zu machen verstand. Kurze Zeit sah er sich auf einem Direktorsfauteuil sitzen und den Gedanken erwägen, ob ihn erstens der Posten, den er einnahm, kleide und ob ihn derselbe zweitens wirklich auch befriedige, was scheinbar keineswegs der Fall war. Staunen Sie, wenn ich Sie höflich bitten darf, nunmehr nicht, wenn ich Sie auf folgende Merkwürdigkeit aufmerksam mache. Plötzlich führte er nämlich das solideste, ungezwungenste, heftigste[1] und munterste Kaffeehaus- oder Bohèmeleben, das sich eine bürgerliche Phantasie vorzustellen vermag. Besaß er nicht übrigens eine ständig um ihn wohl beinahe allzu besorgte Schwester? Es kann vorkommen, daß eine Schwester ihren Bruder durch Barmherzigkeit, d. h. durch Wünscheerraterei melancholisch zu machen imstande ist. Ob sich das genau so beim Minister verhielt, will und soll ich nicht behauptet haben. Tatsache ist immerhin, daß er einem barschen und doch wieder nur seidenfadendünnen Verbrecherlein zur Beute hinfiel, dieser Menschenfreund. Hören Sie mir bitte hübsch sorgsam zu, ohne sich im mindesten zu beunruhigen, denn es handelt sich ja, wie ich gestehe, hier nur um ein Erzählen, durchaus nicht um das Ablegen von Wahrheiten. Möglich kann sein, daß ihn der starke Grad seiner Bildung schwermütig machte. Er fing ja denn auch an zu schriftstellern, zahlreichen vorzüglichen Essays das Leben schenkend, als hätte er da eine Art von Kinderchen erzeugt. Und immer war er dabei also eine sehr schöne Erscheinung, und dennoch fehlte ihm eine gewisse, stark in die Waagschale fallende, wie mir scheint, // dringend zu empfehlende Fähigkeit, nämlich die so sehr einfache Kunst, für die Frauen anziehend zu sein. Natürlich war das nun auch so ein Punkt, na, gleiten wir taktvoll darüber weg. Maler, Dichter, Politiker erblickten ihn in ihren Kreisen gern. Hervorzuheben ist, daß er ganz großartig zu grü-

---

1 »saftigste«

ßen wußte. Er nahm gern den fürstlich feinen, stets tadellos geputzten Hut ab, und der Glanz seiner Schuhe schien jedem einwandfrei, der prüfend daraufschaute, was unwillkürlich geschieht. Vielleicht kämpfte er auch darum einen tiefinnerlichen Kampf, weil er sich von Anfang an gesellschaftlich, ökonomisch bevorzugt sah, er kämpfte also mit seinem Innern, weil er mit seinem Äußern nicht zu kämpfen brauchte. Er besaß immer Geld, und er wußte, daß es Menschen gab, die durchaus nicht immer bei Kasse sind. Wir sehen also, daß ihm die Scham, das Zartgefühl, das soziale Empfinden keine Fremdheit waren. Was diese Hintergäßchenmordtat betrifft, so ist ja so etwas in einer Ministerlaufbahn nicht allzu ernst zu nehmen, das wird der besorgte Leser sogleich einsehen, der umso unbesorgter sein kann, je rascher ich mir beizufügen erlaube, daß die Tat ja aus Notwehr wird stattgefunden haben können, obgleich ich diesen Minister, diese bedeutende Persönlichkeit kaum nötig haben werde, in Schutz zu nehmen. Jedenfalls befreite ihn die Tat von einer sehr erheblichen Unannehmlichkeit. Nächtlings um zwölf war's, alles still, groß, verloren. Sind solche Stunden nicht zu Außerordentlichem auserkoren? »Dem will ich['s] zeigen«, schrie da im Herz ein Mensch. Man muß wissen, daß der Gegenstand meiner Erzählung zärtliche Beziehungen zu der Frau jenes soeben erwähnten, was Manieren betrifft, nicht fehlerfreien Menschen unterhielt. Sie war das appet[it]lichste Hausfrauchen, das je wie eine seltene Pflanze aus den Regionen der unteren Volksstufen emporschoß und -sproß. Wie niedlich, kindlich sie in ihrem Bett zu liegen pflegte. Kurz, das Messer, das jeder Minister zu Zeiten der Krisis, des Wandlungsprozesses bei sich zu führen hat, saß dem Menschen, der sich anscheinend absolut nicht zu benehmen wußte, glatt in der Brust, als wäre diese Brust ein [...] gewesen und dazu wie auserlesen, einen Stich zu empfangen. Am darauffolgenden Morgen wurde er brieflich eingeladen, sich an der Landesregierung zu beteiligen. Er ging an den Hof, wo gerade in jenen Tagen glänzende Festlichkeiten begangen wurden, doch seine Melancholie, sein Seelenschmerz, begleitete ihn, und kein noch so prächtiges Kostüm, keine schmei-

chelhafte, gewinnende Anrede vermochte ihn wirklich von seiner Umdüsterung zu befreien, ihm das Weh seiner sonderbaren Existenz auszureden. Überaus brauchbar scheint er sich ja zeitweise erwiesen zu haben, niemand bezweifelte den Wert seiner Eigenschaften, in jedermann stieg die Ahnung auf, daß er unheimlich viel wisse. Einst begegnete es ihm, daß er zu einem Zeitpunkt und bei einer Gelegenheit, d. h. an einem Ort, mit derjenigen zusammentraf, von der der höchste und unmittelbarste Einfluß ausging und die er hier nie und nimmer zu Gesicht hätte bekommen sollen. Die unmittelbare Folge des Zusammentreffens, das als eine Undenkbarkeit ausgelegt werden mußte, war ein bald danach den ohnedies nicht lebenslustigen Minister treffender, ihn aus seinen reichhaltigen Kalamitäten erlösender, kunstvoller, d. h. in hö[ch]stem Grad elegant ausgeteilter und verabfolgter Dolchstoß. Mit einem Seufzer der Erleichterung, ja beinah des Entzückens über das exakte und prompte und schnelle Darüberhinweggleiten sank er hin, von allen Geschmack- sowohl wie Verantwortungsvollen mit vollkommener Aufrichtigkeit bedauert. Selbstverständlich errichtete man ihm ein Denkmal.
(278/II + 279/I)

[Gottfried Keller]

Ich weiß nicht, ob ich nicht besser täte, einen Aufsatz ungeschrieben zu lassen, dessen Abfassung und Publikation vielleicht um seiner Gelungenheit[1] willen bei den Verständnisvollen Aufsehen hervorrufen wird. Wie es womöglich etwas Merkwürdiges oder sogar Komisches hat, mit wenigen Sätzen das Lebensantlitz eines Mannes wiederzugeben, dessen Name mit dem Titel vorliegender Arbeit übereinstimmt, so darf ich mich auf das berühmte geflügelte Wort ›Zeit ist Geld‹ mit so viel heiterem Anstand stützen, wie er mir zusagt und wie [ich] ihn gebilligt zu sehen wünsche. Bekanntlich hat Keller die Figur einer Dienerin

1 »Gedrungenheit«

geschaffen, die in einer seiner Novellen auf's Rührendste zur Geltung kommt und deren Wesen mir mit einer andern Magd, nämlich mit einer Ib[s]en'schen, einige Ähnlichkeit zu haben scheint. Er komme sich wie ein rechter Wirtshausteufel vor, äußerte sich einer der geistvollsten Schriftsteller des, falls man sich so ausdrücken darf, literarischen Deutschtums gelegentlich irgendwelchen Sinnens über sich selber. Wenn sich übrigens Ibsen vielleicht aus der Lektüre Keller'scher Werke eine Magd herausgeholt hat, so würde dieser Umstand, vorausgesetzt, daß er auf Wirklichkeit beruhte, den interessanten und zugleich leichtfaßlichen Beweis leisten, daß beinahe alle bedeutenden Dichter einander gegenseitig gelesen und befruchtet haben, und wenn gegenwärtig ein paar Prosastücke von mir unveröffentlicht, ähnlich Wartenden in Wartezimmern, in Schubfächern oder Mappen liegen, wo ich sie wohlaufbewahrt hoffe, so hindert mich diese gewiß an sich unbedeutende Tatsache nicht am Niederschreiben und Aufstellen der Behauptung, Keller habe geradezu scharmant gekämpft, und mütterlicherseits sei französische Art auf ihn übergegangen. Während sich sein Vater als verhältnismäßig gebildeter Handwerker, d. h. Kleinbürger in einem vorübergehenden Wienferienaufenthalt gefiel, der den Lebenslustigen mit den zeitgemäßen Produkten der theatralischen Kunst bekannt machte, impfte ihm die Mutter gleichsam Freiheitsdurst, gebirgliches Empfinden ein. Wie wäre es möglich, daß ich diesen Aufsatz über den nicht nur beliebten, sondern anerkannt großartigen Behaglichkeitsvertreter anders als denkbar ruhig und behaglich schreibe, und wie könnte man ferner imstande sein, nicht zu glauben, er habe in seiner Jugendzeit hie und da Briefe voll hinreißenden Freiheitssinns an diese(n) oder jene(n) Bekannten geschrieben. Die Gebildeten wissen, daß schon mancher Essay über den mich hier beschäftigenden Gegenstand verfaßt worden ist, und sie werden ebensogut wissen, daß er sich, mit seiner Laufbahn beginnend, jahrelang mit einer Berufsausübung abgab, die ihm nicht beschieden sein sollte fortzusetzen, auf die er wie auf ein Lieblingskind verzichten mußte, wobei ich an Mut und zugleich an Entmutigtheit denke, die ihn gleichermaßen belebt und angeregt haben mögen. Nahe lag für den Jugendlich-Einsamen, sowohl Bücher zu lesen wie zahlreiche Gedichte zu schreiben, die er veröffentlichte und die ihm allerlei Kritik und Bekanntschaft(en) erschlossen. Gönner statteten den in vieler Hinsicht an sich Zweifelnden mit Reise- und Studiergeld aus, und obwohl er sich in seinen späteren Tagen dann und wann derb, sogar grob benahm, was denen, die ihn schätzen, nicht unbekannt ist, halte ich ihn mit gütigem Einverständnis für eine der zartestbesaiteten männlichen Naturen, die aus der Biedermeierepoche hervorblühen mochten. »Schade, daß Gottfried Keller nicht geheiratet hat. Mit seinem Junggesellenwesen söhnt man sich nur mühsam aus«, sprach einmal ein Kellerverehrer mir gegenüber so aus, als wundere er sich über den Ton, womit er es sagte, und als belustige es ihn, an einem Bewunderungswürdigen etwas auszusetzen. Mir kam neulich die Wiedergabe eine[s] Liebesbriefes des Dichters, über den ich hier referiere, zu Gesicht, den er im einfachen und vielleicht nur allzu ehrlichgemeinten Bestreben an ein anscheinend kluges Mädchen richtete, in ihrem Innern eine Neigung zu wecken, es für ['s] ganze Leben gleichsam mit ihm und allem, was es Wunderliches, Widerspruchsvolles an ihm gab, zu probieren, was für ihn auf ein total erfolgloses Unternehmen herauskam. Bedeutende geben sich in Bezug auf Privatangelegenheit[en] mitunter eigentümlich unbedeutend, will sagen harmlos und offenherzig. Er rief in seiner Bittschrift an die Verehrte ein bißchen zu freudig und zugleich ein bißchen zu schmerzlich bewegt aus: »Rette mich!« wo es doch, wenn er sich seinem Gefühl nicht so sehr hingegeben hätte, wenig oder überhaupt nichts an seiner Person und an seinem Leben gab, was nicht in Ordnung gewesen wäre, denn was seine Gestalt und sein Gewicht unter seinen Mitbürgern betrifft, so hatten ihm diese ja das Amt eines Staatsschreibers anvertraut, das er mit einem Pflichteifer übernahm und ausfüllte und fünfzehn Jahre lang behauptete, der an einem Phantasiebegabten, wie er einer war, geradezu groß anmutet. Als das interessanteste Moment in seinem Dichterleben kann und muß meiner Ansicht nach sein so überaus naives und offenbar tiefbegründetes Sehnen nach der Eroberung der Bretter, die die Welt bedeuten, betrachtet werden. Der geborene Epiker bringt seinen biographischen Roman und hernach seine entzückenden Novellen gleichsam nur so neben seinem schöneren und höheren Sehnen wie in einer Fülle von seelischer und geistiger Verlegenheit, beinah möchte man glauben, melancholisch hervor. Ehe er seinen eigentlichen Beruf auszuüben beginnt, hat er allen Enttäuschungsschmerz, alles still sich vollziehende Verzagen und alle[s] vergebliche Ringen um eine[s] Herzenswunsches Erfüllung kennengelernt, und vielleicht scheinen seine Erzählungen so spielend geschaffen und so reich mit Tragikomik ausgestattet, weil alles Runde, Kreisende des Lebens erdkugelförmig sich in ihm selbst manifestierte, weil er an dem, was sich ihm gab, wie im Traum schrieb, es wollend und zugleich verschmähend, es gutheißend und geringschätzend, alle seine geschriebenen Fröhlichkeiten aus der Entsagung herkamen, sich in der Ohnmacht zu etwas Mächtigem härteten. Ich las übrigens letzthin seinen, wie mir vorkommt, ausgezeichneten, in Ton und Ausdehnung trefflichen »Martin Salander«, womit er sein Lebenswerk bescheiden und imposant abschließt, wie ich und wahrscheinlich auch andere überhaupt an diesem Werk bei seiner bedeutenden[1] Inhaltlichkeit die feinsinnige und heitere quantitative Begrenztheit wertschätzen. Ein junger Kollege hielt sich vor einiger Zeit für berechtigt, mir zu sagen, ihm komme Keller wie ein Ausklang, herrlich verhallend vor, worauf ich ihm erwidern zu dürfen meinte, daß man dies an allem[2] Vorzüglichen, wahrhaft Schönen, anscheinend Unübertrefflichen für gegeben halten könne, man stehe vor Kellers Werken wie vor einer großen, von immergrünen Ringmauern graniten und wieder seidenweich und fein umschlossenen Stadt, die mit ihren Mannigfaltigkeiten und in ihrer Ruhe ein nur einmal vorkommendes Kulturbild darbiete, er sei etwas Einziges, und seine beruflichen Nachfolger täten freilich gut, ganz andere Wege zu beschreiten, da es auf Keller'schen Wegen für keinen als nur für ihn selber Aussichten,

---

1 »bewundernswerten«   2 »allen«

wertvoll zu werden, gebe.« Welchem Dichter bescherte das Schicksal nochmals so viel Unglück und Schwierigkeiten und so viel Begabung, sich ihnen anzuschmiegen, wie ihm«, fügte ich bei, und nun meine ich, was ich mir vornahm darzutun, annähernd auseinandergesetzt zu haben.

(24/I)

Ich vermag nicht viele Worte zu machen

Ich vermag nicht viele Worte zu machen, weil etwas in mir vor Vergnügen darüber juchet[1], weil mir ein literarischer Fund glückte, der mich die Hände schauspielerhaft über den Stubenhockerkopf zu werfen veranlaßte. »Du willst nie zum Loch hinaus«, warf mir die Frau Nummer so und so viel von Zeit zu Zeit vor, denn sie bedauerte, mich bei prächtigem Wetter das Zimmer der Landstraße und eifrige Meditation dem Einatmen von frischer Luft bevorzugen zu sehen. Indem mir auffällt, daß meinen Lippen eine Sprache entflieht, die zu beweisen geeignet sein könnte, verschiedene Ehen umschlössen die Persönlichkeit, die ich vergegenwärtige, rufe ich leise aus: »Ich habe ihn«, wobei ich an den Verfasser eines meiner Meinung nach bedeutenden Buches denke, der seit langem etwas wie mein Lieblingsdichter ist und den ich beim Ausbeuten von Erzählungswerken eines Novellisten ertappt habe, der einem Lande angehört, das sich infolge eines vielleicht etwas zu exakt ausgerechneten Versuches, glücklich zu werden, in die ausgedehnteste Verlegenheit stürzte. Abgesehen von nationalen Problemen, deren Lösung oder auch bloß Inbewegungsetzung nicht immer oder besser, überaus selten gelingt, übermitteln Dichter anderen Dichtern mitunter Eindrücke, weil sie sich gegenseitig lesen, was streng genommen vielleicht gar nicht stattfinden sollte, was nun aber doch immer wieder geschieht. Ein von mir hochgeschätzter Romancier, den ich selber übrigens in gewisser Hinsicht einstmals, wie ich gern

1 »jube[l]t«

zugebe, als eine Art Aufmunterung oder Inspiration sozusagen, ohne irgend etwas dafür zu bezahlen, in Gebrauch nahm, entlehnte bei einem Novellisten, der einige Jahre vor ihm schrieb und der den Mut und den Anstand besaß, dem Leben anläßlich eines Duells lebwohl zu sagen, einen ganz bestimmten Satz, solch eine Unverkennbarkeit, daß mir, als ich ihn zu Gesicht bekam, jedes Irren ausgeschlossen zu sein schien. Der Novellist, der bei Lebzeiten Genie an den Tag legte, hatte ganz einfach dem Romancier den und den romantischen Eindruck geschenkt, der sich, als letzterer an seinem Roman schrieb, unbemerkt geltend machte. »Dich hab' ich«, frohlockte ich und rieb mir vergnügt die Hände, denn nichts freut ja einen nur einigermaßen Aufgeweckten so aufrichtig, als wenn sich ihm der aparte Genuß öffnet, einem Verehrten beim Begehen eines Fehlers zu begegnen. In der Literatur und wohl auch sonstwie kommt es spaßhafterweise vor, daß Ausbeuter usw. selber wieder fröhlich und unentwegt benutzt, profitiert werden, wie dies nachmals dem Romancier arrivierte, der besagten Novellisten mit andauerlichem Behagen gelesen zu haben schien und der jetzt von einem dritten mit ebensoviel Bedacht und Emsigkeit aufmerksamer Prüfung unterworfen wurde, nämlich zu einem Zeitpunkt, wo er nicht mehr unter den Lebenden weilte, also eventuell auch nicht mehr zu protestieren in der Lage war. Ungenauigkeiten, was geistiges Eigentum betrifft, begehen womöglich alle Intelligenten, und da es in allen oder [den] meisten Fällen nichts anderes als die Anerkennung ist, die auf den Pfaden der Aneignung fremden Eigentums wandelt, was auf dem Gebiet des geistigen Schaffens mit nur zu viel Leichtigkeit vorkommt, so kann meines Bedünkens nach nicht viel ernstliches Aufhebens daraus gemacht werden. Ich besitze einen Geschäftsfreund, der, wenn ihm eine halbwegs züchtige[1] Bestehlung, die auf (m)eine schriftstellerische Existenz Bezug hat, vor die Augen gekommen ist, mit der Frage im Munde zu mir zu eilen pflegt: »Haben Sie's gelesen?« Das Wort Plagiat, das ein robustes Schlagwort ist, ohne sonderliche Mühe

---

1 »zünftige«

übergehend, weise ich auf den interessanten Umstand hin, daß der Romancier Nummer zwei als der Naturalist, der er war, den Romancier Nummer eins, der sich romantisch gab, dadurch gleichsam eins versetzte oder auswischte, daß er ihn mit verhältnismäßig lauter, da weithintönender Stimme unausstehlich nannte, gleichzeitig jedoch die mir ganz und gar naturhaft erscheinende Unvoreingenommenheit besaß, die an Unverfrorenheit grenzen mochte, den dermaßen Gemaßregelten mit der gehörigen Weidlichkeit auszunehmen, dadurch, daß er eine Frauengestalt bei ihm vorfand und annektierte, d.h. sich zu eigen machte, die ihrem Liebhaber deshalb ein hohes Maß an Mißtrauen entgegenzubringen beliebte, weil ihr Söhnchen von einer Krankheit erfaßt worden war. Diese ganz bestimmte, unzweideutige Entlehnung machte ein Nachkomme bei einem Vorfahren, den er offenbar liebte und gleichzeitig haßte, dessen Arbeitsweise(n) und (-)Wege er mißbilligte und anscheinend gleichzeitig hochschätzte, dessen Bemühung[en] er gleichzeit[ig] sozusagen umarmte und wieder von sich schüttelte. In dem Buche, wovon ich eben sprach, das ich schon in vier Städten las und das von Romancier eins abstammt, kamen demnach Stellen vor, die sowohl auf Ausbeutung wie nicht minder auf gerade[zu] rührendes nachheriges Ausgebeutetwerden schließen ließen. »Ich ignoriere diese Beobachtung«, entglitt es meinen Lippen beim Wahrnehmen und im Verarbeiten von etwas so Merkwürdigem, das mich belustigte und anheimelte, weil es mich glauben, d.h. eigentlich eher nur mir sagen ließ, alles derartige Phänomenale sei erstens leicht erklärlich und zweitens erquicke es denjenigen, der unvermutet seine Bekanntschaft macht. Da es sich immer in Fällen, wie sie mir hier zum Gegenstand geworden sind, um etwas handelt, das man willig oder wider Willen liebt, wovon man, ob man sich's zugibt oder nicht, erquick[t], erbaut ist, so werde ich diesen Literaturaufsatz zu den angenehmen zu rechnen berechtigt sein dürfen, wobei ich felsenfest von der Unmöglichkeit überzeugt bin, daß es irgendeinem noch so bücherkennenden Leser gelingen wird, hinter die Namen der hier Erwähnten zu gelangen, was meiner Ansicht nach keineswegs von Wichtigkeit wäre, da es jedem Geistreichen genügen kann, wenn ich mir zu betonen erlaube, daß ich mich lediglich deshalb auf die Bretter vorliegender Äußerungen geschwungen habe, um mich hinsichtlich des literarischen Eigentumsrechts für Schonung einzusetzen. Der Humor wird weitaus am besten in kulturellen und etwaigen anderen delikaten Angelegenheiten zu empfinden, abzuwägen imstande sein, wobei nach meinem Gutfinden Bedeutende in einem Unrecht wie mit einer Art von menschlicher Schönheit bekleidet erscheinen, denn solche beschäftigten mich soeben, und sie bilden ja eine Maßgabe, und gerade sie zeigen, wie ein Wichtiges, Maßgebendes aus dem anderen Stilspenden mit mehr oder weniger Ähnlichkeit keimt[1]. Von allem Anerworbenen unumfangen bleibt nur sie, die nie das Kunstwerk selbst ist, die sich nicht bemüßigt fühlt, Einwirkungen zu erleben, weil sie die Wirkung selber ist und genug mit der Sendung zu tun hat, zu wissen und nicht zu wissen, sie sei für ihre immer von neuem über ihre einmalige Gegebenheit entzück[t]en und erschrockenen Anbeter heilig. Ich lasse Aufsätze nicht gern anders als auf die schöne(re) Hälfte der Gesellschaft ausklingen, für die man ja überhaupt zu schreiben, zu leben, Verständiges erwerben und zur Kenntnis gelangen lassen zu sollen meint.

(19/I)

Zärtlich oder wenigstens freudig stimmt mich die Erwartung

Zärtlich oder wenigstens freudig stimmt mich [die] Erwartung, Sie mit diesen paar Anmerkungen wie mit einer spannenden Geschichte, vielleicht einer Art Märchen bedienen zu können, gnädiges Fräulein. Gnade ist ja etwas so geschichtlich Altes und eigentlich unter den Menschen immer wieder blühend jung. Dürfte mir diese Ausdrucksweise nicht beinah mir einzubilden Anlaß geben, ich wäre ein Lehrer? Mein erklärter Lieblings-

---

1 »kommt«

schriftsteller ist Stendhal, den auch Sie schon lasen, in dessen vortrefflichem Buch »Rouge et Noir«, das vielleicht ein Roman ist, wie es weit und breit keinen so unterhalt[end] geschriebenen gibt, mir neulich beim aufmerksamen Lesen ein Satz auffiel, den ich in den gesammelten Werken Puschkins, und zwar in der interessanten Novelle »Der Mohr Peters des Großen«, kennengelernt zu haben meine. Julien Sorel, der Held des Stendhal'schen Buches, liebte, weil ihm das so paßte, die vornehme Welt, und bei Puschkin besorgte dies Ibrahim der Neger. Der junge Sorel so sehr als der Abkömmling aus den Sanden Afrikas werden ja von einer ausnehmend schönen Frau geliebt und lieben sie selbstverständlich ihrerseits wieder und begehren, den Weg in ein großes Haus zu finden, wo sie mit der Tochter Bekanntschaft machen. Da Puschkin sein junges geniales Leben in einem Duell aushauchte, wird angenommen werden dürfen, Stendhal habe von dieser sensationellen Affäre gehört und habe gelegentlich zu des ersteren Novellen gegriffen, wobei ihm die rührende und zugleich kraftvolle Negergestalt liebgeworden sei, mit der dann sein Julien auf den seltsamen Wegen des unwillkürlichen Beeinflußtwordenseins eine gewisse Ähnlichkeit gewann. Der Novellist übermittelte also dem Romancier einen bestimmten Eindruck. Nahmen Sie nunmehr auch bereits Kenntnis von der »Sentimentalen Erziehung« von Flaubert? Dieses Buch ist ebenso berühmt wie großartig, es dokumentiert sich darin eine geradezu unerhörte naturalistische Genauigkeit. Dem peinlichen Naturalisten Flaubert mußte der in gewisser Hinsicht unbekümmerte, starktönige Romantiker Stendhal beinah verhaßt gewesen sein, eine Empfindung, die den Späterdichtenden nicht hinderte, von demjenigen, der vor ihm schrieb und liebte, gewissermaßen eine Frauengestalt bis zu einer ihm passend erscheinenden Grenze zu entlehnen. Aus der Stendhal'schen Madame de Rênal, der Geliebten Juliens, scheint sich in der Tat, falls man das so sagen darf, die Flaubert'sche Madame Arnoux entwickelt zu haben, deren junger Freund den Namen Frédéric trägt. Ich versichere Ihnen, daß mein Brief nur kurz sein wird, denn es sind nur wenig Worte nötig, damit mein literarischer Fund vollauf bekräftigt sei. In »Rouge et Noir« wird Madame de Rênals Kind krank, und sie beginnt sich deswegen vor der Neigung zu ihrem Freund zu fürchten, da sie religiös ist, ebenso sieht man in der »Education« Madame Arnoux' Kind frühzeitig beinah umkommen, und [da]nach wird gegenüber dem Liebhaber eine Geste gemacht, die zu verstehen gibt: »Meide mich von nun an!« Autoren lesen eben einander mitunter äußerst lebhaft, wobei sich Übertragungen [...] märchenhafter Art ergeben können. Stendhal war bestrebt, etwas Zeitgemäßeres zu schreiben als Puschkin, während wiederum Flaubert im Sinn gehabt zu haben scheint, zeitgemäßer zu sein wie Stendhal, denn immer sind ja Nachkommen bestrebt, auf Vorfahren fußend, Besseres hervorzubringen, als es denen möglich war, von denen sie gleichsam abstammen. Ich z.B. ahmte mich anläßlich der Niederschrift meiner »Geschwister Tanner« selber insofern nach, als ich »Simon, eine Liebesgeschichte«, die eine flüchtige Phantasie ist, als Vorbild vorkommen ließ. Ist Ihnen bekannt, daß ich mich zeitweilig auf einem Schloß aufhielt, wo ein Neger als Page figurierte? Indem ich wünsche, Sie faßten, glaubten dies kaum, gestatte ich mir zu erklären, ich sei der Ansicht, was man schätzt, werfe irgendwelchen Ertrag ab, und wer sich bedienen läßt, diene dadurch wieder zu irgendeinem Zeitpunkt irgendeinem anderen Menschen. Mir kam eine Besprechung vor's Gesicht, die mich einen Wanderburschen nennt, aber ich lebte schon in schatullenhaften Räumen, und das Wandern übte ich als eine Art Mittel gegen die Übermacht des Tiefsinns freilich von Zeit zu Zeit gern aus, womit ich Ihnen erzählt zu haben meine, was weder für mich noch für Sie unliebsame Folgen haben kann und das ich Ihnen aufzutischen versuchte, als geschehe es mündlich.

(19/II)

Nie, nie gibt es bei einem
Erzähler meines Kalibers

Nie, nie gibt es bei einem Erzähler meines Kalibers vor dem Beginn des Erzählens umschweifige Vorbereitungen, die mir wie ein Mangel an Vertrauen in die Ausgedehntheit meiner Begabung erscheinen würden, was für mich eine unliebsame Erscheinung wäre, auf die ich verzichte. Wann, wann war's, als dies vorfiel? Auf was für einer Art von Terrain bewegten sich alle diese Gestalten? Offen gesagt ragte aus all dem Gewirr, Geschmäus und all diesem Geramsel, Geameisel von menschlichen oder erdlichen, d.h. geographischen Verschiedenheiten ein blutjunger und selbstverständlich ungeheuer hübscher [...] gewissermaßen leuchtend groß hervor. So viel stand fest: Er war kein Talent, er schien vielmehr eines Nachts hochoriginell gesündigt zu haben. Die Chronik berichtet auf gleichsam behaglich-feierliche Art und Weise und in sanftabgetön[te]ster Schreibweise, die wie das Anrühren eines Seidengewandes berührt, er sei im Zustand, der durchaus kein salonfähiger gewesen sein kann, mitten in einem verhältnismäßig hellen, breiten, steilansteigenden Gäßchen gleichsam aufgelesen und, von ernsthaften Ordnungsgesichtern begleitet, nach Hause transportiert worden. Wie dunkel, wie mysteriös das klingt. Eine Stimme will mich verführen, zu glauben und glauben zu machen, daß die Art dieser Geschichte unfein gewesen sei und daß sie sich vor langen, langen Jahren zugetragen habe. Gliche sie in diesem Falle nicht beinah einer Sage? Eine zweite und vielleicht klügere Stimme nun mahnt mich sehr intelligent an den sehr sonderbaren Umstand, daß es eigentlich nichts Neues unter der Sonne gibt, daß alles, was irgendwann passiert ist, wiederstattfindet und daß handkehrum alles, was sich heute begibt, vorher vorzufallen eine Möglichkeit hatte. Indem ich also auf die Orientalität nicht in besonderem Maß zu achten bitte, erkläre ich ihn frei heraus für einen ganzen Mann, für einen Helden, der jetzt scheinbar auf eine soeben vollbrachte gewaltige Leistung, von einer Fülle von Mithergenommenheiten umgürtet¹, zurückblickte. Die Lichter seiner Augen flackerten wie windbeunruhigte Kerzen, als er in einer Distanz von etwa acht bis neun Metern vor einer Art Oberhaupt stand, das ihn mit einer anscheinend beabsichtig[t]en, sehr fein und sehr kalt zum Ausdruck gebrachten Geringschätzung fixierte. O, schon nur die wundervollen, vom Reichtum des Landes Zeugnis ablegenden Kostüme, die in diesem Saal zur Schau getragen wurden, waren dazu angetan, diesen Edlen, wie man ihn ja ebensogut nennen kann, bis zur Erhabenheit zu vergrößern. Ein an alles Farbigste mahnendes Parfüm, deutsch gesprochen Wohlgeruch, durchflutete ein Versammlungszimmer, von dessen Galerie sich Zuschauerköpfe auf die Szene herunterbogen, die eine in hohem Grad spannende, reizende zu sein schien. In Wirklichkeit hatte der jugendliche Typ, der vor Überangestrengtheit sichtlich krank war, im Interesse des besseren Teiles, ich meine, des verantwortungtragenden Teiles der Gesellschaft, mit Wogen, Feinden usw., ja sogar auch noch mit seinen besten Freunden, mit einem Wort also, allen Unvermutetheiten, mit zahlreichen Rückschlägen, dann mit einer nichtzuüberblickenden Menge von ihn gefangennehmen wollend[en] Lieblichkeiten gekäm[p]ft. Unter anderem trug er wie ein Vortragender, dem der Vortrag dessen, was er erlebt hatte, mehr Mühen verursachen zu wollen schien, als [was] ihn geschwächt hatte, was an Erlebnissen über ihn hinüberrollte, folgendes Merkwürdige, ja fast ein wenig Komische vor: »Ich fiel einige Male nicht in Abgründe hinunter, die mich angähnten und mit unausmeßbaren Frauenblicken anschauten, als gehörte ich schon ihnen, als läg' ich schon in ihren, meine Habseligkeiten umarmenden², begrabenden Armen.« Das Oberhaupt, das übrigens von Figur gar nicht sehr groß, von Begeistertheit jedoch enorm umfangreich war, sprach zu dem Berichtabstattenden nichts als: »Für den Anfang einer Periode des Indichgehens und des Ausdirheraustretens, des dich einigermaßen Gebens, des Kräfte aus dir Aufbietens, des Individualismusses, ist, was du getan zu haben scheinst,

---

1 »umzittert«   2 »umärmelnden«

recht wacker.« Vielleicht wurden diese Worte, die als freundliche bezeichnet werden können, übrigens gar nicht einmal gesagt, sondern eher nur gedacht, erwogen, beifällig gelächelt. Mit der Wirklichkeit dürfte vereinigt werden können, daß der Befugniserteilende, der Umsichtausübende sich lediglich mit einer passenden, bis in's Kleinste abgewogenen Geste einstweilener Zufriedenheit begnügte, falls ich mit dem Ausdruck ›Zufriedenheit‹ nicht einer Voreiligkeit gestattet haben würde, ungeziemenderweise laut zu werden, von der nicht die Rede war. Nunmehr, und so gelange ich zum Glück an die Pforte oder vor die Tapetentüre von etwas Interessantem, die ich öffne, um ein Fräulein, von einer Schar übriger junger Frauen oder Dienstbarer begleitet, die mit ihrer Anzahl auf die weitgehende Vornehmheit der jetzt in die Halle Eintretenden schließen lassen, effektvoll vorzuführen, als wenn ich etwas wie ein Regieführender wäre, was ich höflich nicht mißdeuten zu wollen ersuche. »Oh, da tritt sie herein, die mir schon häufig Anlaß gab, sie für etwas zu modern zu halten«, sagte das Oberhaupt zu sich, ohne mit einer Wimper zu zucken. Der Maßgebende war jedenfalls zu allen Maßnahmen still entschlossen, indes jetzt das Mädchen, dessen Gewand in Paris Mode sein mußte, da es zweimal so lang und so groß als die ungewöhnlich schöne Trägerin selber war, auf den Geprüften, den sie sehr wahrscheinlich liebte, hinzutrat, um das denkbar Unratsamste zu tun, etwas, was ich in keiner Weise würde haben billigen, d.h. mit der Herkömmlichkeit vereinigen lassen können, nämlich, ihn willkommen zu heißen, ihm mit allem erdenklichen Vergnüg[t]sein, d.h. mit der höch[s]ten Freude im hochachtbaren Antlitz zu danken. »Du zeig[s]t sehr offen, wie das dich in seelische Bewegtheit versetzt. Du wagst zuviel.« Solch ein Wort oder Worte sprach der elastisch auf die ihn offenbar Verstehende Hinzutretend[e] leise in die vor schmerzlicher Verwundertheit bebenden, vibrierenden zarten Ohren, von denen die schönsten Kunstwerke der Ohrringelei glänzend heruntersanken, als wenn die beiden Geschmeide herrinnenzufüßenstürzende, ganz in das Gold der [...] gehüllte [...] von echtem Schrot und Korn gewesen wären. Im Saal herrschte natürlich eine von

Lautlosigkeiten durchloderte und von Durchstürmtheiten in Atemlosi[g]keit gehaltene, gebannte Stille.»Man zeigt seine Erfreutheit speziell dort nicht, wo sie begründet ist. Wußtest du das noch nie oder vergaßest du es?« Und auf's Artigste küßte ihr der Führer, denn als einen solchen kennen wir ihn nachgerade und dürfen ihn auch als solchen handeln lassen, nun die Hand, die als eine Hand gepriesen werden kann und muß, wie sie weißer, kultivierter, wohlgeformter, holder mir nie vorgekommen sein mag, so lange es Handpflege in der Welt gibt, nach welcher vielsagenden Formalität sich die Bezaubernde eingeladen sah, von allen weiteren Äußerungen des natürlichen Empfindens abzusehen. Indem sie sich bewegen ließ, devot sich aus dem Vortragszimmer zu entfernen, ließ sie auf den Gegenstand ihrer Neigung einen Blick fallen, der einem Gott glich, der von seiner Göttlichkeit gern einmal, sagen wir ausnahmsweise, einen Begriff gibt und den empfangen zu dürfen ihm wohlgetan haben wird, an den sich der, der die Sorgen zu tragen gewöhnt war, mit der Bemerkung wandte:»Versuche fernerhin zu zeigen, wie du gewillt bist, nützlich zu sein.« Dem Jüngling entglitt unwillkürlich die Entgegnung:»Ich weiß deine Undankbarkeit zu schätzen.« Möglich ist immerhin auch hier wieder, daß er das nicht aussprach, sondern denkend für sich behielt. Eine ganz kluge Erwiderung wäre das ja übrigens von ihm [auf] alle Fälle gewesen. Indem von jeher viele Dankbare später undankbar geworden sind, wie die Kulturgeschichte lehrt, benehmen sich vielleicht die Undankbaren dankbar. Sind wir und andere nicht Kinder eines Gesetzes des Ausgleichs?
(37/II)

*Ohne mich lang zu besinnen,
nenne ich ihn Olivio*

Ohne mich lang zu besinnen, nenne ich ihn Olivio, den ich gewissermaßen einen Stümper sein lasse. Beim Bataillon war er seinerzeit der Heiterste. Über die Art seiner Geringfügigkeit würde man übrigens vielleicht streiten können. Um mich märchenhaft zu gebärden, deute ich an, daß dieser Olivio über eine gewisse törichte Gescheitheit und eine superkluge Dummheit verfügte, was sich eigentlich von sämtlichen Menschen sagen läßt, indem irgendein Beliebiger nie mit Genauigkeit weiß, wo seine Intelligenz aufhört und seine Unwissenheit beginnt. Da Sehen und Blindsein zusammenhängen und die Aufklärung ebensogut eine offene wie geschlossene Vernunfttür(e) sein kann, wage ich zu behaupten, seine Größe sei die eines Tannzapfens gewesen, oder erkühne ich mich vielleicht sogar, anzunehmen und glauben zu machen, er habe Ähnlichkeit mit einer Stecknadel gehabt. Letzterenfalls würde man seine Schlankheit nicht haben in Zweifel [ziehen] können. Eines Tages begab er sich samt der Unerheblichkeit seines Aussehens auf eine Reise, deren Ziel die Frau war, nach der er sich sehnte. Der Knirps leistete in Bezug auf Sehnsucht Bedeutendes, was schlankweg ausgesprochen werden darf. In herrlicher Behaglichkeit lag das schöne große Wesen irgendwo langausgestreckt auf einer Wiese oder grünem Teppich da, und für Olivio handelte es sich zunäch[s]t um eine anfängliche Kletterpartie, um in die Welt hinaufzugelangen, worin ihm beschwerliche Wanderungen bevorstanden. Die Füße der Frau, nach der sich die Seele Olivios sehnte, waren mit Zuhilfenahme von Seilen, Leitern usw. erstiegen worden. Zu einer Merkwürdigkeit gestaltete sich das Passieren eines rosigschimmernden Engpasses, und nun dehnten sich zwei nebeneinander liegende, riesige Säulen vor seinem in die Ferne schauenden Gesicht aus. Das waren ihre Beine, falls die Schicklichkeit dies ohne Umschweife zu sagen erlaubt, was ausnahmsweise zutreffen dürfte. Diese beiden wunderschönen Stangen, als welche man sie womöglich bezeichnen darf, besaßen bei allen natürlichen Verschiedenheiten die geheimnisvollste, sprechendste Ähnlichkeit. Ist nur die Natur selbst imstande, in ihren Schöpfungen so frei und so streng zu sein, sich nichts und alles zu erlauben, Abweichungen vom Maß spüren zu lassen, ohne sich aus den Grenzen des Maßgebenden zu entfernen? Nachdem der Wanderer, oft vielleicht aus Freiluftvergnügen ein

Lied intonierend und seinen Spazierstock schwingend, eine anscheinend stark in Frage kommende Strecke zurückgelegt hatte, befand er sich vor einer Erhebung, die er sogleich zu besteigen begann und auf der [er] eine entsprechende Weile von seinen bisherigen Anstrengungen ausruhte. Olivio stand oder saß jetzt auf einem der beiden Knie der Frau, die sich ihrerseits mit Absolvieren eines Mittagschläfchens beschäftigte und daher vom Besuch, der ihr galt, keinerlei Notiz nahm. Ihre Nase glich im Vergleich mit der Gestalt Olivios einem Gebirge, was ich um der Orientierung willen hervorhebe, worin sich der Leser notwendigerweise befinden muß. Nun aber ging's allmählich weiter. Tage gingen hin. Nächte, die mit schwarzen Tönen verglichen werden können, breiteten sich über des Verzagensüberwinders Kopf aus, als er, seinen Appetit hie und da, so gut es eben ging, befriedigend, vor einer scheinbar geradezu kolossalen Anhöhe anlangte, deren Anblick ein Meer von Bedenklichkeit in seinem zarten Herzen erzeugte, worin [sich] die tiefste[1] Sehnsucht in überaus humorvoller Form aufhielt. Die Menschen, ich meine speziell die Gebildeten, halten Humor nach wie vor oder besser, mehr als je zuvor, für etwas sozusagen Nichtiges, Sündvolles. Man füh[l]t aber nicht immer künstlerisch. Dies bloß nebenbei, damit nicht gedacht wird, der Verfasser treibe hier lediglich Allotria. Die Erklimmung der gewaltigen Anhöhe nahm die Gesamtenergien Olivios in Anspruch. Je weiter hinauf er kam, um so mehr wuchs seine Sehnsucht, die vor Ungezwungenheit strahlte. Es finden sich heute Angehörige unseres Zeitalters, die sich aus der Sehnsucht nach ihrer Geliebten etwas wie eine mord[s]mäßige saure Pflicht machen. Olivios Sehnsucht jedoch war von jedem Pflichtmäßigen vollständig frei. Er sehnte sich nach der Frau seines Herzens aus Vergnügen, nicht aber deshalb, weil sich dies so gehörte. Vor seinen staunenden Augen dehnte sich nunmehr eine Art Hochplateau aus, die sich durch eine runde Einsenkung auszeichnete, in deren Öffnung er eine Zeitlang fröhlich und zugleich nachdenklich hinunterschaute. Als er

1 »leiseste«

sich nach einer Weile von dieser besonderen Art Studium erholt hatte, sah er mit wünschenswerter Deutlichkeit ein, es treibe ihn weiter, so gehorchte er denn seinem schönen Drang und stand nach Verlauf von so und so viel Zeit vor einem neuen und noch höheren Berg, als es die bisher erlebten gewesen waren. Aber auch mit dieser noch nie dagewesenen Schwierigkeit wurde er, ruhig und munter ausschreitend, fertig. Jetzt hat er den himmlisch-senkrecht in die Höhe ragenden Busen der Ruhenden bestiegen und damit einen Aussichtspunkt von unerhörter Ausgiebigkeit erreicht. Prächtig schaute es sich vom hier gewonnenen Standpunkt aus auf die rund herum prangenden Formen herunter. Kalt ist die Luft freilich mitten in einer solchen Erhabenheit, aber Olivio bezieht ja genügend Wärme aus dem Glutreservoir seiner denkbar aufrichtig empfundenen Sehnsucht, die bei ihm nicht im mindesten gewollt, sondern in jeder Hinsicht naturhaft ist. In großer Ferne sah er, um mich wieder des Erzählungstons zu bedienen, ein entzückend schönes, großes, hügeliges Land, das im Antlitz der Frau bestand, nach der er sich Tag und Nacht, wenn auch vielleicht nicht gerade fieberhaft, sehnte. Alles allzu Tiefe, Ernste blieb ja seines Lebens freiem Naturell fremd. Ihre Augen schimmerten zu ihm wie zwei bläulich lächelnde Seen herüber. Schon nur diese einzige Tatsache mußte ein Glück für ihn sein, der sich übrigens am Glück nie gänzlich sattzufühlen pflegte, damit sein Gefühlsleben beständig lebendig bleibe, es sich vom Gegenstand nicht aufreiben lasse. Der Abstieg von der übereinandergetürmten Felsenfestung bedeutete ein Erfolg, den er über zahllose Mühen wie spielend davontrug, wobei meine Reisebeschreibung in die Manier fällt, mit Kräften, Künsten und Gewandtheiten zu schimmern wie mit einem teuren kostbaren Gewand, das sich mir um die Schultern zieht, das sich vor Selbstkontrollierung anzuklammern nicht nötig hat. Immer war Olivio bei allem diesem Erleben, das vielleicht verdient, daß man's ein seltsames nennt, allein. Wächst, gedeiht denn die Sehnsucht nicht im Alleinsein weitaus am besten, bi[l]det sie in solchem Zustand nicht die vortrefflichste Gesellschaft, die man sich auszudenken vermag? Er, der sich in einem fort treuherzig sehnte, kam wegen Unterhaltung, Zerstreuung usw. nie in die kleinste Verlegenheit. Immer hörte er ihre liebe, feine, lispelnde Stimme, und immer war sie ihm ebenso nah wie fern, ebenso greifbar wie nie zu erreichen. Sie sang, aß, spielte, schritt, tanzte, schlief in ihm. Er lachte ihr Lachen, seufzte ihr Seufzen. Freute er sich, so war's ihre Freude, nicht seine und doch wieder seine ureigene, da sein sich nach ihr sehnendes Wesen ganz in dem ihrigen aufging, er sich ihr Dasein zu seinem eigenen gemacht hatte. Ob er das tun durfte? Komische Frage, da doch jenes Sehnen gewiß sein eigenes war. Nicht außer acht darf gelassen werden, daß er sich, wenn ihn zeitweise die Müdigkeit überwältigte, an irgendeinem netten Plätzchen in's Moos hinlegte, damit ihm der ungestörte Schlaf die Kräfte wiedergebe, die er angewandt hatte und derer er bedurfte, um weiterzuwandern, sich immer wieder von neuem und frischem nach der Ersehnten zu sehnen. Ich glaube an das Qualitative dieses Prosastücks mit der Festigkeit eines nicht beiseite zu schiebenden Felsblocks. Übrigens ist meine Art zu denken stets von einiger schmiegsamer Weichheit. Beispielsweise werfe ich nun die Frage auf, ob Liebe und Sehnsucht ein und dasselbe seien, und ich antworte hierauf: ganz gewiß nicht. Man kann lieben, ohne sich im mindesten nach dem geliebten Gegenstand zu sehnen. Lieben ist ein Besitzen, ein vollkommenes Zufriedensein, Genügen, ein ideales Vergnügtsein, während Sehnen sich mit dem lediglichen Lieben nicht begnügt, den Gegenstand nicht besitzt. Von Olivio läßt sich sagen, daß er teils klug genug war, echt und stark zu lieben, anderntteils sich zur Dummheit des Sehnens bekannte, die zweifellos eine sehr feine und schöne Dummheit ist, nämlich die Dummheit des verfeinerten Menschen, die Unklugheit des Klugen, die begreifliche, verzeihliche Schwäche des Empfindenden, der aber ebensoleicht stark als unzuverlässig oder schwankend empfinden kann. Sein Tempo war auf der Wanderung oder während der Sehnsucht zur Frau, die er liebte, ein verhältnismäßig langsames, und er genoß seine Langsamkeit wie eine Melodie. Auf das Tempo des Gehens, des Lebens, des Schriftstellerns usw. kommt meiner Meinung nach viel an, und ich bin überzeugt, daß es Manuskripte gibt, die ein Schicksal haben, und daß im Gebiet ihrer Herstellung wieder welche vorkommen, die diesen besonderen Wert vermissen lassen. Er war nun bei ihrer Halsfläche angekommen, auf der es Hindernisse in Form schwellender, jauchzender Perlen zu überqueren gab. Der Aufstieg auf's Kinn wickelte sich ohne erwähnenswerte Beschwerde(n) ab. Als eine blühendjunge, von Heiterkeiten besonnte Gegend lag jetzt ihr Mund vor der immensen Zartheit seines allzeit aufmerksam arbeitenden Gewissens, das ja vielleicht die Quelle des schönen Daseins für uns ist. Immer eigenartiger, bedeutender öffneten sich vor ihm die Landschaften, wie z. B. das Ohr, in dessen Inwendigkeit er unverzagt hineindrang, und einen Augenblick lang be[w]egte sie sich, spürte sie seine suchende, sammelnde, munter atmende Gegenwart. Eine Frau, die sich so vieler Ungestörtheit erfreute, gab es noch nie. Auch die sich lang und schmächtig hinwindenden, -ziehenden Gebiete der Arme und Hände wurden vom Ausflugfreudigen mit dem hiezu erforderlichen Andachtaufwand besichtigt. Die Hand, als er sich innerhalb ihrer Ausdehnung befand, wollte sich über ihm zusammenziehen. Glücklicherweise vermochte er rechtzeitig zu entwischen. Seine kleine Figur gestattete ihm, von der minimalsten Durchgangsmöglichkeit Gebrauch zu machen. Welcher junggebliebene Schriftsteller wäre imstande, das Waldhafte, Gestrüppige, beinah Undurchdringliche ihres reichen durcheinander[ge]schlungenen Haars zu beschreiben, durch das er sich, um zur Stirn zu gelangen, hindurcharbeitete, wo er sich zunächst, über die Gefilde ihrer Wangen blickend und sich an [der] Geglücktheit des Ereignisses weidend, hinlagerte[1], als befände er sich in einer Art Arkadien, wo die Sehnsüchte denkbar kultiviert sind. Die Figur Olivio will plastisch dartun, daß der Sehnsüchtige klein ist. Liebe schlechtweg ist groß, und Sehnen ist das Kleine. Wenn der Große sich sehnt, wird er klein. Olivio wurde abwechselnd kleiner und größer. Da er sich seiner Liebe zur Frau bewußt war, konnte er monatelang leben, ohne auch nur eine Minute mit seiner Seele ein wenig bei ihr zu sein. Er war

1 »hinlegte«

über sich selbst und was ihn bewegen mochte in jeder Hinsicht Herr, Gedankenwege, zu deren Beschreibung mir das Buch eines Freundes Anlaß gab, den ich bitte, sich mit dieser individuellen Art, auf sein Werk zu sprechen zu kommen, mit Zuhilfenahme seines guten Willens einverstanden zu erklären. Ist denn die Frau, nach der man sich sehnt, nicht in der Tat schön, wie sie sich so um nichts kümmert? Warum sollte sich der Sehnende zu sehr nach ihr sehnen? Gestattete ich ihm das? Ich meine, wenn einer sich in einem fort sehnt, so riskiert er ja, die Fähigkeit, sich mit der gebührenden Intensität zu sehnen, einzubüßen. Darf das sein? Wäre es, wenn es geschähe, richtig, die Frau, nach der man sich sehnt, wie der Titel des Buches lautet, wie eine Frage [zu] verstehen? Ich traue ihm den nötigen Vorrat an Einsicht zu. Eine Fülle von Ablenkungen hindern den, der sich sehnt, es schroff zu tun, und wie gut ist das für ihn. Ist's nicht auch für sie gut? Genannte ersuchte die Schauspieler: »Nehmt's gelinde!«
(397/I)

Ist's möglich?

Ist's möglich? Ich kann es mir nicht denken, ich verbiete mir zu glauben, daß der Schriftsteller an Schwachsinn leiden könnte, aus dessen Schaffensvorrat mir heute früh eine Novelle begegnete. Die Novelle spazierte nicht auf der Straße umher, sie kam mir nicht, wie man sagt, entgegengelaufen. Sie saß gedruckt in einer Zeitung, die mir die Serviertochter auf meine Anfrage hin, ob sie zu haben sei, überaus dienstfertig darreichte. Indem ich ihre Anwesenheit im Blatte wahrnahm, hatte ich sozusagen eine Begegnung mit ihr, und nun las, genoß ich sie also, und während dieser Bewerkstelligung stieg die Frage in meinen Kopf hinauf, ob der Verfasser des Kunstwerks, dessen Eigenheiten sich vor meinem Verstand ausbreiteten, vielleicht nicht ganz gesund sei. Erstens kannte ich ihn ein bißchen, und zweitens schien mir die Schreibweise der stilistischen Reise, die er da unternommen hatte und die ich frühstückzumirnehmend miterlebte, kolossal heiß, was heißen will, wesentlich zu wenig gedämpft, abgetönt und leise. O, wie schreibe ich hier überlegen, will sagen weise. Dennoch, o ihr mit Handschuhen geschmückten Göttinnen, die ihr die Herren der Schöpfung durch die Kurzheit eurer Röcke um die Hälfte ihrer Überlegenheiten zu verkürzen pflegt, fahre ich in der Herunterkritzelung dieser Novellenbekrittelung mutig weiter und sage euch: Ja, er sah einst bessere Tage, er besitzt die Arroganz, uns mit einem Gesicht zu beunruhigen, worin der Roman seines Lebens, d.h. die Aufzeichnungen seiner Einstmaligkeiten, abgebildet ist. Es ging [ihm] scheinbar einst sehr gut, diesem Kellnerinnovellenhervorwerfer, denn wie Sie wissen müssen, Gnädigste, handelt die Novelle, von der ich Ihnen gestanden, sie empfangen und in mich aufgenommen zu haben, von nichts anderem als einer Kellnerin, deretwegen sich der Autor schier übertat, womit ich dartun oder zum Verständnis gebracht haben will, daß er sich quasi wie verrück[t] gebärdete, Italianismen springbrunnenhaft hochaufspritzen lassend. Der Leitartikel sei auch ganz interessant, gestand ich mir, aber die Novelle, sie, sie tat es mir an, ich wurde während des Kahnfahrens auf den Seen ihrer Irrnis selig. Ich verbiete aber dem Autor gebieterisch, Prätentionen zu nähren, wie z.B. die, daß ihn seine gewiß schätzenswerte Ehehälfte nicht genügend würdige und verstehe. Mit der grandiosesten Geste, die man je sah, erkläre ich hohe Ansprüche usw. für eine Abgetanheit, womit sich kein Intelligenter mehr beschäftigen sollte. Darf ich mir, verehrte Herrschaften, erlauben, die Gegenwärtigkeiten, die uns im Grund jeden Tag zur Kapitulation zwingen, die als eine Errungenschaft bezeichnet werden kann, zur, man darf vielleicht sagen, Fürstin zu proklamieren. O, sie meint es gut mit uns, die goldäugige. Doch einstweilen wieder zurück zu ihrem herben sowohl wie federleichten und (-)weichen Stoff. Sie härmte sich furchtbar ab. »Wild hob der tosende Atem das samtartige Gebirge ihres Busens. Die Klippen ihres Wesens starrten ihn entfremdet an«, hieß es da. Einst ging es also dem verantwortlichen Hinausspedierer solcher sprachlicher Klänge in's weite und breite Publikum vortrefflich. Frauen von Ruf bewarben sich bei ihm um gütig kostenlose Anheimstellung seines holden, von Schmeichelhaftigkeiten aller Art umflatterten Namenszuges. Die Salons nannten ihn mit stürmischer Einhelligkeit ihren Mittelpunkt, und jetzt, jetzt schrieb und ließ er drucken Silben, die sich gestatteten zu lauten: »Töten hätte sie ihn mögen, weil sie ihm ihr ein und alles gegeben hatte und nun die Erfahrung machen mußte, daß er der Meinung huldigte, sie sei bloß ein Handtuch.« Jedenfalls hatte die Kellnerin in der Novelle, die ich mir zu Gemüte führte und die von einem Schriftsteller herrührte, der einst eine glänzende Existenz führte, später aber sein Säckchen, d. h. seine sieben Sächelchen zusammenschnürte, übergenug mit Verwerfung des Hochverehrten zu tun. Nun unterliegt ja nicht dem leisesten Zweifel, daß sie ihn natürlich durchaus nur nebenbei mit dem flammenden Blau, Braun oder Schwarz ihrer Augen förmlich vernichtete. Zwar sagte ich mir, daß der Novellist vielleicht übertreibe. Kranke Kraftstrotzungen, höchst geschmeidige Gesundheitsabhandengekommenheiten machten sich, indem sie sich lavahaft vom Vulkangipfel des Könnens in die Ebenen der Talentbegrenztheiten ergossen und verbreiteten, in einem Versuch, Volkskost zu verabreichen, mit nicht mehr weg[z]uräumender Auffallendheit geltend. Indem man sein Produkt einer Prüfung unterzog, nahm man davon Notiz, daß dem Produzenten beständig nur heidenernst zumut gewesen sein mußte. Die Novelle stellte ein ungeheuerliches, gleichsam in seinen an sich gewaltigen Verhältnissen oder Abteilungen aufschluchzendes Geistigkeitsgebäude dar, und der es aufgebaut hat und veröffentlichen ließ, schmachtet als Unverstandener dahin. Seine Frau besaß entweder kein oder nur ungenügendes Eindringensverständnis in das weite, und wie wir als ziemlich sicher voraussetzen, prächtig regierte Reich seiner Unmenge von Gaben, und er wird weiter so dahinfliegen, nein, nicht fliegen, sondern lediglich leben, und auch ich tue das, und du tust das auch, die du die Güte besaßest, von deiner Zeit herzugeben und von dieser niegesehen zarten und vorsichtigen und doch auch wieder machtvoll über alle Hindernisse, die ihr von allerhand Erwägungen in den Weg gelegt werden konnten, hinwegfegenden, -brausenden, einem

Überschwung vielleicht nicht unähnlichen Kritik tatsächlich in diesem Augenblick glücklicherweise Kenntnis genommen zu haben. Ich atme erleichtert in der Befreitheit vom Druck dieser Leistung auf und erwähne noch immerhin, eine seiner Mappen soll voll von im Mollton gehaltenen Tollheiten sein. Dies hinterbrachte mir diejenige, die sich für ihn interessiert und erwärmt und an die er mitunter um die Mitternachtsstunde sommerlich bequem sein Phantasiebehältnis romantikerhaft lehnt und von deren Vorhandensein und lieblichem Vorschein ihr geraten sein würde, etwas zu wissen, die vor der Aufgabe saß, sich von der Anklage zu erlösen bemüht sein zu müssen, ihn nicht veranlaßt zu haben, sie stündlich als seine Inspiratorin zu grüßen. Ich vermag mir vorzustellen, daß es mit Schwierigkeiten verbunden sein kann, Novellenverfassersfrau zu sein. Diese Welt von Pflichten.

(314/I)

*Nun könnte noch
ein an mich gerichtet wordener Wunsch erledigt
und ein kleiner Roman rezensiert sein*

Nun könnte noch ein an mich gerichtet wordener Wunsch erledigt und ein kleiner Roman rezensiert sein, der »Die Verführerin« betitelt ist. Ich weiß nicht, ob dies Buch schon in die besseren Kreise eingedrungen ist, jedenfalls aber weiß ich, daß ich vom Inhalt so ergriffen worden bin wie noch selten vom Gehalt eines Produktes schriftstellerischen Fleißes. Die Heldin heißt Irma und ist ein Engel, als wenn sich das von selbst verstände, als wenn es spielend leicht wäre, ein Engel zu sein, was doch eine mit so viel Mühe verbundene Übung ist, daß man sie kaum einem Fräulein aus guter Familie anraten kann. Irma ist von denkbar bester Abstammung. Das Werk selbst liegt auf meinem Schreibtisch. Bemerkenswerterweise bediene ich mich des Eßtisches zum Schreiben, indes mir der Schreibtisch gleichsam zu schön dazu ist und ich ihn als Luxusgegenstand ansehe und behandle. Er dient mir als eine Sorte Vitrine, als Ausstellungshalle meiner bibliophilen Kuriositäten. Die Geschichte, die ich hier bespreche, ist nicht gerade großartig, aber doch immerhin nüchtern und verständig geschrieben, was schon recht hübsch ist. Ich kann in Bezug auf's Bücherlesen und, was die Anspruchslosigkeit betrifft, ein Engel sein, und wie ein solcher denke ich mich der Aufgabe zu entledigen oder zu entbürden[1], die mich beschäftigt. Wer sollte Irma glücklich machen und scheint dazu nicht imstande zu sein? Ein gewisser Roger, was ein Name ist, den Walter Scott in Anwendung gebracht haben könnte. Er hat einen so ritterlich-mittelalterlichen Klang. Roger ist also kein Engel, während er eigentlich die Verpflichtung hätte, einer zu sein, denn jeder ehrlichgesinnte Ehemann sollte sich engelgleich gegenüber seiner Ehehälfte aufführen wollen, was leider meistens nicht zutrifft. Auch beim Schreiben dieser Zeilen hat sich dies immer noch nicht völlig bewahrheitet. Roger gleitet von der Richtschnur des Guten und Allgemeingültigen ab, indem er sich bestricken läßt. Eine bildschöne Pariserin verleitet [ihn] zu einem gewaltigen Seitensprung. Sollen wir uns in die Details eines Romans begeben, der uns erlaubt, dieselben unbeachtet zu lassen, und der uns mit gebieterischer Dringlichkeit auf das Engelsmotiv hinweist? Roger vernachlässigte seine Frau aus einer Gewohnheit heraus, die man Lieblosigkeit betiteln kann. Es ist dies eine Eigenschaft, die mit dem verquickt zu sein scheint, was man Leben nennt. Der Alltag und seine Anforderungen scheinen in der Tat Lieblosigkeit von uns zu verlangen; aber das scheint uns bloß so, in Wirklichkeit verhält es sich anders. Die Wirklichkeit ist nämlich nicht so schlimm wie die Meinung, die die meisten jetztlebenden Menschen von ihr haben, die sich einbilden, sie verlange dies und das von ihnen, was ihr gar nicht einfällt zu fordern. Die sogenannten Anforderungen des täglichen Lebens beruhen vielfach auf einer fixen Idee, auf Einbildung. Viele von ihnen existieren vielleicht gar nicht. Indem wir uns hierüber lieber nicht allzu weit verbreiten wollen, denn es nähme zu viel Zeit in Anspruch, kehren wir zum Engel Rosalinde, d.h. Irma zu-

1 »entbinden«

rück, von der Roger glaubte, sie sei gestorben. Ob er sich nun über ihr Ableben gefreut hat oder nicht, was wir nicht zu untersuchen wünschen, da das eine sehr üble Untersuchung sein könnte, so begegnete sie ihm jedenfalls eines Abends. Er prallte wie von einem Schlag getroffen von dem unvermuteten Anblick zurück. »Du? Irma?« entringt sich ihm ein Schrei. Von dem Schrei bekommt er Halsweh. Einstweilen verdient er das ja vollauf, der übrigens kein übler Typ zu sein scheint. Die Tänzerin[1], die sich Leonie nennt, spielt also die Verführerinnenrolle. Im Roman kommt ein ausgemachter Bösewicht vor, der, was Bösewichtigkeit anbelangt, die Note 1 in's Zeugnis zu bekommen verdienen würde. Er zeichnet sich in jeder Beziehung aus, wenn auch nicht im Guten, vielmehr leider Gottes lediglich im Schurkischen und Bösen. Die Verführerin wird mit einer Geldsumme abgefunden, und Irma wird glücklich, indem sie ihren Roger wieder in Händen hält, von dem sie schon geglaubt hatte, sie find[e] und erhalte ihn niemals mehr wieder. Nun ist's mit einem Engel so: Er wird nicht leicht glücklich. Bezüglich Irmas Glücklichwerden stutzte irgend etwas in mir.

(345/I)

Wenn man sich zur Auffassung
oder zur Idee bekennt

Wenn man sich zur Auffassung oder zur Idee bekennt, daß jedes Erziehungssystem ebensowohl gute wie schlechte Früchte tragen kann, wenn man sich vergegenwärtigt, daß es unerzogene Kinder zu etwas bringen, ausgezeichnet, d.h. sorgfältigst erzogene Kinder dagegen nicht vor der Eventualität bewahrt sind, straucheln zu können, so wird man einer Geschichte, die nicht im Italien des Boccaccio oder irgendeines sonstigen namhaften Geschichtenerzählers geschrieben, sondern dem heutigen Alltagsleben entnommen worden ist, indem sie sich auf die Umschlag-

---

1 »Sängerin«

zeichnung eines Buches beruft, das ihr Verfasser vor kurzem in einem Kiosk ausgestellt sah, womöglich mit geziemendem Interesse folgen. Unter ›geziemend‹ verstehe ich die Güte, die sich zur Lebhaftigkeit einer gewissen Teilnahme aufschwingt. Aus Dankbarkeit hiefür erzähle ich nun, was unter Umständen freundlich vernommen, womöglich sogar gebilligt zu werden verdient. Groß, und in einer gewissen Altmödigkeit gekleidet, steht sie da, diese Trinkerin von Tränen, denn so lautet nämlich der Titel des Buches, dessen Inhalt mir durchweg fremd ist. Diese sehr fremdartige Frau, der man auf den ersten Blick ansieht, wie sie gebieterisch zu befehlen scheint, daß man sie Dame nennt, betätigte sich auf dem Gebiet der Erziehungskunst, indem sie einem Kind von gewaltigem Umfang Manieren, will heißen, Achtung einzuflößen bestrebt war. O, konzentriert nun eure Aufmerksamkeit auf die rührendsten Zeilen, die jemals, solange es eine Literatur gibt, erwogen und hienach niedergeschrieben wurden. Schon das hohe Haar, das sie besaß, von der ich hier, in einen Zustand der Verschüchtertheit hineingeworfen, ein Porträt zu entwerfen bemüht bin, ließ auf großen Erfolg schließen, denn solchen trug sie in Fülle in Bezug auf das Kind davon, das hauptsächlich die Aufgabe hatte, seine Hände flehend an ihr heraufzustrecken. Wie aus dem Buchdeckel wie Titel mit strahlender Helligkeit und Deutlichkeit hervorgeht, war es der Heldin um das kontinuierliche Kindertränentrinken zu tun. Offenbar mundeten ihr dieselben vorzüglich. Zu Spezifikationen schreitend, die zweifellos Interesse auszulösen bestimmt sind, werfen wir jetzt die Frage auf: Was ging in der Hohen vor, die eine Taille besaß, wovon gesagt werden kann, daß sie um's Jahr 1906 angefertigt worden sein konnte, und was bezweckte sie mit ihrer Ansammlung von Mitleidlosigkeit und Strenge? Diese Frage dürfte ungewöhnlich schwer zu beantworten sein. Lasse man sie daher schon lieber unerledigt. Vielleicht entgingen ihr ihre Absichten selber. Mit ziemlicher Sicherheit aber kann man die Behauptung aufwerfen, daß die Dame das Kind glücklich machte, indem sie sich zu sogenannten Tätschen herabließ, die sie nach jedesmaliger geflissentlicher Überlegung dem Kind hie und da glaubte verabfolgen zu müssen und dürfen. Des Kindes Tränen waren insofern teils Sehnsuchtstränen, als es zeitweilig sich selbst überlassen wurde, und insoweit Freudentränen, als ihm das Vergnügen gegönnt wurde, seine Erzieherin nach so und so viel Zeit wiederzusehen. Nicht unerwähnt darf bleiben, daß dem Kind die Pflicht auferlegt worden war, sich beim Weinen ein Glas oder auch bloß Gläschen unter die Augen zu halten, damit diese heilige, fromme Art Feuchtigkeit, dieser Erguß einer lebendigen Seele, hübsch aufgefangen werde und zusammenbleibe. Wie hätte sonst die Vorgesetzte dies süße Naß der Ergebenheit zu trinken vermocht. Genauigkeit im Geschichtenerzählen, sei gepriesen. Zu einer Zeit wurde dem Kind Grund dargeboten und Anlaß gegeben, so viel zusammenzuweinen, daß sich die schönste und unerbittlichste Gebieterin, die es je gab, in der Addition oder in der Vereinigung der fleißigen, schier unaufhörlichen Ineinandergeweintheit die Füße zu baden in die für sie sicher denkbar schmeichelhafte Lage kam. Es ist heute Sonntag, und dem Gedichteten oder, bescheidener gesagt, Geschriebenen hier dürfte eine gewisse Sagen- oder Märchenhaftigkeit anhaften, für die man gebeten ist, Verständnis aufzubringen, falls eine solche Bitte keine Unartigkeit ist. Immer mußte das Kind seine Erzieherin leuchtend, liebend anschauen, und Tatsache scheint denn auch gewesen zu sein, daß in seiner Innenwelt ein wahrer grüner, großer und schöner Wald, der sich aus nichts als unerschüttertem Vertrauen zusammensetzte, hochaufblühte. Man bleibe eines bißchens Ironie wegen, das ja der Gestalt nur zur Zierde gereichen kann, die sich der Aufgabe des Heranbildens unterzog, ohne Sorge. Das Kind war, wie ich schon hervorhob, stark, seine Kindlichkeiten stützten sich auf einige bemerkenswerte Fähigkeiten, weshalb ihm Maßnahmen meiner Meinung nach wenig oder überhaupt nichts schadeten, denen die Bestimmung oblag, es gewissermaßen zu schwächen. Liegt nicht etwas Zivilisatorisches im aufrichtigen Versuch, der Schwäche ein Recht zu verleihen, die Stärke aber nach Maßgabe in dieser Hinsicht zu kürzen. Meines Bedünkens nach besteht der gleichsam gottgewollte Wille zum Wiederaufbau von mannigfaltig stattgefundenen Heruntergekommen- oder Zerrissenheiten in einem Wunsch nach Ausgleich. Übermütige werden also gemäß vorliegenden Erziehungsprosastücks einigermaßen gehemmt, Mißmutige anderseits auch [zu] Fröhlichkeitsdarbietungen ermutigt. Die Moral, find' ich, sei verwandt mit der Kunst.

(352/I)

Kraftvolle,
in jeder Hinsicht ausgewachsene Höflingsgestalten

Kraftvolle, in jeder Hinsicht ausgewachsene Höflingsgestalten huschten federleicht, wie wenn sie von einer besonders schönen, wertvollen Lebensidee befiedert oder vom Interesse an der Zusammenballung ihrer Energien elektrisiert gewesen wären, an Balustraden voll(er) Üppigkeit, die doch wieder äußerst schlank gearbeitet worden waren, vorbei. Sie trugen etwas in Gürteln und Gehängen, das zu flüstern und leise zu rufen und zu zischen und höchst taktvoll zu brüllen schien: »Wir sind von berufenen Handwerkern geschliffen und geschmiedet worden.« Dolche und Schwerter blitzten demnach also in einer Geschichte, die sich offenbar mittelalterlich benahm und die ich in einem vom Schmerz, mich hoffnungslos geliebt, begehrt zu sehen, umwogten, umrahmten, was sein Entstehen anbelangt, antiken, was aber seine Möbliertheit betraf, modernen Zimmer zu ebener Erde mit großem Genuß las und die ich es mir jetzt angelegen sein lasse, behutsam, falls man so sagen darf, zu besprechen. Eine Besprechung ähnle einem Gespräch, das so dezent, d.h. so unbefangen und zugleich so selbstbeherrscht wie möglich sein wolle, mache ich mich glauben, und nie werde ich jene Schwarzkostümierte vergessen, die mich gleichsam preisgab und damit sich selber, wobei vielleicht von Voreiligkeit, von einer allzu großen Schnelligkeit des Empfindens gesprochen werden könnte, falls man einer schönen, wohlerzogenen Frau den leisesten Vorwurf machen dürfte. Ein Stubenmädchen, die auf die Anrede ›Zofe‹ zu horchen gewöhnt war, pflegte mich des Aben[d]s, wenn sie mit stiller Sittsamkeit[1] und mit angespanntester Nachlässigkeit, ihren blassen, zarten Busen dem schwächer werdenden Tageslicht zum Liebkostwerden hinreichend, an meinem Fenster, das offenstand, vorüberspazierte, mit Liedern, die sie selbst gedichtet haben mochte und die sie mit reizenden Fingergriffen über ein Instrument hinweg, das Gitarre genannt wird, begleitete, schmachtend und gleichzeitig voll ironischer Lustigkeit anzusingen. Der Garten glich in seiner von nur wenigen Menschen gekannten Schönheit, in die man die gesamte Menschheit hätte einweihen mögen, dem reichtönenden, ergreifend-süßen Gelispel und dem bald verstummenden, bald wieder von neuem sich wolken- oder baumkronen- oder schaum- oder traumhaft wölbenden, schwellenden Gesang. »Ich bin Schreiber, der sich die Mußezeit mit Lesen von Büchern kürzt, worin Draperien niederfließen, hinter denen solche hochauf- und niederatmen, die betrogen worden zu sein wähnen«, sprach ich zum musikalischen Unglücksvögelchen, die verzweifelt zum Himmel emporäugelte und, über ihre unzweifelhaft entzückende Verzweiflung lächelnd, wieder den Fußboden oder das, was man unter Erde versteht, mit seidenweichen Geduldsblicken beehrte. »Ich hasse alle deine Liebenswürdigkeit und ernähre mich wie eine Pflanze, die ihre Augen schließt und öffnet und deren Stillstehen ein verzaubertes Springen und Tanzen bedeutet, von den Säften meines zärtlichen Hasses«, meinte sie entgegnen zu dürfen. Ich aber las weiter, indes sich vielleicht in dieser Zeit ein Bibliothekar irgendwie und -wo mit Sichten und Ordnen von allerhand Schriften nützlich zu machen bestrebte. Das Buch, das ich mir ruhig zu Gemüte führte, wies gleichsam Schönheitsflecken auf und duftete nach Überstandenhaben von vielerlei Proben und nach dem Genossenwordensein von Unbekannten, die sich zum Teil längst aus den Sälen und den Wegen des Lebens entfernt hatten oder denen noch in irgendwelchen Wirkungskreisen tätig zu sein beschieden war. »Du solltest lediglich Bücher lesen, aus denen du etwas lernst«, bemerkte jemand, der

---

[1] »Seltsamkeit«

rasch in meine Stube hereinschaute. Bereits bannte mich jedoch eine Druckseite, die mir das Kennenlernen eines Abenteurers vermittelte, dem es Vergnügen zu machen schien, einer Frau von Bedeutung zuzumuten, sie solle ihre Bedeutendheit so weit treiben, derjenigen einen Gruß des Helden auszurichten, die sich an Bedeutung mit ihr nicht messen konnte, die aber vom Häuptling in der Kunst des Liebens geliebt wurde, und der nun das Wort aus dem Munde der vor begründeter Gekränktheit Lodernden mitanhören mußte: »Was erlaubst du dir?« »Ich bildete mir ein«, versuchte er sich zu entschuldigen, »du fändest es schön, diejenige als die Schönste zu empfinden, die es für den ist, der den Fehler beging, dich für vielleicht etwas zu großmütig zu halten.« Lange beweinte die Bedeutende in nachheriger Zurückgezogenheit ihren Mangel an wahrer Größe, und mich umschlang lange noch des Buches romantischer Inhalt, [der] über die Idee der Bereitwilligkeit außerordentlich aufklären zu wollen schien, als hätte mich eine Stimme davon, daß Helfen [...] immer [...] sei, zu überzeugen versucht. Was trugen sie nur schon für prächtige Gewänder.

(348/V)

Mit meinen schwachen Kräften beleuchte ich hier mit möglichst wenig Worten einen Film

Mit meinen schwachen Kräften beleuchte ich hier mit möglichst wenig Worten einen Film, der mir schon darum stark erschien, daß er sich in der Gebirgswelt zutrug. Ich sah heute im Schaufenster einer Kunsthandlung eine Abbildung des gealterten Goethe. Eine Zeitschrift, die einen Aufsatz über Byron enthielt, flatterte mir in die Stube. Ich las den Aufsatz laut vor, wobei ich mich nicht verhindern konnte zu glauben, daß er gleichsam ächzend geschrieben worden sei, ich meine, er war das Ungeschmeidigste, was mir an literarischem Erzeugnis je zu Gesicht gekommen ist. Ist [es] ein Gewinn für den Leser, wenn ihm sprachliche Unbehülflichkeiten in einem Artikel auffallen? Kann es zu den Genüssen gerechnet werden, mitanzusehen, wie jemand schlaff daherspaziert kommt, oder mitanzuhören, wie jemand schlecht spricht? Besagter Byronaufsatz nötigte mir um seines mangelhaften Kleides willen ein Lachen der Verachtung ab, was schade ist, denn der Gegenstand des Aufsatz[es] würde eher etwas wie Mitleid, jedenfalls Achtung, aufrichtige Anteilnahme verdient haben. Byron spiegelt mit seinem Wesen, seinen zer[s]plitterten Gebärden, seinen zerrissenen Träumereien sein Zeitalter ab wie kaum ein anderer. Vergessen Sie nicht, daß gerade Goethe, von dem ich soeben sprach, etwas wie ein Verehrer Byrons war, obgleich demselben allerlei Wunderliches, ich möchte sagen, seelisch Zerfetztes anhaftete. Goethe wird in seinem englischen Freund ganz einfach einen Generationsvertreter vermutet, erblick[t], erfühlt haben. Er wird vielleicht von ihm gedacht haben: Er ist ein Kind, und Kinder und Pflanzen und Mineralien waren Goethes Lieblinge. Der große Deutsche wurde eben nie alt, an Jahren zu seinem Bedauern schon, nicht aber im Innern. Darf ich nun vom Film weitersprechen, der mir eine Bekanntschaftserneuerung schenkte? Eine der Nebenfiguren dieses Films, der sich einesteils im Norden, andernteils im Süden abhaspelte und -spielte, wurde nämlich von einer Schauspielerin wiedergegeben, die ich eines Tages persönlich kennenzulernen das Vergnügen hatte. Nun sah ich sie da also sozusagen auf ganz merkwürdige[1] Art wieder. Vor allem freute mich, daß man ihr keine allzu große Rolle auf die Schultern geladen hatte. Ich bewohnte damals, ich meine, um die Zeit, als ich diesen Film schauen gegangen bin, eine vis-à-vis der großen Kirche befindliche, äußerst sonderbare, eigentümliche, merkwürdige, übrigens durchaus bewohnenswerte Mansarde, und bevor ich in dies Kino ging, hatte ich singen und musizieren gehört, was davon herrührte, daß man in der Kirche ein Oratorium von Verdi aufführte. Im Film selbst gab es ebenfalls Musik, falls man Alpenansichten als etwas Melodisches empfinden und bezeichnen kann.

---

1 »natürliche«

Als Hauptperson des Films figurierte ein ebenso artiger wie unmanierlicher Knabe. Weil er überaus manierlich und artig von Haus [aus] war, hatte er das Bedürfnis, zeitweise ein wenig Abwechslung in's Programm seiner mustergültiglichen Erzogenheit zu tragen. Als Professorssohn war er denkbar nett gekleidet, hoffentlich auch, da seine Mutter die jüngste und schönste Frau war, die je aus einem Kinostück herauslächelte. Ihre Augen, ihre Lippen, Gott, die Möglichkeit, mich hierüber geziemend auszulassen, verliert sich mir in ein(em) Sibirien, wo es noch immer Leute gibt, die mit Pfeil und Bogen versehen [sich] auf die Jagd begeben, wobei sie im Schnee waten und keine Ahnung von Dostojewski haben. Dort hinten, weit im Osten mag es vorkommen, daß Menschen existieren, die noch nie einen Telephonapparat zu Gesicht bekamen. Die Mutter des Knaben, der sich jedesmal sehr nach ihr sehnte, wenn sie einen Abstecher in's Gebirge unternahm, war also denkbar hübsch, elegant, romantisch und schön. Sie war dies um so mehr, als sie sich mitten in einer Liebe sah, in einer Liebe zu einem gottbegnadeten Bergsteiger, dessen Kopf von einer Wildnis von langen, wohlgepflegten Haaren geziert war. Man sah dieser Gestalt ohne weiteres die Genialität an. Er war einsam, und daher liebte sie ihn, und während sie ihn liebte, indem sie alles an ihm schön fand, und er wie eine Verheißung vor ihr dastand, saß der wackerste aller je vorhanden gewesenen Gatten wissenschaftlich beschäftigt mit einer Ausdauer zu Hause, die ihresgleichen suchte, aber nicht fand. Nun war tatsächlich der Geliebte der Mutter des Knaben nichts Geringeres als ein Graf, von dem angenommen werden darf, daß er die »Letzten Briefe« Foscolos irgendwann gelesen zu haben Gelegenheit gefunden hatte. Dieses Buch bedeutet ja für Italien etwa das, was für Deu[t]sch[l]and »Wert[h]ers Leiden« bedeutet zu haben scheinen und noch heute in gewissem Umfang sind. Über meine Mansarde von damal[s] könnte ich beifügen, sie sei von einer blauäugigen Soubrette jeweilen aufgeräumt oder instand gestellt worden. Unter Soubrette hat man ein Dienstmädchen zu verstehen. Einmal kniete ich in der Heimlichkeit und Abgeschlossenheit des Stübchens mit einer Erhabenheit, d. h. Innigkeit vor sie hin, die zur Folge hatte, daß sie lachte, der ich stammelnd gestand: »Wie lieb bist du.« Tannenäste hingen schwer in den Schnee des Films hinunter, und bitterlich beklagte sich der böse Knabe, denn es ist klar, daß man übelgelaunt und daher bös ist, sobald man reklamiert. Zufriedene Menschen tun das nie, und man kann sie daher als liebe Menschen bezeichnen. Das fühlte auch sie, die so groß vor sich hin in die Zuschauermenge schaute. Ich in meiner Zuschauerlichkeit würde ihr einen Kuß vor lauter Sympathie gegeben haben, wenn dies ausführbar gewesen wäre. Ich interessierte mich jedenfalls ganz abgründisch für sie. Schon allein der Umstand, daß sie so oval aussah, bekümmerte und beglückte mich zu gleicher Zeit, und nun sah ich die Mutter ihrem Knaben und den Knaben seinerseits seiner Mutter Vorwürfe machen, und immer schauten nichts als unempfindliche, an ihren Standort gebannte Bäume auf sie herab, und wer stand problemhaft, d.h. trennend, zwischen den beiden einander Nahestehenden: der Graf, und sie taten mir alle drei leid, d.h. eigentlich alle vier, d.h. nein, nicht alle vier, denn den vierten ging die Geschichte ja ganz und gar nicht(s) an. Die schöne Frau sagte zu ihrem Knaben: »Es ist nötig, daß du auf mich verzichtest.« Sobald sie das aber ausgesprochen hatte, sah sie die Unmöglichkeit, die Zumutung ein, und wenn sie Ähnliches zum Grafen sprach, begegnete ihr ein und dieselbe hohe Wand, eine Felswand, die sich dicht vor ihrem Gesicht hochaufbaute. War es artig von dem Knaben, seine Mutter zu veranlassen, so ungewöhnlich stark mit sich zu kämpfen? Dieser Knabe bildete sich beinah etwas auf seine Bedeutung ein. Man versteht das. Wie der Graf trennend, hindernd zwischen seine Flamme und ihren Knaben getreten war, so stand wieder seinerseits der Knabe hindernisbildend zwischen seiner Mutter und deren Stern oder Trost. Dieser Film ist für mich, ich kann und muß sagen, ein unvergeßlicher, schon der Mansarde wegen, mit der er verknüpft bleibt. Wie man mir zugestehen wird, habe ich ihm gerecht zu werden versucht. Nun noch schnell dies: Jedesmal, wenn ich netter angezogen, als wie dies gewöhnlich der Fall zu sein pflegte, mein Zimmerchen verließ, um zu einer Vergnüglichkeit zu eilen, stand auf jeder Etage eine dieser Hausfrauen im Gang und blickte mich auf eine Art und Weise an, als wolle man mir »Halt« zurufen. Der Film, von dem [ich] sprach, trug den Titel »Mutter, dein Kind ruft«, und vielleicht zog mich hauptsächlich der Titel hin. O, wie ist Liebe schwierig, wenn sie sich teilt. Die, die lieben, sind schön und arm, schön, weil sie sich so schön Sorgen machen, und arm wieder, weil sie Verlassene sind. Dem [einen] möchten sie in ihrer Güte dieses geben, dem andern das, und möchten bitten: »Nehmt vorlieb, es ist ein Teil«, aber werden dann vielleicht zurückgewiesen. »Du hast Besseres zu geben«, wird bemerkt, »was du mir gibst, will ich nicht.« Das wird nicht gerade gesagt. Aber man wendet das Gesicht weg. Wie stehen die Treuen dann beschämt da. Sie haben sich die Neigung zerschneiden müssen oder haben geglaubt, sie müßten es tun, und es war gewiß auch nötig, ab[er] wie riß es in ihr Herz, und nun bekommt niemand mehr ein zusammenhängendes Ganzes[1], aber was wissen die Nehmenden, Empfangenden, Fordernden vom Schmerz des Besitzens, von dem Zerbrechen der Freude des Gebens? Ich verstehe, weshalb Empfindliche jede kleine Berechtigung begrüßen, fröhlich[2] zu sein. Man achtet zu wenig darauf, was in den Seelen vorgegangen sein könnte. Warum setzt man immer, wenn man mit jemand in Berührung kommt, Freiheit, Gesundheit, Behaglichkeit und alles mögliche voraus, was man nicht sehr ernst nimmt?

(347/I)

---

1 »ein Zusammenhängendes, Ganzes«   2 »höflich«

Gedichte

*Setz an den Tisch dich,
lieber Dichter*

Setz an den Tisch dich, lieber Dichter, und berichte heute vom
Gelichter,
das angesichts der allerschöneligsten und (-)liebsten
Frau'ngesichter
sich belauert und prügelt, o, wie alle diese tapferen Vaganten
mit Schwertern und mit Speeren munter gegeneinanderrannten,
sich mit den denkbar ärgerlichsten Titeln schmückten und
benannten,
sorgfältig sich kaputt zu machen auf das Eifrigste entbrannten.
Fürchterlich war, wie die Bewehrten die Entwaffneten
entmannten,
was wunder, wenn die Zuschauerinnen ihre Augen abseits
wandten.
Ruhmreiche bildeten ein zornig-zitternd-prächtiges Gewühl mit
Ungenannten.
Einige sahen phantastisch aus wie Elefanten.
Mütterchen, Töchter, Schwestern, Nichtelchen und Tanten
spielten bei diesem Spiel die Bezauberten, Gebannten,
beklagten, was da taten die Gediegenen und Galanten.
Hast du den Mut, in solchen Themas Abgrund hinzusinken,
Dichter?

(372/II)

Der Lärchen helle Äste

Der Lärchen helle Äste
sind [am] eh'sten
man möchte so sagen, wegen
des Entzückens gegeben.
Frühling ist noch nicht da,
aber man glaubt beinah,
ihn um's Haus schweben

zu sehen. Da zu stehen,
nicht weit[er] zu gehen,
verwundert zu sein
über sein unsichtbares Gesichtelein.
Die Stimme, die unhörbare,
ist süß, und bedeutend,
gleichsam läutend,
gleitet mit den schnellen
stillen Wellen
die klare Aare
fröhlichkeitverwandt vorbei.
Ob ich glücklich sei,
fällt mir[1] nicht von fern ein, mich zu fragen.
(372/III)

*

Wenn jetzt die Bäume

Wenn jetzt die Bäume[2] eine solche grüne
Liebkosung vereint, schmeichelt's uns, und kühne,
drollig große, runde Gipfel
ragen empor, des Lebens Wipfel
dünsten, barfuß und schuldbewußt zu stehen
vor dem Tempel dünkte den
Lesenden schön, ihm schienen
die Zerklüftetheiten zuzurufen,
die Höhe lag umwölkt und in Ruhe
zerteilt und umzittert, umlispelt,
von den hochaufgetürmten Steinen,
von den Gesängen der Wälder
leiten Wege, die alt sind und jung,
hinab in die Felder.
Aber aus der Niederung,

1 »ihr«   2 »das Laub«

liebes Kind, zuckten
die geduckten
Peitschen. Bezaubert zu sein ist nicht nützlich,
aber Nützlichsein auch nicht bezaubernd.
(358/II)

*

Eigentlich kannte ich nie

Eigentlich kannte ich nie,
wie man so sagt,
Sehnsucht nach dir in der Seele, die
dich liebt. Ich bin, und du
bist auch, und was will man mehr.
Ich war all die Zeit her,
vielleicht mit einigen Pausen,
worin ich schmausen
gegangen bin, dein Kind und sagte »liebe Mama«
im Entzücken zu dir, dir anzugehören.
Laß mich nicht schwören,
ich wäre dir jede Sekunde treu geblieben
und hätte nie anderes als dich gewünscht, aber wie
jetzt der Himmel traulich blickt,
freundlich mit seinen Bläulichkeiten nickt,
lächeltest du.
Ich wanderte weit, weit.
Oft, wenn's mir einfiel, koste ich
diese und jene, worüber ich reuig
zit[t]re jetzt vor dir, doch was will das sagen,
du könntest es als Phrase auffassen.
Worte sind Teller und Tassen,
Liebe kann zerbrechen, und das Sehnen
kann sich verlieren. Ich kann das Sehnen nach dir
total entbehren, eins aber weiß ich,
daß, wenn ich dich liebe, wenn du von mir geliebt bist

mit der hellen Liebe des Lustigseins(,) dabei(,)
alles von dir empfangend und dir alles darbietend –
ich weiß nicht, ob das sehr gültig oder gut gesprochen ist
und ob ich's richtig auszudrücken vermag –
ich mich lebendig empfinde.

(349/I)

*

Sie kann euch vier Stunden hintereinander

Sie kann euch vier Stunden hintereinander
auf den Zehen stehen,
was an sich sicher etwas ist.
Daß sie taktvoll ist, wie taktlos ist das.
Oft keimt Wander-
lust, wie wenn Kinder
Freude am Klettern haben,
elastisch in ihr auf.
Sie kennt den Lichtenstein von Hauff,
plaudert im Wald mit Hasen und Rehen,
liebt es, wenn der Wind weht,
der ihr mit Reue und Furcht
nahen müßt' und jedes Jahr das Haar
wieder rupft, was kolossal mittelmäßig
von ihm ist, so dulde, mein Bester,
daß die eiserne Schwester
sich mit dem Fächer frecher
Gefühllosigkeit empfindsam und ruhig[1] fächelt
und über euch, aber hauptsächlich über sich,
gütig, fröhlich, verächtlich lächelt.
Nachlässig
und zugleich im höchsten Grad exakt,
mit unnachahmlichem Takt,

---

1 »eisig«

an Gewinne denkend, was vielleicht
hie und da an Arroganz heranreicht,
mit der Reiher-
feder im Haar und dem[1] Schleier
durchsichtiger, blankgeputzter Lebensbejahung umkleidet,
leichthin [sie] dir entgegenschreitet,
manchen Führer verführt und Leitenden verleitet
zum Öffnen seiner Zu[ge]knöpftheiten.
Einmal sah man sie im Hippodrom reiten,
wie es sie genierte,
daß ein gewisser Reiteranstrich sie zierte.
»Ich bin nicht gewöhnt, auf Zuschauer herabzuschauen
wie zum Beispiel auf nette Frauen«,
sprach sie zu sich, aber die Art, wie sie das Vertrauen
zu sich und ihrer Umgebung immer wie parierte,
das betonten, die dies zu sagen nie genierte.
Zudem fand[en] zwölf helle Große
Platz in ihrem geschmeidigen Schoße,
der an Glätte, ich wette, was du willst, mit einer Felswand
                                                    konkurrieren kann.
Heute sie sich wieder einmal drauf besann,
daß schließlich etwas auch wie Pflichten
hochauf sich richten.
Sie hilft füttern, waschen, kochen, putzen
und sieht mitunter aus zum Stutzen.
Mit wirklich feinen Menschen, will mir scheinen,
habe sie sich keinen
Moment besonnen, sich zu einen.
(281/II)

*

1 »vom«

Verdiene ich
dies reizende Vertrauen?

Verdiene ich dies reizende Vertrauen?
Sie hält mich für den nett'sten Mann der Welt.
Unmöglich ist's ihr, nicht auf mich zu bauen,
aus hellen Augen dringt ihr
das Sehnen, schätzelig mich anzuschauen.
O Gott, gelingt mir
vielleicht ein Sonett schier, und umfängt Grauen
das Glück mir, daß ihr meine Art gefällt,
der ich nie zu wissen
gab, wie ich sie vermissen
müsse in meines dunklen Bettes weichen Kissen.
Um's liebe Geld
habe ich manch guten, süßen
Artikel in die Zeitung schreiben müssen.
Die, die mich für den nett'sten Menschen hält,
konnt' leider ich kein einz'ges Mal noch küssen,
sie wartet, wartet,
als wär' es abgekartet,
fand uns zusammen um's Beisammensein geprellt,
daß wir uns fremd sind ...

vom Küssen gar nicht zu reden. Ich beendige dieses Gedicht lieber in Prosa. Manchem Empfindsamen mag dies gewaltsam vorkommen, was es aber nicht sein kann, da ich mich erinnere, daß es bei anerkannt vorzüglichen Dichtern [...] ebenfalls hin und wieder vorkommt. [......]
(362/II)

*

Von wo kam ich damals her?

Von wo kam ich damals her?
Ich weiß das heute kaum noch mehr,
womöglich vom Abendessen.
Nun ist's naturgemäß mir schwer
zu sagen, wie sehr mir der
Gesang gefiel und wer
es war, dem ich die schlanke
Klang(e)sgestalt verdanke,
die sich wie der weiche Leib
von einem lieben Weib
entfaltete. O, wie ich schwanke,
ob dies akzeptabel ausgesprochen sei,
aber auf jeden Fall,
und dies war mir nicht einerlei,
zog ich umhallt von Schall
beglückt vorbei.
Noch heut' erinnere ich mich dessen.
(307/II)

*

Ich komme mir heute wohl vor

Ich komme mir heute wohl vor
wie einer, der sich noch nie verlor,
wie einer, den das Schicksal auserkor,
jeweilen im Nebelflor
seinen Unannehmlichkeiten zu entschwinden.
Der ist ein großer Tor,
der sich sein schätzenswertes Ohr
nicht stopft und nicht im Nu imstand ist zu erblinden,
der seines Wünschens Kind nicht kann erfinden.
Die Schleier bei den Frau'n in frühern Jahren
nicht ohne Bedeutung waren.

Daß diese unsere Zeit so tief herunterkam,
darin besteht wohl manches guten und k[l]ugen Menschen Scham.
Der Welt fehl[t] der Sinn für das Geheimnis.
Glaubt man denn, weil wir den Mut zu ihm nicht haben,
es sei nun nichts mehr wert, alle wirklich großen Gaben
kamen von ihm und möchten jetzt noch von ihm kommen,
diesem so frommen
einzigen und alleinigen Entwicklungskeime.
Gebärdet euch, wie ihr wollt, ihr klebt dennoch am Leime,
bis ihr's wieder respektiert, das euch niemals gönnt,
daß ihr gedeihen könnt.
Toren,
die sich gegen sich selber so gänzlich verschworen
haben, Satanas,
was anderes habt ihr nicht aus euch gemacht als das,
wie ich's im Buche meiner Seele heute zu meiner Trauer las,
doch schon morgen
werd' ich wieder für mein Vergnügen sorgen.
Ich bin fröhlich wie nur einer
und ernst zugleich wie keiner.
Mir hat es
inmitten schmutzigen Verrates
nie an der List gefehl[t], mich als Reiner
zu fühlen. Die Kraft zu wähnen, ihr hättet mir kein
Sächelchen nehmen können, die bleibt mein.
Ich verlache eure verlorenen Müh'n.

(324/II)

*

Wie es scheint, dichte ich hier wieder mal

Wie es scheint, dichte ich hier wieder mal.
Welch weiche schmeichelnde Lüfte
umschweben, umspielen deine reine[1] Hüfte.

---

1 »feine«

Vor deinem schönen blassen Gesicht
es mir beinah an Entschlossenheit gebricht,
dich in dieser Minute nicht
zu lieben, gleich einer frommen
Nonne bist du mir entgegengekommen.
Gestern hing ich lange
an einem verhallenden Glockenklange.
Meine Begeisterung zittert
vor Schwung, und umgittert
von Eisenstäben
sehnte sich eine Geistesgestörte nach dem Leben,
indem sie Kußhände
hinaus in's Gelände
mit theatralischer Gebärde warf.
Bei diesem Anlaß darf
ich möglicherweise sagen,
welch eine Reihe von schönen Tagen
sie mir zur Zeit vorübertragen,
die gütigen Genien, denn als echter Poet,
der bisweilen träumerisch am Fenster steht,
nehm(e) ich's mit dem Logischen nicht genau,
unsäglich blau
sind ihre unsichtbaren Beine,
womit ich die Unschuld meine,
mit der ich das hier bekannt mache,
damit der Leser leise lache,
dem köstlich vorkommen muß,
wie ich mit dem Pegasus
verfahre. Jahre gehen
hin, wie Winde wehen,
wie blinde stumme Musikanten,
die nie ihren Namen nannten.
Gestern hörte [ich] beim Zubettegehen
den Wind wunderbar wehen.
Ich war ganz hin
ob dem tiefen holden Sinn

seines so angenehmen
linden und stürmischen Wesens.
Nicht viel Federlesens
mache man bei der Behandlung von Themen.
Man balle
sie, daß es ein fröhliches Gehalle
ergibt. Glocken sind gleich frommen
schwarzangezogenen Nonnen gekommen.
Schriftsteller geben sich oft verschwommen.
Was habe ich dem Glockenklang entnommen?
Daß ihre schöne Seele
mir fehle.
[...] duften süß wie Veilchendüfte.
Heute im Föhn
sah ich's wieder, du bist schön,
wonnige Nonne,
wie die Morgensonne,
phänomenal
ist deines Andachtsgesichtes weißer Strahl.
(323/II)

*

Ich las einmal so eine Art von Buch

Ich las einmal so eine Art von Buch,
worin man leider sich nicht recht vertrug.
Ein Abkömmling mit noblen Augenwimpern
verliebte [sich] in eines Mädchens Klimpern,
womit die Bürgerstochter sich die Zeit
vertrieb, die ihrerseits nicht anders konnte,
als daß an einer Neigung sie sich sonnte,
die einen jungen Völkischen betraf.
Der erste war ein durchaus echter Graf,
der unerhört geschickt lorgnettelte,
nette Intrigelei'n anzettelte.

Nun, und so red' ich wieder von dem Mädel,
sie las die Handel, sprach mit Volkes Schädel
und glaubt' in einem fort unsäglich brav
an ihr verleumdetes großnas'ges Schaf,
so nenne nämlich munter ich den Trauten,
auf den zwei holde Mädchenaugen bauten.
Ein Vater ließ romanhaft sich betrügen
durch ein erstaunliches Talent im Lügen.
Schluß des Romanes, komm' herbei,
vereinige mir die zwei,
damit die Sehnsüchtelei
nun aufhör' und das Liebespaar befriedigt sei.

(43/II)

Mädchen, Buben spielen gern

Mädchen, Buben spielen gern,
auch Erwachs'nen macht das Freude,
ich die Zeit mir hier in Bern
mit der Poesie vergeude.

Alles wünscht, er wäre krank,
um ihn wacker zu verzärteln,
solchem frommem Wunsch zum Dank
sah man zänkeln ihn und kärteln.

Spielverderben, hei, wie nett
das doch ist, bald saure Gurke,
bald beschwerlich, bald adrett,
Engel heut' und morgen Schurke.

Hier in Bern ich mich schon häufig
über die hab' amüsiert,
die sich nur schon zu geläufig
jeweils über mich mokiert.

Spielen ähnelt nicht von fern
dem Gespöttzunichtemachen.
Ja, ich muß gesteh'n, in Bern
konnt' ich oft schon herzlich lachen.
(43/IV)

Vielleicht wäre der Schnee

Vielleicht wäre der Schnee,
wenn ich ihn an so seh',
gern grün oder rot,
möglich nämlich, daß er sich tot
vorkommt. O, welche Not
ist's, daß man in einem fort
bleibt, was man ist, wort-
los ist der Schnee, der gern weißer
wäre, als es der Fall
ist, er findet, daß sein Schall
nicht genügend Widerhall
gibt. Immer Schnee sein müssen
vom Kopf bis zu den Füßen,
tragisches Possenreißen
eines kalten Heißen,
item, liebes Kätzchen,
vermeide die Mätzchen.
Willst du den Schnee zum Mann bekommen,
so bezaubere ihn mit frommen
Lügen, sage ihm nie, du fändest ihn dumm,
sonst denkt er, du schwärmtest für ihn,
seist aus Ungeduld eine Verdreherin
von klaren Tatsachen,
und siehst ihn dann bloß stumm
sich so seine Gedanken machen und über dich lachen.
Halte dich selber lieber für die dumme,
damit er nicht brumme,

der heiße, weiße, kalte Schnee,
den ich an so seh',
wie er kämpft mit seinem Weh,
ein schlankbeiniges Reh
springt über ihn hin.
(43/V)

*

Schildkrötelein

Schildkrötelein
schien nicht besonders aufgeweckt zu sein,
doch dafür mundete der Wein
überaus vortrefflich, doch wie fein
strahlt heute zarter Sonnenschein,
zum Reitpei[t]schengewitterlein,
das gestern herrschte, spricht das heut'ge schöne Wetter niedlich
                                                                                                       nein.
Freundliches Lichtelein
lächelt zum Fenster herein.
Glücklicherweise war das Peitschelein nur klein.
Ich bin nicht mein und bin nicht dein,
sondern schaue als ein Freier drein.
Ein Dichter namens Heym
sank eines Abends in die ihn umschling'nd[e] Tiefe ein.
Reizend fand ich, dem Plauderstündchen mich zu weih'n,
das schweigsam sich verhielt und nicht bestand aus Pein.
Du wirst mir sicher verzeih'n,
daß mich Pistölelein und Dölchelein
in keiner Art und Weise hinderten, nach jeder Richtung hin
                                                                                                       vergnügt zu sein.

(308/III)

Reizende Zufriedenheit wäre in mir

Reizende Zufriedenheit wäre in mir,
wenn mich nicht hier, ja, ja, hier, hier,
ich deute dorthin, wo die Seele, ach, die Seele sitzt,
die Unzufriedenheit umzuckt', umblitzt'.
Wie schlicht ich das zu sagen, vorzutragen wage,
als [...] ich heiter hinab in meine arge Lage.
Warum durfte es mir mehr als oft Vergnügen machen,
über mich und die Welt so sehr, so sehr zu lachen?
O, welche himmlischschöne Unbehaglichkeit
mich jetzt umwehen will, möchte ich dies Lauschen,
ach, dieses liebe Warten, das mich bittet, o sei endlich doch bereit,
mit irgend etwas anderem vertauschen?
Schöner als sonst scheine ich, derart zu mir redend, angezogen.
Hat mich denn muntrer[1] Glauben jemals schon betrogen?
Ach, ach, wie oft auf schimmernden Lächelns Wogen
fand ich Unseliger schändlich mich durch mich belogen,
an Herz, Gemüt und allem ausgesogen,
wie war ich, wenn ich es auch frech verlachte,
dennoch zu unterst in dem abgrundtiefen Schachte,
du böser Traum, du innere Raserei, offenherzig und verräterisch,
       lustig und traurig, bang und feurig ich an dich dachte.

(308/IV)

*

Verbirgst du dein Gesicht jetzt

Verbirgst du dein Gesicht jetzt
in deines blonden Haares herrlich traurig gold'ner Fülle,
damit sich's nicht einmal vor deiner Seel' enthülle,
wie, was du wähntest, dichtetest, nun ein Verzicht netzt
mit schamlos hoheitvollen, stolzen Tränen,
die Ähnlichkeit besitzen mit den Strähnen,

---

1 »der muntere«

hinter denen du dich verbirgst, doch dem Gebirge gleich
schreitet elastisch und doch auch zugleich so weich
von unabweislichster Festigkeit das Schicksal am Gemälde
deiner Betroffenheit vorbei, schimmert mit dem wohlerworb'nen
                                                  Gelde.
Gedankenlos marschiert es seine lustige, tragische Bahn,
und nie erkannten, nie durchschauten sie es, die es zu irgendeiner
                                                 Stunde sah'n.

(305/II)

*

Könnte man mir danken

Könnte man mir danken,
so müßte ich die Augen senken,
ich Rumpelkammer, die ich bin,
mit spielerischen Geistern drin,
die keinen zeitgemäßen Sinn
mehr haben, Schaben haben.
Das sind scheinbar so meine Gaben,
[…] daß ein Mensch sich würd' an mir erlaben.
Seht mich doch springen, traben.
Warum lauft ihr mir denn nicht nach,
der sein gegebenes Versprechen brach?
Dacht ich (m)einem Mädel nicht,
meinem lieben Seelenlicht,
per Gelegenheit ein Rittergut zu schenken?
Nun seht ihr mich aus Schenken schwanken,
mich Betrüger in Gedanken.
Kein Wissen dürfte man missen.
Aus den weichen Kissen
sollte man zur Verantwortung sie ziehen,
die vor dem Besten fliehen,
was es in ihnen gibt, vor ihrem Gewissen.
Warum zieht ihr nicht durch alle Gassen,

um eure Stimme(n) erschallen zu lassen,
den Menschen zu sagen, sie sollen mich hassen
und mich am Kragen versuchen zu fassen,
weil ich sie verlachte,
die Liebes und Gutes von mir dachte.
O, wie ich euch verachte, verachte.
Und ihr duldet mich noch. O schämt, o schämt euch.
Ihr kennt mich, wie mich kennt meine Hand,
dennoch leidet ihr mich in eurem Land.
Solltet euch wohl schämen,
daß ihr mich nicht konntet zähmen.
(309/II)

*

Einer wollt' mich einmal warten lassen

Einer wollt' mich einmal warten lassen
und konnte dann naturgemäß kaum fassen,
daß auch ich meinerseits ihn warten ließ,
indem ich einen Narr'n ihn hieß,
ich macht' ihn insofern zu einem Narren,
als ich ihn beim Gedanken ließ beharren,
ich stürbe schier vor lauter Ungeduld
und käme vor mir selbst um alle Huld,
wär' im höchsten Grade unzufrieden,
und nichts als schlechte Laun' sei mir beschieden.
Vom ersten Tag an aber, da er sich
wiegte in der Idee, er quäle mich,
mußt' ich, fürwahr, 's gibt sonderbare Sachen,
über seine Eingebildetheit lachen.
Ich ließ den Wartenlasser meinerseits,
umhüllt von des Vergnügtseins stillem Reiz,
auf's Nichtmehrlängerwartenkönnen warten,
wohlaufgehoben in dem denkbar zarten
Garten beschaulichen Beschäftigtseins,

und ein Verlangen gab es bei mir keins,
irgendein Lebenszeichen zu vernehmen
von dem, der durch Beschämen mich wollt' zähmen,
noch immer wartet er, ob ich die Lage
scheinbar des Wartens und des Harr'ns ertrage.
Klingt es nicht beinah schon wie eine Sage,
daß einer, den man durchaus will verstimmen,
grad dadurch in den Lebenswell'n lernt schwimmen.
Es scheint von mir sehr keck
zu sein, wie ich vom Fleck
weg die Dinge auszusprechen wage.

(330/II)

Abgesehen von der Schleppe, die sie hatte

Abgesehen von der Schleppe, die sie hatte,
schien äußerst stark ihr wackerer Herr Gatte.
Ihres Haares Fülle glich einem Traum,
womit ich sie charakterisiere kaum.
Ich meine, daß sie eine Art besaß,
unüberlegt zu schreiben: »Bist ein Has'«,
einem, der ihr total ergeben war.
Unter des Landes erles'ner Männerschar
wußte Frauen zu pflegen keiner besser als
der, dem sie öfters stürmisch fiel um den Hals,
nämlich ihr Herr Gemahl, den ich bereits
höflich erwähnte. Dennoch lag ein Reiz,
vielmehr grad' infolgedessen, für
ihr Wesen darin, daß sie an der Tür
stand, um zu horchen, ob er käme, denn die
denkbar vielen zufriedenen Seelen, wenn sie
eigentlich viel zu froh schon sind, erwehren
sich eines Wunsches nicht, es möchten Zähren
ihnen des Tages Leichtigkeit erschweren,
damit sich Freud' in Trauer könn' verkehren.

So sandte sie zum Beispiel einen Brief
an ihn, worin sie schrieb: »Du liebst mich tief,
ich weiß es, blaue Augen wie die deinen
sollen in goldigen Bächen um mich weinen.«
Derartige Red' bewirkte wahre Wunder
des Empfindens in ihm. Sie glich dem Zunder
an einem Feuerwerk, und wenn er kam,
bestand er gänzlich nur aus zarter Scham
um glühender Liebesfrömmigkeiten willen.
Sie [ver]mochte, hieß es, fein, fein, fein im Stillen
sich zu gegeb'ner Stunde
am Ausdruck seiner blühendschönen Wunde
zu weiden, der ihm strömte aus dem Munde.
(330/III)

*

Sieh mal einer an

Sieh mal einer an,
was sich die ersann,
weiter nicht viel Klügeres sie kann,
als mit scheinbar überaus frommen
Schüchternheiten vor die Türe mir zu kommen,
ganz zerzaust und ungekämmt,
seelisch ungewaschen,
präsentiert sie sich im Büßerinnenhemd,
will ein Abenteuerchen erhaschen,
also lediglich um's Naschen
ist es ihr zu tun.
Hände in den Taschen,
Bein' umwickelt von Gamaschen,
Füß' in doppelsöhl'gen Schuh'n,
steht jemand in bittrer Kält'
da und hält sich für den Inbegriff der Welt.
Es ist wohl ein sogenannter

ideeller Ab-, womöglich Gottgesandter,
der da dargestellt
und sich eingemummelt und -gefellt,
mäntelchenummummelt
und umsummelt und umbrummelt
von einer Menge von herrlichen Ideen,
einsam auf den Kieseln hier will stehen.
Frier', Armer, frier'!
Zu dem Gedichtchen hier
gaben zwei Gemä[l]dchen Anlaß mir.
(331/III)

Du hältst dich für innerlich

Du hältst dich für innerlich,
weil du nicht am Äußeren hängst,
weil dich die Gesichter,
abends die Lichter
nicht freuen, weil der Lärm dir zuwider ist,
die gei[s]tvollen Gespräche.
Was das für eine Schwäche
von dir ist, für eine Selbsttäuschung.
Innerlich ist man jeweilen aus Erschöp[f]theit,
aus einstweilen wieder einmal Genughaben
an den Äußerlichkeiten,
alsdann zündest du dir
die fröhlichen Kerzen
des Umgangs mit dir selber
mit spielender Leichtigkeit an.
Alles Innere also stammt
aus Bildern, aus Erlebtem der
Mannigfaltigkeit der Welt,
die du, wenn du dich
deiner erfreuen willst,
liebend und dich daran erlustigend

abspiegelst.
Ohne Erfahrung verödet dir
das Reich, wovon du sprichst.
Niemals ist, wer das Leben
sich nicht zu verachten zwingt,
einsam.

(331/IV)

*

Schau dir doch nur mal seine Geste an

Schau dir doch nur mal seine Geste an,
mir scheint, es sei reichlich viel Wehmut dran.
Er weiß, er hat das Privilegium,
nicht sorgsam leise um die Wahrheit rum-
zugehen mit kolossaler Tapferkeit,
indem er in die Sitte eingeweiht
ist, läßt er seinem Denken völlig freien
Lauf, da man allerseits ihm wird verzeihen,
gar nicht ernst nehmend, was er Braves spricht
mit sanfter Gest' und höflichem Gesicht,
denn dazu ward Berühmtheit ja erfunden,
damit sie ungeniert sich kann bekunden,
den Luxus sich erlaube, interessant
zu sein, man setzt voraus, er sei galant,
wisse in Wirklichkeit sich zu beherrschen,
niemand fällt ein, sein bißchen Zähneknirschen
moralischer Anwandlung für echt zu halten,
herzlich gern gönnt man ihm sein Händefalten.
Zu Undank neigen die, die danken sollten,
denen sämtliche Leute Beifall zollten.
Das eigene Hochragen
ihnen Anlaß zu Klagen
gibt, denn sie haben schwer an sich zu tragen.

Lasse man sie sich nur[1] die Wahrheit sagen.
Furchtbar belästigt von Gewissensbissen,
mahnen sie gern die Menschheit an's Gewissen.
Ach, Herrje,
wie tut die Seele solchen Herren weh,
hier ich gern dir zur Verfügung steh'.
(44/II)

*

Ich sah mich wohnhaft einst in Außersihl

Ich sah mich wohnhaft einst in Außersihl,
wo ich Offerten richtete an Banken
mit Schriftzüg' offenherzigen und schlanken.
Fern lag mir ein bestimmtes Lebensziel.

Von Zeit zu Zeit ging ich zu Fuß nach Biel,
der Stadt am See, dem hübsch[en], spiegelblanken,
wo meine Sinne Weltbejahung tranken,
auch las ich selbstverständlich gern und viel.

Wohin will meines Lebensschiffes Kiel?
Ich fand mich damals öfter in Gedanken,
was Tätigkeit betraf, bedenklich schwanken.

Von selbst war ich im dichterischen Spiel,
wie es sich aus der Seele woll[t]e ranken,
alle Innerlichkeiten auf die Knie mir[2] sanken.
(45a/II)

---

1 »nie«   2 »nun«

Schimmernde Inselchen im Meer

Schimmernde Inselchen im Meer,
Fregatten kommen von irgendwoher,
auf den Inseln gibt's anscheinend viel Kultur,
so gegen neunzehn bis zwanzig Uhr
abends mag's sein,
doch nein,
noch nicht so spät, denn ein Ackerer,
so ein emsiger Batzenzusammenrackerer,
arbeitet noch auf seinem Feld
als landwirtschaftlicher Held,
der spielt sein Spiel, verdient sein bißchen Geld,
die Erde ist schwärzlich braun.
Einer [mit] Flügeln sich will anvertrau'n
den Lüften, wir werden später
sehen, wie er wedelt im Äther.
Wunderbar verschmitzt
schaut der Mond aus, einer sitzt
staunend ob dem Tempel der Natur
auf einem vorgeschichtlichen Stein,
betrachtet weiter nur
ein singendes, fliegendes, in's Zwitschern verliebtes Vögelein,
indes seine Schafe, sich selbst überlassen,
friedlich im blassen,
rötlich geschmückten Abendland
weiden. O weh, eine Hand
gestikuliert in stürzendem, stummem Hilfeschrei'n
von oben herunter,
und wie der Meeresbusen munter
lächelt mit höchstem Gezier, denn der schwur,
er wolle die Schwere
nun überm Meere
besiegen, sich mit der göttlichen Schönheit im Azur
selig vermählen und Wurzeln
am Lande verlachen, nun wird er im Purzeln

T U R

ivimus ad exempla.

von unserer Arbeit? Vergil

künstlich vermehrt. Properz

gehört, daß wir nach Beispielen leben. Seneca

NTAG

Nr. 348

Originalgröße — Nr. 224

zum ausgezeichneten Meisterlein
und wird sich jetzt verhältnismäßig klein
vorzukommen haben.
Anerkennenswert sind immerhin die Gaben
der Unternehmungslust, was ich hier schrieb,
verdanke ich einem Brueghelbild, das im Gedächtnis mir blieb
und dem ich die höchste Achtung zahlt',
weil mir schien, es sei vortrefflich gemalt.
Allem Streben,
über das gemeine Leben
uns emporzuheben,
ist ein Ziel gesetzt im Leben.
(45a/III)

In einem Schlosse oder Landsitz saßen

In einem Schlosse oder Landsitz saßen
zwei, die zusammen Abendmahlzeit aßen,
bei künstlerisch beschirmter Lampe Schimmer
in einem denkbar fein möblierten Zimmer.
Nun war ja ihr Beinandersein nicht ganz
am Platz. O, welch ein Schatz lag in dem Glanz
ihrer herrlichen Augen für sein Fühlen,
das er umsonst versuchte abzukühlen.
Mit der gewissermaßen beinah schwülen
Bemerkung wußte sie ihn aufzuwühlen:
»Du liebst mich ja.« O, wie mit leiser Tatze
die üppige und dennoch schlanke Katze,
dies redend, schlich einher, [...] sie einem Kinde.
»Du liebst sie ja«, versicherten draußen die Winde
ihm, die im Garten mit den Blättern spielten,
sehr leicht ist's nie zu wissen, zum wievielten
Male sie ihm nun schon sagt: »Du liebst mich ja«,
den zu behalten sie sich ausersah.
Die Früchte auf dem Tisch, auch sie, auch sie,

sangen dieselbe holde Melodie.
Dem ständig auf sie Schau'nden war's, als müsse
er Schemel sein für ihre kleinen Füße.
Im Hause war es unbeschreiblich still.
Sie sagte: »Wer mich glücklich machen will,
muß sich mir ohne mindestes Bedenken
samt allem seinem Eigentume schenken.«
Die Weine schimmerten wie Edelsteine.
»Du liebst mich ja«, nichts sprach sie als dies eine.
Waffen gegen eine so zarte feine
Gewißheit gab es fortan für ihn keine.
»Du liebst mich ja, und fest bist du der meine«,
klang es leise aus dem mitternächtigen Geweine.
(45a/IV + 45b/I)

*

Ihr Nadelstiche alle, seid gegrüßt

Ihr Nadelstiche alle, seid gegrüßt,
weshalb gerade ich das wohl so sage,
hätt' ich nicht eher Grund zu einer Klage,
weil ich so oft den Mut schon eingebüßt?

Ihr Sticheleien, ach, wenn ihr nur wüßt',
wie ich aus euch mir beinah alle Tage
meine Ermunterung zusammentrage,
wie ihr fortwähr'nd das Leben mir versüßt.

Zwar braucht es Kraft, ich sag' es frei heraus,
die Hieb' und Bisse angenehm zu finden,
nicht jeder ließe sich so friedlich schinden,

ich mag mich aber gern als einen Graus –
was an Erfahrung blieb[e] mir nur aus –
recht[1] um des Leid'ns Bedeutung will'n empfinden.
(34/I)

1 »wohl«

Zu solcher Leckermäulchenzeit

Zu solcher Leckermäulchenzeit
gibst du mir was zu naschen,
fül[l]st mir mit Süßigkeit
die unverschämten Taschen,
statt mir den Kopf zu waschen.
Du gehst[1] vor Klugheit meilenweit,
und ich geh' in Gamaschen,
mache mich möglich[s]t breit und seelenweit,
wünsche dein Herzeleid
an einem Zipfel von seinem schönen Kleid
spielend zu erhaschen.
(34/III)

*

Helfern, wo sich's schickt

Helfern, wo sich's schickt,
ein Anlaß aus dem Leben blickt,
herzlich zu sein,
fröhlich ist das Herz recht klein,
vor allem beherzt
es gern, was ihm lieb ist, es scherzt
gern, was es schmerzlich berührt,
sucht es zu vermeiden, ihm gebührt,
woran es sich weiden kann.
Ob's leidet, ob es sich freut,
liegt samenhaft ausgestreut
von der Hand, den Fingerchen,
daß es irgend etwas lieben
wird, ist noch nie ausgeblieben.
Nehmen und Geben aus dem Herzen,

1 »siehst«

unvorhergeseh'ne Schmerzen,
aus Lust und Leid
besteht sein reiches Kleid,
Inn'res ist ihm eigen,
es liebt nicht, sein Vorhandensein zu zeigen,
wenn etwas nicht Verehrtes
[... ...] uns ehren mag, ist es es.
(41/I)

O, wie damals im ausgedehnten Schlaf

O, wie damals im ausgedehnten Schlaf,
was Liegen in den Betten anbetraf,
wo viele die lange Nacht durchschliefen,
mir Schattenspiele vorüberliefen.
Irgendwo rag[t]e eine kolossale,
sehr elegante, scharmante Kathedrale
vor mir empor, die Wege war'n schneeweiß,
die Mitternächtigkeiten schienen heiß
auf mich niederzutriefen, an dem tiefen
Schlaf also liefen meine schiefen
Freudigkeiten vorbei, die in sich wankten,
die auf's Unzweifelhafteste mir dankten,
daß ich voll Höflichkeit sie hinnahm,
indes ein äußerst kapriziöser Gram
mich bis dorthin begleitete, wo diese
sich selber überlassene Luise,
recht mit dem Kleid der Einsamkeit bedeckt,
in eine Situation hineingesteckt,
woraus sie mit den größten Tapferkeiten [sich] kämpfte,
meine Unausgeglichenheiten dämpfte.
[... ...]
(41/II)

Von den Ketten

Von den Ketten,
die die Rücksicht, Pflicht
an ein bekanntes Gedicht
binden, ist niemand zu retten.
Überall, ich will wetten,
droht der Freiheit Gefahr,
und mir wird klar,
daß, wer am Unernst sich erlabe,
die größte Freiheit habe,
wer sich mit dem Fächer der Duldung fächle,
am freisten, fröhlich[st]en lächle.
O Glück,
wer führt uns Stück für Stück
an deine Brust zurück?
(41/III)

Er und sie aßen artig Huhn mit Reis

Er und sie aßen artig Huhn mit Reis
unter zarter Beleuchtung Strahlenkreis.
Natürlich gab es später süße Speis',
doch vorher schon, ich mein', beim Huhn,
war's mir aufmerksam darum zu tun,
sie und ihn zu betrachten. Dieses Achten
auf den Umstand, daß sie bequem sich's machten,
indem sie Eßbar's zur Vertilgung brachten,
wobei auf rätselhafte Art sie lachten,
nicht laut, nein, leise, o, unsagbar still,
ich langsam nun zur Geltung bringen will.
Mir scheint, sprach ich zu mir, wer so gerissen
dasitzt, hat irgend Schlecht's auf dem Gewissen.
Sicher betrog er hunderte von Frauen.
Daß diese hier so hold auf ihn kann bauen!

Ein oder zwei'n ist fraglos er gewesen
ein [... ...] unzähliger Spesen,
das ist ihm am Benehmen abzulesen,
doch jetzt besorgt er gleichsam, was ein Besen
freundlich, hausfraulich für das Richt'ge hält,
zwischen beiden etwa ein Wörtchen fällt:
»Mach' doch ein bißchen schneller!«
Zitternd galant legt vom Geflügel er ihr auf den Teller.
Wenn sie so an ihre Vorgängerinnen
flüchtig muß sinnen, ob sich dann nicht innen
ein Lächeln ihr entzündet, das der Kerze
ähnelt, und es ihm[1] ist, ihr Leben scherze
mit dem sein'gen bloß? Aber Don Juan
zieht immerhin die Aufmerksamkeit an,
und immer macht's ungünstigen Effekt,
wenn eine Frau den Glauben in uns weckt,
sie mach' um ihren Eh'mann sich nicht Sorgen,
fühle sich in ihm, wie man sagt, geborgen.
Scheiden kann ich mich von Haus und Kind,
auch wenn durchaus Vernünftiges zerrinnt.
Gedicht, du s[t]ehst ja da wie eine Zeder,
infolgedessen fort mit dir jetzt, Feder!
(41/IV)

Sie leben wie in eig'nen fremden Sphären

Sie leben wie in eig'nen fremden Sphären,
sehen Seltsames und ersinnen Mären,
die sie aus ihrer Einsamkeit gebären,
die ihnen ein Beseligtsein gewähren,
das einem Schweben ähnlich ist in Fähren.
Mitunter geben sie sich sehr gemein
und können sich das jeweils kaum erklären,

---

1 »ihr«

verschmähen Küsse, Edelstein und Wein,
als wenn solche Genüsse lästig wären
dem in sich selber ruhenden Gebären.
(41/V)

*

Im Wagen saß sie

Im Wagen saß sie, während er zum Gruß
sich seinen Hut gelüftet haben muß,
erlaube ich mir hier zu phantasieren.
Damit sie in der Luft nicht könnte frieren,
durft' eine Boa ihre Schultern zieren.
Um unumwunden weiter zu kreieren,
stand er da wie aus einem einzigen Guß,
während sie lässig über ihren Fuß,
der an beschuhtem Charme einem Kuß
glich, eine Luxusdecke sich gezogen.
Ihres sphinxhaften Auges Triumphesbogen
hatte schon lang genug ihn angelogen,
sein eifriger Gruß mache sie gewogen.
[... ...] dort, die Götter würden wissen,
wo das Schicksal sie seither herumgeschmissen,
die die weichsten Kissen
habe genießen dürfen und vermissen
müssen. Zeitweise war sie über Stroh
anscheinend noch von ganzem Herzen froh
gewesen, und nun stand es um sie so,
daß im Spital, geschmeidig wie ein Aal,
sie sich schmiegte an auferlegte Qual
und er inzwischen fröhlich und banal
Gedichte fabrizieren ging in's Tal,
der unbefangen war um ihr Befinden.
Er ließ die Sammlung drucken und umbinden
und will das Werk versehen mit der linden

Betitelung »Wandlungen eines Blinden«,
obschon er Augen hat,
mit denen er sich satt
schauen kann an Leuten, Land und Stadt.
(40/II)

*

Weil er ihr einmal Briefe schrieb

Weil er ihr einmal Briefe schrieb,
worin er nicht besonnen blieb,
schlich sie sich leise je[t]zt herbei,
mit unterdrücktem Racheschrei.
Ihr aufgeriss'nes Augenpaar
bot schauerlichen Anblick dar,
gleich ihrem aufgelösten Haar,
das eine wahre Mähne war,
der Augenblick war denkbar rar,
soviel war zweifellos ihm klar.
Ihr Antlitz war vor Wut ganz grün,
so was zu sagen, ist zwar kühn.
»Du ungeheuerlicher Schuft,
spring hinunter in die Gruft!«
so sprach sie. Wie aus einem einz'gen Guß,
bestand ihr lilienweißer Todeskuß.
»In flitterbestickter Mitternacht
wurde das Meisterwerk vollbracht«,
sagte er ganz sacht,
nachdem er sie zuvor gehörig hatte ausgelacht.
(94/II)

Was ist es doch für ein Vergnügen

Was ist es doch für ein Vergnügen,
sich Lebensfreude vorzulügen.
Du mußt hiezu entschlossen sein,
sonst wird das Dasein dir zur Pein,
denn ganz von selber leben Sorgen
in deiner Seele schatzkämmerchengleich verborgen.
Gehen nicht Menschen in Schwärmen wie Bienen
fröhlich vorbei an den Magazinen?
Hier prangen leuchtende Apfelsinen,
stehen, liegen dort nicht wundervolle Maschinen
zur Schau? Neuerschienenen Büchern
widme ich Blicke sowohl wie bunten Tüchern.
Aus frühen Tagen oder aus späten
stammen allerlei Antiquitäten,
alles möglichst still
betrachtet, bewundert werden will.
Warenhäuserausstellungen
haben ein Staunen dir abgerungen,
weil sie wie ein Konzert geklungen.
(94/III)

[Schaufenster]

Veilchen, Nelken
erinnern dich an's Welken,
doch der Unvernünftige denkt nicht dran,
mit was für schönen Augen blickt der Wahn.
Du blühtest noch dich an,
das Leben glich einer Fahrt in einem Kahn
auf träumerischem Wasser. Sieh doch mal,
hier fließt ein prächtiger Schal
strahlend hernieder,
doch schon stehst du wieder

vor feinen Schuhen, vor einem Mieder,
singen die Waren nicht beinah wie Lieder?
Handwerk, Fabrikation, Verkehr
haben Ähnlichkeit mit einem Meer.
Wie muntert dich der Gedanke auf,
Arbeitsamkeit und Verkauf
hätten von jeher der Welt Lauf
gebildet, die Idealisten
mögen in den Lüften ihrer Illusionen nisten.
In ein Schaufenster schaute unverwandt,
der den Titel dieses Gedichtes jetzt hat genannt.
(94/IV)

*

Er hatte mich geglaubt

Er hatte mich geglaubt
blamieren zu können,
vom Sessel seines Europäertums herab.
Ich war ihm einst nicht gebil[d]et,
nicht abgeklärt und ausgereift
genug einhergekommen,
und das Schicksal wollte,
daß ich gerade dem Anspruchsvollen
unüberlegt gegenübertrat.
Von anderen sodann
mußte er Gutes über mich hören,
wie warf ihn nun nieder,
daß ich ihm, den er unernsthaft gescholten hatte,
mit ernstem Gesicht begegnete,
den Beschämenden beschämend.
(92/II)

*

Ich kann dir im Vertrauen sagen

Ich kann dir im Vertrauen sagen,
daß es wohl auch in mir kann klagen.
Ich habe eine Begabung, müde zu sein,
mich an Empfindelei'n
eine halbe Stunde lang zu weiden,
als wär's eine Wonne, so recht zu leiden,
Elastizitäten Stück für Stück
zu verneinen, ein wahres Glück.
Muß nicht ein Freudiger immer rennen?
Was für eine Befreiung liegt im Flennen!
Du versteh[s]t mich, wenn ich meine,
daß es beinah göttlich ist, dem Steine
an Unangefochtenheit zu gleichen.
Steinen ähnlich nenne ich die Weichen,
sie liegen da und sind durchdrungen
von ihres hohen Wertes Niederungen,
von der Hoheit ihrer Niedrigkeit.
Ich kann noch so weit
hinaus in's Land spazieren, trappen,
stets seh' ich mich rund um mich selber tappen,
in des Lebensschmerzes Schoß,
eiei, bin ich eben recht gering und groß,
und auf seinen kummervollen und glanzvollen Schienen
begegne ich ihnen,
die sich die hohe Freude gönnen,
müde und traurig sein zu können.
Ich bin manchmal bös auf sie
wie auf eine schön(e) strömende Melodie
und kann sie von Grund aus verachten,
weil sie mich für weniger achten,
weil sie [in] ihren Zimmern Spiegelschränke stehen haben
und nur ein bißchen Milch brauchen, um sich zu erlaben,
in ihren ruhigen Gesichtern
sind wie in Spiegeln immer Lichter,

sie halten mich für glücklich, der ich es noch nie
war, immer nur wie
ein Fabrikant es auf mühselige Weise
fabriziere auf des Alltagslebens monotoner Reise.
Ach, der Wind,
der von nichts weiß, und das Kind
sich ähnlich sind:
im Leichtsinn.

(98/III)

Abend will es werden

Abend will es werden,
noch ein Stündelein
und alles wird dunkel sein.
Ich denke jetzt,
wie viel ich im Leben schon verlor,
und nehme (m)ein Taschentüchlein hervor,
als wäre ich Marie Bashkirtseff,
nicht ein Tränchen netzt
meine abendlichen Augen,
die nicht für's Trauern taugen,
warum schau ich in das Reich
stets mit gleich
eifriger Ergebenheit und vermeide
es, mir zu begegnen, wenn am Kleide
meines Ichs etwas nicht in Ordnung ist?
Nacht ist undurchdringliche List[1].
Der Wille zum Reim
legt zum eben Gesagten den Keim.
Jedesmal erwidert sie mir nun
den Gruß, wie Damen es tun.

1 »meines Ichs etwas ist in Ordnung nicht?
   Nacht ist undurchdringliches Licht.«

Ich grüße sie, als wäre
mein Gruß ein lyrisch[er], wie ist alles Schwere
leicht, verglichen mit dem Unerreichten
in allem Leichten.
Kaum ich noch unterscheide,
was mich freut und an was ich leide,
so sehr hat die Welt mich ausgesöhnt,
mit mir und allem zu sein gewöhnt,
und kaum noch die Buchstaben
kann ich vor den Augen haben,
so sehr hat die Nacht
[...] gemacht.
Warum sagt sie's hart, nie sacht.
Doch daß ich jedesmal wieder lache,
wenn ich am Morgen erwache,
welch eine eigentümliche Sache.
(98/IV)

*

Du halfest mir in bangen Nächten

Du halfest mir in bangen Nächten
mit Eindringlingen fechten,
wenn ich am Tage müde war,
reichtest du mir Erquickung dar.
Im Walde küßte ich Bäume statt dich,
wenn das Sehnen nach dir nicht von mir wich.
Sprudelten die Quellen
nicht wie deines Haares Wellen?
Zurückzukommen auf bange Stunden,
sal[b]test du sorgsam meine Wunden.
Wahrlich, ich seh' es heute ein,
du seist meines Herzens Sonnenschein
während langer Zeit gewesen,
stets durfte ich an dir genesen.

Du sagtest keinen Ton,
wenn ich dich mit Hohn
überschüttet habe,
noch im Grabe
wird irgendeine Gabe,
dir zu gehören, dir zu danken,
meine Gestorbenheit umranken.
Hatte ich Zahnweh, brauchte ich nur
an die grüne Flur
meiner entzückenden Beziehung zu dir zu denken,
um das Unwillkommene abzulenken,
mich in dich zu versenken,
ließ ich reichlich mich beschenken.
Ich zitterte vor dir
und bedurfte deiner Zier.
Die Dienste, die du ohne dein Wissen mir erwiesen,
machen dich zur angenehmsten aller Lisen.
Nicht sage ich, daß ich dich liebe,
weil mir sonst wenig mehr zu sagen übrig bliebe.
Renoir malte zauberhaft mild
einstmals ein Frauenbild
mit breiter schwarzer Schleife,
indem ich hiezu hinüberschweife,
ich den Titel dieses Gedichtes nun begreife.
(348/IV)

*

Hohes, schönes Mädchen

Hohes, schönes Mädchen, wußtest
du, die du früh schon welken mußtest,
Büchners und Novalis' Schatten
auf [dir] ich sah, die dasselbe Schicksal hatten,
in voller Jugendschönheit [zu] sterben,
um dafür einen unsterblichen Namen zu erben.

Daß du's zur Berühmtheit brachtest,
kam daher, daß du über dich dachtest,
dich mit rührender Strenge überwachtest.
Herzig liebes Mägdelein mit den herrlichen Armen,
ich komm' dir hier mit einem geradezu warmen
Huldigungsgedicht dahergesprungen,
weil ich mitunter für die Jungen,
namentlich wenn sie Umgemähtwordene sind,
wie du es bist, reizendes Kind,
schwärmen kann, ich las nie viel von dir,
in Zürich machte mich einst eine Freundin auf deine Zier
enthusiastisch aufmerksam, schon aus diesem Grunde
weiß ich mich mit dir in einem Bunde.
So wenig du zu Lebzeiten schriebst,
du in schönstem Sinn lebendig bliebst.
Um deines Tagebuches, deiner paar Briefe
willen, und für die tiefe
Art, wie du beschwörst[1], ich rund um die Erde liefe.

(93/I)

Bräuchte ich mich je nach ihr denn sehnen

Bräuchte ich mich je nach ihr denn sehnen,
wenn ich dächte, sie sehnte sich einst[2] nach mir?
Heute im Zeitalter der Gleichberechtigung
verzichtet man auf barocken Schwung
des Fühlens, nein, sie kann unmöglich wähnen,
ich könnte die Liebe bis zum Zerreißen dehnen,
die eine so zarte Saite ist.
Von mir ist es keine List,
daß ich hie und da leider hierin
etwas verächtlich rede,
hinab zöge jede

---

1 »beschämst«   2 »nicht«

Abwägung ihren Wert, und soll sie glauben,
ich könnte mich meines Gemüts berauben,
wenn sie mehr auf mir hält,
ist jede Liebkosung im voraus zerschellt,
die ich die Stirn hätte anzubringen.
So lang sie existiert auf Erden,
soll[1] die Liebe zerbrechlich bewertet werden,
sonst sie es geschmackvoll findet,
indem nichts sie bindet,
daß sie verschwindet.

(93/IV)

*

Hinter hohen schweren Türen

Hinter hohen schweren Türen
saß ich dort im prächtigen Gemach,
lernte nach und nach,
mich recht vornehm aufzuführen.

Mit noch nicht geheiltem Herzen
lehnte ich mich aus den Fenstern,
um zu scherzen mit Gespenstern
beim Geflacker meiner Kerzen.

Aus den Spiegeln an den Wänden
schauten mich die Augen an,
die in nichts als [in] die gähn'den
Tiefen meiner Wunden sah'n.

Und des Nachts war es mir, als
hinge ich wie ein Geschmeide

---

1 »will«

da an einer Schnur von Seide
strahlend am gestreckten Hals.

In dem schönmöblierten Zimmer,
wo die Zeit mir sonniglich verstrich,
fragte ich mich immer,
denkt sie hie und da an mich?

Mir gebot ein laun'sches Kind,
rasch eine zweite Seele,
der's an Lebenslust nicht fehle,
anzuschaffen mir geschwind.

Mit belusti[g]tem Gesichte
sagte ich, das kann man, ja,
ruf sie her, und sie ist nah.
Gl(e)ich ich dunklem Lichte?
(219/III)

*

Eines Tages ging spazieren

Eines Tages ging spazieren
ganz allein im Wald ein Mädchen,
wenig Worte zu verlieren
sei von einem Schokolädchen,
das dem Mund sie anvertraute
und es mit Appetit zerkaute.
Als ein Bursche sie dann grüßte,
der nicht ungebildet war,
bot sie ihm zum Küssen dar,
was Gegessenes versüßte,
und währ'nd sie ihm die Locken kraute,
sang er ihr ein Lied zur Laute
[... ...]

und ihm nun in die Augen schaute.
Grüne Blätter, schwarzer Star,
plötzlich machte ihm ihr Haar
den Sinn für's Dasein klar.
Alles einverstanden war.

(223a/III)

Die schönsten sind diejenigen Themen

Die schönsten sind diejenigen Themen,
die sozusagen sich ein wenig schämen,
daß man, indem man sie behandelt,
[sie] in Aktualität verwandelt.
Hier sprech' ich beispielsweis' davon,
wie es draußen zu grünen schon
begonnen hat, die Flüsse blinken,
Blumenäuglein dir entgegenwinken,
wenn du zu Mütterchen Natur,
womöglich auf ein Stündchen nur,
lustwandeln gehst,
du dann so stehst,
als wärest du ein Osterhase
mit niedlich eingedrückter Nase
und schautest aus dem jungen Grase
verwundert in die Welt,
die von dem allgemeinen Wunsch erhellt
wird, daß sie friedlich bleiben möge,
nicht Krieg in Zukunft sie durchzöge.
Der Has', nicht etwa du,
drückt jetzt mit sehenswerter Ruh'
träumerisch die Augen zu.
Ihn hat die Fügung auserkoren,
geschmückt zu sein mit großen Ohren,
die schüttelt er jetzt.
O, wie ist der Ostermorgen,

ohne daß es sei verborgen,
mit murmelngleichem Tau besetzt.
Ein Mädchen das Gesichtchen
vor Rührung wegen dem Gedichtchen,
das hier verfaßt ich hab', vielleicht sich netzt,
ich sage offen,
ich selbst bin angenehm betroffen,
daß ich('s) wagte, auf mich zu hoffen.
(223b/II)

*

Das Kind blieb zwischen beiden in der Mitte

Das Kind blieb zwischen beiden in der Mitte,
die erste kämmte elegant ihr Haar,
das goldig wie der ros'ge Morgen war.
Der zweiten Mund glich einer blüh'nden Bitte.

Für mich war es seit ein'ger Zeit so Sitte,
Freunde zu haben eine ganze Schar.
Die Nacht gab sich mir wie ein Liebchen dar,
unter[1] mir zitterten die Treppentritte.

Kaufleute schmachteten im Käfigturm.
»Erstich dich!« sprach zu ihrem eignen Sohn,
weil er sie liebte, eine Amazon'.

Kürzlich befreite ich von einem Wurm
die schöne unerschrock'ne Frau von Sturm,
sie schenkte mir ein Rittergut zum Lohn.
(16/III)

---

1 »über«

Roderich hat etwas von einem immer

Roderich hat etwas von einem immer
noch ganz, ganz Jungen, seiner Augen Schimmer
mahnt an die Lustigkeit von eines Knaben
seelischer Verfassung, wie er rennen, traben
kann, und er liebt'[1] noch nicht und Edgar auch nicht,
und Mädchen gibt es – doch nicht solchen Bau schicht',
sonst sinkt es um, was ich hier sorgsam schreibe.
Johannes glich der matten Sonnenscheibe,
nein, nicht der müden, sondern der zu sehr
bewegten und belebten. In dem Meer
seines Charakters schwammen blumige Drachen,
sein Lächeln sprach von wundersamen Sachen.
Auch er lebt noch wie ich und die andern.
Nie soll dieses Muntersein und dieses Wandern
enden, und niemals werden sie sich sehen,
sind sie wie Winde, die vereinigt wehen
und dennoch so vereinsamt sind, daß ihnen
um's Herz oft ist, als seien sie Maschinen.
Ich lese keine Bücher mehr, mir spendet
niemand, was Blatt für Blatt gespannt sich wendet
und was, indem man's liest, ständig verschwendet,
wie täglich Brot wird, das man liegen läßt,
nahrhaft zu bleiben trotzdem nimmer endet.
Die Mutter spricht zu ihren Kindern: »Eßt«,
doch diese haben Spielen jetzt im Sinne und
enteilen und verschwinden [... ...].
Ich muß fast lachen, wie ich mich hier fasse,
meines Erachtens ich mich gehen lasse,
und immer lockt von neuem mich die Gasse,
und daß ich mich und daß ich sie nicht hasse,
die mir nie schreiben, wie es ihnen geht,
ist mein Verwundern, das, wie's kommt, zerweht,

---

[1] »litt«

mir vorm Gesicht wie ein Lachen sich bläht.
Bedeutungsvoll und wieder völlig nichtig
und prächtig anzuschauen und nicht wichtig
und herrlich ist es, wie ich nicht begreife,
daß ich noch lustig durch die Leute schweife,
alles, was ich hier sagte, grenze, streife
an's Rätselhafte, mache ich mich glauben,
sitzend auf dem Balkon, bekränzt mit Trauben.
(16/IV)

*

Als ich zur Schule ging

Als ich zur Schule ging,
ich gläubig an seiner Größe hing,
Gerstäckers buntglitzernde Romane
waren für den Knaben etwas wie Sahne.
In seinem Uferwirtshause gab's Krakehl
vonwegen einem Juwel
von entlaufenem Sklaven,
womit gehandelt wurde wie mit braven,
brauchbaren Schafen,
wie interessant war's, wenn die Peitsche sauste
oder sich ein Faulpelz in der Sonne lauste.
Negerfamilien wohnten in Hütten.
Heute wagt er die Kulturen zu zerrütten,
jahrelanger Leistung Fundament zu untergraben,
den einst Schreie von solchen umgaben,
denen Krokodile Beine ausrissen.
Was kräftige Männer dort drunten erfahren,
bildete später für Jugend in reiferen Jahren
Lesezeitvertreib. Was wußten nicht zu berichten
denkbar beliebte Indianergeschichten
von Marterpfählen, Lynchgerichten,
auch Onkel Tom gehört(e) zur Sippe,

geduldigen Seufzens mit bebender Lippe.
Auf der einen Seite war man dumm,
anderseits gab's ein schneidiges Herrentum
und folglich Keile, mittlerweile
ich hier am Hymnus feile,
damit er zu Verehrern meiner Dichtkunst eile.
(13/I)

*

Wie sie sich auf das Wiedersehen freute

Wie sie sich auf das Wiedersehen freute,
wollt' ich von Spitzenhöschen sprechen heute,
zerstreut, verwirrt bin ich wie ein bewährter,
in hohem Grad bedenklicher Gelehrter.
Im Eichenwald fand ein Duell da(nn) statt,
das durchweg schicklich sich erledigt hat.
»Kannst du gesunden, wenn du die Stunden
vergessen willst, an die du dich gebunden
siehst?« »Was es ist, was einen kann verwunden,
hab' ich mit Schnelligkeit herausgefunden,
als ich redete mit den Tag' und Nächten.«
»Die den Unartigen jedoch nie schwächten«,
sagte sie mit [...] zum rechten
Unwesen.
Die einst die Treppe fegte mit dem Besen,
erblickt man jetzt in patrizigen Chaisen,
indem ein reicher Herr ihr hold gewesen.
(427/II)

*

Darf ich ein Gedichtchen machen?

Darf ich ein Gedichtchen machen?
Unerschrocken pack' ich's an.
Gestern Nacht mußt' ich erwachen
aus entzückendschönen Sachen,
die im Traum die Augen sah'n,
wegen einem wie aus fernen
ewig unverstand'nen Sternen
auseinanderfall'nden Lachen.
Ein gar häuslich zarter Drachen
wußte Lust'ges zu entfachen,
ich es mir für immer merk',
dies Gelächterfeuerwerk.
(10/II)

*

Kann diese Lüge dich necken

Kann diese Lüge dich necken,
die ich offenherzig dir enthülle,
wie ich an allen[1] Ecken
wußte, Liebelei'n zu wecken,
wobei ich immer, immer,
im Freien wie im Zimmer,
dich liebte und dir treu blieb.
Wie hinter Bäumen, Hecken
sich Knaben gern im kecken Spiel verstecken,
tat ich es: in der Fülle
der Treue, untreu war ich, daß ich mich auf's neue
stets auf das bißchen Treue in mir freue.
(70/III)

*

---

1 »vielen«

Laß mich ein Thema heute wählen

Laß mich ein Thema heute wählen,
das ich aus Frauenmunde hört' erzählen.
In einem erbsenangepflanzten Ländchen
gab gern ein Bursche seiner Magd ein Ständchen.
Ihr Brotherr hatte ihr ein Kind verschafft,
in dessen Herrenmiene sie sich hat[t]' vergafft.
Die Sprachgewalt mir nicht erschlafft
zu sagen, wie das junge Wesen
jeglichen Wunsch vom Aug' ihm abgelesen.
Da fahren sie in Kutschen und in Chaisen
und lassen, was sie liebten, frech im Stich.
»Was kümmern andre Umständ' mich?«
sprach er eines schönen Tags zur Zarten
im stachelbeerumrahmten Garten.
Sie wußte nun, was zu erwarten
war und vor was für harten
Folgen sie stand.
Ihr treuer Wörner
umfaßte sie trotz aller Hörner
mitleidig mit der starken Hand,
die Lust ihr aber um so mehr entschwand,
auf ihn sich zu berufen.
Stille[1] Treppenstufen
führten hinunter in den Fluß.
Nicht daß sie vorher keinen Kuß
vom Liebenden sich hatte geben lassen,
ließ sie sich nun von nassen
Wellen erfassen.
Als das die Herren und Damen vernahmen,
sie herbeizuspringen kamen
zur jetzt für immer Lahmen.
(71/II)

*

1 »Steile«

»Blonde Bestie, stör' mich nicht«

»Blonde Bestie, stör' mich nicht«,
sprach ein träumerischer Wicht
zur verlassenen Megäre,
die, als wenn sie traurig wäre,
blinkte mit der schönsten Zähre.
»Mach doch in dem Dunkel Licht«,
sagte sie erstaunlich schlicht.
»Ich verfasse ein Gedicht.
Durch energischen Verzicht
machte sich ein Gleichgewicht,
das nun wuchs zu einem Meer«,
seufzelte der Europä'r.
»Daß sich doch die Lage kläre«,
sprach sie, er: »Ich mich nicht wehre
gegen die unsäglich schwere«,
mit der Schere schnitt sie bang sich
eine Locke vom Gesicht,
nun entfernte sich die Hehre.
Er blieb gern zu seiner Ehre
in der namenlosen Leere.
»Wo bist du, Schöne, wo?«
häufig rief er um Hilfe so.

(400/II)

Frauen sind in Gemächern

Frauen sind in Gemächern
bei Spiegeln, Schmuck und Fächern
das bange Warten selber.
Der Abend wurde gelber,
und die Karmine und der braune Wald
ließen verlauten, daß da bald
Hilferufen vom Gesinde

verhalle in dem bißchen Winde
und durch die Gänge schalle.
Liebe lockte ihn in eine Falle,
der je[t]zt, gebrochen in der Seele
und, daß dem Auftritt Farb' nicht fehle,
mit blutbesudeltem Gewand,
den Weg in ihre schöne Nähe fand.
Draußen umdunkelten sich See und Land.
»Was ist mit dir?« tönte gellend
der Herrin Schrei, im Hof macht bellend
ein Hund sich geltend, die Gardinen
haben erschrockene Mienen,
die Uhr schlägt langsam sieben,
und ihm ist alles völlig unfaßbar[1] geblieben.
(400/IV)

*

Die Moralische
Der Interessierte
Der Gediegene
Der Zufriedene

Die Moralische:
Das brachte er zustande, der so nett ist.
Der Interessierte:
Nein, höchstens dann, wenn er solid im Bett ist.
Der Gediegene:
Die Liebe ist von feinster Qualität,
die um den zarten Gegenstand sich dreht,
der hier vor der Versammlung spricht und steht,
woher die Neigung mir entgegenweht.
Der Zufriedene:
Sorg', daß deine Zunge nicht zu hurtig geht.
Ich liebte, und das Ende der Geschichte

---

1 »unsagbar«

ist, daß ich einen starken Band Gedichte
herauszugeben habe.
> *Die Moralische:*
>> Lügst du nicht?
> *Der Zufriedene:*

Ich liebte, um aus meiner ersten Liebe
Gold abzuzweigen wie mit einem Siebe.
Die glitzerndbunte Glücksempfindung brachte,
eh' ich es ein'germaßen auch nur dachte,
ich mit vergnügtem Lachen einer andern
dar, und indem ich meine Seele wandern
mußte lassen ...
> *Der Interessierte:*
>> War das durchaus Pflicht für dich?
> *Der Zufriedene:*

Wer kennt in Dingen Liebe jemals sich?
Zufriedene nur fühlen, wie die Reue
schön sein kann, und nur Treue wissen neue
entzückend schöne Wege auszudenken.
> *Der Interessierte:*

Indem sie gern ein wenig sich verrenken.
> *Der Gediegene:*

Ich würde bitten woll'n, er spreche lieb.
> *Der Zufriedene:*

Da mir im Glück so manches übrig blieb,
nehm' mit der Liebe ich es nicht genauer,
als ein etwas verschwenderischer Bauer
es mit dem Wohlstand nimmt, der ihn umgibt.
Immer ein Liebender zu spielen liebt
mit dem Bedeutenden, das er erschaffen.
> *Die Moralische:*

Wie kann nur einer einzig keck begaffen,
was aus allerlei Einwirkungen kam.
> *Der Zufriedene:*

Liebe besteht aus Lustigkeit und Gram,
vergeht vor Zartheit und ist ohne Scham.

Vor allem weiß sie nichts von Dankbarkeiten,
gibt sich von allen denkbar schlechten Seiten,
mit großem Vorteil läßt sich mit ihr streiten,
von üb'rall her ist Liebe angreifbar.
Der Interessierte:
Weil sie lieblich ist, das ist mir klar.
Der Gediegene:
Du charakterisierst sie scharf wie Haar,
brachtest du ihr selbst je ein Opfer dar?
Die Moralische:
Die Netten sind nun also Intriganten,
die ihren Ernst in alle Winde sandten,
den [...] wieder traut man nicht,
ihnen wohnt Härte meistens im Gesicht.
Die Sünd'gen sind doch wenigstens naiv,
schreiben hie und da einen lustigen Brief,
dann glaubt man ihren angenehmen Worten.
Der Zufriedene:
Ich kenne Zärtlichkeit von allen Sorten.
[Die] *Moralische:*
Man schmollt mit ihnen, doch dann hat ihr Gruß
irgendetwas, das man bejahen muß.
Der Gediegene:
Zufried'ne schätzt man leicht ein wenig g'ring.
Der Zufriedene:
Um Int'ressierte ist's ein eigen Ding.
Der Interessierte:
Moral'sche können manche Laune haben,
an feiner Auffassungen Spitze traben.
Der Gediegene:
Aus nichts als äußerster Gediegenheit
ließ ich mich viele Jahr' wie nicht gescheit
verehren, und ich bin nicht zu bewegen,
zahlreiche Wichtigkeiten abzulegen,
die die Befestigung mir selber sind

Der Interessierte:
Man hält gar schnell sich für ein Wunderkind.
Die Moralische:
Der Int'ressiert'ste kann nicht hindern,
daß man ihn kann zählen zu den Kindern,
in einem ganz bestimmten schönen Sinne
ist jeder seiner Kindlichkeit sich inne.
Der Interessierte:
Zufried'ne wollt' ich unzufrieden machen.
Der Zufriedene:
Indem sich Menschen eifrig überwachen,
als wären sie nicht Menschen, sondern Drachen,
bieten sie hin und wieder Stoff zum Lachen.
(423/II)

*

O Trauer

O Trauer,
von der ich wohl den Grund noch gar nicht kenne,
bist du nicht wie ein Park, den mir die Mauer
verschließt, als wäre ich ein richtiger[1] Bauer,
der jeden Halm kennt in seiner Tenne,
aber sich sehnt nach seiner Schloßfrau Schauer,
vor deren […] liegt er auf der Lauer,
damit er sie am Bogenfenster stehen sehen könne.
Sicher ich mir die Freude weiter gönne,
doch nur um ihretwillen ich nach allem renne,
was mich erquick[t], zerstreut.
Ach, weshalb scheut
die Seele vor dem Eintritt in die Säle,
wo die Entflohene im Sessel sitzt, zurück

---

1 »zünftiger«

und windet sich, statt daß sie hehre Anmut sich erwähle,
kürzlich war reichlicher Takt dir von Glück.
(397/III)

*

Vom Kreuz war er herabgestiegen

Vom Kreuz war er herabgestiegen.
Sie wußten noch nicht, war es er,
der mit den Kindern in den Wiegen
schon beginnt sich recht zu schmiegen
im Geiste um die junge Seele,
daß ihr später Mut nicht fehle
von wahrer Art. Die beiden meinten,
der, mit welchem sie sich vereinten,
sei irgendein Gesell, zu dritt
gelangten sie mit ruhigem Schritt
jetzt in ein Dorf, schon auf der Straße
gefiel er ihnen in hohem Maße,
und setzten sich in's Wirtshaus nun,
um von der Wand'rung auszuruh'n,
ließen sich Essen, Trinken geben,
parlierten, plauderten daneben.
Die Art, wie er das Brot nun brach,
schien zu begleiten, was er sprach,
wie eine schöne Melodie,
und nun mit einmal kannten sie
ihn und erstaunten und erschraken,
erblaßten[1] wie das Nachtzeitlaken,
fingen zu stottern an und warfen
Händ[e] hoch[2], von oben klang's wie Harfen.
»Du bist ja unser lieber Christ,
der uns teurer als alles ist.«

1 »erbleichten«   2 »und verwarfen / Händ[e], hoch von oben

Kaum sagten sie's mit einer Sorte
von Sprache, statt der hörbaren Worte
floß ihnen Feuer von den Lippen,
sie wagten kaum noch mehr zu nippen
am weingefüllten Bechers Rand.
Nacht war es rings im stillen Land.
Ganz unvermutet war er ihnen
als Bruder wieder neu erschienen.
Ihn fragen? Wohin führte dies,
da er sie doch so ganz verließ?
Warum war er hierhergekommen,
der doch am Kreuze ausgeglommen?
Sie schauten ihn nur immer an,
konnten nicht fassen, wen sie sah'n.
Ein Sinnen kam mit ihm her, so schwer,
doch um ihres Empfindens Meer
schämten sie sich nicht allzusehr
und blickten lang vor sich darnieder,
langsam erholten sie sich wieder.
(398/II)

Da flüsterlen die Blätter alle

Da flüsterlen die Blätter alle,
und Mädchen schau'n hinaus
in [des] Abends hohe Halle,
und wie die Wellen kraus
übereinanderlaufen.
Will ich ihr etwas Schönes kaufen,
will ich ihr böse sein?
Die Häuser stehen still wie Stein,
und keines von den unzähligen Gebilden
sich halten kann, ich fasse mich mit milden
Gesten an's Herz, nach einer Weile
des Glücklichseins ob meinem Fühlen

ich mit gewohnten kühlen
Manieren weitereile.
Dort, wo sie wohnt, mag ich nicht stehen,
damit sie nimmer meiner Augen Flehen
kann sehen.
(398/IV)

*

Du bist die Schönste nun von allen

Du bist die Schönste nun von allen,
weil ich dich mitleidlos ließ fallen.
Manch andere, die ich bangen
und die zu sehr vielleicht ich hangen
ließ, ist [weniger] blühend fortgegangen.
Du bist nun ganz nur noch ein Prangen,
da dich Zwitscherei'n umfangen
in deiner Fortgeworfenheit.
Du such[s]t Ehrgeiz nicht und Streit.
Mißachtet wirst du dich befrei'n
von störenden Bedenkelei'n.
Fragen des Glückes zehrten nicht
an deinem lieben Angesicht.
Du mußtest nicht in engen Schuhen
spazieren gehen, statt zu ruhen,
hattest nicht nötig in den Hallen
den Hergelauf'nen zu gefallen.
Du, die nicht Schmeichelei'n umschallen,
bist die Zufriedenste von allen.
(402a/III)

Zeigt der Abend uns sein Antlitz

Zeigt der Abend uns sein Antlitz,
das auf überzarte Weise

einen Schmerz zum Ausdruck bringt,
der zu schön, zu sinnreich ist,
als daß ganz man ihn verstände,
geben wir uns gern die Hände.
Rosig leuchten Bäum' und Wände,
und der Fluß ist wie ein Gruß.
Unsre Lage wird zum Bilde,
und wir schauen wie Figuren
eines Buches fremd uns an.
Auf dem Strom läßt sich der Schwan
von den Schimmerwellen schaukeln,
glücklich wir zusammen gaukeln,
bis die leise nah'nde Nacht
unsrem Tag ein Ende macht,
der uns noch umgibt, umlacht,
wenn in unsrem Zelt wir schlafen.
(402b/II)

*

Dramatische Szenen

Mieter
Vermieterin

Mieter: Leider bin ich nicht Beamter.
Vermieterin: Daß Sie außerstand sind, mit dem Beamtentum aufzuwarten, braucht an Ihnen durchaus nicht ein Fehler zu sein.
Mieter: Die Mansarde, denn als solche kommt mir die Räumlichkeit vor, die Sie die Güte haben, mir zu zeigen, und in der wir beide stehen, scheint mir etwas klein.
Vermieterin: Man könnte sie dementsprechend mit zierlichen Möbeln ausstatten. Durch entsprechende Möblierung werden Wirkungen des Ausgleichs, der Harmonie erweckt.
Mieter: Was halten Sie von diesem Missirilli?
Vermieterin: Von was für einer Sorte Lebewesen sprechen Sie?
Mieter: Von einem Patrioten, der in einer Stendhal'schen Novelle vorkommt. Ich muß Ihnen nämlich gestehen, daß ich Schriftsteller bin, daß ich kürzlich erwähnte Novelle las, die mich nun natürlich ein wenig beschäftigt. Es war vielleicht von mir gedankenlos, die Frage an Sie zu richten, ob Ihnen eine Figur bekannt sei, die in einem Buch lebt, das keine sehr weite Verbreitung fand.
Vermieterin: Dieser Missirilli wurde wahrscheinlich mit der Zeit sehr unglücklich.
Mieter: Wie kommt's, daß Sie eine vollendete Tatsache so spielend leicht erraten haben?
Vermieterin: Vielleicht liegt's am Klang des Namens.
Mieter: Das muß notwendig so sein. Er stand zu einer Frau aus der großen Welt in einem entweder nur zu liebevollen oder dann viel zu wenig zärtlichen Verhältnis und sah sich genötigt einzusehen, daß ihm dies Bündnis zur denkbar umfangreichsten Unannehmlichkeit wurde.
Vermieterin: Dann hat er sich also, wie es sicher schon mit vielen der Fall gewesen sein mag, betrogen gesehen.
Mieter: Auch sie, die eine Zeitlang mit ihm ging, die sich in den Kopf setzte, ihn zu beschützen, ihm zu helfen, ihn zu fördern,

sah sich zu ihrem großen Schmerz in ihm getäuscht, von ihm hintergangen.

Vermieterin: Gewiß war das eine überaus feine seelische und politische Angelegenheit, und nun würden Sie gewissermaßen den lieben langen Tag daheimsitzen und schriftstellern.

Mieter: Vielleicht(,) wäre Ihnen das unangenehm?

Vermieterin: Nein, an sich nicht, falls Sie sich hiebei ruhig verhielten.

Mieter: Ich bin der stillste Mensch, der je eine Mansarde in Augenschein nahm, in der Absicht, sie eventuell zu seiner Wohnung zu ernennen. Was Wohnen betrifft, bin ich ja nun bereits ziemlich verwöhnt. So wohnte ich z.B. zeitweise in einem Festsaal, der von Gestalt rund war und dessen Fenster sämtlich in's Grün eines Gartens hinausblicken ließen. Verschiedenen Landhäusern war es vorbehalten, mich vorübergehenderweise zu beherbergen. Nicht unschwer dürfte es für Sie sein zu glauben, daß ich Geschmack besitze. Früher wurden mir regelmäßig beim Zimmersuchen Schwierigkeiten gemacht. Es hieß überall, Schriftsteller seien als Mieter unbeliebt. Dieses Hindernis schwand jedoch im Lauf der Zeit, und heute liegen mir möblierte Wohngelegenheiten sozusagen wie zu Füßen, als wenn ich sie nur aufzuheben und [zu] beschauen brauchte.

Vermieterin: Potztausend!

Mieter: Seien Sie versichert, daß es so ist. Ich weiß heute aus Erfahrung, daß es in jedem Hause Angenehmes und Unangenehmes gibt. Darf ich Sie bitten, in dem vor Ihnen Stehenden eine Persönlichkeit zu erblicken, die von der Besichtigung diverser Interieurs herkommt. Ich tat Einblicke in alte vornehme Häuser mit prächtig geschmückter Fassade, in Häuser, worin sich vielleicht in der ersten Etage ein Modesalon befand, während im zweiten Stockwerk ein Arzt etabliert zu sein schien.

Vermieterin: Stiegen angesichts solcher Vortrefflichkeiten Bedenken in Ihnen auf?

Mieter: In gewissem Sinn mag das der Fall gewesen sein.

Vermieterin: Wohnten Sie nicht eine Zeitlang bei einer alleinstehenden, hoffnungslos liebenden Dame in bereits, falls es nicht unangezeigt sein sollte, sich das zu vergegenwärtigen, vorgerücktem Alter?
Mieter: Ich würde gesagt haben: herangewachsenen Jahren.
Vermieterin: Ihre Zartheit verdient ein beifälliges Lächeln.
Mieter: Aus allzu großen Vorsichtigkeiten können Unvorsichtigkeiten hervorschauen. Sie sind mir jedenfalls vorläufig sympathisch. Dabei verhehle ich nicht, daß eine gewisse Lust in mir lebt, gleichsam eine Art Wißbegierde, wie es anderswo aussehe, was [bei] mir an Möbliertheiten, Ausstaffiertheiten von Appartements sonst noch Gefallen erwecken oder mich an Baulichkeiten und Leuten weiterhin interessieren könnte.
Vermieterin: Ich vermag Ihrem Wunsch, sich Kenntnisse gleichsam der Jetztzeit anzueignen, nichts in den Weg zu legen, sondern beglückwünsche Sie zu der Ihnen anscheinend angeborenen Freude am Leben, denn daß sie Ihnen innewohnt, sieht man Ihnen an, was man sowohl zu begrüßen wie vielleicht ebensogut ein bißchen zu rügen berechtigt sein könnte.
Mieter: Entschuldigen Sie, wenn ich Ihre Aufmerksamkeit auf Missirilli lenkte.
Vermieterin: Daß Ihnen derlei Figuren naheliegen, der Sie sich viel mit Gedrucktem abgeben, begreife ich. Leben Sie somit wohl.

Der Mieter enfernt sich, mit einer Reihe von Unentschlossenheiten kämpfend. Die Höflichkeit, womit er sich von der Vermieterin verabschiedet, hat etwas Leises. Er hatte noch eine Erzählung über seine Geliebte auf den Lippen. Ebenso würde er versucht gewesen sein zu erwähnen, wie er einmal nachts überraschend spät nach Hause kam. Zweifellos verfügte er noch über die eine oder andere, mehr oder weniger anheimelnde Kleinigkeit, wie z. B. jene, daß ein Korridörchen in dem und dem Haus ihn immer irgendwie frappiert hätte. Zur Erörterung war nun aber plötzlich keine Zeit mehr vorhanden gewesen. So sah er sich jetzt einstweilen auf der Straße, wo er das eingeleitete Suchen nach einem geeigneten Schaffensraum sacht[1] fortsetzte.

(312/I)

---

1 »sanft«

Dichter
Hausfrau

Eine Küche, zirka neun Uhr abends

Dichter: Ich mietete vor einiger Zeit, falls es Ihnen lieb sein sollte, daß ich unsere heutige Unterhaltung mit etwas, das Ihnen bekannt ist, einleite, bei Ihnen ein billiges, dafür aber scheinbar um so interessanteres Zimmer, worin sich eine Chaiselongue befindet, auf die ich Sie, wenn Sie mir ungezwungen zu sprechen erlauben, hie und da wie theoretisch hinbettete, Sie in meiner Phantasie für eine klassische Dame haltend, deren Gewandung mich mit griechischer Heiterkeit anlächle. Ihr Mund wird bei diesem Anlaß, wie ich mich wahrzunehmen befähigt sehe, ausnehmend hübsch, indem ihn etwas Duftendes umblüht oder etwas Blühendes umduftet. Darf ich Ihnen immerhin mein bisheriges Zufriedensein mit der Schaffenswerkstätte ausdrücken, die es Ihnen gefallen hat, mir gleichsam leihweise zu überlassen, und darf ich Ihnen gestehen, ich wunderte mich ein klein bißchen oder in gewisser Hinsicht sehr stark und reichlich darüber, daß ich mich erstens mehr unter niederhängenden Gärten im Freien, wo ich etwa über meine Sendung in's Klare zu kommen suche, als innerhalb meiner vier Wände aufhalte, die ich durch Blumen zu beleben bemüht bin, deren es ja in Feld und Wald eine verschwenderische Menge gibt, und daß mich zweitens ich weiß nicht welches besondere Etwas drängt oder auffordert oder auch nur einlädt, die Abende jeweilen hier in dieser Küche, in Ihrer werten Gesellschaft zu verbringen.

Hausfrau (vorsichtig): Die Sie jedenfalls zu schätzen wissen.

Dichter: Obschon ich mit Hülfe meiner Vernunft in Ihnen doch wohl weiter kaum viel anderes als eine bescheidene Frau zu erblicken veranlaßt bin, behandle ich Sie sowohl durchaus ernsthaft als anderseits zu meinem lediglich persönlichen Vergnügen wie eine Dame.

Hausfrau: Was ich für artig von Ihnen halte.

Dichter: Mancher frühere Fall von Bemühungen, Herr und Inhaber eines passenden Aufenthaltsortes zu werden, ließen mich insofern Schwierigkeiten erleben, als mir da und dort das freimütige Bekenntnis entgegentönte, Schriftsteller usw. seien in der Mehrzahl wesentlich zu anspruchsvoll. Welch liebenswürdige Erfahrung machte ich in dieser Richtung hin mit Ihnen, indem Sie sich keine Sekunde betreffs Einigwerden mit mir besannen.

Hausfrau: Ich hielt Sie vom ersten Augenblick an für [einen] teilweise beneidenswerten Menschen, weshalb Sie auf mich keinen durchweg ungünstigen Eindruck machten. Ich dachte, Sie seien bescheiden, und in der Tat besitzen Sie den Takt, während unseres Gespräches zu stehen, indes ich gut finde, meinen Füßen eine Erholung zu gönnen, indem ich sitze.

Dichter: Es gibt Literaturtreibende, die ausgezeichnete Spaziergänger sind, indem sie sich zur Gewohnheit gemacht haben, Romane, Novellen usw. auf Ausflügen, über Ebenen und Hügelzüge hinschweifend, flüchtig und doch auch schon zugleich so exakt wie möglich zu entwerfen. Vor einiger Zeit wohnte ich beispielsweise als Gast einige Tage lang bei einer Familie, deren arbeitsfreudiger Vertreter der Meinung Ausdruck verlieh, daß er den Jura beinahe den Alpen vorziehe.

Hausfrau: Ich erwartete von Ihnen irgendeine Erzählung und höre Sie einen Vortrag über den Kanton Bern halten. Warum fragten Sie noch nicht, wie mir die gestrige Theatervorstellung gefallen habe?

Dichter: Ich bestieg neulich den Niesen mit mich geradezu in Erstaunen versetzender Leichtigkeit zu Fuß. Die frische lustige herbe Berner Oberlandluft trug mich förmlich. Mir wurde zumut wie einem Beflügelten. Wie Sie übrigens außerordentlich zierlich essen. Dürfte ich hoffen, es sei nicht allzu unfein gesprochen, wenn ich den Wunsch hätte vorzubringen, ich schätzte das Stückchen Brot glücklich, weil Ihre zarte Hand es anfaßt. Der Kanton Bern sei vielleicht der landschaftlich reichste, mannigfaltigste der Schweiz, möchte ich meinen. Welch eine schöne, beinahe wundervolle Aussicht bietet schon nur die Frienisberghöhe dar[1]. Ich frühstückte dort oben eines Morgens herrlich, prächtig. Wenn Sie nichts einzuwenden haben, halte ich es für denkbar schicklich, einer Frau keine Geschichte(n), worin Frauen vorkommmen, zu erzählen, sondern sie mit irgend etwas Allgemeinem bestrebt zu sein zu erfreuen.

Hausfrau: Kennen Sie die Frauen?

Dichter: Ich bin überzeugt, daß Sie diese Frage nur deshalb an mich richten, damit sie mich amüsiere, ich dieselbe aber gleichzeitig unbeantwortet lasse. Der Jura komme ihm einförmig, schweigsam vor, bemerkte jener Besonnene und gleichzeitig Eifrige, der mich von Zeit zu Zeit um ein Lebenszeichen ersucht und der am Gestade des Thunersees wohnt, wobei er gern an die milden reichen weichen Ufer des Bielersees denkt, eine Gegenwärtigkeit mit etwas zartem Abwesenden verbindend, und indem er das Ziehen von Vergleichungen anziehend findet. Auf dem Niesen, werde ich Ihnen wohl anvertrauen dürfen, hielt ich mich nur so lange auf, bis ich das bißchen Eßbare // aufgegessen hatte, das ich mit in die Höhe hinaufzutragen rätlich fand. Tiefer in die Bergwelt des Oberlandes drang ich bis heute noch nicht, wie mir etwa Meiringen und das Kiental, das sich eines weithinreichenden Rufes erfreut, total unbekannt geblieben sind. Während des Abstieges vom Niesen begegnete mir übrigens ein bergaufkletterndes Mädchen im Herrenanzug. Städtchen wie Burgdorf und Laupen sind mehrfach von mir zu Fuß von Bern aus mittels friedlichen Schrittwechselns erreicht worden. Auf Landstraßen, wofür Sie vielleicht Interesse haben, bewege ich mich meistens links, um psychisch nicht aus dem Weg herauszufallen, sondern im Rahmen de[s]selben zu bleiben, womit ich Ihnen keineswegs, wie es den Anschein erwecken könnte, etwas Spaßhaftes sage. Da ich ein Rechtshändiger und -füßiger bin, würde mich auf dem äußersten rechten Landstraßenrand eine gewisse Unsicherheit ankommen, indem ich nach links Füh-

---

[1] »etwa«

lung zu nehmen hätte, was für mich nicht naturgemäß ist. Gefühlsgemäß geht jeder, der auf einer Straße marschiert, in der Mitte, wirklichkeitsgemäß vermeidet er dies aber um der Fuhrwerke willen. Bergwanderungen sind mühsam, aber man unternimmt sie bisweilen einesteils aus seelischen, andernteils sportlichen Gründen. Das Wandern in den Nächten scheint schwerer und wieder wesentlich leichter, weil ungestörter zu sein als bei Tageslicht und damit verbundenem täglichen Verkehr.

Hausfrau: Sie sind diesmal von beinah bewundernswerter Trockenheit.

Dichter: Ich liebe mich, wenn ich langweilig bin.

Hausfrau: Besuchten Sie nicht auch eines Nachmittags mit Zuhilfenahme Ihrer Beine, die ein nicht unwesentlicher Faktor in Ihrem Dichterdasein zu sein scheinen, die Ha[b]sburg?

Dichter: Dasselbe war mit dem historisch wichtigen, im übrigen still wie ein Juwel am Busen seine[s] Sees gelegenen Murten der Fall.

Hausfrau (auf[s]tehend): Gute Nacht für heute. Vielleicht waren Sie nicht gerade geistreich.

Dichter: Ich gab mir die größte Mühe, es zu sein.

Hausfrau: Vergaßen Sie nicht, das bernische Mittelland zu erwähnen?

Dichter: Man vergißt mitunter das Beste.

(14/II + 16/I)

I
Ein Stubenmädel
Der uns kontinuierlich Beschäftigende

Der uns kontinuierlich Beschäftigende hält sich im fünften Stockwerk eines Hotels auf, nämlich im Zimmer Num. 62.
Ein Stubenmädel: O, wie grausam lieb Sie zu mir sind. Sie sind sicher höchst wertvoll und unverbesserlich. Haarsträhnen fallen mir von allen Seiten vom Kopf, der nur ein Stubenmädchenkopf ist, in's manchmal nur mangelhaft gewaschene Gesicht herunter, den Nacken warm umrahmend, den Sie mir, Herr Baron, mit Ihren gütigen Händen streichelten. Sie gestatten mir doch eine Anredeweise, die zum Dasein einer Bettkissenschüttlerin paßt, die gern von der Möglichkeit überzeugt ist, es gäbe scharmante Herren von bester Herkunft, die gern ein bißchen, wie man sagt, nebenaus gehen. Ich meine dies in gesellschaftlicher Hinsicht. Wie nett das von Ihnen ist, daß Sie vor mir knien. Sie sorgen dafür, daß ich fein bin.
Er, dem das Zimmermädel Spaß macht: Du bist von entzückender Schlichtheit. Lasest du schon hin und wieder einen Roman?
Die Schürzenträgerin: Ich fühle, daß ich reizend für dich bin. Wenn ich dir Spaß mache, und ich sehe dir an, wie sehr dies der Fall ist, so bereitet wieder mir der Spaß, den ich dir schenke, großen Spaß, ich sage dir das aufrichtig, und ich duze dich jetzt, da mir vorkommt, du seist schon ein Menschenalter lang in meiner Nähe, so schnell heimeltest du dich an mich an, so sehr verstehst du, den Glauben zu wecken, man sei [mit] dir befreundet.
Der vermeintliche Baron: Du bist hübsch, und was mich betrifft, so ist es durchaus zutreffend, d.h. es entspricht der Wirklichkeit, daß ich von einer gewaltigen Seelenanstrengung herkomme. Ich besitze nämlich eine mir total abhandengekommene Geliebte.
Das Stubenmädchen: Die dich innerlich verzehrt?
Der Hotelzimmerbewohner: Sprechen wir nicht davon. Jeden-

falls bestimmt(e) sie mich zu vielem. Aber wie traulich dieses Zimmerchen ist, grad, als wenn es dir gehörte, grad, als wenn es durch ein Mädchen, wie du bist, mit Hunderten von Wünschen, simplen Dichtungen des Herzens tapeziert worden sei. Vielleicht hielt sich hier schon zeitweise ein Korbflechter oder ein Händler mit Oberländer Holzschnitzereien auf. Allerlei Namen sind mit Bleistift in die Gipsdecke eingezeichnet. Wie du volkstümlich duftest.

Die Zimmernymphe: Ich halte für richtig, wovon du da sprichst. Ich ging schon auf zahlreichen Wegen, bald den Wäldern entlang, bald quer über Wiesen. Oft komm' ich mir vor, als könnte ich Hunderte von Stätten. Eine Zeitlang wohnte ich sehr unpassend, wie wenn ich getrennt von mir selber gewohnt und gelebt hätte. Immer sind Menschen hinter mir her, die auszusehen scheinen, als hätten sie weiter kein höheres Ziel, als mich zu beunruhigen. Ich kann dich versichern, daß ich seltsam bin und daß meine Seltsamkeit darin besteht, daß ich noch völlig unberührt bin. Höchstens bin ich von der Furcht berührt worden, daß mich irgendeiner von den vielen anrühren könnte, die das gern täten, worüber ich nie im Zweifel gewesen bin. Wenn ich mich in den Straßen bewege, so überkommt mich immer das Empfinden, ich sei für so und so viele ein Leckerbissen. Die Löwen haben mich am liebsten.

Der Anbeter, der sich allem Anschein nach in sein eigenes Anbeten verliebt hat: Die Phantasie gestaltet dich mir noch reizvoller. Du bist eine überaus seltene Blume im pflanzenreichen Garten unserer Fremdenindustrie. Mir scheint, Liebchen, du littest ein wenig an einer Art niedlichem Verfolgungswahn. Du vibrierst.

Das Zimmermädchen: Von einer Etagengouvernante gering[ge]schätz[t] zu werden gehört so zu meinen Alltäglichkeiten. Du liebst mich wahrscheinlich deshalb um so mehr. Aber du lachst ja jetzt, mein Freund. Lachst du mich etwa aus?

Der bereits Vielfachgenannte: Ich lache aus Liebe zu dir.

Die, die mir noch nicht genügend charakter[is]iert zu sein scheint: Wie du dich da allerliebst aus (m)einem Vorwurf herauswindest. Ich weiß jetzt, weshalb ich dich Baron nannte. Ich werde wohl sofort geahnt haben, daß du ein unglücklich Liebender bist. Etwas empfinden, macht denn das nicht das aus, was man vornehm sein nennt? Als du hier eintrafest, belauschte ich dich an der Türe. Mit einmal klopfte ich. Auf dein wunderbar hell ausgerufenes »Herein« hin hielt ich dich bereits für brav und anständig, auch für ein wenig sonderbar. Deinerseits häl[t]st wieder du mich für etwas derartiges. Ich nehme mir hie und da heraus umzufallen[1]…

Der Fremdartige (besinnt sich eine Weile und drückt dann zum Zeichen seines Verstehens einen langen, tröstenden, gleichsam einlullenden Kuß auf eine Hand, die von einer kindlichen Weichheit ist, die ihn an alle von jeher vorhanden gewesenen Nachgiebigkeiten erinnert, und er steht jetzt auf und leitet sie zur Tür, wo er sie auf den Mund küßt).

Das Zimmermädel: Dich beschäftigt jetzt wohl irgend etwas, was von euch, die ihr wie die Engel über dem Boden des Lebens schwebt, als Arbeit bezeichnet wird. Darf ich dich vielleicht in einer Stunde schon wieder besuchen? Schon jetzt sehne ich mich danach, dich wiederzusehen, wo du mich doch noch häl[t]st, ich dich noch sehe (sie entfernt sich).

Nachdem er einigemal im Raum auf- und abgegangen ist, setzt er sich an den Tisch und entwirft den Aufsatz über die Frauen.

(324/I)

---

1 »einzufallen«

II
Ein Dichter
Eine Arbeiterfrau
Der Ruhige
Einer, der entschlossen ist, sich zu amüsieren
Verlorene
Ein Maler
Eine Köchin
Ein Fräulein
Ihre Freundin
Ein Starker

Immer kann man nicht auf den Bergen, gleichsam auf den Höhen des Daseins stehen. Der, von dem ich hier eine Art Abspiegelung anfertigen will, geht, wie man sogleich sehen wird, auch gern ab und zu mal in einen
Bier- und Konzertkeller,
um sich in folgendermaßen skizzierter Gesellschaft wohlzubefinden.

Ein Dichter: O, bei den Klängen der Musik fallen mir eine Reihe von dichterischen Verpflichtungen ein, die es mich übrigens freut, nachträglich vielleicht noch einlösen zu können. Ich sehe einen Bekannten von Ansehen durch das Lokal wandern, dessen besorgtes Äußeres mir zu verstehen gibt, daß er seine Frau im Gewühl der Vergnügten sucht, von der er mir erzählt hat, sie sei zwanzig Jahre jünger als er. Ich schätze seinen diesbezüglichen Mut. Es hat etwas Schönes, Angenehmes, immer ein bißchen befürchten zu müssen, lächerlich werden zu können. [...] Sorgen führen seelische Lebendigkeit herbei.

Eine Arbeiterfrau: Du hast gut reden, Luxuspflanze, die du bist.

Der Dichter: Warum sagst du das? Sagst du es, weil dich dein Mann ein halbes Leben lang schlecht behandelt hat, was dich nicht hinderte, dich an seiner Seite heimisch zu fühlen?

Die Arbeiterin: Mit Menschen, wie du einer zu sein scheinst, wird unsereins nicht fertig. Wahr ist, daß ich einen Draufgänger liebte, dessen Draufgängerei mich beständig belustigte, und ebenso wahr ist, daß es einem Schwächlichen bestimmt war, sich an mir aufzureiben, indem er mir dadurch gestattet hat, ihn einer sehr bequemlichen Bemitleidung zu würdigen.

Der Ruhige: Du siehst sowohl zerzaust wie durchaus anziehend aus. Wie ich es nett finde, aus dem Mittelpunkt (m)einer Beruhigtheit heraus Blicke voll Anerkennung auf ein Mädchen zu werfen, für die ich nicht vorhanden bin, für die es etwas ganz Natürliches zu sein scheint, mich nicht zu kennen. Man kann meiner Ansicht nach erst zärtlich, gütig werden, erst zur Quelle des Glücks kommen und erst dann lächeln und zufrieden sein lernen, wenn einen die Umstände vor die Selbstlosigkeit führen.

Einer, der entschlossen ist, sich zu amüsieren: Hier ist nichts los.

Die Arbeiterin: Manche feine Frau wäre froh, wenn sie einen so jugendlichen, ehrlichen Verehrer besäße, wie das jetzt mit mir der Fall ist. Er ist von rührender Treue.

Verlorene: Schneide bitte nicht auf, man könnte sonst glauben, du littest an einer fixen Idee.

Ein Maler: Herrlich müßte es sein, wenn dies Lokal mit ornamentalen Nymphen, mit dekorativen Tänzern und Schlängelein bemalt und bekränzt wäre, wie einstmals die romanische Kunstkultur es verstanden hat, Innenräume auf['s] Innigste zu beleben. Es gibt ja hiefür in kunstgewerblichen Museen holde, liebe Beispiele.

Eine Köchin: Ich habe noch nie etwas erlebt.

Verlorene: Du sieh[s]t durchaus so aus.

Ein Fräulein (zu ihrer Freundin): O, wie mich dieses Ruhigen stille Schwärmerei interessiert. Seine Andacht, mit der er, wie man ihm ansieht, irgendeinen Herzensgegenstand umleuchtet, entzückt mich. Sein Leiden scheint ihn zu amüsieren, und diese feine Art, sich zu unterhalten, verursacht ein Leiden um ihn in mir. Oder beneide ich ihn um den Reichtum seines Empfindens, das einen solchen Glanz in seine Augen zu legen vermag? Fange ich, ihn beobachtend, an zu ahnen, was wirkliches Vergnügen ist?

Die Arbeiterin: Man sollte diesen Ruhigen, der das Abbild des Müßigganges ist, zu irgendeiner Obliegenheit heranziehen.

Verlorene: Sein Müßiggang beruht nur auf Schein, er ist inwendig tätig.

Der Ruhige: Du bist von wundervollem Körperbau. Ich schenkte dir eines Nachts, als du vor einem Schaufenster standest, die denkbar aufmerksamste Beachtung. Du trugst damals an deinen einzig-schmalen Händen schwarzvernähte, schneeweiße Handschuhe, die die Handgelenke unbedeckt ließen.

Der Maler: Mir fäll[t] folgendes ein: Die Mädchen, die auf das Gutaussehen große Sorgfalt verwenden, scheinen sich bezüglich der Wichtigkeit solcher Geringfügigkeit nicht im Irrtum zu befinden. Soigniertheit macht entschieden einigen Eindruck.

Das Fräulein: Was der Maler da sagt, leuchtet mir ein. Vielleicht neigen sehr viele Menschen zur Vernachlässigung ihrer selbst.

Ihre Freundin: Wir machten uns soeben weidlich, beinah klassisch über einen Unbekannten lustig, dem es vielleicht sehr leicht möglich gewesen wäre, unser Wegweiser zu sein, dem es im Grund vielleicht gegeben ist, uns zu gefallen.

Das Fräulein: Er bot uns immerhin Gelegenheit dar, lustig zu sein.

Der Dichter: Im Nebel sehen Straßen groß aus. Etliche meiner Romane finden zur Zeit nur sehr spärlichen Anklang, während schriftstellernde Witzbolde Aufsehen zu erregen vermögen. Mir scheint, es sei manchmal gar nicht klug, sich viel Mühe zu machen. Die Welt liebäugelt mit den Undankbaren, mit denen, die mit dem Ernst des Lebens und mit den Anforderungen der Bildung spielen. Es gibt welche unter den Bildungsbeflissenen, die alles so heraussagen, wie sie denken, und wieder gibt es darunter welche, die nur ab und zu etwas erzählen, indem sie ihr Ich vor Ausgaben bewahren, d. h. es in einer gewissen Vollständigkeit für sich behalten. Aber bei allem bin ich über meine P[f]licht, heute nacht noch ein ergreifendes Gedicht herzustellen, nicht hinweggekommen.

Verlorene: Sollte dieser Ruhige ein moderner Johannes in der Wüste sein? Wie raffiniert von ihm, auszusehen, als wenn er kein Savoir-vivre besäße. Sind denn aber die Fühlenden nicht Denkende, und muß ich mich durch diesen Denkenden nicht gekränkt fühlen? Sein Kopf macht ihn glücklich, bereitet ihm unaufhörliche Fröhlichkeiten. Wie herausfordernd es von ihm war, mir zu gestehen, er habe meine Erscheinung studiert. Alle meine Zierlichkeiten möchten ihn am liebsten für ihren Verunglimpfer halten und ihm demgemäß begegnen, aber wir leben im zwanzigsten Jahrhundert. Seine Zufriedenheit stört mich und zieht mich an, und ihm Kenntnisse zumuten zu sollen, könnte mich verleiten, unzeitgemäß zu sein. Ach, daß sich ein schönes Mädchen nicht vergessen, sich nicht nähern kann. Nun bemitleide ich mich, und mein Unwillen über mich läßt ihn kalt. Gütiger Gott, wie schwer wird es mir gemacht, schön zu sein. Einem Wesen, wie ich bin, legt die entwickelte Humanität eine Duldung auf, die mich sehr verstimmt.

Ein Starker: Nimm [dir] an mir ein Beispiel. Auch mir wurde beigebracht, auch ich mußte einsehen, wie nötig gewisse Entsagungen sind.

Verlorene (lächelt): Deine Anwesenheit versöhnt mich mit der Welt und mit mir.

Der Starke: Sollte mir in Ihnen eine Bekanntschaf[t] blühen, die ich (m)einer Offenheit verdanke, von der ich dachte, sie schrecke Sie von ihrem Aussprecher ab?

Der Dichter: Über mich schrieb einmal in einem angesehenen Blatt ein angesehener Essayist einen Aufsatz, worin er die Frage aufwarf: Hat er Talent?

(323/I)

Der Vortragsveranstalter
Der Dichter

Ein Zimmer

Der Vortragsveranstalter: Sie saßen in Ihrer Provinzstadt, deren Umgebung Sie seit langem, wie es scheint, entzückt, und erhielten eine briefliche Einladung von mir, im Tonhallesaal unserem Verein aus Ihren bisherigen Werken vorzulesen. Das Gelangenlassen der Aufforderung an Ihre werte Adresse, sich persönlich der Öffentlichkeit vorzustellen, geschah sozusagen aus Mitleid mit Ihnen. Sie kamen mir, wissen Sie, sehr abgesondert vor. Wie Sie mir hier soeben erzählten, liefen oder marschierten Sie zu Fuß zu uns. Sie legten eine Strecke von hundertzwanzig Kilometern in der Eil- oder Dichtergangart zurück, was zweifellos eine Leistung darstellt. Mich freut es selbstverständlich sehr, in den Räumlichkeiten meiner Vortragsveranstalterei einen Schriftsteller begrüßen zu dürfen, der einen Beweis seiner Wandertüchtigkeit ablegte. Ich bat Sie um eine Probe Ihrer Redekunst. Sie waren so gütig, meiner Bitte Folge zu leisten, indem Sie mir einen Abschnitt aus einem Ihrer Bücher vortrugen. Ich hörte Ihnen mit gespanntester Aufmerksam[keit] zu, mußte aber zu meinem Bedauern zur Überzeugung kommen, daß Sie nicht Deutsch können. Ich vermochte ohne große Schwierigkeit zu beobachten, daß Sie stottern. Beim Sprechen¹ [über]zieht sich Ihr Gesicht mit einer Röte der Beklommenheit. Ferner kann man mit gutem Gewissen sagen, daß Ihre Zunge die Worte, die Sie ihr anvertrauen, wie eine wohlschmeckende Speise behandelt, sie findet sie anscheinend so schmackhaft, daß sie sie verschluckt, eh' sie ihr entlaufen. Ihr Vorlesen ist ein kleinlautes und hastiges, während es für Sie und Ihre Zuhörer besser wäre, wenn es ein ruhiges und grandioses wäre. Ich weigere mich zuzugeben, daß der geplante Vortrag stattfindet.

Der Dichter: Darf ich Sie mit ausgesuchter Höflichkeit bitten,

1 »Lesen«

vollkommen ruhig zu bleiben. Sie müssen [mir zu]gestehen, daß mich Ihre Beunruhigtheit provinziell anmutet. Es gebe eben auch in Großstädten Provinzialismen. Auf Ihre freundliche Einladung hin, Prosa vor einem gewähl[t]en Publikum zu rezitieren, verfügte ich mich sogleich auf die Landstraße und durchmaß sie mit jener Eiligkeit, die uns¹ der Optimismus einzuhauchen pflegt. Das Wetter war wundervoll, die Straße trocken, die Bäume gelblich und grün, das Gasthaus sauber, und hie und da löschte ich meinen Durst, der mir begreiflich vorkam, an einem Brunnen. Ich kam bei Ihnen an, und nachdem wir einige Einleitungsworte gewechselt hatten, die uns der Lage angemessen schienen, die von uns zweien geschaffen worden war und die auch jetzt noch gleichsam hochaufgerichtet vor uns steht, trug ich Ihnen auf Wunsch vor, was Sie mir die Freundlichkeit erwiesen anzuhören. Plötzlich sind Sie vom Sessel, auf dem Sie saßen, aufgestanden und haben für geboten gehalten, mir entgegenzuwerfen: ›Sie können nicht Deutsch.‹ Sehr gut beobachteten Sie, daß ich beim Ablegen der Sprechprobe Zeichen der Befangenheit ablegte. Das hindert mich aber nicht, Ihnen zu sagen, daß Sie mich mangelhaft beobachteten. Ich werde, davon bin ich überzeu[g]t, in voller Befangenheit an's Vortragspult treten. Die schlichte, feine, schöne Folge wird sein, daß ich befeuert, [mit] einem gleichsam besprungbretteten Innern zu lesen anfangen werde. Die Befangenheit wird vielleicht anhalten, ich werde sie aber beherrschen. Aus meiner Stimme, mithin auch aus meinem Vortrag, wird etwas hübsch Lebendiges klingen. Anfangs werden mich einige oder vielleicht sämtliche Zuhörer als unsicher empfinden, das wird aber weniger schaden, als wie's wäre, wenn sie sich sagen müßten, ich sei tonlos, bildungslos. Mein Vortrag wird ein beseelter, beschwingter sein, und da ich das weiß, werde ich ihn, obgleich Sie über diese Eröffnung beinah vor Verwunderung umfallen, bestimmt abhalten.

---

1 »nur«

Der Vortragsveranstalter: Sie können ja nicht Deutsch. Sie können ja nicht Deutsch.

Er geht hin und her, sich an seinem einmal Erfaßten anklammernd. Der Dichter seinerseits hält fest an seinem Entschluß. Wir sind meist um andere ängstlicher als um uns selbst. Aber ein Fehler kann uns helfen, wo uns ein Können im Stich läßt.
(318/I)

Der Chef
Ein Zuhörer
Ein jugendlicher Commis
Meier von der Stadt
Meier vom Land
Ein Korrespondent
Laiblin
Ein Unterchef
Ein Arbeitsamer

Die Bühne ist ein Büro
An einer Reihe von Pulten arbeiten Angestellte
Der Chef (gleichviel, welches Aussehen er aufweist, ob er dünn oder dick, schlanker oder untersetzter Figur sei, stellt sich den Zuhörern mit den Worten vor): Die anwesenden verehrten Herrschaften erblicken in mir den Hauptmann der Komptabilität.
Ein Zuhörer: Sie hätten dies nicht zu indizieren brauchen. Wir würden Ihnen rasch [an]gemerkt haben, daß Sie Vorgesetzter sind.
Der Chef: Mich reut manchmal, nur zu artig und aufrichtig sein zu müssen. Indem ich aufhöre zu beteuern, daß ich Schauspieler bin, läßt mich die fröhliche Einbildung, ich sei Bürochef, mich folgendermaßen äußern: Welcher von meinen Untergebenen mag es sein, der mit so viel Ungezwungenheit ausradiert, was er mit der Feder fehlerhafterweise hinsetzte? Ich fühle mich zu einem Spaziergang veranlaßt. (Er begibt sich auf die Suche nach dem Ursache zur Vermutung Gebenden.)
Ein jugendlicher Commis: O, was für eine melancholisch-schöne Vormittagsheiterkeit das ist. Meiner Überzeugung nach ist es Montag, ich fühle so recht, wie das wahr ist, was ich da sage. Sie ist süß, in deren Gesellschaft ich den gestrigen Tag verbracht habe.
Der Chef (zum Ausmerzer der Mißstimmigkeiten): Leicht und gern schleichen sich Unliebsamkeiten ein, die man mit gewissermaßen absichtlicher Lautheit, weil man kein sonderlich

freudiger Arbeiter ist, durch ein Gekratz ungeschehen machen will, das auf die Nerven fällt.

Der Ertappte: Ich finde es nicht fein, einen immer ertappen zu wollen. Aus Rache gegenüber Ihrer Art und Weise, auf möglich[st] unappetitliche Art den Vorgesetzten zu spielen ...

Der Chef: Unappet[it]lich bin ich?

Der Radierkünstler: ... reiße ich jetzt das Fenster brutal auf, um frische Luft, Gottesodem, in den Kerker hineinströmen zu lassen.

Der Chef: Wollen Sie mich etwa zum Kerkermeister machen?

Der Rebell mit dem Federhalter am Ohr (fährt fort zu radieren).

Der Chef: Gab es je einen spitzigeren, grimmigeren Protestanten? Inwiefern Vorgesetzte etwas wie Katholiken sind, die allem, was wohlerzogen ist, hold und allem, was unhöflich ist, abhold sind, entferne ich mich wie die Duldung selber vom Schauplatz der Auflehnung gegen das Prinzip guten Übereinkommens und hülle mich angesichts eines Sträubens gegenüber der Erwünschtheit, passendes Betragen an den Tag zu legen, in die mißbilligendste Billigung, die je empfunden wurde, solange es Verantwortlichkeittragende auf der Welt gibt.

Meier von der Stadt: Mit welchem Erfolg ich gestern in einem Landgasthaus Karten spielte. Meine Körperkräfte wehren sich gegen die Idee, mein Werkzeug bestände bloß in der geringfügigen Vorrichtung, die ich bald zwischen den Lippen einklemme, bald mit der größten Leichtigkeit in die Hand lege. Aus lauter Freude an den Triumphen, die ich am Wirtshaustisch erntete, zerschlug ich einen nicht unwertvollen Spiegel.

Meier vom Land: Wie mir scheint, beneide ich die Degenerierten, diejenigen, die auf den verfeinerten Genüssen wie Musikliebende auf einer Zither spielen. Wenn ich mich nicht nach Zersplitterung sehne, kann ich unmöglich der sein, als der ich hier dastehe. Mehr fällt mir einstweilen zu meiner Charakterisierung nicht ein.

Ein Korrespondent: Unwillkürlich lausche ich mittels meines zum Glück vorhandenen Aufnahmevermögens auf die Sängerinnenstimme, die sich in diesem, wie ich zugeben muß, schönen Augenblick, über die Gasse schallend, die eigentlich eher eine Straße ist, vernehmen läßt.

Der Chef (zu Laiblin): Obschon Sie ein Mensch sind, der mir Sympathie einflößt, weil Sie Manieren haben, möchte ich Sie an die Unstatthaftigkeit mahnen, die mir darin zu liegen scheint, daß Sie Ihre geschätzte Aufmerksamkeit halbstundenlang dem Umstand entgegenzubringen geneigt sind, daß in der Nachbarschaft ein Diener mit Teppichklopfen beschäftigt ist, der den Glauben erwecken könnte, er wäre auf einer Bank tätig gewesen und sei infolge eines Dranges, das Leben von möglich[s]t zahlreichen Gesichtspunkten aus kennenzulernen, nicht ohne verbindlichen Dank für erzielte Bemühungen entlassen worden.

Laiblin: Der Gedanke könnte mich träumerisch machen, der mir empfieh[l]t, ihn für fähig zu halten, er habe vielleicht heimlich gedichtet. Die Möglichkeit, daß er dies während der Bürozeit, so zwischen der Erfüllung seiner Obliegenheiten könnte getan haben, wird nicht kurzerhand abgelehnt werden können.

Ein Unterchef (zu einem Arbeiter): Ihre Tüchtigkeit, die keine(n) Zweifel zuläßt, berechtigt Sie nicht zu Taktlosigkeiten. Sie schlagen mir gegenüber mitunter einen Ton an, den zu ertragen nachteilig auf meinen Gesamtgesundheitszustand wirkt.

Der anerkannt Brauchbare: Die Tatsache, die Ihnen aus dem Gesicht leuchtet, daß Sie in ungewöhnlich hohem Maß mit mir zufrieden sind, hat für mich etwas Aufreizendes. Mich empört hie und da, daß ich beobachten kann, wie Sie sich an mich und was ich leiste gewöhnen wollen, als bildete ich für Sie eine Selbstverständlichkeit, eine Art Möbel, ein Maschinenbestandteil.

Der Unterchef: Beherrschen Sie sich!

Der Arbeitsame: Von Ihnen wäre es viel klüger, diplomatischer, gleichgewichtinbetrachtziehender, feinfühliger, wenn

Sie mich anherrschten, statt mich in einem fort anzuwehklägeln, als wäre ich ein Tiger und Sie ein Opfer. Sie besitzen keinen Schneid.

Der, der nicht regieren kann: Ich werde zum Herrn Direktor hingehen, da mir das Talent versagt ist, Sie unmittelbar zur Respek[t]bezeugung zu veranlassen.

Der Chef (der die beiden belauscht hat): Wäre ich nicht Machthaber, so zöge ich den totalen Gehorsamszustand jedenfalls dem halben Befehlshabertum vor.

Der junge Commis: Jetzt ist es erst zehn Uhr, und ich muß mir gestehen, daß ich die Empfindung nicht loswerden kann, die Zeit streiche, laufe, gehe und rolle erstaunlich langsam vorüber. Hie und da treten Fabrikarbeiter in den sogenannten Streikzustand. Man sagt mir, sie täten das im Wunsch, bessere Löhnung zu erzielen. Wie mich jener bejahrte Angestellte dort, der in einiger Entfernung von mir Berechnungen anstellt, um seines patriarchalischen Aussehens willen eigentlich ein bißchen rührt. Mir scheint, etwas Friedliches strahle von ihm aus. Wie intelligent er mir vorkommt. Erzählte er mir nicht // eines Tages im Ton beinahe der Befreundung, als wisse er, daß er's einer Art von Kameraden anvertraue, er habe die Julirevolution miterlebt. Wie ausdauerlich, beinah hartnäckig sich der Stundenzeiger an der Uhr verhält. Man vermag durchaus nicht wahrzunehmen, ob er irgendeine Bewegung ausführt oder nicht. Ich höre die Vögelchen von den Bäumen her zwitschern, die mit hellgrünem Laub festlich die Hauptstraße schmücken. Jetzt fährt ein Tramwagen mit Gescharr vorbei, und auch der Minutenzeiger benimmt sich meiner Ansicht nach merkwürdig ruhig. Mir ist, als wisse er sich sehr zu beherrschen, als freue er sich über sein Eilen mit fortwährendem Verweilen, als sei er auf seine Besonnenheit quasi stolz und glänze mit seiner Taktfestigkeit. Beinahe möchte ich mir einbilden, er habe ein Gesicht, das mich belustigt anlächle. Vielleicht ist es für mich ein Unglück, daß die Wand dieses Büroraumes mit einer Uhr versehen ist, und es kann sein, daß ich besser täte, die Uhr und ihre seltsame Wesenheit überhaupt keiner Beachtung für würdig zu halten. Ihr Anblick macht mich gewissermaßen krank. Wenn es wahr ist, daß ich eine Geliebte habe, die sich vielleicht in ihrem mir zum Teil noch unbekannten Innern über mich lustig macht, was mich vielleicht nur um so mehr reizt, sie liebenswürdig zu finden, so trifft es anderseits nicht in jeder Hinsicht zu, daß mir (m)eine mütterliche Freundin ihr kostbares Interesse schenkt, das mir noch nie eingefallen ist, nicht hochzuschätzen.

Der Chef: Was tun Sie da, wenn man fragen darf?

Der junge Commis: Beobachtungen[1] verschiedenster Art bemächtigten sich meiner, die ich bemüht bin abzuschütteln.

Der Chef: Kamen Sie nicht heute früh zehn Minuten zu spät am Wirkungsplatz an?

Der junge Commis: Ihre Frage verdient mit einem unüberlegten, flotten, strammen und offenkundigen ›Ja‹ beantwortet zu werden.

Der Chef: Verspätung[en] treffen häufig bei Ihnen ein.

Der junge Commis: Meine Versäumnisse haben insofern etwas Treuherziges, als der Mut in mir lebt, man nehme mir sie nicht allzu übel. Eine Schauspielerin liebt mich.

Der Chef: Ich hoffe, sie tut es vergeblich. Wie weit sind Sie schon im Auslandzusammenstellen vorgerückt?

Der junge Commis: Sorgfalt und Bedächtigkeit hindern mich am schnelle(re)n Vorwärtsschreiten.

Der Chef: Darf ich Sie angesichts eines solchen Bekenntnisses zu etwas mehr Emsigkeit aufmuntern?

Der junge Commis: Theoretisch halte ich Schaffensfreudigkeit für herrlich. Schon der Umstand, daß bei angestrengtem Tätigsein die Zeit so schnell vergeht.

Der Chef: Ihre Ironie schätze ich sehr. Bald werde ich Sie von neuem aufsuchen.

Alle gehen an die Fenster. Ein Trauermarsch wird vernehmbar.

---

1 »Betrachtungen«

Der Chef: Gegen die Bekundung einer schicklichen Neugierde, die zur Quelle einer geziemenden Teilnahme werden kann, habe ich nichts einzuwenden. Daß sich meine Untergebenen als Angehörige des Volkstums fühlen, daß sie den Beerdigungszug eines verstorbenen Führers des Landes anzuschauen bestrebt sind, erfüllt mich mit Zufriedenheit. Wie wohltuend diese Musik klingt. Auch einen Bürochef berührt Menschliches, auch ihn gehen Geburten, Verlobungen und Todesfälle etwas an. Mir leuchtet ein, daß sich dem Prinzip, während der Arbeitszeit müsse ununterbrochen irgend etwas getan werden und die vorhandenen Kräfte fielen lebhafter Ausnutzung anheim, Ausnahmen entgegensetzen dürfen, wie die gegenwärtige beispielsweise eine zu sein scheint. Wenn ein Verdienstreicher, Bedeutender von dannen getragen wird, wie es mit demjenigen der Fall ist, dem heute die letzte Ehre erwiesen wird, so kommt mir der Gedanke nicht als Unmöglichkeit vor, daß eine Pause erlaubt und das Eintretenlassen einer vorübergehenden Lockerung der straffangezogenen Saiten am Platz seien.

Die Schaulustigen begeben sich nach und nach wieder an ihre Plätze. Die Rechnungsmaschine rattert von neuem.

Laiblin: Nach dem Mittagessen werde ich rasch auf den Berg gehen, da kann ich eine halbe Stunde lang im Grünen liegen, in der Sonne die Augen zudrücken, das Gesumme hören, mich verhalten, als schliefe ich, die Zweige eines Apfelbaumes über meinem Gesicht sich leise hin und her rühren spüren und an die Hotelgouvernante denken, für die ich schwärme, weil sie mir sagte, sie habe dann und wann Kopfweh. Wie den Mädchen eine Klage gut ansteht. Mitleidhaben, falls es einem nicht lästig wird, falls man's nicht zu stark tun muß, [es] einem nicht weh tut, ist ein großes Vergnügen, da man dabei glauben kann, man sei gutmütig, besitze ein Herz, sei kein Stück Holz oder Stockfisch. Liebende lieben ihre Liebe wie Hassende ihren Haß hassen.

Der Chef (für sich): Ich scheine dadurch regimentsfähig zu sein, daß mich das Beobachtethaben eines gewissen bescheidenen Maßes von Es-sich-wohl-sein-Lassen, das von mir aus auf die Angestellten übergeht, in keiner Hinsicht beunruhigt. // (zum jungen Commis:) Glauben Sie heute Vormittag allerhand Nützliches zustande gebracht zu haben?

Der junge Commis: Während des Verlaufes meines heute stattgefundenen oder vorgefallenen Hierseins wurde durch die unwichtige Persönlichkeit, mit der es Ihnen hie und da beliebt, Konversation zu machen, ein- oder zweimal das Linierinstrument, genannt Lineal, aus anscheinender Zerstreutheit, tatsächlich jedoch aus keinem sonstigen Grund zu Boden fallen gelassen, als inmitten des zweifellos speziell für mich etwas eintönigen Berufes, zu dessen Pflichterfüllungen ich mich schwerlich mit einer in keiner Hinsicht abzustreitenden Lückenlosigkeit berufen zu fühlen vermag, mir, wenn auch eine geringe, so doch bis in ein gewisses Maß hin[ein] die Waagschale des Empfindens beeinflussende Abwechslung zu verschaffen.

Der Chef: Inwiefern Sie gern Wanduhren usw. mit Vorliebe nachdenklich betrachten, gehören Sie mit ziemlicher Sicherheit zu den interessanteren Erscheinungen der Komptabilität, deren Wesen nun einmal nicht [mit] eines Tanzsaales oder mit eines Turnplatzes Eigenheit korrespondiert oder übereinstimmt, was man ja, von einigen Gesichtspunkten aus gesehen, wird bedauern dürfen.

Der junge Commis: Ich habe bei der Kellnerin des »Ochsen« einen Stein im Brett.

Der Chef: Mir wäre es lieber, Sie dächten [mehr] an zielbewußte Arbeitsamkeit als an Kellnerinnen, wenn dieselben auch an Hübschigkeit und appetitlichem Aussehen mit der Begehrenswürdigkeit selbst zu wetteifern vermöchten. Ich besitze allen Ihren Zaghaftigkeiten in Bezug auf munteres Drauflosschaffen gegenüber jedenfalls, wie ich zu fühlen oder wahrzunehmen imstande bin, eine wirklich bedeutende Geduld im Leibe.

Der junge Commis: Mir liegt völlig fern, Ihre durchaus anerkennenswerte Güte zu unterschätzen, vielmehr mache ich von derselben gewiß mit Vergnügen ausgiebigen Gebrauch.

Der Chef: Jetzt ist's halb zwölf. Sie rieben sich, gemäß meiner Beobachtungsfreudigkeit, die mich keinen Augenblick im Stich läßt, ein paarmal, während Sie sich eher mit etwas Angebrachterem hätten beschäftigen sollen, das Kinn.

Der junge Commis: Ich verstehe sehr gut, daß [Sie] sich mit derartigen Beobachtungen nicht mit der erforderlichen Selbstverständlichkeit befreunden können, möchte mir aber erlauben, der Meinung zu sein, daß auch Sie einmal jung waren, und habe im übrigen die Ehre, Sie mit dem Sie vielleicht interessierenden Umstand bekannt zu machen, daß mich meine Eltern sehr verwöhnen. Mein Vater war Musikdirektor, für den die Provinzstadt, worin er wirkte, schwärmte.

Der Chef: Ich bin bei allem Befürworten dessen, was Ordnung und deren stramme Verkörperung betrifft, zur Annahme geneigt, es sei zu billigen, wenn man der Anschauung huldige, daß in einem Büro unter anderem Elemente wie das Ihrige geduldet werden dürften. Ich verdanke Ihnen immerhin dadurch, daß Sie mich zu zeitweiligem Gespräch mit Ihnen veranlassen, indem Ihre Au[f]führung mich dann und wann in Fühlung zu Ihnen zu treten nötigt, einige Möglichkeit zu allgemeinen Einsichten, gleichsam zu Bildungsbetätigungen zu gelangen. Ihnen gegenüber habe ich mir zur Gewohnheit gemacht, den Vorgesetzten abzustreifen, um sozusagen jeweilen mit Ihnen ein bißchen im Gärtchen des Menschlichen umherzustreifen, wobei ich Sie nicht unermahnt lassen möchte, sich Mühe zu geben, den Beamten, der in mir lebt, zufriedenzustellen. Schon der bloße Versuch hiezu muß Sie ja, falls nicht jede schönere Ader in Ihren Gesamtzusammenhängen erloschen oder falls eine solche bessere Seite überhaupt je in Ihnen vorhanden gewesen sein sollte, mit einem Vergnügen erfüllen, das mit einem Freudenfeuer auf einem Schweizerberg Ähnlichkeit hätte. Gestatten Sie, Ihnen die Bemerkung nicht vorzuenthalten, daß mir scheint, Sie zögen je nach Gelauntheit etwas wie

Belletristik aus dem Pult hervor, um sich dergestalt die Zeit zu verkürzen.

Der junge Commis: Zutreffend scheint mir bei dieser Art von Unstatthaftigkeit zu sein, daß Lesen bildend wirkt.

Der Chef: Haben Sie es sich in den Kopf gesetzt, zu denjenigen zu gehören, mit denen man nie fertig wird?

Der junge Commis: Eines Abends in einem übrigens ganz unansehnlichen Korridor ...

Der Chef: ... den wahrscheinlich ein überaus bescheidenes Lämpchen spärlich beleuchtete ...

Der junge Commis: ... bat mich ein jäher weiblicher Charakter, verzichten zu wollen, das Leben gemeinsam mit ihr [zu] riskieren, da sie die Überzeugtheit nicht zu verleugnen vermöge, die sie versichere, sie mache mich unglücklich. Nur dann, wenn ich dächte, daß ich mit keiner andern so glücklich werden könnte wie mit ihr, würde sie mein vollkommenes Ungemach zu werden sich entsch[l]ießen, wobei sie mich die in der Tat schöne alabasterne Hand vorläufig küssen ließ.

Der Chef: Für mich klingt so etwas entschieden zu romanhaft.

Der junge Commis: Die Unterha[l]tung, die Sie mir gestattet haben, mit Ihnen zu führen, hat die Unverkennbarkeit zur Tatsache werden lassen, daß der Vormittag bald überstanden ist.

Diesbezügliche Anzeichen machen sich im Raum geltend.

Meier vom Land: Ein Landherr ist durch Heirat Herr eines der größten Vermögen der Stadt geworden.

Meier von der Stadt: Man möchte meinen, die Städter zeichneten sich durch Energielosigkeit aus.

Meier vom Land: Bei den Städtern wird das Landschaftliche hochgeschätzt, wobei gewisse Seiten naturgemäß außer Acht gelassen werden.

Meier von der Stadt: Nach Wohnungen mit Aussicht auf See und Gebirge herrscht eine sehr gefühlvolle Nachfrage vor.

Meier vom Land: Die Bewohner der Städte haben lediglich das Glücklichsein im Sinn. Sie genießen die Sonnenauf- und -untergänge, als wenn's Butterschnitten wären. Ein Wölklein am

Himmel, ein Sternlein, das aus den Wölkchen herablächelt, versetzt sie in eine langanhaltende Begeisterung.

Meier von der Stadt: Man umarmt sich gegenwärtig aus keiner sonstigen Ursache, als weil man kein Geld hat.

Meier vom Land: Diese Lebenskunst, diese Kultur. Menschen gibt es, die ganz nur noch aus Beseeltheit bestehen und die auf Grund solcher Beschaffenheit in Mondscheinnächten tief im Wald oder wenigstens hübsch einsam am Waldrand liegen und Lieder zum Liederlichsten, was es gibt, oder zum Lieblichsten, was innerhalb des […] vorhanden ist, singen.

Meier von der Stadt: Warum nicht zur Gitarre?

Der Chef: Es wird wohl kaum unbedingt nötig sein, die Anwesenden darauf aufmerksam zu machen, daß es zwölf Uhr ist.

Ein Angestellter nach dem andern verläßt das Büro, der Chef entfernt sich als der letzte.

(224/II + 223a/I + 222/I)

Der Fabrikbesitzer
Marta
Arnold
Eine Krankenschwester
Der Dichter

Abendliches Fabrikkontor

Der Fabrikbesitzer: Ist es der drehbare Stuhl, worauf ich sitze, oder sind es meine zahlreichen, von Lustigkeiten durchflochtenen Nachdenklich[keit]en, die mich lachen machen? Fast muß ich mich krümmen vor lauter Lachkrampfhaftigkeit. Meine Fabrikbesitzersüberlegenheiten empfehlen mir zunächst, jetzt »Herein« zu rufen, denn wie ich mich erinnern zu können glaube, hat es vor etwa zehn Minuten zaghaft an die Tür dieses Büros angeklopft.

Marta (eintretend): Was wünschen Sie von mir?

Fabrikbesitzer: So redet man nicht jemand an, der sich der Fülle seiner Schlechtigkeiten sowohl wie seiner schönen und brauchbaren Eigenschaften im vollsten Umfang bewußt ist und der dich ja sogleich wieder, wie man sagen kann, zur Stube hinausjagen könnte, wenn er zu einer derartigen Manipulation Lust in dem Gärtchen seines individuellen Seins aufkeimen spüren würde. Wie rührend, o meine holde Arabella, du in diesem sicher beinahe tragischen Moment übrigens aussiehst.

Marta: Sie lieben mich.

Fabrikbesitzer: Keine Unverschämtheiten!

Marta: Sie sind mir Herr und Gebieter.

Fabrikbesitzer: Und dein braver Arnold studiert jetzt unten auf den Wegen, die sich innerhalb des durch mich unumschränkt regierten Gebietes befinden, über Musikmöglichkeiten nach. Ich sehe ihn mit den Augen des Geistes herzensselig und simpel dastehen, indes ich dir hier erkläre, ich sei dir dankbar, wenn Verständnis für mich in der Mansarde deines Denkvermögens vorhanden sein sollte. Mir gefällt sehr, daß du in mir deinen Gebieter empfindest, und es ist selbstverständlich, daß man Klassen- sowohl wie Rassenunterschiede machen muß. Laß mich dich anblicken, als wenn du mein Eigentum wärest, mit dem ich nach Belieben schalten und walten kann, laß mich dich aber zugleich auch so anschauen, als wär' ich zum Umfallen oder meinetwegen sogar zum Sterben verliebt in dich. Liebe und Verliebtsein, sprach einst ein Doktor der schönen Literatur in seinem Münchner Heim zu mir, sei seiner Überzeugtheit nach nicht ein und dasselbe. Mag er mit diesem übrigens gewiß bloß schlichten Ausspruch so recht gehabt haben wie er will, so scheint jedenfalls Tatsache zu sein, daß das Immergrün deiner hellblaustrahlenden Augen eine gewisse Gewalt auf mich ausübt, aus der es für mich schwierig ist, mich zu befreien. Doch was wollte ich sagen? Mir schwebt etwas auf der Zunge, natürlich etwas Intelligentes.

Marta: Sie haben auf mich immer mehr den Eindruck des Vitalismusses als des Intellektualismusses [wie] mit Ihrer jüngsten Entschuldigung gemacht. Sie taten mir so sehr leid.

Fabrikbesitzer: Das Leben ist ein Rätsel, und weil ich hieran mit aller nötigen Festigkeit glaube, // so glaube ich auch an was du sprichst.

Arnold (hinter der Szene): Ich bin ein Typus aus dem Volk, und als solcher fang' ich hier ein Lied zu intonieren und rezitieren an, indem ich wohl weiß, daß sie mich nie lieben wird, die mir wie der Inbegriff des Daseinswertes durch's Wesen zieht. Ob gesprochene Prosa musikalisch klingen dürfe, bleibe eine offene Frage. Sicher ist auf jeden Fall, daß mein musikalisches Einfühlen oder Eingestelltsein und meine Geliebte, die jetzt, wie ich weiß, mit dem Fabrikdirektor spricht, zusammen ein Gebilde bilden, und ebenso gewiß ist, daß sie mir das berechtigterweise verübelt, die mich um meines Volksliedtums willen beneidet. Sie sieht in der Poesie, die etwas wie meine Freundin ist, ihre Feindin. Sie sagt mir rundheraus, sie wolle mit dieser Rivalin nie und nimmermehr teilen. Nun macht mich aber der Schmerz um den ihrigen so glücklich, wie ich vielleicht nicht befugt bin, es zu sein. In solcher Empfindungsweise liegt aber der Zauber, die Schwäche, die Kraft, die Lust

und die ganze Tiefe und das Niezubesiegende des Volkstums. Lieben wir beide uns zu schön?
Marta: Er phantasiert wieder.
Der Fabrikbesitzer: Es scheint Menschen zu geben, denen das Phantasieren ist, was das Milchtrinken dem aufwachsenden Kind.
Marta: Er ist zu unterwürfig, als daß ich ihn Verräter nennen dürfte.
Der Fabrikbesitzer: Die Nacht steigt herauf (er steckt Licht an). Du bewohnst ein bohnenstangenumkränztes Häuschen am Waldrand. Aus dem Fensterchen des Häuschens schaut der, der sich hinausbeugt, auf eine Frau von erheblicher und großer Schönheit hinunter, wenn es angängig sein mag, dem ruhig flutenden Fluß eine solche Vergleichung aufzunötigen, die er sich gefallen läßt, weil er sanft und von Charakter die Unbewußtheit, Wehrlosigkeit selbst ist. Mit Naturerscheinungen geht der Gebildete um, wie es ihm paßt.
Marta (lächelt wesensvoll).
Der Fabrikbesitzer: Dein Lächeln ist im höchsten Grad passend und daher keineswegs am Platz.
Marta: Warum sind ausgerechnet Schulmeisterseelen anziehend? Die Tüftler, die Genauigkeitsfanatiker, diejenigen, die sich und denen, die mit ihnen gehen, das Spiel verderben?
Fabrikbesitzer: Weil ich kein Härchen an dir billigte, fing ich eines Tages an zu wünschen, du wärest mein, denn indem ich dich innerlich nichts als tadelte, flößtest du mir Rührung ein. Jedesmal aber, wenn ich mich durch dich rühren ließ, machte mir das Gewissen, dem ich das Recht eingeräumt habe, lebenslänglich in mir zu wohnen, lebhafte Vorwürfe. Meine Würde hat mir immer wieder strikt verboten, dich ernst zu nehmen, und über diesen Punkt lächeltest du immer.
Marta (hält die Hand an's Herz und gibt damit zu, daß es so ist).
Arnold: Wir aus dem Volk haben einen Instinkt, uns alles Mögliche mit dem denkbar größten Vergnügen gefallen zu lassen. Das mag daher rühren, daß sonst die Stunden zu langsam an uns vorüberflöhen.

Fabrikbesitzer: Es ist taktvoll von ihm, daß er nicht mehr sagt. //
Eine Krankenschwester, die auftaucht: Was hier vorgeht, gesprochen wird, stammt aus meinem Mund. Ein gestrandeter Schriftsteller wohnte bei mir, der seine Gescheitertheiten nie begreifen will. Er hielt sich ein halbes Jahr dichtend bei mir auf. Diesem kranken Dichter, dem die Natur seiner Erkranktheit total entging, indem er sich selbst gewöhnt worden ist zu ignorieren, erzählte ich, wovon hier die Rede ist, was ich mir erlaube festzustellen.

Der Fabrikbesitzer: Verbindlich[s]t der Urheberin und Geisteseigentümerin für die freundliche Überlassung ihres bißchen Stoffes dankend, der als ein Idyll bezeichnet werden kann, dessen Wert nicht unterschätzt wird, gestehe ich, mich diesmal direkt an's Publikum wendend, daß ich Marta, die hier vor mir steht, beständig plagte, um nicht zu sagen, ich hätte sie schikaniert, damit sie gefügig, lammfromm, willig, unterwürfig und allen meinen Anforderungen gegenüber mit der Zeit die liebe und holde Demut selbst würde. So kam es ja dann schließlich auch. Als wenn ich Fabrikmädelblut nicht genau kännte.

Die Krankenschwester: Es kennzeichnet Sie, daß Sie wie ein Schurke sprechen.

Marta: Er verdient diese Art Betitelung in keinem Sinn.

Der Fabrikbesitzer: Würden mir meine Arbeiter, ja, ich darf wohl beifügen, würde mir meine eigene Frau nicht ihre Achtung nach und nach entzogen haben, wenn ich nicht erfolgreich mit Marta angebändelt hätte? Jemand als Schuft zu erklären ist eine Leichtigkeit. Ein Herr wie ich muß das Herrentum hervorkehren. Tut er's nicht, so büßt er an Ansehen, an Glaubenswürdigkeit ein. Ein Herr muß in Gottes Namen ein bißchen interessant sein, und wodurch [sonst] wird man so rasch interessant als durch hübsche Strumpfbandgeschichten, die man anzustellen unbedingt den Mut haben muß.

Die Krankenschwester: Sie hat ein Kind von Ihnen.

Der Fabrikbesitzer: Geschmack, Stellung, Bildung, Erziehung und eine feine, spezielle Art // von Pflichtgefühl schreiben mir

vor, eine Schreckensnachricht mit der sichtlichsten Gelassenheit mitanzuhören, die mir übrigens nicht neu ist. Benahm sich die entgleiste Größe nett gegenüber Ihnen?
Die Krankenschwester: Unsagbar.
Der Fabrikbesitzer: Nun, dann seien Sie zufrieden. Lassen Sie bitte arme Leute in Ruh.
Marta: Ach, wir alle haben an Armütigkeiten zu schleppen. Mir kam es himmlisch vor, zu begreifen, daß er nicht nur ein Fabrikherr, sondern doch auch ein Mensch sei.
Die Krankenschwester: Mein Seltsamling von Dichter, den ich zeitweise beherbergte, trat einmal mit allen Zeichen höchlicher seelischer Verlegenheit zu mir in die Küche mit der belustigenden Anfrage auf den Lippen, ob ich einwilligen könne, daß er meine Schuhe putze. »Wie kommen Sie auf einen derartigen verwegenen Gedanken?« lautete meinerseits meine Frage, auf die es seinerseits natürlich nichts zu antworten gab. Früher sah er sich vorübergehenderweise als Commis in einer Strumpfbandfabrik beschäftigt, die hauptsächlich Ausfuhren nach Brasilien betrieb. Als seine Zutraulichkeit zu weit ging, er sich herausnahm, seinen Arm um meine Taille zu legen, ersuchte ich ihn, sich nach einer andern Wohnung umzuschauen.
Der Fabrikbesitzer: Marta, du hast, um mir Verdrießlichkeiten zu ersparen und um zu zeigen, daß es einem Idyll an Lebensernst nicht mangle, in's Wasser zu gehen, hast du mich verstanden? Die Geschichte, die die Krankenschwester ihrem Dichter erzählt hat und deren süße Schwere und bittere Zartheit ihm unvergeßlich geblieben ist, verlangt es so. Es ist mitunter unbedingt nötig, daß sich eine Geringe und Kleine einem Bedeutenden und Großen heiter aufopfert. Fort, marsch, führ aus, was die Industrieromantik von dir verlangt! Von mir verlangt sie, daß ich mich meiner Klubmitgliedschaft erinnere. Eine duftende Kuba wird mir ausgezeichnet schmecken.
Arnold: Ich scheine eine freierfundene Figur zu sein. Eine Art Einflechtung.
Der Dichter: Wie ich mit Menschenleben und -herzen spiele, als

wenn Existenzen Bälle wären, die man hochhinaufwirft und aus der Luft auffängt, aber ich las bei Stendhal, Napoleon, als er noch ein Anfänger war, habe auf den Wunsch einer Dame, gern ein Stückchen Krieg mitanzusehen, ein ganz sinnloses Gefecht angeordnet, wobei einige arme Teufel von Gewehrtragenden ihr Leben einbüßten, aber die Gefälligkeit, die er jener Schaulustigen erwies, hätte ihm noch lang nachher aufrichtig leid getan.

Der Fabrikbesitzer: Sind unsereins nicht auch ein Napoleon, und tun uns die Martas nicht auch aufrichtig leid? Wenn die Allgemeinheit, die öffentliche Meinung Güte von uns verlangen würde, wenn uns Weichheiten kleideten, wie flink wären wir gut und weich. Als wenn nicht wir die eigentlichen Abhängigen wären, und als wenn das der Schurke von Arnold da unten nicht wüßte. Dieses fortwährende Fest, das er ist, die blinde Kuh, für den alles immer ›so sein muß‹.

(302/II + 301/II + 303/II + 273/I)

Die Herrin
Die Dienerin
Der Diener

Ein vornehmes Gemach

Die Herrin (auf dem Sofa): Ich ließ euch zu mir rufen, weil mir zu Ohren gekommen ist, daß ihr euch zankt. Mein Gesicht zeigt euch, daß ihr die Ursache meiner Übelgelauntheit seid, die ich zu beherrschen verstehe, die aber nichtsdestoweniger in mich hineingezogen zu sein scheint. Ich erteile euch nun die Erlaubnis zu reden.

Die Dienerin: Mein Name lautet Marie. Natürlich weiß man das ja. Ich meine bloß, es schicke sich, so anzufangen. Was ihn betrifft, so hielt ich ihn immer für den nettesten Menschen der Welt. Ich erklärte ihn für meinen Liebling, brauchte daher auch keine Geduld mit ihm zu haben.

Die Herrin: Du behandeltest ihn schlecht?

Die Dienerin: Selbstverständlich. Wozu besaß ich eine so gute Meinung von ihm?

Die Herrin: Du schlägst einen stolzen Ton an.

Die Dienerin: Vielleicht bin ich etwas abnormal. Ich verlangte von ihm mehr, als was ich von einem andern gefordert haben würde. Vor allem setzte ich in Bezug auf ihn voraus, daß er mich in einem fort amüsierte.

Der Diener: Man weiß, ich nenne mich Robert. Ich halte diesen Namen natürlich für den denkbar schönsten. Nun existiert ja ein Theaterstück, betitelt »Marie und Robert«.

Die Herrin: Lasest du es?

Der Diener: Nein, ich hörte bloß davon. Ich lese gottseidank so wenig wie möglich.

Die Herrin: Weshalb das?

Der Diener: Damit nicht fremde Geistigkeiten in mir Platz gewinnen. Wie ich hörte, soll dies tunlich vermieden werden.

Die Herrin: Du scheinst ein vorsichtiger Mensch zu sein. Fahr' bitte in deiner Berichtablegung fort.

Der Diener: Wenn ich ernsthaft war, schien ihr dies sehr unlieb.

Hätte ich denn aber ihr zulieb beständig spaßen können? Alles, was ich sprach, kam ihr unsäglich unbedeutend vor.

Die Dienerin: Er wird nicht ableugnen können, daß er sich dumm stellte, um mich zu kränken. Man schilderte ihn mir als ebenso galant wie witzig, und als ebenso flatterhaft wie treuherzig, und als ebenso spöttisch wie anhänglich, und als ebenso liebenswürdig wie boshaft, und nun stellte es sich heraus, daß er mich langweilte. Das ertrug ich nicht.

Die Herrin: Man darf nie allzu viel Gewicht auf ein Renommee legen. Hieraus entstehen Vorurteile.

Der Diener: Nun werde wohl ich wieder das Wort ergreifen dürfen. Ich bete sie an.

Die Herrin: Ist dies jetzt nicht mehr der Fall?

Der Diener: Ich besitze eine sehr starke Seele.

Die Herrin: Das ist keine Antwort auf meine Frage.

Die Dienerin: Er hält es für ungeistreich, eine Frage nicht zu überhören.

Der Autor dieses Dialogstückes: Er gehorcht in erster Hinsicht mir. Er weiß, daß es lediglich auf das ankommt, was in meinem Kopf steckt.

Die Dienerin: Er behält alle Lustigkeit, die in ihm keimt, für sich.

Der Diener: Damit halte ich deinen Appetit danach wach. Ich liebe dich nach wie vor.

Die Herrin: Sorgt, daß ihr euch vertragt. Du, Marie, solltest nicht nur gut unterhalten sein wollen. Von dir, Robert, wird man wünschen dürfen, daß du dich mitteilsamer zeigtest. Geht und versucht, freund[l]ich miteinander zu sein.

Die Dienerin: Seine Verstimmtheit gefällt mir ja zwar sehr, denn sie beweist, daß er redlich ist.

Der Diener: Ihre Unbefriedigtheit legt mir den Beweis ab, daß sie gern zufrieden mit mir wäre.

Die Herrin: Ihr liebt euch, aber ihr könnt euch das nur nicht gestehen. Man muß euch ein unalltägliches Paar nennen, aber man muß euch ersuchen, nicht allzu besonders zu sein.

(318/II)

Der Pechvogel (Der Schauspieler der Heldenrolle)
Der Wappeninhaber (Der Gekränkte)
Das Engelchen (Die Unschuldige, Der Engel)
Die Zuschauerin
Eine Stimme aus dem Zuschauerraum

Der Pechvogel: Ich muß leise auftreten, damit Fräulein Schuldlos, die mit ihren Silbergliedern im Bett liegt, das überaus human von einem Vorhang verdeckt wird, nicht aus dem Wohltuenden erwacht, das man Schlummer betitelt, und ich sehe mit der Totalität meines Schauspielerverständnisses ein, daß es sich mir sehr empfiehlt, gedämpft zu sprechen, eine gewaltsam unterdrückte Vortragsweise zu führen, damit die Menge von Schreien, die in meinem Unglücksbusen ein kolossalisches Leben haben, fortfahren, klosterartig begraben zu sein. Meine Stimme tönt allem Anschein nach wunderbar, indem ich und andere sie für eine Pflanze halten, die in der gediegensten Schulung aufwuchs. Still, sie gab einen Laut zum besten. Vielleicht zeigte ihr der Traum soeben die von den Heutigen nicht mehr so ohne weiteres begreiflichen Züge eines Einstigkeitsgesichtes und die mitleideinflößenden Gebärden einer Haltung oder einer Existenz, die der Jetztzeit fremd geworden sind, an die ich mich mit vorliegenden, womöglich etwas seltsamen Worten wende. Meine Gegenwart, wovon der Engel gar nichts ahnen kann, da er schläft, scheint sogar noch für ihre vollständigen Abwesenheiten eine Kränkung zu sein. Das Blümlein seufzt hörbar, so nennt sie sich nämlich, und wenn jetzt ihr hochehrbarer und -ernsthafter Vater mit prächtigen Schritten in dieses mit Teppichen aller Art belegte Gemach träte, so ergäbe das einen neuerlichen Verwicklungsumstand, eine Situation, der gegenüber ich vielleicht nur mühsam die dringend erforderliche Fassung zu bewahren imstande wäre, mit der ich hinter[ei]nander kam und sah und siegte, für deren Klassizität jedoch die Zeit ein für allemal vorbeigeflogen zu sein scheint. Wenn sich jetzt ihr Herr Vater unvermutet hieher verfügen würde, so entstünde im Nu eine Theaterauseinandersetzung, daß das Theater vor Geklirr zitterte. Ich empfing im Wald, von woher ich komme, eine Wunde, aber was will körperliches gegen seelisches Weh bedeuten? Sie erwacht, sie erblickt mich, und jetzt öffnet sich außerdem noch die Tür. Wer anderes tritt herein als mein Todfeind, derjenige, für den mein Zugegensein im Schlafzimmer seines reizvollen Erzeugnisses eine Befleckung dessen darstellt, was er bisher stets auf's Genaueste von Dienern oder Vasallen polieren ließ, damit es in die über Häuser und Sitten wachsame Gegenwart strahle. Sein zufriedenes Gesicht [mit] von einer edlen Einfältigkeit beweisablegenden Adelsnase, die man ebensogut eine Verwaltersnase nennen könnte, flößt(e) mir das luxuriöseste Bedauern ein, falls ich dies nicht eher besser täte, in gebieterisch daherrollenden Trochäen zu sagen, statt so, wie es jetzt durch meinen Mund gewissermaßen gemütlich zum Ausdruck gebracht worden ist.

Der Wappeninhaber: Was solltest du hier eigentlich zu suchen haben? Antworte mir! Sprich!

Der Pechvogel: Abgesehen davon, daß du dich einer imposanten Sprechart bedienst, auf die ich in jeder Weise gefaßt gewesen bin, ließe ich mir für diejenige, die uns mit einigem Erstaunen anblickt, gern das bißchen Leben nehmen, mit dessen Weiterentwicklung man mich, falls man dies nur einigermaßen zu beherz[ig]en beabsichtigen würde, beschäftigt sähe.

Der Vorige: Du willst doch etwa nicht die Behauptung aufzustellen wagen, du seiest eine Calderonfigur?

Der Pechvogel: Ich bilde mir das durchaus nicht ein, obwohl es mit der Tatsächlichkeit übereinstimmt, daß derjenige, aus dessen Feder ich hervorgeflossen bin, flüchtig an den genannten großen Dichter gedacht hat, dem auf dem heutigen Theater überall der starke und durchschlagende Erfolg fehlt, und zwar womöglich deshalb, weil er nicht richtig aufgeführt wird. Ich für mich dürfte mir vielleicht erlauben zu finden, daß seine Wirkung, die ehemals groß war, bei der blendenden Art, die von Gefälligkeiten, Augenumschmeichelung geradezu wimmelt, womit heute Theater gespielt wird, sich abschwächt. Beispielsweise war Goethe der Ansicht, daß man Calderons Stücke auf jedem Jahrmarkt, vor jedem Zufallspublikum mit den denkbar primitivsten Mitteln darzustellen vermöge.

Der Gekränkte: Eine Zeitlang glaubte ich keinen anderen als dich für einen Empfindlichen halten zu müssen, und nun höre ich dich Theaterzustände kühn kritisieren. Nichtsdestoweniger entgeh[s]t du meinen echt sechzehntjahrhundertlichen Rachegelüsten keineswegs. Daß du dich nicht gekränkt fühlst, kränkt mich auf das Tiefste (schon fechten sie).

Das Engelchen: Ich las ein Buch, das mich vom Dasein teuflischer und englischer Menschen unterrichtete. Vielleicht bildet irgendein Kind die Ursache all dieser Uneinigkeiten. Seine Mutwilligkeiten könnten aus Engeln Teufel und aus Teufeln Engel machen, aber ich spreche dies wahrscheinlich noch nicht ganz richtig aus. Seid ihr Teufel, daß ihr miteinander kämpft, und tut ihr's meinethalb? Atemlos sitzt die Zuschauerschaft auf den dunklen Bänken, die der Bequemlichkeit wegen mit Plüsch überzogen sind. Das Orchester wartet den Zeitpunkt zum Eingreifen ab. In einer Loge sehe ich eine Frau von großer Schönheit sitzen, die mit ihrem Inwendigen jede meiner Äußerungen intensiv zu genießen scheint. // Sie interessiert sich jedenfalls in einem für meine Bemühungen, interessant zu sein, schmeichelhaften Grad.

Die Zuschauerin: Obwohl ich dich etwas eigentümlich finde, bist du süß für mich.

Die Fechtenden sehen sich durch die leichtsinnige Unterhaltung, die zwischen der Schauspielerin und der Zuschauerin stattgefunden hat, im Aufrecht[er]halten des Gefechtsanlasses gestört.

Der Pechvogel: Ich vermag folgende zwei Geständnisse abzulegen: Erstens war ich eines Abends nach Konzertbeendigung einer Unbekannten beim Mantelanziehen behülflich und las zweitens in einem Restaurant einen Zeitschriftenbeitrag, den ich, obwohl ich ihm ein gewisses Maß an Achtung nicht versagte, komisch fand.

Eine Stimme aus dem Zuschauerraum: Wie unheroisch hier Calderon gespielt wird.

Die Unschuldige: Man glaubt in unseren Tagen weder mehr so recht an seine Bösewichtigkeit noch an meine gänzliche Unschuld. Standest du nicht vor Kunsthandlungen usw. still und verliebtest dich in die daselbst schaufensterlich ausgestellten Reproduktionen von Bildern?

Der Pechvogel: Ich nehme das Leben durchaus von der Seite des Könnens, und ...

Der Engel: Da du außer mir sonst noch etwas liebtest, hätte man dich zum Mitwirken an einer Calderonaufführung nicht engagieren sollen.

Der Schauspieler der Heldenrolle: In mir lebt nicht genug Lust, ein vollkommener Pechvogel zu sein. Für Grandioses hab' ich immerhin sehr viel Sinn. Mir scheint, es erübrige sich vorzubringen, daß ich jetzt ein bißchen schläfrig sei. Dennoch beherrsche ich mich, d. h. nicht dennoch, sondern gerade deswegen, denn man kann sich nur beherrschen, wenn Neigung in einem vorhanden ist, sich nachzugeben. Ich habe ja bloß dann Gelegenheit, den Herrn gegenüber mir hervorzukehren, wenn Lust in mir ist, mein Diener oder mein Freund zu sein. Bin ich eine Zeitlang mein ergebenster Diener gewesen, so komme ich zur Einsicht, daß ich mich im Grund angefeindet habe. Ein Diener kann einem Herrn Schaden zufügen, und zwar durch nichts als durch's emsige Dienen. Wertvoll ist das Unterscheiden des Dienstes. Trete ich als Gegner gegen mich auf, setze viel an mir aus, so diene ich mir vielleicht besser, als behandelte ich mich freundschaftlich. Indem ich mir nicht Diener sein will, bediene ich mich nach Wunsch. Wenn ein Etwas mir den Gehorsam verweigert, so beweist das, daß ich mir Befehle erteile. Ich arbeite unentwegt weiter, d. h. ich bekämpfe mich. Wer mit seiner Umwelt zufrieden sein will, darf ein bis zwei Minuten sich nicht ergeben sein. Der schulmeister[t] andere, der das nicht sich selbst gegenüber tut. Mit solchen kleinen

Weisheiten ließe sich ein Buch füllen, und immer fiele mir noch mehr ein, denn die Weisheit ist unerschöpflich, woraus fo[l]gt, daß die Torheit es ebenfalls ist. Weisheit wird durch Torheit wünschenswert. Ich spreche mit einmal kolossal eintönig, was daher kommt, weil ich ziemlich lange bedenke, was ich spreche. Am schönsten, unterhaltendsten spricht der, der's nicht lange vorher abwägt, der sich die Fähigkeit zumutet, er spreche wie am Schnürchen gezogen klug, es mache sich von selber. Es kommt viel darauf an, daß man sich etwas zutraut. Ob dies nun auch nicht Calderon'scher Ernst ist, so zeigt es doch, daß sich Nachkommen nicht durchaus von Vorfahren beeinträchtigen, aus der guten Laune vertreiben lassen müssen. Unter Eingeweihten ist ja der Respekt vorausgesetzt. Wie phlegmatisch man wird, wenn man Selbstverständliches ausspricht. Was das Pech betrifft, so können sich Erfolge in Erfolglosigkeiten verwandeln. Ein Pechvogel erlebt also im Grund gar nicht furchtbar viel. Er stürzt nicht, das tut der von den Kugeln des Jägers getroffene Adler. Übrigens gibt es meiner Ansicht nach Dichter, die man besser täte, nie zu übersetzen, da sie zuviel Wirklichkeit dabei einbüßen. Übertragungen von einer Sprache in die andere scheinen etwas Unwirklichkeitmehrendes[1] zur Folge zu haben, als nähme man einer Blume den Charakter, den Wohlgeruch, das Kennzeichnende, das, wofür sie wertgeschätzt wird.

(217/II + 224/I)

---

1 »Unwirklichkeitannehmendes«

Die Europäerin
Ihr Freund
Ihr Begleiter

Ein lauschiger Winkel in einem Garten
Die Europäerin: Ich bin fabelhaft gut gekleidet, nicht?
Ihr Freund: Entzückend.
Die Europäerin: Mein Körper ist glücklich in meinem Kleid. Er mag nur in der Weise hin- und hergehen.
Ihr Freund: Ein ungemein besorgter Esel.
Die Europäerin: Du drückst dich etwas zu naturburschenhaft aus.
Ihr Freund: Es geschah absichtlich, um ein gewisses zartes Erschrockensein in dein schönes Gesicht zu zaubern. Mir ist, als sähe ich dein Kleid über den Umstand, daß es dich umhüllt, glücklich lächeln.
Die Europäerin: Es strahlt, du hast recht. Man fürchtet [sich] jetzt sehr vor meinem Talent, weil das etwas Ungebändigtes zu sein scheint. Fürchtest du dich nicht vor ihren beinahe zahllosen Befürchtungen?
Ihr Freund: Ich fürchte mich nur, du könntest mir vorwerfen, ich sei zu wenig lebhaft, und Lust, mich abzuschütteln, könnte dich ankommen. Ich kenne dich als abwechslungsbedürftig.
Die Europäerin: Sprich womöglich immer nur so, daß er, wenn er dich hört, nicht allzu große Bedenken zu haben braucht. Er hat übrigens den Befehl erhalten, dich zu schätzen.
Ihr Freund: Ich finde es wundervoll, mit einer Frau befreundet zu sein, die man, wenn man in vertraulichem Ton über sie spricht, die blonde Bestie nennt.
Die Europäerin: Gut, daß du mir nichts Unangenehmes damit sagst. Du wußtest, daß dies für mich nichts Überraschendes sei. Weil ich die Natur liebe, alles Schöne, Gesundende stets wieder von ihr erwarte, neige ich zur Liberalität. Ich bin zartfühlend und daher ein schlechter Charakter, gedu[l]dig und infolgedessen heimtückisch. Einige Schweigsamkeit, die man an mir feststellt, weist auf zu viel Unwichtigkeit hin, hinter der

man ganz richtigerweise ein fortwährendes Rebellentum vermutet.

Ihr Freund: Sie rebellieren mehr als du. Sie mißgönnen dir nur deine Genügsamkeit, drängen dir Reisen in's Ausland auf, die dich zerstreuen sollen. Sie beneiden dich um deine Gedankenwelt, finden, daß dir alles, was dich verzaubert, schade. Sie können sich eine Europäerin nur gleichsam zerrissen, innerlich verunglückt vorstellen.

Die Europäerin: Ich benehme mich ihnen nicht englisch genug.

Ihr Freund: Sie wünschen dich arroganter gegenüber dir selbst. Ich versuchte dich gestern abend beim Lampenschimmer anzudichten. Du blickst nicht auf den Mund, der dir dies anvertraut. Das Gedicht, ich meine, seine Gestaltung, stimmte mich unsäglich nüchtern, verständig, so daß ich, als ich mich schlafen legen ging, die poetische Anstrengung beklagte.

Die Europäerin: Du fühlst vielleicht zu aufrichtig, um deine Gefühle darstellen, deine Auffassung bildnerisch verwerten zu können. Die Poeten sind im Aufopfern dessen, was ihnen heilig ist, Künstler, indem sie Unantastbares, die Gebote des Zartsinns überschreitend, Verbotenes in Erlaubtes verwandelnd, mit einer nur ihnen selbst bekannten bewußten Kühnheit antasten. Kunst und Liebe sind zwei gegnerische Göttinnen, und die Dichter werden meist entweder zu ihrem Vorteil oder zu ihren Ungunsten mißverstanden. Für mich haben sie, sobald sie ihre Sendung, ihr Geschick entdecken und zu merken angefangen haben, was sich für sie schickt, etwas Schreckliches. Nimm dir sie nie zum Muster.

Ihr Freund: Du marterst sie, weil du schön bist. Meine gestrige Dichtkunst bestand eigentlich bloß in einem an sich immer überaus poetischen Nachdenklichsein. Ich hatte eine Vision.

Die Europäerin: Wirklich?

Ihr Freund: Ich sah dich in einem abendlichen Gemach und kann dir versichern, daß du zu einem der Fenster des Saales in die allmählich eindunkelnde Landschaft lauschtest, als erwartetest du etwas. Eine Zeitlang bellte ein Hund. Ängstlich flatterte eine Taube an deinem Gesicht vorbei. »Ich wußte immer, daß es so käme«, sagtest du und versuchtest freundlich dreinzublicken. Eine Zeitlang schautest du in den Spiegel und spürtest, wie dich die Zeit streichle. Nicht ohne Trotz standest du vor der Tatsache, daß Minute auf Minute verstrich. Plötzlich breitetest [du] die Arme weit aus, als hättest du nötig gehalten, dich in solche Gestikulierung einzuüben, als wenn du solche Gebärden gelegentlich brauchtest. Nachher schienst du am Fußboden wie angewurzelt, als öffne sich die Türe und ein Geschehnis trete herein, d.h. etwas, das für dich ein Ereignis sei.

Die Europäerin: Ich ließ mich nie von irgendeinem Vorkommnis überwältigen.

Ihr Freund: Ein Geigenvirtuose soll deinethalb[en] bis in einen gewissen Grad hinein wahnsinnig geworden sein.

Die Europäerin: Ich gebe die Richtigkeit dieser Nachricht zu. Musiker sind aber für mich ein Mittel zum Zweck. Er bildete sich aus Liebe zu mir ein, er sei ein Reh und trage ein waldlaubgrünes Lebensband.

Ihr Freund: Du jagtest deinen Sohn fort.

Die Euopäerin: Ich tat dies, um ihn zu europäisieren.

Ihr Begleiter: Gestatten Sie mir, mich geltend zu machen. Ihr Gespräch mit Ihrem Freund war meiner Meinung nach beinah zu bedeutend.

Die Europäerin: Mein Freund gehört zu den Menschen, mit denen man, wie sie sich auch benehmen mögen, zufrieden ist.

Ihr Begleiter: Sie atmen auf, sich durch mein Dazwischentreten gestört zu sehen: Meine Nähe macht(e) ihn geistlos.

(400/III)

Der Erste
Der Zweite
Der Dritte
Der Vierte
Der Fünfte
Der Sechste
Der Siebente
Irgendeiner der Herren

Der Erste: Indem ich zu sprechen anfange, ergreife ich sozusagen das Wort, doch mir fällt da auf, daß ich ganz meine Gedanken zu sammeln vergaß. Immerhin ist mir bis dahin klar, daß ich insofern nötig bin, als mir eventuell diejenigen, die mir zuhören, überlegen sein können. Ein Sprechender riskiert dies immer. Vor allem möchte ich betonen, daß ich dich eine Zeitlang für sehr dumm hielt.
Der Zweite: Mich?
Der Erste: Falls du erlaubst, ja.
Der Dritte: Eine gewisse Ungeduld überkommt mich.
Der Zweite (zum Ersten): Du sagst das in sehr sorgsamem Ton zu mir.
Der Erste: Einsichten machen einen sorgenvoll. Indem ich dich für eine Auslese von Unbefangenheit und Sorglosigkeit hielt, beging ich vielleicht den Fehler, dich nach gewisser Richtung hin zu überschätzen.
Der Vierte: Der Wein ist ausgezeichnet.
Der Erste: Ich hatte diese Idee ebenfalls, ohne daß ich Lust besaß, ihr Ausdruck zu verleihen.
Der Vierte: Ich meinte mich zu einer harmlosen oder europäischen Bemerkung veranlaßt fühlen zu sollen.
Der Zweite: Die Europäer sind meines Erachtens nach Materialisten, die wissen, daß sie deswegen problematisch sind.
Der Erste: Du begingst also eine Dummheit und ließest mich dadurch vergessen, daß dies bei verhältnismäßig klugen Menschen vorkommen kann. Du hattest von meiner zart

verhüllten Gegnerschaft keine Ahnung, weshalb ich mich über dich mokierte, bis ich das Mokieren satt bekam.

Der Zweite: Meine Gedankenlosigkeit verhalf dir zu einer Stellung, die dich nach und nach zu tyrannisieren begann.

Der Erste: Willst du mich wirklich glauben machen, du besäßest Differenziertheit genug, um ein scheinbar nahezu vollende[ter] Geriebener zu sein? Ich hielt mich für schlecht, dich für gut.

Der Vierte: Die Bratwurst, die mir die Umstände zu verzehren erlauben, läßt mich schmunzeln.

Der Fünfte: So schmunzle und schweige.

Der Vierte: Soll es keine Naivetät mehr in Europa geben dürfen?

Der Fünfte: Man macht dadurch zu sehr den Eindruck der Verantwortungslosigkeit.

Der Vierte: Das Bier, das ich gestern trank, schmeckte mir herrlich.

Der Fünfte: Was ein Bekenntnis sein dürfte, das auch im schlichtesten Lebensbereich[1] meinem Geschmack nach nicht am Platz wäre.

Der Erste: Der Klubsessel ist wohl eine der begrüßenswertesten Neuzeiterfindungen, auf Grund welcher ich offenherzig verlauten lassen darf, daß es mir von Zeit zu Zeit Vergnügen macht, meinen Hund zum Hochspringen zu ermuntern.

Der Zweite: Gehorcht er dir jedesmal?

Der Erste: Wenn er das täte, hätte er mich längst zur Überzeugung gebracht, daß ihm die nötige Begabung fehle, mich zu amüsieren. Ich komme eben aus Spanien zurück.

Der Zweite: Überlaß diese Anspielung irgendeinem durchschnittlich orientierten Geographen. Hattest du nicht etwas ganz anderes sagen wollen? Ich will dir sagen, was du sagen woll[t]est. Du hattest die Absicht, zur Betonung gelangen zu lassen, daß dich dann und wann der vielleicht sehr eigentümli-

---

1 »Bekenn[t]nisbuch«

che Wunsch besucht hat, du besäße[s]t etwas weniger pflichtheischendes Ansehen.

Der Erste: O richtigster[1] und daher [...] Gedanke, der je aus einem Mundwaldinnern wie ein sonntäglich lustwandelndes Fräulein herausspazierte. Jetzt weiß ich, daß du ein Europäer bist, denn du sagst Wahrheiten.

Der Sechste: Schüchtern trete ich aus meiner bisherigen Zurückhaltung mit der französischen Revolution hervor, die das tragikomische Bedürfnis in uns wachrief, lediglich mit unseren Unzufriedenheiten zufrieden zu sein.

Der Vierte: Mitunter empfinde ich trockenes Brot als das Schmackhafteste, was ich mir an Eßwaren usw. vorzustellen vermag.

Der Fünfte: Du blamierst dich dadurch, daß du Eßwaren statt Nahrungsmittel sagst.

Der Sechste: Ich vernachlässige meine eigenen Kinder, um alle Vaterzärtlichkeit füllhornhaft über den undankbarsten illegitimen Sohn zu werfen, den mir die Vorsehung dazu auserlas, seinen natürlichen Lehrer zu belehren und seinen naheliegendsten Beeinflusser zu beeinflussen. Er wird um so taktloser, als er die Liberalität an mir goutierte[2]. Ich schrieb ihm nur zu häufig und zu unverhohlen. Weil er sich einbildete, im Aufstieg begriffen zu sein, glaubte sich der Lümmel einen Diener halten zu müssen.

Der Dritte: Du bist deinem Sprößling gegenüber insofern wahrscheinlich im Unrecht, als du dir empfindsamerweise herausnimmst, eine allem Anschein nach wackere Persönlichkeit, die dir einiges zu denken gibt, Lümmel zu nennen.

Der Siebente: Ich sprach einmal in aller Vertraulichkeit zu einem Nichteuropäer, Schmähen, Höhnen seien immer Zeichen einer unfreiwilligen Achtung. Diese Art, ihm etwas Kluges zu sagen, hat ihn europäisiert. Man behält Schlauheiten besser für sich. Viele Schlaue scheinen das immer wieder gänzlich oder teilweise außer acht zu lassen.

1 »wichtigster«   2 »ich ... pointierte«

Irgendeiner der Herren: Aufgeklärte müßten sich zu stark kontrollieren, wenn sie verhindern wollten, Aufklärende zu sein. Wir haben hier übrigens nicht so sehr bloß gesprochen, als uns darzustellen versucht. Wir machen den Autor für die Art und Weise verantwortlich, wie wir uns benommen haben. Er glaubt nicht, er hätte uns vorteilhafter in einer Erzählung präsentiert. Er ließ es vielleicht an Charakterisierungstiefe fehlen, meint aber befugt zu sein, zu wünschen, er habe eine kleine Unterhal[t]ung zustande gebracht. Man wird kaum abstreiten können, er habe sich um uns bemüht. Offenbar war's ihm weniger um Feststellungen als um Gestaltung zu tun, und man glaubt ihn für objektiv halten zu können. Wie wir in Erfahrung brachten, vergleicht er den Europäismus mit einer Anhöhe, die ein wie wechselweises Auf- und Herabsteigen mit ihrem Begriff verbindet. Man kann unmöglich nichts anderes als lediglich Europäer sein.

(399/IV)

Anhang

Beispiele von Entwürfen zu veröffentlichten Texten

Bei den nachfolgenden Prosastücken handelt es sich um mikrographische Teilentwürfe zu den bekannten Texten »Potpourri« (X, 353) und »Drei Komödien« (XI, 368), von denen ersterer als Reinschriftmanuskript im Nachlaß erhalten blieb, letzterer im November 1927 im »Simplizissimus« erschien. In beiden Fällen sind die Erstfassungen erheblich umfangreicher geraten als die redigierten, endgültigen Versionen.

Zu »Potpourri« existiert außerdem auf Blatt 401 ein weiterer Teilentwurf, der aber gegenüber den bekannten Passagen keine inhaltlich belangvollen Zusätze aufweist, somit hier weggelassen werden konnte. Beim Text 401/I, der später den Titel »Theateraufsatz« tragen sollte, mag insbesondere interessieren, daß Walser im Entwurf Kleist und dessen Theaterstücke ausdrücklich erwähnt, während er sie in der publizierten Fassung verschweigt.

Der Entwurf zur dritten der »Drei Komödien«, »Die Geschichte des Herrn Camembert« (XI, 371) fehlt auf den Kalenderblättern und konnte auch im übrigen Konvolut bislang nicht nachgewiesen werden.

Teilentwurf zu Potpourri

Kein einziges Mal, ich sage dir dies ehrlich und offen, habe ich während der langen Zeit unserer Trennung an dich gedacht, und hier beantworte ich den Brief, den es dir mit einmal eingefallen ist, mir zu schreiben, mit der Langsamkeit, die der friedlichen Denkweise eigen ist. Mit stolzen, großen, teils herrischen, teils weichen Buchstaben, von denen ich mit einer Art heiteren Entzückens Notiz nahm, kommst du brieflich zu mir her, um mich plötzlich, warte, nach wieviel, nach siebzehn Jahren mit der Benachrichtigung zu beglücken, die wie ein reizendgeformtes Blatt zu mir herweht, daß du mir gut warst, als dich das Leben mich eines Nachmittags kennenlernen ließ. Was ich dir hier schreibe, entsteigt nicht irgendeiner Laune oder Stimmung, sondern steigt knappenhaft, Zeile für Zeile, als glichen die Worte oder die Gedanken tagwerkerledigthabenden Arbeitern, aus meiner Bewußtheit heraus. Du mußt oder darf[s]t übrigens vernehmen, daß mir Leute von Rang, ich meine Menschen, die für gebildet gehalten werden können, die Versicherung geben, sie läsen speziell meine Briefe mit einem an das, was Vergnüglichkeit genannt wird, streifenden Interesse. Von Erinnerungen, die dich rufen, die mit engelgleicher Leisheit in dein Gemüt, in dein vielleicht vielfältig in Anspruch genommenes frauliches Vorhandensein schweben, sprichst du. Du bist es also, die sich meiner, beinahe möchte ich sagen, wunderbarerweise erinnert, indem ich ja, wie du gewiß be[g]reifen wirst, so etwas nicht für denkbar halten durfte. Rührend ist mir dies natürlich, und wenn du mir optimistisch zu sein gestattest, so möchte ich zu glauben wagen, die hunderttausend Mark, die ich dir um die Zeit zu beliebigem Gebrauch überließ, als wir uns sahen, uns näher traten, hätten dich in's Glück geführt. Deine Handschrift ist diejenige wohlhabender Frauen, die entweder in den höheren Sphären der Gesellschaft geboren und erzogen wurden oder sich auf irgendwelchen Wegen in dieselbe hinaufzuschwingen in die Lage kamen. Du wirst noch wissen, es wird dir so lebhaft gegenwärtig sein, wie wenn es erst gestern und nicht schon vor Jahren vorgekommen wäre, mit welcher womöglich beinah an Übermut grenzenden Großartigkeit ich dich zur Besitzerin des erwähnten Geldbetrages machte, den ich in Bankanweisungsform meiner Tasche entnahm, die nicht nach Aufbewahren von Reichtümern aussehen mochte. Als ich dich dermaßen beschenkte, du in die Eigentümlichkeit des Geschenkes einwilligtest, eine Haltung, die mich keineswegs überraschte, da ich sie voraussetzte, warst du wunderschön, und die Portieren, die Leisten, die Tapeten, die Möbel, die reizenden Gedichten glichen, schienen sich in ebenso hohem Grad an deiner erbleichenden Erscheinung zu erlaben, wie dies ich selbst tat, der dich als arm und ehrgeizig gekannt hatte und dich nun innerlich die materielle Bereicherung edelsinnig verneinen, sie nichtsd[esto]weniger aus Weltklugheit mit einer Geste zarten Fragens und starken Dichbezwingens annehmen sah. Du durftest tun, was du tatest, und auch ich war meinerseits zu meinem unalltäglichen Benehmen berechtigt, und trotz alledem vergaß ich dich schon nach verhältnismäßig verblüffend kurzer Zeit vollständig, was dir wird beweisen können, daß mich seither entweder ein kultivierter Müßiggang oder ein andauerliches Arbeiten in die ausgiebigste Distanz zu dir gestellt hat. Ich habe, nebenbei gesagt, Bekannte, die widerspruchsreich genug sind, daß sie mir zu verstehen geben, sie machten sich aus Erinnerungen nicht das mindeste, und mich gleichzeit[ig] dennoch an dieses und jenes mit sichtlicher Freude erinnern. Es kann nun ja sein, daß mich jene Hunderttausend, die sich vielleicht währenddessen zu deiner Genugtuung verzehnfacht haben, haben jünger, statt älter werden lassen. Ich bin auch immer noch ziemlich hübsch, was für mich ungefähr so schätzenswert ist, als wenn ich mir sagen dürfte, ich sei geistreich. Ich wollte dich fragen, ob auch du zu der Sorte von Reichen gehörst, denen ihre Gutsituiertheit nicht eigentlich Gelegenheit verschafft, sich aktivistisch vorzukommen, die an den etwas einengenden Glauben gleichsam angebunden sind, sie lebten in einer Abhängigkeit gegenüber ihrem Ansehen. Ich kann dir jedenfalls anvertrauen, daß es mir seit der Zeit, wo ich mich zum Kleinen, Unbedeutenden machte, nie an Beweggründen gefehlt hat, mich in großzügigen Gesinnungsweisen zu üben. Das verschwenderische Weggeben der Hunderttausend [ver]wandelte mich in einer Sekunde in einen Mitbürger, mit dessen Anwesenheit man kaum überhaupt noch rechnete, und es war ja so fabelhaft mutig, so einzig schön von dir, etwas von mir anzunehmen, dessen Entäußerung sich für mich zu einer langen Reihenfolge von Anregungen gestaltete, die darin bestanden, daß ich Einblick in alle Lebenskleinlichkeiten gewann. Vielleicht durftest du während dieser siebzehn Jahre in einem fort ›groß‹ sein, ich meine, dich immer dort aufhalten, wo schön und vornehm gedacht, gesprochen, verhandelt wird und wo wahrscheinlich gerade um dieses Vorzuges, Vorteils willen Ermüdungen zustande kommen, die Vorteile selbst nicht mehr mit der gehörigen Erfreutheit oder Exaktheit wahrgenommen werden. Sollte nicht in deinem Briefe, dessen Inhalt wie eine Melodie auf meine Empfänglichkeiten einwirkte, ein Sehnen zum Ausdruck kommen, und was für eins, ein Sehnen, Strenge zu erleben, ein Sehnen nach einer Lebensart, die barsch ist, ein Sehnen, jahrelang in demselben abgetragenen Kleid einherzugehen, ein Sehnen nach Kummer und Sorgen, nach Sparsamkeit und Hunderten damit zusammenhängender Ängstlichkeiten, ein Sehnen nach Vorstädten, wo der Appetit nach dem Verwirklichen des Hohen[1], des Guten gedeiht, wo die Seelen schönheitsdurstig sind und Augen haben, denen die Umstände erlauben, nach oben zu schauen. Indem du mir einen reizend schönen Brief schriebst, warfest du einen bangen, bekümmerten Blick in die Welt, die vielleicht die Unterwelt genannt werden kann. In der sogenannten Oberen Schicht atmend, sandtest du mir ein sehr angenehmes Zeichen deines Wohlwollens zu, das mich durchaus nicht kalt, kühl ließ, obgleich ich mit absichtlichem Hochmut Kenntnis davon nahm. Ich vermag mir einzubilden, daß es den oberen Zehntausend ebenso viel Spaß // macht, bescheiden zu sein, wie es Nachgiebige freut, von ihrer Schmiegsamkeit so wenig wie möglich merken zu lassen. Immer höher schritten er und ich die Straßenwindungen zum Bergdorf hinauf. Ich stelle dir da plötzlich einen Freund vor, dessen Charakter sehr eigen ist, und ich tu' dies deshalb, weil ich den Schluß meines Schreibens allmählich herannahen fühle, das dich mit einigem Erstauntsein kämpfen lassen wird. Er sprach kaum ein einziges Wort, ich ebenfalls nicht. Sein adlerischer Blick schien schön im Kreise seines Denkens und dessen sorgfältigen Verschweigens umherzufliegen. Ich glaubte in diesem Augenblick, seine starke Hand umfange jetzt in ihren Nerven das Schöne, das in einer der Stuben dort oben beim Licht der Lampe lebte. Aus dem eben geglückten kleinen Satz geht das Abendliche der Situation klar hervor. Tief unter unseren wandernden Beinen lag die Seidendecke des nächtlichen Sees. Ich meine, ob ich die Bäume

---

1 »Hehren«

zu Vergleichungszwecken herbeiziehe oder ob ich sie unangetastet stehen lasse, ändert an der Qualität dieses Kurzromans nichts, den ich dir unvermittelt auftische. Ich liebe und er liebt sie, und sie ist sein und mein, und er und ich sind die ihrigen. Sieh, wie spannend wir hier leben. Muß man da nicht über Erinnerung lächeln? Von Zeit zu Zeit schauten wir uns an und entdeckten von neuem gegenseitig unseren Wert. Lust und Unlust, uns die nötige Achtung nicht vorzuenthalten, wechselten in einem fort ab, und weiter, in geradezu stiebendem Schrittmechanismus ging's, bis [wir] beide vor dem fraglichen Hause standen. Bevor wir eintraten, fand eine umständliche, beziehungsaufhellende Unterredung statt, deren Ergebnis uns durchaus dieselben bleiben ließ. Während man spricht, täuscht man sich leicht vor, man sei irgendwie gewachsen, habe sich verändert, sei stärker, besser, sicherer usw. Ist man aber mit Sprechen fertig, so ist's mit der Annehmlichkeit des Vortäuschens aus. Er seufzte, und ich lächelte über sein Geseufz, und im Lichte seines Empfindens sah er's, seine Seele war's, die mich da so vor mich hinlächeln sah, als wenn ich mich mit etwas [......]. Er sah sogleich meine Unkameradschaftlichkeit in strahlender Beleuchtung, obwohl er mit seinen Augen keine Handbreit zu blicken vermochte. Da er aber seine eigene Freundschaftlichkeit ziemlich lebhaft in Zweifel zog, öffnete er jetzt einstweilen die Türe, und wir traten mit eigentlich etwas geschauspielerter Überzeugtheit hinein, daß sich alles arrangieren lassen werde. O, wenn du wüßtest, du schon so lange Nichtgesehene, wie sie uns beim Eintreten in die Stube mit einer uns beide befriedigenden Kunst des Betragens grüßte, wie herrlich sie die Bemühung kleidete, ihre Freundlichkeit gleichmäßig zu verteilen, und wie das Glück, das für sie darin lag, daß sie sehen durfte, sie habe Erfolg bei beiden, sie schön machte wie eine Rose. Dich freut vielleicht dieser Brief, und in diesem Fall wird das Empfangenhaben des deinen ersprießlich für mich gewesen sein.

(402a/IV + 402b/I)

Entwurf zu Theateraufsatz *aus* Potpourri

Ich werde in diesem Aufsatz frech sein, ich fühle es, aber man hat meiner Meinung nach das Recht zu einem bißchen Frechheit, sobald dieses bißchen Frechheit darauf beruht, daß man über das Thema, das man behandelt, nachgedacht hat. Ich melde gehorsam, daß mein Aufsatz kurz sein wird. Die Mode, d. h. das derzeitliche Glaubensbedürfnis, nennt Kleist einen Dramatiker, während ich ihn einen Epiker oder Erzähler nenne, in dessen vielfach anderseits wieder lyrischem Wesen es von der Sehnsucht, dramatisch zu sein, gleichsam stampfte, pulsierte, loderte, herausbrü(n)stelte und stumm und brennend tobte. Diese Zeilen werden es, wie ich hoffe, nicht an Klarheit fehlen lassen. Was tu' ich nunmehr anderes, als daß ich freiheraus gestehe, der »Prinz von Homburg« sei für meinen Begriff ein liebenswürdiges Gedicht in dramatischer Form, aber kein Drama. Wie ich für richtig halte, kommt in diesem Stück eine Prachtstante vor. Beweist nicht schon einzig und allein dieser röckelige, häubelige Umstand, daß da von einem Drama nicht die Rede sein kann? Der Dichter läßt den Zuhörer von Anfang an herausspüren, daß der Prinz temperamentvoll, etwas hitzig, daneben aber ein lieber, guter Junge ist, der zu Unüberlegtheiten neigt, dem aber unmöglich irgend etwas wirklich Übles zustoßen kann. In der Seele des Zuhörers beginnt sich, sobald der Vorhang in die Höhe geht, ein Idyll reinsten Wassers abzuspielen, und haargenau dasselbe ist beim »Käthchen von Heilbronn« der Fall, von dem der Zuschauer vom Dichter gleich von Anfang an mitgeteilt bekommt, daß sie sich mit dem famosen Grafen vom Strahl vermählen wird. Auch das entzückende »Käthchen« ist in meinen Augen kein Drama, sondern lediglich wieder nur ein wertvolles Gedicht, das für die Bretter zurechtzudichten versucht wurde. Wer einer Vorstellung der »Hermannsschlacht« beiwohnt, weiß von Anfang [an] ganz genau, daß es den Germanen gut, den Römern schlecht geht. Die Kleiststücke haben aus angegebenen Gründen etwas Reines, Treuherziges und scheinen mir, streng genommen, wie für die Jugend in reif(er)en Jahren geschrieben worden zu sein. Dagegen liest jeder Erwachsene meines Erachtens nach die kleistischen Erzählungen im Bewußtsein, etwas zu lesen, das in der Tat reif ist. In den Novellen herrscht eine Stimmung, eine Farbe der himmelblauen Blondheit und imaginären Harmlosigkeit keineswegs vor. Was die eigentliche Aufgabe des Dramatikers betrifft, so besteht diese, meiner Vermutung nach, hauptsächlich in der Kreation oder Inbewegungsetzung eines Charakters, dem man von Anfang an, im Theater sitzend, zutraut, daß ihm irgend etwas Zuherzengehendes, Nachdenklichmachendes zustößt. Der Zuschauer wird schon beim Anhören der Anfangsworte eines wirklichen Dramas von, er weiß nicht recht, was, ergriffen. Der Dramatiker übermittelt ihm bezüglich des Auftretens der Hauptperson eine Ahnung, daß mit dieser gleich etwas geschehen wird, das ihn aus dem gewohn[hei]tmäßigen Denken, aus diesem an weiter nichts Denken aufrütteln wird. Der Dramenverfasser erblickt ohne Frage darin sein Hauptgeschäft, daß er in des Zuhörers Seele die zur Belebung und Verherrlichung eines Theaterabends dringend erforderliche Erwartung weckt, die mit der eigenartigerweise beglückenden Frage identisch ist: Was geschieht dem Helden? Unaufgeklärtheiten sind gleichsam die Bedingung des Dramas oder die Türe, deren geöffnete Flügel in sein Wachsen, Suchen, Werden hineinblicken lassen. Man hört, was er spricht, sieht, wie er sich benimmt, und man weiß nicht im Entferntesten, was ihm geschehen wird, aber man hat ein Gefühl, daß er Ernstes erleben wird, um dessentwillen es sich recht eigentlich erst lohnt, in die Vorstellung zu gehen. In den Kleist'schen Dramen, die keine eigentlichen echten Dramen sind, [weist] jedesmal der Heldencharakter mit nicht mißzuverstehender Deutlichkeit schon von Beginn an darauf hin, daß er ein riesig netter Charakter ist, was sogleich einen idyllischen Zustand in des Zuhörers Seele ergibt, die der wirkliche Dramatiker einen dramatischen Zustand erleben läßt, der im Zwielichthaften, Zweifelhaften besteht. Man möchte glauben, die Sonne dürfe im Drama nicht scheinen, denn das Sonnige ist ja das Undramatische. Eine schöne, von Poesie usw. flammende Sprache, reizende Verse, graziöse Ausdrucksweise machen noch in keiner

Weise den Dramatiker aus. Ich erlaube mir zu betonen, daß ich Kleists sogenannte dramatische Werke als Dichtungen hochschätze, und stoße hoffentlich mit meinem kleinen Essay auf nicht zu viel Salonentrüstung. Ich selbst glaubte ja jahrelang treuherzig an Kleists dramatische Berufung, die an dessen Treuherzigkeit[s]charakter scheiterte, indem der Charakter des Dramatikers von wesentlich anderer Art sein muß. Ich wünschte, meine Haltung gegenüber einem ziemlich schwierig zu klassifizierenden Dichter zu kennzeichnen, mit dem Ton aufrichtiger Bemühung der Idee, es sei wichtig, wenn man sich und andere exakt zu nehmen bestrebt sei, einen Dienst zu leisten.

(400/I)

Entwurf zu Dienstmädchen und Dichter *aus* Drei Komödien

Diese Schmachtlockengeschichte soll als Warnung dienen. Ich beginne mit der Versicherung, daß Erich stets brav und lieb war, so hieß ein Dichter, bei dem sich Damen telephonisch erkundigten, wie es ihm gehe, ob er gesund sei usw. Zeitweise glänzende Löhne hatten ihn in die erquickliche Lage gesetzt, reizvolle Möbel [an]zuschaffen. Unter anderem schlummerten seine allabendlichen Ermüdetheiten in einem Biedermeierhimmelbett. Alabastervasen schmückten seinen goldgelblackierten Schreibtisch, in dessen Schubladen sich Konzertsängerinnenmitteilungen aufhielten. Über der Wohnung, die er bewohnte, lächelte die Verzärtelung in Form des unabsehbaren Äthers, indes sich ein Landmädel namens Erika mit Küchenangelegenheiten sowohl wie insbesondere damit beschäftigte, daß sie [den] Verfasser manches gediegenen Prosastückes aufmerksam in's Auge faßte. Sie besaß eine Figur zum Jubeln, was Erich ja denn auch verhältnismäßig schnell wahrnahm, obschon es vielleicht vorteilhafter für ihn gewesen wäre, niemals das Haar Erikas für schön zu halten, wenn sie in's Schaffensgemach hereintrat oder sich aus demselben hinausverfügte. Eines Tages lächelte er sie an, und von da an war es anscheinend um ihn geschehen, denn nun begann sie, ihn für würdig zu halten, korrigiert zu werden, und je mehr er fühlte, daß sie ihn in ihrem Innern tadelte, je besser gefiel sie ihm. In der Straße schimmerte, schwamm, lag, floß, flutete, torkelte, wankte und flog es wie jugendliche Altertümlichkeit, indem es sich um noch nicht gänzlich alte, zugleich aber nicht mehr vollständig junge oder neue Straßen handelte. Jedenfalls machte der Dichter, dem jeder von weitem ansah, daß er ein solcher sei, die und die elegante, nette, zarte Bekanntschaft. »Hilf mir, ich bin einem Naturgeschöpf überantwortet!« strahlten seine Augen im Tram oder in der Untergrundbahn Vertreterinnen der schöne-(re)n Menschheitshälfte bittend an, und etliche von genannten sandten ihm einen Blick zu, worin ihm seine Intell[ig]enz zu lesen erlaubte, er wirke grün und richte Dummes an, worunter dies Erwecken von Mitleid gemeint ist. Zu Hause angelangt, begann ein Kampf, indem Erika auf ein Bild einer Freundin Erichs mit der Zumutung hinwies, das sei [zu] zerreißen. Es klingelt. Eine Pariserin unterbricht mich mit der Annehmlichkeit ihres Erscheinens in meinem Zimmer auf's Unvermutetste, indem sie mich kurz ersucht, ihr unsere Stadt zu zeigen, worin ich ihr gehorche. Eine Stunde ging vorüber, ich kehre zum unvorsichtigen Erich und zur unverblümten Erika mit einer Behaglichkeit zurück, die man verstehen wird, wenn ich eröffne, daß ich mir in meiner Erzählung von Wanzen zu sprechen gestatte. Pfui! Seit wann gäbe es in Wohnungen, die von der Gegenwart von Schriftstellern belebt werden, Unappet[it]lichkeiten hervorgehobener Art? Tatsache aber war, daß gar keine Wanzen in Erichs Bett existierten. Erika tat bloß so, als sei dies der Fall, um ihm befehlen zu können: »Komm einmal her!« Geduzt wurde er bei dieser Gelegenheit. Einen Augenblick zitterten seine intellektuellen Gliedmaßen, sein verwöhntes [...] bebte. Nichtsdestoweniger versuchte er sich zu fassen, und nachdem ihm dies gelungen zu sein schien, begab er sich dorthin, wohin er gerufen worden war und wo ihm Erikas gebieterische Worte drollig entgegentönten: »Mach, daß du hinauskommst!« Wo es gegolten hätte, rasch zwecks Wanzenbesichtigung herzukommen, kam es lediglich darauf an, daß er die Anziehungskraft des ewig Weiblichen ordentlich kennenlerne. Als er ihr stammelnd das Geständnis abzulegen im Sinn hatte: »Ich liebe dich«, fertigte sie ihn mit dem Wort ab: »Schweig, ich weiß, was du mir sagen willst.« »Mit mir ist's aus«, sprach er. »Zwanzig Jahre lang«, erwiderte sie, »wirst du unter meiner hübschen Herrschaft schmachten, damit du verhindert sein wirst, [dir] auf deine Schriftstellerei viel einzubilden. Alle die Worte, die du bisher schriebest, belästigen dich. Unter meinem Einfluß wirst du die Kunst ausüben lernen, mit so wenig Sprachverschwendung wie möglich in deinem mühsamen und zugleich spielerischen Beruf auszukommen. Deine Befürchtungen legen immerhin den sicher nicht unfeinen Beweis ab, daß Arbeitsamkeit in dir steckt, die ich aufreizen, durcheinanderrütteln will, damit deine Fähigkeiten eine Probe aushalten müssen. Eure Gattung meint wunder was zu sein, wenn ihr Gescheitheiten auf Gescheitheiten türmt. Wer soll alle eure aufgehäufte Geistesnahrung zu sich nehmen und [...] euer Verschmachten, euer Euchinteressantaufführen der gebildeten Welt für Dichten? Jedesmal, wenn du ein neues Prosastück oder ein Gedicht angefangen hast zu schreiben, will ich in deine Nähe kommen, damit du mit Zerstreutheit zu kämpfen hast. Ich beabsichtige, dich zum müßiggängerischsten Autor der Welt zu machen. Du wirst dich immer wieder genötigt sehen, die Erfüllung von Aufgaben usw. zu unterbrechen und spazieren zu gehen, wodurch du kostbare Zeit verlieren wirst, um die es jedesmal schade sein wird. Mein Vorhandensein wird dich befähigen, über Hügel zu hüpfen, die Straßen werden sich für dich in Spielplätze verwandeln. Inzwischen werden deine Kollegen für angezeigt halten und sich in jeder nur erdenklichen Weise bemüßigt fühlen, die Schulter über dich zu zucken. Ich meine es gut mit dir, und ich bin mir bewußt, daß du mir reichlich Anlaß darbieten wirst, Geduld mit dir zu haben.« »Bist du verrückt?« fragte Erich. »Muß ich dich erst noch auf den Umstand aufmerksam machen, daß sich mir der Schuhbändel gelockert hat?« gab sie zur Antwort, und als sie ihn zu ihren Füßen sah, was in ihren Augen für ihn gewiß das Vorteilhafteste war, fügte sie bei: »Das Naheliegende, Leichtfaßliche erhält und macht dich jung.« Der

Dichter, der sonst für alles Erdenkliche Verständnis besaß, begriff ihre [...] Äußerung keineswegs, denn er fand es angebracht, mutig zu sein, und ihm kam es gleichzeitig schön vor, sich vor dem wenigen Vertrauen zu fürchten, Vertrauen in sie zu haben, das, was er nicht zu verstehen vermochte, angemessen zu nennen. Ihm ging es bald schlecht, bald gut, und nie gewann sie ihn lieb. Letzteres ist wieder eine ganz besondere Geschichte. Diese hier scheint mir annehmbar, denn, indem ich über sie hinschaue, entsteht in mir eine Neigung, mich glauben zu machen, man könne jedem Beliebigen zu lesen geben, was ich schrieb.

(20/II)

Entwurf zu Die begabte Saaltochter *aus* Drei Komödien

Nachdem der Fötzel in einer niedlich gelegenen Erfrischungsstube eine Tasse Milchkaffee gesoffen hatte, und nachdem außerdem noch an selbigem Platz ein Stück Brot nebst einer Portion Käse aufgefressen worden war, bewegten sich an den Zweigen der Bäume klapperschlängelige pläpperlige Blätter, wie's die Sau, die das süßeste Gesichtchen der Welt besaß, mit gespielter Verwunderung und mit gekoketteter Dankbarkeit wahrnahm. Ich sage oder schwatze spatzenhaft mit Buchfinkengeläufigkeit und mit der Unbefangenheit eines Laffen, der glaubt, daß er ein Genie sei, daß die Sau so strahlende Augen in ihrem wie aus Schnee geformten Kopf hatte, wie es anderseits der Wahrheit entspricht, daß der Fötzel, als wenn er ein Schnuderbub gewesen wäre, über einen Werkzeugkasten sprang. Vorübergehende Ratsherren mißbilligten des Fötzels Versuch, der ihm übrigens glänzend gelang, sich über seine verhältnismäßig reichliche Abgelebtheit hinwegzutäuschen. Als die Sau von ihres Lieblingslumpenfreundes Tanzlust beifällige Notiz nahm, glitt über ihre unverschämtschöne Nase das zierlichste Lächeln, womit je eine Dräcktäsche, die womöglich Rudimila hieß, falls sie sich nicht vielleicht lieber oder eher nur Käti nannte, ihre Umgebung entzückte. Da des Fötzels Gestalt aus Schwanenflaum bestand, sich also aus dem denkbar zartesten Element zusammensetzte, schadete es einem jungen Mädchen nichts, daß sie dem ebenso glücklichen wie verunglückten Burschen ihren Mund darhielt, damit die aufgehäufte Schuld die Unschuldansammlungen küsse. Einem jungen Juristen stiegen ob des Schauspieles, zu dessen Zuschauer ihn der goldene Zufall machte, die paar Haare zu Berg, die es sich in aller Vereinzeltheit auf seinem von Paragraphen usw. vollgestopften Schädel bequem machen zu können glaubten. »Man kann eine Sau in's Himmelbett der höchsten Anbetung legen, aber keinem Normalveranlagten wird es einfallen, auch nur zu prüfen, ob sie ehefähig wäre«, sprach der lorbeerkranzgeschmückte, von der gesunden Vernunft, deren rechtmäßiger Besitzer er war, beschützte Rechtsgelehrte zum gravitätisch über ihm hockenden oder stehenden, schmerzverbogenen Springinsfeld. »Er kommt nicht von mir los«, sagte sich die Sau, die als Gemälde für Museumszwecke hätte dienen können, und nun schüttete der Sklave, der vor der Sau ehrfurchtsvoll den Hut abzog, wenn er ihrer, wie man zu sagen pflegt, ansichtig wurde, durch (lange) Jahre Bier in den in der Tat eigentümlichen Engpaß hinunter, der sich unter der Benennung Hals weithinreichenden Rufes erfreut. »Mein Saufen verwandelte einmal das wunderbar schöne Gestell, womit ich meine Sau meine, in einen Schemel«, scheint der Fötzel auf einem Tagebuchblatt unterschriftlich anerkannt zu haben. Ich aber stütze meinen Kopf in die allzeit, wie man sieht, schreibfreudige Hand und bin somit ein sogenannter Kopfindiehandstützer, mit dessen Krawatte ein von irgendwo aus dem Weltall hergeflogenes wedelndes Vögelchen rosig trällernd spielt. Wenn ich um höfliche Gewogenheit würde ersuchen dürfen, diese vielleicht etwas [p]lauderigen Zeilen als eine Art Musik hinnehmen zu wollen, duldet sie vielleicht die zivilisierteste Gesellschaft, der ich mich, was kommende Buchstabengefechte, Wortbataillen betrifft, mit geziemender Heiterkeit gedichthaft zur Verfügung stelle.

»O, des Flusses Welle,
o, des Vogels stiller Flug,
freudiges Hundegebelle

    mir sein Getön zu Ohren trug,
    des Waldes sommerliche Fülle,
    Berge stehen weich wie Seide da,
    alle, an die ich denke,
    denen ich mich, ohne daß ich mich enthülle, schenke,
    sind mir nah,«

sang sie, und saß wie ein Heiligenbild am hellen schöngarnierten Fenster, zur in's kristallklare Wasser des sich Vergessens tauchenden Gitarre, die sie wie eine Göttin innig zupfte, das Instrument wie einen Freund behandelnd, den sie schätzte, der ihr Herr war und ihr gehorchte, und er, der mir zum Titel dieser Geschichte dient, stand unten und lauschte.

(13/II)

Bei den Prosastücken »Wahrheiten« (X, 225), »Ich wohnte einem Konzert bei« (XI, 31) und »Bühnenbesprechung« (X, 46) eliminierte Walser in der veröffentlichten Version bestimmte Passagen des Entwurfs. In den ersten beiden Fällen handelt es sich jeweils um die Schlußabschnitte; im dritten Fall entnahm Walser dem ›Mikrogramm‹ bloß einige wenige Sätze, mit denen er das publizierte Prosastück einleitete, um darauf einen gänzlich neuen Text anzufügen. Der überwiegende Teil des Entwurfs ist demnach unbekannt.

Schluß des Entwurfs zu Wahrheiten

Vom Rechthaben usw. sage ich so viel: Es kann ungewöhnlich peinlich sein, Recht zu haben, und es kann ungewöhnlich animierend, lustig, angenehm sein, wenn man als ein Ungerechter dasteht.] Die Sonne schien, und es regnete dicht nacheinander, als ich herumlief und das Kleine sah und erlebte, worüber ich gesonnen bin, ein anderes Mal zu sprechen. Ich besitze sehr viel Talent, unangesehen und dabei sehr zufrieden, mit mir selbst einig zu sein. Ich bin in manchen Fällen, wo ein anderer vielleicht verstimmt wäre, die denkbar abgeschlossenste Persönlichkeit, gleichsam etwas von innen heraus Erleuchtetes, und nun scheine ich bei dem Punkt angekommen zu sein, der vielleicht den Hauptgegenstand dieser Zeilen bildet, bei der Armut, über die man so freundlich sein wird, mir zu erlauben, einiges zu sagen. Man kann z. B., unmittelbar nachdem man ein sehr Armer gewesen ist, sehr gut aufgelegt sein. Das Herz kann einem mitten drin in der Armut vor Vergnügen hüpfen. Wie kommt das? Es gibt ja auch z. B. eine Art Küssen, Liebkosen, das wenig oder keinen Wert hat, wenn die Voraussetzungen einer besonderen Bedeutung dabei fehlen. Ein Kuß kann ebensogut ein Nichts wie ein Ein und Alles sein. Es kommt auf erfüllte Vorbedingungen, auf dieses und jenes seelische Terrain an. Speziell hierüber gäbe es vielleicht einen vermutlich keineswegs uninteressanten Spezialessay zu schreiben, und es kann sehr gut sein, daß ich mich gelegentlich einer solchen Aufgabe mit Hingabe unterziehe. Jetzt bloß so viel: Ich übernachtete kürzlich in einem sehr stilvoll möblierten Hotelzimmer, wo mich die Empfindung überkam, ich hätte gleichsam allerlei im Leben verpaßt, ich wäre bei dieser und jener Gelegenheit überaus leichtsinnig, nachlässig gewesen, wie z. B. daß ich verschiedene Anfragen usw. nicht beantwortete. Es fiel mir mitten in der Nacht, die man als eine Frühsommergewitternacht bezeichnen kann, ein, ich wäre einigen scheinbar recht bedeutenden Menschen, die Anteil an mir zu nehmen wünschten, Aufschluß über mein Treiben zu erteilen schuldig gewesen. Lange drehte ich mich im Bett schlaflos hin und her. Es gibt Räumlichkeiten, die eine ganz eigene, bildhafte, unvergeßliche Physiognomie haben, wie ja beispielsweise auch Mädchen. Zu allen Zeiten gab es also sogenannte Arme, und es ist erwiesen, oder man darf doch wenigstens mit ziemlicher Sicherheit annehmen, daß sie ihre Portion Erdenglück fanden. Mir scheint dies nämlich für die Zivilisation ein Moment von Wichtigkeit zu sein. Mitunter, etwa beim Erwachen und Aufstehen des Morgens, habe ich einen Gedanken von solcher Macht, Eindringlichkeit, daß er mir, ob ich will oder nicht, tönend über die Lippen springt. Wenn dann jemand das hört, flöße ich natürlich einen schlechten Eindruck ein, das begreife ich sehr gut. Wie ich hier beichte. Macht es mir Vergnügen, dies zu tun? Arme Leute sind etwas wie Besiegte. Aber halt, da fällt mir wieder plötzlich etwas ein, nämlich, daß mir ein Mädchen brieflich gestand, sie sei ›grob‹ gegen mich gewesen. Ich versuchte mir zu vergegenwärtigen, worin sie gefehlt haben könnte, vermochte es aber nicht herauszufinden. Vielleicht bereitet es diesem armen Mädchen eine Lust, eine Freude, sich selbst Vorwürfe zu machen und mich dessen zu vergewissern. Sieht man an diesen wenigen winzigen Beispielchen nicht auf das Deutlichste, wie die Armen beschaffen sind? Denn was bleibt schließlich den Niedrigen anderes übrig, als anzufangen, ihre Niedrigkeit zu lieben, es ist das Einzige, was sie haben, und dieses Einzigen wünschen sie sich zu erfreuen, und der Wunsch, sich recht arm vorzukommen, geht jedesmal sogleich in Erfüllung. Dieses Mädchen bat mich nicht so sehr wegen mir, vielmehr wegen sich selbst um Verzeihung. Sie fand es offenbar hübsch, sich mit dem Kleid der Selbstanklage zu schmücken. Jetzt verachtet sie sich. Ich ließ nämlich ihre liebenswürdigen Selbstanschuldigungen unbeantwortet, denn ich finde, sie schreibt mir zu häufig. Da sie arm ist, kann ich sie ruhig sich selbst überlassen. So sprach ich zu mir, und, wie [ich] glaube, mit Berechtigung, denn gerade die Armen wissen sich verhältnismäßig immer zu helfen, sie sind die im allgemeinen Geschmeidig(er)en, die, die sich zu fügen, beugen[1], Situationen anzupassen verstehen. Man wird geliebt, und man geht[2] dann von sich aus mit der eigenen Liebe anderswohin, und was dies Aufklären betrifft, so meine ich, daß man's ja riskieren kann, aber ein Aufklärer muß immer auf Abneigung gefaßt sein, denn er stört immer, er zerstört immer irgend etwas, er bringt etwas, nimmt aber vielleicht mehr weg, als er darreicht. Trotzdem halte ich Aufklärungen für nötig, sie verschaffen uns das Glück nicht, nie, nimmer. Dennoch trete ich für sie ein? Soll ich es, soll ich es nicht? Vieles macht so fröhlich, was sich mit der Aufklärung nicht in Beziehung, in Einklang sehen läßt, was gegen sie streitet, was sich an ihr verletzt, was von ihr gemieden sein will. Vielleicht gibt es eine Zentralität von einem ewig Sichgleichbleiben in uns. Vielleicht gilt es, auf einen Barbarismus, der entzücken kann, zu verzichten. Die Spiele, die Freuden haben etwas so Goldenes[3], und die Pflicht ist dagegen so blaß. Aber ich glaube gern an den hohen Sinn der Verantwortung, denn es gibt ja auch morgen hierüber noch etwas zu reden. Wer möchte das Letzte gesprochen haben. Es gibt ein Innerhalb- und ein Außerhalb-der-Gesellschaft-sich-Aufhalten, eine Flucht hinein und eine Flucht hinaus in dieses und aus diesem Ersaufen, das unser Schicksal ist, und ob ich arm oder reich bin jetzt, wie kann ich es wissen? Denken macht reich und zugleich arm. Jetzt bin ich ein Denkender, infolgedessen ein

1 »biegen«   2 »zieht«   3 »Holdes«

Vermischter. Sind Schriftsteller am Schreibtisch etwas wie Deklassierte? O, was ist es Schönes um den Besitz der Sinnen- und der Seelenwelt. Bin ich hier nun wirklich weiter nichts als intelligent? Wie mich das beschriebene Leben jedesmal dauert, ein ab-[b]lätternder Bau(m), der ich jedesmal bin, wenn ich mich zersetze. Bei der Behandlung eines bestimmten Gegenstandes ist es nicht so, da lasse ich mich sein und die Welt auch. Ich und die Dinge sind dann unangegriffen. Bei alledem war ich aber jetzt wenigstens ein wenig tapfer. Ich unternahm einen Angriff auf mich. Nun schüttle ich mich vorläufig wieder ab und bin jetzt zarter.

(361/I)

Schluß des Entwurfs zu Ich wohnte einem Konzert bei

... vergaß.] Ich erzähle hier nunmehr ein Märchen:
Ein Dichter hatte eine Einsendung bestehend aus fünf einzelnen[1] Arbeiten an eine ihm befreundete Redaktion gemacht. Nun stand er da und wußte nicht mehr, was es eigentlich sei, was ihm eingefallen war abzusenden. Als einer, der die Ordnung hochschätzte, strengte er sich jetzt an herauszubringen, was er vergessen hatte. Ob eines der fünf fortgeflogenen Stücke etwa ein Gedicht war? Unmöglich, denn Gedichte fanden keinen Anklang. Über diesen Punkt war er vollständig im Reinen. Hatte er Witzigkeiten zur Absendung gelangen lassen? Hier lagen eher Wahrscheinlichkeiten vor. Stammten die fünf Produkte schriftstellerischer Bemühung aus früheren Stunden[2] und Zeiten oder aus jetzigen? Diese Frage schien ihm Wege zu ebnen, auf denen er an's Ziel gelänge. »Wie klein kommt mir meine Bestrebtheit vor, immer über alles peinlich genau orientiert zu sein«, rief er aus, und ihm fiel sogleich *Der kleine Freiherr* ein, so lautete die Betitelung des ersten Prosastücks, dem *Ein unartiger Brief* gelang, so hieß die zweite Leistung in möglichst gedrängter Prosa, trotzdem ihm *Die schönen Augen*, wie sich die dritte Ausfahrt in['s] Land der

1 »reizenden«   2 »Stuben«

Dichtung nannte, beständig seine Seele überwachten, die schon *Die schöne Aufseherin*, wie er das vierte Kunstwerkchen überschrieben hatte, insofern belebte, als er sie liebte. Liebe belohnt sich selbst, aber obschon man liebt, geht man doch hin und wieder auf Zerstreuungen aus, was gegenüber dem Gegenstand der Verehrung unzart ist. Hier lachte er, denn nun wußte er über die fünfte Einsendung genau Bescheid. Er ging nämlich eines Tages in den »Don Juan« von Mozart und verfaßte hierüber eine vielleicht etwas übermütige Glosse. Wie freute er sich durch Auffindung dessen, was er sehnsuchtsvoll gesucht hatte, über sein gutes Gedächtnis, obwohl doch oft Vergeßlichkeit, wie ich beim Konzertisten gezeigt habe, angenehm sein kann. [Vom Vergessen könnte ich allerlei vorbringen. Ich vergaß z.B. letzthin einen Dienst, der mir erwiesen wurde, total. Wir sind imstande, das Wichtigste im Leben zugunsten von Unentscheidendem hintanzustellen. Man bildet sich oft auf eine Untugend reichlich viel ein. Es kann ebenso schön und ebenso unschön sein, etwas zu vergessen und sich an irgend etwas zu erinnern. Ich finde es wundervoll, in einem Spiel, wenn ein Ton kaum noch hörbar ist, man ihn desto mehr zu vernehmen wünscht, man nun mit um so mehr Eifer auf ihn horcht. Ähnlich wie bei einer musikalischen Darbietung geht es im Leben zu, dessen Gutes, wenn es sich verlieren will oder wenn es sich beinah schon verloren hat, so wertvoll wird. Hier halte ich unwillkürlich, als wenn ich mich durch das, was ich gedacht und gesagt habe, betroffen fühlte, inne. Gewiß gibt es eine Pflicht, die nie aufhört, und gewiß gibt es etwas, was man nie vergißt.

(330/I)

Entwurf zu Bühnenbesprechung

Da ging ich nun so. Die Straße war weiß. Vielleicht war sie mir etwas zu sauber. Ich möchte mir nicht erlauben, das genau zu definieren. Jemand hatte die Bemerkung gemacht, es würde wahrscheinlich ›heute‹ regnen. Jetzt regnete es aber ganz und gar nicht. In mir selbst hatte es vielleicht nach einem Regenguß gedürstet, wiewohl ich diese[s] letzte Wörtchen gern gestrichen sähe. Aber es ist jetzt zu spät. Es will und darf nicht mehr ersetzt sein. Ich gebe mich, wie ich bin. Nun war mir also die Straße beinah zu sauber gewaschen, das Wetter wurde von Minute zu Minute hübscher, heiterer, schöner, das kam mir beinah seltsam, beinah auch ein bißchen lästig vor. Ein Herr fragte mich um eine Auskunft, und ich gab sie ihm. Es wunderte mich, daß ich sie ihm so bereitwillig erteilte. Ich gab mich ihm ganz, wie ich war, und da ich gerade freundlich gesinnt war, so gab ich mich ihm so und nicht anders. Wiederum erschien mir das beinah seltsam, unfaßbar. Anderseits hatte ich Freude an meiner Freundlichkeit. Ich hatte mich da also höflich gezeigt, und nun hatte ich ja da so ein Theaterbillet in der Hand, nein, nicht in der Hand, sondern in der Tasche. Ich dachte also in einem fort an dieses kleine Besitztum. Ich hatte das Billet gekauft, und daher war die Karte mein Eigentum. Heute abend würde ich strahlend im Theater auf dem und dem Platz Platz nehmen, d. h. mich setzen, und zwar ziemlich zierlich und würdevoll, vielleicht sogar ein wenig geziert, maniriert, es käme dies ja ganz darauf an. Einstweilen setzte ich mich am Waldrand auf eine Bank. O, wie das schön war. Es war fast ein wenig wonnig. Beinah würde ich gesagt haben ›wohllüstig‹, aber man benutzt diesen Sprachausdruck heute nicht mehr. Die Achtzehntjahrhundertdichter taten das. Wir Heutigen sind wählerischer, zarter geworden, empfindlicher, verantwortungsvoller. Ich drehte mich auf der Bank hin und her, denn ich war sehr neugierig. Man sollte das lieber nie, nie sein. Es ist einem viel wohler um's Herz, wenn man's nicht ist, man ist der Schönere, der Größere, denn Neugierde macht uns klein, gering, sie schwächt, verzehrt uns. Sie ist ein großer Fehler. Zweifeln Sie nicht, daß ich das ernst meine. Ich nehme mich und andere diesbezüglich also sehr ernst. Nun schaute ich mich da gwundrig oder neugierig um, und was erblickte ich in der Umwelt? Einen älteren Herrn, der auf einer Nachbarbank saß und friedlich schlief. Ich freute mich an dem Friedlichkeitsbild, das dieser schlafende ältere Herr meinen Augen darbot, und ich lächelte ihn und seinen Schlaf so an, wissen Sie, wie? Einfach furchtbar nett und artig lächelte ich ihn an, und da er schlief, durfte ich das tun, denn er nahm ja mein Lächeln nicht wahr. Er war in einer anderen Sphäre, wirklichkeitsentrückt, er lebte in der schönen, frohen und frommen Welt des Schlafes. Nun hatte ich einen[1] wahrgenommen, der mir sonntäglich angeheitert schien. Dieser Ankömmling, der mir übrigens // die Redlichkeit, Harmlosigkeit selber zu sein schien, war ganz, ganz leise und artig und niedli[ch] angesäuselt, und in seiner Angesäuseltheit fragte er mich, ob er sich neben mich niederlassen dürfe. »Da Sie angesäuselt sind, dürfen Sie das nicht«, gab ich ihm auf seine zarte Anfrage zur Antwort, und er besaß so viel Anstand und Takt und feines Verständnis, sich zu merken, was ich ihm gesagt hatte, und sich strikt danach zu verhalten. Darüber war ich begreiflicherweise riesig [...]. Man kann sich das ja denken. Ich kam mir nämlich, indem ich so dasaß, wie ein sehr empfindliches Pflänzchen vor, und indem der Angesäuselte auf meine Empfindsamkeit Rücksicht nahm, bekam ich [ihn] beinah lieb, wuchs er für mich zu einem höch[s]t anständigen, einfachen Menschen, in den ich augenblicklich Vertrauen setzte. Voll Anerkennung schaute ich ihm dann ja auch nach, wie er sich säuberlich aus dem Gesichtskreis entfernte. Immer noch schlief der ältere Herr in seinem Häuschen, d.h. nein, auf seiner Bank, und immer noch drehte ich mich von Zeit zu Zeit neugierig nach ihm und seinem Mittagsschläfchen sorgfältig um. Neugierige sind ganz einfach Sorgsamkeitserfüllte. Sie kümmern sich um etwas, mitunter nur fast zu viel und zu stark. Hieraus können dann manchmal Unstimmigkeiten entstehen. Der Wald begleitete mit seinem wäldlichen Lächeln sehr harmonisch das meinige. Nun erschienen einige, die die Absicht zu bekunden schienen, das Croquetspiel zu spielen. Mir kam diese ihre Absicht als etwas durchaus Passendes vor, und lange, lange schaute ich ihrem Spiele zu. Bei einem Spiel hilft man entweder mit oder beschränkt sich auf's Zuschauen. Letzteres war hier mit mir der

1 »mich einer«

Fall, und mein Zuschauen gefiel mir. Inzwischen hatte sich neuerdings jemand bei mir nach irgendeiner Wegrichtung erkundigt und die bereitwilligste Auskunft erhalten. »Vielleicht hätte ich heute auch dorthin gehen können, wohin jetzt dieser Mitbürger zieht«, dachte ich. Aber ich erklärte mich mit mir und meinem Plätzchen, das ich einnahm, zufrieden, und so verstrich dann wieder eine Spanne Zeit. Stunde um Stunde verrann unumwunden, mit einer Sorglosigkeit, die mir seltsam vorkam. Die Zeit streicht so gedankenlos dahin. Nur wir Menschen müssen immer an irgend etwas denken. Mehr und mehr Menschen spazierten auf den Wald zu, um sich in demselben zu zerstreuen. Da erhob auch ich mich von der Bank. Der ältere schlafende Herr war erwacht. Ich ließ die Croquetspieler ihr Spiel fortsetzen. Punkt acht Uhr saß ich im Theater. Vorher geschah aber noch folgendes: Ich ging eine Zeitlang auf einem engen Pfad hinter einer älteren Frau. Sie mochte ungefähr siebenundfünfzig Jahre zählen. Auf einmal blieb sie stehen, so alleinstehend, so sich selbst überlassen, so nachdenkungsvoll, als wäre sie plötzl[ich] sehr müde, und schaute so zu Boden. Ich verzichte darauf, Ihnen das allzu deutlich zu sagen. Genug, mir tat diese Frau sehr weh. Dennoch ging ich weiter. Hätte ich sie etwa fragen sollen, ob ihr etwas fehle? Sie würde mich vielleicht total mißverstanden haben. So streifen, gehen wir an anderen vorbei, und auf diese Art kommen die Menschen einander nicht nahe. Eine Strecke weitergegangen, entzückte mich eine hübsche Aussicht, und nun spazierten Leute mir entgegen und ich ihnen, und dann kam wieder so eine Frau, die mich fragte, ob ich wisse, wo der und der Weg sei. Ich wußte es zu meinem Bedauern nicht. Aber nach kurzem ließ mich der Zufall diesen Weg finden, während die, die ihn suchte, ihn vielleicht noch ziemlich lang nicht fand. Im Theater saß ich neben zwei Frauen.

(368/II + 367/II)

Für die Entwürfe der Jahre 1926/27 gilt allgemein, daß Walser seine Texte im Zuge der Reinschrift häufiger und oft stärker überarbeitete als früher. Welcher Art diese redaktionelle Tätigkeit war, sollen die nachfolgenden, inhaltlich oder formal besonders aufschlußreichen Stücke belegen. Die ursprüngliche Fassung von »Der Knirps« (XII, 277) offenbart beispielsweise, daß sich der Text zunächst auf den 60. Geburtstag von Hedwig Courths-Mahler bezog, was die publizierte Version an keiner Stelle mehr erkennen läßt. Aus dem Entwurf zu »Ottilie Wildermuth« (XI, 34) erhellt, wie die einzelnen Motive auseinander hervorgehen, während diese Zusammenhänge im veröffentlichten Text von Walser systematisch getilgt wurden. »Mondscheingeschichte« (XI, 391) und »Der treue Blick« (XI, 326) sind im ›Mikrogramm‹ fast doppelt so lang wie in der endgültigen Version und gewähren von daher Einblick in die verschiedensten Aspekte des kreativen Prozesses und der abschließenden Formung. Die Erstfassung der »Sätze« (XI, 232) wiederum – Walsers einziger Versuch in Aphoristik – enthält acht Notate, die später ausschieden.

Entwurf zu Der Knirps

Dieser Knirps von Schneiderlein im bekannten Märchen, der in seiner Werkstatt sieben Fliegen mit einem Streich zu beweisen vermochte, daß es ein kurzes Verfahren gibt, sich von Butterbrotumschwärmern zu befreien, und der dann auszog, um einen schlafenden Riesen zu unangenehmem Erwachen zu nötigen. Den und den hätten die ›Weiber‹ verdorben, hörte er hin und wieder solche versichern, die sich auf der Flucht vor dem Weib ertappen würden, wenn sie sich genau zu prüfen die Mühe nehmen wollten. Wenn einer mit Schwierigkeiten feiner und nicht leicht zu definierender Art kämpft und mit dem, was er unternimmt, nicht gleich Erfolg findet, werden einfachheithalber die Frauen als das Hindernis bezeichnet, als wenn Hindernisse für eine Menschenexistenz nicht von durchaus annehmbarer Wirkung sein könnten. Derartige Frauenfeinde richten sich hoch auf, um so einem anscheinenden Frauenliebling ein gebieterisches »Zu spät« mitten in's verdutzte Gesicht hineinzuwerfen. Zweifellos gilt dieses ›Zu spät‹ für manche erstrebte Angelegenheit, wofür sich jedoch meiner Ansicht nach manchmal ein ganz netter Ersatz findet, falls nicht voreilig verzagt wird. Für den oder den, der sich vielleicht einbildete, es wäre für ihn zu spät, mag es in Wirklichkeit noch zu früh gewesen sein. Um nunmehr vom Volksschriftstellertum zu sprechen, so feierte dieser Tage eine Schriftstellerin ihren sechzigsten Geburtstag, die an die hundert Romane schrieb und die, man mag sie nun einregistrieren, wie man will, jedenfalls mit ihrer Tätigkeit in['s] Volk gedrungen ist. Ich weiß nicht genau, ob sie nicht womöglich einige ihrer Bücher in einem Gemach zu ebener Erde verfaßt hat, dessen Türe und Fenster bei der Niederschrift dessen, was später von einer breiten Schicht dankbar aufgenommen wurde, offenstanden, damit das reiche Haar der Schriftstellerin leise von einem auf angenehme Weise in's vornehm möblierte Zimmer hineinwehenden Wind gewissermaßen liebkost würde und damit ihre dichtende Stirne die unmittelbare Nähe der großen Mutter Natur fühle. Von Zeit zu Zeit mag der Ehrwürdigen ein Pianist dieses oder jenes Stück auf dem Flügel zur Erheiterung der Tiefnachdenken[d]en vorgespielt haben, und sein schöner Dienst wird ihm schön vorgekommen und ein Vergnügen für seine bereitwillige Seele gewesen sein. Diese Schriftstellerin schrieb hauptsächlich für die vielen Provinzmädchen, die [in] irgendwelche passende Stellung zu treten pflegen und für die es so leicht zu sein scheint, sich rasch zu sagen: »Ach, ich bin müde«, und denen es wieder vom Geschick und von der Geburt gegeben ist, sich schnell für ermuntert und wiederhergestellt zu halten. Aus dem Bilde der Genannten gewann ich, als ich es zu Gesicht bekam, den Eindruck von etwas Reserviertem, Klugem. Ich durfte mir sagen, daß sie mit einer gewissen natürlichen Güte dem Volk das dargeboten habe, was ihrer Gesinnung ganz wie von selber entsprang. Indem sie zu erwerben gesonnen war und gar nicht weiter an's Geben, Schenken dachte, bedeuteten ihre Arbeitsamkeit und ihr Erwerbssinn ein Geschenk, das von keinem Vernünftigen angezweifelt werden könne. Daß die Erfolgreichen zu Wohltätern werden, ohne es direkt beabsichtigt zu haben, dürfte angesichts des Umstandes, daß sie vielen Händen eine Beschäftigung, mithin eine Möglichkeit des Lebensunterhaltes verschaffen, sogleich einleuchten. Schon die ungemein gutklingenden, leicht einprägsamen Titel, die sie teilweise ihren Werken auf den Büchermarkt, d.h. auf den Weg in die Kauflust mitgab, vermögen den Beweis einer bemerkenswerten Geschicklichkeit darzustellen, der gegenüber man das Gefühl des absolut Ungekünstelten nicht los wird. Indem ich eine ungemein Talentierte erwähnen zu dürfen gemeint habe, fällt mir ein, durch eine exklusive Zeitschrift darauf aufmerksam gemacht worden zu sein, wie wichtig es wäre, wenn von der Öffentlichkeit, d.h. vom Volk, den Besten gewissermaßen gehuldigt oder gehorcht würde. Diese Besten seien es, wurde da zu empfehlen unternommen, die sozusagen zur Leitung der Angelegenheiten der Länder befugt wären, wobei, wie ich aufrichtigkeitsmäßig zu gestehen habe, gegen diese scheinbar doch wohl ein wenig rätselhaften Besten Bedenken gleichsam in mir aufkeimten, denn die Besten, so sprach ich zu mir selbst, müßten die Wirklichkeit ihres Ambestenseins immer zuerst noch in der manchmal überaus holprigen Praxis erhärten. Alle diese Besten, diese Gütigsten, Umsichtigsten, Wohlwollendsten, Gedankenreichsten usw. würden so gut wie sonstige Menschen, d.h. wie solche, die man nicht ausgesprochen für die Besten hält, durch irgendwelche Möglichkeiten zu straucheln, ihren vortrefflichen Eigenschaften eventuell untreu zu werden, gewissermaßen zu marschieren haben. Diejenigen, die in den Zeitschriften, d.h. auf dem Papier oder im Mund eines Teils der Gesellschaft die Besten sind oder zu sein scheinen, sind es in der Wirklichkeit, die stets ein wenig ›rauh‹ ist, vielleicht nicht, würden unter Umständen entweder vollständig oder bruchstückweise ›versagen‹. Für das schönste Mädchen unserer Stadt halte ich übrigens gegenwärtig, wie mir so vorkommt, eine nachlässig oder doch wieder mit einem gewissen Anstand oder einer Art Gemessenheit sich vorübergehend eine Ruhepause gönnende, hauchartig und, falls ich so sagen darf, goyamäßig auf den Platz, den sie berechtigterweise einnimmt, Hingegossene. Ich bitte diesem Bekenntnis keine größere Ernsthaftigkeit beilegen zu wollen, als ihm, von höherem Gesichtspunkt aus gesehen, zukommen mag. Ich hoffe, daß der Leser hinsichtlich des belustigenden Charakters, der in dem Ausdruck Knirps liegt, mit mir einiggeht, da ich das Wort so hübsch finde, daß mich seine Anwendung auf mich selbst nicht im geringsten vom Aufrecht[er]halten meiner Gleichgewichtigkeiten abhalten würde. Jener Schriftstellerin aber, von der mir zu sprechen zum Glück einfiel, küsse ich aus Achtung vor ihrem stattlichen Lebenswerk ergebungsvoll die Hand.

(218/IV)

Entwurf zu Ottilie Wildermuth

Einem ausländischen Zirkus wurde die Einreise in hiesige Stadt deshalb nicht bewilligt, weil er den Behörden zu wenig Platzgeld anerboten hat. Ich fand Gelegenheit, »Quo vadis« von Sienkiewicz zu lesen und fand das Buch großartig, dessen Tonart mir [als] eine durchweg weltmännische erschienen ist. Auf einem Spaziergang dachte [ich] über Theaterangelegenheiten denkbar lebhaft nach und schrieb einen höflich-verdrießlichen Brief an einen Verleger, dem ich Anlaß gegeben haben mag, über mich zu stutzen. Schreibe ich hier einen politischen Aufsatz? Noch weiß ich es nicht. Jedenfalls leistete ich einer vielleicht nur vorübergehend etwas unschön gewordenen Schönen zehn Minuten lang insofern Gesellschaft, als ich mich tapfer ihr gegenüber ausschwieg, was eine sehr bequeme Art ist, jemanden zu unterhalten. Ich finde Mädchen reizend, die mit mir unzufrieden sind. England hat jetzt meiner Meinung nach womöglich nicht unwesentliche Sorgen, was natürlich ein anderer ebenso leicht sagen könnte wie derjenige, der diese Zeilen hier schreibt, worin er kundgibt, er habe eine Kindergeschichte aus dem Jahre 1880 aufgestöbert, nämlich in einem Töchteralbum von Ottilie Wildermuth. Weshalb ich mich gerade hiefür interessiere, wurde ich gefragt. Übrigens korrespondiert seit einiger Zeit eine einstige Hauslehrerin des Grafen von Tolstoi mit mir, dessen Wesen sich aus eminent künstlerischen und zugleich antikünstlerischen Elementen zusammensetzte, was für ihn selbst bedenklich genug gewesen sein mag. Als ich mich seinerzeit im Ausland aufhielt, hatte ich keine Ahnung, daß ein Teil meiner Landsleute sich inzwischen in die Köpfe gesetzt hatte, mich für einen ›strahlenden Menschen‹ zu halten. Ich kehrte heim, und es stellte sich heraus, daß ich bezüglich beständigen Kopfhochtragens und Strahlens eine Enttäuschung ersten Ranges darstellte. Mit der Zeit sank infolgedessen der Glaube an mich verhältnismäßig rapid. Das kommt davon, wenn ein Schriftsteller Bücher dichtet, die von Fröhlichkeiten leuchten. Wenn man ihn dann jetzt auch persönlich in einem fort prangen und leuchten und sieghaft auftreten sieht, so will man eine Art Aufschneider in ihm entdeckt wissen. Man findet ihn lächerlich, weil es keinen Sinn zu haben scheint, froh zu ihm emporzublicken. Ich habe allen Grund zu beklagen, in starkem Grad lebensbejahend geschriftstellert zu haben. Die Kindergeschichte, die ich las, wies folgenden hübschgedrechselten Inhalt vor: Eine Frau besaß ein allerliebstes Kind und besaß zugleich eine Magd mit hübscher und niedlicher Schürze. Wie eine Rose sah die Magd aus, und das Kind glich einem Schneeglöckchen und streckte immer seine zarten Händchen nach der Magd aus und schien sich aus der Liebe besagter Mama gar nicht viel zu machen, weswegen es zu diversen unangenehmen Szenen zwischen der Hausfrau und der Magd kam. »Du stieh[l]st mir die Neigung meines Kindes, du Falsche«, rief die Frau empört aus, am ganzen Leib von tiefinnerlicher Bestürzung und Entrüstetheit zitternd, und solch eine Erzählung aus dem häuslichen Leben, die immer wieder jung, weil wahr bleibt, hätte nicht mein aufrichtiges Interesse wecken sollen? Vor zirka vier Jahren stattete das Herrscherpaar von Rumänien unserem Land seinen Besuch ab. Man sah hübsche Uniformen, bedeutende Gesichter, die Königin ließ sich in einem blauen Hut sehen. Ich bringe das aus keinem sonstigen Grund vor, als weil es mir in diesem Moment einfällt. Unsere Stadt gewährt dem hiesigen Theater jährlich eine überraschend große Subvention, und dann las ich ja in diesen Tagen nach so und so vielen Jahren wieder einmal J.P. Jacobsens Roman »Niels Lyhne« in der Reclamausgabe und habe die Lektüre außerordentlich interessant gefunden, indem sie mich stellenweise ungeduldig machte und mich anderteils in einem aufrichtigen Entzücken gleichsam baden, schaukeln ließ, mir sowohl eine Mühsamkeit bereitend, wie zu einem Genuß auserlesener Art verhelfend. Ich finde, daß das Buch jedenfalls auch heute noch in mancher Beziehung höchst lesenswert ist, das ich zum ersten Mal in einem Züricher Kleinbürgerhaus las, worin ich bei einer gutherzigen Witfrau logierte, die mir erlaubte, ihr den Mietzins zeitweise schuldig zu bleiben, ein Entgegenkommen, das mir in jeder Weise in einem Abschnitt meines Lebens zustatten kam, der mich in eine Schreibstube eilen sah, um daselbst im Taglohn Adressen und dergleichen zu schreiben. Zu der Zeit, als ich zur Schule ging, wurde ich übrigens von einem meiner Lehrer um meiner Handschrift willen stark gelobt. »Du wirst in ein Büro treten«, wurde mir versichert, und in der Tat hat sich die Prophezeiung bewahrheitet. Ein Blick, den ich neulich auf eine Landkarte warf, überzeugte mich von der Vergrößerung Rumäniens. Ich komme auf dieses Land schon deshalb unwillkürlich zu sprechen, weil ein hiesiger Redakteur dort früher Kinder aus guten Familien unterrichtete. Die hübscheste Partie dieses Essays dürfte sehr wahrscheinlich die Erwähnung der Kindergeschichte sein. Was für große Dichtungen Rußland der gebildeten Welt vor dem Weltkrieg geschenkt hat, und inzwischen hat diese große Nation scheinbar nichts Besseres zu bewerkstelligen gewußt, als nach überall hin in höchstem Maß problematisch zu wirken. Auch die Schweiz geriet dem Geburtsland Dostojewskis gegenüber bis zu gewissen Grenzen in Differenzen, was weiter nicht Staunen hervorrufen kann, da es ja beinah zum guten Ton gehört, das östliche Europa als unbehaglich zu empfinden. Vom Diktator Italiens liest man in den Zeitungen zur Zeit wenig. Mir ist jetzt klar, daß dieser Brief, falls ich, was ich hier schreibe, so nennen darf, kein politischer ist, obschon ich bekenne, daß mir Leitartikel zu Gesicht gekommen sind, worin ich Ungarn lobend erwähnt fand, ähnlich wie besagter Lehrer die Knabenhandschrift des Verfassers dieser ›Abhandlung‹ anerkennend hervorhob, worin er gern gesteht, er glaube, daß Unglückliche gewissermaßen zum Glück ausersehen sein könnten und daß allem, was zeitweise geschmäht wird, irgendwann und -wie eine eigenartige Genugtuung zuteil wird. Ich sprach gewiß von obigen Ländern und den höchsten Vertretern derselben sozusagen bloß so zum Vergnügen wie [von] etwas Dekorativem, damit meine Arbeit nach ›irgend etwas‹ aussähe, so als hätte ich irgendwelchen Schmuck ernstlich und heiter lächelnd in Erwägung zu ziehen für gegeben erachtet. Manchem Literaturkundigen beliebt vielleicht, den großen Polen, von dem ich sprach, einen sogenannten Kitschier zu nennen, meiner Ansicht nach kann man aber bei Klassifizierungen nicht vorsichtig genug sein, wie ich im Allgemeinen für wichtig halten würde, vieles lieber nicht stark zu betonen. Ich darf wohl glauben, daß, wenn ein Schriftsteller wie der, von dem die Rede ist, den Lesern von der ersten Zeile an ein ganz merkwürdiges Vertrauen einzuflößen imstande ist, er zweifellos zu den ausgezeichneten gezählt werden darf. Eine schöne Frau kehrte eines Abends mit einem denkbar vergnügten Lächeln auf den Lippen nach Hause zurück, und auf dem Umstand, daß dies Lächeln dem Herrn des Hauses überaus unangebracht vorkam [und] einen Riß in seiner Seele verursachte, baut sich ein zweibändiger Roman auf, den ich soeben zu lesen angefangen habe und wovon ich mir viel verspreche. »Sie beging mir gegenüber einen Fehler, worüber sie nun vergnügt lächelt«, spricht er zu sich und stößt beinah einen theatralischen Schrei aus, versucht sich jedoch zu beherrschen. Doch der Konflikt ist geboren, kann nicht mehr ungeschehen gemacht werden, er wächst, wächst und erstreckt [sich] auf nahezu tausend Druckseiten, von denen ich Kenntnis zu nehmen haben werde. Mit einer Kleinigkeit, wie dieses Lächeln eine ist, beginnt eine großformatige Angelegenheit, eine Geschichte, die in die Kreise der Wissenden, man kann sagen, der ganzen Welt drang. Das spannendste gesellschaftliche Ereignis dieser Saison bildete die Wahl des Nationalratspräsidenten, die charakteristisch, d.h. zeitgemäß ausfiel.

(229/1)

Entwurf zu Mondscheingeschichte

O, wie ist Nachgiebigkeit schwer, aber schön. Des Lebens ganzes Gewicht, ganze Größe und Bedeutung offenbart sich in dieser inneren Geste, in diesem an sich so kleinen bescheidenen stillen Vorgang, der sich innerhalb der Grenzen deines Gemütes abspielt, das vielleicht ein freiheitliches ist, wie es Jakob besaß, der sich eines Tages nicht anstrengen zu wollen schien, seiner Gebieterin eine neue Geschichte zu erzählen. Jakob, ein Christensohn, war auf einer Wanderung, die es ihm beliebt hatte, in's Morgenland zu unternehmen, in die unzweifelhafteste Gefangenschaft geraten, deren Unweigerlichkeiten er mit, man kann sagen, einer Geduld ertrug, die ihm von zu Hause aus anhing, über die er daher auch spielend verfügte. »Wenn du mir nichts erzählen willst, sage ich es denjenigen, die die Macht haben, dich für die Weigerung eines Gehorsams, den du schuldig zu sein scheinst, zu bestrafen«, sprach die Hörlustige zu vielleicht einem der denkfertigsten Erzähler, die je existierten. Jakob hatte im Sinn zu erwidern: »Meinetwegen, tu' was du willst«, doch besann er sich noch, ehe er sich so trotzig und widerspenstig äußerte. Es kommt mir[1] vor, als habe er sich seiner Pflichten zu erinnern gewußt, denn es ist Tatsache, daß er, von einer Idee bewogen, die ihm aus der Geisteshöhe herab lichtähnlich zu Hülfe sprang, den Mund öffnete und folgendes mit nicht uneinschmeichelnder, ein bißchen bewegter, weil aus der Selbstüberwindung stammender, von überwundenem Gefälligkeitsmangel

---

[1] »uns«

noch umzitterter Stimme vorbrachte: »Einst gab es eine sehr gebildete, feine, geistvolle, mit allen erdenklichen kulturellen Lebhaftigkeiten ausgestattete, mit der wünschenswertesten Hübschigkeit geschmückte, junge und doch wieder zugleich nicht mehr so ganz und gar junge, sondern sich auf den Hügelzügen des Lebens aufhaltende Frau, von wo aus es leise abwärts gehen würde.« »Wenn du zu viel Umstände in der Berichterstattung machst, machst du mich unzufrieden, was Folgen haben kann«, unterbrach sie ihn, die als die schönste Erscheinung des Bezirks oder Kantons galt. »Verzeih, wenn ich dich darauf aufmerksam mache«, verteidigte sich der Rezitator nicht ungeschickt, »daß es Mode geworden ist, langatmig zu erzählen. Die Frau, die ich begonnen habe, dir erklärlich zu machen, besaß einen Mann, mit dem sie gleichzeit[ig] in höchstem Maß zufrieden und unzufrieden zu sein das Recht zu haben glaubte und der sie eines Abends beim Lampenlicht bat, ihm doch mitzuteilen, was sie gegen ihn einzuwenden habe. Warum sie mit ihm nicht einverstanden sein konnte, wußte er zwar ganz genau, dennoch fand er es für angezei[g]t, sich zu benehmen, als wisse er um die Unstimmigkeiten seiner Frau nicht das geringste. ›Weißt du was?‹ sagte sie ausweichend, ›sei doch bitte einverstanden, daß ich verreise.‹ Daß ihn dieser scheinbar harmlose, belanglose Vorschlag // moralisch niederschmettern mußte, begreifst du sicher sogleich, du auserlesene Buhle von Halb- oder Ganzpantofflerin. O, er hatte sich ja ohne weitere Überlegung zu gestehen, sie wünsche zu reisen, weil sie sich in seiner Umgebung mopse, mit andern Worten, nicht sehr reich unterhalten sehe. Kummervoll und gedankenbang stützte er seinen Familienvaterkopf in die Hand, obwohl man ihn rechthalb[er] nicht als eine Art von Oberhaupt bezeichnen kann, weil keine Kinder vorhanden waren. Wo dies nicht der Fall ist, existieren Lücken, die mit irgend etwas Passendem, Ausfüllendem gestopft werden müssen, ähnlich wie Löcherchen in Strümpfen vernäht werden müssen. So verließ denn also dies Frauchen ihr zweifellos reizvolles, mit allem Neuzeitkomfort ausgestattetes Heim, um womöglich in fremden Ländern irgend etwas Abwechslungverschaffendes zu erleben. Nunmehr, und so wohnte sie vorübergehenderweise in einem jener Paläste, die man dadurch charakterisiert, daß man sie Grand Hotels nennt. Das Haus, das gegen drei- bis vierhundert Betten oder Zimmer enthielt, sah sich von den Meereswellen beschäkert und beplätschert, und die Frau beschäftigte sich nun hauptsächlich mit Insichaufnehmen der Monotonie des einem unaufhörlichen Geplauder ähnlichen, poesieauslösenden Geräusches, bei dessen Rhythmen sie ein bißchen an denjenigen dachte, dem sie Ursache gegeben hatte, in der Vereinzeltheit mit sich zu Rate zu gehen und über seinen bisherigen Lebenswandel, beziehungsweise [sein] Eheleben die minutiösesten Betrachtungen anzustellen, in denen sich sozusagen sein Porträt wie dasjenige seiner abwesenden Frau auf's Treulichste abspiegelte. Eines Nachts beim Mondschein, doch wenn du mir erlaubst, rede ich jetzt rasch vorher noch von etwas ganz anderem, nämlich mit deiner Einwilligung, für die ich dir selbstverständlich dankbar bin, da du mir dann nicht zu zürnen brauchst, was mir lieb ist, von einer Villa, die von einem auf eine Lebensmüdigkeitsstufe gelangten Daseinsbeherrscher samt seiner eine derartige Position glücklicherweise noch keineswegs erreicht habenden Frau besiedelt und bewohnt wurde. Diese beiden Menschen besaßen in einem Bibliothekar, dem es an einer Fülle von Haar auf seinem in jeder Hinsicht belesenen Kopf nicht gebrach, einen Gehülfen, der in bestem Einvernehmen zu den Kindern des Ehepaars zu stehen nach kurzer Zeit schon herbeizuführen gewußt zu haben schien. Noch befaßte er sich keine vier Wochen lang mit Ordnen und Sichten von hunderterlei Schriften, die sämtlich gedruckt und eingebunden vorlagen, als er sich zum Liebling der Kleinen emporgeschwungen hatte, eine Leistung, deren Ausdehnungen ihnen nicht entging, die sich zum Entschluß aufgerafft hatten, ihm ein Asyl darzubieten, wessen er sehr bedurfte, da ihm eine geradezu komisch berührende Verwahrlostheit dringend einen gewissen Grad an Sorglichkeit empfahl. Schon freue ich mich, dir den Bericht vom Abenteuer abzulegen, in das die erstgenannte Frau wie blind hineintappte. Aus der Freudigkeit deines Gesichte[s] vermag ich mit ziemlicher Gewißheit zu entnehmen, daß ich da verhältnismäßig gar nicht schlecht spreche, und so trete ich denn mit der Beteuerung hervor, daß in der zweitgenannten Frau etwas wie Neid und Eifersucht in Bezug auf das Verhältnis keimte, das der Bibliothekar, der während der Zwischenzeit Geschirr zu putzen oder Treppenstufen zu scheuern hatte, zu ihren Kindern nährte. Ihr gegenüber betrug er sich stets wie ein richtiggehender junger Gelehrter, will sagen, überaus taktvoll und würdevoll. Gab er sich aber mit den Kindern ab, so sprühte er [vor] Beiseitegeworfenhaben aller Vorbehaltlichkeiten. Im Umgang mit den Kindern wurde er zum Kind, schien ihm an seinem Wert nichts mehr gelegen, war er die schönste und artigste und munterste Unmittelbarkeit selber. ›Ich wünschte, Sie amüsierten sich mit meinen Kindern nicht zu sehr.‹ So oder ähnlich trat sie ihm einmal entgegen, und sogleich bedauerte sie, was sie ihm gesagt hatte, unsäglich, und hiemit habe ich dir eigentlich schon erzählt, daß er ihr liebenswürdig vorkam. Daß er von den Kindern mit sich machen ließ, was ihnen einfiel, mißfiel und gefiel ihr zugleich, und während dieser Bibliothekarroman seinem Kulminationspunkt entgegenlief, bestand der Herr Gemahl, über die Epoche, in der er und seine Zeitgenossen lebten, tiefe Erwägungen anstellend, auf der anscheinend nicht sehr erquicklichen Meinung, daß ihm dieses Zeitalter als eine Aussichtslosigkeit vorkomme, an deren Tragweite er nie und nimmer hoffen durfte zu zweifeln. Immer wenn die Frau des Hauses ihren Herrn Bibliothekar näher in Augenschein nahm, lachte etwas in ihm, und über diese Fröhlichkeit, die sich seiner bemächtigte, fand sie für passend, empört zu sein, und er, der sich in der Kennzeichnung seiner Zeit erging, als wäre diese Arbeit die schönste Flucht von Lustgemächern gewesen oder der erbaulichste Spaziergang auf's Land hinaus oder eine Gondelfahrt auf sich fein kräuselndem Wasser, eine Kahnpartie auf einem seidenweichen See, hatte von den lustigen Entrüstetheiten seiner Frau keine Ahnung, was man ihm als eine Unterlassungssünde ersten Ranges zum Vorwurf von bleibender Bedeutung hätte machen können. ›O, wie lieb, wie lieb Sie sind‹, flüsterte in dieser Sekunde am Meergestade bei bezauberndem Mondschein ein junger Held und Liebhaber, der hochbegabt zu sein schien, der erstgenannten Frau mit allen erdenklichen Herzensinnigkeiten zu. ›Schonen Sie sich, es greift Sie ja an‹, wehrte sie seinen zarten Ansturm besorgt und zugleich beglückt ab. ›Wie Sie mir als das rührendste, mißverstandenste Wesen der Welt erscheinen, und wie ich mich über mich wundere, Ihnen nicht schon läng[s]t in einem der zahlreichen Gänge des Hotels zu Füßen gefallen zu sein, in Worten und mit Gebärden auszuströmen, zu jubeln, wie durch Sie mein Leben eine ganz neue schöne Wendung nahm, wie ich nichts bin und Sie ein und alles, und wie Sie gut und schön sind und ich durch Ihre Güte und Schönheit das gleiche bin wie Sie: ein und alles.‹ ›Ihre Fassungslosigkeit schmerzt mich‹, rief sie lautlos aus. Ich sage das so, weil ihre Stimme beim Versuch zu reden ersterben zu wollen schien. Beinah einer Ohnmacht nahe, fügte sie bei: ›Ich bin verheiratet und bin mit meinem Gemahl gleichzeitig sehr zufrieden und im höchsten Grad uneinverstanden.‹ Er fand ihr Geständnis entzückend. Beide standen sie vollständig isoliert in der Allee, die sich längs des Ufers hinzog. Doch nun wieder zur Zweitgenannten, die mir gewiß auch noch etwas zu schaffen machen wird, mitsamt ihrem Bibliothekar, der vor lauter Blättern in allerlei Zeitschriften bezüglich der Gegenwart Bescheid wußte wie kaum ein zweiter und mit dessen Art, Unterricht zu bieten, die Kinder vielleicht etwas zu eifrig und zu genau übereinstimmten, was man ihnen jedoch meiner Ansicht nach nicht verargen darf. Wenn ich nur schon wüßte, was sie zu ihm sagte, als sie im Türrahmen lehnte. ›Es ist abscheulich von dir‹, sprach sie dieses? Ich bin in der größten Verlegenheit in Bezug auf das, was ich sie zu ihm sagen lassen soll. Möglich ist, daß von unten herauf der Klang einer Gießkanne, die jemand umwarf, herauftönte und daß sich aus einiger Entfernung ein Pferdegewieher vernehmen ließ, aber um Gotteswillen, um welche Tagesstunde war es denn noch, als beider Gestalten Atem sich zum ersten Mal aus unmittelbarer Nähe seltsam vertraulich berührte? Dem Erzieher ziehen gerade rasch noch Sätze aus einem Lehrbuch durch den Kopf, aus dem er seinen Zöglingen kurz vorher vorgelesen hatte, und jetzt, er traute seinen sieben Sinnen nicht, hielt er umfaßt, was er bis dahin vorsichtig zu meiden, d. h. zu respektieren sich gleich von Beginn seiner Bibliothekarlaufbahn zur Gewohnheit gemacht hatte.« »Du phantasierst ja das alles bloß, und dazu wagst du nicht einmal, keck drauflos zu phantasieren, sondern nötigst dich zur Bekundung eines dir meilenweit fernliegenden Anstandes. Hör lieber auf!« »Mit dem Dargebotenen gehe ich immerhin nicht uneinig«, fiel der Erzähler nun derjenigen, die ihn zum Geschichtenerzählen aufgefordert hatte, in die Rede. Jakob schien froh zu sein, die Permission zum Ausruhen erhalten zu haben, da ihm vor lauter Kopfzerbrechen beinahe der Verstand wie ein Vögelchen vom Baum fortgeflogen war. Sie blickte ihn erst noch eine Weile, mit keinem Muskel ihres Gesichtes irgendeine Empfindung andeutend, unbeweglich an, dann entließ sie ihn, nicht ohne daß er das Bewußtsein mit davontrug, er müsse gewärtig sein, daß sie von ihm noch allerlei verlange. »Bereite dich vor!« schien ihn ihr Verhalten zu ermahnen.

(289/III + 290/I)

Entwurf zu Der treue Blick

Grausamste aller Zärtlichkeiten, die je einem Poeten auszusprechen in den Sinn gekommen sind, führst du mich mit Führersicherheit in ein nach Nelken und Veilchen duftendes Tingeltangel? Die Wahrheit zu gestehen, war dies Lokal, dessen Tür ich öffne und worin ich mit der vielleicht nur mir gegebenen Addition von Behaglichkeitssummen Platz nehme, stets von einem unverkennbaren Reichtum an Wohlgeruch erfüllt. Jedenfalls war ich einer von denjenigen, die die Parfümiertheit, womit dort nicht geknausert wurde, zu schätzen wußten. Der Direktor des Unternehmens pflegte mir regelmäßig, sobald er mich erblickte, mit einer gewissen Kameradschaftlichkeit die Hand zu schütteln. Seine Art, mich gewissermaßen ungezwungen und mit einem Beigeschmack von Fröhlichkeit, der womöglich ein wenig Ironie anhaftete, zu respektieren, gefiel mir sehr. Mit der Zeit fing er freilich an, in mir einen kunstgenießenden Egoisten zu vermuten, eine Beobachtung, die ihn etwas kühler mir gegenüber auftreten ließ, indem sie seine Sympathie ein wenig abschwächte, was mir im Grund natürlich durchaus egal sein konnte. In diesem Lokal trat zeitweise ein singender Knabe auf, der die Anwesenden zum Teil entzückte. Was mich betrifft, so lege ich das offenherzige Bekenntnis ab, ohne deswegen schon ein geständnisablegender Jean-Jacques Rousseau sein zu müssen, daß mich im Tingeltangel die Laune ankam, mich bald wie eine Ungeschliffenheit vom Land, bald jedoch wie eine Herabgestiegenheit aus höheren Sphären aufzuführen. Beispielsweise behandelte ich den kunstbegabten Knaben streng sowohl wie mild, aufmerksam sowohl wie nachlässig, achtungsvoll sowohl wie verächtlich. Im übrigen kam mir dort einmal eine Diseuse zaubervoll vor. Und um jene großangelegte Landschaft von Sängerin promenierte ich nach Lust und Belieben herum, d.h. ich koste und kostete ihre mir zum Mit-den-Augen-an-ihr-Herumflanieren ungemein bequem scheinenden Erscheinung in jeder erdenklichen Art und Weise, Worte, die ich einen Doktor der Literatur nicht lesen lassen möchte, da ich zu befürchten haben würde, er könnte daran sterben. In Bezug auf den Knaben, den ich bereits mit einer Erwähnung gebührend hervorhob, wünsche ich ihn dadurch noch mehr in's Licht der Auffälligkeit zu stellen, daß ich ihn die Unalltäglichkeit selbst nenne, indem er sich gesanglich wie eine schöne, durch eine Allee von schmerzlichen Erfahrungen gegangene Frau gebärdete. Es entspricht nun unverhohlener Wirklichkeit, daß er die Gabe des Sehens vermißte, alldieweil er blind war. Woher dieser beklagenswerte Mangel oder diese bedauerliche Entbehrlichkeit stamme, erzählte er mir eines Tages auf mein Ersuchen, mich mit seiner bisherigen Laufbahn vertraut zu machen. Er sei im Verlaufe seines Erdenwandels zu einer Schönen, d.h. zu einem Mädchen mit blauschwarzen Augen, die gelb und rot loderten, in ein gewisses Abhängigkeitsverhältnis geraten. Gewohnt habe er derzeit in einer märchenhaft schönen, wenn auch etwas engen, aber ganz in Glanz zerfließenden Gasse, die lerchengleich gejubelt habe, so sei es ihm wenigstens vorgekommen. Er habe mit noch kindlich-unentwickeltem

Singen einst viel Geld verdient, das er alleweil seiner ebenso rührend-zarten wie unerbittlichen Herrin übergeben, in's Händchen [zu] drücken gesprungen sei, da er sie unaussprechlich geliebt habe. Ein Teller Suppe nebst einem Stück Brot sei seine Tagesverzehrung gewesen. »Sorge dafür, daß du mich immer treuherzig anschaust. Was ich von dir fordere, ist außerdem ein jedesmaliges äußerst liebliches Lächeln, so als // verwandle dich mein Anblick in lauter Süßigkeit und das Vormirstehendürfen mache di[ch] selig. Wehe dir, sage ich dir, wenn du nicht immer wieder den Glauben in mir weckst, ich sei dein Ein und Alles, deine Göttin.« Eine solche Sprechweise wurde mit dem jugendlich auflauschenden Künstler geführt, und als er sie einmal vielleicht infolge flüchtiger Ermüdetheit auch nur dem Anschein nach etwas kalt anschaute, weswegen ihr Gesamtwesen vor Abneigung gegen ihn bebte, kam auf ihren Wink ein ihr, wie es schien, zu beliebiger jederzeitiger Verfügung stehender riesengroßer Afrikaner aus irgendwelchem umflorten halbdunklen Hintergrund hervorgetaucht, der ohne weiteres zu wissen vorgab, wozu ihn seine Obliegenheit verpflichtete. Kurzerhand, d.h. ohne mindeste Mitgefühlsbekundung, sorgte er für sofortige Entfernung der Zierden, womit die Natur die Äußerlichkeit des Knaben auszustatten für gut gehalten haben mochte, und mit der heftigen Bemerkung: »So, nun schaust du mich nicht mehr an, wie ich's nicht wünsche«, kehrte die racheerzürnteste Gebieterin, die es je innerhalb des Rahmens von annähernd geziemender Gesittetheit gab, dem für seine Unartigkeit vollauf, d. h. ein für allemal zurechtgewiesenen Affen den im höchsten Maß sozialen, an Schlankheit und Biegsamkeit nichts zu wünschen übrig lassenden Rücken. »Singst du vielleicht darum nun so nachtigallenhaft schön, mein Lieber?« bekomplimentierte ich ihn auf seine kurze Geschichte hin, wofür ich die erforderliche Achtsamkeit mühelos aufgebracht hatte, und indem ich ihn, ich möchte der Meinung sein, grandseigneurisch entließ, schenkte ich ihm mit einer Geste, deren gewinnende Art er nur [zu] ahnen, zu empfinden, nicht aber zu sehen vermochte, diesmal nicht bloß, wie es sonst üblich bei mir war, ein Zwanzigcentimes-, sondern ein Zweifrankenstück, wofür er mir mit einer, ich möchte sagen, fast vornehm abgewogenen, jedenfalls in jeder Hinsicht ausgeglichenen, in ihrer Unausgesprochenheit sehr feinen Verbeugung angenehm dankte. Der treue Blick war's also, der unsichtbar da(nn) in seiner verinnerlichten Kunst weiterwirkte, daraus hervorleuchtete.

(222/II + 221/I)

Entwurf zu Sätze

Politisch scheine ich dann zu sein, wenn ich mir angewöhnt habe, statt irgend etwas zu wissen, bloß für möglich zu halten, ich wisse etwas.

Weil es schön ist, sich zu sagen, man könne eventuell noch wachsen, finde ich den Glauben, ich sei klein, angenehm.

Emporschauen kann das bessere Geschäft sein als Herabblicken, vielleicht weil bei ersterem mehr Leben ist als bei letzterem.

Nach Ablauf des dreißigjährigen Krieges wurden zum Wiederaufbau der Gesellschaft mehrere bedeutende sittliche Freiheiten verordnet.

Angesichts einer für mich ungünstigen Situation trage ich den Kopf hoch, indes mich die günstige sogleich einschüchtert.

Meine Mutlosigkeit stimmt mich mutig, mein Mut macht mich nach kurzer Zeit mutlos oder doch wenigstens unmutig.

Ich kenne nichts Belebenderes als Respekt vor dem Gesicht eines Mädchens zu haben, das dadurch schön wird.

Alles Vergnügen beruht auf dem Ausfindigmachen von etwas in einem fort Verlorengegangenem. Was kann das anderes sein als innere Beseeltheit.

Wenn ich hier Aphorismen schreibe, so scheint es wahr zu sein, daß mich etwas Schwieriges beschäftigt.

Addieren läßt [sich] alles, ähnlich, wie man zu allem ja sagen kann. Von einer Mehrheit von Worten kann ich nicht subtrahieren, nachdem ich sie zusammengezogen habe. Dasselbe gilt beim Multiplizieren, womit ich ihrethalb hab[e] zum Ausdruck bringen wollen, daß ihr Wesen für mich poetisch ist.

Musik macht auf mich einen mathematischen Eindruck, mithin einen poetischen.

Rechnen scheint mir so alt zu sein wie der Mensch selbst.

Wenn ich gern den Sternenhimmel betrachte, so beweist das noch nicht, daß ich meinte, ich sei ein Astronom.

Für einen Intellektuellen bedeutet es eine Freude von sehr feiner Art, an nichts zu denken.

Schreiben, Schriftstellern scheint mir vom Zeichnen abzustammen.

Der spannen[d]ste Roman, den es meiner Ansicht nach gibt, ist die Weltgeschichte.

Wie merkwürdig das ist, daß es einst Völker wie Franken, Gallier usw. gab und daß es noch gar nicht lange her ist, seit sie existierten.

Ich bin überzeugt, daß alle viel zu wenig langsam sind.

Ich sage, was ich jetzt vorbringe, nur mit einiger Überwindung, nämlich daß ich Frauen, die in ein Verbrechen verwickelt worden sind, für Damen halte, indem sie durch ein starkes Erlebnis bedeutend wurden.

Eine Frau steigt nach meinem Begriff in den Damenrang dadurch hinauf, daß sie mindestens einmal in ihrem Leben einen Mann vor sich zittern ließ.

Autorität scheint sich auf die schöne Übung zu stützen, den Einfluß nur nuanciert merken zu lassen.

Die, an die ich denke, scheinen mir immer jeweilen überlegen zu sein, indem es mir vorkommt, daß derjenige, den ich vergesse, meine Überlegenheit spüre.

Gebilde[te] behandeln vielleicht Blumen deshalb so achtungsvoll, weil sie in ihrer Wehrlosigkeit rührend schön sind.

Was man Bildung nennt, ähnelt den Blumen, die von denen, die ersterer gehorchen, mit einer Sorgfalt behande[l]t werden, auf die man sie nicht aufmerksam zu machen braucht. Warum aber sind nicht alle Empfindsamen artig zueinander? Jeder Schonungsbedürftige schone seinerseits, möchte man glauben.
(93/III)

Nachwort

Im Januar 1907, kurz vor Erscheinen des ersten Romans »Geschwister Tanner«, teilte Walser seinem Lektor und Berater Christian Morgenstern mit, Maximilian Hardens »Zukunft« werde demnächst seine Erzählung »Die Schlacht bei Sempach« publizieren. Dem stolzen Hinweis war die verlegene Beteuerung beigefügt: »Wenn ich aber Zeitschriftenlieferant werden sollte, lieber ginge ich ›unter die Soldaten‹.« Inzwischen ist es üblich geworden, diese Bemerkung zu den vielen Omina zu rechnen, die manches Unheil seines Lebens und Schaffens früh ankündigten. Zwanzig Jahre später, da Walser die Kalenderblätter-Texte entwarf, hatte sich das Verhängnis längst erfüllt; doch war es ein solches? Vom publizistischen Schicksal her gesehen, gewiß! Walsers bitterer, demütigender Weg von Verlag zu Verlag, der ihm in den ersten Berner Jahren nur mehr eine Kette von Absagen eintrug, bestimmte wesentlich Substanz und Konturen seines Werks. Noch heute wird ihm die fatale Gleichgültigkeit der Verleger selbst von seinen Bewunderern, die es besser wissen müßten, als Ungenügen ausgelegt. Nach wie vor zirkuliert die Legende, Walser habe zwischen 1906 und 1908 drei Romane geschrieben und nachher ausschließlich – aus welchen Gründen immer – die »Kleine Form« gepflegt. Man feiert den »Shakespeare des Prosastücklis« (Max Rychner) und ignoriert ahnungslos den Verfasser einer stattlichen Reihe längerer Prosa, die verschollen oder lediglich im mikrographischen Entwurf erhalten ist. Man unterschlägt leichthin ein im Sommer/Herbst 1906 entstandenes Roman-Manuskript (das z.B. Morgenstern integral vorlag), die Romane »Tobold« von 1919 und »Theodor« von 1921, den vollendeten Entwurf des »Räuber«-Romans von 1925 und die abgeschlossene, zu Unrecht als Fragment bezeichnete Reinschrift des »Tagebuchs« (SW 18, 59; GW X, 61) von 1926. Auch der vielgerühmte »Spaziergang« (1917) fällt für den summarischen Rückblick oft außer Betracht.
Angesichts der permanenten Enttäuschungen durch die Verlage

nötigt die Vielzahl der beharrlich in Angriff genommenen und zu Ende geführten Versuche in der »längeren Form« Respekt ab und relativiert jenes Fazit, das Walsers Berner Produktion à tout prix epische Kurzatmigkeit, mithin eine Verminderung der kreativen Fähigkeiten unterstellt. Dabei soll vom Übergewicht der Kurzprosa keineswegs abgesehen oder bestritten werden, daß sich Walser mit der Idee eines Romans schwer tat. In den Briefen und Prosastücken der zwanziger Jahre häufen sich seine Klagen, enttäuschte Leser würden ihm die Qualität der früheren Romane vorhalten oder einen neuen abverlangen. Diese Erfahrung spiegelt sich noch in der späten Reaktion eines Rudolf Hartung, der über die »sublimen Stellen« der »Geschwister Tanner« ins Schwärmen gerät, »in denen die Sprache gleichsam mit Flügeln aufrauscht«, aber anläßlich der Berner Prosa von einer »deprimierenden Lektüre« und der Überzeugung spricht, »daß das Manierierte, Abrupte in seinen Arbeiten etwa ab 1924 Ausdruck einer geistigen Erkrankung (Schizophrenie?) ist«. Solch geschmäcklerische Komparatistik hat bis heute ein gerechtes Verständnis der Berner Texte hintertrieben, indem sie deren eigenwillige Züge immerzu als defizitäre Entartung am Frühwerk mißt und so das aufregende Novum des Experiments verfehlt. Tatsächlich darf, was sich vom Frühjahr 1924 bis in die erste Internierungszeit (Waldau) hinein zutrug, nicht nur für Walsers Schaffen, sondern auch für die deutsche Literatur dieses Jahrhunderts, als beispielloses Ereignis gelten. Neben dem »Räuber«-Roman, den »Felix«-Szenen und dem »Tagebuch« entstanden gegen 1500 Texte – Prosastücke, Gedichte, dramatische Szenen –, die zumeist, sei es in der mikrographischen Werkstatt, sei es in den zentrifugal verstreuten Zürcher, Frankfurter, Berliner und vor allem Prager Blättern ein ungreifbar-schattenhaftes Dasein fristeten. Ihre graziöse Hinfälligkeit hat Walser in einem Brief an Frieda Mermet (12. 2. 1927) unnachahmlich bezeichnet: »Meine kleinen Prosastückchen beliebt mir mit kleinen Tänzerinnen zu vergleichen, die so lange tanzen, bis sie vollständig verbraucht sind und vor Müdigkeit hinsinken.«
Daß Walsers »Poetenleben« und seine Lebenspoesie ineinander-

greifen und sich wechselseitig anregen, ist schon oft bemerkt worden. Auch die vorliegenden Bleistiftentwürfe aus den Jahren 1926/27 sind von den vielfältigsten Alltagsbefindlichkeiten und -zusammenhängen imprägniert: den wechselnden Domizilen, öffentlichen Lokalitäten, Spaziergängen, Wanderungen, Begegnungen, kulturellen Anlässen und Lektüre, aber auch Träumen, unwillkürlichen Einfällen, Assoziationen und metapoetischen Erörterungen. Walsers Bereitschaft, Realien in seine Dichtungen aufzunehmen, ist freilich ebenso manifest wie jene, solche Versatzstücke zu kaschieren, umzubilden oder als Ausgangspunkt für frei ersonnene Fiktionen zu benutzen. (Über diese Bezüge, soweit wir sie ermitteln konnten, geben die Anmerkungen umfassend Auskunft.) Hier interessiert für einmal weniger die Art, wie Walser seine unmittelbare Umgebung literarisch ausbeutete, als vielmehr, wie er auf seine »condition littéraire«, den zunehmend gefährdeten Status seiner schriftstellerischen Arbeit reagierte.

Gegen Ende der Bieler Zeit dachte Walser offenbar ernstlich daran, die dichterische Tätigkeit aufzugeben, obwohl er jüngst einen Roman, »Tobold«, abgeschlossen hatte und zwei Bücher, »Komödie« bei Bruno Cassirer und »Seeland« bei Rascher, im Erscheinen begriffen waren. In einem Brief an den Rascher Verlag (8.5.1919) machte er aus seiner materiellen Not keinen Hehl: »Wenn ich dieses Jahr noch die Dichterexistenz aufrechthalten kann, will ich froh sein, niemandem zürnen und hernach vom Schauplatz abtreten, d.h. in eine Stellung gehen und in der Masse verschwinden. Ich habe in den sechs Jahren meines hiesigen Aufenthaltes das Menschenmögliche an Sparsamkeit getan. Ich wünsche einem jeden, der mir das nachmachen will, viel Erfolg.« Die notgedrungen gesuchte »Stellung« fand sich in Bern, wohin Walser anderthalb Jahre später, im Januar 1921, übersiedelte. Dort arbeitete er drei Monate lang als zweiter Bibliothekar am Berner Staatsarchiv, überwarf sich aber dann mit seinem Vorgesetzten und ließ sich erneut auf das freiberufliche Wagnis ein. Allerdings unter veränderten Bedingungen. Inzwischen waren ihm nämlich aus der Hinterlassenschaft des freiwillig aus dem Leben geschiedenen Bruders Hermann 5000 Franken zugefallen, zu denen sich wenig später aus dem Vermögen des 1922 gestorbenen Basler Onkels Friedrich Walser-Hindermann die Erbschaft von 10000 Franken gesellte. Merkwürdigerweise werden diese durchaus ansehnlichen Beträge meistens von der Forschung ignoriert, wenn es darum geht, Walsers damalige finanzielle Situation zu beurteilen, obwohl Walser selber im »Tagebuch« einen Zusammenhang statuiert zwischen der Preisgabe des Kanzlisten-Postens und der unerwartet eingetroffenen materiellen Sicherheit (SW 18, 65/66; GW X, 68). Bei der anspruchslosen Lebensweise des Dichters sollte das Geld bis 1936 ausreichen, um die Anstaltskosten in der Waldau und Herisau zu decken.

Auch wenn sich Walsers Leben äußerlich kaum verändert haben dürfte (abgesehen vielleicht von häufigeren Besuchen von Kino, Theater und Oper sowie einem vermehrten Alkoholkonsum), kann man sich die Wende nicht radikal genug vorstellen. Am Ende seines siebenjährigen Biel-Aufenthaltes konnte er auf die beachtliche Serie von neun Buchpublikationen zurückblicken, war aber nahe daran, seinen schriftstellerischen Konkurs anzumelden, und nun sah er sich in Bern zum ersten Mal zeit seines literarischen Schaffens der Sorge enthoben, für seinen Unterhalt aufkommen zu müssen, sah sich aber zugleich einer verschwörerisch anmutenden Indifferenz der Verlage gegenüber. Die unverhoffte Gunst der materiellen Verhältnisse zeitigte schon bald ihre Folgen. Vorerst mag sie die Unternehmungslust zu einem neuen Roman, »Theodor«, befördert haben, den Walser im November 1921 ins reine schrieb und unverzüglich auf eine leider aussichtslose Publikationsodyssee schickte. Doch dann bewirkte sie eine mehr als zwei Jahre dauernde Schreibpause und bestätigte somit frühere Erfahrungen Walsers, etwa in Bellelay, daß äußere Begünstigungen seinen schöpferischen Impetus eher lähmten.

Im Frühjahr 1924 (laut einer Mitteilung an Frieda Mermet vom 22. 7. 1924) setzte eine neue Schaffensperiode ein, die an Umfang und Kontinuität alle bisherigen weit übertraf. Es fällt leicht, einige auslösende oder stimulierende Umstände anzugeben: zu allererst wohl den neugeknüpften Kontakt zum Rowohlt Verlag und dessen von Franz Hessel herausgegebener Hauszeitschrift »Vers und Prosa«. Hier erschienen im Verlauf des Jahres zehn Walser-Texte, die, mit unpublizierten vereinigt, im Februar 1925 in jenem letzten, von Walser selbst zusammengestellten Band »Die Rose« herauskommen sollten. Freilich blieb das Echo gering, und Rowohlts Versprechen eines Lyrikbandes unter dem Titel »Neue Gedichte« wurde aus unbekannten Gründen nicht eingelöst. Für die Hoffnungen, die Walser in den Verlag setzte, spricht jedenfalls die Tatsache, daß er die von Rowohlt getragene Zeitschrift »Die literarische Welt« kontinuierlich mit Beiträgen belieferte, obwohl ihm deren Honorierung lange vorenthalten wurde (siehe Brief an Th. Breitbach, 14.5.1926). Bereits im Herbst 1923 hatte sich eine geschäftliche Verbindung mit Max Rychner und der Zeitschrift »Wissen und Leben« ergeben. 1925 wurden ältere Kontakte, mit Efraim Frischs »Neuem Merkur«, dem »Simplicissimus« oder dem »Tagebuch«, wiederbelebt oder neue aufgenommen mit so gewichtigen Presseorganen wie der »Frankfurter Zeitung« und dem »Berliner Tageblatt«. Als seine treusten Abnehmer erwiesen sich indessen die Feuilleton-Redakteure Otto Pick von der »Prager Presse« und Max Brod vom »Prager Tagblatt«, die ab dem Frühjahr 1925 bis in die dreißiger Jahre hinein Hunderte von Texten – oft gegen den Widerstand der redaktionellen Kollegen und der Leserschaft – in ihren Blättern abdruckten. Der erstaunlichen Gewogenheit der Prager Feuilletonisten, die sich allerdings nur in geringer Bezahlung ausdrückte, stand die abweisende Haltung der Verleger gegenüber, auf die Walser nunmehr seinerseits gleichgültig, mitunter auch aggressiv reagierte. Zwischen 1925 und 1933 scheint er, ungeachtet des gewaltigen Aufschwungs seiner literarischen Produktion, nur gerade zwei Buchprojekte eingereicht zu haben: 1925 einen »Aquarelle« betitelten Sammelband bei Orell Füssli und 1927 – auf Veranlassung von Max Brod – einen Gedichtband beim Wiener Verlag Zsolnay. Letzteres Projekt betrieb er nur noch halbherzig und überließ die Verhandlung Brod, dem er folgende kontraproduktive Taktik empfahl: »Wenn Sie dem Fötzelcheib schreiben, so tun Sie's bitte sehr kurz, ernst, großzügig, lieber prahlerisch als irgendwie bittend. Die Schriftsteller, die eine Lumpenbande in der Verleger Augen sind, sollten mit letzteren wie mit räudigen Schweinen umgehen.« (Brief an Max Brod, 4.10.1927) Zsolnays negativer Bescheid, der denn auch zuverlässig eintraf, wurde von Walser sozusagen vorweggenommen. Bedeutend härter empfand er die Ablehnung der »Aquarelle« durch Orell Füssli, zu einem Zeitpunkt, da unlängst »Die Rose« erschienen war, die seinen Status als Buchautor erneut zu begründen schien. Wie heftig sich Walser der Tendenz widersetzte, die ihn unaufhaltsam dem Büchermarkt entfremdete und der feuilletonistischen Ecke zutrieb, mag man daraus ersehen, daß er zunächst hartnäckig an der Unteilbarkeit seiner dichterischen Identität festhielt, daß er gewissermaßen privatim die Scheidung in einen willkommenen Zeitungsbelletristen und einen unerwünschten Verlagsautor bestritt. Daher verweigerte er sich vorerst Walter Muschg, der ihn im November 1926 um einen Beitrag für seine Monatsschrift »Annalen« ersuchte, indem er zu Unrecht vermutete, Muschg wäre immer noch Lektor des Orell Füssli-Verlages und als solcher mitverantwortlich für die jüngst erlittene Abfuhr.

Zur Charakterisierung der Kalenderblätter-Produktion, ihrer Menge wie formalen Verwegenheit, gehört der Trotz, mit dem Walser gegen das Verdikt der Publikationsinstanzen aufbegehrte. Die kränkende Aufforderung des »Berliner Tageblattes« (Mai 1927), während eines halben Jahres nichts zu schreiben, stürzte ihn zwar in eine schwere Krise, vermochte aber seine Leistungsfähigkeit nur vorübergehend zu schwächen. Untertänigkeit war seine Sache nicht, und wenn ihn schon seine Verleger in Acht und Bann schlugen, trat er nunmehr den Prager Gönnern Pick und Brod sowie dem Feuilletonchef der »Neuen Zürcher Zeitung«, Eduard Korrodi, um so selbstherrlicher entgegen. Otto Pick etwa bot er öfter mit dem Hinweis Texte an, diese seien von anderen Redaktionen bereits verschmäht worden. Max Brods Roman »Die Frau nach der man sich sehnt«, den ihm

der Autor in kollegialer Verbundenheit zuschicken ließ, benutzte oder mißbrauchte Walser zu einem Scherz, den die »Individualität« 1928 unter dem Titel »Hier wird kritisiert« abdruckte. (Vgl. dazu meine Ausführungen in Bleistiftgebiet II, 512, und Walsers »Olivio«-Fantasie im vorliegenden Band, S. 241 ff.) Zwar versicherte er Brod, der Roman sei lediglich Anlaß, nicht eigentlich Gegenstand seiner launigen Erwägungen, und tatsächlich verschweigt der Text sowohl den Namen des Autors wie den Titel des Buches. Dennoch hätte Brod vermutlich wenig Freude an Walsers literaturkritischer Unternehmungslust gehabt, wenn ihm deren Ergebnis zu Gesicht gekommen wäre. (SW 19, 276, GW XI, 275) In derselben Nummer der anthroposophischen Zeitschrift äußert sich Walser in spöttischer Gewundenheit – wiederum, ohne einen Namen zu nennen – über den Hausautor Albert Steffen, dieser sei »einer Gemeinschaft religiöser Tendenz als vielleicht zu innig dienendes, zu leidenschaftlich ergebenes Mitglied« beigetreten. (»Eine Art Novelle«, SW 19, 21/22; GW XI, 19/20) Wie man sieht, zwei Sprengladungen auf engstem Raum, die es in sich hatten, auch wenn das Skandalon damals kaum bemerkt wurde.
Vollends in die Offensive ging Walser gegen Eduard Korrodi und die »Neue Zürcher Zeitung«. Das Verhältnis war vermutlich auf beiden Seiten von Ambivalenz bestimmt, die auf geschäftlicher Ebene zu einem Katz-und-Maus-Spiel mit wechselnden Rollen führte. Dabei mag auch die traditionelle Städterivalität Bern–Zürich mitgespielt haben und der nicht minder traditionelle Anspruch des Zürcher Blattes auf weltweit bestätigte Dignität. Da sich der Briefwechsel nicht erhalten hat, kann man die jeweiligen bald auf Kränkung, bald auf Versöhnung bedachten Manöver nur teilweise rekonstruieren. Jedenfalls verbat sich Walser hin und wieder den Gnadenakt des Redakteurs, der über das Schicksal eines Textes entschied, und so teilte er im Frühjahr 1926 Korrodi mit, daß der eben noch von ihm zurückgewiesene »Aufsatz über Löwenbändigung« ohne weiteres von Otto Pick angenommen worden sei. Doch damit nicht genug. Im August 1927 durfte er sich öffentlich über Korrodis Verstim-

mung mokieren, als in der »Prager Presse« das Gedicht »Der beleidigte Korridor« erschien: ein Triumph, der Walser ebenso zur heiteren Genugtuung wie den allermeisten Lesern, die vom konnotierten Hintergrund dieser Fehde nichts ahnten, zum verständnislosen Kopfschütteln gereichen mochte. Auf solche Mystifikation hatte es Walser gerade abgesehen, sie gehörte mit zu den aufmüpfigen Verfahren, die er gegen das Elend seiner publizistischen Situation mobilisierte. Die geographische Ferne Prags und das Wohlwollen der dortigen Redakteure stifteten ihn erst recht dazu an, die Leser mit den krausesten Gebilden seiner Imagination vor den Kopf zu stoßen. Da ihm das Medium des Buches, der Bürge einer zeitlosen literarischen Wirkungsmöglichkeit, entzogen worden war, machte er mit den verbliebenen ephemeren Gegebenheiten rückhaltlos und rücksichtslos ernst. »Jedes Buch, das gedruckt wurde, ist doch für den Dichter ein Grab oder etwa nicht?« gab er Max Brod zu bedenken und hielt es nunmehr mit der befristeten Lebendigkeit jederlei Fakten, Ereignissen, Erinnerungen, Einfällen und Assoziationen, die sich ad hoc einstellen mochten, unbekümmert um kausale Zusammenhänge und logische Vermittlungen. Diese Praxis entspricht aber nicht nur der zufälligen und vergänglichen Erscheinungsform seiner Texte in den Tageszeitungen, sondern auch den Bedingungen der mikrographischen Werkstatt. Was in ihrer Klausur entstand, brauchte sich zunächst einmal vor keinen äußeren Bewertungsinstanzen zu verantworten. Selbst vor den inneren, Walsers eigenen Kriterien schützte sie das Provisorium des Entwurfs, das von sämtlichen materialen Bestandteilen der Mikrographie unterstrichen wird. Der Bleistift, das vorgebrauchte, gleichsam ausgediente Papier, das kleine Format, die nur für den Autor lesbare Schrift, sie alle signalisieren eine rumpelstilzchenhafte Unbelangbarkeit, in der die Sorge um das Inkognito und eine ungezügelte schöpferische Souveränität zusammenfinden. Natürlich verstand sich die Mikrographie nicht als autistische Spielerei, denn den überwiegenden Teil der Entwürfe schrieb Walser ins reine, um sie nach Möglichkeit zu veröffentlichen. Dennoch ist manchen Texten, zumal den lyrischen, die Unsicherheit eingeschrieben, ob sie je über das Entwurfsstadium hinausgelangen würden. Die ohnmächtige Abhängigkeit, die ihn die Redakteure empfinden ließen, kompensierte er gewissermaßen, indem er seinerseits eine eigenmächtige Wahl unter seinen Dichtungen traf. Walsers mittlere Berner Produktion überbot bei weitem das Fassungsvermögen seiner Abnehmer, ein Umstand, der seine Schaffensfreude eher bestätigt und weiter animiert haben dürfte. Gelegentlich konnte er es sich leisten, schon während der Konzeption eines Textes von einer späteren Publikation abzusehen. Vermutlich gilt das sogar für eine mit so unnachsichtiger Sorgfalt und Disziplin zu Ende getriebene Arbeit wie den »Räuber«-Roman.

Kreative Überschwenglichkeit äußerte sich auch in der freien, ja unverfrorenen Art, wie Walser mit den Realien verfuhr, die ihn zur literarischen Gestaltung inspirierten. Bei den Retouchen, die er an der Wirklichkeit vornahm, mögen ebenso Takt und Diskretion wie eine kindliche Freude an Vexierspiel, Geheimniskrämerei, Verstellung, Karikatur und Lüge bis hin zur hybriden Machtvollkommenheit desjenigen, der sich eine Welt nach seinem Geschmack zurechtzimmert, beteiligt gewesen sein. Ein hin und wieder geübtes Verfahren, die Ähnlichkeit einer literarischen Figur mit deren realem Vorbild zu verschleiern, war die geschlechtliche Umpolung, wie explizit aus einem Brief an Max Rychner (20.6.1927) und dem bisherigen Vergleich von Entwürfen und Reinschriften hervorgeht. Zu der Praxis des »Anlesens«, Walsers Beschäftigung mit Trivialliteratur zum Zwecke hemmungsloser (An-)Verwandlung, enthielten bereits die ersten Bände unserer Edition zahlreiche Belege. Die Betrachtung der Titelbilder von »Kioskheftchen« genügte bisweilen, um erzählerische Gespinste hervorzubringen, die mit ihren Vorlagen nur die Illustrationen gemein hatten. Aber auch dort, wo er sich auf Vertreter der »gehobenen« Literatur bezog, verschwieg er manchmal ihre Identität und machte sie selbst für findige Leser unkenntlich: etwa diejenige Kleists in der veröffentlichten Fassung des »Theateraufsatzes« (SW 18, 218; GW X, 357; vgl. S. 378 dieser Ausgabe) oder die Puschkins und Stendhals im ersten der beiden »Plagiats«-Stücke (S. 232 und S. 235 dieser Ausgabe). Die Lust an der Flunkerei scheute auch nicht vor einer bewußten Irreführung des Lesers zurück. So unterschlägt die zweimalige Erwähnung des Romananfangs der »Anna Karenina« in diesem Band nicht nur den Titel und den Autor des Werks, sondern das von Walser angetippte folgenreiche Lächeln wird bald mit Recht dem Fürsten Oblonski (S. 191), bald in trügerischer Absicht dessen Frau (S. 400) beigelegt.

Nicht von ungefähr befaßt sich Walser im »Tagebuch«, dem umfangreichsten und poetologisch sehr bedeutsamen Text auf den Kalenderblättern, mit dem Realismusproblem. Die Wichtigkeit, die er selber seinen Ausführungen beimaß, kann man daraus ersehen, daß er den Entwurf – mit auffällig wenig Änderungen – ins reine schrieb, obwohl er damals über kein geeignetes Publikationsforum verfügte. Vor dem Tribunal seiner Leser zieht Walser eine Art Schaffens- und Lebensbilanz der ersten Berner Jahre und geht dabei, wie er fortwährend beteuert, die Verpflichtung ein, sich streng an die Wirklichkeit, an »absolutestes Eigenerleben« (SW 18, 76; GW X, 79) zu halten. Letzterer Ausdruck deutet die Gleit- und Fluchtbahnen an, auf die er bei seinem Unternehmen gerät, denn der unverzichtbare Rekurs auf die subjektive Instanz des Erlebenden und Berichtenden löst die »erbärmliche Fessel«, die »Knechtschaft, die ich mir betreffs der Verwirklichung der Wirklichkeitsidee auferlegen ließ« (SW 18, 94; GW X, 97), unversehens auf in dem alle Fesseln sprengenden »Auftrag ... , ein Ichbuch zu schreiben« (SW 18, 106; GW X, 109). Wahrhaftig und wirklichkeitsgetreu nimmt sich an Walsers Bericht einzig die Offenherzigkeit aus, mit der er Einblick in seine evasiven Verfahren gewährt. Zwar führt er seinen Mißerfolg mit dem »Theodor«-Manuskript ausdrücklich auf dessen »zahlreiche Fehler hinsichtlich der Wirklichkeit« (SW 18, 78; GW X, 81) zurück, die er jetzt, belehrt durch die Verleger, zu bedauern vorgibt. Für denjenigen, der seine »Lebhaftigkeit« (SW 18, 102; GW X, 104) eher am Schreibtisch als in der Außenwelt erfährt, gibt es indessen keine anderen Optionen, nur das »›sehr Eigentümliche‹, ... daß anscheinende Unwirklichkeit für mich inhaltreicher, d.h. wirklicher sei als die sogenannte, vielgerühmte und -gepriesene, tatsächlich vorhandene Wirklichkeit« (SW 18, 102; GW X, 104). Oder an anderem Ort: »Ich meine, es gehöre zur Vervollständigung dessen, was wirklich ist, daß man sich hie und da etwas einreden oder einbilden dürfe, mit andern Worten, unsere Einbildungen sind genau so wirklich, wie es unsere sonstigen Wirklichkeiten sind.« (SW 18, 107; GW X, 109) Das täglich erledigte Schreibpensum wurde zum untrüglichen Beweis einer lebhaften Imagination, mithin einer heilen Vitalität.

Ein »Journal« nennt Walser anfänglich das oben erläuterte Werk, dessen Niederschrift er auf »voraussichtlich etwa zwanzig Tage« (SW 18, 59; GW X, 61) anlegt, und zu seinem beruflichen Selbstverständnis führt er aus, er habe es »von Zeit zu Zeit für angezeigt oder für passend« gefunden, sich »als ›Journalist‹ zu bezeichnen, vielleicht aus weiter nichts als aus purer Laune« (SW 18, 61; GW X, 64). Die Vokabeln sind wohl weniger beliebig gewählt, als Walser im Interesse einer terminologischen Beweglichkeit suggeriert. Unter der Äquivokation des »Journalismus« kommen die öffentliche und die private Seite, die fremde und die eigene Bestimmung seiner dichterischen Arbeit präzis zur Deckung. Etwas von jenem Buch, das ihm die Verlage vorenthielten, überdauert gewissermaßen metaphorisch im Aspekt des Tagebuchs, dem sich seine Aufzeichnungen mehr und mehr annähern. Es ist immerhin bemerkenswert, daß Walser in den Jahren 1924/25 hauptsächlich das »teure«, glänzend-weiße Kunstdruckpapier für seine Entwürfe verwendete, während er in den beiden folgenden Jahren 1926/27 nicht nur vorbedruckte Materialien, sondern ausgerechnet den gesamten Blätterbestand eines »Tusculum«-Kalenders aus dem laufenden Jahr 1926 als Konzeptpapier bevorzugte. Für die täglichen Notate mag das Kalendarium gleichsam als Anreiz und Bestätigung gewirkt haben, als sinnfälliger Garant schriftstellerischer Kontinuität. Denn wenn die mikrographische Produktion »tagebüchelig« (Walser) anmutet, war es diesem Diaristen nicht etwa um behagliche Rückschau, intime Bekenntnisse oder allgemeine Reflexionen zu tun, sondern um die stetige Rückversicherung seiner Schreib- und Lebenskraft. Wer für den Tag schreibt, den kurzweiligen Verzehr eines Feuilletons, darf es mit den Tugenden des Augenblicks halten. Daher entspricht der impressionistischen Aufmerksamkeit des Spaziergängers, der sich mit Vorliebe den abseitigsten und unscheinbarsten Gegenständen zuwendet, die kreative Unwillkürlichkeit des Schreibers, dem jeder Einfall recht und notierungswürdig erscheint. »In Bern kommt man nie in Verlegenheit wegen neuen Eindrücken, es ist eine Stadt voller qualitätreicher Vitalitäten«, schrieb Walser am 29. April 1926 an Otto Pick. Solch ersprießliche Vitalitäten nahm der 48jährige auch für sich selber in Anspruch, indem er fortwährend seine Jugendlichkeit beteuerte. Unter deren Zeichen gewahrte er die Erneuerung seines dichterischen Schaffens, und diesen Auspizien suchte er auch im Leben zu genügen. In einem eigens für die (von Albert Sergel herausgegebene) Lyrik-Anthologie »Saat und Ernte« verfaßten Lebenslauf nannte er sich »glücklich um eines Gefühles von Jugend willen«. Wenn man den vielen Zeugnissen Glauben schenken darf, hat ihn nichts unbändiger fasziniert und beglückt als das ursprüngliche Verhalten von Kindern, das er mit väterlichem Schmunzeln begutachtete, mehr aber noch kameradschaftlich bis zur Narretei adaptierte. Im April 1926 scheint seine Sympathie für ein Nachbarmädchen gar das Mißfallen der Eltern erregt und in der Folge seinem idyllischen Elfenau-Domizil ein Ende gesetzt zu haben.

Das kindliche Wesen, sei es das eigene, sei es das unersättlich beobachtete fremde, durchzieht in allen erdenklichen Appellationen und Bedeutungen auch die vorliegenden Texte. Gelegentlich bezeichnete Walser diese selber als seine Kinder, als würden ihre kurzwüchsigen Formen teilhaben an der von ihm praktizierten Weigerung, in der etablierten Gesellschaft der Erwachsenen »groß« zu werden. Die Lausbuben-Episode im Text über das »Gnusch« (S. 37 ff. dieser Ausgabe) kann man füglich als Allegorie seiner dachstübeligen Poetenexistenz lesen: ähnlich wie sich jener Knabe in einer Estrichtruhe vor seiner Mama versteckt, mag sich Walser dem Zugriff von Mutter Welt in seinen Mansarden, mithin im Melusinen-Kästchen der Mikrographie entzogen haben. Die anarchische Arglosigkeit des Kindes wandte er aber nicht nur gegen die bürgerlichen Ordnungsmächte, sondern ebensosehr gegen den Bildungsdünkel der Intellektuellen, zumal gegen die tonangebenden Instanzen des Literaturbetriebs. Daher wird im obigen Prosastück der Knabe mehrmals zum »Barbaren« erklärt, der sich vor dem Neid der »geistig Verästelten«, »Daseinszergliederer«, »seelisch Zerschnetzelten«, »Zersplitterten«, »Differenzierten« zu hüten habe. (S. 41) Die von der Kindlichkeit ausgehende gesellschaftliche Provokation hat Walser stets zweideutig, sowohl von der aufwühlenden, umwälzenden wie von der beschwichtigenden, erlösenden Seite her pointiert. In einem der merkwürdigsten Texte des Bandes wird dieses Potential an einer Art von Kinderbordell aufgezeigt, dem die Erwachsenen süchtig verfallen, bis die Behörde einschreitet, um die Kunden »vor dem Abgrund, den die Gefahr darstellte, vollkommen naiv zu werden, geziemendermaßen zu warnen« (S. 126).

Walser selber blieb das Abgründige dessen, was er in sich als wiedererweckte Jugendlichkeit empfand, keineswegs verborgen. Deren Berufung diente nämlich nicht allein zur Proklamation einer unverwüstlichen Lebendigkeit, sondern evozierte oft gleichzeitig – mit einer für die letzten Schaffensjahre charakteristischen Paradoxie – die Hinfälligkeit seines Dichtertums. In einem Text, der paradigmatisch Walsers unbegrenzte Fähigkeit vorführt, aus seinen vielfältigen Nöten lauter dialektische Tugenden zu schlagen, heißt es einmal: »Meiner Meinung nach bin ich ein außerordentlich müdes und elastisches, krankes und zugleich in allen Gliedern gesundes Kind, obschon ich oft wie ein Greis daherstolpere, durchaus unsicher und vom Altgewordensein verzittert.« (S. 57 dieser Ausgabe) Die weitere textliche Umgebung läßt kein Ungemach aus: weder die unerfüllbaren Zumutungen der Mitmenschen, Einsamkeit, Trübsinn, noch die Geringschätzung von seiten des Literturbetriebs. Doch ist der Leidgewohnte vor den Wechselfällen des Glücks gefeit, der deklassierte Literat der Sorge um die Aufrechterhaltung eines mühsam errungenen Prestiges enthoben, so ist erst recht der »Inhaber eines wundervollen reichen Innenlebens« (S. 58) von der äußeren Realität nicht mehr einzuholen. Seine unablässig tätige Einbildungskraft erfährt dieser als Jungbrunnen, der ihn nicht nur jugendlich empfinden läßt, sondern der ihn geradezu zum Kind macht, das nur »oft wie ein Greis daherstolpert«, zum »Kind, das sich hie und da als Vater usw. vorkommt« (S. 58). Von nichts anderem handelt jene dramatische Szene, die sich auf den legendären Walser-Abend des Lesezirkels Hottingen vom 8. November 1920 bezieht (S. 338 ff. dieser Ausgabe). Dort soll ein »besprungbrettetes Inneres« dem eingeladenen Dichter eine »beseelte, beschwingte« Sprechweise verleihen, aus der »etwas hübsch Lebendiges« (S. 339) klingt. Ein ähnlich veranlagtes »Inneres« ermöglicht den Purzelbaum in die Fiktion, wonach Walser – ungeachtet der Einsprache des Vortragsveranstalters Bodmer – darauf bestanden hätte, seine Texte selber vorzutragen. Das ändert freilich wenig daran, daß damals im Kleinen Tonhallesaal tatsächlich nicht der Autor, sondern der NZZ-Redakteur Hans Trog Walsers Dichtungen zu Gehör brachte. Zweifellos, die von einer selbstherrlichen Imagination gestiftete Wirklichkeit bleibt wishful thinking, wie es ohnehin nicht schwer fällt, hinter die frohlockenden Texte das reale seelische Elend ihres Urhebers zu blenden. Und dennoch greifen psychologische Deutungsmuster zu kurz, zumal dann, wenn sie einem normativ befangenen Kunstverständnis huldigen. Der ausgepichte Sinn für die menschliche Anormalität und ästhetische Regelwidrigkeit übersieht vor lauter Wahrnehmung dessen, was er vermißt, das greifbare Wunder des (wie befremdlich auch immer) Realisierten. Solcher Optik erscheint der gewaltige Umfang der Berner Produktion als manischer Ausdruck eines Debakels – und nicht als zwar eigensinnige, unter den gegebenen Umständen aber konsequente Weiterführung des Metiers. An Walsers »Journalismus« gewahrt sie den Zerfall früherer Schaffenskraft – und nicht das feine mimetische Gespür für die befristete Wirkungsmöglichkeit seiner Texte. Wo Walser, bestechend modern, der Literatur neue Verfahren und Wirklichkeitsbereiche erschließt, wittert sie nur die hilflosen Bemühungen eines »Ausgebrannten«, dem der Stoff abhanden zu kommen droht. Vollends ahnt ihr flüchtiger Blick über die Kolumnen der Bleistiftentwürfe nichts von der Anmut und Vitalität der mikrographischen Zeichen, nichts von der nuancierten Linienführung, die höchste Geistesgegenwart, aber keinerlei mechanischen Schreibvollzug verrät. Erst müssen die Kriterien zu einer gerechten Beurteilung von Walsers Mikrographie gefunden und behutsam entwickelt werden; ein zulängliches Verständnis dieser fragilen Gebilde steht noch aus.

Da sich die thematische Ausrichtung der Kalenderblätter-Texte nicht wesentlich von jener der – in den vorangegangenen Bänden publizierten – Kunstdruckblätter-Texte unterscheidet, haben wir die Prosastücke wiederum in Gruppen zusammengefaßt. Dennoch wird der Leser sogleich auf einige signifikante Abweichungen stoßen. So tritt etwa bei den in der ersten Gruppe von Alltagsgeschichten versammelten Texten das erzählerische Element fast ganz gegenüber dem reflexiven zurück. Der Wechsel radikaler Selbstbefragung mit trotziger Selbstbehauptung bestimmt ihre Eigenart und läßt jederlei Digressionen zu. Damit korrespondiert eine bis in einzelne Wendungen und beliebig austauschbare Wörter-Reihen zu spürende Sprachskepsis, die unversehens von aufgeräumter Formulierungslust abgelöst werden kann. Zusammenprall des Ungereimten, wie auch die Vermischung der Genres werden hier, und andernorts, zum Prinzip erhoben. Daher beginnt ein Text: »O, ich schreibe hier einen Prosaaufsatz, der den Charakter eines Briefes hat und der wieder einem Gedicht ähnlich sein wird, wenn er ausfällt, wie ich wünsche, daß es der Fall wäre.« (S. 56)
Auch in der folgenden Abteilung mit brieflichen oder briefähnlichen Skizzen (S. 61-81) dominiert ein Hang zur Selbstdarstellung. In zwei Fällen sind die Adressaten erkennbar als Otto Pick (S. 75) und das aus den Briefen geläufige Fräulein H. (S. 66). Das Gegenüber eines realen oder fiktiven Partners wirkt sich auf die Kohärenz der Prosastücke günstig aus. Jedenfalls erscheinen sie

insgesamt weniger dissolut und enthalten oft verblüffend prägnante Ausführungen und Maximen zur Walserschen Schreib- und Lebenspraxis, wobei die angesprochene Person freilich rasch in Vergessenheit gerät.
Fräulein H. figuriert außerdem in der nächsten Gruppe (S. 83-130), die sich mit dem Thema Weiblichkeit befaßt. Die »Inkarnation weiblicher Ungefährlichkeit«, wie Walser Fräulein H. in einem Brief an Frieda Mermet (21.8.1926) nennt, bietet Anlaß zu einer eindringlichen Milieustudie, deren deskriptiver Realismus in diesem Band einzigartig dasteht (S. 98). Die übrigen Frauenporträts gewähren der Phantasie wieder mehr Raum, wie schon die Wahl ihrer Namen (Diana, Preziosa, Camelia, etc.) indiziert. Walsers fröhliche Verwandlungskunst greift auf ihn selber über. Eine hinreißende Dreiecksgeschichte (S. 95) führt ihn, mit ausdrücklicher Reverenz vor Stendhal, als Baron Binder auf, und in zwei Rollenprosen (S. 121 und S. 125) schlüpft er gar in eine weibliche erste Person. Auffällig oft verstrickt er Liebesaffären in Konstellationen männlicher oder weiblicher Rivalität, die er allerdings einmal, in einer mutmaßlichen Paraphrase zu den »Wahlverwandtschaften«, mittels Partnertausch harmonisiert (S. 110).
Zu einem Ensemble von Porträts (S. 131-162) rechnen neun Stücke, die aufs schönste Walsers Überzeugung aus dem »Tagebuch« belegen, Literatur dürfe »zum Teil auf einer immerhin vielleicht ganz hübschen Eingebildetheit« (X, 109) beruhen. Mit solcherweise bald aus übermütigen Einfällen, bald aus luzider Selbstbeobachtung geschöpften Gestalten kommt Walser oft besser in erzählerische Fahrt als mit einer konfessionellen Ich-Figur. Die Namen reichen vom berndeutschen »Tschalpi« bis zum exotischen Aladin. Ein »Dichter« und »zartsinniger Frauenbegleiter« (S. 135), der sich aus einem Übermaß an Widersprüchen freizustrampeln sucht, bleibt sich und seiner Umgebung rätselhaft. Einem »versoffenen Genie« (S. 138) kann der Alkohol nichts anhaben, und der »Vergnügungsmensch« Erich (S. 149) ersinnt vor einem Kiosk Buchdeckelgeschichten. Mit der nebenher schriftstellernden Meta verbindet Walser immerhin

die Angewohnheit, »allerlei Gelesenes« (S. 147) in die eigenen Werke aufzunehmen.

Die Rubrik »Was dies unser Zeitalter vielleicht am besten kennzeichnet« (S. 163-206) versammelt essayistische Texte, die entweder geschlossen ein Thema behandeln oder sich in ihrer gedanklichen Entwicklung eher von assoziativen Einfällen leiten und ad libitum verführen lassen. Das zweite Stück etwa faßt so aparte Gegenstände wie Stolz, Liebe, Rosen, Flöten und Bolschewismus zwanglos unter einen Hut. (S. 167) Kulinarische Erwägungen münden in einige problematische Ansichten über Krieg (S. 181), wie überhaupt die Tendenz vorwaltet, die Grenzen gesellschaftlicher Tabus und des guten Geschmacks zu verletzen. Die gewiß anfechtbare amoralische Komik eines Essays über Todesstrafen nimmt sich aus wie die konsequent durchgeführte Probe aufs Exempel der Behauptung: »Grausame Bräuche, Sitten, Gewohnheiten usw. haben ja, unsentimental betrachtet, etwas Naives, Drolliges, vielleicht beinah etwa Puppenhaftes, als wenn körperlicher Schmerz im Grund gar nicht so schlimm wäre«. (S. 178) Besonderes Interesse gebührt der ungewöhnlichen Behandlung der Arbeiterfrage. (S. 165) Daneben kommen aber auch vertraute Themen, etwa das dialektische Widerspiel von »Groß« und »Klein«, zum Zug. (S. 193)

Eine letzte Gruppe (S. 207-261) enthält Erlebnisberichte und Glossen zu kulturellen Anlässen: Theateraufführungen, Kino, biographische Versuche über Gottfried Keller, Frank Wedekind und Walther Rathenau, sowie zahlreiche Lektüreerfahrungen. Für letztere gilt einmal mehr jene äußerst subjektive, »wertfreie« Aneignungsweise, die er in einem Brief an Therese Breitbach (11.6.1926) folgendermaßen erläuterte: »Ich las ein wunderbar schönes Buch, d. h. ich las das Buch so, daß es mir zu etwas Wunderbarem wurde.« Bei solch unzimperlichen Lektüregepflogenheiten wird nicht überraschen, daß Walser die von ihm hochgeschätzten Kollegen Puschkin, Stendhal und Flaubert auf den »seltsamen Wegen unwillkürlichen Beeinflußtwordenseins« (S. 236) ertappt und ihnen hierbei seine Zustimmung nicht versagt. Weniger nachsichtig verfährt er mit dem Zeitgenossen Hasenclever, dem er, mit guten Gründen, eine mißbräuchliche Inanspruchnahme der Spezies »besserer Herr« im gleichnamigen Stück vorwirft. (S. 217) Überhaupt beeindrucken die vorliegenden Texte bei aller Skurrilität durch manche originellen, triftigen Einsichten, künstlerischen Sachverstand und die immense Belesenheit des Autodidakten.

Wie bereits anläßlich der Kunstdruckblätter festgestellt werden konnte, fällt bei der Lyrik die quantitative Ausbeute im prozentualen Verhältnis zu den bekannten Gedichten hoch aus. Zu den rund zwanzig bisher veröffentlichten Texten gesellen sich sechzig unbekannte, die Walser vermutlich nie ins reine geschrieben hat und die wir nach der mutmaßlichen Chronologie ihrer Entstehung abdrucken. Die geringen Publikationschancen und das einhergehende Wissen des Dichters, für die von ihm prosaischnüchtern aufgewiesene »Katz« zu schreiben, schlagen der formal anspruchsvollsten Gattung nicht immer zum Guten an. Der Leser, der sich mit einzelnen spröden Gebilden schwer tut, mag hier die fehlende Reinschrift besonders stark vermissen und Walsers Credo: »Der Wille zum Reim / legt zum eben Gesagten den Keim« (S. 298), nicht mit ungetrübter Freude hinnehmen. Indessen darf die Lyrik als mikrographische Gattung par excellence gelten. In ihr kommen der »journalistische« Schreibimpuls, der beliebige Gegenstand, der spontane Einfall, die rasche Anfertigung, die unmittelbare Empfindung und der augenblickliche Spieltrieb ungehemmt zur Entfaltung. Nicht weniger offenkundig ist Walsers Absicht, der ihm verwehrten »hohen« Buchlyrik eine mokant-abweichende feuilletonistische Form entgegenzusetzen. Wer die Umstände ihrer Niederschrift berücksichtigt, wird sich dem gebrechlichen Reiz dieser Schöpfungen nicht entziehen.

Wiederum am Ende des Bandes stehen elf dramatische Szenen, die wir nach inhaltlichen Gesichtspunkten geordnet haben. Diesmal reicht der Spannungsbogen von den Erfahrungen eines möblierten Herrn (S. 323 und S. 327) über eine imaginativ angereicherte Bieler Reminiszenz (S. 331), jene Leseprobe vor dem Vortragsveranstalter Bodmer (S. 338), die unerwartete Dramatisierung eines früher in Prosa gestalteten Commis-Stoffes (S. 341), eine gleichfalls bereits in mikrographischer Prosa vorliegende Schwangerschaftsgeschichte (S.351), eine Schlichtungsszene zwischen Diener und Dienerin (S. 357), eine Calderon-Fantasie (S. 359) bis zu zwei in die Poesie des Alltags übertragene Debatten über »Europäismus« (S. 364 und S. 367). In Anlage und Ausführung unterscheiden sie sich nicht von den im zweiten Band »Aus dem Bleistiftgebiet« publizierten Stücke. So eigenwillig und mit merklichem Behagen Walser darin seiner ungestillten Passion zum Theater nachgeht, so gering war ihre kommerzielle Auswertung. In den Jahren 1926/27 erschienen nur gerade ein halbes Dutzend Szenen. Heute wirken sie wie für ein Medium konzipiert, an das Walser bestimmt nie gedacht hat: das radiophone Hörspiel.

Werner Morlang

Anmerkungen

S. 12 *napoleonisches, über Lodibrücken hinstürmendes:* Die Überquerung der Adda über die Brücke der lombardischen Stadt Lodi am 10. Mai 1796 galt als eine von Napoleons kühnsten militärischen Taten. Stendhal widmet in seiner »Vie de Napoléon«, die Walser auf S. 356 erwähnt, dem Ereignis ein ganzes Kapitel.

S. 13 *einem sehr freidenkenden Menschen namens Kutsch:* Das Pseudonym Kutsch verwendete Walser einige Male im Verlauf des Jahres 1907 bei Texten, die in der »Schaubühne« und der »Neuen Rundschau« erschienen. Im Juni 1907 bildete »Kutsch« auch den Titel eines Prosastücks (SW 15, 56; GW VIII, 48).

S. 15 *An den Stubenwänden hingen Vesuv- und [...] abbildungen:* Vgl. dazu das Prosastück »Büren«, in dem Walser eine ganze Reihe von Wirtshausbildern beschreibt, u. a. auch die folgenden: »An der Stubenwand des ›Löwen‹ hingen ferner einige Städtebilder und romantische Landschaften, wie Ansichten in Aquarell von Neapel und Umgebung, z. B. ein feuerspeiender lavawälzender Vesuv oder Ätna.« (SW 16, 38; GW VIII, 142)

S. 24 *Gestern fürchtete ich zwei Augenblicke lang für mein Leben:* Vgl. dazu den Brief an Otto Pick vom 29.4.1926, in dem Walser schreibt: »Gestern glich ich dem Weltschaninov in Dostojewski's schönem kleinen Roman ›Der Gatte‹. Ich hatte nämlich Krämpfe, Stiche, und ich hielt mich bereits für vergiftet.« (Briefe, 277)

S. 29 *Dieses Tagebuch von Marie Bashkirtseff:* Die Tagebücher der russischen Malerin und Schriftstellerin Marie Bashkirtseff (1860-1884) waren 1899 erstmals in deutscher Sprache erschienen (Oppeln/Leipzig: Verlag Georg Maske; 2 Tle. in 1 Bd., 449 u. 464 S.; Vorwort von Theodor Lessing. Eine 2. Auflage folgte 1901). In den Aufzeichnungen Marie Bashkirtseffs, einem ›Kultbuch‹ der literarischen Décadence der Jahrhundertwende, mischen sich hypersensible Beschreibungen von Zerrissenheits- und Vergeblichkeitsempfindungen mit Ausbrüchen hochfliegender künstlerischer Ambition und Ruhmeserwartung. Zu Marie Bashkirtseff siehe auch das ›Huldigungsgedicht‹ auf S. 300 sowie die Erwähnung auf S. 298 im vorliegenden Band.

Rosa, so nannte sich obgenanntes (...) Mädchen: Bei der genannten »Ladentochter« oder »Empfangsdame« handelt es sich um Rosa Schätzle, geboren 1870 in Biel, der Tochter einer mit den Walsers befreundeten Familie. Rosa Schätzle ging im Mai 1897 nach Zürich, lebte dort bis April 1899 und zog daraufhin nach Davos, wo sie den Lehrer Paul Hecker heiratete. In Zürich scheint sie häufig mit Karl und Robert Walser zusammengetroffen zu sein, wie u.a. die Rosa-Figur in »Geschwister Tanner« vermuten läßt. Noch weniger fiktiv überformt dürfte das Porträt sein, das Walser in den Prosastücken »Rosa« (SW 16, 134; GW VIII, 180) und »Luise« (SW 5, 192; GW II, 286) von ihr zeichnet. (Zu Rosa Schätzle siehe auch B. Echte: »Warum verbarg sich Walser in Thun? Ein Dokument von Flora Ackeret«, in P. Chiarini, H.-D. Zimmermann: »Immer dicht vor dem Sturze ...« – Zum Werk Robert Walsers. Frankfurt: Athenäum 1987, S. 339f.)

S. 54 *auf gewisse Weise imposanten Palast am See:* Gemeint ist höchstwahrscheinlich das unweit von Twann und der St. Peters-Insel am Bieler See gelegene klösterliche Weingut Engelberg, eine Dependance des gleichnamigen Innerschweizer Klosters. Das Gebäude fiel mittlerweile einem Schnellstraßenbau zum Opfer.

S. 57 *Jemand schrieb mir, daß er müde sei:* Vgl. dazu Walsers Brief an Frieda Mermet vom 13.4.1927, wo es heißt: »Obschon Sie schon zwei Mal von Ermüdetheiten sprachen, nehme ich an, es sei dies teilweise einfach eine Redensart von Ihnen.« (Briefe, 292) Siehe im übrigen auch S. 395 in diesem Band, wo Walser von Hedwig Courths-Mahler sagt: »Diese Schriftstellerin schrieb hauptsächlich für die vielen Provinzmädchen, die in irgendwelche passende Stellung zu treten pflegen und für die es so leicht zu sein scheint, sich rasch zu sagen: ›Ach, ich bin müde‹, und denen es wieder vom Geschick und von der Geburt gegeben ist, sich schnell für ermuntert und wiederhergestellt zu halten.«

S. 58 *weil ich, wie mir einmal einer, der mir gebildet vorkommt, bestätigt hat, selber eine Art Kind bin:* Wie aus einem Brief an Frieda Mermet vom 11.3.1925 hervorgeht, spielt Walser auf Thomas Mann an: »Herr Dr. *Thomas Mann*, Sie wissen, der, der das berühmte Buch ›Die Buddenbrooks‹ schrieb, welches Ihnen vielleicht bekannt ist, schrieb, ich sei in dem Buch ›Die Rose‹ klug wie ein sehr, sehr feines, vornehmes, artiges und unartiges Kind.« (Briefe, 225 f.; eine gleichlautende Aussage auch 240) Siehe im übrigen den ›Mikrogramm‹-Entwurf *Bedeutende Menschen nennen mich ein Kind* (Bleistiftgebiet I, 28 ff.).

S. 66 *Du nahmest dir ja, indem du dich brieflich an mich richtetest:* Als Adressatin dieses Briefes hatte Walser wohl die jüngste Tochter jener Familie im Sinn, die er im Text auf S. 98 ff. beschreibt.

S. 67 *Arthur Bitter:* pseud. für Samuel Haberstich (1821-1872), einst vielgelesener bernischer Journalist und Schriftsteller, der wegen seiner radikalen politischen Haltung eine Zeitlang aus seinem Heimatkanton verwiesen wurde. Eine seiner Novellen trägt den Titel »Der geheimnisvolle Pavillon«.

S. 73 *daß mich gestern ein (...) Herr (...) ins Bein kneifte:* Diese Szene, die auf Walsers Dienertätigkeit auf Schloß Dambrau im Jahre 1905 zurückgeht, taucht in seinem Werk mehrfach auf, so im »Räuber«-Roman (Bleistiftgebiet III, 64) oder im ›Mikrogramm‹-Text *Es gibt*

Leute, die einem übel nehmen, daß man die und die Dame liebt und nicht eine andere (Bleistiftgebiet II, 232 f.). Der genannte Herr tritt in der Figur des Engländers bereits in »Tobold« (II) (SW 5, 234; GW II, 328) auf.

S. 74 *Ich brachte achtundvierzig Stunden in einem Kleiderschrank zu:* Ein ähnliches Ereignis schildert Walser in seinen Texten »Neujahrsblatt« (SW 19, 96; GW XI, 97) und *Endlich ließ sie sich herab* (Bleistiftgebiet I, 173). Dort versteckt sich der Protagonist allerdings aus freien Stücken vor der eingeladenen Schönen in seinem Schrank.

S. 76 *ganz Prinz-Heinrich-von-Englandmäßig:* Anspielung auf Shakespeares »The Historie of Henry the Fourth«.

daß der »Aufsatz über Löwenbändigung«, den ich bei Ihnen zu veröffentlichen in die Lage kam: Genanntes Prosastück war am 9.8.1925 in der »Prager Presse« erschienen. Als fiktiver Adressat des vorliegenden Textes kann demnach Otto Pick gelten. Das »Erstaunen« und »eigenartige Mißfallen«, das die Veröffentlichung des Artikels hervorgerufen habe, erhellt aus zwei Briefen an Frieda Mermet; am 19.4.1926 berichtet Walser: »Zwischen diesem Herrn Korrodi oder Krokodilödeli von der Neuen Höseli oder Zürcher Zeitung und dem Absender dieses Briefes besteht seit der Stunde, da ich ihm Kenntnis eines Prager Presse-Artikels gab, der sich mit Löwenbändigung befaßt, Feindschaft von sehr delikater Sorte.« Anscheinend hatte Korrodi den Text zuvor abgelehnt und dies mit einer prinzipiellen Kritik an Walsers Arbeiten verbunden. »Weil mir Herr Korrodi Sachen zurückgegeben hat, die in Prag gutbefunden worden sind, und weil er mir gegenüber manchmal etwas zu stark den strengen Herrn zu spielen beliebte« – so Walser am 20.9.1927 an Frieda Mermet –, wolle er nun an besagtem »Bourgeoisieblatt« nicht mehr mitarbeiten. Die »Feindschaft von sehr delikater Sorte« hatte im Frühjahr 1926 noch dadurch zusätzlich Nahrung erhalten, daß Walser dem Verlag Orell Füssli in Zürich wegen der Ablehnung einer Prosasammlung einen derben Berndeutschbrief sandte, in dem er sich auch über Korrodi abfällig geäußert zu haben scheint. »Diesen Brief hielt der Verlagsvertreter dem Tit. Korrodibus unter die Nase, die entrüstet ob dem bebte, was in dem Brief Liebenswürdiges zu lesen stand. Krokus ersuchte mich, mich bei der Verlagsfirma zu verexküsieren; ich ließ ihn jedoch wissen, daß ich eine solche *démarche* nicht für passend hielte.« (Briefe, 273) Die Gründe für eine solche Zurückhaltung erläutert in allgemeiner Form der Essay *Wenn es sich um eine Annäherung, um eine Gewinnung gegenseitigen Verständnisses handelt* (S. 185 ff. in diesem Band).

S. 87 *Preziosa:* Diesen Namen trägt auch eine Figur in »Der Affe« (SW 5, 34; GW III, 362) aus »Die Rose«, die mit der vorliegenden freilich nichts gemein zu haben scheint.

S. 91 *oftmals stellte ich mich vor einem Schaufenster (...) auf die Fußspitzen:* Vgl. dazu die entsprechenden Passagen im »Räuber«-Roman (Bleistiftgebiet III, 97) und im ›Mikrogramm‹-Text *Bedeutende Menschen nennen mich ein Kind* (Bleistiftgebiet I, 29). In letzterem »guckte ein Dichterbursch, indem er sich auf die Zehen seiner hochbegabten Füße stellte, durch eine Glaswand in ein hellerleuchtetes Lokal, wo sich diejenige aufhielt, der er in Versform seine dachstübeligen Huldigungen darbrachte.«

S. 95 *Alle diejenigen, die gern lachen und zugleich weinen:* Mit dieser Witwen-Geschichte greift Walser erneut auf Erlebnisse zurück, die aus den Jahren 1922-24 datieren, als er bei Frau Emma Lenz-Gräub an der Kramgasse 19 zur Untermiete wohnte. Schon im »Räuber«-Roman hatte er die Dreierkonstellation von Witwe,

Zimmermädchen und Dichter-Mieter ausführlich thematisiert. Das Muster kehrt auch im »Tagebuch«-Fragment wieder, in dem Walser u. a. resümiert: »Alles in allem hatte ich es um jene Zeit erstens mit einer Witwe, die ich an sich sehr nett fand, zweitens mit deren Dienstmädchen oder Aufräumerin, die mir an sich ebenfalls ungemein gut gefiel, drittens mit schriftstellerischen Versuchen, die mir nicht gelingen wollten, (...) zu tun.« (SW 18, 67; GW X, 70) Variierend läßt Walser das Personal auch in den Prosatexten »Die grüne Spinne« (Bleistiftgebiet I, 217), »Das schöne Kammermädchen« (SW 18, 14; GW X, 324), zu Beginn von »Salonepisode« (SW 18, 42; GW X, 338) oder in der Szene *Dichter, Hausfrau* (S. 327 ff.) auftreten.

S. 97 *Baron Binder:* Figur in Stendhals Roman »La chartreuse de Parme« (1839).

S. 98 *Ich halte diese Leute gewiß für ganz nett:* Bei dem hier geschilderten Personenkreis handelt es sich um die Familie Häsler aus Bern, mit der Walsers Schwester Fanny bekannt war (siehe Briefe, 261). Anfang Januar 1926 scheint sich die jüngste Tochter der Familie brieflich an Walser gewandt zu haben, im Wunsch, ihn kennenzulernen. Walser reagierte positiv (siehe Briefe, 258), traf sich mit Fräulein Häsler und wurde von ihr schließlich in die Familie eingeführt. »Das Milieu dieser Familie hat mich eben interessiert, wie mich so manches Andere schon interessiert hat«, schreibt Walser beruhigend an die »unnützerweise unwirsch« gewordene Frieda Mermet, ohne allerdings die tieferen Hintergründe des Kontakts zu verschweigen: Da Fräulein Häslers »vier Schwestern Männer bekommen haben, will sie nun natürlich auch einen.« (Briefe, 283) Man scheint Walser in dieser Hinsicht sogar zugeredet zu haben; »es gibt Leute«, schreibt er um jene Zeit an Otto Pick, »die der Ansicht sind, ich sollte heiraten und ein fürchterliches bürgerliches Vorbild darstellen.« (Briefe, 271) Doch Walser wollte bekanntlich nicht. Hingegen hat er die Bekanntschaft auch noch an anderer Stelle literarisch ausgebeutet, so offenbar im Prosastück auf S. 66 ff. oder im »Brief an ein Mitglied der Gesellschaft« (SW 18, 145; GW X, 163).

S. 110 *Schloßgeschichte:* »Machen Sie sich nunmehr auf eine Schloßgeschichte gefaßt«, lautet der letzte Satz des ›Mikrogramm‹-Entwurfs zum Prosastück »Dorfgeschichte«, mit dem der vorliegende Text ursprünglich wohl eine Einheit bilden sollte. So schließt der Eingangssatz an Motive der »Dorfgeschichte« an, und gegen Ende des Textes findet sich ein expliziter Rückbezug, der auf die Zusammengehörigkeit der beiden Prosastücke hinweist. Ob die separate Publikation der »Dorfgeschichte« auf Walser oder den Redakteur des »Simplicissimus« zurückgeht, ist nicht mehr zu klären. Die Anregung zu diesem Titelgespann empfing Walser wohl durch das Werk von Marie Ebner-Eschenbach, »Dorf- und Schloßgeschichten« (1883). (Bezüglich Dorfgeschichten, siehe im übrigen »Plauderei« (II, SW 18, 209; GW X, 230). Ob die »Schloßgeschichte« tatsächlich eine freie Paraphrase von Goethes »Wahlverwandtschaften« darstellt, muß fraglich bleiben. Für eine solche Annahme spricht etwa, daß Walser in der »Dorfgeschichte« offenkundig das populäre Genre des ›Heimatromans‹ persifliert und von daher animiert sein mochte, in der »Schloßgeschichte« nicht nur hinsichtlich des gesellschaftlichen Milieus, sondern auch der literarischen Vorlage eine höhere Ebene anzupeilen. Einzelne suggestive Elemente in Walsers Text stimmen mit Goethes Roman überein, so die Lokalität des »Schlosses«, der nahegelegene (bei Goethe freilich erst im Verlauf der Erzählung aus drei Weihern künstlich geschaffene) See, der »mit den mannigfaltigsten Baumsorten angepflanzte« Garten, das Klavierspiel sowie natürlich das Skandalon des Ehebruchs, wenn auch nicht in der genau gleichen Symmetrie und Harmonisierungstendenz. Auf der andern Seite wäre z.B. der als Revenant auftretende ermordete »Feldherr« ganz Walsers Erfindung. Ohnehin müßte man von einem längere Zeit zurückliegenden Leseerlebnis ausgehen, denn am 6.1.1928 bittet Walser Frieda Mermet, ihm aus der Bibliothek seiner Schwester die »Wahlverwandtschaften« zur (erneuten?) Lektüre zuzuschicken, wobei er dieses Lesebedürfnis wiederum in den Zusammenhang seiner Beschäftigung mit Trivialliteratur rückt (Briefe, 321). Siehe auch Walsers Kommentar nach der (späteren?) Lektüre des Romans, in einem Brief an Frieda Mermet vom 7.3.1928: »Was den andern ausgezeichneten Dichter (Goethe, AdH) betrifft, so erbat ich ihn mir hauptsächlich von Ihrer Güte, um den Roman ›Die Wahlverwandtschaften‹ zu lesen, deren Kenntnisnahme mir einige Beschwerden empfinden ließ, weil sie ein durchaus poetisches Werk sind und es ja für uns heutige Menschen bisweilen ein bißchen schwierig sein mag, eine reine Dichtung zu genießen, worin es nicht zu Szenen kommt, über die man lachen, heiter, fröhlich gestimmt sein kann. Aber ich durfte den bedeutenden Deutschen aufrichtig bewillkommnen und zwar nicht trotzdem er überaus eigenwillig schreibt, einzigartig in seiner Originalität ist, sondern gerade deswegen.« (Briefe, 324)

S. 115 *In dem Städtchen, worin ich übrigens zeitweise als Sparkassenangestellter figurierte:* Gemeint ist Thun, wo Walser vom Januar bis Mai 1899 in verschiedenen Stellungen arbeitete. Der mittelalterliche Fenstersturz datiert aus dem Jahr 1322; damals trafen die erbberechtigten Brüder Hartmann und Eberhard von Kyburg auf Schloß Thun zusammen, um ihre wechselseitigen Ansprüche vertraglich zu regeln. Bei den Verhandlungen kam es jedoch zum Streit, der mit der Ermordung Hartmanns endete. Dieser war habsburgisch gesinnt gewesen und hatte die Thuner Bürger größtenteils auf seiner Seite, während Eberhard den Bernern zuneigte, die er nach Ausbruch des Konflikts denn auch um Hilfe bat. Die Berner rückten sofort an und kauften dem in Finanznöten steckenden Eberhard die Stadt Thun ein Jahr später ab. Auf diese Weise verlor Österreich sein wichtigstes Grafenhaus im damaligen Burgund.

S. 117 *Weiterlismen:* lismen: schweizerdeutsch für ›stricken‹.

S. 125 *Ist nicht »Arme Leute« übrigens der Titel eines (...) recht eigenartigen Buches:* »Arme Leute«, Roman von Dostojewski, erschienen 1846.

S. 133 *Die Gunst, die dieser Tschalpi dort genoß:* Der Text scheint eine Vorform des Prosastücks »Der Idealist« (SW 19, 333; GW XI, 334) zu sein, das am 6.5.1928 in der »Frankfurter Zeitung« erschien und zu dem sonst kein Entwurf nachweisbar ist. Allerdings übernahm Walser nur einige wenige Motive und Wendungen, so daß der »Tschalpi«-Text als eigenständiges Prosastück gelten darf.

„*Ich logierte sieben Jahre lang in Nummer 27«:* Anspielung auf Walsers Aufenthalt im Hotel »Blaues Kreuz« in Biel, wo er von Sommer 1913 bis Ende 1920 logierte. Die Zimmernummer 27 taucht auch in einem Brief an Frieda Mermet vom 19.4.1926 auf, während in der autobiographisch gefärbten Szene auf S. 331 ff. von Nummer 62 die Rede ist. Letztere Zahl entspricht der heutigen Nummer des mutmaßlichen Walser-Zimmers.

Humanismusankunftssignal: Das Trompetensignal gegen Ende des »Fidelio«, das die rettende Ankunft des Ministers Don Fernando meldet und somit den guten Ausgang des tragischen Geschehens einleitet.

S. 134 *Bot ihm nicht ein Theaterdirektor Freibillets an:* Bei dieser Begebenheit handelt es sich, wie das Prosastück

》Die Brüder《 vermuten läßt, um eine Reminiszenz aus Walsers Stuttgarter Zeit (1895/96). Sie wird auch im ›Mikrogramm‹-Text *Zweifellos wohnt es sich in einem vornehmen Haus schön* erzählt, inklusive kichernder Kunstgewerblerin und aus Spanien zurückgekehrtem Industriellen. (Bleistiftgebiet I, 50)

S. 135 *der brave Kaspar, der nicht der berühmte Brentano'sche zu sein braucht:* Anspielung auf Clemens Brentanos Erzählung 》Geschichte vom braven Kasperl und dem schönen Annerl《 (1815/16).

S. 140 *beispielsweise wie ihn der Fluß:* Vgl. dazu Walsers Brief an Frieda Mermet von Ende Dezember 1923, wo er beiläufig erwähnt, daß er 》sommers einmal beim Baden unter göttlich blauem Himmel schier im Wasser ersoffen wäre.《 (Briefe, 208) Eine entsprechende Passage findet sich im 》Räuber《-Roman (Bleistiftgebiet III, 68 f.), wo auch die anschließende Karussell-Episode vorkommt (S. 71).

S. 144 *O, wie mußte sie gestern im hervorragendsten Kaffeehaus unserer Stadt über ein scheinbar durchaus ernstzunehmendes Buch lachen:* Vgl. dazu das Prosastück 》Ich wohnte einem Konzert bei《, in dem es heißt: 》Mir gab kürzlich ein jüngerer Intellektueller ein Buch zu lesen, dessen Inhalt mich außerordentlich aufschlußreich berührte. Ich hatte dieses ziemlich schwierig zu erfassende Buch in einem von unseren Kaffeehäusern beinahe in einem Atemzug gelesen.《 (SW 19, 34; GW XI, 32) Auch im 》Tagebuch《-Fragment wird dieser Kaffeehaus-Lektüre gedacht (SW 18, 108; GW X, 111), wobei die dort bestehenden Zusammenhänge den Schluß erlauben, daß es sich bei dem Buch um ein psychoanalytisches gehandelt hat (siehe SW 18, 60; GW X, 62).

S. 146 *mit dem Namen Zäzilie zu rufen:* Die folgenden orthographischen Variationen des Namens entsprechen dem Manuskript. Eine Cécile, die in aller Selbstverständlichkeit eine Peitsche trägt, tritt auch im Prosastück »Das Mädchen mit dem Essay« (SW 18, 256; GW X, 284) auf, dessen Entwurf sich auf einem der benachbarten Kalenderblätter findet (Nr. 302 und 281).

S. 149 *ein Schauspieler von Weltruf einen neuerlichen nennenswerten Erfolg einheimsen:* Da der Text mit hoher Wahrscheinlichkeit um den 20. Januar 1927 geschrieben wurde, könnte Walser hier auf Alexander Moissi anspielen, der am 20. und 22.1.1927 mit dem »Faust« und Tolstois »Lebendigem Leichnam« im Stadttheater Bern gastierte. Mit der Dichterlesung, die »bloß einen schwachen Eindruck hervorrief«, bezieht sich Walser vielleicht auf Alfred Huggenberger, der am 16.1.1927 im Berner Rathaussaal auftrat.

S. 150 *Ein zweiter Buchdeckel:* Vgl. dazu die Schlußszene des ›Mikrogramm‹-Textes *Zu Frau Kappeler sprach in hellstem Morgenlicht Frau Rese* (Bleistiftgebiet I, 121).

S. 166 *Sollte der Tolstoi'sche Begriff vom ›lebendigen Leichnam‹:* »Der lebendige Leichnam«: unvollendetes Drama in sechs Akten von Tolstoi, 1911 in Moskau uraufgeführt. In Bern wurde das Stück Anfang Juli 1926 vom Russischen Theater gespielt, ein weiteres Mal am 22.1.1927 mit Moissi in der Hauptrolle.

S. 167 *meine Meinung über den Bolschewismus:* Zu dieser Stellungnahme wurde Walser möglicherweise durch eine Rezension von René Fülöp-Millers »Geist und Gesicht des Bolschewismus« angeregt, die am 25.6.1926 im »Bund« erschien. Am gleichen Tag schrieb er jedenfalls an Therese Breitbach: »Soeben las ich in einem hiesigen Blatt eine Besprechung über eine Abhandlung über den Bolschewismus, der uns Europäern so viel zu denken gegeben hat und fernerhin gibt.« (Briefe, 281) Die Verquickung dieses politischen Themas mit Betrachtungen über Rosen geht vielleicht darauf zurück, daß am 26.6.1926 ein Rosengarten-Sommernachtsfest in Bern veranstaltet wurde.

ein Tanzpoem, betitelt »Die Rose«: Es handelt sich dabei um das Ballett »Le Spectre de la Rose« (Libretto: J. L. Vaudoyer; Musik: C. M. v. Weber), das nach einer Choreographie von Michael Fokine 1911 in Monte Carlo uraufgeführt wurde. Die Titelrolle gehörte zu Nijinskys festem Repertoire.
Vom Lyriker Brentano existiert ein Romanfragment: Gemeint ist »Die Rose. Ein Märchen« von Clemens Brentano. Die Zeitschrift »Die Insel« brachte den Text im vierten Quartalsband des Jahres 1901, zu einer Zeit, da Walser in München war und im Kreis um Heymel, Schröder und Bierbaum verkehrte.

S. 168 *Die Rose von Stambul:* Operette in 3 Akten von Leo Fall (1916).
Der Rosenkavalier: Komödie für Musik von Richard Strauss, nach einem Libretto von Hugo von Hofmannsthal (1911).

S. 170 *den ich einst von Matkowsky kraftstrotzend dargestellt sah:* Dieses Theatererlebnis dürfte aus Walsers Stuttgarter Zeit (1895/96) datieren, wie das Prosastück »Die Brüder« nahelegt. Dort heißt es: »Sprangen und liefen wir nicht eine Zeitlang fast allabendlich (...) in das schimmernde Hoftheater, wo wir unter zahlreichen anderen reichen Stehparterregenüssen den Genuß hatten, die Eysoldt als zierliche Desdemona und den kraftvollen Matkowsky als dieselbe im Sturm der Mohreneifersucht tötenden und abmordenden Othello zu sehen?« (SW 5, 105; GW II, 199; siehe des weiteren auch »Lenau« (II), SW 18, 230; GW X, 249).
Nach Madretsch oder Bözingen hinaus: Beides Vororte von Biel.

S. 173 *während ich mich (...) mit einer Charakteristik des Blaustrumpfs beschäftigt sah:* Walsers Prosastück »Der Blaustrumpf« erschien am 2. 3. 1927 im »Berliner Tageblatt«. Der Kokotten-Aufsatz seines Kollegen war nicht zu identifizieren.

S. 175 *Stil:* Dieser Essay gehört zu den wenigen Texten des vorliegenden Bandes, bei denen sich mit Bestimmtheit sagen läßt, daß Walser sie ins reine übertragen und zur Veröffentlichung angeboten hat. Am 29.4.1926 schrieb er an Otto Pick: »Darf ich Ihnen hier eine Bühnenbesprechung nebst einem Aufsatz ›Stil‹ zur eventuellen Veröffentlichung anbieten? ›Stil‹ ist übrigens bereits einer deutschen Zeitung eingesandt worden und wurde mir zurückgegeben.« (Briefe, 276) Auch Pick druckte den Text nicht, und das Reinschriftmanuskript ging verloren.

S. 182 *Krieg im Interesse unserer Kultur zu führen, und zwar gegen Kolonialvölker:* Den Anstoß zu diesen Erwägungen, die aus dem Frühjahr 1926 stammen, dürfte der Krieg in Marokko gegeben haben, den die Kolonialmächte Frankreich und Spanien gegen die Rif-Kabylen unter Abd el Krim führten. Die Auseinandersetzungen, die bis ins Jahr 1921 zurückreichten, eskalierten im Januar 1926 durch eine überraschende Offensive Abd el Krims zu einem blutigen Krieg, der fast täglich für Schlagzeilen in der Presse sorgte. Obwohl sich Abd el Krim Ende Mai 1926 den Franzosen ergab, war der Widerstand der Kabylen erst Mitte Juli 1927 endgültig gebrochen.

S. 183 *ließ Miguel Cervantes (...) seinen Don Quij[ote] von der Mancha gelegentlich eines Bankettes über das Wesen des Friedens und des Krieges sprechen:* Gemeint ist das 37. Kapitel des ersten Teils des Romans, »enthaltend die Fortsetzung der Geschichte der berühmten Mikomikomischen Infantin, nebst andern lustigen Abenteuern«.

S. 191 *und nun fallen mir die ersten paar Seiten eines großen Buches ein:* Die nacherzählte Begebenheit bildet die Eingangsepisode in Tolstois Roman »Anna Karenina«. Mit vertauschten Rollen baute Walser die Szene auch in den Entwurf des Prosastücks »Ottilie Wildermuth«

ein, das aus der gleichen Entstehungszeit stammt (vgl. S. 397).

S. 193 *Ein berühmter russischer Schriftsteller gebrauchte folgende Methode:* Die von Walser erwähnten Schreibgepflogenheiten treffen auf Dostojewski zu.

S. 200 *Ich war einige Zeit in den Ferien:* Anfang Juni 1927 verbrachte Walser etwa zehn Tage bei seiner Schwester Lisa in Bellelay (vgl. Briefe, 299).

hält eine Frau von Bedeutung in der Aula der höheren Töchterschule einen Hellasvortrag ab: Walser spielt offenbar auf Maria Wasers Vortrag »Der heilige Weg – Ein Bekenntnis zu Hellas« an, der am 23. 6. 1927 im Berner Großratssaal und nicht etwa, wie Walser behauptet, in der Aula der höheren Töchterschule stattfand. Veranstalter des Abends war der Berner Verein »Hellas«, in dem auch Walsers Bekannter Hans Bloesch maßgeblich mitwirkte. Das Presse-Echo auf Maria Wasers Ausführungen war ausgesprochen positiv; Hugo Marti nannte im »Bund« den Vortrag »im schönsten Sinne des Wortes eine Predigt« (24. 6. 1927), eine »weihevolle Stunde«, die »unvergeßlich bleiben« werde (26. 7. 1927). Eine erweiterte Version von Maria Wasers Vortrag erschien unter gleichem Titel im Juli 1927 als Buch.

Ein nicht in jeder Hinsicht glücklicher deutscher Dichter schrieb dies in einem Anflug von Unmut: Möglicherweise bezieht sich Walser auf Friedrich Nietzsche und dessen 259. Aphorismus im ersten Band von »Menschliches, Allzumenschliches«: »Eine Kultur der Männer«.

Soeben lese ich im Buch eines berühmten Romanautors, der einen anderen berühmten Romanautor kaltblütig bekämpft hat: Vermutlich handelt es sich um die ab 1865 datierende Feindschaft Dostojewskis gegenüber Iwan Turgenjew. Der – von uns ohnehin hypothetisch transkribierte – Ausdruck »Lakaienseele«

konnte in den Briefen Dostojewskis an Turgenjew nicht nachgewiesen werden.

S. 202 *In diesen Tagen waren ja Berge wie z. B. der Brenner von brennender Aktualität:* In der ersten Februarhälfte des Jahres 1926 kam es zu einer kurzen, aber dramatischen Konfrontation zwischen Deutschland und Italien wegen Mussolinis Südtirolpolitik. Nach Abschluß der Verträge von Locarno begann in Deutschland eine Kampagne gegen die Italianisierung Südtirols, die Mussolini als Einmischung entschieden zurückwies. In mehreren Reden bezeichnete er die Unverletzlichkeit der Brenner-Grenze als eine Lebensfrage Italiens. Nachdem der rhetorische Schlagabtausch bis zu einer impliziten Kriegsdrohung Mussolinis eskaliert war, setzten Mitte Februar 1926 Verhandlungen ein, die im Dezember 1926 zum deutsch-italienischen Schiedsvertrag führten.

S. 203 *»Glaube und Heimat« von Karl Schönherr:* Dieses Schauspiel erzielte in der Saison 1910/11 auf den Bühnen Wiens, Münchens und Berlins einen Sensationserfolg. In den folgenden Jahren entwickelte es sich zu einem der meistgespielten deutschsprachigen Theaterstücke, das auch auf zahlreichen Provinzbühnen zur Aufführung kam. In geschickter Dramaturgie stellt es die Vertreibung der Protestanten aus Österreich zur Zeit der Gegenreformation dar. Walser dürfte es 1912 bei einem Ferienaufenthalt in Riebnitz oder Putbus auf Rügen gesehen haben.

S. 204 *In Beantwortung der für mich beinah mädchenhaften Frage:* Am 20. 9. 1927 schreibt Walser an Frieda Mermet: »Die Neue Zürcher Zeitung wandte sich per Herr Arnet, einer Nebenredaktionsstelle, mit der leider nicht sehr geistreichen Bitte an mich, welchem Herbstferienort ich allfällig den Vorzug gäbe, welche Sorte von vulgärer Anfrage ich unbeantwortet ließ.« (Briefe, 305) Tatsächlich fehlt in der am 23. 9. 1927 publizierten

Umfrage ein Beitrag Walsers. Indessen belegt der vorliegende Entwurf, daß Walser, ungeachtet seiner despektierlichen Äußerung gegenüber Frieda Mermet, durchaus ernstlich um eine Beantwortung bemüht war. Auf die Umfrage wird auch noch auf einem weiteren, unveröffentlichten ›Mikrogramm‹-Text (Nr. 425) Bezug genommen.

S. 205 *Wünschte ich's, so könnte ich noch heute meine dortigen Befreundeten bitten:* Gemeint sind der Pfarrer Ernst Hubacher und dessen Bruder, der Bildhauer Hermann Hubacher, die in Faulensee ein Landhaus besaßen, wo Walser in den zwanziger Jahren wiederholt zu Besuch weilte. Vgl. dazu das Prosastück »Wie sich etwa ein Gast benähme« (SW 17, 203; GW IX, 352), Ernst Hubachers Erinnerungen »Der letzte Poet« (in »Der kleine Bund«, 8. 7. 1955) sowie Hermann Hubachers kurze Bemerkung in »Ein Tagebuchblatt aus dem Frühsommer 1944« (in »Neue Zürcher Zeitung«, 26. 5. 1957).

S. 206 *aber ich schulmeistere meine Langezeit:* ›Langiziit‹, schweizerdeutsch für ›Sehnsucht‹.

S. 209 *Was das für eine interessante Theaternacht war:* Walser bezieht sich auf die Aufführungen von Hugo von Hofmannsthals »Das Salzburger große Welttheater«, die vom 12.-25. 8. 1927 auf dem Berner Münsterplatz stattfanden.

S. 211 *In der Teufelsfigur durfte ich (...) einen vielgenannten Essayisten erkennen:* Der Kritik des »Bund« vom 15. 8. 1927 zufolge wurde die Teufelsfigur von einem Schauspieler namens Oskar von Xylander verkörpert.

S. 212 *Eine Hinrichtung fand in der Ferienzeit statt:* Gemeint sind die Todesurteile gegen Sacco und Vanzetti, die in der Nacht vom 22. auf den 23. 8. 1927 in Boston vollstreckt wurden. Der Exekution ging eine dramatische Folge von Rekursen und Gnadenappellen voraus, die von weltweiten Solidaritäts- und Protestaktionen begleitet waren. Im Zusammenhang mit der Hinrichtung kam es auch in der Schweiz zu Anschlägen und Ausschreitungen, insbesondere in Genf, wo die Demonstranten das Völkerbundsgebäude stürmten und die Scheiben des Sitzungssaales wie des Foyers mit Steinen einwarfen. Vorher hatte die Menge, wie der »Bund« in seiner Abendausgabe vom 23. 8. 1927 berichtete, u. a. »das Schuhgeschäft Walk-Ower ausgeplündert, die Schuhschachteln zum Teil in den See geworfen, zum Teil gestohlen.«

Mit der ruhigen, plumpen Wucht eines (...) Bärs: Vgl. dazu den Brief an Frieda Mermet vom 31. 8. 1927, in dem Walser schreibt: »Ihnen für Ihr letztes Paket herzlich dankend, dessen Inhalt ich schätzte, erhob ich gegen einen Kollegen spaßhalber die Tatze, indem ich mich als Bären maskierte, wobei ich von einem neuen Feuilleton spreche.« (Briefe, 303)

Manet malte einst ein wundervolles Gartenbild: Bei dem beschriebenen Gemälde handelt es sich um »Das Ehepaar Guillemet im Wintergarten« (1879), das Walser womöglich noch aus den Staatlichen Museen Berlin kannte.

S. 217 *Ein Theaterdichter betitelt sein neues Stück (...) »Der bessere Herr«:* Das am 12. 1. 1927 uraufgeführte »Lustspiel in zwei Teilen« von Walter Hasenclever (1890-1940) lautet korrekt, mit dem unbestimmten Artikel: »Ein besserer Herr«.

S. 221 *Diesen Aufsatz über Frank Wedekind:* Bereits im Prosastück »Bildnis eines Dichters« (SW 17, 172; GW X, 247) hat Walser ein Porträt Frank Wedekinds gezeichnet. Parallelen bestehen auch zum Text »München« (SW 16, 269; GW IX, 61). Wedekinds Stück »Musik« erschien 1908 bei Albert Langen in München.

S. 223 *Klara:* Eine Klara tritt u. a. auch im »Gehülfen« auf.

Ob beide Figuren auf die gleiche reale Person zurückgehen und wer diese gegebenenfalls gewesen sein könnte, ist indessen unklar.

S. 224 *Dieser Minister:* Zweifellos hat Walther Rathenau zu diesem phantasierenden Porträt Modell gestanden. Rathenau muß auf Walser, der ihn um 1907 in Berlin kennengelernt hatte, einen starken ambivalenten Reiz ausgeübt haben, wie beispielsweise auch aus den entsprechenden Passagen des »Räuber«-Romans (Bleistiftgebiet III, 21 ff.) sowie einem unveröffentlichten ›Mikrogramm‹-Entwurf auf Blatt 480 hervorgeht. Auch in seinem 1918 erschienenen Prosastück »Zwei Männer« (SW 16, 194; GW VIII, 248) hatte sich Walser bereits mit Rathenau auseinandergesetzt.

S. 228 *dessen Abfassung und Publikation vielleicht um seiner Gelungenheit willen:* Bei »Gelungenheit« wäre die schweizerdeutsche Bedeutung ›Merkwürdigkeit‹ in Rechnung zu stellen.

S. 229 *Wenn sich übrigens Ibsen vielleicht aus der Lektüre Keller'scher Werke eine Magd herausgeholt hat:* Was Keller betrifft, bezieht sich Walser zweifellos auf die Dienstmagd Regine in der gleichnamigen Novelle des »Sinngedichts«. Als »Ibsen'sche Magd« dürfte die gleichfalls Regine genannte Figur im Stück »Gespenster« angesprochen sein. Außer der Namensgleichheit, der häuslichen Funktion und einer zweideutigen gesellschaftlichen Zugehörigkeit haben die beiden Gestalten wenig gemein. Zudem sind beide Werke im selben Jahr, 1881, erschienen.

in einem vorübergehenden Wienferienaufenthalt: Der Vater des Dichters, Johann Rudolf Keller (1791-1824), weilte keineswegs ferienhalber in Wien, sondern arbeitete dort, zwischen 1812 und 1816, während beinahe vier Jahren als Geselle beim Drechslermeister Johann Düno. Verbürgt sind hingegen die von Walser erwähnten Theaterbesuche Rudolf Kellers, zumal er damals in unmittelbarer Nachbarschaft des Theaters an der Wien lebte.

mütterlicherseits sei französische Art auf ihn übergegangen: Kellers Großmutter mütterlicherseits, eine gebürtige Elisabeth Rägis (1754-1819), stammte aus Neuchâtel.

S. 230 *Mir kam neulich die Wiedergabe eine[s] Liebesbriefes des Dichters, über den ich hier referiere, zu Gesicht:* Zweifellos der Liebesbrief vom 16. 10. 1847 an Luise Rieter, auch wenn der Ausruf »Rette mich!« darin fehlt und Keller erst 1861 zum Staatsschreiber des Kantons Zürich gewählt wurde.

S. 231 *ihm komme Keller wie ein Ausklang (...) vor:* Vgl. dazu »Der erste Schritt«, wo Walser schreibt: »Gottfried Kellers Lebenswerk stelle ein Ausklingen dar; heutzutage sehne man sich jedoch mehr als je zuvor nach Anfängen, vertraute mir vor noch nicht langer Zeit ein äußerst ruhiger Führer an, der nicht nur sein näheres Vaterland, sondern in ausgedehnterem Sinn die gesamte Menschheit zu fördern, wenn nicht vielleicht sogar aus Abgründigkeiten herauszuziehen aufs aufrichtigste bestrebt ist.« (SW 19, 210; GW XI, 211 f.)

S. 232 *Ich vermag nicht viele Worte zu machen:* Wie aus dem nachfolgenden Text *Zärtlich oder wenigstens freudig stimmt mich die Erwartung* hervorgeht, bezieht sich Walser auf folgende Werke: Puschkins Romanfragment »Der Mohr Peters des Großen« (geschrieben 1827, veröffentlicht 1837); Stendhals »Le rouge et le noir« (1831), darin das Kapitel 19; Flauberts »Education sentimentale« (1869), darin das 6. Kapitel des zweiten Teils. Die inhaltlichen Übereinstimmungen werden von Walser korrekt wiedergegeben, doch während seiner Annahme im Falle Flauberts eine gewisse Plausibilität zukommen mag, ist sie aus chronologischen Gründen bei Stendhal auszuschließen, obwohl gerade Stendhal in seinem Frühwerk hemmungslos vorgegebene Literatur ausbeutet.

S. 235 *gnädiges Fräulein:* Als heimliche Adressatin dieses Textes darf die von Walser mehrmals auf diese Weise angesprochene Brieffreundin Therese Breitbach gelten.

S. 236 *der vor ihm schrieb und liebte:* Stendhals Grabstein auf dem Pariser Friedhof Montmartre trägt den Spruch »Scrisse. Amò. Visse«.

S. 237 *Simon, eine Liebesgeschichte:* Das Prosastück erschien zuerst im April 1904 in der Münchner Zeitschrift »Die Freistatt« und wurde später in den Sammelband »Geschichten« von 1914 (SW 2, 15; GW I, 119) aufgenommen.

S. 238 *Nie, nie gibt es bei einem Erzähler meines Kalibers:* Möglicherweise bezieht sich Walser beim vorliegenden Prosastück auf die dritte Szene des ersten Aktes von Shakespeares Tragödie »Othello«.

S. 247 *zu deren Beschreitung mir das Buch eines Freundes Anlass gab:* Max Brod: »Die Frau, nach der man sich sehnt«, Zsolnay Verlag, Wien 1927. Olivios pikante Wanderung, wie auch der Name des Helden, sind von Walser frei erfunden. Zu Walsers übriger Beschäftigung mit Brods Roman, siehe das Prosastück »Hier wird kritisiert« (XI, 275) sowie die darauf bezüglichen Briefe an Max Brod vom 4. 10. 1927 und vom November 1927, ebenfalls den Brief an Otto Pick vom 5. 10. 1927 (alle Briefe, 310-314) und die entsprechenden Ausführungen im Nachwort des vorliegenden Bandes.

S. 250 *»Die Verführerin«:* Dasselbe Büchlein regte Walser auch zum Prosastück »Die Halbweltlerin« (SW 18, 311; GW X, 413) an, dessen Entwurf auf dem ›Mikrogramm‹-Blatt unmittelbar folgt.

S. 253 *diese Trinkerin von Tränen:* Vgl. dazu auch die Prosastücke »Die Tränentrinkerin« (SW 19, 376; GW XI, 377) und »Ich schrieb der Tränentrinkerin« (SW 20,

96; GW XII, 94). Der Entwurf zum ersten dieser beiden Texte findet sich ebenfalls auf einem Kalenderblatt, und zwar auf Nr. 40.

S. 256 *indes sich vielleicht in dieser Zeit ein Bibliothekar irgendwie und -wo mit Sichten und Ordnen von allerlei Schriften nützlich machte:* Vgl. »Mondscheingeschichte« (SW 19, 390; GW XI, 391), wo diese offenbar einem Trivialroman entstammende Figur ebenfalls auftritt.

S. 257 *beleuchte ich hier mit möglichst wenig Worten einen Film:* Es handelt sich dabei, wie Walser S. 261 korrekt angibt, um den Film »Mutter, dein Kind ruft«, der am 27. 9. 1923 in Berlin uraufgeführt wurde. Er beruht auf der Novelle »Brennendes Geheimnis« von Stefan Zweig (1911 im Band »Erstes Erlebnis«), die von Hanns Janowitz für die Leinwand adaptiert wurde. Regie führte Rochus Gliese.
Eine Zeitschrift, die einen Aufsatz über Byron enthielt: Da der vorliegende Text mit hoher Wahrscheinlichkeit auf Ende April 1926 datiert werden kann, handelt es sich möglicherweise um »Die literarische Welt« vom 16. 4. 1926, die unter dem Serientitel »Wie sie starben« Paul Wieglers Aufsatz »Lord Byron« brachte.

S. 258 *Eine der Nebenfiguren dieses Films (...) wurde nämlich von einer Schauspielerin wiedergegeben, die ich eines Tages persönlich kennenzulernen das Vergnügen hatte:* Gemeint ist die Schauspielerin Gertrud Eysoldt (1870-1955), die Walser in seiner Berliner Zeit kennenlernte. Damals gehörte sie zum Ensemble von Max Reinhardts »Deutschem Theater«. Die Rolle des Knaben im Film wurde von Gertrud Eysoldts Sohn Peter interpretiert.

S. 259 *die »Letzten Briefe« Foscolos:* Der Roman »Letzte Briefe des Jacopo Ortis« von Ugo Foscolo (1778-1827) erschien erstmals 1802.

S. 267 *aber Nützlichsein auch nicht bezaubernd:* Unterhalb

dieses Gedichtes steht – leicht abgesetzt und in markanter Schrift – der folgende Appell: »Protegieren Sie mich, meine Herren, dann seh' ich nicht mehr eigenbrötlerisch aus.«

Eigentlich kannte ich nie, / (...) ich mich lebendig empfinde: Das ganze Gedicht 349/I wird von einer geschweiften Klammer umschlossen, neben der folgendes notiert ist: »Das muß besser / gesagt sein./ Aber ich mein' es tatsächlich / ernst.

Ich habe dich klein gemacht / und frech dazu gelacht./ Es geschah wie von allein.

Ich bin jetzt / von einer Talentlosigkeit im / Gedichtemachen, daß es mir / ganz grauset ob mir.

Ich habe es im Sinn,/ aber es will mir nicht herauskommen.

Einmal sagte einer zu mir: Sie wollen immer süße Speisen haben.

Diese zahlreichen Essays, die ich schrieb, sind schuld.

Die vielen Essays, die ich schrieb,/ sind schuld, daß ich nicht treu dir blieb./ Während ich dich aus dem Aug' verlor,/ wuchs ich zum Europäer empor.

Doch genug für heute./ Ich bin heute wirklich keine Nachtigall.«

S. 275 *sie las die Handel:* Gemeint ist die österreichische Schriftstellerin Enrica Freiin von Handel-Mazetti (1871-1955), deren zahlreiche historischen Romane weite Verbreitung fanden.

S. 287 *was ich hier schrieb,/ verdanke ich einem Brueghelbild:* »Landschaft mit dem Sturz des Ikarus«, Gemälde von Pieter Brueghel d. Älteren, gemalt um 1558, aufbewahrt in den Musées Royaux des Beaux-Arts in Brüssel. Vermutlich sah Walser dieses Bild in jener Berner Ausstellung belgischer Kunst, über die er im April 1926 Frieda Mermet berichtet: »Vor allem gibt es da zwei Maler die Prügel oder besser Brueghel geheißen haben, der eine wurde später zum sogenannten Hexenbrueghel ernannt oder erhoben, weil er Hexenangelegenheit zu Bild brachte, während man den zweiten Bauernbrueghel nannte. Letzterer ist der größere. Er malt wunderbar. Seine Bilder sind zugleich ausgezeichnet als Kunst und muten dabei wie geistvolle Erzählungen an.« (Briefe, 270)

Du liebst mich ja«: Vgl. dazu das Ende des ›Mikrogramm‹-Entwurfs *Im Balkan kam mal eine Zwischenhändlerin vor,* wo die gleiche Szene geschildert wird (Bleistiftgebiet I, 166).

S. 295 *Schaufenster:* Der Titel des Gedichts ergibt sich nicht nur aus dem letzten Vers, sondern findet sich mit vier anderen auf Blatt 348, in ein Kästchen eingerahmt, notiert (vgl. unsere Tafelabbildung). Die anderen Titel sind »Rachesonett«, »Georg Brandes«, »Albums«, »Die Zeitschrift«.

S. 300 *Renoir malte zauberhaft mild / einstmals ein Frauenbild:* Gemeint ist das 1867 gemalte Bild »Lise« von Auguste Renoir, das sich im Folkwang-Museum in Essen befindet. Inwiefern sich die oben angesprochene »angenehmste aller Lisen« auf das Renoir-Gemälde oder auf Walsers Schwester Lisa bezieht, bleibe dahingestellt. Interessanterweise existiert eine Fotografie von Lisa Walser, die sie in ähnlicher Pose und Gewandung (mit Sonnenschirm, Hut und dunkler Schleife) wie die Frauenfigur auf Renoirs Bild zeigt. (Siehe das Insel-Taschenbuch »Robert Walser, Leben und Werk in Daten und Bildern«, Hrsg. Elio Fröhlich und Peter Hamm, S. 79.) An das nämliche Gemälde erinnert auch das Gedicht »Renoir« (SW 13, 170; GW VII, 319), das ebenfalls auf einem Kalenderblatt (Nr. 227) entworfen wurde.

Hohes, schönes Mädchen: Zu Marie Bashkirtseff vgl. S. 29 ff. und die dazugehörige Anmerkung.

S. 303 *Eines Tages ging spazieren:* Links neben diesem Gedicht stehen noch einige Verse eines Fragments, die folgendermaßen lauten: »Worin ich eines Tages dringe,/ ob ich mich um's Leben bringe/ oder sogenannterma-ßen singe,/ dann darf ich schon im Wäldelein/ den [...] einen Blick verleih'n./ Mir ist, woraus die Bäume ... [bricht hier ab].

S. 307 *In seinem Uferwirtshause gab's Krakehl / vonwegen einem Juwel / von entlaufenem Sklaven:* Möglicherweise bezieht sich Walser auf den Schwarzen Bolivar im 14. Kapitel von Gerstäckers »Flußpiraten des Mississippi« (1848).

S. 310 *Laß mich ein Thema heute wählen:* Den gleichen Stoff hat Walser auch im Prosastück »Das Fabrikmädchen und der Fabrikherr« (Bleistiftgebiet I, 130 ff.) und in der dramatischen Szene *Der Fabrikbesitzer, Marta, ...* (S. 351 ff. in diesem Band) gestaltet.

S. 315 *O Trauer:* Längs dieses Gedichts steht das folgende fünfzeilige Notat, dessen nähere Bewandtnis sich nicht bestimmen läßt: »Motto:/ Der Saubub stürmt immer, während seine kontinuierliche/ Aufgabe die ist, immer nur die andern drauflosstürmen zu lassen./ Sauerei! Die sämtlichen sonstigen Dichter dürfen stürmen, so viel sie/ wollen. Nur ich soll in einem fort artig lächeln.«

S. 323 *Was halten Sie von diesem Missirilli:* Männliche Hauptfigur in Stendhals Carbonari-Novelle »Vanina Vanini« in den »Chronique italiennes« (1855).

S. 327 *Dichter, Hausfrau:* Walser scheint diese Szene am 1. 7. 1927 an Otto Pick eingesandt zu haben; im Begleitbrief schrieb er: »Ich füge noch eine Unterhaltung zwischen einer Frau, die gestorben ist, und einem Dichter, den Sie wiedererkennen werden, bei.« (Briefe, 302) Vorbild der gestorbenen Frau ist einmal mehr jene Witwe, Frau Emma Lenz-Gräub (gest. 8. 3. 1925), bei der Walser an der Kramgasse 19 gewohnt hatte und der er – sie sitzend, er stehend – in der Küche zu erzählen und vorzulesen pflegte (vgl. S. 95 ff. und die entsprechende Anmerkung).

S. 328 *Ich bestieg neulich den Niesen:* Vgl. dazu Seeligs »Wanderungen mit Robert Walser«, Aufzeichnung vom 15. 4. 1938: »Einmal wanderte ich um zwei Uhr nachts von Bern nach Thun, wo ich am Morgen um sechs Uhr ankam. Mittags war ich auf dem Niesen, wo ich vergnügt ein Stück Brot und eine Büchse Sardinen vertilgte. Abends war ich wieder in Thun und um Mitternacht in Bern, natürlich alles zu Fuß.«

S. 329 *Frienisberghöhe:* Beliebter Aussichtspunkt bei Seedorf (Kanton Bern).
jener Besonnene und gleichzeitig Eifrige: Der Bildhauer Hermann Hubacher, den Walser in den zwanziger Jahren mehrmals in seinem Ferienhaus in Faulensee besuchte.

S. 330 *Habsburg:* Schweizer Stammsitz der Habsburger bei Brugg, Kanton Aargau.

S. 338 *Der Vortragsveranstalter / Der Dichter:* Für den 8. 11. 1920 wurde Walser auf Veranlassung von Emil Schibli zu einem Vortragsabend beim Zürcher Lesezirkel Hottingen eingeladen. Wie in der vorliegenden Szene beschrieben, wanderte der Dichter zu Fuß von Biel nach Zürich und wurde vom Präsidenten der Gesellschaft, Hans Bodmer, gastlich aufgenommen. Auch die Leseprobe fand offenbar in der von Walser geschilderten Weise statt. Anders aber als in der dramatischen Szene hielt Walser an seinem Entschluß, gegen Bodmers Verdikt dennoch zu lesen, nicht fest: An jenem Abend im Kleinen Tonhallesaal las ein Redakteur der »Neuen Zürcher Zeitung« (Hans Trog) Walsers Texte, und der Dichter saß als applaudierender Zuhörer in der vordersten Reihe. Siehe dazu die 1957 niedergeschriebene Erinnerung von Emil Schibli: »Die Vorlesung. Kleiner Beitrag zu einer Biographie Robert Walsers.« (abgedruckt in »Über Robert Walser (I)« von K. Kerr) und Mächler, 116 f.

S. 341 *Der Chef, Ein jugendlicher Commis, Meier von der*

Stadt, Meier vom Land: Nach langen Jahren hat Walser hier wieder einmal eine ironische Gestaltung seiner Zürcher Bankcommis-Zeit unternommen. In vielen Details weist sie Parallelen zu früheren Texten auf, insbesondere zu »Ein Vormittag« (SW 2, 114; GW I, 218). Dort finden sich u. a. bereits die Szene mit dem Begräbnis eines Bundesrats, die in den Büroraum hereinklingende Sängerinnenstimme, das provokante Ausradieren einer fehlerhaften Zahlenkolumne, das sogenannte ›Ausland‹-Zusammenstellen, das Leid des Helden mit der mangelnden Geschwindigkeit sämtlicher Uhrzeiger oder die Kollegen Meier vom Land und Meier von der Stadt. Letztere tauchen auch in der Erzählung »Germer« (SW 3, 114; GW I, 336) auf. In »Das Büebli« (SW 3, 121, GW I, 343) hat ein junger Commis ebenfalls bei der Kellnerin des »Ochsen« einen Stein im Brett. Gewisse Parallelen bestehen schließlich auch zu »Helblings Geschichte« (SW 4, 56; GW II, 56). Neu gegenüber diesen früheren Texten ist die wohlwollende Zeichnung der Chef-Figur.

S. 344 *er habe die Julirevolution miterlebt:* Aufstand in Paris vom 27.-29. 7. 1830, bei dem König Karl X. gestürzt wurde.

S. 351 *Der Fabrikbesitzer, Marta:* Im ersten Heft der von Walter Muschg herausgegebenen Zeitschrift »Annalen« wurde für die zweite Nummer ein Beitrag von Walser mit dem Titel »Fabrikbesitzer und Fabrikmädchen« angekündigt. Wahrscheinlich handelte es sich dabei um den vorliegenden Text, der indessen nicht erschien. Bezüglich Walsers Mitarbeit an den »Annalen« siehe auch Briefe, 285 f.

S. 354 *Eine Krankenschwester:* Vorbild dieser Figur, die im »Räuber«-Roman unter dem Namen Selma auftritt (vgl. Bleistiftgebiet III, 94 u. 232), dürfte Frau Bertha Winter gewesen sein, bei der Walser vom Mai 1924 an ein halbes Jahr gewohnt hat (Fellenbergstraße 10).

Auch im »Tagebuch«-Fragment spielt Walser auf diese Vermieterin an: »Bald wohnte ich eine Zeitlang bei einer aus durchaus eigenem Ermessen, also freiwillig aus ihrem Dienst ausgetretenen Krankenschwester.« (SW 18, 75; GW X, 77)

S. 356 *aber ich las bei Stendhal:* Im 3. Kapitel des zweiten Teiles (»Mémoires sur Napoléon«) seiner »Vie de Napoléon« (1838).

S. 357 *Nun existiert ja ein Theaterstück, betitelt »Marie und Robert«:* Gemeint ist das Mundartstück »Marie und Robert« des Schweizer Autors Paul Haller (1882-1920). Es wurde 1916 im Februarheft der Zeitschrift »Schweizerland« erstgedruckt, und zwar unmittelbar vor Walsers Prosastücken »Widmann«, »Wanderung« und »Kleines Landstraßenerlebnis«.

S. 359 *Der Pechvogel, Der Wappeninhaber, Das Engelchen:* Wahrscheinlich wurde die vorliegende Szene vom Calderon-Schauspiel »Die Andacht zum Kreuz« (La devoción de la cruz) von 1634 angeregt. Der »Pechvogel« würde demnach Eusebio, der »Wappeninhaber« dem Sieneser Patrizier Curcio und das »Engelchen« dessen Tochter Julia entsprechen. Bei Calderon spielen sich die Vorgänge in einem Kloster ab, wie ja auch Walser ein klösterliches Ambiente andeutet und die Frömmigkeit der weiblichen Figur pointiert. Auch Eusebio monologisiert vor der schlafenden Julia, bevor er sich anschickt, sie zu entführen, aber schließlich vor dem Wunderzeichen eines Kreuzes auf ihrer Brust zurückschreckt. Das Degenduell mit dem Vater findet freilich, unter anderen Voraussetzungen, erst später statt, und die bei Calderon etwas krud aufgetragenen inzestuösen Verwicklungen fehlen bei Walser ganz, wenn sie auch Eusebio vollends zu einem »Pechvogel« machen. Zum Calderonschen Protagonisten paßt wiederum ausgezeichnet Walsers Hinweis auf die Wald-Szenerie (S. 360), da sich Eusebio hauptsächlich mit einer Räuberbande im Wald aufhält, nachdem er unwissentlich Julias und damit seinen eigenen Bruder umgebracht hat.

S. 361 *Beispielsweise war Goethe der Ansicht:* In einem Brief vom 1. 2. 1808 schreibt Goethe an Kleist: »Auf jedem Jahrmarkt getraue ich mir, auf Bohlen über Fässer geschichtet, mit Calderons Stücken, mutatis mutandis, der gebildeten und ungebildeten Masse das höchste Vergnügen zu machen.«

S. 367 *Der Erste, Der Zweite, ...:* Oberhalb dieser Szene und dem Gedicht »Erzählung« stehen quer über die ganze Blattbreite verteilt zwei dreizeilige und zwei vierzeilige Kolumnen von lyrischen Notaten, die sich in zwei Teile zu gliedern scheinen und die in ihrer fragmentarischen Form von Walser offenbar verworfen wurden (wie einige Bleistiftstricheleien andeuten). Es ergibt sich folgendes Bild:
»Wie kannst du schnödes / bösartiges schönes blödes / Leben zuschauen; / das nicht merkte [... ...]
Gehen wir in's Bettelein, / daß die armen Eltern fein, / die sich um uns sorgen müssen,
unbenommen können sein, ⟨ihr Gesicht, das sie uns zeigen⟩ / sind wir ihnen nicht vielleicht
überlegen in gewissem Sinne, / nichts wird uns das [...] / [...] zu [... ...] / Fröhlichkeit, die [...] nicht weiß.«
Unterhalb dieser Kolumnen steht das gestrichene zweizeilige Notat:
»Friß mir ein bißchen aus der Hand, Fräulein [...] / Können Sie auch so ein artiges Gedichtelchen machen?«

S. 374 *die hunderttausend Mark, die ich dir um die Zeit zu beliebigem Gebrauch überließ:* Vgl. dazu die entsprechenden Stellen im »Räuber«-Roman (Bleistiftgebiet III, 11 u. 214), im ›Mikrogramm‹-Text »Göttin der Dichtkunst, bitte, bitte!« (Bleistiftgebiet I, 85), sowie in den Prosastücken »Der Trottel« (SW 18, 279; GW X, 379) und »Neujahrsblatt« (SW 19, 96; GW X, 97). Ein Hunderttausend-Mark-Geschenk, das Walser erhalten und womöglich weitergereicht hat, ist biographisch nicht belegt.

S. 389 *eine ihm befreundete Redaktion:* Es handelt sich hierbei um die Feuilletonredaktion des »Berliner Tageblatts«, das die fünf erwähnten Prosastücke zwischen dem 19. 11. 1926 (»Der kleine Freiherr«) und 13. 1. 1927 (»Ein unartiger Brief«) brachte.

S. 390 *Bühnenbesprechung:* Das Reinschrift-Manuskript dieses Textes sandte Walser am 29. 4. 1926 an Otto Pick nach Prag (siehe Briefe, 276).

S. 397 *Einem ausländischen Zirkus wurde die Einreise in hiesige Stadt (...) nicht bewilligt:* Zahlreiche Motive des vorliegenden Textes scheinen auf die Lektüre des Berner »Bund« in der Woche vom 19.-25. 2. 1927 zurückzugehen. Am 21. 2. 1927 meldet das Morgenblatt des »Bund«, daß der Zirkus Hagenbeck keine Erlaubnis für ein Gastspiel in Bern erhalten habe. In der gleichen Nummer berichtet die Zeitung von der Streiksituation in England und der bedrängten Lage der britischen Truppen in Schanghai. Des weiteren wird eine Soirée der rumänischen Botschaft zu Ehren des Schweizer Bundesrats für den Abend des gleichen Tages angekündigt, was Walsers Erinnerungen an den Besuch des rumänischen Königspaars wachgerufen haben könnte. Im Mittagsblatt des 24. 2. 1927 ist der Budgetvorschlag des Berner Stadttheaters abgedruckt, der städtische Subventionen in der Gesamthöhe von 362 500 Franken ausweist. Im Abendblatt desselben Tages findet sich ein Artikel über die »Russische Dichtung der Gegenwart«, in dem ein sowjetischer Kritiker – ebenso wie Walser – die mangelnde Qualität der zeitgenössischen russischen Literatur beklagt. Ein Beispiel für die ›problematische Wirkung‹, die die sowjetische Politik,

Walser zufolge, nach überallhin ausübe, bringt der »Bund« ebenfalls am 24. 2. 27 in seinem Bericht vom Konflikt, der wegen sowjetischer Unterstützungszahlungen an die streikenden englischen Arbeiter zwischen den Regierungen beider Länder ausgebrochen war. Bei dem Leitartikel, der Ungarn lobend erwähnt, spielt Walser womöglich auf den Aufmacher der Beilage »Für die Frauen« vom 19./20. 2. an, in dem von einer Ausstellung ungarischen Kunsthandwerks anerkennend berichtet wird. In den Umkreis der »Bund«-Lektüre gehört schließlich, daß mit dem Essayisten, der früher in Rumänien Kinder wohlhabender Familien unterrichtet habe, Hugo Marti, der Feuilleton-Redakteur des Blattes, gemeint ist.

S. 399 *bei einer gutherzigen Witfrau logierte, die mir erlaubte, ihr den Mietzins zeitweise schuldig zu bleiben:* Diese Erinnerung scheint Frau Ida Weiss zu gelten, bei der Walser im Jahr 1902 an der Spiegelgasse 23 in Zürich wohnte. Auch Joseph Marti im »Gehülfen« dankt einer Frau Weiss für ihre Geduld bei fälligen Mietzinszahlungen (SW 10, 18; GW V, 16), ebenso tut dies Simon Tanner im Prosastück »Brief von Simon Tanner« (SW 3, 8f.; GW I, 230f.).

Auch die Schweiz: Walser spielt hier offensichtlich auf die Vorovsky-Affäre an. Am 10. 5. 1923 war Vaclav Vorovsky, der sowjetische Delegierte an der Meerengenkonferenz von Lausanne, in seinem Hotel während des Abendessens erschossen worden. Der Täter Moritz Conradi, ein in Petersburg geborener Sohn eines Schweizer Fabrikanten, stellte sich zwar sofort der Polizei, wurde jedoch im folgenden Prozeß freigesprochen. Ein bundesgerichtliches Revisionsverfahren gegen dieses Urteil, das als Rechtfertigung politischen Mordes gewertet werden kann, unterblieb. Sogar der Schweizer Bundesrat schien Verständnis für die Motive des Mörders aufzubringen und lehnte eine offizielle

Beileidserklärung an die sowjetische Regierung ab. Die Vorovsky-Affäre war einer der maßgeblichen Gründe, warum die Schweiz und die UdSSR erst nach dem 2. Weltkrieg diplomatische Beziehungen zueinander aufnahmen.

S. 400 *Eine schöne Frau kehrte eines Abends mit einem denkbar vergnügten Lächeln auf den Lippen nach Hause zurück:* Bei dem zweibändigen Roman, der sich auf dieser Eingangsszene aufbaue, handelt es sich um Tolstois »Anna Karenina«. Walser vertauscht allerdings die Rollen, da es – wie im Text *Ich gehorche einer Einladung* auf S. 191 werkgetreu nacherzählt – bei Tolstoi der Herr des Hauses ist, der lächelnd heimkehrt.

S. 401 *Wahl des Nationalratspräsidenten, die charakteristisch, d.h. zeitgemäß ausfiel:* Anfang Dezember 1926 war der freisinnige Politiker Paul Maillefer anstelle des designierten Sozialisten Robert Grimm zum Schweizer Nationalratspräsidenten gewählt worden. Grimm war einer der führenden Köpfe des Landesgeneralstreiks von 1918 gewesen und galt der bürgerlichen Mehrheit des Parlaments deswegen als untragbar (vgl. Briefe, 289 ff.).

Editorischer Bericht

Beschaffenheit und Herkunft der Manuskripte

Die im vorliegenden Band edierten Texte hat Walser rückseitig auf die Blätter des »Tusculum«-Kalenders für das Jahr 1926 notiert, der im Heimeran Verlag, München, erschienen war. Es handelt sich dabei um einen Wochenkalender mit eingestreuten Illustrations- und Anzeigenseiten. Da diese paginiert sind, läßt sich der originale Zustand des Kalenders leicht rekonstruieren. Erhalten haben sich 157 Blatt-Hälften im Format 17,4 × 8 cm, darunter das komplette Kalendarium. Nur zu einer Abbildung fehlt die hälftige Entsprechung, wobei es sich offenbar um S. 79 handelt. Insgesamt dürfte der Kalender nicht mehr als 80 Seiten (= 5 Druckbogen à 16) umfaßt haben, so daß allenfalls ein Deck- oder Abschlußblatt verlorengegangen ist. Für eine annähernde Vollständigkeit des Konvoluts spricht auch die Tatsache, daß zu fast allen Texten, die Walser in den Jahren 1926-28 publizierte, ›Mikrogramm‹-Entwürfe vorliegen. Nur für die Prosastücke »Waldfest« (II), »Detektivroman« und »Liebesgeschichte« waren bislang keine Bleistift-Erstfassungen nachzuweisen.

Probleme der Entzifferung

Im Vergleich zu den Manuskripten aus den Jahren 1924-25 fällt zunächst auf, daß Walser seine Schrift weiter verkleinert und verdichtet. Auf den rund 137 cm² einer Kalenderblatthälfte bringt er im Durchschnitt 5-6 Druckseiten unter, d. h. etwa 20-30 % mehr, als dies bei den früher edierten Manuskripten der Fall war. Erschwerend kommt hinzu, daß Walser – als Tribut an die schlechtere Papierqualität – einen weicheren, mithin schneller abstumpfenden Bleistift verwendet. Der Strich wird deswegen rasch unpräzise, was die Kenntlichkeit des Wortbildes bisweilen erheblich beeinträchtigt. Gravierend wirken sich außerdem die unvermeidlichen Störungen des Schreibvollzuges aus, seien sie durch eine Verkrampfung der Hand, durch Einflüsse der Schreibunterlage oder durch nachträgliche Korrekturen des bereits Notierten bedingt. Die Schwierigkeiten, die aus diesen Faktoren erwachsen, sind um so größer, je kleiner die Schrift wird.

Häufig ergaben sich auf diese Weise Wortbilder, die, isoliert betrachtet, eine ganz andere Entzifferung nahelegen, als der Kontext zuläßt. Der schrittweisen Erarbeitung eines stimmigen Sinnzusammenhangs, dem dialektischen Prozeß von Bestätigung und Korrektur einzelner Textpartien im Verhältnis zum Ganzen, kam deswegen bei den vorliegenden Manuskripten eine erheblich größere Bedeutung zu als bei den ersten drei Bänden unserer Edition. Im besonderen Maß gilt dies für kleinere Wörter wie »ein«, »eine«, »mir«, »wir«, »nie«, »wie«, »und«, »um«, »nur«, »nun« oder »nicht«, »ist«, »einst« etc., deren Buchstabenbild meist zu einem unspezifischen Partikel verschliffen ist. Hier ließ sich die Bedeutung fast nur über den Kontext gewinnen. Es bleibt zu hoffen, daß die skrupulöse Kasuistik, die in all diesen Abwägungsfällen betrieben wurde, zu Lösungen geführt hat, die sich jeweils vom Gesamttext her rechtfertigen.

Besondere Schwierigkeiten gaben in diesem Zusammenhang die Gedichte auf, die meist flüchtiger als die Prosa notiert sind, deren Wortmaterial zudem heterogener und deren Kontext offener ist. Mehrfach stellte sich hier die Alternative zwischen einer kühneren und einer weniger kühnen Entzifferungslösung. In diesen Fällen gebot die editorische Seriosität, das weniger kühne Wort zu bevorzugen und die gewagtere Idee, sofern es sich um ausschließliche Alternativen handelte, als Variante aufzunehmen. Häufig schien es uns jedoch am redlichsten, an solchen Stellen eine Lücke zu lassen. Unwägbarkeiten ergaben sich auch dadurch, daß Walser mitunter über Wortentstellungen zu Reimen gelangt, so z. B. im veröffentlichten Gedicht »Die Entwicklung« (»Wunde/Blunde«). Derartiges wäre auch bei den hier vorgelegten Gedichten in Einzelfällen denkbar, z.B. auf S. 279 (»Könnte man mir danken / müßte ich die Augen s*an*ken«). Dem Text solche Intentionen beizulegen wäre indessen zu spekulativ, weswegen an solchen Stellen der normale Wortlaut eingesetzt wurde.

Ein ähnliches Problem ergab sich bei der Frage der Apostrophierungen. Verschiedentlich scheint in den Gedichten eine Rhythmisierung beabsichtigt zu sein, ohne daß die dazu notwendige Apostrophierung und Silbenelision zweifelsfrei erkennbar wäre. Dabei gilt es auch Walsers Bekenntnis zu berücksichtigen, daß ihm »Taktfehlerchen« in Gedichten jeweils »eine Separatfreude schenken« (SW 19, 88; GW XI, 89). Ironische Rhythmusbrüche, vorgeschützte Ungeschicklichkeiten gehören demnach wesentlich zum Konzept seiner Lyrik. Das Schriftbild erlaubt jedoch häufig nicht festzustellen, welche Intention vorliegt – die zur Rhythmisierung oder die zur Störung des Versmaßes. Aus diesem Grund wurden nur bei eindeutig gebundenen Formen, z.B. bei Sonetten, Apostrophierungen vorgenommen. Zudem eignet den Gedichten, weit mehr als der Prosa, das Vorläufige des Entwurfs. Mit Sicherheit hätte sie Walser bei der Reinschrift noch erheblich verändert und überarbeitet. Dies gilt insbesondere für inkohärente Stellen wie auf S. 268 (»... Hasen und Rehen/ ...Win*de* weh*en* / *der* ihr ... nahen müßt«). Die Entscheidungen, die in solchen Fällen getroffen werden mußten, sind im Abschnitt »Editorische Eingriffe und gestrichene Stellen« offengelegt. Die Unebenheiten des Entwurfs wollten und durften unsere Transkriptionen indes nicht beseitigen, zumal in ihnen auch ein Reiz erblickt werden kann.

Schreibweisen

Hinsichtlich Orthographie und Zeichensetzung der hier vorgelegten Texte waren die gleichen Richtlinien maßgebend, die schon für die früheren Bände der Edition galten und die in Bleistiftgebiet II, 586 ff. ausführlich dargelegt sind.

Demnach wurden gemäß heute geltender Duden-Norm korrigiert:
– Fehlschreibungen deutscher Wörter,
– Fehlschreibungen von Fremdwörtern,
– Fehlschreibungen von Namen,
– fehlerhafte bzw. anachronistische Großschreibungen,
– fehlerhafte Getrennt- bzw. Zusammenschreibungen.
Entgegen heutiger Duden-Norm wurden belassen:
– falsche idiomatische Wendungen,
– regionale Spracheigentümlichkeiten,
– aus rhythmischen Gründen gesetzte Kommata.
Eingefügt wurden:
– notwendig erscheinende Bindestriche, die Walser generell wegläßt,
– syntaktisch notwendige Kommata.

Datierungsfragen

Im Gegensatz zu den früher edierten Kunstdruckblättern scheinen die Kalenderblätter als solche bereits Datierungshinweise zu enthalten. So liegt die Idee nahe, Walser könnte die Blätter jeweils vollgeschrieben haben, nachdem die darauf angezeigte Woche vergangen war. Oder zumindest scheint denkbar, daß Walser die Papiere in ihrer ursprünglichen Reihenfolge benutzt haben könnte. Beides ist nicht der Fall. Vergleicht man beispielsweise die Erscheinungsdaten der veröffentlichten Texte mit den Blättern, auf denen sie notiert sind, so ergibt sich, daß verschiedene Prosastücke bereits *vor* dem Datum der entsprechenden Kalenderwoche publiziert waren. Dies gilt u. a. für »Das Glückskind« und »Freundinnen«, die auf dem Blatt vom 5.-12. Dezember und der nachfolgenden Illustrationsseite entworfen wurden, aber bereits am 31. 8. 1926 bzw. 28. 9. 1926 erschienen waren. Mithin gibt es keine Korrelation zwischen dem Kalendarium und dem Zeitpunkt der Textentstehung. Auch die Hoffnung, Walser könnte bei der Beschriftung der Blätter ihre Abfolge ein-

gehalten haben, sieht sich schnell enttäuscht. So sandte er am 29. 4. 1926 die Prosastücke »Bühnenbesprechung« und »Stil« an Otto Pick; ersteres findet sich auf S. 53 des Kalenders, letzteres auf S. 4. Da beide jedoch aus der gleichen Entstehungszeit stammen müssen, bleibt nur die Schlußfolgerung, daß Walser den Kalender von Anfang an nicht als solchen verwendete, sondern schon im Frühjahr 1926 die Blätter größtenteils herausgerissen hatte, um sie in zunächst nicht erkennbarer Reihenfolge vollzuschreiben. Die einzig gesicherte Datierung, die vom Kalender selbst abgelesen werden kann, ist der Dezember 1925 als terminus post quem; vorher kann ihn Walser kaum besessen haben.
Die Datierung der Texte muß sich demnach, wie schon bei den Kunstdruckblättern, auf die Auswertung verschiedener Indizien stützen, als da sind:
– Erscheinungs- oder, sofern vorhanden, Einsendedaten publizierter Texte,
– implizit oder explizit erwähnte Tagesereignisse, Veranstaltungen, Theateraufführungen, Kinofilme etc.,
– Parallelen zu Briefen und zu spezifischen Stellen innerhalb des Werks,
– textliche Überlappungen zu datierbaren Blättern,
– jahreszeitliche Motive, Hinweise auf Wohnsitze etc.,
– Lage der Blätter innerhalb des Konvoluts.
In Frage kommen dabei sowohl die veröffentlichten als auch die hier entzifferten Texte.
Die umfänglichen Recherchen, bei denen auch Zeitungen und Zeitschriften der Jahre 1926/27 berücksichtigt wurden, ergaben eine erhebliche Anzahl von Hinweisen, von denen einige zum Exempel aufgeführt seien.
So bezieht sich beispielsweise der Text »Schützenfest« (Blatt 303) auf das »Eidgenössische Schützenfest 1926«, das vom 17.- 26. Juli genannten Jahres in Bern stattfand. Gleichzeitig geht er auf den berühmten Riedel-Guala-Giftmordprozeß ein, der zu gleicher Zeit in Burgdorf verhandelt wurde. In »Wissen und Leben« (Blätter 283, 284, 285) werden erwähnt: das »Internationale Tennisturnier« von Bern (30. 8.-5. 9. 1926), das Manöver

der dritten Division (30. 8.-10. 9. 1926) und, unter falschem Titel, der Film »Der rote Kurier« (ab 31. 8. 1926 in Bern). Das »Erzherzogs-Prosastück« (Blatt 11) geht auf den Film »Der fesche Erzherzog« (ab 27. 7. 1927 in Bern) zurück. Die »Glosse auf eine Premiere von Mozarts Don Juan« (Blatt 293) bezieht sich ebenso wie »Über Mozarts Don Juan« (Blatt 297) und die entsprechenden Stellen im »Tagebuch«-Fragment (Blätter 299, 310) auf die Premiere, die am 8. Oktober 1926 im Berner Stadttheater über die Bühne ging. Bei den Vorträgen, auf die Walser in »Was sie für einen Erfolg hat« (Blatt 93) anspielt, handelt es sich um Veranstaltungen Alfred Kerrs und C. G. Jungs vom 21. bzw. 23. Februar 1927 in Bern. Das Prosastück »Maskerade« (Blatt 373) schildert Eindrücke eines Fasching-Maskenballs vom 20. 2. 1926 im Berner Kursaal Schänzli. Das Gedicht »Festzug« (Blatt 74) hingegen wurde vom »Bärnfest« (3./4. 9. 1927) angeregt. Bei dem in »Wahrheiten« (Blätter 349/361) erwähnten Zyklon ist das verheerende Unwetter im Schweizer Jura vom 15. Juni 1926 gemeint. Das Prosastück »Exposé« (Blatt 375) gibt einen Überblick über weltpolitische Konstellationen und Probleme, wie sie im Frühjahr 1926 bestanden. Der »Kleist-Essay« und »Weiteres zu Kleist« (Blätter 398, 402) wurden anläßlich von Kleists 150. Geburtstag (18. 10. 1927) geschrieben (Einsendung an Otto Pick am 13. 10. 1927). Zum Büchner-Porträt »Ein Dramatiker« (Blatt 42) ließ sich Walser durch die Annonce für eine »Leonce und Lena«-Aufführung inspirieren, die am 14. 12. 1926 in Bern stattfand. Rilkes Tod (26. 12. 1926) hat Walser ebenso umgehend zu einem Gedicht veranlaßt wie der von Georg Brandes am 21. 2. 1927 (Blätter 36 und 348).
Soweit die Auswahl verläßlicher termini post quem, die bereits im veröffentlichten Werk enthalten sind. Was an entsprechenden Anhaltspunkten im hier edierten Material ausgemacht werden konnte, ist in den Anmerkungen angegeben. Daneben liefern die Texte eine Fülle jahreszeitlicher Hinweise, so z. B. Vorfrühlingseindrücke im Gedicht auf Blatt 372 und im Doppelprosastück »Ich wanderte in ein Städtchen« + »In einem Städtchen« (Blätter 379, 378, 377). Aufschlußreich sind auch ein

Ostergedicht (Blatt 223), Erwähnungen lauer Sommerluft (»Autofahrt«, Blatt 23), von Badefreuden (Prosastück auf Blatt 272/273), bzw. der Verzicht auf sie (»Das Glückskind«, Blatt 316), weiterhin Schilderungen herbstlicher Witterung (»Tagebuch«-Fragment, 8. Kapitel, Blatt 309; »Wissen und Leben«, Blatt 283; Prosastück auf Blatt 288), schließlich ein Weihnachtsgedicht (»Der Christbaum«, Blatt 36) etc.

Daneben existieren zahlreiche Parallelen zu Briefen, beispielsweise die Lektüre einer Weltgeschichte (3. 1. 1927 an Frieda Mermet), die in den Prosastücken »Die leichte Hochachtung« (Blatt 92), »Der Mann mit der eisernen Maske« (Blatt 95) und »Der rote Faden« (Blatt 96) durchscheint. Auffallend ist auch die Koinzidenz der Marie Bashkirtseff-Passage im Brief an Frieda Mermet vom 12. 2. 1927 mit dem Huldigungsgedicht auf Blatt 93 und den Erwähnungen in 98/IV und 274/II. Auch die Auseinandersetzung mit Korrodi, von der Walser Frau Mermet am 19. 4. 1926 berichtet, scheint in verschiedene Texte eingeflossen zu sein, beispielsweise in die Prosastücke auf den Blättern 368 und 369.

Hervorgehoben seien schließlich noch einige Indizien auf Walsersche Wohnsitze. Besonders gut erkennbar ist jeweils die Wohnung im Elfenauweg 41, die Walser vom Dezember 1925 bis Ende April 1926 innehatte. Sie lag im Erdgeschoß, ihr gegenüber ein Hügel, von dem aus man in sein Zimmer sehen konnte (siehe »Freundinnen«, Blatt 373). Vor dem Fenster spielen Kinder (»Brief an ein Mädchen«, Blatt 127), mit denen sich Walser gerne unterhält (Prosastück auf Blatt 125), die ihm einen »Übernamen« nachrufen (»Hamlet-Essay«, Blatt 176) und deretwegen Walser schließlich in Konflikt mit einer Mitbewohnerin kommt (Brief an Frieda Mermet vom 22. 4. 1926, Prosastück »Mutter und Erzieher« auf den Blättern 342/347).

Verknüpft man all diese Hinweise, berücksichtigt man ferner die ursprüngliche Zusammengehörigkeit der jeweiligen Blatthälften und korreliert dies mit der Lage im Konvolut, so ergibt sich für die meisten Blätter eine einigermaßen genaue Datierungshypothese, die in der 5. Kolumne der Übersichtstabelle (S. 502 ff.) eingetragen ist. Beruht eine solche Angabe lediglich auf der Lage innerhalb des Gesamtkonvoluts und der Verbindung zur zugehörigen anderen Blatthälfte, wurde die Einschränkung »vermutlich« hinzugesetzt. Als Resultat aller Einzeldatierungen steht fest, daß die Kalenderblätter etwa zwischen dem Februar 1926 und dem Oktober 1927 Walser als Schreibpapier für seine Entwürfe dienten. Wie die Anschlüsse der Blätter 23, 124 und 423 zeigen, verwandte Walser im gleichen Zeitraum auch noch andere Papiere, weswegen das hier vorgelegte Material nicht die Geschlossenheit des Kunstdruckblatt-Komplexes besitzt. Nichtsdestoweniger dürfte es die überwiegende Menge von Walsers Produktion jener beiden Jahre beinhalten.

Bernhard Echte

Editorische Eingriffe und gestrichene Textstellen

Entsprechend den früheren Bänden sind hier wiederum jene von uns vorgenommenen Korrekturen aufgeführt, die nicht bereits im Text durch eckige Klammern kenntlich gemacht wurden. Über vereinheitlichende Maßnahmen in der Orthographie informieren summarisch die editorischen Berichte der vorliegenden Ausgabe sowie der Bände Bleistiftgebiet II (S. 586 ff.) und Bleistiftgebiet III (S. 242 ff.). Von den gestrichenen Stellen geben wir grundsätzlich nur solche an, die gegenüber dem endgültigen Wortlaut interessante inhaltliche Varianten bieten. Bei einzelnen Fällen soll der punktuell wiedergegebene Manuskriptbefund Einblick in die Probleme editorischer Abwägung und Entscheidung gewähren.

Zum Verständnis der folgenden philologischen Anmerkungen ist zu beachten:

Gestrichene Passagen stehen zwischen spitzen Klammern 〈 〉, während überflüssige, von Walser versehentlich nicht gestrichene Textpartikel mit runden Klammern () gekennzeichnet sind. Ein nach spitzen Klammern stehender Asterisk markiert eine überschriebene Stelle. Bei der Prosa und den dramatischen Szenen wurden 36 Zeilen pro Seite durchgezählt; bei der Lyrik erfolgte die Zeilen-Numerierung für jedes Gedicht separat. Im übrigen gilt die in der Vorbemerkung erläuterte Notierungsweise.

Prosa

S. 11, 5/6   Leser- und Leserinneneinwilligung] 〈im Maiengrün〉 [, landschaftliche Eindrücke
S. 12, 12   vorzustellen, dem] (die) [Fortunas Launenhaftigkeit
S. 12, 18   Raubtierpracht] (von) [stärker zu imponieren
S. 16, 10   und es gibt in Lokalen] 〈, die von〉 (in denen) [Handharfentöne] 〈zittern〉 [im Verein mit

S. 20, 17/18	Schaffende schlafen] (nicht) [und Schlafende schaffen
S. 21, 21/22	innerhalb der Gaststube, die sich] (geschmeichelt fühlen) [durch mein Anwesendsein
S. 22,6	Mangel, den] (mir) [vielleicht einige mir zu Liebe
S. 22, 12	Weil er vermute[te], ich hielte ihn] (für) [hin
S. 22, 13	und schien beleidigt] *Letzteres Wort ist mit einer unleserlichen Variante überschrieben.*
S. 23, 25/26	gegenwärtigem Beitrag] (in gewisser Hinsicht) [günstigenfalls konstatiert
S. 24, 32/33	Er besitze im] (rohen) ⟨Zustand der⟩ (U) [Naturzustand
S. 26, 34/35	Es ist] ⟨also wünschenswert, d.h. es⟩ (ist) [also nicht gleichgültig
S. 28, 26	sie aus ihren] ⟨...⟩ (ihren) [Enttäuschungen
S. 30, 7/8	ja beinah unverschämt vor.] ⟨Aber ihr wißt wohl⟩ [Schon daß
S. 31, 28	Was kommen will und soll, kommt ja doch.«] *Das Schlußzeichen wurde von uns gesetzt.*
S. 32, 1/2	zu spielen schienen, die hängenden, grünenden Blätter] ⟨-lagerungen⟩ [, die wie Bücher
S. 32, 34	Drinnen lag natürlich] (ein) [in den Kissen ein Kind
S. 34, 12/13	sagen wir einem] (Tolstoi) ⟨oder Dostojewsky⟩ [Turgenjewroman lesend
S. 34, 24	Ihnen geht es gewiß auch so,] *Gestrichener Anfang des Gedichtes*: ›Das haben sie ja‹
S. 35, 4/5	überhaupt nicht oder] ⟨verspä⟩* [erst spät
S. 35, 6/7	Gegebene Versprechungen scheinen] *im Manuskript* ›scheint‹, *da eine frühere Version lautet:* ›Das gegebene Versprechen scheint‹.
S. 37, 35	Nachtlagers erhebt, um] ⟨an die Erfüllung seiner⟩ [in seinen Pflichtenkreis
S. 39, 1/2	aufbewahrt werden] *im Manuskript* ›wird‹.
S. 40, 29/30	durch eine gewisse mäßige Eingebildetheit] *im*

	Manuskript: ›durch ein gewisses mäßiges ⟨einge-bildetes⟩ Eingebildetheit‹.
S. 42, 27	Zellen des meinigen zu leiten sein möchte?«] *An-führungs- und Schlußzeichen von uns gesetzt*.
S. 42, 36	hoch genug geschätzt werden zu könnender Schönheit] *im Manuskript eigentlich*: ›nicht hoch genug (zu) schätzen ⟨der Schönheit⟩ werden könnender Schönheit.
S. 43, 15	zu überzeugen, huschte ich] (mich) [weich
S. 45, 1/2	ein geheimes Komplottmitglied] (ist) [als ein offi-zieller Beauftragter
S. 46, 10	beleben, hochheben kann, [und] alle] *im Manuskript*: ›beleben, hochheben kann. Alle‹.
S. 46, 23	in Bezug auf ihr seelisches] *im Manuskript* ›seeliges‹.
S. 47, 3	diesen Adlige-Küchenmädel-wundervoll-Finden-den] *im Manuskript* ›diesen adlige Küchenmädel wundervoll-findenden‹.
S. 49, 26	Jetzt aber betrat] (in) [in der Tat ein Mann
S. 50, 26	unerhört hübsch, und daß] *im Manuskript* ›das‹.
S. 51, 5	O, wie ich] (mich) [fromm geworden bin
S. 51, 16	»Eine] ⟨Fürstin⟩ [Schöne verlor ihren Sohn.«
S. 51, 26-28	Wundervollerweise flog der Schmerz... Uner-wünschtheit behelligte.] *im Manuskript*: ›Wun-dervollerweise (verflog mir ein) flog der Schmerz von mir weg, indes ich dies hinschrieb, der mich mit seiner Unerwünschtheit behelligte, als ich sie aufzusetzen anfing‹. *Der letzte, versehentlich nicht gestrichene Nebensatz wurde von Walser durch den Einschub* ›beim Beginn vorliegender Zeilen‹ *ersetzt*.
S. 53, 16/17	und dem es wieder nicht gelänge] *im Manuskript* ›gelinge‹.
S. 57, 18	indem sie vorzutäuschen versuchen] *im Manu-skript* ›versuchten‹.

S. 60, 3	denn es] ⟨wäre⟩* [würde vielleicht] ⟨für⟩ ⟨die⟩* [den Menschen] (gut), ⟨wenn sie weder Lächerliches sogleich belachen noch⟩ [ein gutes Zeugnis ausstellen
S. 65, 13/14	und ich vermag] (es) ⟨für möglich zu⟩ [mir zu denken
S. 66, 13	recht viel heraus, Liebchen, und du] *im Manuskript* ›das‹.
S. 68, 5/6	täglich zu versuchen, dir eines Irrtums] *im Manuskript* ›dich‹.
S. 68, 20	Verschmähen einer Eintrittsmöglichkeit in mir] *Das nachträglich eingefügte* ›in mir‹ *steht irrtümlicherweise unterhalb des Zeilenendes bei* ›Eintritts‹.
S. 68, 32	an ihm findend, an ihm] ⟨entdeckend⟩ [erkennend
S. 71, 1	Ich liebe meinerseits viele, die] (nimmer) ⟨mehr⟩ [es nie hören
S. 74, 9	und woran Ihr Takt Sie] ⟨dennoch⟩ [daher in jeder Hinsicht
S. 74, 17	dächte, daß] ⟨Ihnen bündig gesagt⟩ [Sie] (ein) [[von] Geburt aus
S. 74, 24	beispielsweise das Eingesperrt] (-sein) [-werden in einen
S. 77, 10-12	»Hätten Sie nicht lieber ... kommen lassen sollen?«] *im Manuskript*: ›Sollten Sie nicht lieber ... kommen lassen sollen?‹
S. 79, 19	aufbäumten, als wenn sie] (mich) [meine Freunde
S. 81, 9/10	Respekt vor ihm ein](-zu)[-flößen zu müssen
S. 85, 11	wie die Lieblosigkeit selber] (in den) [in meinen übrigen
S. 87, 14	Der Bühnenraum mochte] *im Manuskript* ›möchte‹.
S. 88, 10	wie in einem Frühlings (...)] *Das beabsichtigte Kompositum wurde nicht fertiggeschrieben.*

S. 89, 5	stark betonte] ⟨Höflichkeit⟩ [Dankbarkeit indiskret
S. 89, 7	daß ich Preziosa] ⟨vorgesetztenmäßig⟩ [mit völlig aus der Luft gegriffenem
S. 89, 12	von einem] (so) [figürlich so wenig umfangreichen
S. 89, 16	»Wie er's versteht,] ⟨ihr die Überzeugung beizubringen⟩ [sie zu beschwichtigen«,
S. 89, 20	Gesamtheit meiner Unduldsamkeiten] ⟨besäßen eine entschiedene⟩ [bedeuteten eine
S. 90, 8/9	Welch eine Menge von Pflichten mich nicht seither zerstreut hat.] *im Manuskript* ›haben‹.
S. 90, 28	fabelhaft schön.] (Von) [Wieviel Unintelligenz
S. 92, 1/2	im nicht nötig zu haben Glauben] *im Manuskript* ›glauben‹.
S. 92, 4	durchaus echten Liebhabers anvertraute.] *im Manuskript* ›anzuvertrauen‹.
S. 92, 32	sprudelnden Kabaretto,] *vor* ›Kabaretto‹ *ein irrtümlich nicht gestrichener Partikel.*
S. 94, 10	fiel es ihr ein,] (zu) ⟨sagen⟩ [mir zu erklären.
S. 94, 31/32	Handschuhen bedeckt,] ⟨womöglich die Handschuhe von schwarzer⟩ [und sie hätte womöglich] (an) ⟨der einen der Hände⟩ [einen ausschließlich ihr angehörenden,
S. 95, 25	lebhaft pulsiert und schlägt, das] *im Manuskript* ›daß‹.
S. 98, 24/25	Geschichten?] (Ist nicht jeder) [Versteckt sich nicht hinter jedem Erzähler
S. 99, 20	mir das Gefühl übermittelte, der] *im Manuskript* ›die‹.
S. 100, 35	mich] (in alle) [in sämtliche Räumlichkeiten des Hauses
S. 101, 13	am wohlsten] *im Manuskript* ›wöhlsten‹.
S. 105, 4	als fröhlich über] (meine) [die Selbstverständlichkeit

S. 106, 11	bloß auf Sofas] (sich) [in aller Vergnüglichkeit eingebil[de]ten
S. 106, 30	die Menschheit leide an einer zu] (zu) [leise
S. 107, 26	empfindsamste] ⟨Geschöpf⟩ [Patronin besessen hätte
S. 109, 10	das Gewand des Anstandes] (um) [der Sittlichkeit wegen
S. 111, 24/25	nicht genannt zu sein liebt.] (Die schönsten) [Unter den
S. 113, 15	die wie die Vögel mit schimmerndem] *im Manuskript steht vor* ›schimmerndem‹ *ein vermutlich als gestrichen anzunehmender Silbenpartikel.*
S. 113, 16/17	durcheinanderflogen und wie] (Blumen und) [Kinder aus den Wegen
S. 116, 17	zu verbieten,] (seelig) [Störungen im Tempel
S. 116, 28	Wüstendörferdurchquerers, der] *im Manuskript* ›das‹.
S. 117, 7/8	das mir] *im Manuskript*: ›das mich hier‹ ⟨in die⟩ [......] ⟨eines⟩* [zu einem kleinen Roman
S. 117, 15/16	Inanspruchgenommensein.] (Noch nicht) [Ich befaßte mich
S. 117, 28	auf das Wort Jesu] *im Manuskript* ›Jesus‹.
S. 117, 35	eine uns [in] beschlagnehmende] *im Manuskript* ›eine auf uns beschlagnehmende‹.
S. 118, 16	mich nach Begegnung] (von) [mit Gleichgültigen.
S. 119, 8	daß ich mir strengste] (die) [Diskretion
S. 121, 3	an einem Tischchen und benütze] *im Manuskript* ›benüzte‹.
S. 123, 26	Tatsache, daß in [ihrem] Klang] *im Manuskript* ›daß sie ⟨dem ...⟩‹.
S. 124, 31/32	mit einem Lächeln] (des) ⟨vor allem sich Selbstbefriedigens überreichen⟩ [des Überzeugtseins, sie] (sei riesig artig) ⟨zu mir⟩ [benehme sich mir gegenüber vornehm

S. 124, 34	einem Gescheiten, dem die eigene Gescheitheit] *im Manuskript vor* ›Gescheitheit‹ *ein von oben eingeschobener unleserlicher Partikel.*
S. 125, 1/2	Wohlgefallen vor allem an sich] (sich) [selbst zu finden, da wir] (uns dann) [samt und sonders dann
S. 125, 6	gesehen hatte, wie ich] (beabsichtigen) [[mich]beeilen wollte
S. 125, 18	Eine Magd] ⟨phantasierte einmal⟩ [erzählte folgendes
S. 127, 11	gemacht worden war.»Meine Schlankheit] *Anführungen hier und am Schluß des Textes von uns gesetzt.*
S. 129, 3/4	ein Philosoph lachte, um] ⟨nicht zu klug⟩ [zu versuchen
S. 129, 26	in keiner Weise] ⟨Erschrockenen⟩ [Ungehaltenen zu sagen
S. 133, 19	Essen vorgesetzt worden sind] *im Manuskript* ›ist‹.
S. 133, 30	Er scheine ihr eine] ⟨tragische⟩ [Lebensbejahersnatur zu sein
S. 134, 33-35	der glühendkalte, eisigheiße Wein ... die er gottseidank viel zu faul] *im Manuskript:* ›der glühendkalte, eisigheiße Wein in glitzerndgeschliffenen, von der Tatsache der Leichtzerbrechlichkeit auf das Zarteste in Obhut genommen, Gläsern, die er gottseidank viel zu faul‹.
S. 135, 5/6	pompösen Nachtessens mit der geziemendsten] *Vor* ›geziemendsten‹ *steht ein möglicherweise zur oberen Zeile gehöriger, unleserlicher Partikel.*
S. 135, 13	daß er hie und da Verächtlich](-lich)[-es
S. 135, 15/16	Einige meinten,] (er) [sie könnten mit seinem Dämmerzustande
S. 135, 20/21	das groß wie eine Symphonie ist,] (nicht) [leben zu dürfen

S. 136, 16/17 kolossal zierliche Zusammenge]⟨-ballt⟩[-schobenheit[en] von durchweg

S. 136, 28/29 Wegen all [der] witzübersäten Seiten] *im Manuskript*: ›⟨Diese⟩* Wegen ⟨Seiten⟩ ⟨voller⟩* all Witz übersäten‹.

S. 136, 31/32 aus sich machte,] ⟨weinten⟩ [bekamen Damen Wehmutanfälle

S. 137, 13 umgekehrt gewesen wäre,] ⟨demnach⟩* [immerhin

S. 137, 31 führt dies Blatt vor, denn mir ist] *im Manuskript steht nach* ›Blatt‹ *ein Punkt, und der neue Satz beginnt mit* ›Mir ist‹. ›Vor‹ *und* ›denn‹ *wurden nachträglich von unten her eingefügt.*

S. 138, 1/2 schläft ein.] ⟨Wird er⟩ ⟨erst zum Erkennen seiner selber kommen. Wenn⟩ [Sobald ihn niemand kennt, wird er] *Da nach* ›wird er‹ *der Satz abbricht, wurde hier der von Walser irrtümlicherweise ersatzlos gestrichene obige Satzteil eingefügt.*

S. 138, 3/4 Warum] ⟨befaßt⟩ ⟨man⟩ [sich mit ihm befassen?

S. 138, 22 herkulische Glieder die Kraft haben, sind etwas] *im Manuskript* ›ihn‹.

S. 139, 15/16 Reichhaltigkeit des soeben] *Unterhalb von* ›Reichhaltigkeit‹ *steht am Blattende der nicht schlüssig einzuordnende Satzteil* ›dachte es einmal‹.

S. 141, 28/29 komplizierten Denken, derjenigen, die] ⟨die Augen flehend zu ihm empor⟩ [aus ihren großen

S. 143, 29 den sie hinter sich her]⟨-marschieren⟩[-flanieren

S. 143, 31 anzuschließen. Womöglich ist das] *im Manuskript* ›die‹.

S. 144, 14 rechtzeitig noch, ehe es zu spät wäre,] ⟨noch⟩ [irgend etwa Rechtes

S. 144, 25/26 Treppenhausgeschichte] *Dem Manuskript zu-*

	folge scheint Walser die Alternative ›Novelle mit der Lampe‹ *erwogen zu haben, um dann schließlich doch auf die ursprüngliche Version zurückzukommen.*
S. 144, 33	O, wie mußte] ⟨ich⟩* [sie gestern
S. 147, 30	mit der ich mich beeilt] *im Manuskript* ›beeilen‹.
S. 152, 26	umflossenen, also äußerst gemessenen] *Oberhalb von* ›gemessenen‹ *steht ein unleserlicher Partikel.*
S. 153, 23/24	seinen Künstlerkopf in die] (die) [Artistenhand
S. 155, 7	die der werdenden] (wie) [dringend als Voraussetzung
S. 155, 20/21	die sich ganz] (auf) [um ihres Ideales
S. 158, 1/2	»Warum durfte er das Spiel nicht verlieren] *Unterhalb der Zeile steht die gestrichene Einfügung:* ›wenn ich so zufrieden mit ihm würde‹.
S. 158, 3	Sagte sich das eine schöne Seele?] *Die ursprüngliche Version lautete:* ›Welche schöne Seele‹, *wobei* ›Welche‹ *irrtümlicherweise von Walser nicht gestrichen wurde.*
S. 158, 27	eins in's Gesicht, mitten] (in) ⟨sein⟩ [hinein in
S. 160, 30	(») es ist aber heute] (alles) [eine
S. 165, 6/7	verleitet worden [ist], sich zu behandeln] *im Manuskript* ›sich‹ *statt des zu erwartenden* ›ist‹.
S. 165, 12	dem Arbeiter begreiflich zu machen versucht] *im Manuskript* ›versuchten‹.
S. 165, 33	Fröhlichkeit kennt, weil für ihn] (sel. .) [die Religion etwas
S. 169, 5-7	zirka neun oder auch zehn Uhr ... Liebes- oder Ehepärchen] *im Manuskript:* ›zirka neun oder auch zehn Uhr (ein) ⟨unglücklicherweise etwas vorlautes⟩ (Liebes- oder Ehepärchen) in sehr feinem Kreise auf dem Piano phantasierend ein Liebes- oder Ehepärchen blitzähnlich‹. *Die*

	Streichung von ›unglücklicherweise etwas vorlautes‹ *wurde von Walser wieder aufgehoben, und die davon betroffenen Wörter wurden von uns an passender Stelle eingesetzt.*
S. 170, 6/7	sein Leben lang] (wegen) [bezüglich Desdemona
S. 170, 13	sein, daß er] ⟨'s über sich zu gewinnen⟩ [nachgibt.
S. 171, 22/23	Manche warme aber] (tut) ⟨es schon⟩ (und) [tut es.
S. 174, 13/14	stehe, irgend] (auf) [eine Erbaulichkeit] ⟨stü⟩* [suchen zu müssen
S. 175, 2/3	gereizt sind. Nebenbei betont wird] *im Manuskript* ›werden‹.
S. 177, 18	Mit der Erfindung] *im Manuskript* ›Erfindungen‹.
S. 178, 2	etwas ganz Wunderbares: die Sprache.] *im Manuskript Komma statt Doppelpunkt.*
S. 180, 12/13	der Zivilisation Unzählige worden] *im Manuskript* ›geworden‹.
S. 181, 20	weil sie nicht reden,] *im Manuskript*: ›⟨Sie können⟩ weil nicht (nicht) reden ⟨können⟩‹. *Das irrtümlich eingefügte zweite* ›nicht‹ *muß entsprechend der neuen Satzstruktur in ein* ›sie‹ *umgewandelt werden.*
S. 182, 26/27	werden durchaus gedämpft,] ⟨erschreckt,⟩ [gebändigt werden müssen.
S. 184, 4/5	nicht auszusprechen, wie dem] ⟨Friedlich⟩ [Liebenden
S. 184, 20/21	für vorteilhafter, für ansprechender] ⟨für⟩ (uns), (hin) [hie und da
S. 190, 26/27	zum Aufnehmen passend scheint,] ⟨zu einer kleinen Form zusammenballe⟩ ⟨gleichsam⟩ [gleichsam einen Ball formend,
S. 193, 12/13	Vergnügtsein überraschen und] (sich) ⟨nicht⟩ [deswegen nicht vergebens finden, sich zum Miß-

	vergnügtsein aufzuschwingen] ⟨vermögen⟩ (würden) [, sind das die Lieben?
S. 199, 25/26	Klangvoll soll folgendes Bekenntnis] *im Manuskript* ›Folgendes‹.
S. 200, 32	um der freien, sorglosen Art des Schaffens] *im Manuskript* ›von Schaffens‹.
S. 203, 24/25	Es ist gar nicht gesagt, daß] *im Manuskript* ›das‹.
S. 204, 1	hatte ich vor zirka] ⟨fün⟩* [vierzehn Jahren
S. 204, 11	deren Gegenwart zur Lustigkeit beiträgt.] *im Manuskript* ›beitragen‹.
S. 209, 34	wie mich nun Sternlein aus der] ⟨Himmels⟩ [Höhe herab
S. 212, 33/34	in Unrechtsangelegenheiten verantwortlich] (zu) [machen.
S. 214, 1	Europa, das] (sich) [sehr wahrscheinlich nicht
S. 214, 6/7	Gegnern entgegentrete, bin ich] ⟨ihren⟩ (entgegen) [ihren feinen
S. 214, 30/31	Eine durchweg ländliche] *im Manuskript* ›ländliches‹.
S. 214, 32	An einem Klavier saß die] *im Manuskript* ›das‹.
S. 215, 33	das die Vorgesetzte(n) in ihn] *im Manuskript* ›ihn ihn‹.
S. 216, 28	politische Persönlichkeit, von] *im Manuskript* ›von‹ *irrtümlicherweise gestrichen.*
S. 217, 1/2	auf ihn neidisch.] ⟨Aber indem ich sage daß ich⟩ (finde Indem ich ihn aber aus) ⟨Gründen des Gleichgewichtes⟩ [Indem ich das aber sage
S. 219, 15	und ich glaube nicht, daß man befugt sein kann] ›man‹ *irrtümlicherweise gestrichen.*
S. 220, 26	die Totalität seiner höchst pertürbierten] *im Manuskript eher* ›pertürbierenden‹.
S. 220, 33	schrecklicher,] (fast) [daß man ihn beinahe auslachen möchte
S. 222, 23	seine Wohnung hineinzubitten pflegt.] *im Manuskript* ›hineinzubeten‹.

S. 223, 7	sanfte Freundin von mir,] ⟨sie⟩* [die] (hieß) [Klara hieß und im Bernbietischen
S. 225, 25/26	denn eine solche scheint] (die ...) [hier erzäh[l]t
S. 226, 12	Kaffeehaus- oder Bohèmeleben, das] *im Manuskript* ›die‹.
S. 229, 26/27	denkbar ruhig und behaglich schreibe] *im Manuskript* ›behaglich zu schreiben‹.
S. 231, 5	einer Fülle von seelischer] *im Manuskript* ›seeliger‹.
S. 231, 6	möchte man glauben, melancholisch hervor. Ehe] *im Manuskript* ›hervor. ehe‹.
S. 231, 16	sich in der] ⟨Hölle⟩ [Ohnmacht zu etwas
S. 231, 34- S. 232, 1	nur für ihn selber Aussichten] (habe) [, wertvoll
S. 232, 4	nun meine ich, was ich mir] (vorgenommen) ⟨habe⟩ [vornahm] (zu) [darzutun
S. 232, 29/30	überaus selten gelingt] *im Manuskript* ›gelingen‹.
S. 235, 5	Der Humor wird] ⟨es⟩ (im) [weitaus am besten
S. 237, 5	und [da]nach wird] (eine) ⟨Geste gemacht⟩ [gegenüber dem Liebhaber
S. 237, 22/23	irgendeinem Zeitpunkt irgendeinem] (seiner) ⟨Mitmenschen⟩ [anderen Menschen.
S. 238, 5	umschweifige Vorbereitungen, die mir] *im Manuskript* ›mich‹.
S. 238, 33	auf die Orientalität nicht] *im Manuskript* ›nichts‹.
S. 239, 9	nennen kann,] *nach* ›kann‹ *ein von unten eingefügtes unleserliches, vermutlich zu vernachlässigendes Wort.*
S. 239, 32	und des Ausdirheraustretens] *im Manuskript* ›Ausdichheraustretens‹.
S. 240, 24	um das denkbar Unratsamste zu tun, etwas, was

	ich in keiner] *im Manuskript ist ›zu tun‹ von unten eingefügt, zwischen ›etwas‹ und ›was‹.*
S. 247, 31	dieser Bewerkstelligung stieg die Frage in] (mir) [meinen Kopf hinauf
S. 249, 4/5	die sich gestatteten zu lauten: »Töten] *Doppelpunkt und Anführungszeichen fehlen im Manuskript.*
S. 250, 5	voll von im Mollton gehaltenen] ⟨hochbegabten⟩ [Tollheiten
S. 250, 7	und an die er] (sich) [mitunter um die Mitternachtsstunde
S. 250, 9	und lieblichen Vorschein] (sie bereits um der und der Bestimmungen willen) [ihr geraten sein
S. 250, 30	verbundene Übung ist, daß man sie kaum] *im Manuskript ›sie‹ irrtümlicherweise nach ›kaum‹ eingefügt.*
S. 253, 10/11	sehr fremdartige Frau,] (die) [der man auf den ersten Blick] ⟨herausfordert⟩ [ansieht, wie sie gebieterisch
S. 253, 34	das Kind glücklich machte,] ⟨obgleich⟩ [indem sie
S. 254, 33	der Schwäche ein Recht zu verleihen] *unter ›verleihen‹ ein offenbar alternativ zu verstehendes unleserliches Wort.*
S. 254, 35 - S. 255, 1	Meines Bedünkens nach ... Wunsch nach Ausgleich.] *Walser hat an dieser Passage eine Reihe von Streichungen vorgenommen, bzw. Zusätze eingefügt, bei denen sich nicht immer eindeutig feststellen läßt, ob sie als alternative Formulierungen oder als Ergänzungen gedacht waren. Im einzelnen ergibt sich folgender Befund:* ›Meines Bedünkens nach] (lebt) ⟨im⟩* [besteht der] (viel) ⟨genannte⟩ (so sogenannte) [gleichsam gottgewollte Wille zum Wiederaufbau] ⟨zahlreich⟩ [von] ⟨vielfach⟩ [mannigfaltig stattgefundenen Heruntergekommen- oder Zerrissen-

	heiten in einem Wunsch] ⟨nach dem⟩ [nach Ausgleich.‹
S. 255, 13/14	oder vom Interesse an] (an) [der Zusammenballung
S. 255, 15	Balustraden voll(er) Üppigkeit] (und) [, die doch wieder
S. 256, 21	»Ich hasse alle deine Liebenswürdigkeit und] (blühe) [ernähre mich
S. 257, 12/13	etwas zu großmütig zu halten.«] ⟨Sie blickte starr⟩ [Lange beweinte
S. 257, 18/19	Was trugen sie nur schon für prächtige Gewänder.] *Ob dieser letzte Satz tatsächlich als Abschluß des Textes zu gelten hat, bleibt ungewiß, da er isoliert in eine auf dem Blatt verbliebene Lücke hineingeschrieben wurde.*
S. 257, 28	wenig Worten einen Film, der] (schon mir) ⟨darum stark⟩ [mir schon darum stark erschien
S. 257, 35	was mir] (je) [an literarischem Erzeugnis je
S. 258, 1	Unbehülflichkeiten] ⟨beim Genuß⟩ [in einem Artikel
S. 258, 26	keine allzu große Rolle] ⟨aufgehalst⟩ [auf die Schultern geladen hatte.
S. 259, 36- S. 260, 1	mit einer Erhabenheit, d.h. Innigkeit vor sie hin,] ⟨daß sie⟩ [die] ⟨sie notwendigerweise zu einem Hellauflachen veranlaßte⟩ [zur Folge hatte
S. 260, 19	nicht alle vier, denn den vierten ging] (ja) [die Geschichte ja ganz
S. 260, 36- S. 261, 1	mein Zimmerchen verließ,] (die Treppe hinuntereilte) [um zu einer Vergnüglichkeit zu eilen, stand] *im Manuskript* ›standen‹.
S. 261, 4/5	»Mutter, dein Kind ruft«,] (und im Grund war es diese Affische, die mich hinzog und anlockte) [und vielleicht zog mich hauptsächlich der Titel hin.

S. 261, 18/19   Schmerz des Besitzens, von dem] (Zerbrochenheit) [Zerbrechen der Freude

Gedichte

S. 265 (372/III), 1   Der Lärchen helle Äste] *im Manuskript* ›Lerchen‹ *und* ›Ästen‹. *Außerhalb des gegebenen inhaltlichen Kontextes würde das erste Substantiv eher die Lesart* ›Berge‹ *nahelegen.*

S. 266 (358/II), 6   vor dem Tempel dünkte den] *Die gestrichene ursprüngliche Version dieser Zeile lautet:* ›und nicht zu wissen, weshalb, das dünkte den‹.

S. 268 (281/II), 6   lust, wie wenn] (ein) [Kinder

S. 268, 11   liebt es, wenn der Wind weht,] *im Manuskript* ›wenn die Winde wehen‹, *entsprechend dem Reimzwang. Da aber im weiteren der Singular steht, mußte die obige Korrektur vorgenommen werden.*

S. 270 (362/II), 16   ⟨durft'⟩ (ich) [konnt' leider ich kein einz'ges Mal noch küssen,

S. 270, 25   wieder vorkommt. [... ...]] *Infolge der starken Beschädigung des Manuskriptblattes sind zwei oder drei Zeilen des Prosakommentars unleserlich, bzw. verlorengegangen.*

S. 271 (307/II), 5/6   wie sehr mir der] / ⟨Fensterentfliegende⟩ [Gesang gefiel und wer

S. 271, 10/11   von einem lieben Weib] / ⟨in die Höhe rankte⟩ / [entfaltete. O, wie ich schwanke,

S. 271 (324/II), 6/7   Der ist ein großer Tor,] / ⟨der nicht für immer sich mit sich wagt zu verbin-

S. 271/272, 8-13	den,⟩ / [der sich sein schätzenswertes Ohr nicht stopft und nicht im Nu imstand ist zu erblinden,] / (wenn er sein Wohlbefinden) / ⟨der riskiert, der nicht riskiert, sich an sich selbst zu binden⟩ / (ich) ⟨selbst bin es, mit⟩ (an) ⟨dem ich mich will⟩ (binden) / [der seines Wünschens Kind nicht kann erfinden.] / (Durchaus nicht bedeutungslos) [Die Schleier bei den Frau'n in frühern Jahren] / ⟨Gewiß⟩ [nicht ohne Bedeutung waren. / Daß diese unsere Zeit so tief herunterkam,] / ⟨mag daher kommen⟩ (hat kein Verständnis mehr für Scham) / [darin besteht wohl manches guten und k[l]ugen Menschen Scham.
S. 272, 21	bis ihr's wieder respektiert,] ⟨ohne das ihr doch nicht finden könnt⟩ [das euch niemals gönnt,
S. 272, 26	was anderes habt ihr nicht aus euch gemacht als das,] *Die gestrichene ursprüngliche Version dieser Zeile lautet:* ›noch umkreist euch das‹.
S. 272, 30	Ich bin fröhlich wie nur einer] *Da diese und die folgenden Zeilen in einer gesonderten Kolumne rechts neben den vorangehenden stehen, ist nicht auszuschließen, daß sie ein eigenes Gedicht bilden. Für eine Zusammengehörigkeit spricht allerdings die der Zeile 30 vorangestellte gestrichene Sequenz* ›ich werde dann‹, *zumal sie sich folgerichtig an die Zeile 29 anzuschließen scheint.*

S. 275 (43/IV), 5	Alles] (woll'n) [wünscht, er wäre krank,
S. 275, 14	über die hab' amüsiert] *Die gestrichene ursprüngliche Version dieser Zeile lautet*: ›glänzend unterhalten hab‹.
S. 276, 17/18	Spielen ähnelt nicht von fern / dem Gespöttzunichtemachen.] *Die versehentlich nicht gestrichene ursprüngliche Version dieser beiden Zeilen lautet*: ›Spielen ist so lieb und schön / wie das Spielzuschandenmachen.‹ *Eine weitere Variante zu Zeile 17 wurde ebenfalls versehentlich nicht gestrichen*: ›Spielen] (liegt so) [ähnelt nicht von] (meilen) [fern‹.
S. 276, (43/V), 18	Willst du den Schnee zum Mann bekommen,] *Ursprünglich*: ›Willst du einen Mann bekommen‹. *Ob die Zeilen 18-27 tatsächlich zu diesem Gedicht gehören und nicht ihrerseits ein separates Gedicht bilden, ist nicht ganz eindeutig zu klären, da sie durch das Gedicht 43/IV vom vorangehenden Teil abgetrennt werden. Immerhin kommt der Lesart ›Schnee‹ in Zeile 18 eine hohe Plausibilität zu.*
S. 278 (308/IV), 2	wenn mich nicht hier] *im Manuskript* ›wenn's mich nicht hier‹.
S. 278, 14	Hat mich denn muntrer Glauben] *unter* ›muntrer‹ *die Einfügung* ›mich selber‹, *die vielleicht als Variante an Stelle von* ›mich denn‹ *erwogen wurde*.
S. 278, 15-21	Ach, ach, ... ich an dich dachte.] *Auf der Höhe dieser Zeilen stehen links einige nur sehr unsicher lesbare*

	Bruchstücke, deren Zugehörigkeit sich nicht feststellen läßt.
S. 280 (309/II), 28-30	verachte, verachte. / Und ihr] (... deswegen) / ⟨duldet solche Sitte⟩ / ⟨ in eurer Mitte⟩ / ⟨achtet einen so ganz und gar nicht braven⟩ / [duldet mich noch. O schämt, o schämt euch.] / ⟨Ihr wißt ja doch alles, alles.⟩ / ⟨Da euch doch alles längst bekannt ist⟩ / [Ihr kennt mich, wie mich kennt meine Hand
S. 281 (330/II), 21	Lebenszeichen zu vernehmen] *im Manuskript* ›vernähmen‹.
S. 282 (330/III), 31	sich zu] (angegebener) [gegeb'ner Stunde
S. 282 (331/III), 8	präsentiert sie sich] *im Manuskript* ›Präsentiert‹ *großgeschrieben.*
S. 283 (331/IV), 5	nicht freuen, weil] (dir) [der Lärm dir zuwider ist
S. 284, 26	sich] (zwinge) [nicht zu verachten zwingt
S. 283, 12- S. 284, 27	alsdann zündest du dir ... einsam.] *Das zum oberen Prosastück (S. 121) quer in die untere linke Ecke hineingeschriebene Gedicht ist in insgesamt fünf willkürlich verteilten Versgruppen notiert, nämlich einer ersten (Zeilen 1-11), einer zweiten (12-18), einer dritten (19-22), einer vierten (23/24), und einer fünften (25-27). Es ist von daher nicht völlig auszuschließen, daß die sinngemäße Abfolge nach der ersten Gruppe verlaufen müßte: erste → dritte → zweite → vierte → fünfte Gruppe, nämlich:* ›an den Äußerlichkeiten, / die du, wenn

du dich / deiner erfreuen willst, / liebend und dich daran erlustigend / abspiegelst, / alsdann zündest du dir / die fröhlichen Kerzen / des Umgangs mit dir selber / mit spielender Leichtigkeit an. / Alles Innere also stammt / aus Bildern, aus Erlebtem der / Mannigfaltigkeit der Welt. / Ohne Erfahrung verödet dir / das Reich, wovon du sprichst. / Niemals ist, wer das Leben / sich nicht zu verachten zwingt, / einsam.‹

S. 285 (44/II), 29　　(dir) [hier] ⟨in Freud⟩ [ich gern dir] (ich) [zur Verfügung steh'.

S. 285 (45a/II), 14　　alle Innerlichkeiten auf die Knie mir sanken] *Im Manuskript steht diese Zeile zwischen den beiden Terzinen und ersetzt offenbar die zwei verworfenen (wenn auch nicht gestrichenen) Abschlußverse:* ›sank ich auf meines Bettes Flanken / [. . . . . .] ⟨dem lieben Gott⟩ zu danken.‹ *Das Reimschema dürfte die Möglichkeit ausschließen, daß Walser nicht etwa ein Sonett, sondern ein aus vier Quartinen bestehendes Gedicht intendiert hat.*

S. 287 (45a/III), 44/45　　über das gemeine Leben / uns emporzuheben] *Die ursprüngliche, irrtümlicherweise nicht gestrichene Version dieser Zeilen lautet:* ›das uns hoch hinauf mag heben‹.

S. 287 (45a/IV+45b/I), 12　　die üppige und dennoch schlanke Katze,] *Die gestrichene ursprüngliche Version dieser Zeile lautet:* ›⟨die womöglich⟩ (allem Anschein) ⟨nur viel zu hübsche Katze⟩‹.

S. 287, 14 »Du liebst sie ja«,] (schrien) [versicherten draußen die Winde

S. 288 (34/I), 1 Ihr Nadelstiche alle, seid gegrüßt] *Voraus geht eine nach drei Zeilen abgebrochene Version des Sonetts:* ›Allen diesen vielen Nadelstichen / hab' ich sicher manches zu verdanken. / Wie sonst viel wen'ger ausgeglichen‹.

S. 289 (34/III), 9 wünsche] ⟨die⟩* ⟨Unermeßbarkeit⟩ [dein Herzeleid

S. 289, 10/11 an einem Zipfel von seinem schönen Kleid] / ⟨flüchtig⟩ [spielend zu erhaschen.] *Die ursprüngliche, versehentlich nicht gestrichene Version dieser Zeilen lautet:* ›am Zipfel zu erhaschen‹.

S. 290 (41/II), 1 O, wie] (ich) ⟨einst⟩ [damals im] ⟨unzweifelhaften⟩ [ausgedehnten Schlaf,

S. 290, 13 daß ich voll Höflichkeit sie] (wolle) [hinnahm

S. 290, 20/21 Unausgeglichenheiten dämpfte /] [......] *Es folgen noch drei – leider unleserliche – Zeilen mit den Reimwörtern:* ›sagte‹ / ›klagte‹ / ›durchjagte‹.

S. 291 (41/IV), 15 Daß diese hier so hold auf ihn kann bauen!] *Im Manuskript fehlen Großschreibung von* ›Daß‹ *und Ausrufezeichen.*

S. 292, 20-23 für das Richt'ge hält ... legt vom Geflügel] *im Manuskript* ›für das Richt'ge hält, / zitternd galant. Mach doch ein bißchen schneller / legt vom Geflügel‹. *Der Vers* ›zwischen beiden

	⟨von Zeit zu Zeit⟩ etwa ein Wörtchen fällt‹ *wurde von Walser seitwärts eingefügt, so daß* ›zitternd galant‹ *dem Vers* ›legt vom Geflügel‹ *zugeordnet werden mußte.*
S. 292, 31	sie mach' um ihren] (Mann) [Eh'mann sich nicht Sorgen,
S. 292, 36	Infolgedessen fort mit dir jetzt, Feder!] *im Manuskript stehen die nicht gestrichenen Varianten*: ›Ich darf daher beiseitetun die Feder‹ *und* ›lege dich daher‹.
S. 294 (94/II), 16	bestand ihr] ⟨feuerroter⟩ (rosaroter) ⟨dunkelblauer⟩ [lilienweißer Todeskuß.
S. 294, 17	»In flitterbestickter Mitternacht] *im Manuskript* ›In‹ *kleingeschrieben und nicht mit Anführungszeichen versehen.*
S. 294, 20	nachdem er sie zuvor gehörig hatte ausgelacht.] *Dieser letzten Zeile sind weitere nicht entzifferbare Korrekturpartikel zugeordnet.*
S. 295 (94/III), 18	haben ein Staunen dir abgerungen,] *Eine frühere gestrichene Version dieser Zeile lautet*: ›sind (mir) zu beschreiben ein wenig mir gelungen‹.
S. 299 (98/IV), 24	in allem Leichten.] *Ein nach unten verrutschter Strich bei einem unleserlichen, vor* ›in allem Leichten‹ *stehenden Wort indiziert wohl dessen Tilgung.*
S. 298, 25	Kaum] (kann ich dir) (sage) [ich noch unterscheide
S. 300 (348/IV), 31	machen dich zur angenehmsten aller Lisen.] *Eine frühere gestrichene Ver-*

	sion dieser Zeile lautet: ›kommen mir vor wie blühende W[iesen]‹.
S. 301 (93/I), 22	(ein) [Um deines Tagebuches,] ⟨einige⟩ [deiner paar Briefe
S. 303 (219/III), 22	rasch eine zweite Seele,] *Eine frühere, versehentlich nicht gestrichene Version dieser Zeile lautet*: ›daß ich Streiche ihm erzähle‹.
S. 303 (223a/III), 7-11	Als ein] ⟨Prinz⟩ [Bursche sie dann] (küßte) [grüßte, … versüßte,] *Die Zeilen 8-11 lauten nach einer früheren, nicht gestrichenen Version*: ›der von feiner Herkunft war, / ⟨Schokolade⟩ das Gegessenwordne ihm versüßte, / was zum Kuß sie reichte dar.‹
S. 303, 8	der nicht ungebildet war] ›ungebildet‹ *mit einer ungestrichenen Variante überschrieben, die* ›[unbe]mittelt‹ *lauten könnte*.
S. 305 (16/III), 12	Kürzlich befreite ich von einem Wurm] *Eine frühere gestrichene Version dieser Zeile lautet*: ›Im Städtchen gab Musikdirektor Sturm‹.
S. 305, 14	sie] ⟨gab ein dünnes Lächeln mir⟩ [schenkte mir ein Rittergut zum Lohn.
S. 308 (13/I), 28	damit er] ⟨durch die Presse⟩ [zu Verehrern meiner Dichtkunst eile.
S. 308 (427/II), 7/8	»Kannst du gesunden, wenn du] (in dich) [die Stunden] / ⟨nicht jeden Augenblick dich⟩ / ⟨dich nicht vergnügt …⟩ / [vergessen willst
S. 308, 15/16	fegte mit dem Besen,] / (wer einst bloß Dienstmagd ist gewesen) / [erblickt man jetzt

S. 309 (70/III), 11/12	der Treue, untreu war ich,] (um) [daß ich mich auf's neue] / ⟨stets dich zu lieben⟩ / [stets auf das bißchen Treue in mir freue.
S. 310 (71/II), 9	jeglichen Wunsch vom Aug' ihm abgelesen.] *Eine frühere gestrichene Version dieser Zeile lautet*: ›dem Schurken ein und alles ist gewesen.‹
S. 310, 14	im stachelbeer]⟨-ver⟩*(-steckten) [-umrahmten Garten.
S. 310, 29/30	Als das die] ⟨Lieben Menschlein vernahmen⟩ [Herren und Damen vernahmen,] / (sie) [sie herbeizuspringen kamen
S. 311 (400/II), 3	zur] ⟨entzückenden⟩ [verlassenen Megäre
S. 311, 7	sagte sie] (unglaublich) [erstaunlich schlicht.
S. 311, 9	Durch] (inwendigen) ⟨umfassenden⟩ [energischen Verzicht
S. 311, 12	⟨gab zurück⟩ [seufzelte der Europä'r.
S. 311, 15/16	gegen die] (unaussprechlich) [unsäglich schwere«,] / ⟨dann entfernte sich die Hehre⟩ / mit der Schere schnitt sie bang sich
S. 311, 21	⟨aber⟩ [»Wo bist du,] (wo) ⟨sage mir⟩ [Schöne, wo«,] *Eine frühere gestrichene Version dieser Zeile lautet*: ›Blonde Bestie, die entfloh‹.
S. 313 (423/II), 30	schön] ⟨ist⟩* (und) [sein kann, und nur Treue wissen neue
S. 316 (398/II), 3/4	der mit den Kindern in den Wiegen / schon beginnt sich recht zu schmiegen] *Im Manuskript steht eigentlich*:

	›mit dem die Kinder in den Wiegen / er schon beginnt sich recht zu schmiegen‹.
S. 317, 38/39	ausgeglommen? / Sie schauten] *Im Manuskript fehlt das Fragezeichen, und ›Sie‹ ist klein geschrieben.*
S. 318 (402a/III), 11	von] ⟨schön erscheinenden Nörgelei'n⟩ [störenden Bedenkelei'n.

Dramatische Szenen

S. 323, 6	aufzuwarten, braucht an Ihnen] (nicht ein) [durchaus nicht ein Fehler
S. 324, 7	Nein, an sich nicht, falls Sie sich] (still) [hiebei ruhig
S. 327, 21/22	wo ich etwa über meine Sendung] *Im Manuskript wurde ›etwa‹ irrtümlicherweise nachträglich zwischen ›über‹ und ›meine‹ eingefügt.*
S. 328, 12/13	indes ich gut finde,] ⟨das bequemere Sitzen⟩ [meinen Füßen eine Erholung zu gönnen
S. 328, 22	Ich erwartete von Ihnen] (eine) [irgendeine Erzählung
S. 328, 33	Hand es anfaßt.] *im Manuskript* ›anfäßt‹.
S. 331, 19	Er, dem] (sich) [das Zimmermädel Spaß macht
S. 332, 3	ein Mädchen, wie du bist, mit Hunderten] *im Manuskript* ›von‹.
S. 333, 2/3	werde wohl sofort geahnt haben, daß du ein unglücklich] (-er) ⟨Liebhaber⟩ [Liebender bist.
S. 334, 2-20	Ein Dichter ... Gesellschaft wohlzubefinden.] *Ursprünglich war dieser Szene lediglich die Lokalitätsangabe ›Ein Bier- und Konzertkeller‹ vorangestellt. Die vorliegende Einleitung wurde von Walser nachträglich unter dem abgeschlossenen Text notiert, um vielleicht an die vorherige Szene (324/I) anzuknüpfen.*

S. 334, 29/30 Sorgen] (machen) ⟨geistig lebendig⟩ [führen seelische Lebendigkeit herbei.
S. 334, 36-   Wahr ist, daß ich einen] ⟨Brutalen⟩ [Drauf-
S. 335, 1   gänger liebte, dessen] ⟨Brutalität⟩ [Draufgängerei
S. 335, 13   sein lernen, wenn] (man) [einen die Umstände
S. 337, 30   Blatt ein angesehener] ⟨Feuilletonist⟩ [Essayist einen Aufsatz
S. 339, 16/17 aufgestanden und haben für] (richtig) [geboten gehalten, mir entgegenzuwerfen
S. 340, 1/2   Der Vortragsveranstalter ... Deutsch.] ›Der Vortragsveranstalter‹ *wurde irrtümlicherweise gestrichen, da diese Personenangabe zu einer verworfenen früheren Version gehört*: ›Der Vortragsveranstalter: Es geht nicht. / Der Dichter: Es geht.‹
S. 340, 4/5   einmal Erfaßten anklammernd.] ⟨und wiederholt bei jedem Ein- oder⟩ [Der Dichter] (scheint von seinem Entschluß nicht abzubr) [seinerseits hält fest an seinem Entschluß.
S. 343, 9   dem Umstand] (zu schenken) [entgegenzubringen geneigt sind
S. 344, 5/6   Sie unmittelbar zur] (Respekts) [Respek[t]bezeugung zu veranlassen.
S. 344, 8   so zöge ich den] (Angestelltenstand) [totalen Gehorsamszustand jedenfalls
S. 345, 5   vielleicht nur um so mehr reizt, sie] *im Manuskript* ›ihr‹.
S. 346, 16/17 so kommt mir] (eine) ⟨Pause⟩ [der Gedanke nicht als Unmöglichkeit vor
S. 347, 12   gelassen, als] (mir mir) [inmitten des zweifellos speziell für mich
S. 348, 35   Gestatten Sie, Ihnen] (zu) [die Bemerkung nicht
S. 349, 17/18 wobei sie mich] (ihre) ⟨schö⟩ [die in der Tat schöne alabasterne Hand

S. 349, 22	werden lassen, daß] (es) [der Vormittag bald überstanden ist.
S. 354, 26-28	wenn ich nicht] (mit) ⟨Marta⟩ [erfolgreich mit Marta angebändelt hätte?] ⟨Schuft⟩ (zu) [Jemand als Schuft zu erklären ist eine Leichtigkeit.
S. 355, 1	vor, eine Schreckens] ⟨-tatsache⟩ [-nachricht mit der sichtlichsten Gelassenheit
S. 355, 7	Ach, wir alle] (tragen) [haben an Armütigkeiten zu schleppen.
S. 355, 14/15	»Wie kommen Sie auf einen derartigen] ⟨doch wohl⟩(schon) [verwegenen Gedanken?«
S. 355, 36	Wie ich mit Menschenleben und -herzen spiele] *im Manuskript* ›Menschenleben und Herzen‹.
S. 356, 9	Der Fabrikbesitzer:] (Bin ich) [Sind unsereins nicht auch ein] ⟨-e Art⟩ [Napoleon
S. 357, 10	hineingezogen zu sein scheint.] ⟨die in mir Platz ergriffen hat.⟩ [Ich erteile euch nun
S. 357, 21	Die Dienerin:] ⟨...⟩ ⟨Stolzes Betragen kann als Genuß⟩ [Vielleicht bin ich etwas abnormal.
S. 358, 6	und als ebenso spöttisch] *im Manuskript* ›spöttig‹.
S. 358, 26	unterhalten sein wollen.] ⟨Dich durch seine Ernsthaftigkeit⟩ [Von dir, Robert, wird
S. 360, 27	Der Pechvogel:] ⟨Das ist ausdrücklich⟩ [Ich bilde mir das durchaus nicht ein
S. 360, 29/30	flüchtig an den genannten großen] ⟨Tragiker⟩ [Dichter gedacht hat
S. 361, 5	Der Gekränkte: Eine Zeitlang glaubte ich] (keinen) [keinen anderen als
S. 361, 33/34	zwei Geständnisse abzulegen: Erstens] *im Manuskript* ›abzulegen, erstens‹.
S. 362, 10	Der Pechvogel: Ich] ⟨betrachte das als eine Leistung⟩ [nehme das Leben
S. 362, 23	Lust in mir ist, (m)ein Diener] ⟨meiner Umständ-

	lichkeiten zu sein⟩ [oder (m)ein Freund zu sein.
S. 366, 22/23	meiner Meinung nach beinah zu bedeutend.] ⟨Weshalb begnügten Sie sich nicht, ihm zu sagen⟩
S. 369, 28	die dir einiges zu denken gibt, Lümmel zu nennen] (wagst) [. / Der Siebente
S. 370, 8/9	er habe eine kleine Unterhaltung] ⟨sei ihm zustande zu⟩ ⟨habe⟩ ⟨gebracht zu haben⟩ ⟨sei ihm⟩ (gelungen) [zustande gebracht.
S. 370, 14	die ein wie wechselweises Auf- und Herabsteigen] *nach* ›Auf-‹ *ein versehentlich nicht gestrichener unleserlicher Partikel.*

Beispiele von Entwürfen zu veröffentlichten Texten

S. 381, 15/16	auf ein Bild einer Freundin Erichs mit der] ⟨nachlässig ausgesprochenen Forderung deutete⟩ [Zumutung hinwies
S. 381, 23	meiner Erzählung von Wanzen zu sprechen gestatte.] *im Manuskript* ›gestattet‹.
S. 381, 25	Schriftstellern belebt werden] *im Manuskript* ›wird‹.
S. 381, 34	»Mach, daß du hinauskommst!«] ⟨Ein solches Talent ist fabelhaft⟩ [Wo es gegolten hätte] *im Manuskript* ›hatte‹.
S. 389, 30- S. 390,3	rief er aus, und] ⟨kaum⟩ [ihm fiel sogleich *Der kleine Freiherr* ein, so lautete die Betitelung des ersten Prosastücks,] ⟨dessen schöne⟩ [dem] ⟨von Zeit zu Zeit⟩ [*Ein unartiger Brief* gelang, so hieß die zweite Leistung in möglichst gedrängter Prosa, trotzdem ihm *Die schönen Augen*, wie sich die dritte Ausfahrt] (in die) ⟨Gegenden⟩ (Landschaft) [in['s] Land der Dichtung nannte,] ⟨die eine kleine Dichtung war⟩ [beständig]

	(über) [seine Seele überwachten, die schon *Die schöne Aufseherin*] (insofern belebte, als er) [, wie er das vierte Kunstwerkchen überschrieben hatte, insofern belebte, als er sie liebte.
S. 390, 4	sich selbst, aber obschon man liebt,] ⟨besucht man doch hin und wieder das Theater⟩ [geht man doch
S. 390, 6	Hier lachte er, denn nun wußte er] *das zweite* ›er‹ *irrtümlicherweise gestrichen.*
S. 396, 21	wären, wobei] (mir) [, wie ich aufrichtigkeitsmäßig zu gestehen habe
S. 398, 15/16	Das] ⟨rühr⟩ [kommt davon,] ⟨weil⟩* [wenn] *im Manuskript* ›daher‹ *statt* ›davon‹. *Die von Walser vorgenommene Änderung von* ›weil‹ *zu* ›wenn‹ *zieht die Umwandlung von* ›daher‹ *in* ›davon‹ *nach sich.*
S. 401, 5	d.h. zeitgemäß ausfiel.] *Unterhalb des Textes findet sich das eingerahmte Notat:* ›schön vorzustellen‹, *dessen nähere Zugehörigkeit ungeklärt ist.*
S. 403, 8	Rhythmen sie] (an den andern) [ein bißchen an denjenigen dachte
S. 404, 26	die sich seiner bemächtigte] *im Manuskript* ›ihm‹ *statt* ›seiner‹.
S. 406, 2	gleich von Beginn seiner Bibliothekarlaufbahn] (er) [zur Gewohnheit
S. 407, 11/12	streng sowohl wie mild,] (und) [aufmerksam sowohl wie nachlässig
S. 407, 25/26	Es entspricht nun unverhohlener Wirklichkeit] *im Manuskript eigentlich* ›unumhohlener‹.
S. 408, 1/2	das er alleweil seiner ebenso rührend-zarten] ›zarten‹ *wurde nachträglich von unten eingefügt und scheint daher die Bindestrichkonstruktion zu rechtfertigen.*
S. 408, 32	schenkte ich ihm mit einer Geste, deren] *im Manuskript* ›die er‹ *statt* ›deren‹.

S. 408, 35   diesmal nicht bloß] (wie) ⟨üblich⟩ [, wie es sonst üblich

S. 410, 5   Von einer Mehrheit von Worten] ⟨, Gegenständen oder Tatsachen⟩ [kann ich nicht

S. 411,1-3   Eine Frau steigt nach meinem Begriff] (dadurch) [in den Damenrang dadurch hinauf, daß sie mindestens einmal in ihrem Leben einen Mann vor sich zittern ließ.] (Des weiteren bestehen alle)

S. 411, 12   ⟨Blumen haben etwas von⟩ (Vielleicht behandeln) [Gebilde[te] behandeln vielleicht Blumen

S. 411, 13-15   Wehrlosigkeit rührend schön sind ... Was man Bildung nennt,] *Zwischen diese Partien sind zwei nicht gestrichene Varianten untereinander gesetzt, die sich vermutlich auf den ersten Aphorismus beziehen*: ›Bildung teilt vielleicht mit den Blumen‹ / ›um ihrer Leichtverletzlichkeit willen‹.

S. 411, 18/19   Jeder Schonungsbedürftige] (sei) [schone seinerseits] ⟨schonend⟩ [, möchte man glauben.

Übersichtstabelle der Kalenderblätter

In der folgenden Tabelle sind alle Kalenderblatt-Manuskripte aufgeführt, die sich unter den 526 ›Mikrogrammen‹ befinden. Die Nummer in der linken Spalte gibt an, an wievielter Stelle innerhalb des Konvoluts das Blatt zu dem Zeitpunkt lag, da Jochen Greven die Manuskripte zum ersten Mal sichten und katalogisieren konnte. Mit einem Sternchen hinter der Ziffer sind diejenigen Manuskripte gekennzeichnet, die nicht zu den Kalenderblättern gehören, deren Texte jedoch auf diese übergreifen. Solche Nummern finden sich auch in Spalte 4. Die zweite Kolumne der Tabelle verzeichnet, welche Seite das Blatt ehemals im Kalender einnahm und welche Woche darauf angezeigt ist. Ein zur Seitenzahl hinzugesetztes ›a‹ bezeichnet die linke Blatthälfte, ›b‹ die rechte. In der 3. Spalte beziehen sich diese Buchstaben auf die Vorder-, resp. Rückseite eines Blattes, sofern es beidseitig beschriftet ist. In dieser Spalte sind – in der Abfolge ihrer Entstehung – alle Texte aufgelistet, die auf den einzelnen Blättern notiert sind. Die Titel der in diese Ausgabe aufgenommenen Stücke sind kursiv, die der bereits veröffentlichten Texte in Versalien gesetzt. Die vierte Reihe informiert über textliche Überlappungen zwischen den Manuskriptblättern. In der fünften Kolumne ist auf der Höhe des jeweils ersten Textes eine Rahmendatierung für das entsprechende Blatt aufgeführt. Diese Datierungen beruhen auf zum Teil sehr komplexen Rekonstruktionen (siehe »Editorischer Bericht«) und haben als Hypothesen zu gelten. Die in der sechsten Spalte eingetragenen Band- und Seitenangaben für die bereits veröffentlichten Texte beziehen sich auf »Sämtliche Werke in Einzelausgaben« (SW) (Zürich und Frankfurt 1985/86) sowie auf »Das Gesamtwerk« (GW) (Zürich und Frankfurt 1978), während die letzte Kolumne die Seitenzahl im vorliegenden Band angibt.

Blatt-Nr.	Kalender-seite	Titel	Anschluß von/auf Blatt	Datierung	Band, Seite GW	SW	AdB
10	S. 33 b 30.5.-5.6.	1. *Mich überrascht jedesmal, wenn ich eine Nachricht von Ihnen lese, der ziemlich unerfreuliche Eindruck*		Juli-Aug. 1927			71
		2. Gedicht: *Darf ich ein Gedichtchen machen*					
		3. Gedicht: ADALBERT STIFTER (Prager Presse, 13. Oktober 1929)			7/343	13/194	309
		4. DIE HÜBSCHE SPITZBÜBIN (unveröff. Manuskript Typ 5, Variante)			11/419	19/418	
11	S. 33 a 30.5.-5.6.	1. EROBERUNG EINER FESTUNG (unveröff. Manuskript Typ 5)		Juli-Aug. 1927	11/423	19/422	
		2. ERZHERZOGS-PROSASTÜCK (Sport im Bild, 6. Januar 1928			11/373	19/372	
12	S. 49 b 15.8.-21.8.	1. *Neulich lasen meine Augen*		Juni-Juli 1927			199
		2. *Die Worte, die ich hier aussprechen will, haben einen eigenen Willen*					196
13	S. 51 b 29.8.-4.9.	1. Gedicht: *Als ich zur Schule ging*		verm. Juni-Juli 1927			307
		2. DIE BEGABTE SAALTOCHTER (aus DREI KOMÖDIEN, Simplicissimus, 7. November 1927)	(+ 20/2. u. 427/3.)		11/369	19/368	383
		3. *Gestern wohnte ich einem Fest nicht bei*					16
14	S. 52 b Abbildung	1. DAS WIRTSHAUS AM WALDRAND (unveröff. Manuskript Typ 3)		Mai-Juni 1927	11/53	19/55	

Blatt-Nr.	Kalender-seite	Titel	Anschluß von/ auf Blatt	Datierung	Band, Seite GW	SW	AdB
		2. Szene: *Dichter, Hausfrau*	Fortsetzung auf 16/1.				327
16	S. 52a Abbildung	1. Fortsetzung der Szene: *Dichter, Hausfrau*	Fortsetzung von 14/2.	Mai-Juli 1927			327
		2. Gedicht: NUNGESSER (Prager Presse, 13. November 1927, Manuskript Typ 3)			7/398	13/247	
		3. Gedicht: *Das Kind blieb zwischen beiden in der Mitte*					305
		4. Gedicht: *Roderich hat etwas von einem immer*					306
		5. Gedicht: HERMANN HESSE (Prager Presse, 12. August 1928)			7/339	13/190	
		6. TRAPPI UND LAPPI (Berliner Tageblatt, 25. Oktober 1928)			11/395	19/394	
17	S. 48b 8.8.-14.8.	1. *Tatsache scheint zu sein, daß meine Brüder mich für ein allzu freudiges Naturell halten*		Juli 1927			172
		2. ICH BIN ZUR ZEIT KRÄNKLICH (unveröff. Manuskript Typ 3)			11/95	19/94	
18	S. 48a 8.8.-14.8.	1. ETWAS ÜBER JESUS (unveröff. Manuskript Typ 3)		verm. Sommer 1927	11/234	19/233	
19	S. 50b 22.8.-28.8.	1. *Ich vermag nicht viele Worte zu machen*		verm. Juli 1927			232

501

Blatt-Nr.	Kalenderseite	Titel	Anschluß von / auf Blatt	Datierung	Band, Seite GW	SW	AdB
		2. *Zärtlich oder wenigstens freudig stimmt mich die Erwartung*					235
20	S. 50a 22.8.-28.8.	1. *Anläßlich meiner Ausgänge* 2. DIENSTMÄDCHEN UND DICHTER (aus DREI KOMÖDIEN, Simplicissimus, 7. November 1927)	(+ 13/2. u. 427/3.)	verm. Juni-Juli 1927	11/368	19/367	127 380
23	S. 49a 15.8.-21.8.	1. AUTOFAHRT (Teilentwurf, Berliner Tageblatt, 10. Mai 1928)	(+ 407*/1.)	verm. Sommer 1927	11/27	19/29	
24	S. 54b 12.9.-18.9.	1. *Gottfried Keller* 2. *Faul, will sagen, planlos flanierte ich gestern nachmittag*		Mai-Juni 1927			228 11
26	S. 55b Abbildung	1. DER KANARIENVOGEL (unveröff. Manuskript Typ 8) 2. SPEZIALPLATTE (Sport im Bild, 30. September 1927)		verm. Frühling-Sommer 1927	11/398 11/173	19/397 19/172	
27	S. 55a Abbildung	1. DER SAUBUB (Prager Presse, 10. April 1932, Manuskript Typ 3) 2. *Laute Meinungsäußerungen oder Glaubensbekenntnisse*		verm. Frühling-Sommer 1927	11/184	19/183	79
34	S. 20b	1. Gedicht: *Ihr Nadelstiche alle, seid gegrüßt*		Dez. 1926			288

Blatt-Nr.	Kalenderseite	Titel	Anschluß von/ auf Blatt	Datierung	Band, Seite GW	SW	AdB
	21.3.-27.3.	2. Ein Flaubertprosastück (unveröff. Manuskript Typ 4)			11/340	19/339	
		3. Gedicht: Zu solcher Leckermäulchenzeit		verm. Nov.-Dez. 1926			289
35	S. 20a 21.3.-27.3.	1. Der falsche Ganina (unveröff. Manuskript Typ 4)		verm. Nov.-Dez. 1926	11/433	19/432	
36	S. 41a 4.6.-10.6.	1. *Ihm zu sagen, dies und das verursache ihm Mühe*		Dezember 1926			158
		2. Gedicht: Christbaum (Prager Presse, 25. Dezember 1926)			7/243	13/93	
		3. Gedicht: Die Zofe spricht zu ihrer Herrin (Prager Presse, 24. September 1933, Manuskript Typ 4)			7/314	13/165	
		4. Rilke (Prager Presse, 4. Januar 1927)			7/330	13/181	
37	S. 18b Anzeigenseite	1. Brief an einen Verleger (Individualität, Juli 1927)		Nov.-Dez. 1926	10/171	18/153	
		2. *Nie, nie gibt es bei einem Erzähler meines Kalibers*					238
		3. Fortsetzung von: Der Freigebige Lord (Frankfurter Zeitung, 1. März 1927)	Fortsetzung von 38/2.				
38	S. 18a Anzeigenseite	1. Die nie fertig werden (Berliner Tageblatt, 12. Juli 1928)		verm. Dez.-Jan. 1926/27	11/213	19/212	
		2. Der freigebige Lord (Frankfurter Zeitung, 1. März 1927)	Fortsetzung auf 37/3.		11/425	19/424	

Blatt-Nr.	Kalenderseite	Titel	Anschluß von/auf Blatt	Datierung	Band, Seite GW	SW	AdB
39	S. 41b 4.7.-10.7.	1. Das anders bettelte Lustspiel (Prager Presse, 2. Juli 1927) 2. Bleistiftskizze (unveröff. Manuskript Typ 4)		verm. Nov.-Dez. 1926	11/299 11/120	19/298 19/119	
40	S. 40b 27.6.-3.7.	1. Fortsetzung von: Brief an ein Mitglied der Gesellschaft (Neue Schweizer Rundschau, September 1927) 2. Gedicht: *Im Wagen saß sie* 3. Das schöne Städtchen (Frankfurter Zeitung, 27. Februar 1927)	Fortsetzung von 41/6.	verm. Nov.-Jan. 1926/27	10/163 11/69	18/145 19/68	293
41	S. 39a Abbildung	1. Gedicht: *Helfern, wo sich's schickt* 2. Gedicht: *O, wie damals im ausgedehnten Schlaf* 3. Gedicht: *Von den Ketten* 4. Gedicht: *Er und sie aßen artig Huhn mit Reis* 5. Gedicht: *Sie leben wie in eig'nen fremden Sphären* 6. Brief an ein Mitglied der Gesellschaft (Neue Schweizer Rundschau, September 1927)	Fortsetzung auf 40/1.	verm. Nov.-Jan. 1926/27	10/163	18/145	289 290 291 291 292
42	S. 40a 27.6.-3.7.	1. Ein Dramatiker (Frankfurter Zeitung, 4. April 1927) 2. Die Tränentrinkerin (unveröff. Manuskript Typ 4)		Dezember 1926	11/262 11/377	19/261 19/376	
43	S. 30a 16.5.-22.5.	1. *Wolken schien es dort oben* 2. Gedicht: *Ich las einmal so eine Art von Buch*		verm. Herbst 1926			52 274

Blatt-Nr.	Kalenderseite	Titel	Anschluß von/auf Blatt	Datierung	Band, Seite GW	SW	AdB
		3. Gedicht: DER WALD (Prager Presse, 15. Juli 1928, Manuskript Typ 4)			7/246	13/96	
		4. Gedicht: *Mädchen, Buben spielen gern*					275
		5. Gedicht: *Vielleicht wäre der Schnee*					276
44	S. 38a Anzeigenseite	1. *Krachen wie Schlangen*		verm. Nov.-Dez. 1926			104
		2. Gedicht: *Schau dir doch nur mal seine Geste an*					284
45	S. 39b Abbildung	1. ICH SCHREIBE HIER EINEN AUFSATZ (unveröff. Manuskript Typ 4)		Dezember 1926	11/117	19/116	
		2. Gedicht: *Ich sah mich wohnhaft einst in Außersihl*					285
		3. Gedicht: *Schimmernde Inselchen im Meer*					286
		4. Gedicht: *In einem Schlosse oder Landsitz saßen*					287
70	S. 34b 6.6.-12.6.	1. *Was das für eine interessante Theaternacht war*		Aug.-Sept. 1927			209
		2. BRIEF EINES SOHNES AN SEINE MUTTER (unveröff. Manuskript Typ 5)			11/315	19/314	
		3. Gedicht: *Kann diese Lüge dich necken*					309
		4. DAS LANDHAUSFRÄULEIN (unveröff. Manuskript Typ 5)			11/403	19/402	
71	S. 34a 6.6.-12.6.	1. DER GEMACHTE MANN (Berliner Tageblatt, 26. Oktober 1927)		verm. Aug.-Sept. 1927	11/137	19/136	209
		2. Gedicht: *Laß mich ein Thema heute wählen*					310

Blatt-Nr.	Kalenderseite	Titel	Anschluß von / auf Blatt	Datierung	Band, Seite GW	SW	AdB
		3. ROMANTISCHE ANTWORT (unveröff. Manuskript Typ 5)			11/165	19/164	
73	S. 35 b Abbildung	1. *Was ist gesund, was krank?*		Aug.-Sept. 1927			211
		2. DIE SCHÖNE NACHT (Prager Presse, 2. April 1933, Manuskript Typ 8)			11/87	19/86	
		3. *In Beantwortung der für mich beinahe mädchenhaften Frage, welcher Herbstferienort mir der liebste sei*					204
74	S. 35 a Abbildung	1. *Vor noch nicht allzu langer Zeit hatte ich ab und zu Lust zu brüllen*		September 1927			44
		2. Gedicht: DIE DICHTERIN (Prager Presse, 9. April 1933)			7/365	13/215	
		3. Gedicht: FESTZUG (Prager Presse, 6. August 1933)			7/248	13/98	
		4. DAS DRAMA (Prager Presse, 12. Juli 1931)			11/227	19/226	
89	S. 19 a Abbildung	1. Fortsetzung von: EIN GEHEIMNISVOLLES INDIVIDUUM (Prager Presse, 8. Dezember 1928, Manuskript Typ 4)	Fortsetzung von 90/3.	verm. Dez.-Jan. 1926/27	11/412	19/411	
		2. BRIEF AN EINEN ZEITSCHRIFTENREDAKTOR (Prager Presse, 12. Oktober 1927, Manuskript Typ 4)			10/168	18/149	
90	S. 19 b Abbildung	1. DER BLAUSTRUMPF (Berliner Tageblatt, 2. März 1927)		verm. Dez.-Jan. 1926/27	11/203	19/202	

Blatt-Nr.	Kalenderseite	Titel	Anschluß von/auf Blatt	Datierung	Band, Seite GW	SW	AdB
		2. DIE GLOSSE (Prager Presse, 1. April 1928, Manuskript Typ 4)			11/288	19/287	
		3. EIN GEHEIMNISVOLLES INDIVIDUUM (Prager Presse, 8. Dezember 1928, Manuskript Typ 4)	Fortsetzung auf 89/1.		11/412	19/411	
91	S. 23a Abbildung	1. KURT VOM WALDE (Berliner Tageblatt, 15. Februar 1927)		verm. Dez.-Jan. 1926/27	11/247	19/246	
		2. WELTSTADT (Sport im Bild, 30. März 1928)			11/318	19/317	
92	S. 22a 4.4.-10.4.	1. DIE LEICHTE HOCHACHTUNG (Berliner Tageblatt, 12. November 1927)		Dez.-Jan. 1926/27	11/113	19/112	
		2. Gedicht: *Er hatte mich geglaubt*					296
		3. *Während vielleicht ein sehr seriös Denkender in ein Blumengeschäft trat*	Fortsetzung auf 98/2.				149
93	S. 23b Abbildung	1. Gedicht: *Hohes, schönes Mädchen*		Feb.-März 1927			300
		2. WAS SIE FÜR EINEN ERFOLG HAT (Prager Presse, 4. Januar 1935)			11/72	19/71	
		3. SÄTZE (Frankfurter Zeitung, 20. März und 10. April 1927)			11/232	19/231	409
		4. Gedicht: *Bräuchte ich mich je nach ihr denn sehnen*					301
94	S. 21a 28.3.-3.4.	1. EINE EINFACHE GESCHICHTE (Prager Presse, 7. Juli 1927)		Dez.-Jan. 1926/27	11/365	19/364	
		2. Gedicht: *Weil er ihr einmal Briefe schrieb*					294
		3. Gedicht: *Was ist es doch für ein Vergnügen*					295

Blatt-Nr.	Kalender-seite	Titel	Anschluß von/auf Blatt	Datierung	GW	SW	AdB
		4. Gedicht: *Schaufenster*					295
		5. *Die Gunst, die dieser Tschalpi dort genoß* (Vorfassung zu DER IDEALIST, Frankfurter Zeitung, Beil., Mai 1928)	Fortsetzung auf 97/1.		11/334	19/333	133
95	S. 21 b 28.3.-3.4.	1. DER MANN MIT DER EISERNEN MASKE (Berliner Tageblatt, 18. März 1927)		Dez.-Jan. 1926/27	11/83	19/82	
		2. EIN SCHAUSPIELER (Berliner Tageblatt, 22. Februar 1927)			11/302	19/301	
96	S. 60a 3.10.-9.10.	1. DER ROTE FADEN (unveröff. Manuskript Typ 4)	Fortsetzung auf 348/1.	Jan.-Feb. 1927	11/187	19/186	
		2. WAS EINE FRAU SAGTE (Prager Presse, 18. September 1932)			11/110	19/109	
97	S. 60b 3.10.-9.10.	1. Fortsetzung von: *Die Gunst, die dieser Tschalpi dort genoß* (Vorfassung zu DER IDEALIST, Frankfurter Zeitung, Beil., Mai 1928)	Fortsetzung von 94/5.	Dez.-Jan. 1926/27	11/334	19/333	133
		2. DIE NETTE (Simplicissimus, 12. März 1928)			11/172	19/171	
		3. FERRANTE (Berliner Tageblatt, 7. April 1927)			11/131	19/130	
98	S. 22 b 4.4.-10.4.	1. *Ein Theaterdichter betitelt sein neues Stück*	Fortsetzung von 92/3.	Jan.-Feb 1927			217
		2. Fortsetzung von: *Während vielleicht ein sehr seriös Denkender in ein Blumengeschäft trat*					149
		3. Gedicht: *Ich kann dir im Vertrauen sagen*					297
		4. Gedicht: *Abend will es werden*					298

Blatt-Nr.	Kalender-seite	Titel	Anschluß von/auf Blatt	Datierung	Band, Seite GW	SW	AdB
124	S. 4a 10.1.–16.1.	1. ETWAS VON DER SCHANDE (Prager Presse, 28. März 1936, Manuskript Typ 3) 2. *Stil*		Feb.-April 1926	10/233	18/192 175	
125	S. 12a 14.2.–20.2.	1. *Den Boden meines Zimmerchens, das etwas Jean Jacques Rousseauhaftes hat und in einem Insel-haus sein könnte, bedeckt Licht*		März-April 1926			24
126*	Weißes Blatt	1. Fortsetzung von: ARTIKEL (Berliner Tageblatt, 18. August 1927) 2. Fortsetzung von: *Stil* 3. CAFÉ CHANTANT (Prager Presse, 8. Januar 1928, Manuskript Typ 2) 4. DUETT (Prager Presse, 12. Dezember 1926)	Fortsetzung von 123*/6. Fortsetzung von 124/2.	Feb.-April 1926	11/127 11/45 7/307	19/126 19/47 13/158	175
127	S.10a 7.2.–13.2.	1. BRIEF AN EIN MÄDCHEN (II) (unveröff. Manu-skript Typ 2)		Feb.-April 1926	10/137	18/119	
128	S. 10b 7.2.–13.2.	1. Szene: VIER PERSONEN (Prager Presse, 3. Januar 1932, Manuskript Typ 3) 2. BILDBESPRECHUNG (Prager Presse, 29. Juli 1926)		verm. März-April 1926	10/531 10/265	17/477 18/237	
129	S. 15a Abbildung	1. DAS BRUEGHELBILD (Prager Presse, 6. Mai 1927)		April 1926	10/317	18/197	

Blatt-Nr.	Kalenderseite	Titel	Anschluß von/auf Blatt	Datierung	Band, Seite GW	SW	AdB
130	S. 15b Abbildung	1. KINDLICHE RACHE (Prager Presse, 8. Juni 1926)		April 1926	10/397	18/296	
176	S. 16b 7.3.–13.3.	1. HAMLET-ESSAY (Prager Presse, 11. Mai 1926)		Feb.-April 1926	10/220	18/184	
217	S. 63a Abbildung	1. *Die Art, wie ich bei dieser Diana so dabockte*		März-April 1927			85
		2. Szene: *Der Pechvogel, Der Wappeninhaber, Das Engelchen, Die Zuschauerin, Eine Stimme aus dem Zuschauerraum*	Fortsetzung auf 224/1.				359
218	S. 63b Abbildung	1. Fortsetzung von: WENN AUTOREN KRANK SIND (Prager Presse, 15. April 1928, Manuskript Typ 3)	Fortsetzung von 228/3.	Feb.-März 1927	11/266	19/265	
		2. Gedicht: KLEIST (Prager Presse, 26. Juni 1927)			7/332	13/183	
		3. BANHOFHALLENVORFALL (unveröff. Manuskript Typ 8)			11/324	19/323	
		4. DER KNIRPS (Prager Presse, 4. September 1932, Manuskript Typ 8)			12/277	20/276	394
219	S. 59b Abbildung	1. Fortsetzung von: *Kann ich abstreiten*	Fortsetzung von 220/2.	Feb.-April 1927			114
		2. DER HAUSFREUND (Prager Presse, 28. Oktober 1932)			12/39	20/41	
		3. Gedicht: *Hinter hohen schweren Türen*					302
220	S. 59a Abbildung	1. EIN FEHLER (unveröff. Manuskript Typ 3)		Feb.-April 1927	10/208	18/174	

Blatt-Nr.	Kalender-seite	Titel	Anschluß von/auf Blatt	Datierung	Band, Seite GW	SW	AdB
		2. *Kann ich abstreiten*	Fortsetzung auf 219/1.				114
221	S. 56a 19.9.-25.9.	1. Fortsetzung von: DER TREUE BLICK (unveröff. Manuskript Typ 3)	Fortsetzung von 222/2.	April 1927	11/326	19/325	406
		2. *Leserinnen sollten, was mir hier entsteht, lieber nicht beachten*					20
222	S. 56b 19.9.-25.9.	1. Fortsetzung der Szene: *Der Chef, Ein Zuhörer, Ein jugendlicher Commis, Meier von der Stadt, Meier vom Land, Ein Korrespondent, Laiblin, Ein Unterchef, Ein Arbeitsamer*	Fortsetzung von 224/2. und 223/1.	April 1927			341
		2. DER TREUE BLICK (unveröff. Manuskript Typ 3)	Fortsetzung auf 221/1.		11/326	19/325	406
223	S. 62a 17.10.-23.10.	a) 1. Fortsetzung der Szene: *Der Chef, Ein Zuhörer, Ein jugendlicher Commis, Meier von der Stadt, Meier vom Land, Ein Korrespondent, Laiblin, Ein Unterchef, Ein Arbeitsamer*	Fortsetzung von 224/2. und auf 222/2.	April 1927			341
		2. Gedichtfragment: *Worin ich eines Tages dringe*					455
		3. Gedicht: *Eines Tages ging spazieren*					303
		4. Gedicht: DER PHILISTER (Prager Presse, 1. Januar 1928, Manuskript Typ 4)			7/347	13/198	

Blatt-Nr.	Kalenderseite	Titel	Anschluß von/auf Blatt	Datierung	Band, Seite GW	SW	AdB
		a) 5./ b) 1. *Meines Wissens gab es einmal einen Dichter, der sich als ein außerordentlich zartsinniger Frauenbegleiter ausvies*					135
		2. Gedicht: *Die schönsten sind diejenigen Themen*					304
224	S. 62 b 17.10.–23.10.	1. Fortsetzung der Szene: Der Pechvogel, Der Wappeninhaber, Das Engelchen, Die Zuschauerin, Eine Stimme aus dem Zuschauerraum	Fortsetzung von 217/2.	März-April 1927			359
		2. Szene: Der Chef, Ein Zuhörer, Ein jugendlicher Commis, Meier von der Stadt, Meier vom Land, Ein Korrespondent, Laiblin, Ein Unterchef, Ein Arbeitsamer	Fortsetzung auf 223/1. und 222/1.				341
225	S. 57 b Anzeigenseite	1. Fortsetzung von: Der Zerbrechliche (unveröff. Manuskript Typ 8)	Fortsetzung von 226/2.	April 1927	12/219	20/220	
		2. *Was ich schreibe, wird vielleicht ein Märchen sein*					153
226	S. 57 a Anzeigenseite	1. Der erste Schritt (Prager Presse, 24. Juni 1928, Manuskript Typ 3 oder 6)		April 1927	11/209	19/208	
		2. Der Zerbrechliche (unveröff. Manuskript Typ 8)	Fortsetzung auf 225/1.		12/219	20/220	
227	S. 69 a Abbildung	1. Gedicht: Renoir (Prager Presse, Datum unbekannt)		Feb.-März 1927	7/319	13/170	
		2. Katastrophe (unveröff. Manuskript Typ 8)			12/144	20/146	

Blatt-Nr.	Kalender-seite	Titel	Anschluß von/auf Blatt	Datierung	Band, Seite GW	SW	AdB
		3. *O, ich schreibe hier einen Prosaaufsatz*	Fortsetzung auf 228/1.				56
228	S. 69b Abbildung	1. Fortsetzung von: *O, ich schreibe hier einen Prosaaufsatz*	Fortsetzung von 227/2.	Feb.-März 1927			56
		2. *Eine Magd erzählte folgendes*					
		3. WENN AUTOREN KRANK SIND (Prager Presse, 15. April 1928, Manuskript Typ 3)	Fortsetzung auf 218/1.		11/266	19/265	125
229	S. 61a 10.10.-16.10.	1. OTTILIE WILDERMUTH (unveröff. Manuskript Typ 5)		Feb.-März 1927	11/34	19/36	397
		2. GEBIRGSGESCHICHTE (Prager Presse, 14. April 1929, Manuskript Typ 3)			11/374	19/373	
233	S. 54a 12.9.-18.9.	1. *Der Bühnenraum mochte etwa zwanzig Meter Höhe messen*		verm. Feb.-Juni 1927			87
		2. *Zum gewiß nicht uninteressanten Problem des sogenannten Aufschneidens geziemend, d.h. ernsthaft Stellung nehmend*					155
272	S. 70a 21.11.-27.11.	1. Fortsetzung von: *Wie ich mit ›dieser Frau gerade hierher in dies weite helle Zimmer kam*	Fortsetzung von 273/2.	Aug.-Sept. 1926			48
273	S. 70b 21.11.-27.11.	1. Fortsetzung der Szene: *Der Fabrikbesitzer, Marta, Arnold, Eine Krankenschwester, Der Dichter*	Fortsetzung von 302/2., 301/2. und 303/2.	Aug.-Sept. 1926			351

Blatt-Nr.	Kalender-seite	Titel	Anschluß von/auf Blatt	Datierung	Band, Seite GW	SW	AdB
		2. *Wie ich mit ›dieser Frau‹ gerade hierher in dies weite helle Zimmer kam*	Fortsetzung auf 272/1.				48
274	S. 71b 28.11.–4.12.	1. DER VERKRÜPPELTE SHAKESPEARE (Prager Presse, 21. Januar 1928) 2. *Ich weiß zur Stunde nicht recht*	Fortsetzung auf 275/1.	verm. Sommer 1926	11/145	19/144	29
275	S. 71a 28.11.–4.12.	1. Fortsetzung von: *Ich weiß zur Stunde nicht recht*	Fortsetzung von 274/2.	verm. Sommer 1926			29
276	S. 66a Abbildung	1. BRIEF AN ALFRED KERR (Prager Presse, 2. September 1927) 2. DORFGESCHICHTE (Simplicissimus, 7. Januar 1927)	(+ 277/1.)	verm. Sommer 1926	11/22 10/426	19/22 18/320	
277	S. 66b Abbildung	1. *Schloßgeschichte*	(+ 276/2.)	verm. Sommer 1926			110
278	S. 65b 31.10.–6.11.	1. *O, wie in diesem nicht großen, nicht allzu weitläufigen, aber stilvoll gehaltenen, maßvollen, auf gewisse Weise imposanten Palast am See* 2. *Dieser Minister erhielt vielleicht gleichsam eine zu sorgfältige Erziehung*	Fortsetzung auf 279/1.	verm. Sommer 1926			54 224
279	S. 65a 31.10.–6.11.	1. Fortsetzung von: *Dieser Minister erhielt vielleicht gleichsam eine zu sorgfältige Erziehung*	Fortsetzung von 278/2.	verm. Sommer 1926			224

Blatt-Nr.	Kalenderseite	Titel	Anschluß von/auf Blatt	Datierung	Band, Seite GW	SW	AdB
		2. *Grausame Bräuche, Sitten, Gewohnheiten usw.*	Fortsetzung auf 280/1.				178
280	S. 67b 7.11.-13.11.	1. Fortsetzung von: *Grausame Bräuche, Sitten, Gewohnheiten usw.* 2. *Alle diejenigen, die gern lachen und zugleich weinen*	Fortsetzung von 279/2. Fortsetzung auf 281/1.	verm. Sommer 1926			178 95
281	S. 67a 7.11.-13.11.	1. Fortsetzung von: *Alle diejenigen, die gern lachen und zugleich weinen* 2. Gedicht: *Sie kann euch vier Stunden hintereinander* 3. Teilentwurf zu: Das Mädchen mit dem Essay (integrierter Essay über Chopin) (Frankfurter Zeitung, 28. November 1926)	Fortsetzung von 280/2. (+ 302/r.)	verm. Sommer 1926	10/284	18/256	95 268
282	S. 64a 24.10.-30.10.	1. Gedichtbesprechung (Individualität, Oktober 1926) 2. Vater und Tochter (unveröff. Manuskript Typ 2)	Fortsetzung auf 283/1.	Aug.-Sept. 1926	12/444 10/391	18/226 18/290	
283	S. 64b 24.10.-30.10.	1. Fortsetzung von: Vater und Tochter (unveröff. Manuskript Typ 2) 2. Wissen und Leben (unveröff. Manuskript Typ 2)	Fortsetzung von 282/2. Fortsetzung auf 284/2. u. 285/1.	September 1926	10/391 11/77	18/290 19/76	

Blatt-Nr.	Kalenderseite	Titel	Anschluß von/auf Blatt	Datierung	Band, Seite GW	SW	AdB
284	S. 58a 26.9.-2.10.	1. DIE SCHÖNE AUFSEHERIN (Berliner Tageblatt, 27. November 1926)		Aug.-Sept. 1926	10/422	18/316	
		2. Fortsetzung von: WISSEN UND LEBEN (unveröff. Manuskript Typ 2)	Fortsetzung von 283/2. und auf 285/1.		11/77	19/76	
285	S. 58b 26.9.-2.10.	1. Fortsetzung von: WISSEN UND LEBEN (unveröff. Manuskript Typ 2)	Fortsetzung von 283/2. u. 284/2.	September 1926	11/77	19/76	
		2. SELENWANDERUNG (unveröff. Manuskript Typ 4)	Fortsetzung auf 286/1.		10/177	18/49	
286	S. 11b Abbildung	1. Fortsetzung von: SELENWANDERUNG (unveröff. Manuskript Typ 4)	Fortsetzung von 285/2.	September 1926	10/177	18/49	
		2. *Daß wir in einer bösen Welt leben*					35
287	S. 5a 17.1.-23.1.	1. Szene: EIN GANZ KLEIN WENIG WATTEAU (Der Schünemann Monat, März 1927)		verm. Sept. 1926	10/533	17/479	
288	S. 6b Abbildung	1. *Sie tänzelte, schwebte gleichsam so*		September 1926			107
289	S. 11a Abbildung	1. *Ich schreibe hier zwei Essays* (1. Teil)		verm. Sept. 1926			193
		2. *Ich schreibe hier zwei Essays* (2. Teil)					193
		3. MONDSCHEINGESCHICHTE (Prager Presse, 9. Februar 1928, Manuskript Typ 4)	Fortsetzung auf 290/1.		11/391	19/390	401

Blatt-Nr.	Kalenderseite	Titel	Anschluß von/auf Blatt	Datierung	Band, Seite GW	SW	AdB
290	S. 5b 17.1.-23.1.	1. Fortsetzung von: MONDSCHEINGESCHICHTE (Prager Presse, 9. Februar 1928, Manuskript Typ 4)	Fortsetzung von 289/3.	verm. Sept. 1926	11/391	19/390	401
291	S. 6a Abbildung	1. DAS ERLEBNIS JOSEFS (unveröff. Manuskript Typ 2)		September 1926	11/100	19/99	
292	S. 27b 2.5.-8.5.	1. Szene: DER HERBST (Prager Presse 8. Oktober 1933, Manuskript Typ 3)	Fortsetzung auf 293/1.	Sept.-Okt. 1926	10/492	17/438	
293	S. 28b Abbildung	1. Fortsetzung der Szene: DER HERBST (Prager Presse, 8. Oktober 1933, Manuskript Typ 3) 2. GLOSSE ZU EINER PREMIERE VON MOZARTS »DON JUAN« (Berliner Tageblatt, 21. Dezember 1926)	Fortsetzung von 292/1.	Sept.-Okt. 1926 Oktober 1926	10/492 10/296	17/438 18/268	
294	S. 28a Abbildung	1. DER BUBIKOPF (Prager Presse, 6. November 1927, Manuskript Typ 8)		Oktober 1926	10/219	18/182	
295	S. 24a 11.4.-17.4.	1. »TAGEBUCH«-FRAGMENT, 1. Kap. (unveröff. Manuskript Typ 8)	Fortsetzung auf 296/1.	Sept.-Okt. 1926	10/61	18/59	
296	S. 24b 11.4.-17.4.	1. »TAGEBUCH«-FRAGMENT, 2. Kap. (unveröff. Manuskript Typ 8)	Fortsetzung von 295/1. und auf 299/1.	Sept.-Okt. 1926	10/65	18/63	
297	S. 27a 2.5.-8.5.	1. ÜBER MOZARTS DON JUAN (unbekannte Zeitschrift, ev. auch ungedruckt)		Oktober 1926	10/289	18/261	

Blatt-Nr.	Kalenderseite	Titel	Anschluß von/auf Blatt	Datierung	Band, Seite GW	SW	AdB
298	S. 26 a 25.4.–30.4.	1. »TAGEBUCH«-FRAGMENT, 6. Kap. (unveröff. Manuskript Typ 8)	Fortsetzung von 310/1. und auf 426/1.	Okt.-Nov. 1926	10/89	18/86	
299	S. 25 a 18.4.–24.4.	1. »TAGEBUCH«-FRAGMENT, 3. Kap. (unveröff. Manuskript Typ 8)	Fortsetzung von 296/1. und auf 308/1.	Oktober 1926	10/71	18/69	
301	S. 76 b 19.12.–25.12.	1. *Was dies unser Zeitalter vielleicht am besten kennzeichnet*		Sommer 1926			165
		2. Fortsetzung der Szene: *Der Fabrikbesitzer, Marta, Arnold, Eine Krankenschwester, Der Dichter*	Fortsetzung von 302/2. und auf 303/2., 273/1.				351
302	S. 68 a 14.11.–20.11.	1. Teilentwurf zu: DAS MÄDCHEN MIT DEM ESSAY (Rahmentext) (Frankfurter Zeitung, 28. November 1926)	(+ 281/3.)	Juli-August 1926	10/284	18/256	
		2. Szene: *Der Fabrikbesitzer, Marta, Arnold, Eine Krankenschwester, Der Dichter*	Fortsetzung auf 301/2., 303/2. und 273/1.				351
303	S. 74 b Abbildung	1. SCHÜTZENFEST (Prager Presse, 6. Februar 1927)		Juli-August 1926	11/40	19/42	

Blatt-Nr.	Kalender-seite	Titel	Anschluß von/ auf Blatt	Datierung	Band, Seite GW SW	AdB
		2. Fortsetzung der Szene: *Der Fabrikbesitzer, Marta, Arnold, Eine Krankenschwester, Der Dichter*	Fortsetzung von 302/2., 301/2. und auf 273/1.			351
305	S. 7 a 24.1.-30.1.	1. »TAGEBUCH«-FRAGMENT, Fortsetzung des 7. Kapitels (unveröff. Manuskript Typ 8)	Fortsetzung von 426/1. und auf 309/1.	Okt.-Nov. 1926	10/101 18/98	
		2. Gedicht: *Verbirgst du dein Gesicht jetzt*				
		3. DIE SCHÖNEN AUGEN (Berliner Tageblatt, 1. Januar 1927)	Fortsetzung auf 308/2.		10/202 18/168	278
306	S. 46 a 25.7.-31.7.	1. *O, wie mußte sie gestern im hervorragendsten Kaffeehaus unserer Stadt (...) lachen*		verm. Aug.-Sept. 1926		144
307	S. 47 a 1.7.-7.7.	1. *Aladin*		verm. Aug.-Sept. 1926		139
		2. Gedicht: *Von wo kam ich damals her?*				271
308	S. 25 b	1. »TAGEBUCH«-FRAGMENT, 4. Kap. (unveröff. Manuskript Typ 8)	Fortsetzung von 299/1 und auf 310/1.	Okt.-Nov. 1926	10/79 18/76	
		2. Fortsetzung von: DIE SCHÖNEN AUGEN (Berliner Tageblatt, 1. Januar 1927)	Fortsetzung von 305/3.		10/202 18/168	
		3. Gedicht: *Schildkrötelein*				277
		4. Gedicht: *Reizende Zufriedenheit wäre in mir*				278
309	S. 47 b 1.8.-7.8.	1. »TAGEBUCH«-FRAGMENT, 8. Kap. (unveröff. Manuskript Typ 8)	Fortsetzung von 426/1. u. 305/1.	Okt.-Nov. 1926	10/107 18/104	

Blatt-Nr.	Kalender-seite	Titel	Anschluß von/auf Blatt	Datierung	Band, Seite GW	SW	AdB
		2. Gedicht: *Könnte man mir danken*					279
310	S. 26b 25.4.-1.5.	1. »TAGEBUCH«-FRAGMENT, 5. Kap. (unveröff. Manuskript Typ 8)	Fortsetzung von 308/1. und auf 298/1.	Okt.-Nov. 1926	10/83	18/80	
		2. Gedicht: DIE DAME AM KLAVIER (Prager Tagblatt, Datum unbekannt)			7/408	13/257	
312	S. 77a Abbildung	1. Szene: *Mieter, Vermieterin*		Mai-Juli 1926			323
313	S. 76a 19.12.-25.12.	1. *Diesen Aufsatz über Frank Wedekind*		verm. Frühling-Sommer 1926			221
314	S. 78a 26.12.-1.1.	1. *Ist's möglich?*		verm. Frühling-Sommer 1926			247
		2. Fortsetzung von: *Ich halte diese Leute sonst gewiß für ganz nett*	Fortsetzung von 315/1.				98
315	S. 78b 26.12.-1.1.	1. *Ich halte diese Leute sonst gewiß für ganz nett*	Fortsetzung auf 314/2.	verm. Frühling-Sommer 1926			98
316	S. 73a Anzeigenseite	1. DAS GLÜCKSKIND (Berliner Tageblatt, 31. August 1926)		Mai-Juli 1926	10/380	18/281	

Blatt-Nr.	Kalender-seite	Titel	Anschluß von/ auf Blatt	Datierung	Band, Seite GW	SW	AdB
		2. SCHRIFTSTELLER UND HAUSHÄLTERIN (Berliner Tageblatt, 7. September 1926)			10/400	18/299	
317	S. 73 b Anzeigenseite	1. *Einmal gab es da so eine Art Persönlichkeit*		verm. Frühling-Sommer 1926			187
318	S. 74 a Abbildung	1. Szene: *Der Vortragsveranstalter, Der Dichter* 2. Szene: *Die Herrin, Die Dienerin, Der Diener*		verm. Frühling-Sommer 1926			338 357
319	S. 68 b 14.11.-20.11.	1. DER STERNHEIMSCHE RIESE (Prager Presse, 18. November 1926)		verm. Frühling-Sommer 1926	10/321	18/200	
323	S. 31 a 23.5.-29.5.	1. Szene: *Ein Dichter, Eine Arbeiterfrau, Der Ruhige, Einer, der entschlossen ist, sich zu amüsieren, Verlorene, Ein Maler, Eine Köchin, Ein Fräulein, Ihre Freundin, Ein Starker* 2. Gedicht: *Wie es scheint, dichte ich hier wieder mal*	(+ 324/1.)	verm. August-Sept. 1926			334 272
324	S. 31 b 23.5.-29.5.	1. Szene: *Ein Stubenmädel, Der uns kontinuierlich Beschäftigende* 2. Gedicht: *Ich komme mir heute wohl vor*	(+ 323/1.)	verm. Aug.-Sept. 1926			331 271
325	S. 30 b 16.5.-22.5.	1. DER KLEINE FREIHERR (Berliner Tageblatt, 19. November 1926)		verm. Aug.-Sept. 1926	10/410	18/307	

Blatt-Nr.	Kalenderseite	Titel	Anschluß von/ auf Blatt	Datierung	Band, Seite GW	SW	AdB
		2. SEBASTIAN (II) (unveröff. Manuskript Typ 3)			11/336	19/335	
329	S. 38b Anzeigenseite	1. Nein, ich war damals keineswegs einfältig		verm. Herbst 1926			90
330	S. 32b Abbildung	1. ICH WOHNTE EINEM KONZERT BEI (unveröff. Manuskript Typ 3)		Okt.-Nov. 1926	11/31	19/33	389
		2. Gedicht: Einer wollt' mich einmal warten lassen					280
		3. Gedicht: Abgesehen von der Schleppe, die sie hatte					281
331	S. 32a Abbildung	1. »Heute bin ich sehr fügsam«		verm. Herbst 1926			121
		2. Gedicht: DIE ENTWICKLUNG (Prager Presse, 9. Oktober 1927, Manuskript Typ 4)			7/361	13/211	
		3. Gedicht: Sieh mal einer an					282
		4. Gedicht: Du hältst dich für innerlich					284
339	S. 1b Anzeigenseite	1. BELGISCHE KUNSTAUSSTELLUNG (Prager Presse, 4. August 1926)		April 1926	10/273	18/245	
		2. Gedicht: DER GEKREUZIGTE (Prager Tagblatt, 19. Dezember 1926)			7/286	13/137	
341	S. 14b 28.2.-6.3.	1. EINER SCHRIEB (unveröff. Manuskript Typ 2)		Mai 1926	10/133	18/114	
342	S. 14a	1. LENAU (II) (Prager Presse, 12. Juni 1927)		Mai 1926	10/249	18/229	

Blatt-Nr.	Kalenderseite	Titel	Anschluß von/auf Blatt	Datierung	Band, Seite GW	SW	AdB
	28.2.-6.3.	2. MUTTER UND ERZIEHER (Neue Zürcher Zeitung, 13. Juni 1926)	Fortsetzung auf 347/2.		10/509	17/455	
344	S. 13 b 21.2.-27.2.	1. AUS DEM LEBEN EINES SCHRIFTSTELLERS (National-Zeitung, 29. 5. 1926)		April 1926	10/5	18/7	
345	S. 12 b 14.2.-20.2.	1. *Nun könnte noch ein an mich gerichteter Wunsch erledigt und ein kleiner Roman rezensiert sein*		Feb.-April 1926			250
		2. DIE HALBWELTLERIN (Berliner Tageblatt, 1. April 1928)	Fortsetzung auf 346/2.		10/413	18/311	
346	S. 1 a Anzeigenseite	1. FRAUENAUFSATZ (Berliner Tageblatt, 24. April 1926)		Feb.-April 1926	10/215	18/179	
		2. Fortsetzung von: DIE HALBWELTLERIN (Berliner Tageblatt, 1. April 1928)			10/413	18/311	
347	S. 13 a 21.2.-27.2.	1. *Mit meinen schwachen Kräften beleuchte ich hier mit möglichst wenig Worten einen Film*		April-Mai 1926			257
		2. Fortsetzung von: MUTTER UND ERZIEHER (Neue Zürcher Zeitung, 13. Juni 1926)	Fortsetzung von 342/2.		10/509	17/455	
348	S. 61 b 10.10.-16.10.	1. Fortsetzung von: WAS EINE FRAU SAGTE (Prager Presse, 18. September 1932)	Fortsetzung von 96/2.	Feb.-März 1927	11/110	19/109	
		2. Gedicht: GEORG BRANDES (Prager Presse, 27. Februar 1927)			7/331	13/182	
		3. Gedicht: *Du halfest mir in bangen Nächten*					299

Blatt-Nr.	Kalenderseite	Titel	Anschluß von/auf Blatt	Datierung	Band, Seite GW SW	AdB
		4. *Ich gehorche einer Einladung*				191
		5. *Kraftvolle, in jeder Hinsicht ausgewachsene Höflingsgestalten*				255
349	S. 43 a 11.7.–17.7.	1. Gedicht: *Eigentlich kannte ich nie*		Juni 1926		267
		2. WAHRHEITEN (Prager Presse, 10. März 1937)	Fortsetzung auf 361/1.		10/225 18/189	386
352	S. 77 b Abbildung	1. *Wenn man sich zur Auffassung oder zur Idee bekennt*		verm. Frühling-Sommer 1926		252
353	S. 9 b 31.1.–6.2.	1. Fortsetzung von: *Indem ich mich nie verliebte*	Forsetzung von 354/2.	Juni 1926		117
		2. *Ich dachte über den Stolz und über die Liebe nach*				167
354	S. 9 a 31.1.–6.2.	1. Fortsetzung von: REVOLVERNOVELLE (Frankfurter Zeitung, 2. Oktober 1926)	Fortsetzung von 355/2.	Juni 1926	10/329 18/33	
		2. *Indem ich mich nie verliebte*	Fortsetzung auf 353/1.			117
355	S. 8 a Abbildung	1. Fortsetzung der Szene: FERIENREISE (Individualität, Oktober 1926)	Fortsetzung von 356/1.	Juni 1926	10/483 17/429	
		2. REVOLVERNOVELLE (Frankfurter Zeitung, 2. Oktober 1926)	Fortsetzung auf 354/1.		10/329 18/33	

Blatt-Nr.	Kalender-seite	Titel	Anschluß von/auf Blatt	Datierung	Band, Seite GW	SW	AdB
356	S. 3 b Abbildung	1. Szene: FERIENREISE (Individualität, Oktober 1926)	Fortsetzung auf 355/1.	Juni 1926	10/483	17/429	
357	S. 8 b Abbildung	1. DIE WEISSE DAME (Prager Presse, 21. November 1926)		Juni 1926	10/183	18/55	
358	S. 2 a 3.1.-9.1	1. Fortsetzung von: *Du nahmst dir ja, indem du dich brieflich an mich richtetest, recht viel heraus, Liebchen*	Fortsetzung von 359/1.	Mai-Juni 1926			66
		2. Gedicht: *Wenn jetzt die Bäume*					266
359	S. 2 b 3.1.-9.1.	1. *Du nahmst dir ja, indem du dich brieflich an mich richtetest, recht viel heraus, Liebchen*	Fortsetzung auf 358/1.	Mai-Juni 1926			66
360	S. 3 a Abbildung	1. *Das gibt es nicht*		verm. Frühling-Sommer 1926			42
361	S. 43 b 11.7.-17.7.	1. Fortsetzung von: WAHRHEITEN (Prager Presse, 12. März 1937)	Fortsetzung von 349/2.	Juni 1926	10/225	18/189	386
362	S. 46 b 25.7.-31.7.	1. EIN UNARTIGER BRIEF (Berliner Tageblatt, 13. Januar 1927)		verm. Aug.-Sept. 1926	10/156	18/138	
		2. Gedicht: *Verdiene ich dies reizende Vertrauen*					270
366	S. 4 b 10.1.-16.1.	1. DIE HÖFLICHE LADENTOCHTER (Prager Presse, 8. September 1926)		verm. Frühling-	10/306	18/203	

Blatt-Nr.	Kalender-seite	Titel	Anschluß von/auf Blatt	Datierung	Band, Seite GW	SW	AdB
		2. NOTIZBUCHAUSZUG (Berliner Tageblatt, 1. August 1927)		Sommer 1926	10/196	18/162	
367	S. 53 b 5.9.-11.9.	1. *Gestatten Sie mir, sehr verehrte Frau, einige Zeilen an Sie zu richten*		März-April 1926			63
		2. Fortsetzung von: BÜHNENBESPRECHUNG (Prager Presse, 20. August 1936)	Fortsetzung von 368/2.		10/46	18/21	390
368	S. 53 a 5.9.-11.9.	1. *Ich verbrachte einen Abend*		März-April 1926			75
		2. BÜHNENBESPRECHUNG (Prager Presse, 20. August 1936)	Fortsetzung auf 367/2.		10/46	18/21	390
369	S. 45 b Abbildung	1. *Wenn es sich um eine Annäherung, um eine Gewinnung gegenseitigen Verständnisses handelt*		verm. Frühling 1926			185
370	S. 75 a 12.12.-18.12.	1. ANEKDOTE (Simplicissimus, 15. November 1926)		Feb.-März 1926	10/377	18/278	
		2. *Vorkommen kann, daß z.B. Pferde über Gebühr in Arbeitsanspruch genommen werden*	Fortsetzung auf 371/2.				181
371	S. 75 b 12.12.-18.12.	1. *Von Tirol weiß ich*		Feb.-März 1926			202
		2. Fortsetzung von: *Vorkommen kann, daß z.B. Pferde über Gebühr in Arbeitsanspruch genommen werden*	Fortsetzung von 370/2.				181
372	S. 72 a 5.12.-11.12.	1. ONKEL TOMS HÜTTE (Prager Presse, 28. Dezember 1928, Manuskript Typ 1)		Feb.-März 1926	10/299	18/274	
		2. Gedicht: *Setz an den Tisch dich, lieber Dichter*					265

Blatt-Nr.	Kalenderseite	Titel	Anschluß von / auf Blatt	Datierung	Band, Seite GW	SW	AdB
		3. Gedicht: *Der Lärchen helle Äste*					265
		4. JE T'ADORE (Prager Presse, 3. Juni 1928, Manuskript Typ 1)			10/430	18/325	
373	S. 72b 5.-12.-11.12.	1. FREUNDINNEN (Prager Presse, 28. September 1926)		Feb.-März 1926	10/345	18/45	
		2. MASKERADE (Prager Presse, 24. März 1927)			11/37	19/39	
374	S. 45a Abbildung	1. Gedicht: MÄDCHEN (Prager Tagblatt, 27. März 1927)		verm. Frühling 1926	7/310	13/161	
		2. DIE BERÜHMTHEIT (Prager Presse, 7. Oktober 1926)			10/385	18/284	
375	S 44a 18.7.-24.7.	1. EXPOSÉ (Prager Presse, 2. Dezember 1928, Manuskript Typ 1		März-Mai 1926	10/193	18/159	
		2. GEBURTSTAGSPROSASTÜCK (Prager Presse, 28. September 1926)			10/241	18/212	
376	S. 44b 18.7.-24.7.	1. AUFSATZ (Prager Presse, 29. November 1931, Manuskript Typ 1)		verm. Frühling 1926	10/236	18/194	
377	S. 16a 7.3.-13.3.	1. ÜBER GIRARDI UND ALLERLEI SONSTIGES (Prager Presse, 18. Dezember 1928, Manuskript Typ 1		März-April 1926	10/238	18/271	
		2. Fortsetzung von: ICH WANDERTE IN EIN STÄDTCHEN + IN EINEM STÄDTCHEN (Prager Presse, 5. u. 20. Januar 1937)	Fortsetzung von 379/2 u. 378/2.		10/32 + 12/20	18/18 + 20/22	

Blatt-Nr.	Kalenderseite	Titel	Anschluß von / auf Blatt	Datierung	Band, Seite GW	SW	AdB
378	S. 79b (?) Abbildung	1. EMIL UND NATALIE (Prager Presse, 11. Januar 1930)		März-April 1926	10/117	18/31	
		2. Fortsetzung von: ICH WANDERTE IN EIN STÄDTCHEN + IN EINEM STÄDTCHEN (Prager Presse, 5. u. 20. Januar 1937)	Fortsetzung von 379/2. und auf 377/2.		10/32 + 12/20	18/18 + 20/22	
379	S. 17b 14.3.-20.3.	1. ZEITSCHRIFTBESPRECHUNG (Prager Presse, 9. Mai 1926)		März-April 1926	10/312	18/220	
		2. ICH WANDERTE IN EIN STÄDTCHEN + IN EINEM STÄDTCHEN (Prager Presse, 5. u. 20. Januar 1937)	Fortsetzung auf 378/2. u. 377/2.		10/32 + 12/20	18/18 + 20/22	
386	S. 17a 14.3.-20.3.	1. *Die Vorstellung fand in einem vier Kilometer von unserer Stadt entfernten Dorf statt*		verm. Frühling 1926			214
		2. Gedicht: RÄTSEL (Neue Schweizer Rundschau, September 1927)			7/295	13/146	
397	S. 37a 20.6.-26.6.	1. *Ohne mich lang zu besinnen, nenne ich ihn Olivio*		Sept.-Okt. 1927			241
		2. Gedicht: *O Trauer*					315
		3. DAS SCHÖNE KAMMERMÄDCHEN (unveröff. Manuskript Typ 2)	Fortsetzung auf 398/1.		10/324	18/14	
		4. *Motto*					456
398	S. 36b 13.6.-19.6.	1. Fortsetzung von: DAS SCHÖNE KAMMERMÄDCHEN (unveröff. Manuskript Typ 2)	Fortsetzung von 397/3.	Sept.-Okt. 1927	10/324	18/14	
		2. Gedicht: *Vom Kreuz war er herabgestiegen*					316
		3. Gedicht: DAS SEHNEN (Prager Tagblatt, 3. Juni 1928)			7/254	13/104	

Blatt-Nr.	Kalenderseite	Titel	Anschluß von/auf Blatt	Datierung	Band, Seite GW	SW	AdB
		4. Gedicht: *Da flüsterlen die Blätter alle*					
		5. KLEIST-ESSAY + WEITERES ZU KLEIST (Prager Presse, 2. u. 10. Dezember 1936)	Fortsetzung auf 402a/1.		11/256 +11/258	19/255 +19/257	317
399	S. 42b Abbildung	1. DER TROTTEL (unveröff. Manuskript Typ 2)		verm. Sommer-Herbst 1927	10/378	18/279	
		2. Fragmentarische Verszeilen					460
		3. Gedicht: ERZÄHLUNG (Prager Tagblatt, 20. November 1927)			7/367	13/217	
		4. Szene: *Der Erste, Der Zweite, Der Dritte, Der Vierte, Der Fünfte, Der Sechste, Der Siebente, Irgendeiner der Herren*					367
400	S. 42a Abbildung	1. Teilentwurf zu: POTPOURRI (integrierter ›THEATERAUFSATZ‹) (unveröff. Manuskript Typ 2)	(+ 402a/4., 402b/1. u. 401/1.)	verm. Sept. 1927	10/357	18/218	378
		2. Gedicht: *Blonde Bestie, stör' mich nicht*					311
		3. Szene: *Die Europäerin, Ihr Freund, Ihr Begleiter*					364
		4. Gedicht: *Frauen sind in Gemächern*					311
401	S. 29b 9.5.-15.5.	1. Teilentwurf zu: POTPOURRI (unveröff. Manuskript Typ 2)	(+ 400/1. und 402a/4., 402b/1.)	verm. Oktober 1927	10/353	18/214	
		2. DIE SCHRIFTSTELLERIN (unveröff. Manuskript Typ 2)			10/389	18/288	
		3 *Es gibt versoffene Genies*					138

Blatt-Nr.	Kalender-seite	Titel	Anschluß von/ auf Blatt	Datierung	Band, Seite GW	SW	AdB
402	S. 37b 20.5.-26.5.	a) 1. Fortsetzung von: KLEIST-ESSAY + WEITERES ZU KLEIST (Prager Presse, 2. u. 10. Dezember 1936)	Fortsetzung von 398/5.	Oktober 1927	11/256 +11/ 258 11/286	19/255 +19/ 257 19/285	
		2. GARTENLAUBEN-AUFSATZ (Frankfurter Zeitung, 2. Februar 1928)					
		3. Gedicht: *Du bist die Schönste nun von allen*					318
		4. Teilentwurf zu: POTPOURRI (unveröff. Manuskript Typ 2)	Fortsetzung auf 402b/1. (+ 400/1. und 401/1.)		10/353	18/214	373
		b) 1. Fortsetzung des Teilentwurfs zu: POTPOURRI (unveröff. Manuskript Typ 2)	Fortsetzung von 402a/4. (+ 400/1. u. 401/1.)		10/353	18/214	373
		2. Gedicht: *Zeigt der Abend uns sein Antlitz*					318
		3. *Wenn jede beliebige Täsche glaubt*					13
403	S. 29a 9.5.-15.5.	1. *Der Schlingel*		Sept.-Okt. 1927			37
		2. VEREHRTE FRAU (unveröff. Manuskript Typ 2)	(+ 422*/1.)		10/142	18/123	
423	S. 36a 13.6.-19.6.	1. Teilentwurf zu: ELMENREICH (Sport im Bild, 26. Oktober 1928)		verm. Herbst 1927	10/375	18/47	
		2. Versspiel: *Die Moralische, Der Interessierte, Der Gediegene, Der Zufriedene*					312

Blatt-Nr.	Kalenderseite	Titel	Anschluß von/auf Blatt	Datierung	Band, Seite GW	SW	AdB
		3. Gedicht: DAS MÄDCHEN MIT DEN PERLEN (vermutlich unveröff. Manuskript)			7/301	13/152	
426	S. 7b 24.1.-30.1.	1. »TAGEBUCH«-FRAGMENT, 7. Kap. (unveröff. Manuskript Typ 8)	Fortsetzung von 298/1. u. auf 305/1.	Okt.-Nov. 1926	10/97	18/94	
427	S. 51a 29.8.-4.9.	1. BACKFISCHAUFSATZ (Berliner Tageblatt, 10. Januar 1928)		verm. Juni-Juli 1927	11/222	19/221	
		2. Gedicht: Wie sie sich auf das Wiedersehen freute					308
		3. DIE GESCHICHTE DES HERRN CAMEMBERT (aus DREI KOMÖDIEN, Simplicissimus, 7. November 1927)	(+ 13/2. u. 20/2.)		11/371	19/370	

531

Danksagung

Die Kontinuität unserer Edition wurde durch mancherlei Unterstützung gewährleistet, die uns während der vergangenen fünf Jahre von verschiedenen Seiten zukam.
Unser besonderer Dank gilt erneut der Carl Seelig-Stiftung, namentlich ihrem Präsidenten, Herrn Dr. E. Fröhlich, der uns ohne jegliche Einschränkung die Materialien und Räumlichkeiten des Robert-Walser-Archivs zur Verfügung stellte.
Als wesentlichen Ansporn beim – oft langwierigen und mühevollen – Entzifferungsgeschäft empfanden wir die unbeirrte Treue, mit der die folgenden drei Institutionen unsere Arbeit finanziell getragen haben: die Carl Seelig-Stiftung/Zürich, der Schweizerische Nationalfonds/Bern und die Volkart-Stiftung/Winterthur. Ohne ihre großzügige Hilfe wäre es nicht zu diesem vierten Band gekommen.
Herzlich bedankt seien die folgenden Personen, die uns beim Recherchieren der inhaltlichen Anmerkungen ebenso sachkundig wie effizient wichtige Informationen verschafften: Herr Walter Baumann (Wangen b. Dübendorf), Frau Marion Bride (Tübingen), Herr Willy Benz (Wald, Kanton Zürich), Frau Professor Tamara Evans (New York), Herr Professor Fritz Güttinger (Zürich) und Frau Dr. Ilma Rakusa (Zürich).
Endlich möchten wir hier die vielen Archiv-Besucher nennen, die uns allein schon durch ihre Präsenz, vor allem aber durch kollegiales Interesse und anregende Gespräche vom Sinn unserer wunderlichen Tätigkeit überzeugten.

Bernhard Echte   *Werner Morlang*

Inhalt

Editorische Vorbemerkung 5

PROSA

*Faul, will sagen, planlos
flanierte ich gestern nachmittag*

Faul, will sagen, planlos flanierte ich gestern
   nachmittag 11
Wenn jede beliebige Täsche glaubt 13
Gestern wohnte ich einem Fest nicht bei 16
Leserinnen sollten, was mir hier entsteht, lieber nicht
   beachten 20
Den Boden meines Zimmerchens, das etwas Jean Jacques
   Rousseauhaftes hat und in einem Inselhaus sein könnte,
   bedeckt Licht 24
Ich weiß zur Stunde nicht recht 29
Daß wir in einer bösen Welt leben 35
Der Schlingel 37
Das gibt es nicht 42
Vor noch nicht allzu langer Zeit hatte ich ab und zu Lust
   zu brüllen 44
Wie ich mit ›dieser Frau‹ gerade hierher in dies weite helle
   Zimmer kam 48
Wolken schien es dort oben 52
O, wie in diesem nicht großen, nicht allzu weitläufigen,
   aber stilvoll gehaltenen, maßvollen, auf gewisse Weise
   imposanten Palast am See 54
O, ich schreibe hier einen Prosaaufsatz 56

Gestatten Sie mir, sehr verehrte Frau,
einige Zeilen an Sie zu richten

Gestatten Sie mir, sehr verehrte Frau, einige Zeilen an Sie
   zu richten 63
Du nahmst dir ja, indem du dich brieflich an mich
   richtetest, recht viel heraus, Liebchen 66
Mich überrascht jedesmal, wenn ich eine Nachricht von
   Ihnen lese, der ziemlich unerfreuliche Eindruck 71
Ich verbrachte einen Abend 75
Laute Meinungsäußerungen oder Glaubensbekenntnisse 78

Die Art, wie ich bei
dieser Diana so dahockte

Die Art, wie ich bei dieser Diana so dahockte 85
Der Bühnenraum mochte ungefähr zwanzig Meter Höhe
   messen 87
Nein, ich war damals keineswegs einfältig 90
Alle diejenigen, die gern lachen und zugleich weinen . . 95
Ich halte diese Leute sonst gewiß für ganz nett 98
Krachen wie Schlangen 104
Sie tänzelte, schwebte gleichsam so 107
Schloßgeschichte 110
Kann ich abstreiten 114
Indem ich mich nie verliebte 117
»Heute bin ich sehr fügsam« 121
Eine Magd erzählte folgendes 125
Anläßlich meiner Ausgänge 127

Die Gunst,
die dieser Tschalpi dort genoß

Die Gunst, die dieser Tschalpi dort genoß 133
Meines Wissens gab es einmal einen Dichter, der sich als ein
   außerordentlich zartsinniger Frauenbegleiter auswies . 135

Es gibt versoffene Genies 138
Aladin 139
O, wie mußte sie gestern im hervorragendsten Kaffee-
    haus unserer Stadt 144
Während vielleicht ein sehr seriös Denkender in ein
    Blumengeschäft trat 149
Was ich schreibe, wird vielleicht ein Märchen sein 153
Zum gewiß nicht uninteressanten Problem des
    sogenannten Aufschneidens geziemend, d. h. ernsthaft
    Stellung nehmend 155
Ihm zu sagen, dies und das verursache ihm Mühe 158

Was dies unser Zeitalter
vielleicht am besten kennzeichnet

Was dies unser Zeitalter vielleicht am besten
    kennzeichnet 165
Ich dachte über den Stolz und über die Liebe nach 167
Tatsache scheint zu sein, daß meine Brüder mich für ein
    allzu freudiges Naturell halten 172
Stil 175
Grausame Bräuche, Sitten, Gewohnheiten usw. 178
Vorkommen kann, daß z. B. Pferde über Gebühr in
    Arbeitsanspruch genommen werden 181
Wenn es sich um eine Annäherung, um eine Gewinnung
    gegenseitigen Verständnisses handelt 185
Einmal gab es da so eine Art Persönlichkeit 187
Ich gehorche einer Einladung 191
Ich schreibe hier zwei Essays 193
Die Worte, die ich hier aussprechen will, haben einen
    eigenen Willen 196
Neulich lasen meine Augen 199
Von Tirol weiß ich 202
In Beantwortung der für mich beinah mädchenhaften
    Frage, welcher Herbstferienort mir der liebste sei . . . 204

Was das für eine
interessante Theaternacht war

Was das für eine interessante Theaternacht war 209
Was ist gesund, was krank? 211
Die Vorstellung fand in einem vier Kilometer von unserer
    Stadt entfernten Dorf statt 214
Ein Theaterdichter betitelt sein neues Stück 217
Diesen Aufsatz über Frank Wedekind 221
Dieser Minister erhielt vielleicht gleichsam eine zu
    sorgfältige Erziehung 224
Gottfried Keller 228
Ich vermag nicht viele Worte zu machen 232
Zärtlich oder wenigstens freudig stimmt mich die
    Erwartung 235
Nie, nie gibt es bei einem Erzähler meines Kalibers . . . 238
Ohne mich lang zu besinnen, nenne ich ihn Olivio . . . 241
Ist's möglich? 247
Nun könnte noch ein an mich gerichtet wordener
    Wunsch erledigt und ein kleiner Roman rezensiert
    sein 250
Wenn man sich zur Auffassung oder zur Idee bekennt . . 252
Kraftvolle, in jeder Hinsicht ausgewachsene
    Höflingsgestalten 255
Mit meinen schwachen Kräften beleuchte ich hier mit
    möglichst wenig Worten einen Film 257

Gedichte

Setz an den Tisch dich, lieber Dichter 265
Der Lärchen helle Äste 265
Wenn jetzt die Bäume 266
Eigentlich kannte ich nie 267
Sie kann euch vier Stunden hintereinander 268
Verdiene ich dies reizende Vertrauen? 270

Von wo kam ich damals her?	271
Ich komme mir heute wohl vor	271
Wie es scheint, dichte ich hier wieder mal	272
Ich las einmal so eine Art von Buch	274
Mädchen, Buben spielen gern	275
Vielleicht wäre der Schnee	276
Schildkrötelein	277
Reizende Zufriedenheit wäre in mir	278
Verbirgst du dein Gesicht jetzt	278
Könnte man mir danken	279
Einer wollt' mich einmal warten lassen	280
Abgesehen von der Schleppe, die sie hatte	281
Sieh mal einer an	282
Du hältst dich für innerlich	283
Schau dir doch nur mal seine Geste an	284
Ich sah mich wohnhaft einst in Außersihl	285
Schimmernde Inselchen im Meer	286
In einem Schlosse oder Landsitz saßen	287
Ihr Nadelstiche alle, seid gegrüßt	288
Zu solcher Leckermäulchenzeit	289
Helfern, wo sich's schickt	289
O, wie damals im ausgedehnten Schlaf	290
Von den Ketten	291
Er und sie aßen artig Huhn mit Reis	291
Sie leben wie in eig'nen fremden Sphären	292
Im Wagen saß sie	293
Weil er ihr einmal Briefe schrieb	294
Was ist es doch für ein Vergnügen	295
Schaufenster	295
Er hatte mich geglaubt	296
Ich kann dir im Vertrauen sagen	297
Abend will es werden	298
Du halfest mir in bangen Nächten	299
Hohes, schönes Mädchen	300
Bräuchte ich mich je nach ihr denn sehnen	301
Hinter hohen schweren Türen	302

Eines Tages ging spazieren 303
Die schönsten sind diejenigen Themen 304
Das Kind blieb zwischen beiden in der Mitte 305
Roderich hat etwas von einem immer 306
Als ich zur Schule ging 307
Wie sie sich auf das Wiedersehen freute 308
Darf ich ein Gedichtchen machen? 309
Kann diese Lüge dich necken 309
Laß mich ein Thema heute wählen 310
»Blonde Bestie, stör' mich nicht« 311
Frauen sind in Gemächern 311
Versspiel: Die Moralische, Der Interessierte,
   Der Gediegene, Der Zufriedene 312
O Trauer 315
Vom Kreuz war er herabgestiegen 316
Da flüsterlen die Blätter alle 317
Du bist die Schönste nun von allen 318
Zeigt der Abend uns sein Antlitz 318

Dramatische Szenen

Mieter, Vermieterin 323
Dichter, Hausfrau 327
Ein Stubenmädel, Der uns kontinuierlich Beschäftigende 331
Ein Dichter, Eine Arbeiterfrau, Der Ruhige, Einer, der
   entschlossen ist, sich zu amüsieren, Verlorene, Ein
   Maler, Eine Köchin, Ein Fräulein, Ihre Freundin, Ein
   Starker 334
Der Vortragsveranstalter, Der Dichter 338
Der Chef, Ein Zuhörer, Ein jugendlicher Commis, Meier
   von der Stadt, Meier vom Land, Ein Korrespondent,
   Laiblin, Ein Unterchef, Ein Arbeitsamer 341
Der Fabrikbesitzer, Marta, Arnold, Eine
   Krankenschwester, Der Dichter 351

Die Herrin, Die Dienerin, Der Diener 357
Der Pechvogel, Der Wappeninhaber, Das Engelchen, Die
   Zuschauerin, Eine Stimme aus dem Zuschauerraum . 359
Die Europäerin, Ihr Freund, Ihr Begleiter 364
Der Erste, Der Zweite, Der Dritte, Der Vierte, Der
   Fünfte, Der Sechste, Der Siebente, Irgendeiner der
   Herren 367

Anhang

Beispiele von Entwürfen zu veröffentlichten Texten
   Potpourri 373
   Theateraufsatz *aus* Potpourri 378
   Dienstmädchen und Dichter *aus* Drei Komödien . . . 380
   Die begabte Saaltochter *aus* Drei Komödien 383
   Wahrheiten 386
   Ich wohnte einem Konzert bei 389
   Bühnenbesprechung 390
   Der Knirps 394
   Ottilie Wildermuth 397
   Mondscheingeschichte 401
   Der treue Blick 406
   Sätze 409

Nachwort 412

Anmerkungen 431

Editorischer Bericht 462

Editorische Eingriffe und gestrichene Textstellen 470

Übersichtstabelle der Kalenderblätter 499

Danksagung 533